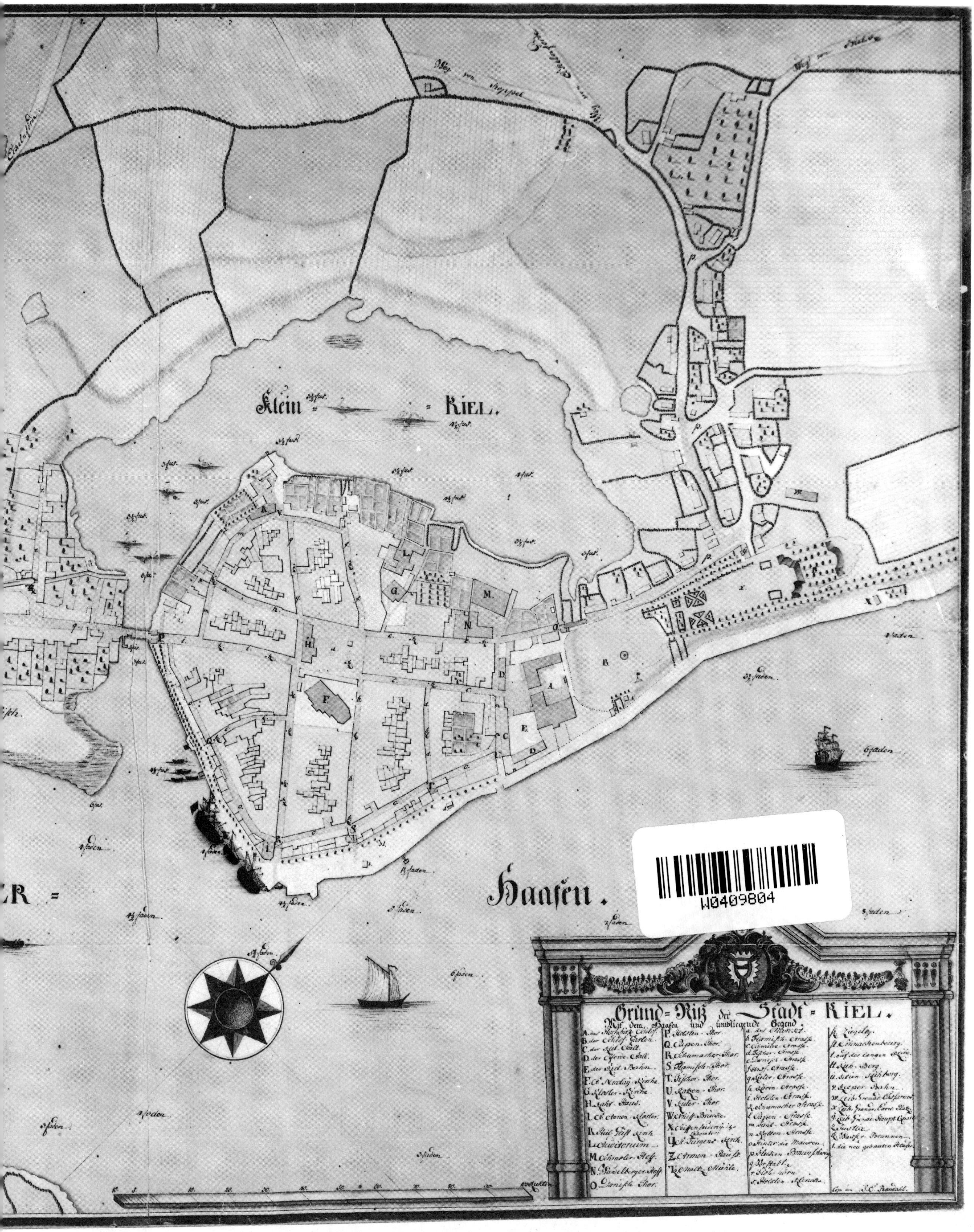
Klein = KIEL.
Haasen.
Grund = Riß der Stadt = KIEL.
Mit dem Haasen und umbliegende Gegend.
P. Holsten-Thor.
Q. Kuppen-Thor.
R. Schumacher-Thor.
T. Fischer-Thor.
V. Kuter-Thor.
Z. Armen-Hauß.
a. der Marckt.
g. Kuter-Strasse.
i. Holsten-Strasse.
o. Hinter die Mauren.
L. Auditorium.
1. die neu gebauten Häuser.

Begegnungen mit **Kiel**

Begegnungen mit **Kiel**

Gabe der Christian-Albrechts-Universität
zur 750-Jahr-Feier der Stadt

Herausgegeben von Werner Paravicini
in Zusammenarbeit mit
Uwe Albrecht und Annette Henning

Wachholtz Verlag

ISBN 3529 02722 7

Lithos, Satz und Druck: Wachholtz-Druck, Neumünster
Buchbinderei: Alster-Buchbinderei, Hamburg

Zum Geleit

Die Stadt Kiel feiert in diesem Jahr ihr 750jähriges Bestehen. Stadt und Universität haben eine gemeinsame Geschichte, die schon mehr als drei Jahrhunderte währt. Als sichtbaren Ausdruck der Verbundenheit überreicht die Universität der Stadt eine Buchgabe mit dem Titel „Begegnungen mit Kiel". Alle 100 Beiträge sind von Mitgliedern der Christian-Albrechts-Universität geschrieben, aus mehr als 20 Instituten.

Den Anstoß zu diesem Buch hat mein Vorgänger, Jost Delbrück, gegeben. Vorüberlegungen reichen bis in die Amtszeit von Gerd Griesser zurück. Werner Paravicini vom Historischen Seminar erklärte sich bereit, die Herausgeberschaft zu übernehmen. Eine Gruppe von Kollegen aus dem Kunsthistorischen Institut (Frank Büttner, Adrian v. Buttlar, Lars Olof Larsson), dem Historischen Seminar (Erich Hoffmann, Michael Salewski) und dem Seminar für Volkskunde (Kai Detlev Sievers) beriet den Herausgeber und verbesserte die Konzeption, unterstützt durch die Historiker Christian Degn und Wolfgang Prange. Horst Gärtner, Institut für Hygiene, half mit Hinweisen auf weniger bekannte Kieler Denkmäler und gab Anregungen zur Gesamtgestaltung.

Die Herausgabe erfolgte in Zusammenarbeit mit Uwe Albrecht vom Kunsthistorischen Institut, der viel für Themenauswahl, Illustration und Bildunterschriften getan hat, und mit Annette Henning, der Photographin des Kunsthistorischen Instituts, die nicht nur die weitaus meisten Bilder aufgenommen und angefertigt hat, sondern stets das Ganze im Blick behielt. Weitere Aufnahmen lieferte Horst Brix von der Bildstelle der Universität. Viele Personen und Institutionen haben bereitwillig Photographien aus ihrem Besitz zur Verfügung gestellt; ihre Namen sind im Bildnachweis genannt. Schreibarbeiten erledigte Heide Ceulemans. Anke Paravicini las Korrektur und fertigte den topographischen Index. Der Verlag, vertreten durch Walter Kardel und Norbert Brey, hat sich in vorbildlicher Weise für Gestaltung und Herstellung des Bandes eingesetzt. Allen, die an der Entstehung und Vollendung des Bandes beteiligt waren, sei herzlich gedankt.

Großer Dank gilt schließlich den vielen Angehörigen der Universität, die dem Aufruf des Rektorats zur finanziellen Absicherung des Druckes gefolgt sind. Mit Hilfe ihrer Spenden zu Gunsten des Stadtjubiläums konnte die Idee der Festgabe verwirklicht werden.

Bilder und Texte laden ein, die Stadt Kiel und ihre Geschichte zwischen 1242 und 1992 näher kennenzulernen. Die vorgeführte Vielfalt und Bedeutung der sichtbaren Zeugnisse aus Vergangenheit und Gegenwart möge zu einem neuen Interesse an der Stadt führen, in der wir leben. Zwar ist die Landeshauptstadt nie nur Universitätsstadt gewesen, so eng Stadt und Universität auch miteinander verbunden waren und sind. Beide wissen aber, was sie aneinander haben, jetzt und in Zukunft. Die Christian-Albrechts-Universität gratuliert und freut sich auf weitere „Begegnungen mit Kiel".

Michael Müller-Wille
Rektor

Über dieses Buch

Seine Grundidee entstand 1988, als es galt, der damals geplanten und 1991 erschienenen „Geschichte der Stadt Kiel" einen anders gearteten Band zur Seite zu stellen, mit dem die Universität die Stadt zu ihrer 750-Jahr-Feier ehren könnte. Ein Werk des Geistes sollte es werden, womöglich ein geistvolles Werk, dem Anlaß entsprechend aber nicht ein gelehrtes. Auch sollten möglichst viele Angehörige der gesamten Universität daran mitarbeiten und mittragen.

Nach diesen Vorgaben wuchs der vorliegende Band von 100 Beiträgen, weder Stadtgeschichte noch Bilderbuch, und doch beides zugleich. Seine Anlage ist einfach und, wie ich hoffe, übersichtlich: Die Autoren stellen sich vor, ein Kieler Bürger gehe heute aufmerksam durch das Stadtgebiet (und nur dieses) und sehe ein Denkmal oder ein Straßenschild, ein bemerkenswertes Haus oder ein großes öffentliches Gebäude, ein Kunstwerk oder eine Landschaft. Deshalb steht jeweils auf den rechten Seiten des Bandes eine Großaufnahme eines solchen Objektes in seinem heutigen Zustand. Nicht immer ist es so ausgekommen, und zuweilen hat die eilende Zeit einer Aufnahme des Jahres 1990 oder 1991 schon wieder die Aktualität geraubt. Auf der linken Seite beginnt ein Lesetext, ein Essay, so locker und doch so ernst, wie der Autor nur immer zu schreiben imstande war. Dieser Text kann sich über mehrere Seiten fortsetzen und ist zumeist um weitere Bilder vermehrt: Details, ältere Zustände, weitere Illustration. Da die Verfasser gewohnt sind, ihre Aussagen zu belegen, wollen sie auf knappe Quellen- und Literaturangaben nicht verzichten, stellen sie aber ans Ende des Bandes.

Der imaginäre Spaziergänger kommt – wie sollte es anders sein – vom Wasser des Kiels, der (1) Förde her, geht dann in (2) die Altstadt hinein, besichtigt eingehend die Nikolaikirche und ihre Umgebung und schlendert durch die Dänische Straße hinauf zum Schloß. Der weitere Weg führt ihn (3) nach Norden der Wasserfront entlang durch Düsternbrook und (4) Marineviertel über den Nord-Ostsee-Kanal bis (inzwischen wird er wohl einen Wagen genommen haben) nach Friedrichsort und Schilksee. Er kehrt um und besichtigt die Neubaugegenden der (5) preußischen Zeit, fährt (6) nach Süden und (7) über die verstädternden „Dörfer" (8) aufs andere Ufer – und vielleicht noch zum (9) Gute Staun bei Damp, wo er (bislang noch) ein handfestes Stück Alt-Kiel aufbewahrt findet.

Der Band ist demnach in neun unterschiedlich lange Abschnitte gegliedert, deren Bezeichnung am unteren Seitenrand genannt ist, zusammen mit der durchlaufenden Beitragsnummer, die dabei hilft, sich in den mit zahlreichen Querverweisen ausgestatteten Texten zurechtzufinden. Ein Lageplan, in den die Nummern eingetragen sind, dient ebenfalls der Orientierung und, vielleicht, der Planung von Ausflügen. Er steht am Anfang, vor dem Inhaltsverzeichnis. Am Ende stehen: ein knapper Index der wichtigsten behandelten Gegenstände, der dabei helfen wird, schnell ein gesuchtes Objekt zu finden; eine Liste der Autoren mit den Ziffern ihrer Beiträge, die zusammenstellt, wer welche Beiträge geschrieben hat; ein Abbildungsnachweis, der Urheber und Fundort der zahlreichen Photographien nennt.

Wer den Band aus der Hand legt, wird sich eingestehen müssen, daß hier nicht die strenge Schönheit des Mangels vorgeführt wird, sondern ein verhaltener Reichtum, von dem er wenig ahnte.

Werner Paravicini

Kleiner Kiel
KIELER HAFEN
NORD-OSTSEE-KANAL
Klausdorf
Pries
Friedrichsort
Holtenau
Flugplatz
Holtenauer
Reede
KIELER FÖRDE
Heikendorfer Bucht
Kitzeberg
Wiker Bucht
Wik
Suchsdorf
Schwartenbek
Steenbek-Projensdorf
Prinz-Heinrich-Brücke
Hochbrücke Levensau
Sporthafen Wik
Mönkeberg
Düsternbrook
Sporthafen
Landeshaus
Ostuferhafen
Dietrichsdorf
Neumühlen
KIELER HAFEN
Oslokai
Schloß
Konzerthalle
Seegartenbrücken
Schwedenkai
Howaldtswerke-Deutsche Werft AG
Wellingdorf
Ellerbek
Kronshagen
Mettenhof
Hasseldieksdamm
Russee
Hassee
Vorderer Russee
Gaarden-Ost
Gaarden-Süd
Vieburger Gehölz
Nordmark-Sportfeld
Universität
Christian-Albrechts-Universität
Schützenpark
Südfriedhof
Boelckestr.
Barkmissen
Kronsberg
Ottendorf
Gemeinschaftskraftwerk Kiel

Inhaltsverzeichnis

CHRISTIAN DEGN Historisches Seminar

Erste Begegnung: Kiel ist Kiel

Die erste Begegnung mit Kiel – visuell, von ferne – kann von See, von Land oder aus der Luft erfolgen.

Wer mit dem Schiff, etwa von einer der Kieler Partnerstädte Vaasa, Tallinn, Gdynia oder Stralsund, sich Kiel nähert, erkennt bei entsprechender Sicht am Horizont als erstes Zeichen von Kiel zwei dünne Striche, womöglich mit Rauchfahnen: es sind die Schornsteine des Kraftwerks in der Wik. Wenn dann bei der Weiterfahrt als markante Wegweiser das Marine-Ehrenmal von Laboe und der Bülker Leuchtturm auftauchen (aber beide gehören nicht zu Kiel) und wenn das Schiff den Leuchtturm Kiel draußen vor der Außenförde passiert, so weiß man: Kurs Kiel liegt an. Rasch erscheinen nun die für Kiels Silhouette charakteristischen Objekte: die Portalkräne der HDW (vgl. Nr. 94), der Funkturm, der Rathausturm (vgl. Nr. 71), der Wasserturm (vgl. Nr. 57), der „Lange Christian" der Universität, die Kanalhochbrücken (vgl. Nr. 54), die Hochhäuser des Olympiazentrums (vgl. Nr. 53). Die Anreise nach Kiel per Schiff, darin sind sich wohl alle einig, ist interessant, ist schön; man sollte sie öfter genießen. Am schönsten ist es wohl Ende Mai, wenn die Rapsfelder leuchten und der Wind den Duft weit auf die See hinausträgt; oder Ende Juni, wenn in der „Kieler Woche" Hunderte von Segelbooten auf der Außenförde gegen den Wind kreuzen und vorm Wind mit bunten Spinnakern dahinziehen.

Einen völlig anderen ersten Eindruck gewinnt der Reisende, der sich von Süden her auf der Autobahn durch die hügelige Jungmoränenlandschaft Kiel nähert (vgl. Nr. 2). Er hat sein Ziel fast erreicht, da erscheint nach einer sanften Kurve hinter einer Waldkulisse in knapp 5 km Entfernung ein Gebilde aus hohen hellen Betonklötzen. „Ach, das ist Kiel?", mag er überrascht oder entsetzt ausrufen. Was er vor sich sieht, ist so ganz anders, als er sich – vermutlich – die Landeshauptstadt Schleswig-Holsteins, die Universitätsstadt, die Stadt der Marine und der Kieler Woche vorgestellt hatte – selbst wenn er wußte, daß Kiel im Zweiten Weltkrieg zum größten Teil zerstört und dann neu wieder aufgebaut worden ist. Doch jedermann darf beruhigt sein: Was man hier von der Autobahn aus zuerst erblickt, ist keineswegs das eigentliche Kiel, vielmehr „nur" ein nach dem Kriege am äußersten Stadtrand „auf grüner Wiese" erbauter Stadtteil, Mettenhof, von den Kielern scherzhaft auch Manhattanhof genannt (vgl. Nr. 92).

Und wieder ganz anders der erste Anblick der Stadt für den Luftreisenden beim Anflug auf Kiel. Es mag sein, daß beim Heraustauchen aus den Wolken ein Passagier begeistert ausruft: „Oh, das ist Kiel!", und dem Nachbarn, der nun auch hinausschaut, erklärt: „Da, die Förde!" Wahrscheinlich ist ihm nicht bewußt, daß er mit dieser Erklärung genau das Richtige getroffen hat: denn Kiel heißt Förde, eine Meeresbucht, die wie ein Keil viele Kilometer weit ins Land hineinreicht. Die Stadt aber, die vor 750 Jahren dort unten gegründet worden ist, hieß damals „de Holstenstadt tom Kyle", die Holstenstadt an der Förde. Das ist ein langer, umständlicher Name; er wurde daher im Sprachgebrauch allmählich verkürzt zu „tom Kyle" und schließlich zu „Kiel" (das y im alten Namen ist ein langes ij).

Auf unserem Luftbild sehen wir also Kiel im doppelten Sinn, als Förde und als Stadt. Diese heißt nach dem für ihre Entstehung und Entwicklung bestimmenden Wesenselement (Gleiches gilt, leichter erkennbar, von Städten wie Swinemünde und Stralsund, Frankfurt und Ochsenfurt, Innsbruck und Saarbrücken).

Gegründet wurde diese Holstenstadt im nordöstlichsten Winkel der Grafschaft Holstein. Diese reichte damals nur auf eine kurze Küstenstrecke an die Ostsee. Denn nur wenige Kilometer nördlicher, wo die Levensau (heute der Nord-Ostsee-Kanal) in die Förde mündete, beginnt das einstige Herzogtum Schleswig (mit dem „Dänischen Wohld"); und auf dem Ostufer der Förde reichte Holstein bis an die Schwentine; diese war einst ein Teil des Limes Saxoniae, der Grenze gegen das von Slawen bewohnte Wagrien (daher Ortsnamen wie Laboe, Muxall), das seit Mitte des 12. Jahrhunderts von deutschen Siedlern kolonisiert und christianisiert worden war (daher die Ortsnamen Dietrichsdorf, Mönkeberg, Schönkirchen). Dieses Wagrien wurde erst später Holstein zugerechnet.

Im Anflug auf Kiel: Man erkennt die Altstadt (Bildmitte), die Mündungen von Nordostseekanal (links) und Schwentine (rechts) und den Endmoränenwall mit Funkturm (vorne).

Kiel von der Seeseite: Mit dem Fährschiff in das Herz der Stadt.

Die kleine „Holstenstadt" ist mittlerweile über den Nord-Ostsee-Kanal nach Schleswig, über die Schwentine nach Wagrien, vom Ostsee-"Kiel" über die Endmoränen-Wasserscheide in den Einzugsbereich der Nordsee hinübergewachsen – Kiel ist auch insofern Landeshauptstadt von Schleswig-Holstein geworden.

Was aber wäre Kiel ohne die Förde? Man mag die Worte drehen und deuten, wie man will: Kiel ist Kiel.

HEINZ KLUG Geographisches Institut

Die Förde als Naturraum: Erdgeschichte der Meeresbucht und Küstenlandschaft

Als keilförmig in das Land eingreifende Ostseebucht mit kleinräumig sehr wechselvoll gestalteten Ufern weist die Kieler Förde geographische Wesenszüge auf, denen eine enge Verzahnung von Festland und Meer eigen ist. Selbst die vom Menschen im Laufe der Geschichte umgestalteten Uferabschnitte lassen an ihrer maritimen Nutzung noch deutlich die tiefgreifende Verflechtung der beiden unterschiedlichen Wirkungsbereiche erkennen. Die Küstenlandschaft der Förde steht somit sowohl in einem räumlichen Bezug zum Meer als auch zum Festlandsrahmen, wobei die Reliefformen in ihrer submarinen wie subaerischen Ausprägung den Grundcharakter des Raummosaiks bestimmen.

Landvorsprünge und dazwischen gelegene kleine Randbuchten geben der Förde eine im Grundrißbild klar zu erkennende Gliederung. Die sich südwärts bis zur Hörn stetig verschmälernde Innenförde wird durch ein beim Friedrichsorter Leuchtturm vorspringendes Sandhöft gegen die breitere, aber mit 9,5 km fast ebenso lange Außenförde abgegrenzt. An dieser Engstelle beträgt der Abstand der beiden Ufer nur 1000 m. Den Übergang zur offenen Ostsee markieren die Huk von Bülk im Westen und das Hakensystem des Bottsandes im Osten. Flächenmäßig besitzt die Außenförde mit rund 36 km^2 mehr als das Doppelte der Größe der Innenförde (mit 15 km^2). Als geomorphologische Leitlinie ist nahezu durchgehend eine tief eingeschnittene zentrale Längsrinne vorhanden, die in der Hörn mit etwa 8 m Wassertiefe beginnt und nordwärts kontinuierlich bis auf eine Tiefe von 20 m bei Tonne 1 zunimmt (Kögler/Ulrich 1985).

Ein Höhenrücken, der unter dem Namen „Hornheimer Riegel" bekannt ist, umschließt das Fördenende in einem nach Norden offenen Bogen. Kleinere, wallartige Erhebungen, die sich zu Staffeln ordnen lassen, treten zu beiden Seiten an die Förde heran. Südwärts der Hörn findet sich bis zur Bordesholmer Seenplatte ein ganzes System von Höhenzügen, die sich in ihrer räumlichen Anordnung alle bogenförmig um eine Tiefenzone in Verlängerung der Kieler Förde gruppieren. Die Senke wird streckenweise vom Oberlauf der Eider durchflossen, an ihrem Ende liegt der Einfelder See.

In dieser räumlichen Beziehung kommt ein genetischer Zusammenhang zum Ausdruck: Die Förde erweist sich als der nördlichste, heute von der Ostsee überflutete Teil eines Gletscherzungenbeckens, das durch Endmoränenzüge begrenzt und stellenweise in seiner Breite eingeengt wird. Die zentrale Längsrinne in ihrer Mitte, die in der südlich angrenzenden langgestreckten Senke ihre Fortsetzung findet, deutet darauf hin, daß neben der aussplitternden Wirkung des Gletschers auch unter hydrostatischem Druck fließendes Wasser, also subglazifluviale Erosion, an der Ausschürfung des Untergrundes beteiligt war. Von der Förde bis zum Einfelder See reichte die subglaziale Rinne, durch die die Schmelzwässer dem Gletschertor am Eisrand zuströmten, vor dem sie (bei Einfeld) die mitgeführten Sedimente zu weiten Sanderflächen aufschütteten.

Rückzugsphasen und kleine erneute Vorstöße des Eises hinterließen niedrigere Moränenstaffeln, deren Verlauf im Gelände oft nicht deutlich erkennbar ist. Besonders markant ausgeprägt sind hingegen die Schub- oder Stauchmoränen. Einen solchen Moränenrücken stellt der „Hornheimer Riegel" am Südende der Förde dar, der den alten subglazialen Talzug abdämmt und damit der Eider den Weg in die nahe Ostsee versperrt, so daß sie ihren Lauf nach Westen, zur Nordsee, nehmen muß. Die letzten Bewegungen des Fördegletschers zeichnen sich in den flachen Moränenbögen beiderseits der Förde ab.

Die Eisrandlagen im Raum der Kiel-Einfelder Gletscherzunge lassen sich nach neueren Untersuchungen (Stephan/Menke 1977, Liedtke 1981, Fränzle 1983) zu vier Staffeln ordnen. Die äußerste entstand vor rund 20.000 Jahren und reichte bis Einfeld. Sie hat zwar keine deutlich ausgeprägte Endmoräne hinterlassen, aber außer einer dünnen Grundmoränendecke vor allem die subglazial gebildete Rinne und an deren Südende den Einfelder Sander. Die mächtige Blumenthal-Randlage entstand vor 18 000 bis 19 000 Jahren, der Endmoränenzug, zu dem der „Hornheimer Riegel" gehört, um 14 800 Jahre vor heute. Auf einem Stauchrücken der zu dieser Zeit unter dem Eis abgelagerten Grundmoränenplatte liegt der Altstadtkern von Kiel (Fränzle 1983).

Der letzte Gletschervorstoß erreichte nur noch das nördliche Stadtgebiet. Nach Artefakt-Funden aus einer derselben Eisrandlage zugehörigen Moräne bei Grömitz dürfte dieser Vorstoß später als 13 000 vor heute erfolgt sein (Stephan/Menke 1977). Morphologisch ausgeprägte Randlagen der Rückschmelzphase dieses

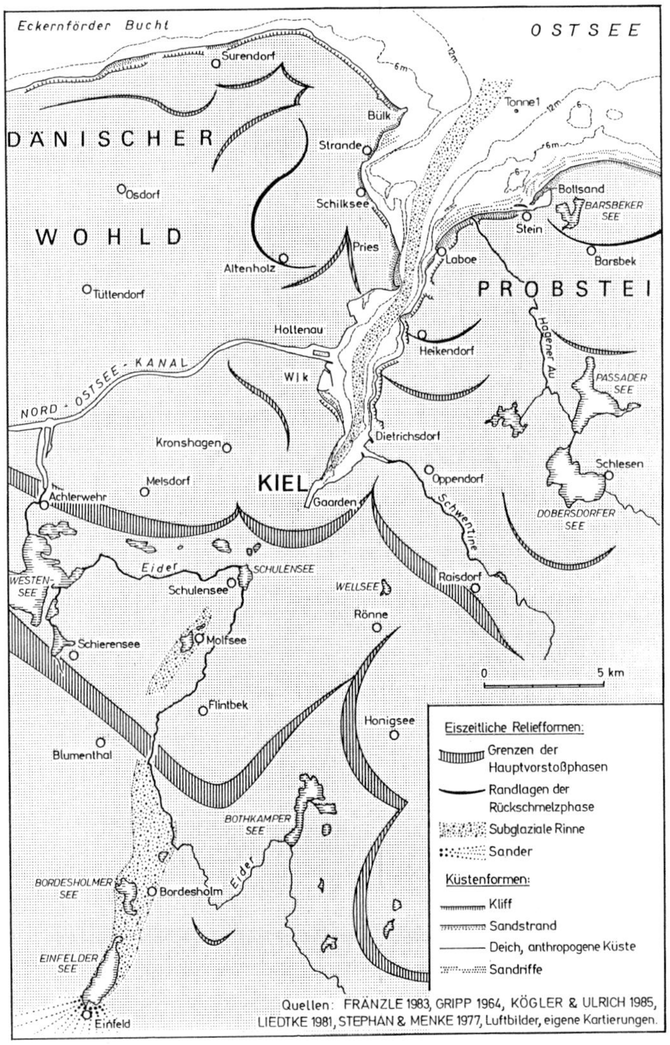

Eiszeitgletscher und die Kräfte des Meeres prägten die Kieler Landschaft.

Gletschers finden sich in kleinen Moränenwällen beiderseits der Außenförde.

Während der Gletscherrückzugsphasen lösten sich Eisblöcke von der aktiven Eisfront und blieben als Toteis liegen. Sie wurden bei neuen Vorstößen vom Gletscher überfahren, von Schmelzwasserablagerungen und Moränen bedeckt. Als mit der nacheiszeitlichen Erwärmung das begrabene Toteis vom Tieftauen erfaßt wurde, entstanden die Seen und Senken in ihrer heutigen Ausprägung. Nach dem vollständigen Rückzug des Eises bildete die Kieler Förde eine festländische Hohlform, die durch Schwellen aus Glazialsedimenten in Einzelbecken gegliedert war. In diesen Wannen entstanden Süßwasserseen, die aber miteinander verbunden waren. Die sie durchfließenden Wasserläufe nahmen ihren Weg, entgegengesetzt zu den unter dem Gletschereis strömenden Schmelzwässern, nach Norden in die damals landfeste Kieler Bucht.

Mit der beginnenden Klimaaufbesserung hielt auch die Vegetation ihren Einzug in das „vom Eise befreite" Land. Zuerst breitete sich eine baumfreie Tundra aus, ab rund 12 000 v.h. wurde sie von zunächst lichtem, dann dichterem Birken-Kiefernwald abgelöst. Als um 6.500 v.h. die Eiche und die mit ihr vergesellschafteten Laubbäume bestimmend wurden, lebten am Grund der Förde bereits Menschen, denn in -8,50 m bis -9,00 m Tiefe wurde bei Ellerbek unmittelbar südlich der Schwentine-Mündung ein frühneolithischer Siedlungsplatz entdeckt (Weber/Mestorf 1904). Es war die Zeit, als der Mensch von der Jagd- und Sammelwirtschaft allmählich zum landwirtschaftlichen Anbau, zu Viehzucht und Vorratshaltung überging und Keramik die Steinwerkzeuge ablöste.

Nach den Hinterlassenschaften handelt es sich bei den Bewohnern des Fördebodens zwar noch um Jäger- und Fischergruppen, doch verfügten sie neben Stein- und verzierten Knochenwerkzeugen auch bereits über Tongefäße. Sie müssen die Wohnsitze am Fördeboden aber schon nach wenigen Jahrhunderten aufgegeben haben. Der Grund dafür war der Anstieg des Wasserspiegels, der durch das Abschmelzen des Inlandeises ausgelöst wurde. In seinem Verlauf drang das Meer immer tiefer in die Förde ein. Es kam zum Grundwasserrückstau, die Seen vergrößerten sich, Wiesenauen und Bruchwälder überzogen die aufgegebenen Siedlungsplätze. Der Fördegrund vermoorte, bis mit dem Einbruch des Salzwassers – es hatte höhere Salinitätswerte als heute – Meeressedimente darüber zur Ablagerung kamen. Die Ufer wichen immer weiter zurück.

Freier Naturraum: Steilufer und Sandstrand an der Kieler Außenförde.

Damit begann die marine Phase der Förden-Entwicklung, die bis heute andauert und zuletzt entscheidend durch die Tätigkeit des Menschen begleitet wird.

Um 7000 v.h. erreichte der Ostseespiegel etwa -10 m NN, was durch submarine Terrassen belegt ist (Kolp 1976). Danach stieg er phasenhaft an (Klug 1980): um 5500 v.h. lag er bei -3m NN, um 3500 v.h. bei -1,2 m NN. Nach einem relativen Hochstand um Christi Geburt im Niveau von -0,2 m NN sank er um 0,5 m bis 900 n. Chr. und stieg danach unter geringfügigen Schwankungen auf den heutigen Stand.

Das vordringende Meer hatte also bereits vor zwei bis drei Jahrtausenden das heutige Küstenvorfeld erreicht. Das Gletscherzungenbecken der Förde war zur Ostseebucht geworden. Mit dem weiteren Anstieg des Meeres und seinem Eindringen in das glazigen geformte Land war eine intensive Umgestaltung der Küsten verbunden. Alle Gelände-Aufragungen, also vor allem Moränenkuppen und -wälle, wurden durch die Wirkung der Meeresbrandung versteilt und zurückverlegt. Dabei entwickelten sich vor den entstehenden Kliffküsten Abrasionsplattformen, die vor allem im Bereich der Außenförde eine große Breite erreichten und heute als Flachwassergebiete in Erscheinung treten. Im Bereich der Innenförde findet sich vor dem Ostufer zwischen der Friedrichsorter Enge und den Werftanlagen der HDW-Dietrichsdorf eine zusammenhängende ufernahe Flachzone.

Das an den Steilufern abgetragene Moränenmaterial wurde durch die Brandung aufbereitet, der dabei anfallende Sand von den windgetriebenen Küstenlängsströmungen in die benachbarten Buchten transportiert. Im Strömungsschatten der vorspringenden Kliffs kamen diese Sedimente dann rasch zur Ablagerung. Dabei entstanden Nehrungen und Strandwälle, die sich an der östlichen Außenförde zu einem ausgeprägten Hakensystem entwickelten. Kleinere Buchten wurden durch diesen Mechanismus des Küstenaus-

Vermieteter Naturraum: Yachthäfen und Strandkörbe in Schilksee und Strande.

gleichs völlig von der offenen See abgeschnürt, so daß die dahinter liegenden Becken mit der Zeit verlandeten, beispielsweise bei Kitzeberg und Dietrichsdorf. Durch Sandanlandungen sind auch verschiedene Steiluferabschnitte dem Einfluß des Meeres entzogen worden. Solche „toten" Kliffs haben flachere Böschungen als die aktiven, d.h. noch der Brandung ausgesetzten, und sind meist schon bewachsen.

In den Akkumulationsgebieten entwickelten sich wechselnd breite Sandstrände, die mancherorts, wie etwa am Friedrichsorter Strand, mit Kupsten- oder Embryonaldünen besetzt sind. Fast überall findet sich auf den Stränden ein höherer, weiter landeinwärts gelegener, durch winterliche Sturmfluten aufgeworfener Strandwall sowie ein flacher, näher an der Wasserlinie gebildeter sommerlicher Strandwall. Vor den Stränden zeichnen sich im Flachwasser, an der helleren Blautönung des Meeres erkennbar, Sandriffreihen als Akkumulations- und „Transportbänder" der Küstenlängsströmung ab. Am Rande dieser Niedrigwassergebiete fällt der Meeresboden – sonst unmittelbar an der Küste – steil zu Tiefen bis über 12 m ab. Die bedeutende Wassertiefe bis dicht an die Ufer und das verengte Ende heran, macht die Förde zu einem hervorragenden Naturhafen, selbst für die großen modernen Seeschiffe.

Diese besondere Naturgunst beeinflußte wesentlich die Umgestaltung der Förde durch den Menschen. Das Südende der Hörn wurde 1876-80 mit Erdmassen zugeschüttet, die beim Bau der Marinedocks frei wurden, und bebaut. Der Kleine Kiel, ein den Altstadtkern ehemals fast ganz umschließender Nebenarm der Förde, ist nur noch in Restflächen vorhanden. Andererseits wurde durch den Bau des Nord-Ostsee-Kanals (1887 bis 1895) mit den Holtenauer Schleusen ein neuer, künstlicher Wasserweg von wachsender wirtschaftlicher Bedeutung erschlossen. Als Ergebnis der vielgestaltigen Raumwirksamkeit des Menschen zeigt die Küstenlandschaft der Förde heute ein überaus abwechslungsreiches Bild, das neben naturnahen Uferabschnitten mit Kliffhängen und Sandstränden, von Yacht- und Fischereihäfen, vor allem im inneren Teil durch Fährterminals, Handels- und Militärhafen, Werftindustrie, Dockanlagen und Verkehrsflächen geprägt wird. Aber auch kleine Waldgebiete, Parks und Grünanlagen fehlen zwischen den seit Ende des 19. Jahrhunderts überaus stark gewachsenen Siedlungsteilen nicht. Somit ist der Naturraum heute zwar weitgehend anthropogen überprägt, er bleibt aber geographisch bestimmend und ist bis in die funktionale Differenzierung der Kulturlandschaft transparent.

Gestalteter Naturraum: Das Wasserbecken des Kleinen Kiel mit Rathaus und Oper.

ERICH HOFFMANN Historisches Seminar

Der Grundriß der Kieler Innenstadt: Ein Spiegel früher Stadtgeschichte

Von den Bauwerken des mittelalterlichen Kiel sind nur drei Zeugen erhalten geblieben, Kreuzgang und Refektorium des Franziskanerklosters, ein Stück der kürzlich wiederentdeckten Stadtmauer und Teile des Mauerwerks der St. Nikolaikirche. Dennoch gibt uns der Grundplan des Straßennetzes der Kieler Altstadt, der in großen Teilen in seinem ursprünglichen Zustand bewahrt worden ist, manche Hinweise auf die Frühzeit der Stadt. Denn durch ihn wird deutlich, daß Kiel, welches 1242 von Graf Johann I. mit dem Recht der Stadt Lübeck ausgestattet wurde, aufgrund rationaler Planung angelegt worden ist.

Die Entstehung von Städten im Sinne der hochmittelalterlichen Stadt reicht in Nordelbien und Schleswig bis ins 12. Jahrhundert mit dem Aufstieg Schleswigs und den Gründungen Lübecks und der Neustadt von Hamburg zurück. Diese neuen großen Fernhandelszentren traten an die Stelle der alten Handelsemporien wie Haithabu oder Alt Lübeck. Die lokalen urbanen Handelszentren in Holstein wurden dann während des 13. Jahrhunderts neu gegründet oder als langsam heranwachsende Marktflecken schließlich mit Stadtrecht ausgestattet. So wurde dieses Jahrhundert zur eigentlichen Urbanisierungsepoche des Landes, während der etwa die Hälfte der heutigen holsteinischen Städte neu angelegt wurde oder nach einer gewissen Entwicklung das Stadtrecht erwarb. Fast alle diese Städte standen auf Kolonialboden, in Ostholstein und in den Elbmarschen oder doch in deutlicher Nähe zu neubesiedeltem Land. Sie waren nun die lokalen zentralen Orte, wo man eingeführte Handelsware der Fernhändler und in der Stadt selbst erzeugte handwerkliche Produkte kaufen und die landwirtschaftliche Produktion der Umgebung auf dem Detailmarkt oder für den Fernhandel absetzen konnte. Initiator dieser Stadtgründungen und -erhebungen war vor allem Graf Adolf IV. (1225–1239) aus dem bekannten landesherrlichen Geschlecht der Schauenburger, dessen Grabplatte noch heute im „Kieler Kloster" (dem Wohnheim für evangelische Theologiestudenten am Klosterkirchhof) aufbewahrt wird (vgl. Nr. 16). Auch die Anlage Kiels wird von ihm geplant worden sein, wenn sie auch erst nach seinem Eintritt als Mönch in den Franziskanerorden (1239) fertiggestellt und mit Stadtrecht ausgestattet wurde. Für die Zeit vor der Stadtgründung liegen Indizien für das wahrscheinliche Vorhandensein einer Vorgängersiedlung deutscher Kaufleute vor. Diese betrieben möglicherweise über Flemhude an der Eider, das noch von einigermaßen lastbaren von der Nordsee her kommenden kleineren Schiffen angelaufen werden konnte, einen bescheidenen Transithandel von Flandern her über die Cimbrische Halbinsel hinweg nach dem Ostseeraum.

Wohl angeregt von der vorzüglichen Schutzlage Lübecks wurde auch im Falle Kiels als Anlageplatz für die neue Stadt eine – in diesem Fall fast kreisrunde, jedoch viel weniger Raum als die Altstadt von Lübeck füllende – Halbinsel mit schmalem Landzugang gewählt. Die Innenförde und der von ihr abzweigende „Kleine Kiel" umfaßten schirmend fast das ganze Stadtareal. Der schmale Landzugang wurde durch eine Burg des Landesherrn abgesichert. Der planmäßige Grundriß der neuen Stadt Lübeck erklärt sich entweder daher, daß man von vornherein bei der Anlage des Ortes von einer sinnvollen Planung des Straßennetzes ausging oder aber, daß man nach und nach das ursprünglich schon gradlinig geformte Straßennetz weiterhin durch rechtwinklig sich kreuzende Trassenführungen ergänzte, weil sich die klare Wegführung bewährt hatte. Da sich das gradlinige Straßennetz der Travestadt als besonders nützlich erwies, hat man es dann auf viele neue Stadtgründungen – auch in Holstein – angewandt und hier nun tatsächlich bei den Gründungsakten zu Beginn das exakt geplante Straßennetz markiert. So geschah es auch in Kiel, wo die Form der den Stadtgrund bildenden Halbinsel eine kreisrunde Stadtanlage mit gitterartiger radialer Straßenführung aufweist gegenüber dem sonst oft bei schauenburgischen Städtegrün-

Den Stadtgrundriß erkennt man am besten aus der Luft: Senkrechtaufnahme der Kieler Innenstadt aus 2450 Metern Höhe. Die Wasserflächen von Kleinem Kiel und Hafen wurden im Laufe der Zeit durch Straßenbauten, Fähranleger und Werften beträchtlich verkleinert.

dungen beobachteten ellipsenförmigen Grundriß mit leiterförmigem Straßennetz, wie etwa bei der „Neustadt“ von Itzehoe.

Vom Marktplatz aus gingen ursprünglich mit einer Ausnahme je zwei rechtwinklig aufeinanderstoßende Straßen aus. Dies waren die Kehden- und Küterstraße, die Dänische- und die Haßstraße (die ursprünglich zum Markt durchgezogen war), die Schuhmacher- und die Pfaffenstraße (die jedoch eine krumme Straßenführung erhielt, um rasch den Hafen zu erreichen). Im Südosten verlief nur die Flämische Straße vom Markt zum Hafen (vgl. Nr. 5), sonst wurde dieses Viertel von der gemeinsam mit der Holstenstraße die Symmetrieachse des Stadtgrundrisses bildenden Schloßstraße aus über die von dieser abzweigenden Fischerstraße und die Kattenstraße in Richtung Hafen erschlossen. Die Schloßstraße führte zur Burg, die Dänische Straße zur Landesgrenze an der Levensau, die früher „Brückenstraße“ genannte Holstenstraße jedoch zur Brücke über den Kleinen Kiel, welche die Stadt mit ihrem Hinterland verband. Hinter der Stadtmauer liegende „Rundumwege“ (Faul- und Torstraße, Hinter der Mauer und Zum Kuhfelde) ergänzten das Straßennetz, Falck- und Eggerstedtstraße wurden diesem erst in recht später Zeit hinzugefügt.

Der Name der Flämischen Straße stützt die Vermutungen über einen Flandernhandel Kieler Fernhändler in der Frühzeit der Stadt. Ähnliches gilt für die Kehdenstraße. Denn eine Beziehung zu der niedersächsischen Elbmarschenlandschaft Kehdingen läßt sich am

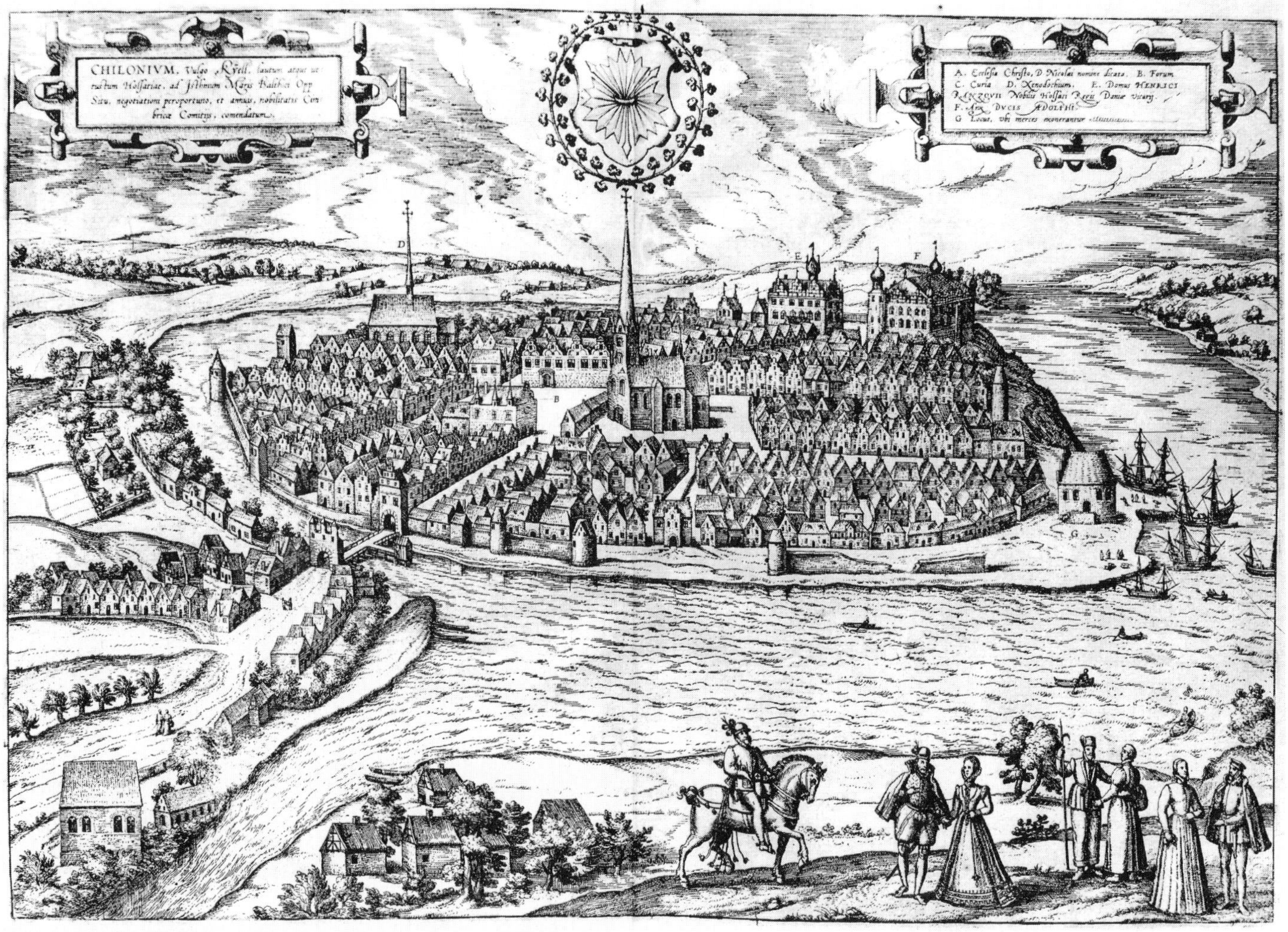

Kiel 1588: Die Holstenstadt war damals ganz von Wasser umgeben. Kloster, Pfarrkirche und Schloß dominieren wahrzeichenhaft. Nach dem Kupferstich aus dem Städtebuch von Braun und Hogenberg.

ehesten durch einen gewissen Transithandel von der Unterelbe über das 1238 gegründete Itzehoe, die Stör und das Urstromtal zwischen Neumünster und Kiel aufwärts erklären. In den beiden genannten Straßen mögen Wohnsitze von Flamen und Kehdingern oder von deren Kieler Handelspartnern gelegen haben. Die Dänische Straße erhielt ihren Namen entweder nach Einwanderern von jenseits der Eider oder deswegen, weil sie zur nahen hochmittelalterlichen dänischen Grenze an der Levensau führte. Schuhmacher- und Küterstraße (Küter = Verarbeiter von tierischen Innereien und Wurst) weisen mit ihrer Bezeichnung auf in diesen Straßen konzentriertes städtisches Handwerk.

Im ganzen mag das mittelalterliche Kiel, sehr grob geschätzt und mit Schwankungen, eine Bevölkerungszahl zwischen 1500 und 2000 Einwohnern aufgewiesen haben. Die Mehrzahl der Zuwanderer nach Kiel kam nach dem vorliegenden Quellenmaterial an Herkunftsnamen wohl wie üblich aus dem näheren Umland, wobei die östliche Zuwanderung verständlicherweise erst nach den großen Siedlungsmaßnahmen im 13./14. Jahrhundert ihren Höhepunkt erreichte. Die frühen „Fernzuwanderer" stammten wohl weitgehend aus den neu entstandenen benachbarten holsteinischen und südschleswigschen Städten, dazu tritt auch der Störraum besonders hervor, vielleicht ein Indiz für den Handel Itzehoe/ Unterelbe – Kiel. Im 13. Jahrhundert kamen nach dem Zeugnis der Herkunftsnamen die Fernzuwanderer dann wohl meist aus dem Kernraum des Hansehandels, aus den damaligen deutschen Ostseestädten (bis nach Reval) und aus Rheinland/Westfalen.

Von Kiel aus wurde schon in den ersten drei Jahrhunderten Fernhandel im Ostseeraum betrieben. Vor allem der Transport des Getreides des Umlandes ging von hier ab. Auch besaß Kiel am Ort der Schonenmessen und des Heringfangs an der schonenschen Südküste eine Vitte in Skanör. Der Umschlag des Handels von Kiel entsprach dem durchschnittlichen Volumen

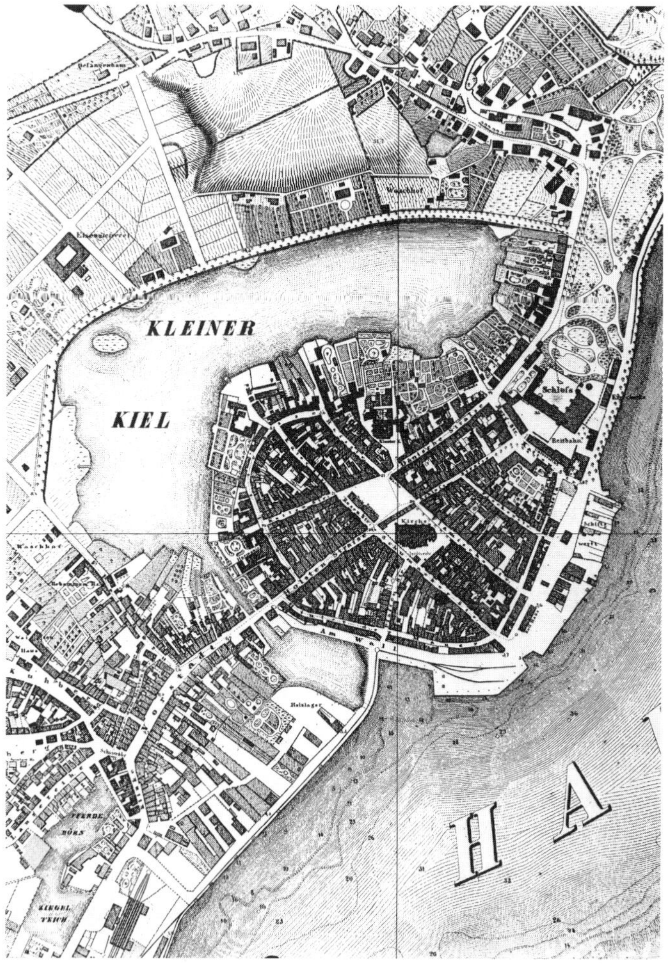

Kiel 1853: Erste Stadterweiterungen nach Süden und Westen entstehen. Die Altstadt bleibt davon zunächst unberührt. Ausschnitt aus dem Stadtplan von Wilhelm von Thalbitzer.

einer der kleineren Mittelstädte der Hanse. Als deren Mitglied war Kiel allerdings nicht sehr zuverlässig. Der Einfluß des Landesfürsten auf die Stadt wuchs deutlich, als hier 1321 die Plöner (später Rendsburger) Grafen des schauenburgischen Hauses die Grafen aus der Kieler Linie ablösten.

LARS OLOF LARSSON Kunsthistorisches Institut

Die Fischhalle: Landestypische Tradition und elegante Modernität aus der letzten Kaiserzeit

Dicht am Oslokai, im Schatten der riesigen Fährschiffe und durch die breite Verkehrsader Wall von der Altstadt abgeriegelt, steht ein bedeutendes Baudenkmal aus den Jahren vor Ausbruch des Ersten Weltkrieges: die alte Fischhalle, heute Schiffahrtsmuseum. Sie wurde 1909–1910 von der Stadt Kiel gebaut, um den Fischhandel im Hafen unter einem Dach zu vereinigen. Daß dieses Gebäude aber mehr als nur ein nützlicher Zweckbau sein wollte, beweisen die sorgfältig gestalteten Fassaden mit ihren in reichen Barockformen geschmückten Portalen. Die Fischhalle wurde als ein Repräsentationsbau der Stadt verstanden, der dazu beitragen sollte, dem Hafen ein würdiges Gesicht zu geben. Das Innere des Gebäudes war dagegen durch nüchterne Funktionalität geprägt. In der Mitte der großen, ursprünglich von einer hohen Holztonne überwölbten Halle befanden sich, in den Boden eingelassen, zwei Seewasserbehälter zum Frischhalten der Fische. Mit ihren 8 m Länge waren sie so groß, daß ganze Netze mit frischem Fang in sie eingesenkt werden konnten. Um dieses Becken herum standen Verkaufstische. Andere Verkaufsstände befanden sich an den Längsseiten der Halle, und an der Außenseite des Gebäudes befanden sich Läden, hauptsächlich für den Verkauf von Räucherfisch.

Ein prächtiges Giebelfeld mit dem Kieler Stadtwappen bekrönt das Portal der ehemaligen Fischhalle am Wall.

Hatte die Stadt von der neuen Fischhalle großen Gewinn erwartet, so sah sie sich zunächst betrogen. Die Vermietung der Stände ging schleppend voran, offenbar waren die verlangten Mieten zu hoch. Viele Händler zogen es weiterhin, trotz Verbot, vor, direkt vom Boot zu verkaufen. Die Stadt versuchte diesem Problem mit einer Propagandakampagne für Fischkost zu begegnen. Durch Einfuhr von Nordseefisch sollte das Sortiment erweitert werden, um damit die Nachfrage zu stimulieren. Man dachte aber auch daran, die Eßgewohnheiten der Bevölkerung zu beeinflussen. In einem Abkommen mit der Deutschen Seefischhandels AG in Cuxhaven wurde vereinbart, Fischkochkurse in den Schulküchen zu veranstalten und eine Fischimbißecke in der Fischhalle einzurichten. Außerdem wurde eine Verkaufshalle für Fisch am Dreiecksplatz gebaut, um den Zugang zu Frischfisch zu erleichtern.

Die Fischhalle hat den Zweiten Weltkrieg ohne größeren Schaden überstanden. Als das Gebäude aber durch die Verlegung des Seefischmarktes ans Ostufer (vgl. Nr. 97) seine ursprüngliche Funktion verloren hatte, war auch seine Existenz gefährdet. In den 60er Jahren sollte sie einem Parkhaus weichen. Als ein Zeichen dafür, daß der architekturhistorische Wert der Fischhalle damals erkannt wurde, muß allerdings gewertet werden, daß ihr Wiederaufbau am Kleinen Kiel

Ansicht der Fischhalle von der Landseite.

in diesem Zusammenhang erwogen wurde. Zum Glück blieb sie aber an ihrem ursprünglichen Platz erhalten. 1972 wurde sie unter Denkmalschutz gestellt und 1978 konnte sie ihrer neuen Funktion als Schiffahrtsmuseum übergeben werden.

Architekt der Fischhalle war der Kieler Stadtbaurat Georg Pauly (1865-1951). Pauly war seit 1899 in Kiel tätig (seit 1903 als Stadtbaurat) und gehörte zu den Vertretern der Heimatschutzbewegung. Als Stadtbaurat lag ihm die Rettung der Kieler Altstadt am Herzen. Gegen die starken wirtschaftlichen und politischen Kräfte, die gerade in den Jahren um und kurz nach der Jahrhundertwende die Umgestaltung der Stadt nach den Erfordernissen der neuen Zeit vorantrieben, war er allerdings machtlos. Bezeichnenderweise blieben die fotografische Dokumentation der historischen Bauten Kiels und ein wissenschaftliches Werk über das Kieler Bürgerhaus die dauerhaftesten Ergebnisse seiner Bemühungen auf diesem Gebiet. Mehr Erfolg zeigten seine Bestrebungen, für die neue Architektur regionaltypische und dennoch zeitgemäße Formen zu finden.

Die Architektur der Fischhalle muß vor diesem Hintergrund gesehen werden. Mit der Verwendung von rotem Backstein und hellem Sandstein und in der Wahl der Schmuckformen griff Pauly auf schleswig-holsteinische Bautraditionen des 17. und 18. Jahrhunderts zurück. Gleichzeitig wurde damit der zeittypischen Forderung nach Materialechtheit – Ziegel und Sandstein statt Putz und Stuck – entsprochen. Beherrschendes architektonisches Motiv der Fischhalle ist aber das hohe geschweifte Spitzbogendach. Die Konstruktion dieser weit gespannten Überdachung stellt eine beachtliche technische Leistung dar, bemerkenswerter ist aber, wie durch dieses Dach die Fischhalle eine Gestalt erhalten hat, in der sich landestypische Tradition mit eleganter Modernität vereint.

WERNER PARAVICINI Historisches Seminar

Die Flämische Straße: Mittelalterliche West-Ost-Beziehungen in einem alten Namen

Kaum ein Spaziergänger wird sich heute in diese Straße verirren, die vom Chor der Nikolaikirche hinunter zum Hafen führt. Am oberen Ende mag ihn der laute Verkehr der breiten Eggerstedtstraße abhalten, die erst nach dem letzten Kriege angelegt und bebaut worden ist. Am unteren Ende möglicherweise die Kieler „Küste" mit Sudfaß (Nr. 17: „Lassen Sie sich verwöhnen") und Eros-Center (hinter Nr. 19-29: „zu den Girls"), aber auch der Fernverkehr, der durch die Wall-Straße braust. Der Blick auf die Förde ist durch die Lagerhäuser von Sartori & Berger verstellt. Anders als die Dänische hat die Flämische Straße heute architektonisch wenig zu bieten: ganze zwei unauffällige Häuserfassaden (Nr. 18-22a) haben die Bombardements von 1944–1945 überlebt, die die Straße fast ganz in Trümmer legten. Dabei war sie einmal, wie eine Aufnahme von 1903 zeigt, geradezu malerisch anzusehen, mit kleinen Giebelhäusern bestanden, im Anblick den „Gruben" in Lübeck ähnlich. Auch die nachfolgende Bebauung, mit freiem Blick auf das Wasser, spricht uns noch an. Hier in der zweitreichsten Straße im Kiel des 15. Jahrhunderts (nach der Holstenstraße), die einem der vier Stadtviertel den Namen gab, hatte einmal ein Rantzauischer Adelshof (vgl. Beitrag 19) gestanden, war 1689 das „Museum Cimbricum" (Nr. 15, heute „Lucky Play" und Parkhaus), das erste öffentliche Museum der Welt eingerichtet worden (vgl. Beitrag 29), hatte im Blomeschen, dann Saldernschen Freihaus (Nr. 21) von 1834-1894 das oberste Landesgericht residiert, bevor es an das heute noch vorhandene Gebäude am Kleinen Kiel umzog (vgl. Beitrag 69)

Heute ist nur noch das Straßenschild einen Augenblick der Betrachtung wert, wenn man sich denn die Mühe macht, danach zu fragen, weshalb Straßen so heißen wie sie es tun. Fast unverändert seit der Stadtgründung im 13. Jahrhundert (vgl. Beitrag 3) hat die Flämische Straße ihren Namen getragen, nur daß die Sprache, in der er zuerst im Jahre 1264 aufgezeichnet wurde, lateinisch war: *platea Flemmigorum* heißt es im ältesten Kieler Stadtbuch (Eintrag Nr. 7), zu deutsch: Straße der Flamen; erst später (erstmals 1472) wurde sie zur Flämischen Straße. Dieses Alter teilt sie mit der Dänischen und der Kehdenstraße, die ursprünglich ebenfalls Straße der Dänen und Straße der Kehdinger hießen, während die Holstenstraße ursprünglich Brückenstraße genannt wurde (nach der Brücke über den an dieser Stelle inzwischen zugeschütteten Kleinen Kiel) und erst allmählich diesen Namen bekam, und zwar nach der Richtung, in der man die Stadt durch sie verließ: nach Holstein.

Die Flämische, Dänische und Kehdenstraße sind aber aus anderem Grund benannt worden, obwohl die Himmelsrichtung bei der Dänischen Straße stimmt. Die Landschaft Kehdingen am Westufer der Unter-Elbe zwischen Oste und Aue war über die an der Mauer endende Straße nicht erreichbar, und Flandern liegt nicht an der Förde. Vielmehr bezeichnen diese Namen Herkunftsgebiete von Siedlern, in deren Heimat geworben worden war und denen bei der Stadtgründung zwischen 1233 und 1242 jene Straßen zugewiesen wurden. Und richtig finden wir im ältesten Kieler Stadtbuch von 1264–1289 einen Kehdinger, mehrere Dänen, dazu Holländer, zwei Friesen und, vielleicht, eine Französin oder Wallonin *(Greta dicta gallica)* als Kieler Bürger – aber auffälligerweise niemanden, der eindeutig als Flame anzusprechen wäre. Jedenfalls war die Sonderung in Straßenzüge damals kaum noch zu erkennen, die Rekrutierung der Kieler Neubürger ist sehr schnell holsteinisch geworden. Nur die Namen sind geblieben, während z. B. die Ritterstraße des Adels noch im 15. Jahrhundert zur Fischerstraße wurde und heute zwischen Parkhaus und dem Gebäude des Norddeutschen Rundfunks ganz verschwunden ist.

Dies ist aber noch nicht die ganze Geschichte. Denn: Was haben Flamen im Ostseeraum zu suchen? Einen Hinweis gibt der Ortsname „Flemhude" an der Eider unweit Kiel. Er bedeutet „flämische Schiffslände". Neuere Forschungen haben wahrscheinlich gemacht,

Die Flämische Straße heute: Schilderzeile – Sehnsuchtsmeile . . .

Flämische Str.
SAUNACLUB
SAUNA
P
Frei
HOLSTEN
EROS

Die Flämische Straße 1903: Stattliche Bürgerhäuser – wie hier an der Ecke zur Schloßstraße – künden vom Wohlstand ihrer Bewohner.

daß Name und Ort, obgleich erst 1280 bezeugt, älter sind als die Stadt Kiel. Höchst wahrscheinlich sind Flamen von Westen kommend die Eider hinaufgefahren, luden in Flemhude aus, brachten ihre Waren über Land an die Förde und setzen dort ihre Fahrt nach Osten fort (oder ließen dies durch Einheimische besorgen) – das alles schon vor der Kieler Stadtgründung. Die Flämische Straße, mit eigenem Tor der Förde zugewandt, gehört in diesen Zusammenhang von flämischem Handel und flämischer Siedlung. Zwar suchten Hamburg und Lübeck den gesamten Transfer über die Jütische Halbinsel zu monopolisieren, aber ganz gelungen ist ihnen dies nie, wie die Geschichte der Städte Rendsburg, Schleswig und Flensburg, Husum und Ribe zeigt. So wie Graf Adolf IV. mit seiner ehrgeizigen Gründung einer *civitas holsatorum* von 1242, die erst 1259 als „Kiel" bezeugt ist, suchte Graf Johann III. von Holstein in den 1320er Jahren noch einmal und ausdrücklich (wenn die Nachricht eines späteren Chronisten zutrifft), Kiel und Flemhude gegen Lübeck und Hamburg zu setzen – was bekanntlich nicht gelungen ist.

Flämischer Handel und flämische Siedlung im Ostseeraum sind aber keineswegs allein durch Flemhude und die Flämische Straße bezeugt. Ihre bedeutende Rolle bei der Ostsiedlung des 12. Jahrhunderts in Ostholstein ist bei dem zeitgenössischen Chronisten Helmold von Bosau (I, 89) erwähnt *(Hollandri, Selandri, Flandri)* und hat Spuren in der Sprache und in vielen Ortsnamen hinterlassen, unter denen der Höhenzug „Fläming" im Brandenburgischen der bekannteste sein mag. Zahlreiche Erwähnungen in Lübecker und Hamburger und auch Kieler Stadtbüchern (Nr. 322, 418: Gent) belegen für das 13. Jahrhundert ihren Eigenhandel in Nord- und Ostsee, bis politische Umwälzungen

Die Flämische Straße um 1910: Freier Blick auf den Hafen.

in Flandern um 1300 sowohl ihre Auswanderung (die wohl schon früher zurückgegangen war) als auch ihre Seefahrt zum Erliegen brachten: Die Flamen beschränkten sich nunmehr fast ausschließlich darauf, Gastgeber der Kaufleute aus dem Süden (Italien, Spanien, Frankreich), aus dem Westen (England) und Osten (die Hansen) in Brügge zu werden, wodurch Brügge als neuer Weltmarkt zum Partner der Hanse wurde: Mitte des 14. Jahrhunderts hat sie dort ein eigenes Kontor errichtet. Auch Kieler Kaufleute waren in ihrem bescheidenen Rahmen an diesem Handel nach Westen mit Waren und Schiffen beteiligt: Hollandhandel ist im 13. Jahrhundert bezeugt. Eine Schonenfahrergilde ist jedoch die einzige spezialisierte Kaufleutekompagnie gewesen, die aus dem mittelalterlichen Kiel bekannt ist. Die Flämische Straße aber behielt trotz der veränderten Verhältnisse den Namen. Er erinnert noch in unseren Tagen an den Gründungsvorgang der Stadt, an flandrische Seefahrt und flandrischen Handel und an die fruchtbaren Anregungen, die der europäische Norden aus dem Westen ehemals und immer wieder erhalten hat.

UWE ALBRECHT Kunsthistorisches Institut

St. Nikolai: Die Pfarrkirche als städtisches Zentrum

Im Mittelpunkt der allseitig vom Wasser her einige Meter ansteigenden Altstadthalbinsel liegt der Markt; neben ihm, seine südöstliche Platzseite wuchtig überragend, die geschichtsträchtige Hauptpfarrkirche St. Nikolai. Dieses für die Gründungsstädte der mittelalterlichen deutschen Ostkolonisation typische enge Nebeneinander von weltlichem und geistlichem Zentrum, das bis zum Zweiten Weltkrieg auch im Kieler Stadtbild unmittelbar erfahrbar war, hat mit der Zerstörung des historischen Rathauses, vor allem aber mit der urbanistisch fatalen Neugestaltung des Marktes zu Beginn der 1970er Jahre schweren Schaden genommen.

Eine gute Portion Spürsinn für geschichtliche Zusammenhänge gehört heute dazu, jene Mauerzüge wiederzuentdecken, die weder den rigorosen Erneuerern des späten 19. Jahrhunderts noch den Bomben des letzten Krieges zum Opfer gefallen sind. Die Baugeschichte der Nikolaikirche, die hier freilich nur in groben Zügen, obschon um einige neue Einsichten erweitert, Darstellung finden kann, folgt über 750 Jahre wie kein zweiter historisch ablesbarer Prozeß allen Höhen und Tiefen, denen die Stadt ihre Entwicklung und ihr Gesicht verdankt.

„MCCXXXXI" – dieses frühe Datum bezeugte ein inzwischen verlorengegangener Stein an der Chormauer rechts neben der sog. „Küstertür", den der erste schleswig-holsteinische Provinzialkonservator Richard Haupt um 1880 noch gesehen haben will. Die Gründung von St. Nikolai war demnach schon erfolgt, bevor Kiel im Jahre 1242 das Lübische Stadtrecht erlangte. Gleichzeitig mit der werdenden Stadt wuchs der erste Kirchenbau empor: Ein dreijochiges Langhaus über annähernd quadratischem Grundriß, bestehend aus drei nahezu gleichbreiten Schiffen mit Eingängen von Norden, Süden und Westen, einem mittelschiffsbreiten ursprünglich wohl rechteckig geschlossenen Chor im Osten und einem stämmigen, dreiseitig freistehenden Glockenturm im Westen.

Dieser Ursprungsbau steckt noch heute im Kern des Gotteshauses. Seine Spuren finden sich an mehreren Stellen: In Gestalt der nach den Kriegszerstörungen behutsam dem modernen Kirchenraum wieder eingefügten Reste der Umfassungsmauern des Langhauses treten sie offen zutage; flüchtigen Blicken verborgen bleiben sie hingegen im Bereich der beiden Turmuntergeschosse, wo vor der Begegnung mit den ältesten unverfälscht erhaltenen Mauerwerkspartien der Landeshauptstadt, zu denen zwei frühgotische Schalluken und das Stück eines Zierfrieses aus Glasurziegeln gehören, der etwas mühsame Aufstieg unter das staubige Kirchendach zugemutet werden muß.

Folgt man den Quellen, so dürfte das Datum „1241" zwar mit einem Baubeginn der Ostteile der Kirche in Verbindung zu bringen sein, nicht aber auf jenen bis zu den Kriegszerstörungen bestehenden polygonalen Chor zutreffen, für den ausdrücklich 1284 und 1285 Stiftungen „ad edificium chori" überliefert sind. „Fundamente aus Riesenfeldsteinen, die einfach zusammengerollt waren" und zwischen denen „ganze Bündel von Arm- und Beinknochen von Menschen" im Zuge der Wiederaufbauarbeiten 1950 gefunden wurden, sprechen nach den Worten des damaligen Kieler Propsten Hans Asmussen dafür, „daß an dieser Stelle bereits ein Friedhof gewesen sein muß, als der Chor gebaut wurde und man die Fundamente legte." Anzeichen einer „besonderen festen Mauer" an der Stelle, „wo der Chor abschloß", von der man 1950 nur noch verwischte Spuren feststellen konnte, deuten weniger auf „ein kleineres Kirchlein", wie man damals mutmaßte, als auf einen ersten bescheidenen Chorbau hin, der von einfacher rechteckiger Gestalt gewesen sein dürfte – so, wie er in der ebenfalls schauenburgischen Kirchengründung von Neustadt in Holstein noch heute vergleichbar vor Augen steht.

Diesem Chor fügte man im dritten Viertel des 13. Jahrhunderts westlich ein dreischiffiges Langhaus hinzu, dessen architektonische Elemente in der Formensprache der sog. lübeckischen Viertelstabsgotik noch heute insbesondere an der nördlichen Seitenschiffswand ablesbar sind. Die Zerstörungen des Bombenkrieges ließen im Sommer 1944 für kurze Zeit aber auch an anderer Stelle Einblicke in die frühe Bauge-

Blick auf St. Nikolai vom Markt.

CAFE AM MARKT
Cafe

Die Nikolaikirche mit dem Alten Rathaus (rechts) und den Persianischen Häusern.
Nach einer Federlithographie von C. L. W. Heuer, 1844.

schichte der Kirche zu: Im Kern der oktogonalen Freipfeiler kamen nämlich nach dem Einsturz der Gewölbe die Ansätze breiter, mehrfach gestufter Scheidbögen und glatter Mauerzwickel ohne jeden Hinweis auf Gurtbögen zum Vorschein, die hoch über die Kämpferzone hinaufreichten und ihre fast formgleiche Parallele in der kleineren Kirche des Kieler Franziskanerklosters hatten. Die Rekonstruktion der einstigen Baugestalt von St. Nikolai im ersten Jahrhundert ihres Bestehens steht nach diesen Beobachtungen im Spannungsfeld von Basilika und Hallenkirche, jener beiden miteinander konkurrierenden idealtypischen Raumlösungen gotischer Sakralarchitektur, die während des 13. und 14. Jahrhunderts auch an den Großbauten Lübecks beständig für Planänderungen sorgten.

War die allgemeine Grundrißdisposition schon der relativ breiten Seitenschiffe wegen, aber auch aufgrund der fast quadratischen Gesamterstreckung des Langhauses eher diejenige einer Hallenkirche gewesen, so stellt sich angesichts des soeben geschilderten Befundes im Mittelschiff immerhin die Frage, ob nicht während des Bauverlaufes ein Planwechsel zugunsten einer basilikalen Überhöhung der Raummitte wenigstens kurzfristig zur Diskussion stand. In der während des Zweiten Weltkrieges vollständig zerstörten Kieler Franziskanerkirche gelangte man bekanntlich noch vor der Mitte des 14. Jahrhunderts zu einem Kompromiß: Dort entstand eine Pseudobasilika, eine Mischform aus beiden Anlagetypen, in der das Mittelschiff zwar überhöht, aber ohne eigene Lichtführung verwirklicht wurde. In St. Nikolai scheint man beim Bau der Pfeiler zunächst ebenfalls zu einer solchen Lösung tendiert zu haben, zögerte aber und verwarf schließlich den Plan. Stattdessen errichtete man über dem noch ungewölbten Raum einen ersten Dachstuhl, der um 1300 nicht unähnlich demjenigen der neugotischen Renovierung von 1877–84 ausgesehen haben muß, also ein niedriges Satteldach über dem Mittelschiff (der Anschlag ist heute noch an der Turmostwand ablesbar!) und vermutlich Querdächer über den Seitenschiffsjochen trug. Ungeklärt bleiben muß indessen die Frage, ob der Blick aus dem Inneren damals frei in den offenen Dachstuhl führte oder auf eine provisorische Bretterdecke traf.

Dieser behelfsmäßige Zustand, der mit Ausnahme des erneuerten Chores etwa zwei Generationen lang bestehen blieb, änderte sich grundlegend erst, als um die Mitte des 14. Jahrhunderts mehrere Stiftungen „ad structuram sancti Nicolai" die endgültige Entscheidung für eine Hallenkirche spruchreif machten und mit der Ummantelung der Rechteckpfeiler die komplette Einwölbung ins Werk gesetzt wurde. Als Vorbild scheint – trotz anderer Proportionen – das 1332 vollendete Langhaus der Lübecker Petrikirche gewirkt zu haben, dessen lichte und allseits sich weitende Raumgestalt ganz im Gegensatz stand zum steilen und richtungsgebundenen Duktus, wie er etwa gleichzeitig im basilikalen Langhaus der Lübecker Marienkirche, aber auch in den beiden Bettelordenskirchen der Travestadt, bei den Franziskanern in St. Katharinen und bei den Dominikanern in St. Maria-Magdalenen, zur Ausführung kam.

In Lübeck bestellten 1344 die Kieler auch ihre neue Bronzetaufe, deren ursprüngliche Aufstellung im

Westen des Langhauses nicht nur als ein sichtbares Zeichen bürgerlichen Selbstbewußtseins, sondern zugleich als Signal zur Vollendung des ganzen Gotteshauses verstanden worden ist (vgl. Nr. 8).

Daß man in jenen Jahren dem Lübecker Kunstkreis so eindeutig Präferenz zollte, mag seine historische Begründung im allgemeinen darin haben, daß Kiel seit dem Ende des 13. Jahrhunderts selbst Hansestadt war, im besonderen aber aus dem gespannten Verhältnis des Rates zu den Augustiner-Chorherren von Bordesholm resultieren, die sich damals vergeblich darum bemühten, neben dem ihnen 1322 vom Landesherren zugesprochenen Patronat über die Nikolaikirche auch sonst in der Stadt Fuß zu fassen. In der energischen Ablehnung der Klosterbrüder seitens der Kieler scheint bereits der Vorbehalt mitzuschwingen, um keinen Preis die von ihnen vertretene Architektur aufzunehmen, die bei den Augustinern in Bordesholm (1322–32) wie auch bei den Benediktinerinnen in Preetz (1325–40) oder den Franziskanern in Kiel an die Bautradition der Basilika anknüpfte. Wenn unsere Ahnung stimmt, war die Wahl für die Raumform der Hallenkirche um die Mitte des 14. Jahrhunderts nicht zuletzt auch ein Ausdruck bürgerlicher Überzeugungen, verstand sie sich doch als deutliche Abgrenzung von den Baugepflogenheiten der geistlichen Orden und entsprach somit einmal mehr der Bestimmung der Kirche als städtischem Zentrum.

In St. Nikolai hatten Kiels vornehmste Familien ihre Grablegen: die Bürger im Inneren, der Adel seit dem 17. Jahrhundert, als der Platz knapp wurde, teilweise auch außen am Chor, wo eine Reihe oberirdischer Gruftkammern entstand (vgl. Nr. 12). Vom Turm der Hauptkirche, der im 15. Jahrhundert seinen Spitzhelm und die charakteristischen vier kleinen Ecktürmchen bekam, wehte zur Zeit des alljährlich im Winter statt-

Das zerstörte Langhaus der Kirche nach Westen im Sommer 1944: Als Kern der Achteckpfeiler werden ältere Stützen sichtbar.

Heute unter dem Kirchendach verborgen: Gotische Schalluke auf der Nordseite des Turmes.

Heute unzugänglich: Mittelalterliche und barocke Grabplatten unter dem neuverlegten Fußboden der Rantzaukapelle.

findenden „Umschlags" die Fahne der Marktfreiheit, „den Börgermester sin Büx" (vgl. Nr. 11). Mit Glockenschlag wurde der „Umschlag" eingeläutet, Glockenschlag prägte den täglichen Rhythmus des Lebens der Stadt (vgl. Nr. 10).

Da St. Nikolai zugleich der größte Versammlungsraum war, den das alte Kiel besaß, und schon im 16. Jahrhundert eine klangvolle Orgel zu festlicher Kirchenmusik aufspielte (vgl. Nr. 9), wundert es nicht, daß sich in ihren Mauern am 5. Oktober 1665 auch der eigentliche Gründungsakt der Christian-Albrechts-Universität vollzog. In der Folgezeit gab das Gotteshaus wiederholt den Rahmen für Promotionsfeiern. Professoren und Studenten besaßen von nun an, ebenso wie Adel, Rat und Bürgerschaft, ihre eigenen Plätze im Kirchenraum, von denen sie nicht nur dem sonntäglichen Gottesdienst, sondern auch glanzvollen Hochzeiten oder pompösen Leichenbegängnissen beiwohnten, wie sie namentlich aus der Zeit, als in Kiel der Hof residierte, mehrfach bekannt sind.

Die großen Stunden der Stadt, Freude wie Trauer hatten in St. Nikolai ihren festen Ort. Doch im 19. Jahrhundert, als Kiel zur Großstadt heranwuchs, ging diese Zeit zu Ende. Weitere Kirchen entstanden, das geistliche Leben konzentrierte sich nicht mehr an einer Stelle. Die allzu scharfe neugotische Renovierung tilgte bereits viele Spuren der Geschichte; die Bomben des Krieges erledigten den Rest.

Heute empfängt den Eintretenden ein moderner Raum, dessen größte Qualität es ist, den bedeutenden Kunstwerken, die über alle Zeitläufte hinweg gerettet werden konnten, eine unprätentiöse Heimstatt zu geben, die sich dem Bekenntnis ihres Architekten Gerhard Langmaack: „Mut zum Neuschaffen, ohne die bindende Kraft der Tradition zu verlieren", als würdig erweist.

WERNER PARAVICINI Historisches Seminar

Barlachs „Geistkämpfer": Vom Sieg des Guten über das Böse

Durch die unselige Marktarchitektur verstellt, kann man sie nicht von weitem sehen, jene wertvollste Plastik, die Kiel im öffentlichen Raum besitzt. Gleichwohl kennt sie jeder, schaut sie kaum mehr an, so sehr haben wir sie schon in uns aufgenommen, ohne zu fragen, wie sie zu ihrem Namen kommt und was sie eigentlich bedeutet. Denn, merkwürdig: sie ist weder profan noch geistlich, ist kein Kriegerdenkmal, kein Roland, keine Heiligenfigur und auch keine römische Wölfin – und doch von allem etwas. Und man sieht ihr nicht an, daß sie eine bewegte, wahrlich denkwürdige Geschichte hat.

Kiel bewies in der Weimarer Zeit mehrfach entschiedene Modernität. Modern war 1927–1930 der Arbeitsamtsneubau am Wilhelmplatz (s. Nr. 65). Der erste Auftrag an den 1870 in Wedel geborenen Ernst Barlach, ein Gefallenendenkmal zu gestalten, kam aus Kiel: Johannes Friedrich Boysen (1869–1965), damals Kirchenältester von St. Nikolai, vermittelte ihn im Jahre 1921: Die Holzplatte mit der „Schmerzensmutter" und dem bewegenden Text „MIN HART BLÖTT VÖR GRAM AWERS DU GIEST MI KRAFT 1914–1918", wurde 1922 aufgestellt (und ist 1944 in der Nikolaikirche zugrundegegangen). Eine spätere Aufforderung, eine Erinnerungstafel für das Rathaus zu arbeiten (wo heute einige seiner kleineren Plastiken ausgestellt sind), hat Ernst Barlach in notwendiger Verteidigung „selbstgewählter Aufgaben" abgelehnt. Der Kieler Stadtoberbaurat Willy Hahn (1887–1930) erfuhr es seit 1924 zunächst nicht anders, als er mit dem Angebot und Wunsch der Stadt an ihn herantrat, für Kiel eine Großplastik zu fertigen. Im Jahre 1927 hat Barlach schließlich doch zugesagt, kam am 10. Februar deshalb auch selbst nach Kiel. Was ihn dazu bewog, war sicherlich die völlige Freiheit, die ihm gelassen wurde. Kein Thema war vorgegeben, nur der Platz bestimmt: „Die Stadt Kiel beabsichtigt, im Anschluß an die [Universitäts-, Heiliggeist- oder] Klosterkirche an der Gabelung der Falckstraße und der Straße Klosterkirchhof ein plastisches Monument errichten zu lassen ... Die Wahl des Platzes ist aus dem Gesichtspunkt erfolgt, damit die Altstadt an einer besonders hierfür geeigneten Stelle zu verschönern", schrieb Hahn am 22. November 1928 an den Kieler Kirchengemeinde-Verband. Barlach zeichnete am 22. März 1927 in Güstrow die erste von insgesamt zwölf Entwurfskizzen. Das fertige Werk wurde bei H. Noack in Berlin-Friedenau gegossen, der Sockel mit Klinkern der „Kieler Kunstkeramik AG" in Elmschenhagen verkleidet, das ganze fünfeinhalb Meter hohe Werk am 8. Dezember 1928 „in aller Heimlichkeit, ohne Feier und Weihe" enthüllt – so Barlach selbst, der nicht dabei gewesen war.

Einen Namen hatte das Werk nicht erhalten. Aber schon in einem Artikel der „Kieler Zeitung" vom 11. Dezember 1928 wurde „Geistkämpfer" vorgeschlagen. Barlach bediente sich dieser Bezeichnung später selbst, wenngleich in Anführungszeichen gesetzt. Was die Kieler nun sehen konnten, war eine vierteilige, in den Einzelformen überaus schlichte Plastik in Gestalt eines spitzen, sich nach oben verjüngenden Dreiecks: Über dem geschwungenen Sockel spannt sich ein grimmiges „Tier" (so Barlach, nachdem er von einer Löwin gesprochen hatte, die zunächst sogar ein oder sein Menschenantlitz trug). Darauf steht ein Engel, nachdenklich halbgeneigten Hauptes ein langes Schwert senkrecht nach oben haltend. Was die Plastik bedeutet? Barlach, Selbstinterpretationen durchaus abgeneigt, hat sich doch einmal Hahn gegenüber darüber erklärt (Brief vom 25. November 1928): „Noack nennt die Arbeit hartnäckig 'Ehrenmal'. Und da ich daran denke, daß Sie selbst die Möglichkeit einer solchen Bestimmung erwogen, so könnte man vielleicht, diese Vorstellung verfolgend, das Werk als Gruppe der Überwindung, Selbstüberwindung ansprechen. Diese darzustellen, ist meine exakte Meinung gewesen. Das nach oben Strebende trennt sich vom Erdig-Horizontalen. Erweitert: Erhebung über die Leiden (Leiden hier: Gebundenheit an Trieb, Zweck und Schicksal in der Zeitlichkeit)."

Also kein Ehrenmal (für wen auch?), kein Gefallenendenkmal, kein religiöses Glaubensbekenntnis. Sondern eine im Wortsinne an die Kirche angelehnte Darstellung eines inneren Vorgangs, einer sich stets erneuernden inneren Spannung, die in jedem Menschen angelegt und hier in einem Zustand prekären Gleichgewichts abgebildet ist.

„Die Aufnahme der Gruppe ist frostig und ablehnend. Man hatte ... sogar das Schwert abgebogen in der Nacht, alle Rechtsparteien ziehen gegen mich vom Leder. Jede Art Dummheit wird laut und mit Behagen austrompetet", berichtete Barlach am 22. Januar 1929 an seinen Bruder Hans, gerade von einem Besuch in Kiel und bei seinem Werk zurückgekehrt, das ihm „enorme innere und äußere Mühen gemacht" hatte (Brief an Hahn vom 20. Nov. 1928). Was war es, was die Konservativen und Nationalsozialisten an dem Künstler und seinem Werk so reizte? Zwar räumte die „Nordische Rundschau" am 12. August 1935 ein: „Es soll Leute geben, die diese Bronzeplastik in der Nische der Heiligengeistkirche in der Falckstraße zu den Sehenswürdigkeiten von Kiel zählen", aber nur um dagegen zu setzen: „Wir finden das Werk, ehrlich heraus, abscheulich". „Entstellung und Verzerrung" werden beobachtet, die Plastik sei „vom dekadenten Zeitgeschmack beeinflußt", trage „Züge eines kulturbolschewistischen 'Kunst'Schaffens"; sie müsse von ihrem prominenten Aufstellungsort entfernt werden. Ein Marinebaurat i. R. höhnte in einem Leserbrief vom 13. August, daß kaum einer wisse, „daß, wenn man einen alten Mann mit langem Mantel und do. Säbel auf einen großen Hund stellt, breitbeinig natürlich, damit er dem Hund nicht das Kreuz bricht, und wenn man dem Hund dann noch eine große Säge unter den Bauch hängt (bitte überzeugen Sie sich!), daß das doch ganz selbstverständlich garnichts anderes bedeuten kann als: 'Der Sieg des Ideellen'!" Diese „Entgleisung" solle zu vaterländischem Zweck eingeschmolzen werden. Dabei hätte, oberflächlich betrachtet, das dargestellte Thema Rechtsgesinnten durchaus gefallen können: Die Überwindung des Bösen durch einen Schwertträger! Aber Barlach war nicht ihr Mann. Er hatte es noch am 23. Januar 1933 in seinem einzigen Radiovortrag deutlich gesagt. Seine Denkmäler verherrlichten nicht den Krieg, sondern mahnten zum Frieden. Auch dem Geistkämpfer fehlt so sehr alles Heroische, Kriegerische, ja Kämpferische, daß keiner auf diese verfälschende Idee gekommen ist. Alsbald ging es nur noch um die beiden angedeuteten Möglichkeiten: Entfernung oder Einschmelzen. Die Werke Barlachs verschwanden aus den öffentlichen Sammlungen, Ausstellungen fanden nicht mehr statt oder eben nur in jener berüchtigten „Entartete Kunst". Jederzeit drohte Berufsverbot. Am 20. April 1937, Hitlers Geburtstag, in Barlachs „schlimmem Jahr", in dem auch sein Güstrower Domengel abgehängt (und dann eingeschmolzen) wurde, brach man den Geistkämpfer ab, zerstörte den Sockel, brachte die Plastik ins Thaulow-Museum der Stadt, wo Direktor Ernst Sauermann sie in der Eingangshalle aufstellte und sich weiter um ihre Rettung bemühte, während Oberbürgermeister Walter Behrens wiederholt die Einschmelzung anbot. Sie kam vor allem deshalb nicht zustande, weil die Kosten des Transports nach Berlin den erwarteten Materialerlös bei weitem übertrafen. Am 24. Oktober 1938 starb Barlach und

Mit dem Vorschlaghammer gegen Kunst: Selbst der Sockel des „Geistkämpfers" vor der Heilig-Geist-Kirche wurde 1937 von den Nationalsozialisten getilgt.

Barlachs „Geistkämpfer" an seinem neuen Standort zwischen den Eckstrebepfeilern der Nikolaikirche.

Der Engel mit dem Schwert: Ausdruck der Selbstüberwindung.

wurde am 28. Oktober auf dem Friedhof zu Ratzeburg neben seinem Vater begraben. Am 22. Juli 1939 mußte die auf höheren Befehl verkaufte Bronze an den Kunsthändler Berhard A. Böhmer (+1945), der als Barlach-Mitarbeiter ehemals die Aufstellung des „Geistkämpfers" überwacht hatte, ausgehändigt werden, der sie dann in die Bildgießerei Noack nach Berlin verfrachtete. Wie sie von dort 1940/1945, in vier Teile zersägt, auf den Hof eines anderen Barlachfreunds, Hugo Körtzinger (+1967) zu Schnega in der Lüneburger Heide gelangt ist, läßt sich nicht mehr feststellen. In Kisten verpackt, überlebte sie den Krieg.

Am 4. Februar 1946 erfuhr die Stadt Kiel von diesem Aufenthaltsort. Sieben Jahre schwieriger Verhandlungen folgten, denn es waren neue Rechte entstanden, die es zu berücksichtigen, dann abzulösen galt. Zunächst wurde erwogen, den „Geistkämpfer" als Mahnmal im ehemaligen Konzentrationslager Bergen-Belsen aufzustellen; sogar der Kieler Hauptauschuß für Schule und Bildung stimmte dem am 18. November 1946 einstimmig zu – eine Entscheidung, die ihn ehrt. Der „Geistkämpfer" wäre nie mehr nach Kiel gekommen, hätte nicht Oberbürgermeister Andreas Gayk (Nr. 77) sich der Sache angenommen. Merkwürdige Ansinnen wurden an die Stadt gestellt, die Nöte der Zeit so recht beleuchtend: Körtzinger forderte gegen Aushändigung der Teile einen neuen Kombinationslieferwagen NSU-Fiat 500 C mit diversen Extras, außerdem 150 Zentner Koks frei Haus, um seine Werkstatt damit zu heizen. Schließlich erlegte die Stadt, die schon einmal 23 500,– RM für die Plastik bezahlt hatte, infolge eines Vergleichs mit den verschiedenen Berechtigten erneut insgesamt 20.900,– DM. Noack setzte in Kiel die vier Teile wieder zusammen: Die Naht über dem Rocksaum des Engels ist noch deutlich erkennbar. Da die Klosterkirche nicht mehr stand, wählte man die nahe und verwandte Situation zwischen den Pfeilern links neben dem Hauptportal der Nikolaikirche. Der Sockel wurde dem alten nachempfunden, aber in Granit und ohne Sims ausgeführt. Am 19. Juni 1954, dem Tag vor der Eröffnung der „Kieler Woche", fand die Einweihung statt, diesmal öffentlich, mit Feier und Weihe.

Seitdem steht der „Geistkämpfer" stille dort, wenn nicht die Restauratoren ihn (wie im Jahr 1988) beunruhigen. Es tut gut, den Namen Barlachs an der linken Schmalseite der Fußplatte eingeschrieben zu sehen, dann Abstand zu nehmen, dem Engel ins zerfurchte Gesicht zu schauen, und im Abschiednehmen zu spüren, daß einer gewesen ist, der wußte, wie zerbrechlich der Friede ist, der innere wie der äußere, und daß es aller Anstrengung bedarf, ihn zu bewahren, aber auch aller Toleranz.

UWE ALBRECHT Kunsthistorisches Institut

Die Bronzetaufe in St. Nikolai: Künstlerstolz und bürgerliches Selbstbewußtsein

Ältestes Ausstattungsstück der Kieler Nikolaikirche ist das 1344 gestiftete Taufbecken. Es gehört in die Reihe jener großartigen Bronzefünten, deren beste Werke sich in den reichen Rats- und Kaufmannskirchen der norddeutschen Hansestädte finden. In Lübeck, Wismar, Rostock und andernorts entlang der südlichen Ostseeküste stehen sie noch heute als Zeugnisse des Wohlstandes und Proben höchster Kunstfertigkeit. Nicht selten setzte ihre Aufstellung den Schlußpunkt unter eine lange und kostspielige Entstehungsgeschichte der sie bergenden Gotteshäuser – so etwa in der Marienkirche zu Lübeck und so wohl auch im Falle der Kieler Nikolaikirche, wo um die Mitte des 14. Jahrhunderts das Langhaus endlich seine Gewölbe erhielt.

Auftraggeber und Gießer bleiben in diesem wie in anderen vergleichbaren Werken nicht länger anonym. Sie treten inschriftlich mit ihrem vollen Namen oder zumindest doch durch ihre Wappen in Erscheinung. Die Kieler Fünte erweist sich dabei als besonders mitteilsam: Findet sich auf dem mittleren der drei schmalen umlaufenden Bänder, die die beiden Bildstreifen der Kesselwandung begleiten, offenbar die heraldische Reihe ihrer Stifter abgebildet, so erfährt man nach Lektüre der Inschrift am oberen Rand auch den genauen Zeitpunkt ihrer Entstehung und den Schöpfer des Werkes. In gotischen Majuskeln, die mit Minuskeln gemischt sind, heißt es dort auf lateinisch mit den gewöhnlichen Abkürzungen:

ANNO D[OMI]NI MCCCXLIIII IN FESTO B[E]A[T]I JOHANIS B[A]P[TISTA]E ISTUD OPUS CO[M]PLETU[M] EST PER MANUS M[AGIST]RI JOH[ANN]IS D[I]C[T]I APENGETERE PROVISORE[S] JOH[ANN]ES PISCIS SMALENSE RIQUART MOLNERE.

Die Inschrift schreibt also – wenn wir es recht übersetzen – den Guß der Taufe, der am Johannistag (24. Juni) des Jahres 1344 vollendet war, einem gewissen Meister Johannes, dem „Apengeter", zu. Daß dieses niederdeutsche Wort inmitten des lateinischen Textes nicht etwa als Appellativ einen „fusor", sondern den Namen des beaufsichtigenden Künstlers bezeichnet, wird deutlich, wenn wir die ebenfalls von seiner Hand stammenden qualitätvollen Werke in Lübeck und Kolberg zum Vergleich heranziehen. Johannes Apengeter, „geborn van Sassenlant", wie aus der Inschrift auf der

Ausschnitt aus der Wandung des Taufkessels mit den Bildszenen der Fußwaschung und des Hl. Nikolaus, der heraldischen Leiste und der Stiftungsinschrift (. . . PER MANVS M[AGIST]RI JOH[ANN]IS D[I]C[T]I APENGETERE . . .).

Lübecker Marientaufe hervorgeht, war ein Wanderkünstler, der im zweiten Viertel des 14. Jahrhunderts zwischen Pommern und Holstein seine Spuren hinterlassen hat. Aus Halberstadt stammend, wo sein Name mehrfach bezeugt ist, war er zunächst 1327 in Kolberg für den Guß eines siebenarmigen Standleuchters verantwortlich. Über Stettin und Rostock scheint er nach Lübeck gekommen zu sein, wurde dort ansässig und 1337 mit der Herstellung der Bronzetaufe für die Marienkirche beauftragt, deren Form und ikonographisches Programm sich wiederum eng an das zwei Jahre ältere Werk in der Wismarer Nikolaikirche (ehem. St. Marien) anschließt, das ebenfalls seine Handschrift trägt. Nach dem Guß der Kieler Taufe im Jahre 1344 verlieren sich die Nachrichten über sein Wirken in Norddeutschland. Spätere Erwähnungen auf Glocken in Göttingen und Hildesheim sprechen dafür, daß er wieder in seine alte Heimat, das Harzgebiet, zurückging, wo ja seit Jahrhunderten das unter Tage abgebaute Erz zu kunstvollen Gußwerken verarbeitet wurde und Mangel an Aufträgen nicht zu erwarten war.

Überblickt man das Gesamtwerk Johannes Apengeters, soweit es inschriftlich oder stilistisch gesichert ist, so kann mit Fug und Recht behauptet werden, daß die Kieler Taufe nach ihrem künstlerischen Rang, aber auch nach ihrer theologischen Aussage sein reifstes und gehaltvollstes Werk darstellt. Von vier sitzenden, prankenschlagenden Löwen getragen, ist der hohe, leicht konische Kessel mit zwei Bildfriesen geschmückt, die im Hochrelief Szenen aus dem Marienleben sowie aus der Jugend- und Passionsgeschichte Christi vor Augen führen. Die Darstellungsfolge beginnt im unteren Zyklus mit der Verkündigung an Maria; Heimsuchung, Verkündigung an die Hirten, Geburt Christi, Anbetung der Könige, Flucht nach Ägypten und Kindermord schließen sich an. Zwischen die Geburts- und Anbetungsszene ist anstelle des Joseph die Gestalt des Schutzpatrons der Kirche, des Hl. Nikolaus, eingeschoben. Der obere Reliefzyklus, der genau über dem Anfang des unteren beginnt, zeigt die Darbringung im Tempel, den Jesusknaben an der Hand seiner Mutter, die Disputation mit den Schriftgelehrten, die Jordantaufe, die Versuchung durch den Teufel, die Fußwaschung, das Gebet am Ölberg, die Vorführung vor Pilatus, die Geißelung und die Kreuzigung Christi. Letztere erscheint in der ikonographisch wie theologisch interessanten Auslegung als Andachtsbild mit Maria und Johannes dem Täufer, die unter dem Kreuz knieend um Vergebung der Sünden bitten.

Die Darstellung wird besser verständlich, wenn wir bedenken, daß Maria und Johannes der Täufer zugleich die beiden Schutzheiligen des 1334 gegründeten Priesterkalands waren, der vornehmsten von insgesamt 13 geistlichen Bruderschaften, die es im mittelalterlichen Kiel gegeben hat. Neben Kranken- und Armenpflege führte ein religiöses Schauspiel, bei dem nach feierlicher Prozession und Messe eine rituelle Fußwaschung eine besondere Rolle spielte, zweimal im Jahr die angesehensten Männer der Stadt zusammen. Schon K.W. Nitzsch vermutete, daß das eigentümliche Bildprogramm der Kieler Taufe, auf der auffälligerweise auch die Fußwaschung statt der geläufigeren Abendmahlsdarstellung erscheint, diesem Priesterkaland, dem im übrigen mehrere ihrer Stifter angehörten, ganz wesentliche Anregungen verdankt.

Die Darstellungen von Auferstehung, Höllen- und Himmelfahrt Christi sowie des Jüngsten Gerichts fehlen hingegen, könnten sehr wohl aber Thema des sicher geplanten Taufdeckels gewesen sein, mit dem das jährlich nur einmal zu Ostern erneuerte und geweihte Wasser vor Verunreinigungen geschützt wurde. Die beiden Auskröpfungen am oberen Rand des Kessels, auf denen das schauenburgische Nesselblatt und das Kieler Stadtwappen erscheinen, sind gewiß ein Hinweis auf einen solchen Deckelverschluß, zugleich aber auch Trageösen zur Handhabung des schweren Gefäßes.

Ob Geldmangel seine Ausführung verhinderte, wissen wir nicht. Auffällig ist jedoch, daß zwischen den beiden Bildfolgen nur 21 der insgesamt 39 schräggestellten Wappenschilde auch wirklich Wappen tragen. Da vier von ihnen mit ihren Helmzierden, die jeweils auf einem eigenen Schild dem Wappen vorangestellt sind, auftreten, reduzieren sich die heraldischen Fragen letztlich auf 17 Fälle. Doch nur fünf Wappenträger konnten bislang sicher ermittelt werden. Dabei handelt es sich um alte holsteinische Adelsgeschlechter wie die Pogwisch, die Sehestedt, die Hummelsbüttel, die Krummendiek und die Swyn. Alle anderen Wappen harren noch ihrer Entschlüsselung.

Von den inschriftlich genannten Bürgern Kiels ist Johannes Piscis identisch mit dem Johannes Vysch, der urkundlich bereits 1330 erwähnt wird, 1357 „consul senior" ist, 1365 stirbt und dessen erhaltener Grabstein sich heute im Kreuzgang des ehem. Franziskanerklosters (vgl. Beitrag Nr. 16) befindet. Ihm unterstellt waren die beiden Kirchengeschworenen (provisores) Bertramus Smalense und Rychquardus Molner, die auch

Ältestes Ausstattungsstück der Nikolaikirche: Die Bronzetaufe von 1344.

Die Taufschale aus dem 16. Jahrhundert.

im Rentebuch der Stadt nach 1330 mehrfach verzeichnet sind.

Die Stiftung und Aufstellung der Taufe durch Mitglieder der schleswig-holsteinischen Ritterschaft, Vertreter des Rates und die beiden Kirchenjuraten, ihre ausdrückliche Nennung und die hervorgehobene Plazierung des Stadt- und Landeswappens auf dem oberen Beckenrand werfen ein Licht auf die historischen Verhältnisse des Jahres 1344. Erst 1336 hatte der Rat der Stadt gegenüber dem Augustinerchorherren-Kloster Bordesholm, das seit 1322 das Patronat über Nikolaikirche und Schule in Kiel mit allen Rechten und Einkünften besaß, mit landesherrlicher Zustimmung einen Ausgleich erzielt, wonach der Konvent auf jede Einflußnahme bei der Verwaltung des Kirchengutes und der Aufstellung von Heiligtümern verzichtete. Doch bereits 1338 schränkte der Bremer Erzbischof diese Regelung wieder ein. Mit dem Tode des letzten Weltgeistlichen an der Nikolaikirche spitzte sich zum Jahreswechsel 1343/44 die Situation dramatisch zu, denn erstmals stand nun die Besetzung der Pfarrstelle durch einen Ordensgeistlichen aus Bordesholm bevor. Hiergegen wehrte sich die Stadt mit allen Mitteln. Unter Berufung auf die Zeugenschaft des Landesherrn und einflußreicher Adelsgeschlechter unterstrich der Rat mit der Stiftung der Taufe ostentativ seine Rechte aus dem Vertrag von 1336. Das Bildwerk Johannes Apengeters gewinnt so neben seiner liturgischen Funktion unversehens eine politische Bedeutung: Der Ort sakramentaler Handlung ist hier zum Symbol bürgerlichen Selbstbewußtseins geworden.

Im 16. Jahrhundert erübrigte sich mit der Abschaffung der Immersionstaufe, des gänzlichen Eintauchens des Täuflings in das geweihte Wasser, der große Kessel. Eine getriebene Messingschale mit der Darstellung der Verkündigung an Maria im vertieften Beckenspiegel und einem zweifach umlaufenden Fries, der eine Hetzjagd von Hunden auf Hirsche zeigt, trat an die Stelle. Statt einer ausführlichen Stiftungsinschrift erblickt man rings um das zentrale Medaillon eine ins Ornamentale umgedeutete Buchstabenfolge, die siebenmal die Worte „Maria virgo casta" wiederholt. Weder der genaue Zeitpunkt ihrer Entstehung noch der Künstler, der die Taufschale schuf, sind bekannt.

Als im 17. Jahrhundert das Bedürfnis nach einer neuen festlich-dekorativen Ausschmückung des Kirchenraumes wuchs, erschien den Bürgern die alte, ehrwürdige Erztaufe nicht mehr gut genug für ihr Gotteshaus. Einer Kirchenrechnung des Jahres 1670 ist zu entnehmen, daß 809 Mark und 3 Schillinge „für die newe Tauff" bezahlt worden sind. Ob und wo dieses Werk jemals in der Kirche stand, ist unbekannt. Wenn schon 1674 die alte Bronzefünte wieder nach St. Nikolai zurückkehrte, so war dies vor allem Emerentia von Buchwald zu verdanken, die auf ihre Kosten „die vor Jahren in der Kirche gestandene kupferne Tauf" erwarb, aufarbeiten und neu vergolden ließ. Ein geschnitzter hölzerner Taufdeckel in Form einer durchbrochenen Krone und ein kunstvoll geschmiedetes Gitter, das heute im Schleswig-Holsteinischen Landesmuseum Schloß Gottorf ausgestellt ist, kamen damals hinzu. Auch einen neuen Standort erhielt die Taufe, die ursprünglich im Westen der Kirche ihren Platz gehabt haben dürfte: Auf ein Podium gestellt, kam sie vor der Südwand des Chores über dem Ahlefeldtschen Grabstein zu stehen. Von dort versetzte man sie nach der neugotischen Renovierung der Jahre 1877–84 an den nördlichen Choreingang. Den Krieg überstand die Taufe glücklicherweise unversehrt. Heute kann man das ebenso kostbare wie geschichtsträchtige Austattungsstück zusammen mit dem 1976 nach sorgfältiger Restaurierung wieder aufgehängten Taufdeckel im östlichen Joch des nördlichen Seitenschiffes vor der sog. Taufkapelle und unterhalb des Tauffensters bewundern.

FRIEDHELM KRUMMACHER Musikwissenschaftliches Institut

Vom Singechor zur Konzertorgel: Kirchenmusik in St. Nikolai

„... deswegen (ich) bey Bürge-Meister und Raht anzuhalten genötigt worden, Sie möchten als Patroni der Kirchen und Schulen dahin großgeneigt bedacht seyn, wie man 3 oder 4 Studiosos jährlich bey der Kirchen Music umb ein geringes, so viel ein jeglicher im Convictorio zu geben pfleget, erhalten könte, da dann Bürge-M. und Rath sich willig haben finden lassen". Die Worte entstammen einer Eingabe des Kantors Andreas Saurius, der von 1651 bis 1695 an der Nikolaikirche in Kiel amtierte. Das Schreiben richtete sich an Herzog Christian Albrecht, der am 18. September 1684 die erbetenen Mittel bewilligte. Der Kantor an St. Nikolai, der zugleich Lehrer an der Städtischen Schule war, bemühte sich um die Voraussetzungen für die Pflege der Kirchenmusik. Er erinnerte dabei an die Verantwortung, die Bürgermeister und Rat der Stadt als Kirchenpatrone hatten. Und er zielte darauf ab, für begabte Studenten der Universität als Entgelt für die Mitwirkung an der Kirchenmusik Freistellen im Studienkonvikt zu finanzieren. Rat und Bürgermeister, Kirche und Schule, Universität und Landesherr sind durch den Einsatz für die Kirchenmusik verbunden.

Die Mischung aus Klage und Bitte, die aus der Eingabe spricht, dürfte engagierte Musiker wie auch Kommunalpolitiker im heutigen Kiel vertraut anmuten. An den heutigen Zustand aber gemahnt das Schriftstück nicht nur, wo es von finanziellen Voraussetzungen der Musikpflege spricht. Vielmehr wird eine musikalische Praxis beschrieben, deren Grundzüge bis in die Gegenwart nachwirken.

Noch heute hat der Konzertbesucher in St. Nikolai die Mitwirkenden vor sich auf den Stufen zum Chorraum und nicht – wie andernorts – auf der Orgelempore hinter der Gemeinde. Diese Situation entspricht noch immer den Gegebenheiten, die sich für die Aufführung gottesdienstlicher Kirchenmusik seit der Reformation ausgebildet hatten. Denn die 1705 erweiterte Orgel beanspruchte mit der Fülle ihrer Werke und Register die Westwand der Kirche, ohne Raum für größere Ensembles zu lassen. Neben dem Spieltisch blieb nur für wenige Solisten Platz, wie es noch heute für die alten Orgeln in Lübeck oder die Stellwagen-Orgel der Marienkirche in Kiels Partnerstadt Stralsund gilt. Der Ort für die mehrstimmige Kirchenmusik war der 1602 zuletzt erneuerte Lettner, der das Langhaus vom Chorraum trennte, wie es das Bild zeigt. Er war mit Treppen versehen und bot oben Raum für ein Ensemble, das in der Regel nur kleinere Gruppen von Sängern und Instrumentalisten umfaßte. Die Vorderseite besaß Darstellungen aus der Leidensgeschichte Christi, und neben anderen Inschriften fand sich an der Tür ein Willkommens- und Abschiedsgruß für Freunde und Feinde der Musik: „Tu Philomuse veni – Tu Amuse vale". Bis zur neugotischen Purifizierung um 1880 verfügte St. Nikolai also über eine vollständige Ausstattung mit den Prinzipalstücken einer norddeutschen Stadtkirche. Neben Altar, Taufe und Triumphkreuz aus dem Mittelalter ist noch die barocke Kanzel erhalten, geschwunden aber sind mit Lettner und Orgelprospekt die Dokumente einer Musikpflege, die erstmals überhaupt die öffentliche Darbietung von Kunstmusik erlaubte. Nicht zufällig jedoch fanden Lettner und Orgel erst in nachreformatorischer Zeit ihren anspruchsvollen Ausbau.

Vor der Reformation war die Musik im Gottesdienst die Aufgabe der Geistlichen. Die Nikolaikirche (vgl. Nr. 6) unterstand ebenso wie die Städtische Schule seit etwa 1320 dem Patronat des Augustiner- Klosters, das seinen Sitz von Neumünster nach Bordesholm verlegte. Der Chor bildete sich also aus Geistlichen der Kirche und Schülern der Stadtschule, die unter Leitung des Sangmeisters für den liturgischen Gesang im öffentlichen Hauptgottesdienst der Messe sowie in den Nebengottesdiensten und weiteren Andachten zuständig waren. Reich ausgestattet war die „Donnerstagmesse" als Feier des Sakraments, zu der es um 1480 heißt: „Item scholen de vam Holme, und we Kerck-Here is tom Kyle, alle Donnersdage singen laten under Meten ene Missen van dem hilligen Lichame". Das Repertoire des einstimmigen Gesangs, der heute als „gregorianischer Choral“ bezeichnet wird, dürfte sich nicht grundsätzlich vom allgemeinen Brauch unterschieden haben, doch liegen auch kaum Belege für eine intensive Pflege mehrstimmiger Musik vor.

Andere Voraussetzungen entstanden seit der Reformation, die der Musik im Gottesdienst einen weiteren Raum eröffnete. Für Martin Luther zeichnete sich gerade die Kunstmusik als besondere Gabe Gottes aus, durch die der Mensch seinen Schöpfer erkennen und loben solle. Das Studium und die Pflege kunstvoller Musik werden demnach notwendig, weil Gott durch sie sein Evangelium verkündigt. So konnte sich im protestantischen Raum die Kirchenmusik zu jenem Rang entfalten, von dem im heutigen Musikleben die Werke von Schütz, Buxtehude oder Bach zeugen. Die damit begründete Tradition, die bis zur Aufklärungszeit prägend blieb, erfaßte auch eine kleine Stadt wie Kiel. Die eigenständige Musikkultur Norddeutschlands, die sich in den Hansestädten von Hamburg und Lübeck bis hin nach Danzig und Reval entwickelte, fand freilich in Kiel erst verspätet Widerhall.

Die Kirchenordnung für Schleswig-Holstein regelte 1542 die täglichen Hauptgottesdienste sowie die Metten und Vespern. Danach sollten sich die Schulkinder nicht nur im einstimmigen Gesang üben, sondern auch „in figurativis“, also in „figuraler“ mehrstimmiger Musik. Verantwortlich war dafür der Kantor, der unter den vier Lehrern der Stadtschule als Tertius den dritten Rang innehatte. Nicht so genau war zunächst das Amt des Organisten geregelt. Zwar befand sich in St. Nikolai schon vor der Reformation eine Orgel, doch wurde sie danach erst schrittweise erweitert, bis es 1705 zu einem faktischen Neubau kam. Der Organist hatte präludierend den Gottesdienst zu eröffnen, ihm oblagen die Vorspiele sowie einzelne Verse der Choräle im Wechsel mit der Gemeinde, die Begleitung des Gemeindegesangs fiel ihm aber erst seit 1800 zu. Er war indes nicht allein Musiker, zusätzlich hatte er vielmehr das Amt des Kirchenschreibers zu versehen, dem auch die Aufsicht über den städtischen Ziegelhof zukam. Die begrenzten Möglichkeiten des Amtes hatten zur Folge, daß für Kiel nur ausnahmsweise ein kompositorisch befähigter Organist wie Jakob Kortkamp zu gewinnen war, der von 1637 bis 1665 amtierte. Im Jahre 1689 wurde Nikolaus Bruhns – ein Schüler von Buxtehude – als Organist gewählt, er aber zog es vor, in seinem Amt in Husum zu verbleiben. Erst nach der Auflösung des Kantorats kam mit Georg Christian Apel 1804 ein begabter Organist nach Kiel, der seit 1810 auch die Aufgabe des Kantors und seit 1818 zusätzlich das Amt des Universitätsmusikdirektors übernahm.

Seit der Reformation konzentrierte sich jedoch die Musikpflege auf das Kantorat. Zwar haben sich in Kiel – anders als in Flensburg oder Lübeck – keine Musikalien aus der Zeit vor 1700 erhalten, ein Verzeichnis der Noten im Besitz von St. Nikolai nennt aber 1625 neben älteren Komponisten wie Jakob Obrecht oder Orlando di Lasso auch Werke von Hans Leo Hassler, Samuel Scheidt und Michael Praetorius. Daß solche Kompositionen aufgeführt werden konnten, beweist einen achtbaren Stand der Musikübung. Sie stützte sich primär auf die Schule und besonders auf „fremde Scholaren“, die von auswärts kamen. Dazu traten aber für die Instrumentalstimmen die Stadtmusikanten. Schon 1340 wird ein Turmbläser genannt, 1567 ist vom Stadtspielmann die Rede, und 1603 waren die „unstreflichen Musicanten“ so gewandt, daß dem Herzog der Verzicht auf eigene Hofmusiker in Kiel empfohlen wurde. Zeitweise waren vier, später zwei Ratsmusiker im Dienst der Stadt, sie hatten aber Gesellen und Lehrlinge zu halten. Neben dem Turmblasen und der „Aufwartung“ für den Bedarf des Rats und der Bürger war die Mitwirkung an der Kirchenmusik eine Hauptaufgabe der Ratsmusiker, die anfangs eher Blas- und später zunehmend Steichinstrumente spielten. Die Leitung der Kirchenmusik hatte der Kantor, er wurde aber durch die wachsenden solistischen Ansprüche der konzertanten Musik im 17. Jahrhundert genötigt, weitere Helfer heranzuziehen. Für den Festakt zur Gründung der Universität wurde 1665 der Gottorfer Hofkapellmeister Augustin Pfleger mit der Komposition der Festmusik beauftragt. Spätestens nach 1680 aber ließ sich für die Musik in St. Nikolai auf befähigte Studenten zurückgreifen. Einen Ausgleich für ihre Mitwirkung boten Freiplätze, die als Stipendien aus dem Fonds von Stiftungen finanziert wurden. So verfügte 1681 der Rat: „Sollen die vocales Musici, so zu St. Nicolay musicieren, jährlich haben 80 Mark Lüb.“, und 1692 bestätigte der Herzog, „daß einige in der Musique erfahrene Studiosi bis 4ren an der Zahl wenn sie sich bey dem Gottesdienst in der Kirchen zum Kiehl zu der Vocal Musique wollen gebrauchen laßen, in dem Convictorio bey Unserer universität daselbst ein beständiger Tisch ... gegönnet werde“.

So wurde es möglich, daß nach Andreas Saurius und seinem Nachfolger Gottfried Neander mit Petrus Laurentius Wockenfuß von 1708 bis 1721 ein Kantor amtierte, der auch als Komponist eine beachtliche Wirk-

samkeit entfaltete. Er war 1675 in der Nähe von Stolp in Pommern geboren worden und hatte seine Ausbildung am Gymnasium poeticum der protestantischen Reichsstadt Regensburg erhalten. Um 1700 weilte er wieder im Norden, denn vier Melodien von ihm erschienen in der Sammlung „Geistreiche Lieder" von Hinrich Elmenhorst (Lüneburg 1700). In einer Handschriftensammlung aus Norddeutschland, die sich in der Staatsbibliothek Preußischer Kulturbesitz Berlin befindet, sind 15 Kantaten von Wockenfuß erhalten, weitere Einzelwerke finden sich in Brüssel und Lund, und die Texte einer Kantatenreihe aus dem Jahr 1714 liegen in Kiel vor, während drei Passionen nur nachrichtlich bezeugt sind. Zwar ist die Musik von Wockenfuß vergleichsweise schlicht, sie läßt sich auch nicht an der Kunst von Bruhns oder Buxtehude messen, sie bekundet aber handwerkliches Können und vielfache Text- und Formkombinationen. Sie spiegelt damit ein Niveau der Musikpflege, das in Kiel erst recht spät erreicht werden konnte. Die Eingaben von Wockenfuß – etwa an Bürgermeister Asmus Bremer 1715 – zeugen freilich auch von Nöten und Widrigkeiten. Andererseits wurde ihm auch die Musik bei Promotionen und anderen Festakten der Universität übertragen. Über die Wirksamkeit späterer Amtsinhaber berichten zwar die Archivalien, doch haben sich von ihnen keine Kompositionen erhalten. Und die Wandlungen innerhalb der Schule führten als Folge der Aufklärung im späten 18. Jahrhundert zur Auflösung des Kantorats, bis 1810 die Aufgaben des Kantors dem Organisten zufielen.

Wenn Georg Christian Apel die Ämter des Organisten, Kantors und Universitätsmusikdirektors in einer Hand vereinigte, so konnte er nun mit dem 1835 gegründeten Instrumentalverein und der Hilfe von Liebhabern auch Aufführungen größerer Oratorien wagen. Und bestand seit 1841 das Stadttheater als ständige Institution (vgl. Nr. 59 und 70), so etablierte sich die von der Bürgerschaft getragene Musikpflege, die 1901 zur Gründung des Vereins der Musikfreunde führte. Wo

Noch bis 1880 trennten unter dem Triumphkreuz Lettner und Chorgitter das Langhaus der Nikolaikirche vom Altarraum.

aber heute in St. Nikolai Kirchenkonzerte stattfinden, da erinnern sie auch an die ersten öffentlichen Darbietungen von Musik im Gottesdienst. Daß in einer so kleinen Stadt überhaupt kunstvolle Musik aufgeführt werden konnte, bleibt eine bedenkenswerte Leistung. Möglich wurde sie nur durch die Bündelung der verfügbaren Kräfte im Zusammenwirken von Schule, Kirche, Stadt, Land und Universität. Die Erinnerung an diese Kooperation und ihren Ertrag kann auch heute noch eine Mahnung bedeuten.

UWE ALBRECHT Kunsthistorisches Institut

Tribut lebenslänglich für das Geläut: Zum Schicksal zweier Kieler Kirchenglocken

Zwei Glocken der St. Nikolaikirche begehen in diesem Jahr ihre eigenen runden Geburtstage: 270 und 370 Jahre alt werden die Bet- und die ehemalige Viertelstundenglocke. Während letztere heute in einem offenen Glockengerüst am Rönner Dorfteich im Südosten des Stadtgebietes aufgehängt ist und kaum bemerkt wird, ertönt die Betglocke im Chor dreier moderner Glocken, die auf g-b-c und d gestimmt sind, wieder wie in alten Zeiten tagtäglich vom Nikolaiturm zu einem tiefen und klangvollen Geläut.

Die historische Überlieferung der Betglocke, der alten Hauptglocke von St. Nikolai, reicht bis in das Jahr 1519 zurück, als Jacob Wolder und seine Ehefrau Anna eine jährliche ewige Rente von vier Mark lübsch zum mittäglichen Geläut der „grotesken [größten] Glocke" stifteten. Für diese große Glocke taucht 1573 erstmals die Bezeichnung „Betglocke" auf. Folgen wir Asmus Bremer, dem Kieler Bürgermeister und Stadtchronisten, so wurde damals mit einer auf Lebenszeit bemessenen Tributstrafe von jährlich drei Mark lübsch ein von dem Bürger Hinrich Schüring begangener Brudermord geahndet, nachdem der zunächst flüchtige Täter vom Landesherrn amnestiert worden war und wieder das Stadtgebiet betreten durfte. Die geforderten Abgaben waren für das tägliche Morgen- und Abendgeläut bestimmt.

Knapp sechzig Jahre später, 1630, vermerken die Rechnungsbücher der Nikolaikirche einen Glockenumguß, für den der Kieler Gießer Magnus Bruttel den Auftrag erhielt. Aller Wahrscheinlichkeit nach ist er auf die Betglocke zu beziehen. Doch erwies sich der Guß als nicht sehr dauerhaft, denn kein Jahrhundert verging, bis 1722 die Glocke beim Totengeläut für den Amtmann Hans Blome erneut zersprang.

Damals, im Mai 1722, entstand unter der Aufsicht des renommierten Lübecker Glockengießers Laurentz Strahlborn in einem Neuguß jene Glocke, die noch heute in der Tonart c über der Stadt erklingt. Mit einer Höhe von 118 cm und einem Gewicht von mehr als zwei Tonnen ist sie zugleich eine der stattlichsten Kirchenglocken Schleswig-Holsteins. Ihre Wandung schmücken neben Ornamentfriesen und Inschriften die Reliefdarstellungen des Gekreuzigten und des Hl. Nikolaus, umgeben von Cherubsköpfen und Abdrükken des gotischen Kirchensiegels sowie mehrerer Münzen.

Die Inschriften nennen die Mitglieder des Rates und die Kirchengeschworenen, des weiteren den Gießer

Offener Glockenstuhl mit Viertelstundenglocke auf dem Rönner Dorfanger.

Die während des Zweiten Weltkrieges ausgelagerte Betglocke im Hamburger Freihafen.

und das Fertigungsdatum: AVS GVTEN AERTZ BIN ICH GEFLOSSEN DA LAVRENTZ STRAHLBORN MICH GEGOSSEN KILIAE ANNO 1722 MENSE MAY. Ergänzend findet sich auf der Glockenschulter der Sinnspruch: DVM TRAHOR AVDITE VOCO VOS AD SACRA VENITE (Wenn ich bewegt werde, hört! Zum Heiligtum rufe ich euch, kommt!), während man unten am Schlagring die als Chronogramm verschlüsselte Lobpreisung liest: tIbI Deo trIVnI patrI fILIo et spIrItVI sanCto potentIa honor gLorIa aMen (Dir, dem dreieinigen Vater, Sohn und Hl. Geist, Macht, Ehre und Ruhm. Amen).

Die wesentlich kleinere Viertelstundenglocke entstand genau ein Jahrhundert zuvor, 1622, in der Hamburger Werkstatt des Glockengießers Hans Nuesel. Sie ist von gedrungener Gestalt, wesentlich breiter als hoch (67 cm : 44 cm), und besitzt auf ihrer Schulter die aus der Entstehungszeit während des 30jährigen Krieges nur zu verständliche Inschrift: DA PACEM DOMINE IN DIEBUS NOSTRIS (Herr, gib Frieden in unseren Tagen!), gefolgt vom Datums- und Provenienzvermerk: ANNO 1622 GOS MICH M HANS NVESEL IN HAMBVRG.

Die Viertelstundenglocke hatte ursprünglich ihren Platz im Innern der Kirche und gehörte zu einem kunstvollen Uhrwerk, dessen Mechanismus über Zahnräder und lange eiserne Leitungen, die durch die ganze Kirche verliefen, an mehreren Stellen gleichzeitig die Zeit anzeigte. Während unter der Empore am Choreingang ein Uhrschlagmännlein auf der Glocke von 1622 die Viertelstunden anschlug, läutete zusätzlich zum Schlagwerk der Turmuhr ein Engel auf der gegenüberliegenden Orgel die vollen Stunden. Halbstündlich erklang eine Glocke im Dachreiter über dem Ostende des Kirchendaches. Eine Mondkugel schließlich zeigte in einer Maueröffnung über einem der Zifferblätter des Turmes sogar die einzelnen Mondphasen an. Als am 2. Februar 1771 während der Predigt der Blitz in den Kirchturm einschlug und ohne zu zünden über die Uhrwerksleitungen in den Chor hinunterfuhr, wo er den dort sitzenden Archidiakon Meisner so schwer verletzte, daß dieser wenig später an den Folgen verstarb, entschloß man sich, Uhrschlagmännlein und Viertelstundenglocke aus dem Kirchenraum zu entfernen.

Bet- und Viertelstundenglocke hingen vor dem Zweiten Weltkrieg im Turm der Nikolaikirche, die Viertelstundenglocke links oberhalb des Ziffernblattes der Uhr. 1942 wurden sie gemeinsam mit den drei 1928 von dem thüringischen Traditionsbetrieb Schilling & Söhne (Apolda) neu gegossenen Glocken des Geläuts, der Tauf-, Sterbe- und Auferstehungsglocke, auf Anordnung der Reichsstelle für Metalle zum Einschmelzen in den Hamburger Freihafen abtransportiert. Doch glücklicherweise war der Krieg beendet, bevor aus ihnen Kanonenbronze hatte werden können. So bewahrte ihr Schicksal sie vor der Vernichtung – im Unterschied zu jener 1942 im Nikolaiturm verbliebenen alten Wacht- und Gerichtsglocke, der einzigen damals noch erhaltenen mittelalterlichen Kieler Glocke, die den Bombensturm nicht überstand. Während die Betglocke zusammen mit den drei modernen Glocken am 1. Advent 1951 wieder ihren angestammten Platz im neuerstandenen Turm der Kieler Hauptkirche bezog, wurde ihre kleinere Schwester der Gemeinde in Rönne überlassen, wo sie, unter einem schmalen Reetdach mit Kreuz geborgen, nun schon seit mehreren Jahrzehnten den malerischen Ortsmittelpunkt bildet.

Blick auf den modernen stählernen Glockenstuhl der Nikolaikirche: Im Vordergrund die Taufglocke von 1928, darunter die Betglocke von 1722.

MICHAEL NORTH Historisches Seminar

„den Börgermester sin Büx": Die Kieler Umschlagfahne

Mit dem Hissen der Umschlagfahne, von den Kielern *den Börgermester sin Büx* genannt, begann jedes Jahr am Dreikönigstag der Kieler „Umschlag". Diesen beschreibt Matthäus Merian 1652: *Weiln jährlich im Jenner/ umb das Fest der Heiligen 3 Könige/ wie teils berichtet/ oder umb St. Anthonii Tag/ wie einer will/ der Holsteinische Adel neben einer großen Menge Volks allhie zusammenkombt/ sof man den Umbschlag nennet/ und bei welcher Zusammenkunfft/ so diese Statt sonderlich berühmt machet/ man von Landes und anderen Sachen/ Beratschlagungen anstellt und sonderlich in Geltwechsel viel verhandelt.* Der Kieler „Umschlag" war ein Geld- und Kapitalmarkt, dessen Name sich vom „Umsatz" des Kapitals herleitet. Seine Anfänge reichen ins 15. Jahrhundert zurück, und der Name *ummeslach* wird erstmals 1482 im Kieler Rentebuch überliefert. Der Umschlag war der Kapitalmarkt der adligen Grundbesitzer, die dort Geld verliehen oder Kredite aufnahmen und zurückzahlten. Dafür eignete sich Kiel besonders, weil es zentral in einer Gutslandschaft lag, die von Wagrien bis Angeln reichte. Mit den Gewinnen der Adelsgüter in der Agrarkonjunktur des 16. Jahrhunderts wuchs die Bedeutung des Kieler Umschlags. Dabei hatte der Adel die aus der Gutswirtschaft und teilweise auch aus dem Kriegsunternehmertum stammenden Gelder zunächst auf dem internationalen Kapitalmarkt in Antwerpen angelegt. Erst der Zusammenbruch dieses Marktes nötigte die Adligen in den 1570er Jahren zum verlustreichen Abzug ihres Kapitals, das man von nun an in Schleswig-Holstein und Dänemark arbeiten ließ. Der dänische Adlige wurde zum Schuldner des holsteinischen Gutsbesitzers, so daß der dänische Pfarrer und Historiker Anders Sørensen Vedel schon 1591 von dänischen Adligen berichtete, die in den Straßen Kiels um Darlehen bettelten. Das Kieler Kapital heizte die Güterspekulation in Dänemark an und vergrößerte damit die Schuldenlast des dänischen Adels. Jedoch änderte sich die Kundschaft des Kieler Umschlags noch vor der Mitte des 17. Jahrhunderts, da sich in Dänemark ein eigener Kapitalmarkt entwickelte. Die Schulden des Adels gingen zurück, wogegen die dänische Krone und der Gottorfer Hof die Hauptschuldner der schleswig-holsteinischen Ritterschaft wurden. 1648 hatte Dänemark in Kiel Schulden von 900.000 Talern (bei insgesamt 5 Mill. Talern Schulden), während sich die Verbindlichkeiten Holstein-Gottorps 1658 auf 1,25 Mill. Taler beliefen. Das Kapitalangebot des Umschlags war nicht weiter zu vermehren, zumal die Krisen und Kriegszerstörungen die Ertragskraft der Güter langfristig verringerten. Der Kieler Umschlag verlor so seine Bedeutung als führender Kapitalmarkt an den Bankenplatz Hamburg. Im 18. Jahrhundert tätigten allein die Einwohner der Herzogtümer kleinere Kredittransaktionen in Kiel. Den endgültigen Niedergang des Umschlags brachten der dänische Staatsbankrott von 1813 mit seinen Schuldenannulierungen und die folgende Währungsreform im Gesamtstaat. Das Umschlagsgeschäft kam danach nur schleppend in Gang, da inzwischen auch erste Kreditinstitutionen wie die Kieler Spar- und Leihkasse (1796) oder das Kreditwesen der Klöster und adligen Gutsbesitzer in Schleswig-Holstein entstanden waren. Mit der Gründung des Bankhauses Ahlmann (1852, vgl. Nr. 72) und weiterer Banken versiegte das Geldgeschäft des Kieler Umschlags. Vom Umschlag blieben allein der später hinzugekommene Warenmarkt und die allgemeine Volksbelustigung bestehen. Vor allem von dem Warenmarkt profitierte die Stadt Kiel, indem sie die Buden auf dem Markt vermietete und von den wandernden Händlern ein Hausierergeld kassierte. Größer war der indirekte Nutzen, den die Gasthöfe, Zimmerwirte, Fuhrleute, Sänftenträger, d.h. das städtische Dienstleistungsgewerbe, aus dem Umschlag zogen. Trotzdem vermochten die Stadt und ihre Bürger den Umschlag nicht länger am Leben zu erhalten, als die auswärtigen Besucher ausblieben. So rief die Büx des Bürgermeisters von der Nikolaikirche 1911 zum letzten Mal zum Kieler Umschlag.

„Den Börgermester sin Büx", eine Platte aus Eisenblech mit dem Stadtwappen, wurde bis 1911 alljährlich zum Umschlag als Zeichen der Marktfreiheit oben am Turm der Nikolaikirche herausgehängt.

UWE ALBRECHT Kunsthistorisches Institut

Ein Zeugnis adliger Grabmalkunst der Barockzeit in St. Nikolai: Der Prunksarg der Anna Pogwisch

Seit dem 6. Dezember 1986, da die St. Nikolaikirche nach fast einjährigen Umbauarbeiten mit einem Festgottesdienst feierlich wiedereröffnet wurde, bergen zwei Vitrinen im Obergeschoß der ehemaligen Rantzaukapelle (nördliche Turmseitenkapelle) die kunstvoll geschmiedeten Messingbeschläge des Prunksarges der Anna Pogwisch. Zufällig freigelegt bei Straßenbauarbeiten hinter dem Chor der Kirche im Februar 1972, stellen die Sargbeschläge nach ihrer fachgerechten Restaurierung in den Werkstätten des Schleswig-Holsteinischen Landesmuseums nunmehr das letzte Zeugnis einer ansonsten in Kiel nicht mehr anzutreffenden Gattung ephemerer Denkmäler dar. Als historisches Dokument sind sie in dreifacher Hinsicht von Interesse: Zum einen beeindrucken sie ob ihrer gediegenen kunsthandwerklichen Ausführung; zum anderen verdeutlichen sie, daß die Nikolaikirche einst die größte und vornehmste Grablege in den Mauern der Stadt war; schließlich erinnern sie an Leben und Wirken einer bemerkenswerten Persönlichkeit des schleswig-holsteinischen Adels der Barockzeit.

Anna Pogwisch erblickte im Jahre 1634 in Kiel das Licht der Welt. Als eine geborene Rantzau war sie der Sproß einer illustren Familie; dies um so mehr, als mit der Heirat ihrer Eltern, Franz Rantzau, Gutsherr auf Salzau, seit 1651 auch auf Rastorf, und Anna Christina Rantzau aus dem Hause Breitenburg, zwei hervorragende Linien des gleichen uradeligen Geschlechtes zusammenfanden. Während väterlicherseits die Vorfahren seit langem auf ostholsteinischen Gütern ansässig waren, hatten mütterlicherseits Johann († 1565), Heinrich († 1599) und Gert Rantzau († 1627) über drei Generationen hinweg Ansehen und Ämter, insbesondere das des königlichen Statthalters in den Herzogtümern, kontinuierlich vom Vater auf den Sohn weitergegeben. Die Wappenschilde der Ahnenprobe auf dem Sargdekkel der Anna Pogwisch legen davon Zeugnis ab. In der richtigen Reihenfolge gelesen, ergeben sie den Stammbaum der Familie.

Anna heiratete am 26. April 1665 Bartram Pogwisch, Sohn des Wulf Pogwisch auf Farve und seiner Ehefrau Dorothea, geb. Pogwisch aus dem Hause Weißenhaus. Bartram Pogwisch, getauft am 8. Dezember 1631, hatte an den Universitäten von Helmstedt und Siena studiert, bevor er in den Dienst der Markgrafen von Baden trat und dort bis zum Major aufstieg. In den Norden zurückgekehrt, wurde er 1662 Hofmeister von Herzog August Friedrich von Holstein-Gottorf, einem Bruder Christian Albrechts. Drei Jahre später avancierte er zum Geheimrat, Hofmarschall und Amtmann von Eutin. 1667 übernahm er die Verwaltung des Amtes Tondern und erlangte den Titel eines Hochfürstlichen Landrates. Seit 1667 war er Gutsherr auf Weißenhaus. Farve hingegen wechselte an die Blomes, die im 17. Jahrhundert auf mehreren Gütern die Nachfolge der zusehends an Einfluß verlierenden Pogwisch antraten, deren Grundbesitz von stolzen 18 Gütern um 1600 auf ganze drei im Jahre 1684 geschrumpft war.

Bartram Pogwisch verstarb an den Folgen einer nicht ausgeheilten Beinverletzung in der Blüte seiner Jahre, gerade vierzigjährig und ohne Kinder zu hinterlassen, am 12. Mai 1672 in Rendsburg. Nach Kiel überführt, fand am 14. August desselben Jahres in der Familiengruft außen am Chor der Nikolaikirche die feierliche Beisetzung statt. Sein prächtiger Kupfersarg, reich verziert mit versilberten Messingbeschlägen, der zusammen mit demjenigen seiner Frau 1972 wieder zu Tage kam, steht heute in der Rantzauschen Familiengruft auf Gut Breitenburg.

Nach dem Tode ihres Ehemannes setzte sich Anna Pogwisch mit zahlreichen wohltätigen, aber auch repräsentativen Stiftungen ein bleibendes Denkmal. Kunstsinn und Standesbewußtsein kommen in ihnen gleichermaßen zum Ausdruck. Eine gute Vorstellung dieses adligen Mäzenatentums vermittelt noch heute das Innere der Kirche von Hohenstein (Kr. Ostholstein), die den Gütern Weißenhaus (Pogwisch), Farve (Blome) und Ehlerstorf (Ahlefeldt) gemeinsam als

Gestiftet für die Ewigkeit: Einer der prunkvollen Wappenschilde vom Sarg der Anna Pogwisch.

Angeschlagen vom Zahn der Zeit: Der Sarkophagdeckel vor der Öffnung des Begräbnisses im Februar 1972.

Anna Pogwisch im Alter von etwa 50 Jahren. Nach dem Ölgemälde eines unbekannten Meisters, um 1685.

Gotteshaus diente und der Freigiebigkeit dieser drei Familien während des letzten Viertels des 17. Jahrhunderts ihre komplette Neuausstattung verdankt.

Für die Kieler Nikolaikirche gab Anna Pogwisch als letzte ihrer Stiftungen im Jahre 1700 ihr eigenes Epitaph in Auftrag, das noch 1950 an der Ostwand des nördlichen Seitenschiffes in nur leicht beschädigtem Zustand zu sehen war, seither jedoch leider spurlos verschwunden ist. In Marmor und Stuck gearbeitet, war es ein Hauptwerk des schleswig-holsteinischen Akanthusbarock, vielleicht eine Arbeit von Theodor Allers, dem fähigsten Bildhauer seiner Zeit.

Anna Pogwisch verstarb am 27. Dezember 1722 im Alter von 88 Jahren auf Gut Weißenhaus. Einen Monat später, am 25. Januar 1723, erfolgte „mit hochadlichen Ceremonien" und „bey hochansehnlicher Versammlung der gantzen Holsteinischen Ritterschafft" die Beisetzung an der Seite ihres Mannes in der Familiengrablege der Nikolaikirche. Eine Vielzahl von gedruckten Kondolenzschriften, die sich in der Breitenburger Gutsbibliothek erhalten haben, zeugt von der gesellschaftlichen Stellung, die Anna Pogwisch unter ihren Zeitgenossen innehatte. Neben der Leichenpredigt, die der seit 1717 an St. Nikolai wirkende Archidiakon Johann Friederich Jensen abhielt, hat sich ein von Joachim Beccau aus Neumünster komponiertes und von Peter Wieghorst aufgeführtes „Oratorio" im Wortlaut erhalten; daneben panegyrische Nekrologe in Versen und Prosa, u.a. von den Kieler Universitätsprofessoren Sebastian Kortholt und Johann Burchard May sowie von Matthias Buck, Pastor und Beichtvater zu Hohenstein und Franciscus Martini, Pastor zu Hansühn.

Im Zuge der purifizierenden neugotischen Kirchenerneuerung der Jahre 1878-84 wurde die Weißenhäuser Grabkapelle zusammen mit den anderen nachmittelalterlichen Anbauten, die wie ein Kranz die Nikolaikirche umgaben, niedergelegt. Eine Steintafel, die außen unter dem Schweifgiebel der Grabkammer angebracht war, muß seitdem als verloren gelten.

Daß die Särge von Anna und Bartram Pogwisch demgegenüber so gut erhalten geblieben sind, verdanken sie in erster Linie dem Umstand, daß man sie nicht schutzlos der Erde preisgegeben, sondern in schwere, gleichwohl völlig schmucklose Sandsteinsarkophage eingesetzt hatte. Auf der im Laufe der Zeit angeschlagenen Deckplatte des Sarkophages der Anna Pogwisch, die bei der Bergung in Stücke zerbrach, war noch zu lesen:

HIER RUHET ... ANNA POGWI[SCH GEBOH]RNE RANTZOW. [B]EISTEHEND[ES] [H]ERREN BART[RAM POGW]ISCH AUF W[EISSENHAUS ERB] HER[R] ... [größere Lücke] ... [VO]RMALS ... [GE] HEIMBRA[TH U]ND HOFMARSCHALLN UND NACHGEHENDS DEHRO ZU SCHLESWICH HOLSTEIN [R]EGIRENDEN HOCH[F]ÜRSTL. DU[RCH]L. HOCH[AN]SEHNL. LANDTRATH [UN]D HOCHBE [TR]AWTEN [AM]PTMANS ZU [TUN]DERN [EHE] FRAW IST G[EBO]HREN [AN]NO 1634 DEN [2. I]UNII [H]AT DARAUF DISES ZEITLICHE GESEGNET ANNO 17 ... DEN ... IHRES ALTERS ... IAHR ... MONAT D.G.G.[= Der Gott gnade].

Anna Pogwisch hat diesen Sarkophag vermutlich schon zu Lebzeiten aufstellen lassen, denn Todesdatum und Altersangabe sind noch nicht vermerkt. Nach ihrem Ableben wurde versäumt, die Lücken zu schließen.

Der Toten beließ man bei der Beisetzung zwei goldene Eheringe, die beide auf ihrer Innenseite die eingravierten Buchstaben B.P.G.M.V. (wohl aufzulösen als: Bartram Pogwisch – Gott mit uns) tragen. Eine 9,3 cm lange Kupfernadel, die bei der Öffnung des Sarges am 25. Februar 1972 neben den nur noch in Resten erhaltenen Gebeinen der Anna Pogwisch gefunden wurde, könnte vielleicht der Befestigung eines Haarschmukkes gedient haben. Ringe und „Haarnadel" sind zur musealen Verwahrung dem Sarg entnommen worden.

Der Holzsarg der Anna Pogwisch war trotz fortgeschrittener Vermorschung in seiner Grundform noch soweit erhalten, daß eine maßstabsgetreue zeichnerische Rekonstruktion angefertigt werden konnte. Aus 2,5 cm starken Eichenbohlen gezimmert, wurden die Wandungen ohne Nägel allein durch Verzinkungen zusammengehalten. Sämtliche Eckverbindungen und Kanten waren von profilierten Messinghohlleisten verdeckt, die freien Flächen dicht an dicht mit getriebenen Wappenschilden, Spruch- und Ornamentkartuschen sowie Engeln und Cherubsköpfen besetzt. Als Untergrund ließ sich in Resten eine Bespannung aus goldgelbem Samt feststellen. Der Gekreuzigte und ein Totenschädel auf dem Deckel sowie die sechs Tragegriffe sind feuervergoldete Gelbgußarbeiten.

Die ursprüngliche Anordnung der Beschläge konnte anhand der Nagelspuren weitgehend erschlossen werden. Beide Längsseiten der Sargwanne zierte in der Mitte je ein großer quadrierter Wappenschild (in 1. Brocktorff, in 2. Halle, in 3. Ahlefeldt, in 4. Buchwald, im Herzschild Rantzau), bekrönt von den zugehörigen Helmzierden und gehalten von zwei stehenden Engeln. Links und rechts davon sowie auf den Schmalseiten umgab üppiger Akanthus die Tragegriffe, über denen Inschriftkartuschen Psalmen und Sprüche wiedergaben. In den Ecken traten schräg gestellte Cherubsköpfe hinzu.

Die Oberseite des Sargdeckels schmückte die 40 cm hohe Figur des Gekreuzigten in hängender Haltung vor einem Kreuz aus breiten Messingbändern. Zu seinen Füßen zwei überkreuzte Knochen unter einem Totenschädel als ikonographischer Hinweis auf Adams Grab. Eine Kartusche mit dem bekrönten Spiegelmonogramm AP, das gleichfalls bekrönte Rantzauwappen und ein großes hochovales Spruchschild stammen aller Wahrscheinlichkeit nach ebenfalls von der Oberseite des Sargdeckels. Auf den Schräg- und Schmalseiten war in acht bekrönten Allianzwappen die Ahnenprobe der Anna Pogwisch ablesbar. Schwebende Engel mit Palmwedeln und Cherubsköpfe in den Ecken begleiteten die heraldische Reihe.

Die Frage, wo und von wem die Herstellung dieser aufwendigen und kunstvollen vergoldeten Messingbeschläge und Gelbgußarbeiten unternommen wurde, muß nach dem unzureichenden Stand der Quellen derzeit offengelassen werden. Rudolf Zöllner, der bislang als einziger systematische Feldforschung auf dem Gebiet der Sepulkraldenkmäler betrieben hat, konnte in Preetz und Kiel Goldschmiede nachweisen, die in größerer Anzahl in der zweiten Hälfte des 17. und zu Beginn des 18. Jahrhunderts adlige Prunksärge hergestellt haben – so 1664 Jochim Rese, zu Ende des 17. Jahrhunderts Berendt Kröger und Peter Johanßen. Eine Generation später, 1721, liefert ein gewisser Nikolai Janssen den prachtvollen Kupfersarg für den letzten Reichsgrafen zu Rantzau-Breitenburg, Christian-Detlev. Janssens Stellung in Preetz konnte noch nicht eindeutig geklärt werden, zumal weitere Arbeiten von seiner Hand bislang nicht bekannt geworden sind. Führt von ihm aus vielleicht eine Spur zu den Beschlägen am Sarg der Anna Pogwisch?

Rekonstruktion des Sarges der Anna Pogwisch. Ansicht der Längs- und Schmalseite.

KURT JÜRGENSEN Historisches Seminar

Das Kreuz von Coventry in St. Nikolai: Eine Botschaft des Friedens aus England

Viele Besucher kennen es, das Kreuz von Coventry, etwa 17 cm hoch und 9 cm breit, an der weißen Innenwand der Nikolaikirche zu Kiel. Es hat einen guten Platz, nämlich in der unmittelbaren Nähe des Gedenkbuches, in welchem die Namen der Kriegstoten des Zweiten Weltkriegs, die die Nikolai-Gemeinde zu beklagen hat, festgehalten sind. Das Kreuz hat einen engen Bezug zum Zweiten Weltkrieg.

Wer genauer hinschaut, kann es erkennen: Das Kreuz ist aus drei Nägeln geformt, einem etwas längeren Nagel und zwei kürzeren zusammengebundenen Nägeln. Es sind handgeschmiedete eiserne Nägel aus dem 14. Jahrhundert. Das Messingschild unter dem Kreuz sagt es: sie stammen aus der mittelenglischen Stadt Coventry.

Im Jahre 1373 begann dort der umfassende Neubau der schon in der Mitte des 12. Jahrhunderts in Verbindung mit der Benediktiner-Abtei errichteten Stadtkirche St. Michael's. Sie wurde Kathedrale erst 1918, nämlich mit der Errichtung des Bischofssitzes für die neue Diözese Coventry. Die Nägel hielten das eichene Gebälk des Flachdachs über dem ungewöhnlich weiträumigen Kirchenschiff zusammen.

Aus Nägeln wurden Kreuze: Wie kam es dazu? Dieses kleine, aber symbolträchtige Geschehen gehört einer entscheidenden Phase des Zweiten Weltkriegs an. Als Großbritannien mit den Dominions des British Commonwealth of Nations (ohne Irland) und mit seinen abhängigen Gebieten im Empire nach der Kapitulation Frankreichs der einzige Kriegsgegner des Deutschen Reiches war, wurde die Luftschlacht um England ausgetragen. Das war im Spätsommer und Herbst des Jahres 1940. Das strategische Ziel, die Luftherrschaft über den britischen Inseln als Voraussetzung für die geplante Invasion zu gewinnen, erreichte die deutsche Luftwaffe nicht.

Am Abend des 14. November 1940 war „der rollende Angriff starker Kampfverbände" (so die Sprache des Wehrmachtberichtes vom 15. November 1940) gegen Coventry gerichtet. Wollte man allein die Rüstungsbetriebe der Stadt, insbesondere die Motorenfabrikation und die Flugzeugzubehörindustrie, zerschlagen? Sicherlich nicht! „Ich werde ihre Städte ausradieren", tönte Hitler, nachdem es wiederholt zu nächtlichen Bombenabwürfen auf deutsche Städte gekommen war. Er prägte nach dem 14. November 1940 ein neues Wort, „coventrieren", das heißt: eine Stadt aus der Luft total zerstören. Was das bedeutete, erlebte als erste deutsche Stadt am 30. Mai 1942 Köln durch den britischen 1000-Bomber-Angriff.

Nicht ohne Zynismus konnte man ausgerechnet Beethovens „Mondscheinsonate" als Decknamen für den Luftangriff auf Coventry gewählt haben, „passend" vielleicht zur gewünschten Wetterlage: Ein sternenklarer Himmel und fahler Mondschein gaben die Sicht auf die Stadt frei, die in ihrer Einwohnerzahl etwa Kiel entspricht. 449 Bomber HE 111 und Ju 88 warfen 5000 Tonnen an Sprengbomben und 40 000 Brandbomben auf den alten Stadtkern, der binnen kurzem in Flammen stand. Provost R.T. Howard und seine Helfer, die Brandwache hielten, waren machtlos, als das gesamte Dach der Kathedrale ein Flammenmeer bildete. Die Feuerwehr konnte in dem Feuersturm, der die Straßen unpassierbar machte, nicht herankommen. Ohnehin fehlte es an Wasser. Die Kathedrale brannte – bis auf den Turm und die Außenmauern – völlig aus. Als morgens um 6 Uhr, nach elfstündiger Alarmzeit, endlich Entwarnung gegeben wurde, war das Zentrum Coventrys ein rauchender Trümmerhaufen. Fast 600 Personen hatten den Tod gefunden, fast 900 waren schwer verletzt, doppelt soviele leicht verletzt. Am Ende des Krieges standen auf der Liste derer, die im Luftkrieg in Coventry ums Leben gekommen waren, 1085 Namen.

Aus den Ruinen und verkohlten Holzresten der Kathedrale erwuchs das Kreuz. Als der Steinmetz Jock Forbes – an der Seite von Provost R. T. Howard – am Vormittag des 15. November in den Trümmern der Ka-

Das „Cross of Nails“: Drei Nägel aus Coventry mahnen zum Frieden.

thedrale stand, ergriff er zwei eichene Balkenreste, die die Flammen halb verzehrt hatten, und band sie zu einem Kreuz zusammen; er setzte es auf die Kuppe eines Trümmerhaufens. Zwei Monate später erhielt das „Charred Cross" seinen Platz auf dem von Jock Forbes wieder aufgemauerten Altartisch in der offenen Sakristei. Um es vor den Unbilden des Wetters zu schützen, ist es später in die im Oktober 1962 eingeweihte neue Kathedrale – ein gelungener moderner Kirchenbau – gekommen. Ein ihm nachgebildetes Kreuz steht dafür in dem offenen Altarraum der zerstörten Kathedrale.

Es mag sein, daß das Kreuz aus den halbverkohlten Balken dem Priester der Nachbargemeinde, Rev. A.P. Wale, am Vormittag des 15. November 1940 die Eingebung gab, aus den in den Trümmern liegenden Nägeln drei herauszugreifen und zu dem ersten „Cross of Nails" zu formen. Provost Howard erkannte ihre doppelte Symbolkraft: Mit Nägeln wurde Christus an das Kreuz geschlagen; er hat sich durch seine Auferstehung vom Kreuz befreit und es zum Zeichen gesetzt für den Sieg über den Tod und für seine Bitte um Vergebung, die wir – seinem Vorbild folgend – auch unseren Schuldigern zu erweisen haben. Deshalb ließ Provost Howard die Worte Jesu, wie sie der Evangelist Lukas Kap. 23, V. 34 überliefert hat, hinter dem Altartisch mit beiden Kreuzen – zu dem großen Kreuz aus halbverkohltem Eichenholz stellte er das kleine Kreuz aus den drei Nägeln – in die Reste der Wand meißeln: „Father Forgive". Provost Howard verband mit dem Kreuz von Coventry sofort – noch im Anblick der rauchenden Trümmer – die Botschaft des Friedens und der Versöhnung.

Diese Botschaft erreichte Kiel im September 1947. Überbringer der Botschaft war Provost Howard persönlich. Zu dieser Botschaft gehörte als ihr sichtbares Zeichen das Kreuz von Coventry, das heute in der St. Nikolai-Kirche hängt. Es ist eines von vielen Kreuzen, indes das erste, das nach Deutschland, ja überhaupt nach dem europäischen Kontinent kam.

Schon vorher war das Kreuz aus den Nägeln der Kathedrale prominenten Besuchern in Coventry überreicht worden, nämlich 1941: Winston Churchill; 1942: Königin Elisabeth, der Gemahlin König Georgs VI., die beide schon kurz nach dem verheerenden Luftangriff Coventry besucht hatten; dem scheidenden Bischof von Coventry Dr. Menyn Heigh; dem Bischof von British Honduras; 1944: der Herzogin von Kent, also der Gemahlin des Herzogs von Kent, eines Neffen König Georgs VI.; 1946: dem Bischof von Salisbury (Rhodesien); 1947: dem Dechanten (Dean) der Kathedrale in Washington. Auch die Vertreter der gesamten kanadischen Presse, die Coventry im Jahre 1941 besuchten, und im Jahre 1947 der Vorstand der Youth Library in Fitchburg, Massachusetts, gehörten zu den frühen Empfängern des Kreuzes von Coventry.

Damit steht die St. Nikolai-Gemeinde in Kiel in der Reihe der Empfänger an zehnter Stelle. Später sind in Deutschland andere Gemeinden, Einrichtungen und auch Einzelpersonen hinzugekommen, darunter schon im Jahre 1948 der Rektor der Universität Kiel, Professor D. theol. Heinrich Rendtorff, wohl anläßlich seines Besuches in Coventry. Heute gibt es weltweit 77 „Cross of Nails Centres", die alle zusammen die „Community of the Cross of Nails" bilden, in der die Botschaft von Coventry, Friede und Versöhnung unter die Menschen zu bringen, immer wieder verkündet wird. Hier erfüllt sich das Vermächtnis von Provost R.T. Howard:

> „Our Cathedral Church of Coventry
> is greatly privileged in being thus
> closely linked with Christian
> Churches all over the world."

Das Kreuz von Coventry in der Kieler St. Nikolai-Kirche gehört der ganzen Stadt. Sein Wegbereiter war der erste nach dem Krieg frei gewählte Oberbürgermeister der Stadt, Andreas Gayk (vgl. Nr. 77). Und dabei kam ihm der aus Coventry stammende Offizier in der für Kiel zuständigen britischen Militärregierung, Mr. Williams, zur Hilfe. Mr. Williams hatte wesentlich dabei geholfen, die Trümmerräumung in Kiel voranzubringen und den Wiederaufbau der Stadt einzuleiten. Als er sich am Jahresende 1946 vom Kieler Oberbürgermeister verabschiedete, entstand die Idee, zwischen Kiel und Coventry, also zwischen den beiden Städten, die so furchtbar unter dem Krieg gelitten hatten, eine Brücke der Verständigung zu schlagen, gleichsam als Wegmarkierung für den geistigen Wiederaufbau überhaupt.

In diesem Sinne richtete Andreas Gayk eine Grußbotschaft an Coventry. Auf diese Botschaft antwortete der Oberbürgermeister der englischen Stadt, Mayor (Alderman) George Briggs, am 18. Januar 1947 wie folgt:

> „Dear Sir, The British Branch Officer for Building at Kiel, Mr. Williams, called here yesterday and handed to me a copy of your message to Coventry, for which I thank you. I am pleased to know

Die zerstörte Kathedrale von Coventry am Tage nach dem nächtlichen Bombenangriff vom 14. November 1940.

that the services of this Coventry man are appreciated so highly by you, and that he has succeeded in winning your esteem by his efforts in the difficult task of reconstruction in which he has been engaged. I agree entirely with the wise sentiments you express regarding the need for mutual understanding. The sooner mankind recognizes that we are members one of another, that if one suffers then all are affected, the better it will be for everyone. Whenever there is need, that of itself should be the call for others to endeavour to meet that need. We have our difficulties and problems of reconstruction, so have you. Not only in Kiel but throughout Germany the problems to be solved are greater than ours, and the suffering is greater. But I hope that from the ruins of our respective towns and cities there will emerge something finer than we ever dreamed of in the past. Not only nobler cities but nobler people. The reconstruction should begin with ourselves. People of goodwill everywhere, must do all in their power to ensure that never again will there be a repetition of the follies of the past. War solves no problems but only creates greater ones. If we devoted only a fraction of the energy, time and wealth used in the past for destruction purposes to the building of a better world, a fuller and happier life could be enjoyed by all."

Die Gründung der „Gesellschaft der Freunde Coventrys“ am 2. April 1947, an der 1000 Personen aus allen Teilen der Bevölkerung vorwiegend Kiels teilnahmen, zeigte den starken Rückhalt, den der Gedanke der Verständigung – verankert im „Freundschaftsbund“ der beiden Städte – hatte. Die Stadt Kiel und die Gesellschaft der Freunde Coventrys (diese ist inzwischen in der Deutsch-Englischen Gesellschaft aufgegangen) bereiteten für den September 1947 eine Festwoche „Kiel im Aufbau“ vor.

Man wußte wohl, daß die wirtschaftlichen Fundamente Kiels neu gelegt werden mußten. Und man wußte auch, daß diesem Ziel die Reduzierung der Werftkapazität und die alliierte Demontagepolitik entgegenstanden; betroffen war hiervon u.a. die Holmag, das Friedrichsorter Zweigwerk der Deutschen Werke Kiel (heute: Krupp MaK-Maschinenbau GmbH), die nach Kriegsende von der Rüstung auf den Bau von Dieselmotoren umgestellt worden war. Es war aber von den Verantwortlichen der Stadt ganz richtig erkannt: Ein wirtschaftlicher Neubeginn kann nur gelingen, wenn auch „das geistige Fundament des Neuaufbaus“ gelegt wird, wie es im Geleitwort zur Septemberwoche hieß und wie es darin mit den Worten als „unsere Aufgabe“ formuliert wurde, „die Kräfte neu zu entwickeln, die den Menschen erst wieder zum Menschen machen“.

Man mag von hier die Brücke zum deutschen Widerstand in der NS- Zeit schlagen, als etwa der führende Kopf des Kreisauer Kreises Helmuth James Graf von Moltke davon sprach, es gelte „das Bild des Menschen wieder aufzurichten“. Der greise Professor Dr. Max Planck war in seiner Grußbotschaft an den Kieler Oberbürgermeister (Ende März 1947) ein Mittler solcher Gedanken. Am 16. September 1947 – das war während der Aufbau-Woche – wurde Max Planck Ehrenbürger seiner Vaterstadt Kiel (vgl. Nr. 15).

Die Verbindung zu Coventry gab dem ethischen Anspruch, der mit der Woche „Kiel im Aufbau“ (15.-20. September 1947) verbunden war, erst seine Berechtigung. Aus Coventry nahmen als Ehrengäste der Stadt Kiel Mayor George Briggs, Provost R.T. Howard und Mr. W. Spencer, Secretary of Coventry Trades Union Council, an der Festwoche teil. Eine Verbindung zu ihrer Stadt stellte auch die Ausstellung über Kiels Zerstörung, die Trümmerräumung und die Aufbaupläne her, indem vergleichende Bilder aus Coventry gezeigt wurden, insbesondere auch die zerstörte Kathedrale.

Provost Howard war sehr von dem Interesse angetan, das bei dem Höflichkeitsbesuch, den die britische Delegation dem Regional Commissioner H.V. Champion de Crespigny abstattete, dieser dem Besuch aus Coventry entgegenbrachte. Vom Somerset-House, dem Amtssitz des britischen Gouverneurs am Hindenburgufer (vgl. Nr. 44), ging es dann direkt zu der öffentlichen Kundgebung der christlichen Kirchen im Gewerkschaftshaus. Das war am 15. September 1947.

Es mochte nach dem Beginn um 17 Uhr eine knappe Stunde vergangen sein, als nach Darbietungen des St. Nikolai-Chores und nach Ansprachen von Propst Lorenzen und von Bischof Halfmann (Holstein) Provost Howard das Wort ergriff. Er überbrachte die Grüße aller christlichen Gemeinden in Coventry und entwikkelte den Gedanken, daß die Versöhnung in erster Linie eine geistige und eine geistliche Aufgabe sei; Christus begegnet uns, so Howard, im Menschen, ja, in Christus sind wir bereits als Freunde verbunden („We are already Friends in Him“). In seinen „Notes on Visit to Kiel“, die Provost Howard während und unmittelbar nach seiner Rückkehr nach England aufschrieb, schilderte er, wie er das Kreuz von Coventry überreichte. Wir lesen in seinen Notizen:

> „Then I held up a Coventry Cross of Nails – explained where it came from & made – would now give to Propst Lorentzen for his Church as a symbol of Divine Forgiveness & of God; power through the death + resurrection of Christ & form all our sin into good. – So I gave the Cross + shook hands with Propst Lorentzen. I have heard from many quarters since that this made a profound impression.“

Die Begegnungen der Briten mit den Deutschen waren keineswegs fern der damals noch vorherrschenden politischen Meinung unter den Alliierten. So nahm Provost Howard die Gespräche am Rande der Aufbauwoche, etwa im Hause von Propst Lorentzen und von Professor D. Rendtorff, damals Dekan der Theologischen Fakultät und zugleich Prorektor der Universität, als eine Gelegenheit wahr, um Folgendes zu sagen: Die britischen Empfindungen den Deutschen gegenüber seien durchaus „gemischt“; einerseits nehme man starken Anteil an dem, was das deutsche Volk zu leiden habe, andererseits habe man Sorge, daß in einer noch fernen Zukunft die Sicherheit Europas von Deutschland bedroht werden könne. Howard erkannte es – wohl zu Recht – als ein Problem, daß niemand in Deutschland die inneren Gründe im Lande selbst für Hitlers Aufstieg zur Macht zur Kenntnis nehmen wolle: „They are all anti-Nazi", und sie seien es schon immer gewesen. Besorgt machte Howard auch die Beobachtung, daß die Deutschen sich ausschließlich mit ihrer eigenen Not beschäftigten. Seinen Reisenotizen vertraute er an: „They did not seem to have the slightest interest in the destruction of other countries."

Um so wichtiger waren aber – so sahen es alle drei Mitglieder der Delegation aus Coventry – die direkten Kontakte. Die persönlichen Begegnungen – über nationale Grenzen hinweg – führten zu einem Nachdenken über die eigene Lage und die des anderen Volkes. Und wenn dabei gar – wie in Kiel geschehen – ein Zeichen gesetzt wird, wie mit dem Kreuz von Coventry, dann entsteht dadurch eine ökumenische Brücke, die weit über den christlichen Glauben hinaus Bedeutung hat und direkt in den politischen Raum hineinwirkt.

Auch Provost R.T. Howard kehrte mit einem Zeichen zurück, das seinen Landsleuten einen Denkanstoß geben sollte. Howard selber erbat dieses Zeichen von seinen deutschen Gastgebern, als er am 18. September 1947 auf der Festveranstaltung der Gesellschaft der Freunde Coventrys das aussprach, was seines Erachtens beide Seiten an Empfindungen besitzen müßten, die Bürger Coventrys ebenso wie die Bürger Kiels, nämlich eine „active compassion for each others sufferings". Provost Howard sprach sodann von der Kapelle, die als „Chapel of Unity" in einem Kellerraum der zerstörten Kathedrale eingerichtet sei. Dies, so Howard, sei ein Ort des Gebetes aller Christen für alle Christen. Für diese Kapelle der Einheit der Christen erbat sich Howard einen Stein aus den Ruinen der zerstörten Nikolai-Kirche.

So geschah es am folgenden Vormittag, Freitag 19. September. Propst Lorentzen besichtigte mit seinem britischen Gast die zerstörten Kirchen Kiels. Aus den Ruinen der Nikolai-Kirche nahm er einen Stein heraus, das Stück einer Säule. Wohl wissend, daß auch britische Bomben die Nikolai-Kirche zerstört hatten, reichte Propst Lorentzen dem Provost Howard das Trümmerstück als „Stone of Forgiveness". Als solcher ist dieser Stein heute in einem Seitenraum der neuen Kathedrale zu Coventry zu sehen.

Das Kreuz von Coventry besitzt eine starke Symbolkraft. Es ist das Zeichen des christlichen Glaubens schlechthin. Im offenen Altarraum der zerstörten Kathedrale in Coventry will das Kreuz insonderheit hinlenken zur 5. Bitte des Vater-Unser. Das, was das Kreuz von Coventry sagen will, wird lebendig gehalten in der weltweiten „Community of the Cross of Nails".

Der Gedenk- und Versöhnungsgottesdienst zur Erinnerung an den 50. Jahrestag der Zerstörung der Stadt Coventry und ihrer Kathedrale am 14. November 1990 hat in einer ganz besonderen Weise ein Zeichen des Friedens gesetzt. Dem Gottesdienst in der neuen Kathedrale, die durch eine offene Säulenhalle mit der zerstörten Kathedrale verbunden ist, ging eine tausendköpfige Prozession voraus, die – an der Seite des Provost of Coventry – die 90-jährige Königin-Mutter, Queen Elisabeth, und der deutsche Bundespräsident Richard von Weizsäcker anführten. Das Bittgebet um Versöhnung, das jeden Freitag Mittag um 12 Uhr im offenen Altarraum gesprochen wird, stand im Mittelpunkt der Prozession. Sie endete mit der Botschaft des Friedens, wie sie der Prophet Micha verheißen hat.

Dem bekannten Wort des Propheten, es werden „Schwerter zu Pflugscharen", folgt der Satz, der auch zu seiner Verheißung gehört. Der Satz ist in englischer Sprache in die Gedenkplatte eingraviert, die die Königin-Mutter am Ende der Prozession dort enthüllte, wo fünfzig Jahre zuvor – herausgelöst aus dem brennenden Gebälk – die Nägel lagen, um als Nagelkreuze die Botschaft des Friedens in die Welt zu tragen, auch hier nach Kiel (Micha 4,3):

„Nation shall not lift up
Sword against Nation
Neither shall they learn War
any more"

ERICH HOFFMANN Historisches Seminar

Im alten Kieler Rathaus: Der Beginn der Schleswig-Holsteinischen Erhebung am 24. März 1848

Wer heute von der Fußgängerzone der Holstenstraße aus den Markt betritt, sieht sich dort jener Ansammlung von mehr oder weniger „provisorisch" anmutenden Geschäftshäusern gegenüber, die in der späten Nachkriegszeit nach Planung des Stadtbaurats Kulenkampf – trotz recht deutlich gewordenen Protestes der Kieler Bürger – errichtet worden sind. Am Orte dieser im Volksmunde zeitweise als „Kulenkampfs Blechbuden" bezeichneten architektonischen „Meisterwerke" befand sich seit der Stadtgründung (um 1242) das alte, im Laufe der Jahrhunderte mehrfach umgebaute Kieler Rathaus, bis es nach dem Volltreffer einer Sprengbombe im 2. Weltkrieg am 13. Dezember 1943 zusammenstürzte. Als einziger Rest des für die Stadt- und Landesgeschichte so traditionsreichen Gebäudes sind nur Teile des Kellergewölbes erhalten geblieben, in denen heute die Discothek „Joy" ihren Platz gefunden hat.

Im Rathaus hat manches Ereignis stattgefunden, das für die Landesgeschichte bedeutsam war. Weit heraus ragt hierbei die Ausrufung der Provisorischen Schleswig-Holsteinischen Regierung im März 1848, die den Beginn der „Schleswig-Holsteinischen Erhebung" darstellt. Im „dänischen Gesamtstaat" (vgl. Nr. 43 und Nr. 90) war es seit den dreißiger Jahren des 19. Jahrhunderts zur Herausbildung von Verfassungs- und Nationalbewegungen gekommen, die das gleich dem Habsburgerreich Bewohner verschiedener nationaler Herkunft umfassende Staatsgebilde zu sprengen drohten. Nur mit Mühe gelang es König Christian VIII. (1839-1848) noch bis zu seinem Tode die Balance zwischen den widerstreitenden dänischen und schleswig-holsteinisch/deutschen Interessen zu halten.

Wie eine Bombe platzte dann die Nachricht von der französischen „Februar-Revolution" (24. Februar 1848) auf der nur äußerlich ruhigen Szene der europäischen Staatenwelt. In mehreren Staaten Mittel- und Nordeuropas kam es zu Unruhen, ja in einigen Fällen zu Straßenkämpfen, und in Folge hiervon zu Regierungsumbildungen und Erlaß liberaler Gesetze. Auch in Kopenhagen und den größeren Orten Schleswig-Holsteins wurden laute Wünsche in dieser Richtung geäußert, verbunden aber auch deutlich mit nationalen Forderungen. Denn die Liberalen in Kopenhagen strebten einen Bundesstaat mit gemeinsamer Verfassung für Dänemark und Schleswig an, die schleswig-holsteinischen Liberalen wünschten eine endgültige Verbindung beider Herzogtümer zu einem Staatswesen und dachten an Anschluß an ein künftiges Deutsches Reich.

Beide Seiten forderten also das ganze Schleswig, obwohl nach den sich abzeichnenden Gesinnungsäußerungen jede nur die Hälfte des Herzogtums beanspruchen konnte und auch die Zahl der national Indifferenten noch groß war. So stand hier „halbes Recht" gegen „halbes Recht".

In Kopenhagen zeichnete sich im Verlauf des März ein immer stärkeres Fortschreiten der nationalen Bewegung ab. Mit dem Sturz der alten Regierung war ebenso wie mit einem starken Einfluß der liberalen „Eiderdänen" in einem künftigen Kabinett jeden Tag zu rechnen.

Die schleswig-holsteinischen Ständedeputierten beschlossen ihrerseits am 18. März zu Rendsburg, eine Deputation an den neuen König Friedrich VII. nach Kopenhagen zu senden. Diese sollte für die Herzogtümer eine gemeinsame freiheitliche Verfassung und den Eintritt auch Schleswigs in den Deutschen Bund fordern. Der Norden Schleswigs sollte sich bei kirchspielsweiser Befragung nach eigenem Willen für Nord oder Süd entscheiden.

Bei Verschärfung der Lage sollte ein Dreier-Ausschuß (Graf Friedrich Reventlou-Preetz, Wilhelm Hartwig Beseler und Rechtsanwalt Bargum) die Versammlung erneut berufen.

In Kiel wie in anderen größeren Städten der Herzogtümer bildeten sich seit Februar nationalliberale Bürgervereine, in denen in der Fördestadt auch viele Studenten und junge Dozenten der Universität aktiv wur-

Der Keller des Alten Rathauses während der Freilegung im Jahre 1971.

Vom Ratskeller zur Discothek: Ruinen-Staffage vor Betonwänden oder: Wie die Landeshauptstadt mit ihrer Geschichte umgeht.

BETTEN Godziek GARDINEN Godziek TEPPICHE

den. Häufig trugen die Bürger nun Kokarden und Fahnen mit den schleswig-holsteinischen (blau-weiß-rot) Farben und denen der deutschen Nationalbewegung (schwarz-rot-gold).

Am 23. März traf in Schleswig-Holstein die Nachricht davon ein, daß in Kopenhagen eine unblutige Revolution gesiegt habe und der schwache König Friedrich VII. sich nach Entlassung seiner bisherigen Minister um die Einrichtung eines neuen Ministeriums bemühe. Es war mit Sicherheit zu erwarten, daß die Nationalliberalen hier den entscheidenden Einfluß besitzen würden. So galt es schnell zu handeln.

Noch am Abend des 23. März trafen Beseler, Reventlou und Bargum mit dem Prinzen Friedrich von Noer (dem Bruder des Herzogs von Augustenburg) und politischen Köpfen der Liberalen – wie den bekannten Universitätsprofessoren Falck und Droysen – in Bargums Büro in Kiel zusammen. Wollte man dem politischen Gegner nicht den zeitlichen Vorrang lassen, so mußte man sich entscheiden und nach Bildung einer Provisorischen Regierung in den Herzogtümern die Schalthebel der Macht in Besitz nehmen.

Jeder der Teilnehmer machte sich dann für sich an die Abfassung eines Textes für eine Proklamation an die Bevölkerung des Landes. Reventlous Entwurf fand den meisten Anklang und wurde dann noch gemeinsam straffend und stilistisch pointierend überarbeitet, so daß ein für alle tragbarer Kompromiß entstand. So wurden auch Reventlous Worte von den übrigen akzeptiert, daß man die Regierung nicht durch Aufsagen

Der schleswig-holsteinische Freiheitsdrang erreicht seinen Höhepunkt: Kieler Bürger entzünden nach einem nächtlichen Fackelzug zu Ehren des Augustenburger Herzogs Friedrich VIII. am 1. Januar 1864 auf dem Marktplatz ein Freudenfeuer. Wenige Wochen später überzog Krieg das Land. Holzstich nach einer Zeichnung von Ernst Wolperding.

des Gehorsams gegenüber dem Landesherrn übernehmen wolle. Vielmehr erklärte man, daß dieser durch die Revolution in Kopenhagen in Abhängigkeit von politischen Kräften geraten sei, die Schleswig-Holsteins Landesrechte nicht anerkennen wollten. Es gelte also, das Recht des Landes im Namen des nunmehr im politischen Handeln „unfreien Herzogs" zu wahren. Ähnlich wie die Niederländer zur Zeit ihres Freiheitskampfes gegen die Spanier berief man sich also auf das Widerstandsrecht zur Wahrung alter Volksrechte. Andererseits wurde auch das Bekenntnis zu den deutschen Einheits- und Freiheitsbestrebungen in die Proklamation eingefügt. Schließlich erklärte man, daß die Regierung sofort die gemeinsame schleswig- holsteinische Ständeversammlung einberufen wolle und sich dieser gegenüber verantwortlich fühle.

Inzwischen hatte sich im Rathaus eine Versammlung politisch engagierter Bürger versammelt, meist Mitglieder des liberal und demokratisch eingestellten Bürgervereins, sowie junge Dozenten (darunter Lorenz von Stein und Wilhelm Ahlmann) und Studenten der Universität. Hier sah man sich als Repräsentanten des Volkes an und bestand auf Mitwirkung an der Bildung der Provisorischen Regierung. Die Politiker aus Bargums Büro begaben sich ins Rathaus und erklärten sich dazu bereit, bei der Zusammensetzung der Regierung der „Rathausgruppe" gegenüber Konzessionen zu machen. Doch war es unbestritten, daß Beseler und Reventlou die wichtigsten Mitglieder sein würden. Scharfe Kritik übten die jungen Politiker an der Proklamation. Hier war ihnen zu wenig von Volksfreiheiten und dem Anschluß an die deutsche Einheitsbewegung die Rede. Doch Reventlou gelang es in überzeugender Rede die unveränderte Annahme der Proklamation durchzusetzen, denn nur mit der hier ausgeführten Argumentation war es möglich, die Bevölkerung des Landes für die neue Regierung zu gewinnen. Zwischen ein und zwei Uhr nachts (am 24. März 1848) traten nun die Teilnehmer der Versammlung vor das Rathaus. Mitglieder der Bürgerwehr, Studenten und Turner, die auf dem Markt gewartet hatten, bildeten die Zuhörerschaft. Unter dem Geläut der Glocken der Nikolaikirche verlas

Die Ausrufung der Provisorischen Regierung am 24. März 1848. Nach einem Wandgemälde von Christian Kleinsang im Brunswiker „Kaiser-Kaffee". Im Zweiten Weltkrieg zerstört.

Beseler mit lauter, klarer und ruhiger Stimme die Proklamation. Um 5.45 Uhr wurde am selben Ort die Verlesung vor einer größeren Menschenmenge noch einmal wiederholt.

Das war der Beginn der Schleswig-Holsteinischen Erhebung.

HANS-JOACHIM WASCHKIES Philosophisches Seminar

Küterstraße Nr. 17: Der Geburtsort von Max Planck

Vom 17. Jahrhundert an hatten die Naturwissenschaftler im Gefolge von Galilei und Newton immer neue physikalische Gesetze entdeckt, die es gestatteten, Prozesse aus unserer Umwelt, an denen Energiemengen von einem im wahrsten Sinne des Wortes überschaubaren Ausmaß beteiligt sind, mathematisch zu beschreiben. Dabei hatte sich der Energiebegriff als eine Klammer erwiesen, mit der eine Reihe von anfangs parallel zueinander entwickelten Disziplinen der Physik wie die Mechanik, die Optik, die Elektrizität und die Thermodynamik zusammengefügt werden konnten. Der Aufbau der Physik schien damit im Prinzip soweit vollendet, daß der Münchener Professor Philipp von Jolly einem hochbegabten Abiturienten 1874 riet, sich besser einem anderen Fach zuzuwenden, weil es in der Physik angeblich nur noch Detailarbeit für Geister zweiter Ordnung zu erledigen gab. Der Rat blieb von dem jungen Mann, zu dessen Charaktereigenschaften ein unerschütterliches Vertrauen in seine einmal gefaßten Entschlüsse gehörte, unbefolgt, und ein schlichtes, von Anpflanzungen schon fast verdecktes Denkmal in der Küterstraße am Kleinen Kiel läßt ahnen, wie richtig diese Entscheidung gewesen ist. Hier, im früheren Jahns Hof, wurde am 23. April 1858 Max Planck geboren. Sein Vater, Universitätsprofessor in der dritten Generation, lehrte damals an der hiesigen Christiana Albertina Zivilrecht. Planck erinnerte sich später noch, wie sehr er im Deutsch-Dänischen Krieg beim Einmarsch der preußischen Truppen im Januar 1864 von dem damals überall aufwallenden Nationalgefühl erfaßt wurde. 1866 trat er in die Sexta der Kieler Gelehrten-Schule ein; aber schon wenig später folgte sein Vater einem Ruf nach München, dessen reiches Kulturleben den jungen Planck nachhaltig prägte. Neben seinem Hang zur Mathematik und den Naturwissenschaften zeigte sich schon bald Plancks zweite große Begabung. Als Schüler sang er in großen Oratorien Sopran, daneben spielte der Zeit seines Lebens tief religiöse Planck in Gottesdiensten die Orgel, und außerdem komponierte er für Liebhaberaufführungen einige Lieder und kleinere Stücke. Planck soll sogar erwogen haben, Musik zu studieren, aber am Ende entschied er sich doch, Physiker zu werden. In dieses Fach führten ihn in München und Berlin die Vorlesungen von Philipp von Jolly, Hermann von Helmholtz und Gustav Kirchhoff ein. Die entscheidenden Anregungen fand er jedoch in den Schriften des Bonner Theoretikers Rudolf Clausius, und schon im Alter von 21 Jahren legte er in München seine an dessen Forschungen anknüpfende Dissertation „Über den zweiten Hauptsatz der Wärmetheorie" vor. Planck präzisierte darin den Begriff der von ihm damals als 'natürlich' und heute als 'irreversibel' bezeichneten thermodynamischen Prozesse, die sich dadurch auszeichnen, daß man sie auf keinerlei Weise vollständig rückgängig machen kann. Auch nach der Doktorprüfung, die er mit dem Prädikat „summa cum laude" bestand, galt sein Interesse vor allem der Thermodynamik und dem Energiebegriff mit allen seinen Modifikationen. Auf die Promotion folgte bereits ein Jahr später die Habilitation, für die er an der Münchener Universität eine Schrift eingereicht hatte, in der die Theorien aus seiner Dissertation auf das Problem der Mischung von Gasen angewendet wurde.

Nach der Habilitation geriet Plancks akademische Karriere allerdings zunächst einmal ins Stocken. Die Naturwissenschaftler von damals standen seinen rein theoretischen Arbeiten zumeist völlig verständnislos gegenüber. Der Chemiker Adolf von Baeyer, der später den Nobelpreis für seine Synthese des Indigos erhielt, gab Planck zu verstehen, daß er die theoretische Physik für ein vollkommen überflüssiges Fach hielt, und Kirchhoff, der zusammen mit Robert Bunsen die Spektralanalyse begründet hatte, lehnte die Arbeiten von Planck rundweg als zu spekulativ ab. Nur Hermann von Helmholtz, der Plancks Genie erkannt hatte, ermutigte den jungen Physiker, der Verlockung zu widerstehen, als festbesoldeter Physiklehrer in den Schuldienst einzutreten. Plancks Schicksal wendete sich schließlich zum besseren, als Heinrich Hertz, dem später der erste Nachweis für die Existenz von elektromagnetischen Schwingungen gelingen sollte, nach seiner Habilitation in Kiel einen Ruf an die Technische Hochschule in Karlsruhe annahm. Die Kieler Philoso-

Gedenkstein für Max Planck, den Begründer der Quantentheorie, an der Stelle seines Geburtshauses neben der Landesbank an der Küterstraße.

WEM ES
VERGÖNNT IST
AN DEM
AUFBAU DER
EXAKTEN
WISSENSCHAFT
MITZUARBEITEN
DER WIRD
SEIN GENÜGEN
UND SEIN
INNERLICHES
GLÜCK FINDEN
IN DEM
BEWUSSTSEIN,
DAS
ERFORSCHLICHE
ERFORSCHT
ZU HABEN
UND DAS
UNERFORSCHLICHE
RUHIG ZU
VEREHREN.
MAX PLANCK
h = 6,62·10^{-27} erg·sec.
ER WURDE
AM 23. APRIL 1858 IN KIEL
IM HAUSE KÜTERSTRASSE 17
GEBOREN UND STARB
AM 4. OKT. 1947
IN GÖTTINGEN.

Max Planck (1858-1947).

phische Fakultät schlug daraufhin nämlich dem Universitätsreferenten der Preußischen Regierung Friedrich Althoff vor, Planck das dort eben erst für Hertz eingerichtete Extraordinariat für Physik anzubieten. Wie Planck später vermutete, trug zur Entscheidung der Kieler Gremien sicher bei, daß sein Vater einst zu den nahen Freunden des dortigen Ordinarius für Physik Gustav Karstens gehört hatte. Dererlei Fürsprache allein hätte Althoff allerdings nie bewogen, eine Berufung auszusprechen. Wichtiger war, daß ihn der junge Planck bei einem Vorstellungsgespräch durch die Klarheit und Bestimmtheit beeindruckte, mit der er sein Forschungsprogramm vorzustellen wußte. Althoffs Aktennotiz darüber zeigt das auf das Deutlichste.

Bei einem Jahresgehalt von 2000 Mark begann Planck seine Tätigkeit in Kiel im Winter 1885/86 mit einer Vorlesung über die „Theorie der Elektrizität und des Magnetismus". Wie er in einem Brief an einen Freund klagte, war der Zulauf zu seinen Lehrveranstaltungen gering. Langfristig kann deren Wirkung allerdings schwerlich überschätzt werden; denn Plancks Vorlesungszyklus, mit dessen Ausarbeitung er schon als Privatdozent in München begonnen hatte, erschien von 1897 an in vielen Auflagen als mehrbändige Einführung in die theoretische Physik, die als Lehrbuch ein Paradigma war, an dem sich andere Autoren nicht nur in Deutschland bis in die jüngste Zeit orientiert haben. Auf diese Weise reifte Planck während seiner Kieler Jahre zu einem Kenner der Klassischen Physik, der seinesgleichen auf der Welt suchte.

Wie Planck selbst mitgeteilt hat, fiel es ihm stets schwer, ein wissenschaftliches Thema, in dessen Untersuchung er sich eingesponnen hatte, zu verlassen; aber gerade sein Prinzip, einen theoretischen Ansatz solange zu verfolgen, bis dessen Konsequenzen in allen Einzelheiten zu übersehen waren, zwang ihn schließlich dazu, den Naturwissenschaften mit der von ihm begründeten Quantenphysik ein neues Fundament zu geben. Plancks Versuche, die von seinen Vorgängern Lord Rayleigh und James Jeans sowie Wilhelm Wien ermittelten Formeln für die Energieabgabe von Körpern, die im Infraroten bzw. im Ultravioletten strahlen, mit dem Begriffsapparat der Klassischen Elektrodynamik und Optik als Spezialfall eines übergreifenden Gesetzes zu verstehen, waren gegen Ende des 19. Jahrhunderts gescheitert. 1900 gelang Planck, der 1889 auf Betreiben von Hermann von Helmholtz als Nachfolger von Kirchoff an die Berliner Universität berufen worden war, dann aber schließlich die Ableitung eines allgemeinen Gesetzes für die Wärmestrahlung. Er trug darüber am 21. November 1900 in der Deutschen Physikalischen Gesellschaft vor, und sein Berliner Kollege Rubens bestätigte noch in derselben Nacht an Hand von Meßdaten, daß Plancks Berechnungen gut mit den Beobachtungen übereinstimmen. Plancks Begründung der Formel für das Energiespektrum strahlender Körper hat zur Voraussetzung, daß die submikroskopischen Bausteine unserer makroskopisch erfahrbaren Umwelt, also die Atome und Moleküle, Energie nur in diskreten Portionen aufnehmen und abgeben können. Das zugehörige, elementare Wirkungsquantum

$$h = 6{,}62.10\text{-}27 \text{ erg.sec}$$

ist auf dem Kieler Planckdenkmal als eine den betrachtenden Laien wohl eher etwas ratlos lassende Folge von Zahlen und Symbolen eingemeißelt. Die konsequente Deutung dieser Formel und ihre Weiterentwicklung zur Quantentheorie ist dann im ersten Viertel unseres Jahrhunderts durch jüngere Physiker wie Niels Bohr, Albert Einstein, Erwin Schrödinger und Werner Heisenberg erfolgt.

Wie sich Max von Laue erinnerte, der Plancks Assistent wurde und 1914 für den Nachweis der Röntgenstrahlinterferrenzen noch vor seinem Lehrer den Nobelpreis erhielt, gehörte das Plancksche Strahlungsgesetz 1902 noch nicht zu den allgemein akzeptierten physikalischen Lehren; aber nach und nach machte es seinen Entdecker, der dafür 1918 mit dem Nobelpreis geehrt wurde, weltweit bekannt. Planck selbst leistete im Jahre 1910 mit einer Präzsierung des Nernstschen Wärmetheorems noch einen bedeutenden Beitrag zur Thermodynamik, doch mit zunehmendem Alter wurde er dann mehr und mehr zu einem entscheidenden Organisator der physikalischen Forschung in Deutschland. Sein Wirken als einer der vier Ständigen Sekretare der Preußischen Akademie der Wissenschaften und als Präsident der Kaiser-Wilhelm-Gesellschaft, deren Nachfolgeorganisation heute seinen Namen trägt, war von dem Ziel bestimmt, in schweren Zeiten den Fortbestand der deutschen Universitäten sowie den jener Institutionen zu sichern, damit an ihnen später wieder eine allein nach fachinternen Kriterien urteilende Wissenschaft betrieben werden konnte, deren Vertreter einem das Gemeinwohl achtenden Staat zur Loyalität verpflichtet sein sollten. Planck betrachtete das Regime der Nationalsozialisten stets als ein ephemeres Phänomen, auf das nach einer Zeit schrecklicher Umwälzungen eine Erneuerung der rechtstaatlichen Ordnung folgen würde. In einer scharf ablehnenden Distanz zum nationalsozialistischen System, das viele seiner Mitarbeiter und Schüler zur Emigration oder Flucht gezwungen hatte, aber unter weitgehender Vermeidung von offenen Konfrontationen mit dessen Partei und Regierung bemühte er sich, ein tragfähiges Fundament für den Neubeginn nach dem von ihm vorausgesehenen Zusammenbruch des Dritten Reiches hinüberzuretten. Dabei war ihm der Gedanke, Risiken für seine eigene Person zu vermeiden, stets fremd. Lise Meitner, die 1912 für einige Zeit seine Assistentin gewesen war, betonte später mit Bewunderung, daß Planck ihres Wissens auch in den schwersten Zeiten nie eine Äußerung nur deshalb unterließ, weil er davon Nachteile für sich selbst befürchtete. Als er im Mai 1933 als Vorsitzender Sekretar der Preußischen Akademie Albert Einsteins durch die neuen Machthaber bewirktes Ausscheiden aus dieser Institution bekannt geben mußte, ließ er protokollieren, daß die Akademie damit ein Mitglied verloren habe, durch dessen Arbeiten die physikalische Erkenntnis eine Vertiefung erfahren hatte, die nur an den Leistungen von Gelehrten wie Kepler und Newton gemessen werden kann.

Auf einer seiner vielen Vortragsreisen kam Planck im Zweiten Weltkrieg 1944 noch einmal an die Kieler Universität zurück, die ihm dabei den Titel eines Ehrensenator verlieh. Kurz darauf wurde seine Überzeugung, daß man in solchen Zeiten das Schicksal des Einzelnen erst nach einem Blick auf das staatliche Ganze zu beachten habe, auf eine fast übermenschliche Probe gestellt. Planck, dessen ältester Sohn Karl im Ersten Weltkrieg vor Verdun gefallen war, mußte erleben, wie sein jüngster Sohn Erwin im Januar 1945 als Beteiligter an den Ereignissen vom 20. Juli 1944 hingerichtet wurde. Trotzdem fand der inzwischen fast neunzigjährige, von Krankheiten geplagte Greis noch die Kraft, im ersten Jahr nach dem Zweiten Weltkrieg von Göttingen aus die Reorganisation der Kaiser-Wilhelm-Gesellschaft in die Wege zu leiten, deren Nachfolgeorganisation am 11. September 1946 als „Max-Planck-Gesellschaft zur Förderung der Wissenschaften in der britischen Zone" unter der Leitung von Otto Hahn neu gegründet werden konnte. Max Planck starb am 4. Oktober 1947 in Göttingen.

UWE ALBRECHT Kunsthistorisches Institut

Auf den Spuren der Grauen Mönche: Das Franziskanerkloster

Einem frommen Gelübde Graf Adolfs IV. von Schauenburg, abgelegt am 22. Juli 1227 auf dem Schlachtfeld bei Bornhöved, verdankt dieser historische Ort seine Entstehung. Bei einem Sieg der vereinigten norddeutschen Fürsten und Städte über den Dänenkönig Waldemar II., der im Begriff war, ein Großreich an der Ostsee von der Elbmündung bis nach Estland zu errichten, wollte der holsteinische Landesherr, so schwor er, aller Macht und allem Besitz entsagen, die Regierungsgeschäfte in die Hände seiner Söhne legen und sich selbst in die Abgeschiedenheit klösterlichen Lebens nach der Regel der Franziskaner zurückziehen. Mit dieser typisch mittelalterlichen Demutsgeste, die Adolf IV. aber erst 1239 in die Tat umsetzte, bekannte er sich zu jener höchst populären Bewegung der Bettelmönche, die schon zwei Jahre nach der 1223 erfolgten Bestätigung der Ordensregel durch Papst Honorius III. Lübeck erreichte. Ein gottesfürchtiges Leben in Armut, Gehorsam und Keuschheit zu führen, entsprach dem Ideal der franziskanischen Klosterbrüder, deren bescheidene Kleidung nur aus einem groben, grauen Gewand mit Kapuze bestehen durfte. Schuhe waren nicht üblich, weshalb die Minoriten auch „Barfüßer" genannt wurden.

Das Kieler Kloster, in das der Schauenburger gegen 1245 eintrat, um hier – nach einer Romfahrt mit Priesterweihen versehen – seine letzten Lebensjahre zu verbringen und an diesem Ort nach seinem Tode am 8. Juli 1261 auch beigesetzt zu werden, war kurz zuvor im Zuge der von ihm veranlaßten Stadtgründung entstanden. Seine besondere Lage im nördlichen Teil der Altstadthalbinsel, abseits der großen Straßen und hart am Ufer des Kleinen Kiel, dessen Wasser im 13. Jahrhundert – wie neuere Ausgrabungen zeigten – in einer tiefen Bucht fast die Mauern des Klosters erreichte, kommt noch heute zum Ausdruck: Die von Bäumen und Büschen umwachsenen Überreste der ehem. Klausur bilden das ruhigste Fleckchen Erde inmitten der geschäftigen City. Wer hier eintritt, den umfängt nicht nur Stille, sondern zugleich die Geschichte einer alten Stadt. Von Theologiestudenten bewohnt werden seit dem Ende des Zweiten Weltkrieges die Räumlichkeiten, die zu den ältesten Kiels gehören und nacheinander im Laufe der Jahrhunderte den Konvent der Franziskaner, ein Armenhaus und die Universität beherbergt haben, um nur die wichtigsten Stationen ihrer Nutzung zu nennen.

Ein Flügel des Kreuzganges und das seitlich anschließende Refektorium, der Speisesaal der Mönche, in dem sich 1526, kurz vor Auflösung des Klosters, auch einmal der Landtag versammelte, stehen noch aufrecht. Unter gotischen Gewölben trifft der Besucher im Kreuzgang heute auf zwei in die Wand eingelassene Grabplatten mit den ältesten Steininschriften, die Kiel besitzt. Beide stammen ursprünglich aus der 1943 zerstörten Kirche des Franziskanerklosters.

Die ältere von ihnen bedeckte das Grab des Bürgermeisters Johannes Visch († 1365) und seiner Ehefrau Margareta († 1347). Auf dem oberen und rechten Rand lesen wir die in Majuskeln abgefaßte lateinische Inschrift: ANNO D[OMI]NI MCCCXLVII IN DIE V[ITI] O[BIIT] MARGARETA UXOR IOH[ANN]IS VISCH (Im Jahre des Herrn 1347 am St. Veitstage [15. Juni] verstarb Margareta, Ehefrau des Johannes Visch), während eine leider unvollständige, etwas jüngere Minuskelinschrift am unteren und linken Rand der Grabplatte besagt: Anno d[omi]ni mccclxv in die ... doctoris ... orate pro eor[um] a[n]ima (Im Jahre des Herrn 1365 am Tage ... des Lehrers ... betet für ihre Seele). Alles weitere ist aufgrund der Beschädigung und mehrfachen Wiederverwendung des Steines in nachmittelalterlicher Zeit nicht mehr zu entziffern. Vor allem fehlt der Name des Verstorbenen, der gerade dort gestanden haben muß, wo im 18. Jahrhundert ein kräftiges Oval mit dem Namen Petersen eingeschlagen wurde, das ursprünglich auch über den benachbarten Stein hinwegreichte. Anzunehmen ist jedoch, daß die Minuskelinschrift sich auf Johannes Visch bezog, der

... wer hier eintritt, den umfängt nicht nur Stille, sondern die Geschichte einer alten Stadt:
Der Kreuzgang des ehemaligen Kieler Franziskanerklosters.

Grabplatte Graf Adolfs IV. von Schauenburg († 1261).

Grabplatte des Bürgermeisters Johannes Visch († 1365) und seiner Ehefrau Margaretha († 1347).

zusammen mit anderen Ratsmitgliedern Kiel in schweren Zeiten wiederholt auf Hansetagen vertreten hat, so 1363 in Lübeck und Wismar, wo die Kieler nach dem Verlust eines Schiffes mit dreißig Bewaffneten und zehn Bogenschützen im Krieg gegen Waldemar IV. Atterdag um Entschädigung nachsuchten. Unter einer gotischen Doppelarkade waren beide Eheleute in etwa lebensgroßen Konturritzungen dargestellt, deren letzte Spuren heute leider nur noch bei schrägem Lichteinfall zu erahnen sind.

Fast ebenso abgetreten ist auch die jüngere Grabplatte, die einst die Stelle in der Kirche bezeichnete, unter der die Gebeine Graf Adolfs IV. ruhten. Der Überlieferung nach hatte sie ursprünglich einen Ehrenplatz vor dem Hochaltar im Chor. Nach dessen Einsturz im Jahre 1598, bei dem die Grabplatte vermutlich bereits in zwei Teile zerbrach, wird sie in das östliche Joch des Langhauses überführt worden sein, wo sie 1889 bei der neugotischen Renovierung der Kirche vom Boden aufgenommen und in die Wand hinter dem damaligen

Die Heiligen-Geist-Kirche von Süden um 1875.

Altar eingelassen wurde. Aus den Trümmern der Kirche 1946 geborgen, nimmt sie seit 1950 ihren jetzigen Platz ein.

Mehrfach stark nachgearbeitet erscheint uns die Mönchsgestalt des Stadtgründers, ebenfalls in einer Konturritzung. Frontal dargestellt, barfuß und nur mit einer langwallenden Kutte bekleidet, hielt Adolf IV. einen großen Gegenstand in beiden Händen vor seiner Brust: Einen Kelch? Ein Buch? Ein Kirchenmodell? Oder etwa jene legendäre Milchkanne, mit der er als Bettelbruder, Speisen und milde Gaben erflehend, eines Tages auf der Straße seinen beiden Söhnen in Begleitung ihres Gefolges begegnet sein soll?

Der Mönchs-Fürst – so geht die Sage – habe sich seines Bettelganges geschämt und den Milchtopf unter der Kutte verbergen wollen, sogleich sich aber eines besseren besonnen. Die Chronik berichtet: „Indem aber überwand er sich selbst, nahm und goß die Milch über seinen Kopf und ganzen Leib und sprach zu sich selbst: Elendes Fleisch und Blut! Schämst dich, die

Milch in dem Topf um des Namens Christi zu tragen, so beweis nun mit dem Haupt und ganzen Leib, was du in der Hand und in dem Topf verborgen getragen hast." (H.N. Schwartz)

Erst mehr als ein Jahrhundert nach seinem Tode setzte man zum Gedächtnis des Klosterbruders und Stadtgründers diese Steinplatte. Ihre lange, lobpreisende Minuskelinschrift, deren lateinischer Wortlaut im 19. Jahrhundert möglicherweise nicht in allen Teilen richtig nachgearbeitet wurde, liest sich in Anlehnung an die glaubwürdigen Aufzeichnungen von H.N. Schwartz frei übersetzt so: „Einst Vater unseres Landes und Vorbild der Herrscher, der Stolz der Holsten, Graf

Abtransport eines barocken Sandsteinsarkophags im Zuge der Trümmerräumung 1950.

Adolf, das Vorbild der Tugend, die Blume der Blumen und Perle des Guten, ruht hier. Unseren Ruhmeskranz gab dir der Orden der Minoriten. Laß nicht den Trug der niederen Teufel uns verführen, sondern führe uns durch die Bitte der Gerechten zu den Höhen des Himmels."

Im Zuge der Reformation wurde das Kloster 1530 aufgelöst und von König Friedrich I. von Dänemark der Stadt übereignet. Nach dem Tode der letzten Mönche zog hier zunächst eine Schule, um die Mitte des 16. Jahrhunderts dann das Heiligen-Geist-Hospital und ein weiteres Armenstift ein. 1562 beschloß der Rat, die der Jungfrau Maria geweihte Kirche in Heiligen-Geist-Kirche umzubenennen – ein Name, der noch heute geläufig ist.

1665 mußten die beiden Hospitäler der neu gegründeten Universität weichen, der die altersschwachen Gebäude für mehr als ein Jahrhundert als Domizil dienten. Drangvolle Enge und rapider Verfall blieben ein ständiger Stein des Anstoßes, bis 1768 endlich auf Veranlassung Katharinas der Großen ein Neubau unterhalb des Schlosses an der ehemaligen Kattenstraße für Abhilfe sorgte. Damit war für die Klausur und Teile des Kreuzganges das Ende gekommen. Sie wurden abgerissen.

Erhalten blieb damals indessen die Kirche mit allen malerischen Anbauten, die sich inzwischen wie ein Gürtel im Norden, Osten und Süden um ihre Mauern legten. Der Durchbruch der Falckstraße und eine 1889–91 viel zu rigoros durchgeführte neugotische Renovierung veränderten jedoch das Erscheinungsbild dieses Stadtwinkels bis zur Unkenntlichkeit. Bomben zerstörten 1943 die Kirche völlig; 1950 verschwanden die letzten Trümmer. Mit ihnen allerdings leider auch mehrere prächtige Sandsteinsarkophage, die man 1890 noch in konservatorischer Absicht aus den adligen Gruftanbauten in das Innere der Kirche geschafft hatte, wo sie, im Boden versenkt, nahezu unbeschädigt den Krieg überstanden.

Übrig blieben nur einige Grabsteinfragmente, die mit ihren Inschriften aus fünf Jahrhunderten inmitten der kleinen Grünanlage, die nach dem Kriege hier entstanden war, 1984 erneut in Gefahr gerieten. Eine allzu groß geplante Neubaumaßnahme bedrohte diesmal den historischen Ort.

Um einer weiteren unwiederbringlichen Zerstörung zuvorzukommen, begann Verf. gemeinsam mit einer Studentengruppe des Kunsthistorischen Institutes archäologische Untersuchungen. Eine eilig durchgeführ-

Freigelegte Grundmauern und Grüfte der ehemaligen Franziskaner-Klosterkirche während der Ausgrabungen 1985.

te Notgrabung, in deren Verlauf 1984/85 etwa die Hälfte des ehemaligen Kirchengrundrisses freigelegt werden konnte, erbrachte den eindrucksvollen Befund, daß bereits wenige Handbreit unter der Grasnarbe nicht nur die Umfassungsmauern und Pfeilerfundamente, sondern auch eine große Anzahl von gemauerten Grüften, die teilweise aufwendig ausgemalt waren und noch durchweg intakte Gräber enthielten, fast unberührt alle Attacken überdauert hatten.

Den ergrabenen Kirchengrundriß mit geeigneten Mitteln zu kennzeichnen und im Zusammenhang mit den inzwischen unter Denkmalschutz gestellten Grabsteinfragmenten als „stadtgeschichtlichen Klostergarten" würdig herzurichten, bleibt ein Gebot der Stunde. Hier wieder einen sinnfälligen Bezug zwischen dem Kreuzgangtorso und dem einstigen Klostermittelpunkt, der Kirche, zu stiften, hieße eine einmalige „Insel" historischer Identifikation zu schaffen, die – wie kein anderer Ort der an mittelalterlichen Denkmälern so armen Landeshauptstadt – ein dreiviertel Jahrtausend Kieler Geschichte auf engstem Raum veranschaulichen könnte.

ULRICH LANGE Historisches Seminar

Der Kandelaber an der Dänischen Straße: Das Licht der neuen Zeit

„Locomotiven, electrische Drähte, Dampfschiffe schmelzen alle ... Einzelmärkte in einen Weltmarkt zusammen. Die Massenhaftigkeit und Schnelligkeit des Transports und des Reisens ist aber nicht ohne Dampfer und Eisenbahnen möglich, und diese fordern Eisen und Kohle. Daher sind Baumwolle, Eisen und Kohle die hauptsächlichsten Rohstoffe des modernen Gewerbewesens, und weil ihre Hervorbringung weit mehr als die anderer Stoffe, z.B. des Holzes und der Wolle, gesteigert und beschleunigt werden kann, so sind sie vorzugsweise die Triebfedern der modernen Industrie geworden...". Diese Bewertung des Industrialisierungsprozesses als eines revolutionären Vorgangs, der von England aus den Kontinent eroberte und in dem der Textilindustrie und mit ihr, das sei zum besseren Verständnis des Zitats hinzugefügt, der Baumwollfaser eine zentrale Bedeutung zufiel, stammt aus dem Jahre 1858. Sie findet sich in einem Leitartikel des „Correspondenzblatts und Kieler Wochenblatts" vom 17. April.

Der vierarmige Laternenträger, der ursprünglich am Ziegelteich gestanden hatte und der 1973 dank privater Spenden einen neuen Platz an der Ecke Dänische Straße/Falckstraße erhalten hat, ist ein Überrest aus jener Zeit der Industrialisierung. Sie begann in Deutschland nicht vor 1800, und in Schleswig-Holstein hinterließ sie erstmals um 1830 deutliche Spuren. Auch in den Herzogtümern setzten sich allmählich technische Innovationen durch, welche die Beförderung von Informationen, Personen und Gütern in immer schnellerem Tempo beschleunigten: das Dampfboot, die Eisenbahn, der Telegraphendraht. In einer Zeit raschen Bevölkerungswachstums, sich liberalisierender Gewerbegesetzgebung, aber auch zunehmender Armut insbesondere auf dem Lande strömten immer mehr „fremde Fabrikwaren", Manufakturwaren, die über die Handelsmetropole Hamburg kamen, ins Land und nach Kiel. Die Konkurrenz fremder Waren führte zu einer Anpassungskrise des Handwerks, unter der vor allem die alten Handwerke litten, vornehmlich jene, die Wolle, Holz und Leder verarbeiteten: die der Weber und Böttcher, Schneider und Schuster. Unter den Metallberufen waren es auf der anderen Seite Gießer und Former, die für moderne Berufsbilder stehen und für den neuen Stand des Fabrikarbeiters.

In mehrfacher Hinsicht ist der Kandelaber ein Produkt der neuen Zeit, die wir als „gute alte" Zeit zu bezeichnen uns angewöhnt haben. Es ist ein gußeiserner Leuchter, und das Licht, das er spendete, war Gaslicht, in einem Destillationsverfahren gewonnen aus Steinkohle, mit den Nebenprodukten „Coaks", Teer, Kalk und Ammoniakwasser, die als Hausbrand, als Isolations- oder Baumaterial oder, im Falle des Ammoniak, als Dünger eine nutzbringende Verwendung fanden. Mit der Gasbeleuchtung tauchte Kiel im Jahre 1856 aus dem vorindustriellen Dunkel in das schon ziemlich helle Licht der neuen Zeit ein, wenn auch dieses Licht noch lange nicht in der ganzen Stadt brannte, sondern nur in den wenigen Hauptstraßen um den Markt.

Um einen ungefähren Begriff von der Helligkeit zu erhalten, in der die Stadt fortan ab und an erstrahlte, sei ein Blick zurück zu der aus der frühen Neuzeit überlieferten Stadtbeleuchtung geworfen. Brennstoff waren Rüböl oder Tran, später, zu Beginn des 19. Jahrhunderts, feineres Hanföl. Bei der Einrichtung einer allgemeinen „Gassenbeleuchtung" im Jahre 1724 mußten etwa 140 Laternen befeuert werden, eine Zahl, die sich bis zur Umstellung der Stadtbeleuchtung auf das Gaslicht nur noch unwesentlich erhöhte. Die Laternen hingen entweder an eisernen Armen etwa 15 Fuß, knapp 4,50 m, über der Erde oder waren auf Eichenpfähle gesetzt, dann aber in geringerer Höhe. Sie waren auf die Hauptstraßen abwechselnd links und rechts im Abstand von 30 – 35 Schritt verteilt; später hingen sie über der Straße an Seilen, die schließlich durch Eisenketten ersetzt wurden. Die Laternen leuchteten nur während der Wintermonate und blieben von Mai bis August dunkel. Wenn nach dem Kalender Mondschein

Kiels prächtigster Kandelaber stand einst auf dem Markt.

Kiels letzter Kandelaber leuchtet in der Dänischen Straße.

angesagt war, wurden sie von den Nachtwächtern nicht angezündet. Die Lichtstärke einer guten Öllampe gab um 1855 ein Gutachten mit fünf bis 6 Talglichtern an, die einer Gaslampe betrug dagegen schon das Doppelte. Angesichts dieser Beleuchtungsverhältnisse, – die Lampen waren nicht mehr als glimmende, der mühsamen Orientierung dienende Lichtpunkte in der Dunkelheit –, waren die Kieler noch in den 1830er und 1840er Jahren darauf angewiesen, sich von „Lüchtenjungs" gegen Entgelt „heimleuchten" zu lassen, oder sie mußten sich, mit Privatlaternen ausgerüstet, ihren Weg durch eine Stadt suchen, die erst seit den 1830er Jahren im Begriffe war, die Straßen flächendekkend zu pflastern und Bürgersteige zu schaffen. Die Sorge um ausreichendes Licht war also in hohem Maße Privatsache. Es entsprach städtischer Tradition, daß sich der Einzelne auch auf diesem Gebiet selbst half; daher war jeder Bürger, der „das Licht nicht scheute", aufgefordert, bei Dunkelheit eine Laterne mitzuführen.

In dieses Dunkel nun brachte man 1856 das Gaslicht. Vorangegegangen waren private Initiativen, so die des Bürgers Wilhelm Ahlmann, der die Neuerung von England her kannte und für sie warb. Als man sich 1855 in Kiel ernsthaft darum bemühte und als sich eine „Kommission für die Gaserleuchtung" aus Mitgliedern des Magistrats und der städtischen Kollegien konstituierte, waren in Deutschland im Gegensatz zu England erst verhältnismäßig wenig Gasanstalten gebaut worden, ganze 24 bis 1850. Von einer massenhaften Verbreitung des Gaslichts kann erst seit dem Ende der 1850er Jahre die Rede sein. Nachdem die Regierung für Holstein und Lauenburg den Bau einer Gasanstalt Ende 1855 genehmigt hatte, wurde auf dem Gelände des Waschhofes an der unteren Fleethörn, an der Ecke der heutigen Rathausstraße, der Gebäudekomplex der Gasanstalt auf Kosten der Stadt errichtet und in städtische Regie übernommen. Man begann gleich mit 320 Laternen. Da die Leuchtkraft einer modernen Gaslaterne etwa 12 Talglichtern entsprach, hatte sich die Helligkeit in den Straßen Kiels gleichsam über Nacht vervierfacht. Der prunkvollste Kandelaber, ein fünfarmiger Laternenträger, stand auf dem Markt, ein Geschenk des Gießereibesitzers Wöhler aus Berlin, eines ehemaligen Kielers. Die Zahl der Gaslaternen vermehrte sich rasch, sie lag 1889 bei dem Fünffachen der Zahl von 1856. Die weitere Zunahme der Laternen sowie technische Verbesserungen erzeugten im Laufe der Jahrzehnte eine Helligkeit in den Straßen, die um das Achtfache höher lag als 1856. Trotz des Siegeszuges der elekrischen Lampen seit den 1880er Jahren hielten sich Gaslaternen in Kiel bis in die Zeit zwischen den Weltkriegen. Erst nach 1936 wurden sie endgültig ausgemustert.

Von vornherein wurde der Nutzen des Leuchtgases auch für das Wärmen der Wohnung und das Kochen propagiert. Schon 1857 bot der damalige Inspektor der Gasanstalt eine kundenfreundliche Verbraucherberatung an, für den Einsatz der Gasflamme beim Kochen der Wäsche für eine siebenköpfige Familie, – so groß war sein Haushalt –, oder beim Zubereiten von süßen Suppen und Grütze im sog. „Sandbade", ohne Anbrennen. Das Interesse an dieser Nutzanwendung war zunächst gering: Ende 1857 waren zwar 2782 Privatflammen angeschlossen, aber nur 72 Kochapparate.

Mit der Versorgung einzelner Häuser, die fortan statt der überlieferten Gebäudenummer eine „Gasnummer" erhielten, auf der einen Straßenseite gerade, auf der anderen Seite ungerade Nummern, die heutigen Hausnummern, begann die zentrale Energieversorgung in der Stadt, verlor das Stadthaus, dessen Besitzer bis dahin selbst für Ver- und Entsorgung zuständig war, erstmals einen Teil seiner „lokalen Autarkie". Der Inspektor hatte schon damals die Vision, „daß die Zeit nicht mehr fern sei, wo die gewöhnlichen Herde und Schornsteine sowie Räume für die Feuerung entbehrlich werden". Er konnte allerdings nicht ahnen, daß diese Vision etwa 100 Jahre später mit Erdgas, Erdöl und Wärmetransport Wirklichkeit wurde.

Ansicht der ersten Kieler Gasanstalt am Kleinen Kiel. Erbaut 1856, stillgelegt 1890. Heute befindet sich an dieser Stelle das Rathaus.

RALPH UHLIG Historisches Seminar

Dänische Straße Nr. 15: Walther Schücking und das Institut für Internationales Recht

Mit dem Beschluß der Kieler Ratsversammlung vom 17. November 1983, im Kieler Stadtteil Klausbrook eine Straße nach ihm zu benennen, wurde – endlich – die Lebensleistung eines Mannes öffentlich gewürdigt, mit dem sich die Christiana Albertina stets schwergetan hat. Von der Öffentlichkeit kaum zur Kenntnis genommen, nur einem verhältnismäßig kleinen Insiderkreis vertraut, hätte es gerade diesem Mann längst vergönnt gewesen sein müssen, in der kollektiven Erinnerung der Kieler einen ehrenvollen Platz einzunehmen. Während seiner „Kieler Zeit" hat er in der Caprivistraße Nr. 8 gewohnt, in einem Gebäude, das nicht mehr existiert. In der Dänischen Straße Nr. 15 hat er gewirkt. Die eindrucksvolle Fassade des Hauses fällt noch heute ins Auge. Hier stand sein Schreibtisch, dort führte seine Familie ein gastliches Haus menschlicher Begegnung, insbesondere für seine Schüler und die Mitarbeiter des „Instituts für Internationales Recht", dessen Leitung ihm 1925 angeboten worden war. Professor Walther Schücking war 51 Jahre alt, als er in Kiel den Lehrstuhl Theodor Niemeyers für Völker-, Staats- und Verwaltungsrecht sowie Politik übernahm.

Schücking entstammte einer westfälischen Familie, die seit dem 14. Jahrhundert dem Patriziat der Hansestadt Coesfeld angehört hatte. Seine akademische Ausbildung von der Einschreibung für Jura im Sommersemester 1894 an der Münchener Universität über die Stationen Bonn, Berlin und Göttingen bis zur Promotion 1897 brachte ihn bereits in vielerlei Hinsicht linksliberalem Gedankengut nahe, das fortan zu einer prägenden Konstante seiner wissenschaftlich-politischen Einstellung werden sollte. Nach dem Referendarexamen in Celle und dem sich anschließenden Referendardienst in Dülmen betrieb Schücking seine Habilitation in Göttingen, die er im Jahr vor der Jahrhundertwende mit der rechtshistorischen Studie „Der Regierungsantritt" einleitete. Die venia legendi erhielt er für die Fächer Staats-, Völker-, Kirchen- und Verwaltungsrecht. Seine akademischen Stationen bis zum Kieler Lehrstuhl: Privatdozent in Göttingen, a.o. Professor in Breslau (1900), a.o. (1902), dann im August 1903 ordentlicher Professor in Marburg. Hier in der Lahnstadt hat er 18 Jahre lang, bis 1920 als Nachfolger Leo v. Savignys gelehrt. Im Zuge seines politischen Engagements, das ihn nach dem Ende des Ersten Weltkrieges auch in die Tagespolitik – vor allem in Berlin – einband, verlagerte sich der Schwerpunkt seiner akademischen Tätigkeit in die Reichshauptstadt. Hier trat er an der Berliner Handelshochschule die Nachfolge des „Verfassungsvaters" der Weimarer Republik, Hugo Preuß, an.

1926 kam mit Schücking mithin eine Persönlichkeit an die Kieler Universität, die den Typus des „politischen Professors" verkörperte. Gleichwohl war seine Sozialisation, bezogen auf die Attitüde dieser Art Professor, untypisch verlaufen. Die wirklichen Machtverhältnisse durchschauend, hatte sich Schücking zusehends von den dogmatischen Konservativen in der wilhelminisch ausgerichteten Gesellschaft distanziert. Opportunismus in Politik und Wissenschaft war ihm verhaßt, extreme Einstellungen – ob rechts, ob links – lehnte er entschieden ab. Sein Engagement in der Fortschrittlichen Volkspartei, dann in der DDP, wie überhaupt sein Eintreten für eine maßvolle Demokratisierung des politischen Lebens in Deutschland trug ihm eine wachsende Isolierung, gerade auch unter seinen Universitätskollegen ein. Kein Wunder also, daß sich Schücking – spätestens – gegen Ende des Weimarer Staates im Gegenwind politischer Radikalität wiederfand, der sein jahrelanges Plädoyer für eine internationale Staaten- und Friedensorganisation suspekt war. Dem dumpfen nationalen Revisionismus war eine Stärkung des Völkerrechts nicht einzupassen, die Schücking stets gefordert hatte. Seine naturrechtliche Gedankenwelt stieß sich mit dem vorherrschenden Rechtspositivismus immer härter im Raum. Sie traf der Bannstrahl jener meinungs- und entscheidungsbildenden Eliten in Politik und Wissenschaft, die alles un-

Hinter dieser Granitfassade in der Dänischen Straße befanden sich das Institut für Internationales Recht und zeitweise auch das Kunsthistorische Institut.

Haus der Kunst

nachsichtig bekämpften, was um eine behutsame Einbindung des infolge des verlorenen Krieges lädierten deutschen Selbstwertgefühls in eine völkerbundgeleitete Staatengemeinschaft bemüht war.

Die Universität Kiel stellte 1928 mit Schücking den Konferenzpräsidenten der Interparlamentarischen Union, die in jenem Jahr in Berlin ihre Jahreskonferenz abhielt und deren deutscher Gruppe Schücking vorsaß. So sehr diese Funktionen nach seinem eigenen Bekunden die Höhepunkte seiner parlamentarischen Laufbahn darstellten, so wenig konnten sie ihn vor einer immer dreisteren Mißachtung seiner Lebensleistungen durch antidemokratische Ideengeber bewahren. Auch Schückings Schriften, sachliche und fachkundige Bekenntnisse zur Friedenssicherung und Völkerverständigung, wurden nach dem Machtantritt der Nationalsozialisten ein Raub der Flammen. Obwohl Schückings Lehrveranstaltungen mehrfach gestört worden waren – etwa in der Kieler „Seeburg" (vgl. Beitrag 30) oder bei seinen Veranstaltungen für Hörer aller Fakultäten samstags vormittags – , von seinem leidenschaftlichen Bekenntnis zu den Idealen des sozialen Volksstaates ließ er sich nicht abbringen, wovon auch seine letzte in der Kieler Nord-Ostsee-Halle gehaltene und von den meisten der geladenen Gäste eisig aufgenommene Verfassungsrede zeugte. Im Jahr dieser Rede, am 25. September 1930, wurde Schücking zum Richter am Ständigen Internationalen Gerichtshof im Haag berufen. Rat und Versammlung des Völkerbundes hatten ihm, der bereits seit längerem, aus wohlerwogenen Interessen, von den deutschen politischen Behörden für diese Kandidatur ins Spiel gebracht worden war, dieses Amt angetragen. Einzig diese Berufung ließ Schücking seine ihn befriedigende Tätigkeit an der Universität Kiel, die knapp 100 Veröffentlichungen zur Folge hatte, (eine der „glücklichsten Epochen in seinem Leben") aufgeben. Er, der im übrigen 1923 für Deutschland die Souveränitätsfrage über den Kieler Kanal gutachterlich vor dem Haager Gerichtshof vertreten hatte, ließ sich als Direktor des „Instituts für Internationales Recht" beurlauben. Aus ideellen Gründen hielt er an der formalen Fortexistenz seiner Kieler Professur und Direktion fest, auch als er 1932 endgültig in die Nähe von Den Haag übersiedelte. Erst unter dem brutalen Druck der nationalsozialistischen Diktatoren legte er diese beiden Ämter gezwungenermaßen nieder. Aufgrund des Paragraphen 4 des berüchtigten „Gesetzes zur Wiederherstellung des Berufsbeamtentums" vom 7. April 1933 wurde Schücking am 24. November 1933 aus dem deutschen Staatsdienst entlassen. Damit erreichte im Zuständigkeitsbereich der Universität Kiel im Zusammenspiel mit dem Reichserziehungsministerium ein administrativer Vorgang seinen beschämenden Höhepunkt, der von der Mehrheit des deutschen Volkes billigend, wenn nicht beifällig hingenommen wurde.

Walther Schücking hat die Kieler Universität in schwierigen politischen Zeiten durch seine fachliche, dem Wohle des Menschen verpflichtete Kompetenz bereichert. Vor dem allgemeinen, die etablierte Wissenschaft nicht aussparenden Abgleiten in die Barbarei des nationalsozialistischen Gedankengutes konnte auch er sie nicht bewahren.

ANDREAS RANFT Historisches Seminar

Der Warleberger Hof: Adel in Kiel

Am 1. Januar 1967 konnte der damalige Oberbürgermeister Bantzer nach langen Verhandlungen mit Landesregierung und Universität das ehemalige Adelspalais – und heutige Stadtmuseum – „Warleberger Hof" für die Stadt in Besitz nehmen. Er wird dabei kaum an die Genugtuung seiner mittelalterlichen und der weiter bis ins 19. Jahrhundert amtierenden Ratskollegen gedacht haben, welche diese über ein solches Geschäft verspürt haben mochten. Für ihn und seine Räte, die man heute nicht mehr als Herren eines städtischen Amtes sondern schlicht Dezernenten zu titulieren pflegt, ging es vorrangig um die Erhaltungsmöglichkeit eines der wenigen noch geschichtsträchtigen Gebäude der durch Bomben und Abrißbirne gründlich zerstörten Altstadt und um eine kulturell angemessene Nutzung. Anstatt einigen gelehrten Professoren der Medizingeschichte und ihren Studenten, deren Institut dort zuletzt untergebracht war, sollte der renommierte Bau zukünftig einer breiten Öffentlichkeit zugänglich sein und nicht nur von außen ein Stück städtischer Geschichte repräsentieren.

Es ist nicht die Geschichte der Hafen- und Marinestadt mit ihrer Werftindustrie und Bürokratie, welche in dem Bau zum Ausdruck kommt, obgleich vornehmlich diese darin ausgestellt ist. Es ist das beinahe vergessene Kapitel einer – auch als herzoglicher Witwensitz bevorzugten – Residenzstadt, in welcher sich eine Vielzahl holsteinischer Adelsfamilien nicht nur in der Saison mit Vorliebe niederließ. Allerdings vermittelt der Warleberger Hof nur noch einen kleinen Rest jener Adelskultur, wie sie gerade in Kiel neben dem Schloß mit seinem nördlich gelegenen Park das ehemalige Stadtbild entscheidend mitgeprägt hat. Und das betrifft nicht nur Architektur, Wohnen und gehobene Lebensart des 17. Jahrhunderts, aus dem dieser Bau stammt. Von Beginn an hat der Adel – anders als z.B. in Lübeck, Rostock und Wismar – in Politik, Wirtschaft und Kultur der Stadt entscheidenden Einfluß gewinnen und bis in die Neuzeit die Rolle einer tonangebenden patrizischen Oberschicht spielen können. Im 13. Jahrhundert finden sich sogar Adlige im Rat der Stadt, was sich mit der Beteiligung adliger Familien schon beim Gründungsgeschehen erklären läßt. Sind dabei – vom Selbstverständis dieser Familien her – die Grenzen zum Bürgertum zunächst fließend, läßt sich im 14. Jahrhundert sehr bald eine starke Abgrenzungstendenz gegenüber den übrigen Stadtbewohnern beobachten. Diese stützte sich zum Leidwesen des städtischen Rats zunehmend auch auf zahlreiche Sonderrechte, die der Adel in der Stadt genoß. Nicht nur war er von Steuern (Schoß und Czisen) und beinahe regelmäßig den Kieler Bürgern auferlegten Sonderabgaben für Verteidigung (Mauerbau und Wehrgeld) befreit: im Streitfall war er dem unmittelbaren Zug vor das städtische Gericht entzogen. Außerdem erfreute man sich vielfach zahlreicher Privilegien, welche diesen vornehmen Bewohnern – am örtlichen Braugewerbe vorbei – das „Recht zu Mälzen, Brauen, Wirthschaften und in andrer Weise bürgerliche Nahrung zu betreiben" brachte; eine ärgerliche Konkurrenz auch für den weitverzweigten städtischen Bier- und Weinhandel, denn in den Kellern der adligen Häuser lagerten auch namhafte Importbiere und -weine, die gelegentlich der zahlreichen Feste, zu denen sich die Adligen einluden, in großen Mengen konsumiert wurden.

Solche Privilegien gehörten auch dazu, als Henning von Thienen auf Warleberg, der dem Adelssitz seinen Namen einbringen sollte, 1695 den Hof von der Witwe Lucia Oelgaard von Buchwaldt kaufte. Diese hatte zuvor einen langwierigen Prozess vor der fürstlichen Justizkanzlei gegen die Stadt durchzustehen, um das fein geschnürte Privilegienpaket nach dem Tode ihres Gatten zunächst behalten und dann beim Verkauf des Anwesens mit ansehnlichem Gewinn dem neuen Eigentümer weitergeben zu können. Hatte der Rat bei seinem angestrengten Prozess durch den Tod des Joachim von Buchwaldt auf eine geschwächte Gegenpartei spekuliert, kam es für ihn nach der Bestätigung zugunsten der adligen Witwe noch dicker, denn es wurde mit dem Beschluß zusätzlich festgeschrieben, daß die „bisher gemachte praetension aller (!) contributionen, sie rühren her und haben Namen, wie sie wollen, zusambt der

Rokoko-Portal des Warleberger Hofes von 1765.

Einquartierung ratione praeteriti et futuri, sowohl in Kriegs- als auch in Friedenszeiten sich ganz und allerdings begeben" sollen. Damit war endgültig fixiert, was zuvor zeitweilig vergessen schien und in Kriegszeiten manches Mal doch noch den städtischen Griff in die Kassen der adligen Hausbesitzer ermöglicht hatte. Während der Rat nach diesem Schlag beinahe verzweifelt weitere Gelegenheiten zum Anlauf gegen die in seinen Augen unangemessenen Privilegien der adligen Bewohner suchte, welche ihn im Fall Henning von Thienen sehr bald in unergiebige Streitereien um die Nutzung der Gärten an der nördlichen Stadtmauer zogen, erweiterte dieser ungerührt seinen gerade erworbenen Bau selbstbewußt nach Westen, ohne den Kieler Rat auch nur irgendwie an dieser städtebaulich wichtigen Maßnahme zu beteiligen.

Name und heutiges Aussehen verdankt der Warleberger Hof verschiedenen Besitzern. Es ist Henning Bendix von Rumohr, Großfürstlicher und Fürstbischöflicher Geheimrat und Conseilminister, der mit seinen aufwendigen Umbauten (seit 1765), von denen der nördliche Anbau und die Verlegung der Hauptfront und Eingangsseite von der Nordseite in die Dänische Straße besonders hervorzuheben sind, dem Gebäude seine endgültige Gestalt gibt. Auch das schöne Sandsteinportal mit seiner alten, kunstvoll gearbeiteten Eingangstür hat er, dessen kunstsinniges Architekturinteresse verbürgt ist, veranlaßt (das Innere hat danach bis in die jüngste Zeit je nach Nutzung weitere Veränderungen erfahren). Unter den Rumohrs erlebte das Haus gewiß einen Höhepunkt prächtiger Lustbarkeiten, welche das städtische Leben illuminierten.

Doch schon 140 Jahre zuvor hielten die verschiedenen Besitzer vor staunendem Publikum glänzend Hof. 1616 hatte Friedrich III. von Gottorf seinem Amtsschreiber Christopher Martensen – bis zuletzt einziger bürgerlicher Besitzer – das Grundstück für ganz besondere Verdienste und zur Einrichtung standesgemäßen Lebens geschenkt, was einem Adelsprivileg gleichkam. Die Errichtung des großen Braukellers mit Zisterne und großem Kamin, auf denen der Bau gründet, verweisen auf die erwähnten Sonderrechte. Die archäologischen Befunde lassen vermuten, daß sogar noch früher, im 16. Jahrhundert, eine solide Bebauung für vornehme Angehörige des herzoglichen Hofs vorhanden war. Insgesamt lassen sich 9 adlige Besitzer, darunter weitere prominente Namen wie von Blome, von Brockdorff und von Oertzen ausmachen, bevor das Haus 1821 noch kurz an den bürgerlichen Besitzer Martin Goeders gelangte, welcher aber nach baldigem, amtlich erzwungenem Verlust der mit dem Besitz verbundenen Sonderrechte und nach Auflage neuer Lasten (Armengeld, Ziegeleiabgaben, Laternengeld und Schulsteuer) das Haus schleunigst an die expandierende Universität weiterverkaufte. Gegen einen Bürgerlichen war es für den Rat eben doch leichter, einheitliche Rechtsverhältnisse in der Stadt durchzusetzen.

Gerade von einheitlichen Rechtsverhältnissen konnte jedoch in den Jahrhunderten zuvor keine Rede sein. Es galt zwar das lübische Recht auch in Kiel, doch die große Zahl einwohnender Adliger mit ihren vom Rat vielbeklagten Sonderrechten ließen es im täglichen Leben der Stadt oftmals außer Kraft gesetzt scheinen:

Der Warleberger Hof in der Dänischen Straße: Einziges erhaltenes adliges Stadthaus in Kiel.

innerhalb städtischer Mauern gab es neben dem Warleberger Hof noch eine ganze Reihe weiterer „Freihöfe" mit großen Gärten, Wirtschaftsgebäuden und Braukellern sowie andere bedeutende – ins städtische Fassadenbild sich meist nahtlos einfügende – Häuser in adligem Besitz wie in der heute längst zugebauten Ritterstraße, die nördlich der Flämischen Straße von der Schloßstraße zum Fischertor am Hafen abzweigte und mit ihrem Namen ebenfalls von der Präsenz des Adels kündete. Über 77 solcher Häuser lassen sich eingangs des 17. Jahrhunderts zählen (vgl. Nr. 5 und 20). Und das bedeutete nichts anderes, als daß ein Großteil der

Ein Hinweis auf die Frühzeit des Warleberger Hofes: Das Wappen derer von Thienen und das Gründungsdatum 1616 erblickt man seit 1907 an der Südseite des adligen Freihauses.

Kieler Altstadt sich lange Zeit praktisch in adliger Hand befunden hat und damit teilweise städtischer Wirtschaft, Verwaltung und Recht entzogen war, obgleich gerade durch diese Faktoren die urbanen Rahmenbedingungen einer stabilen Infrastruktur für ein aufwendig-repräsentatives Leben geschaffen wurden.

Die Stadt als Refugium und Bühne adligen Lebens: man pflegte von Beginn an das gesellige Leben untereinander, lud sich zu festlichen Mählern, feierte regelmäßige Gottesdienste, wofür der wohlhabende Kieler Ritterkaland mit seinen Stiftungen (u.a. zur Ehre St. Gertrud in der Nikolaikirche zum Altar des hl. Apostel Andreas) und zahlreichen Seel- und Totenmessen schon frühes Zeugnis ablegt (14. Jh.), und traf sich exklusiv zum Turnier. Ein Lebensstil, der sehr bald schon – gleichsam in Umkehrung zu den Verhältnissen im 13. Jahrhundert – unter den führenden Stadtgeschlechtern Anklang und Verbreitung findet und der seitdem immer wieder einmal Angehörige der städtischen Führungsschicht sogar in adligen Zirkeln begegnen läßt. Den übrigen Bewohnern aber muß es manchesmal wie eine Verlagerung des sonst so fernen festlich-höfischen Lebens vom herzoglichen Schloß in die Stadt vorgekommen sein, welches man nur bewundern konnte. Oder auch nicht, wenn man erfährt, daß dreiste Adelssprößlinge ihre Turnierwaffen in vollem Galopp vom Pferd auf unbescholtene Bürger richteten, im Übermut Scheiben einwarfen und anderweitig provozierten, um sich dann hinter der Tür des väterlichen Hauses zu verschanzen. Auch waren sie bald berüchtigt, leicht gemachte Schulden nicht zu bezahlen. Die Chronik des Asmus Bremer ist voll derartiger Beschwerden, und zahlreiche Prozessakten belegen immer neu ein meist vergebliches Aufbegehren. Aber man hat auch gelobt und den in Kiel residierenden Adligen Schmeichelhaftes ins Stammbuch geschrieben. Als es darum ging, den Studenten der neu gegründeten königlichen Universität (1665) die Stadt schmackhaft zu machen, schwärmte Caeso Gramm in seinem „Chilonium novus Holsatiae Parnassus" vom weltläufig auftretenden, charaktervollen und großmütigen Adel, der manchmal „aufbrausend aber immer versöhnlich" sei und vielen studiosi nicht zuletzt wegen seines Reichtums unvergleichliche Unterkunft und nicht selten ein generöses Einkommen als Hauslehrer ermöglichen könne. Ganz nebenbei würde man auf herrliche Schlösser eingeladen und fände reichlich Gelegenheit, während des Dienstes auf weiten Reisen die Welt kennenzulernen.

Straßen- und Seitenansicht sowie Erd- und Obergeschoß-Grundriß des Warleberger Hofes im Zustand vor dem Umbau von 1909. Nach Georg Pauly.

MANFRED JESSEN-KLINGENBERG Historisches Seminar

Der Buchwaldtsche Hof und der Kieler Frieden von 1814

Von den Anfängen der Stadt an hatte der Adel, vor allem der ringsum ansässige, engste Kontakte wirtschaftlicher, rechtlicher und persönlicher Natur mit den Kieler Bürgern. Adlige besaßen städtische Grundstücke und Häuser, verkauften oder verfrachteten in der Stadt ihre Produkte, kauften hier ein und gingen nicht selten selber bürgerlicher Tätigkeit nach. Sogar in den Rat der Stadt wurden Adlige aufgenommen. In den Krisen des 14. Jahrhunderts (Klimaveränderung, Schwarzer Tod) lockerte sich allerdings das enge Band zwischen Stadt und Adel. Erst im ausgehenden 15. und vor allem im 16. und 17. Jahrhundert zog es diesen wieder in die Stadt. Es ist die Zeit, in der die adlige Gutsherrschaft in rechtlicher und wirtschaftlicher Hinsicht auf- und ausgebaut wurde, eine Zeit der wachsenden Konjunktur für landwirtschaftliche Produkte, die nun in den gutsherrlichen Großbetrieben erzeugt wurden und beträchtlichen Gewinn abwerfen konnten.

Im 16. Jahrhundert vor allem hatte die adlige Ritterschaft hierzulande entscheidenden Einfluß auf alle politischen Vorgänge und Entscheidungen von Wichtigkeit. Aus wirtschaftlichen, zunehmend aber auch aus gesellschaftlichen Gründen ließen die Adligen sich wieder in der Stadt nieder, wo sie gern die Winterzeit verlebten und gleichsam Hof hielten, wo sich die adlige Jugend, nicht selten Recht und Gesetz mißachtend, auszutoben pflegte. In den Quellen wird viel von Sauf- und Raufgelagen, von Mord und Totschlag berichtet. 1532 standen in der Stadt 38 adlige Häuser; knapp hundert Jahre später (1631) waren es 77 und 1644 nicht weniger als 86; das waren mehr als ein Sechstel aller Wohnhäuser. Natürlich bevorzugten die Herrschaften vom Adel große Grundstücke in repräsentativer Lage, wie in der Holstenstraße und in der Dänischen Straße (vgl. Nr. 19)

Ein solches Grundstück lag in der Dänischen Straße dem Schloß gegenüber. Herzog Friedrich III. von Gottorf (1616-1659) schenkte es 1619 dem Oberhofmeister, Landrat und Amtmann der Ämter Kiel, Bordesholm und der Landschaft Fehmarn, dem Dompropst des Stifts Lübeck Egidius von der Lancken (1580-1631). Hier errichtete sich der gebildete, den Künsten und Wissenschaften zugewandte, weltkundige Amtmann ein stattliches Haus mit standesgemäßem Doppelgiebel, dem einzigen seiner Art in der Stadt. Über den Bauherren und die Bauherrin gab eine Buchstabenfolge an der Frontseite Auskunft:

E V D L F L V D L A 1621

(Egidius von der Lancken, Frau Lucia von der Lancken, Anno 1621). Die Untertanen des Amtes hatten für den Bau offenbar sehr beschwerliche und lästige Fuhr- und Handdienste zu leisten. Der Volksmund nannte das Haus daher „die Tränenburg"; es erschien sogar eine Schmähschrift gegen den Bauherrn, in der bittere Klage über die „tyrannische, pharaonische Dienstbarkeit" geführt wurde.

Auch bei dieser adligen Residenz handelte es sich um einen Freihof; seine Eigentümer und seine Bediensteten waren nicht der städtischen Gerichtsbarkeit unterworfen, ebensowenig der Steuerpflicht. Daher empfanden die Stadtväter und die Einwohner keineswegs ungetrübte Freude, wenn ein Adliger sein privilegiertes Domizil in der Stadt errichtete. – Adliger Grundbesitz war auf dem Lande wie in der Stadt durchaus mobil. Nachdem Egidius von der Lancken, der sich auch als Diplomat in der für Gottorf risikoreichen Zeit des Dreißigjährigen Krieges bewährt hatte, kinderlos gestorben war, verkauften seine Erben Haus und Grundstück an Heinrich Rantzau auf Schmoel und Hohenfelde (1634). Folglich sprach man nun vom 'Schmoeler Hof'. Im Jahre 1787 kaufte Caspar von Buchwaldt auf Seedorf den städtischen Adelssitz, der nunmehr 'Seedorfer' und danach 'Buchwaldtscher Hof' hieß. – Er wurde im Zweiten Weltkrieg zerstört; die Trümmer hat man 1955/1956 abgetragen. Auf dem Grundstück steht heute das Nordelbische Kirchenamt. Nur noch der schmale Gedenkstein davor erinnert heute an den einstigen Adelshof, an das Gebäude, in dem 1814 ein für ganz Nordeuropa bedeutsamer Friede geschlossen wurde.

Caspar von Buchwaldt erwarb das Kieler Haus zu einer Zeit, da die Herzogtümer Schleswig und Holstein

Der Doppelgiebel des Buchwaldtschen Hofes schmückt den Gedenkstein in der Dänischen Straße.

Blick über die Altstadtgärten am Kleinen Kiel auf Buchwaldtschen Hof und Heiligen-Geist-Kirche.
Nach einem Aquarell von Helene Roß, Ende 19. Jahrhundert.

sich einer längeren Friedensära erfreuten. Sie waren seit 1773 fast ganz – ausgenommen blieb u.a. das Fürstbistum Lübeck, etwa das Gebiet des späteren Kreises Eutin – Teile der dänischen Gesamtmonarchie, eines Nationalitätenstaates, der außer Dänemark und den Herzogtümern auch Norwegen, Island, die Färinseln und Grönland umfaßte. Die leitenden Beamten des dänischen Gesamtstaates waren in ihrer Innenpolitik und bemerkenswerterweise auch in der Außenpolitik in hohem Maße den Ideen der humanitären Aufklärung verpflichtet. Nach außen bedeutete dies: Beilegung von Konflikten auf diplomatischem, friedlichem Wege, Aufrechterhaltung der Neutralität der Gesamtmonarchie, Bewahrung der 'Ruhe des Nordens'. In den napoleonischen Kriegen des beginnenden 19. Jahrhunderts wurde es aus verschiedenen Gründen, nicht zuletzt wegen der Lage der dänischen Monarchie im Nord- und Ostseeraum, immer schwieriger, dieser Neutralität Anerkennung zu verschaffen. Seit langem war es überdies das Ziel des schwedischen Nachbarn gewesen, als 'Ersatz' für das verlorene Finnland Norwegen zu gewinnen, ein Ziel, das zu erreichen jetzt möglich schien.

König Friedrich VI. (1808-1839) blieb, hin- und hergezogen von den Verlockungen und Drohungen der Großmächte, wohl keine andere Wahl, als sich mit Napoleons Frankreich zu verbünden. Dieses Bündnis, so schien es, sei die einzig verbleibende Möglichkeit, die Integrität des Gesamtstaates zu erhalten, denn das war das höchste Ziel aller dänischen Bemühungen. Sie scheiterten. Der politisch-militärischen Niederlage ging der Staatsbankrott von 1813 voran. In diesem Jahr wurden die Herzogtümer nach der Völkerschlacht bei Leipzig (Oktober) Kriegsschauplatz. Eine schwedisch-russisch-preußische Armee rückte unter dem Oberbefehl Bernadottes, des einstigen Marschalls Napoleons, der inzwischen schwedischer Thronfolger geworden war, von Süden her in das Land. Kronprinz Bernadotte nahm vom 16. Dezember 1813 bis zum 23. Januar im Buchwaldtschen Hof Quartier. – Nach erfolgreichen Rückzugsgefechten bei Bornhöved (7. Dezember) und

Die Eingangsfassade des Buchwaldtschen Hofes im Jahre 1904.
Nach einer Fotografie von J. Thormann.

Sehestedt (10. Dezember) erreichten die gesamtstaatlichen Truppen die schützende Festung Rendsburg. Nach einem Waffenstillstand setzte im Januar der Krieg für wenige Tage aufs neue ein, da sich Dänemark dem schwedischen Druck, Norwegen herauszugeben, nicht beugen mochte. Aber es blieb doch nur noch der Weg, sich auf Verhandlungen einzulassen, wenn man nicht noch mehr riskieren wollte.

Diese begannen am 10. Januar in Bernadottes Kieler Hauptquartier, und sie endeten am frühen Morgen des 15. Januar. Im Kieler Frieden, datiert auf den 14. Januar 1814 und abgeschlossen zwischen Dänemark einerseits und Schweden und England andererseits, verzichtete Dänemark auf Norwegen zugunsten Schwedens. Dabei bedeutete es eine Konzession Schwedens, daß Grönland und die Färinseln nicht in diese Abtretung eingeschlossen wurden. Dänemark erhielt als eine Art Kompensation Schwedisch-Vorpommern mit Rügen, das es gut ein Jahr später mit Preußen gegen das Herzogtum Lauenburg eintauschte (dazu zwei Millionen Taler). England behielt die Insel Helgoland, die es seit 1807 in seinem Besitz hatte; dafür gab es die besetzten überseeischen Besitzungen Dänemarks wieder heraus.

Gemessen an der Einwohnerzahl und der abgetretenen Fläche Landes war Dänemark der größte Verlierer der napoleonischen Kriege. Der Gesamtstaat war immerhin mit den Kieler Verträgen erhalten geblieben. Aber nicht nur in quantitativer, sondern auch in qualitativer Hinsicht veränderte er sich 1814. Er verlor erheblich an Gewicht im europäischen Mächtespiel, und der deutsche Bevölkerungsanteil wurde relativ stärker; er hatte vor 1814 ein Viertel ausgemacht, jetzt waren es zwei Fünftel. An dem später entstehenden deutsch-dänischen Gegensatz ist der Gesamtstaat 1864 schließlich zerbrochen. Eine solche Betrachtungsweise war 1814 selbstverständlich noch nicht aktuell. Noch hingen die Schleswig-Holsteiner einem gesamtstaatlichen Patriotismus an, noch lebten sie in einem vornationalen Zeitalter. Welche Zerstörungskraft dem Nationalismus, besonders dem übersteigerten, innewohnt, ist auch an dem Schicksal des Gebäudes deutlich geworden, in dem 1814 ein zwar harter, aber gleichwohl dauernder Friede ausgehandelt und geschlossen wurde.

Gedenkstein in der Dänischen Straße, dessen Inschrift an den Buchwaldtschen Hof, seine Geschichte und den Kieler Frieden erinnert: „An dieser / Stelle stand / der Buch- / waldsche Hof / 1621 errichtet / als adliger / Freihof / 1944 im Kriege / zerstoert / 1814 wurde / hier der / Kieler Friede / zwischen / Daenemark / Schweden / und England / geschlossen."

THOMAS STAMM-KUHLMANN Historisches Seminar

Die „Kilia" in der Dänischen Straße: Eine Verbannte kehrt heim

Ihm zuliebe wurde das arg vernachlässigte Kieler Schloß (vgl. Nr. 22) wieder in einen fürstlichen Wohnsitz verwandelt – ein Prinz des preußischen Königs- und deutschen Kaiserhauses zog ein. Man schrieb das Jahr 1880, als Prinz Heinrich, Enkel des Kaisers und Königs Wilhelm I., volljährig wurde. Der Tradition entsprechend bekam der Achtzehnjährige einen Hofhalt, und zum Wohnsitz wurde ihm das Kieler Schloß bestimmt. Daß das für Schleswig-Holstein noch neue Herrscherhaus der Hohenzollern Wert darauf legte, in dieser Provinz präsent zu sein, läßt sich leicht verstehen. Man konnte dies als einen notwendigen Schritt zur Integration des neuen Landesteils in die preußische Monarchie ansehen und brauchte sich nicht zu wundern, wenn dem Kaiser im Schloß Zimmer hergerichtet wurden. Doch wie kam Prinz Heinrich nach Kiel?

An den Kriegen und Siegen seit 1864, die Preußens Machtstellung mit der deutschen Einigung synonym werden ließen, hatte die preußische Marine keinen Anteil. Derart im Schatten stehend mußte sie hoffen, im neuen Reich eine neue Chance zu erhalten. Diesmal sollte es eine Kaiserliche Marine geben; diese würde eine Reichsangelegenheit sein. Erfolg konnte eine solche neu aufzubauende Waffengattung aber nur haben, wenn sich das Herrscherhaus sichtbar für sie engagierte. Der alte Kaiser Wilhelm I. hatte infolgedessen nichts einzuwenden, wenn sein Enkel Heinrich, Bruder des mutmaßlichen Thronfolgers Wilhelm, für die Marine bestimmt wurde. Von dem Freiherrn von Seckendorff als Gouverneur-Adjutant begleitet, schiffte er sich – fünfzehnjährig – im Jahre 1877, zunächst auf dem Schulschiff „Niobe", ein. Er entschloß sich bald, aus der Marine seinen Lebensberuf zu machen. Für die Marine aber war Kiel der wichtigste Standort.

Von einer zweijährigen Weltreise, die ihn in Honolulu, Yokohama und Wladiwostok Station machen ließ, kehrte der Prinz deshalb zurück, um im Oktober 1880 als dauernder Bewohner des Schlosses begrüßt zu werden. Doch seine richtige Einrichtung sollte das Schloß erst 1888 bekommen, als der Prinz, inzwischen zum Kommandanten eines Torpedoboots avanciert, seine Jugendfreundin Irene von Hessen und bei Rhein, Tochter des Großherzogs Ludwigs IV., ehelichte. Unter der Leitung des Königlichen Hofbauinspektors Geyer wurde eine Gesamtaufnahme des Schlosses veranstaltet, das Schloß renoviert und umgebaut, das Gebäude, in dem der ledige Prinz nur einen bescheidenen Hofhalt geführt hatte, in eine repräsentative Residenz verwandelt, in der auch der Kaiser neugestaltete Zimmer erhielt. In dieser neuen Gestalt haben der Prinz und seine Gemahlin es dreißig Jahre, bis zum Ende der Monarchie in Deutschland, bewohnt.

Der Umbau des Schlosses gab auch den Kieler Stadtverordneten den Anstoß, als es galt, dem Prinzenpaar ein würdiges Hochzeitsgeschenk zu machen. Warum nicht einen Brunnen schenken, da doch schon einmal, im achtzehnten Jahrhundert, ein schöner Delphinenbrunnen die Schloßanlage geschmückt hatte? Man fand auch einen Künstler, der geeignet schien, einen solchen Brunnen zu gestalten. Es handelte sich um den 1840 in Kiel geborenen Eduard Lürssen, der als Professor an der Berliner Bauakademie dekorative Plastik lehrte. In der preußischen Hauptstadt hatte er sich durch eine Figurengruppe hervorgetan, die die Belle-Alliance-Brücke schmückte und den Gewerbefleiß symbolisierte; in Kiel hat er das Muhlius-Denkmal geschaffen. Allegorisch war auch der neue Schloßbrunnen gedacht. „In demselben wird die Stadt als Spenderin durch eine weibliche Figur dargestellt, die Hochzeitsgabe durch die am Fuß des Brunnens angebrachten Amoretten und die Widmung durch 3 Medaillons zum Ausdruck gebracht, von welchen das eine die Portraits, das zweite die Wappen des Prinzen und der Prinzessin und das dritte eine auf die Widmung bezügliche Inschrift erhalten soll," heißt es am 10. August 1887. Der Brunnen samt weiblicher Figur sollte 6 Meter hoch werden. Man dachte sich die Aufstellung des Brunnens „in einer von der Ecke der Dänischen und Burgstraße nach der südwestlichen Ecke des Schlosses ziehenden Linie", an einem Ort, der auf dem Plan

In Bronze gegossene Stadtgöttin: Eduard Lürssens „Kilia" war einst das Hochzeitsgeschenk der Stadt an den Hohenzollernprinzen Heinrich und seine Braut Irene von Hessen.

W. von Thalbitzers aus dem Jahre 1852 noch der Misthof genannt worden war, jetzt aber durch die Umgestaltung freigeräumt und in die gärtnerische Umgebung des Schlosses einbezogen wurde.

Mit Schreiben vom 24. Oktober 1887 wurde Professor Lürssen davon in Kenntnis gesetzt, daß die Stadtkollegien für die Ausführung des Brunnens nach seinem Entwurf 25 000 Mark bewilligt hätten. Er möge über den Auftrag noch Schweigen bewahren.

Lürssen konnte befriedigt ans Werk gehen, doch bald wurde seine Freude getrübt. Er mußte erfahren, daß die Schloßbauverwaltung, vor allem aber auch Seine Königliche Hoheit der Prinz selber der Ansicht waren, der Brunnen solle einen anderen Standort erhalten. Dem Prinzen schwebte der innere Schloßhof vor, ein Platz, der von der Stadt, die ja doch Stifterin des Brunnens war, durch die Baumassen des Schlosses abgeriegelt und lediglich vom Schloßgarten her einsehbar war. Diese Nachricht habe ihn beunruhigt, schrieb Lürssen darauf an Oberbürgermeister Mölling, und er bat um einen Ausweg: „Sollte es denn nicht zu erreichen sein, ihn vor dem Schloß auf dem äußeren Hof zwischen der Einfahrt zum Hof und dem Schloß, also in der Achse beider aufzustellen?" Doch sollte Lürssen enttäuscht werden. Der Brunnen kam auf den inneren Schloßhof.

Ein solches Geschenk konnte nicht als Überraschung kommen. Und so war vertraulich mit dem Prinzen Fühlung aufgenommen worden. Hofmarschall von Seckendorff teilte mit, der Prinz werde es als eine Aufmerksamkeit empfinden, „wenn die Entwürfe zu dem Brunnen Höchstihm schon baldtunlichst und zwar zur Ermöglichung der Absicht vorgelegt werden könnten, Seiner Majestät, auch als Schloßherrn, diese Entwürfe in inoffizieller Weise zu allergnädigster Kenntnisnahme zu unterbreiten." Schon nach zwei Wochen sandte das Ministerium des Königlichen Hauses die nach dem Modell angefertigten Fotos an Seckendorff zurück mit dem Bemerken, der alte Kaiser Wilhelm I. habe alles genehmigt. Vom 24. Mai 1888 ist die Glückwunschadresse von Magistrat und Stadtverordnetenkollegien der Stadt Kiel datiert, in der von der „ehrerbietigen Teilnahme" die Rede ist, die „die Bewohner unserer Stadt in anhänglicher Treue" bei der Vermählungsfeier empfanden, „und können wir, ihre berufenen Vertreter, es uns nicht versagen, diesen die Bürgerschaft bewegenden Gefühlen am heutigen Tage Ausdruck zu geben. Hat doch unsere Stadt den Vorzug, sich des gnädigsten Wohlwollens des durchlauchtigsten Prinzen, welcher in derselben ein Heim gefunden, zu erfreuen und sehen wir in freudevoller Erwartung dem Tage entgegen, an welchem dieses Heim von der durchlauchtigsten Prinzessin geteilt werden wird."

Unterdessen war ein tiefer Schatten auf die Festlichkeiten gefallen, denn der alte Kaiser Wilhelm I. war dem Tode nahe. Auch mit der Überreichung der Kilia sollte es noch eine Weile dauern, wie das Hofmarschallamt aus Schloß Erdmannsdorf in Schlesien schrieb, denn vorläufig stand der Einzug des Prinzenpaares in Kiel noch aus. Schließlich mußte ja auch der Umbau des gesamten Schlosses noch abgeschlossen werden. Erst am 7. November 1888 hat Seckendorff gemeldet, daß er das fertiggestellte Schloß seitens der Prinzlichen Verwaltung übernommen habe. Der Umbau hatte die stolze Summe von 1,4 Millionen Mark gekostet. Die Übergabe des Brunnens an das Prinzenpaar aber hat, auch weil Lürssen mit seiner Arbeit hinter den Terminen zurückblieb, bis zum April 1890 warten müssen.

Der Prinz verbrachte die weiteren wichtigsten Stationen seines Lebens in Kiel. Er stieg auf bis zum Großadmiral, wurde erst Flottenchef und dann Generalinspekteur der Marine, im Ersten Weltkrieg Oberbefehlshaber der Ostseestreitkräfte. Er war von ausgeglichenerem Wesen als sein Bruder, der Kaiser Wilhelm II. Er hatte eine Gabe, volkstümlich zu sein, begeisterte auf einer Reise durch die USA die Amerikaner für sich und war ein vielseitiger Sportsmann, Segler, Polospieler, Golfer und Automobilist, einer der ersten Flugzeugpiloten Deutschlands, Anhänger einer modernen Flugzeugwaffe, Verfechter des uneingeschränkten Ubootkrieges und grenzenloser Bewunderer seines einzigen Bruders. Politisch auf jeden Fall konservativer als sein Vater, der Kaiser Friedrich III., begünstigte er den Alldeutschen Verband und schließlich die Vaterlandspartei des Großadmirals Tirpitz. Er duldete die Agitation dieser Bewegungen in der Flotte, weil er sie als „unpolitisch" qualifizierte. Erst der Kaiser mußte ihn hier korrigieren.

Die Stadt ernannte ihn 1911, anläßlich der Einweihung ihres neuen Rathauses, zum Ehrenbürger. 1895 hatte er in der Stadt ein Seemannsheim gestiftet. Doch zeigte sich Kiel, hierin ganz revolutionäre Stadt, gar nicht traurig, als sein Ehrenbürger im November 1918 erst heimlich aus dem Schloß und der Stadt fliehen mußte und bald darauf einen großen Teil des Schloßinventars auf sein Gut Hemmelmark bei Eckernförde bringen ließ. Unter der Bedingung, daß ein Vertreter des Arbeiter- und Soldatenrates beim Verladen der Möbel und Besitztümer des Prinzen zugegen war, stellte dieser Passierscheine für die Fahrt nach Hemmelmark aus.

Nach der Revolution auch war die Figur der Kilia unter Umständen, die nicht mehr zu klären sind, vom Brunnen entfernt worden. Doch ging sie nicht verloren. Auch seinerseits korrekt, fragte der Prinz im Jahre 1923 bei der Stadtverordnetenversammlung an, ob er das Denkmal, seinerzeit doch ein Geschenk der Stadt an ihn, in Hemmelmark aufstellen dürfe. Inzwischen hatte man sich im Geschmack meilenweit vom Jahre 1887 entfernt. „Das Standbild ... stellt nach der Ansicht der befragten Kunstverständigen kein Kunstwerk dar und es fehlt ein rechter Verwendungszweck dafür; im Gegenteil, bei der geplanten Ausgestaltung des Schloßgartens müßte es besser beseitigt werden. Der Referent will", heißt es im Protokoll der Magistratssitzung vom 22. Januar 1923 vormittags, „dem Kammerherrn des Prinzen [dem Hofmarschall von Rumohr] mitteilen, daß es für zweckmäßig gehalten wird, wenn das im Privateigentum des Prinzen stehende Denkmal in Hemmelmark eine würdige Aufstellung findet." So desavouierte die Stadt ihren sechsunddreißig Jahre älteren Beschluß, der unter einem anderen Regime gefaßt worden war.

Dieser Geringschätzung der allegorischen Figur im Zeitalter, da die neue Sachlichkeit anbrach, aber verdankt die Kilia ihre Erhaltung. Denn als das Schloß 1944 in Trümmer sank und 1959 abgebrochen wurde, um in veränderter Form neu zu erstehen, da war es auch mit dem Brunnen vorbei. Die Kilia aber lebte weiter, im Schutz des Grüns von Hemmelmark.

Und so konnte es nicht anders kommen, als es kam. Die Stadt, mit „modernen" Bauten überzogen, kam vielen Menschen kahl und unwohnlich vor. Wie war wieder etwas Wärme hineinzubringen? Zu diesem Zweck wurde zunächst die Dänische Straße, die am meisten von allen Straßen der Innenstadt eine traditionelle Urbanität vermittelt, als Fußgängerzone neu gestaltet. Mit Blick auf und in Korrespondenz zum stehengebliebenen Rantzaubau des Schlosses entworfen, entstand an der Dänischen Straße das Nordelbische Kirchenamt. Der davor sich öffnende Platz verlangte nach einer voluminösen Plastik. Warum sollte es nicht die Kilia sein, die immer noch in Hemmelmark ihr Dasein fristete? Die Zustimmung von Prinzessin Barbara von Preußen, Herzogin von Mecklenburg und Enkelin der beiden 1890 Beschenkten, blieb nicht aus. Kilia wurde verladen, wieder in die Stadt geschafft und auf einen Sockel gehoben, der nur durch die Burgstraße von dem Platz getrennt ist, an dem die Kilia nach den Plänen des Magistrats ursprünglich einmal stehen sollte. Sie dort heute an jener Ecke aufzustellen, hätte bedeutet, sie durch den Autoverkehr vom Betrachter abzuschneiden. So verfiel man auf den Standort vor dem Nordelbischen Kirchenamt, wenn auch mit dem Schönheitsfehler, daß die Frauengestalt, die einst die Verbundenheit von Stadt und Herrscherhaus symbolisieren sollte, jetzt aus der Stadt hinaus zu einem Schloß blickt, in dem zwar eine respektable Kulturszenerie heimisch geworden ist, in dem es aber den monarchischen Gegenpol zur Stadt nicht mehr gibt. Doch bekam sie wieder einen Lorbeerkranz in die Hand, um ihn der versammelten Kultur entgegenzustrecken. Mit dem Kirchenamt, dem sie den Rücken zukehrt, hat sie weder historisch noch gegenwärtig etwas im Sinn. Das muß beim Betrachten der Figur immer mit bedacht werden. Auch sind ihre Konturen leicht verzerrt, denn sie war nun einmal, da sie auf einem rund drei Meter hohen Sockel zu stehen kommen sollte, „auf Untersicht" konzipiert, wie die Fachleute sagen. Statt eines dreifachen Lebehoch auf das Prinzenpaar und seinen Sohn, wie anno 1890, gab es 1977 Blasmusik, Tische und Sitzgelegenheiten vor den Geschäften der Dänischen Straße, Brot, Wein und Sekt. Die Dänische Straße aber war, wie die Kieler Nachrichten feststellten, dank einer allegorischen Bronzefigur aus dem Jahre 1890 – gemütlich geworden.

UWE ALBRECHT Kunsthistorisches Institut

Das Kieler Schloß: Von der Herzogsresidenz zum „Kulturzentrum"

Ungläubiges Achselzucken beschleicht nicht nur den fremden Gast, der zum ersten Mal vor die Fassade des Kieler „Schlosses" tritt. Ein Schloß? Eine Herzogsresidenz? Der Geburtsort gar eines russischen Zaren? Dieser nüchterne Klotz?

Was hier am Rande der Altstadt neben den Anlegestellen der Fördedampfer und Ostseefähren vor 30 Jahren errichtet wurde, hat für den in der Kieler Geschichte nur ungenügend bewanderten Betrachter keine Verbindung mehr mit einem Schloß als Sitz fürstlicher Macht. Nur Argusaugen und die Kenntnis alter Ansichten können helfen, der Vergangenheit dieses so gründlich veränderten Ortes auf die Spur zu kommen.

Dabei steht der 1957 aus einem bundesoffenen Architektenwettbewerb hervorgegangene und 1961-65 realisierte Neubau durchaus auf alten Grundmauern. Und ihre Entstehung reicht bis in die Regierungszeit Herzog Adolfs von Gottorf zurück, der 1558 – noch bevor er mit dem Ausbau seiner Hauptresidenz Gottorf begann – in Kiel tätig wurde. Mächtige Granitquader im Sockelbereich, besonders der Hafenseite, erinnern daran, daß das Schloß damals in den Steilhang zur Förde gebaut worden ist und ursprünglich hart am Wasser stand. Jahrhundertelang bestimmte seine Baumasse, mehr aber noch die markante Dachlandschaft zusammen mit Nikolai- und Klosterkirche wahrzeichenhaft das Kieler Stadtbild von der Seeseite her.

Ein Kranz reicher Schaugiebel in der Formensprache der Frührenaissance, begleitet von zwei kleinen Trompetererkern und überragt von den geschweiften Hauben der landseitigen hohen Treppentürme, verlieh dem Schloß ein festliches Aussehen, das auch im Inneren in der über zwei Geschosse reichenden Kapelle und den großen Sälen zum Ausdruck kam. Ihre Anordnung in vier parallel nebeneinanderliegenden Giebelhäusern mit jeweils eigenen Satteldächern entsprach einem um die Mitte des 16. Jahrhunderts in Holstein beliebten Anlagetypus, wie er in bescheideneren Ausmaßen in einer ganzen Reihe von Herrenhäusern, aber etwas später auch in den Schlössern von Glücksburg und Ahrensburg wiederkehrte.

Nicht erst die zahllosen Fliegerangriffe der Alliierten bereiteten dieser Pracht ein Ende. Beschießung und Einquartierung von Soldaten während des 30jährigen Krieges, lange anhaltende Finanznot und mangelnde Unterhaltung, rigorose Umbaumaßnahmen und wiederholte Schadenfeuer sorgten über Jahrhunderte für den schrittweisen Verlust dieser einst so stolzen Architektur. Besonders schwerwiegend war der Eingriff des Hamburger Architekten Ernst Georg Sonnin, der 1763 im Auftrage Katharinas der Großen Giebel und Satteldächer des Herzog-Adolf-Baues entfernte und durch ein einheitliches Mansarddach ersetzte. In dieser Form stand der Bau bis in den Zweiten Weltkrieg hinein. Doch die Nähe zu den Werften erwies sich als verhängnisvoll. Unzählige Bomben zerschlugen Dächer und Gewölbe, zerrissen die Mauern. Der ausgebrannten, aber noch immer imposanten Ruine gaben Bulldozer und Dynamit dann zu Anfang der 60er Jahre den Rest.

Der Neubau wurde ein reiner Verwaltungsbau mit mehreren großen Versammlungssälen und Ausstellungsräumen, deren Namen zwar an einzelne Episoden aus der Geschichte des Schlosses erinnern sollen (Schauenburger Halle, Sonninhalle), das Gewesene aber angesichts einer für Museumszwecke denkbar ungeeigneten Konzeption nicht vermitteln können. Als Kulturzentrum geplant, beherbergt das „Schloß" heute ein reichlich buntes Gemisch von Dienststellen, die wohl sämtlich unter den Oberbegriff „Kultur" fallen, aber in ihrer Gesamtheit die Einheitlichkeit vermissen lassen. Doch auch damit knüpfte man an eine alte Tradition an, denn bereits 1775 fand im Schloß die damals aus allen Nähten platzende Universitätsbibliothek Unterbringung, im 19. Jahrhundert die archäologische Gipsabgußsammlung, die heute in einer eigenen Abteilung in der Kunsthalle aufgestellt ist, und seit 1928 schließlich die Landesbibliothek, die nach kriegsbe-

Über eine zweiarmige Freitreppe gelangt man in die Gemäldegalerie der Stiftung Pommern.

GEMÄLDEGALERIE
Bibliothek

Der Herzog-Adolf-Bau des Kieler Schlosses von der Wasserseite. Zustand vor 1763 in der Rekonstruktion von Carl Heinrich Seebach.

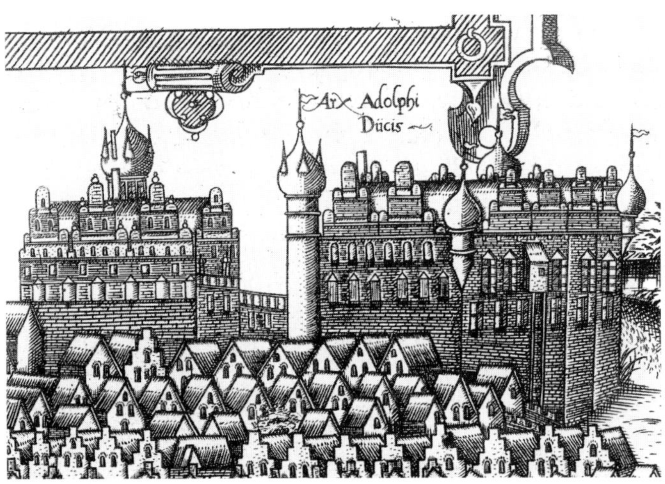

Das Kieler Schloß auf der ältesten Stadtansicht von Johan Greve, 1585.

dingtem Notquartier hier wieder Hausrecht genießt. Das Landesamt für Denkmalpflege, die Landesbildstelle und die Schleswig-Holsteinische Landeshalle mit ihrer eindrucksvollen Sammlung historischer und kulturgeschichtlicher Exponate ergänzen das Spektrum. Allein, daß letztere schon seit Jahren wieder geschlossen ist, liegt an ihrer vollkommen deplazierten Unterbringung im museal unzureichenden Querbau, jenem auf Betonstelzen gestellten, als Baukörper und Raum gleichermaßen mißlungenen weißen Gebilde, das dem Hof, statt ihn zu schließen, seine ungemütlich-zugige Atmosphäre verleiht.

Auch hier gab es würdigere Vorgänger. Die moderne Architektur nimmt die Stelle ein, an der bereits Friedrich I. zu Beginn des 16. Jahrhunderts das „Neue Haus", einen schmalen Flügel errichten ließ, der später auf seiner Hofseite einen hohen Treppenturm und einen bleigedeckten Verbindungsgang vorgelagert bekam und seiner zweiten Frau, Sophie von Pommern, bis zu ihrem Tode 1568 als Witwensitz diente. 1685 stürzte dieser Bau teilweise ein. Für Friderica Amalia, die Witwe Herzog Christian Albrechts, entstand zehn Jahre darauf ein Neubau, zu dem der aus Italien stammende Festungsbaumeister Domenico Pelli die Pläne lieferte.

Pelli erweiterte den Schloßkomplex um einen dritten Flügel, der irreführenderweise im Volksmund seit langem den Namen „Rantzaubau" trägt und als einziges altes Gebäude heute noch aufrecht steht. Doch ist bei genauerem Hinsehen selbst der efeuumrankte Baukörper an der Dänischen Straße ohne den Querbau, mit dem zusammen er einst über Eck eine bauliche Einheit bildete, nur noch ein Torso seiner alten Gestalt. Mit dem Abriß der kriegsbeschädigten Teile des Pelli-Baues ging bedauerlicherweise auch das ebenso repräsentative wie städtebaulich wirkungsvolle Hauptportal verloren, auf das die Schloßstraße vom Markt her zuführte. Übrig geblieben ist allein die schöne Freitreppe im Hofe, deren Stufen zu den sehenswerten Schätzen der Gemäldegalerie Stiftung Pommern (ehem. Stadtmuseum Stettin) hinaufführen und in dem Einheimischen wie dem Fremden wenigstens für einen flüchtigen Augenblick die Illusion erwecken, ein Schloß zu betreten.

ECKHARD HÜBNER Seminar für Osteuropäische Geschichte

Eine Inschrift am Kieler Schloß: Russischer Einfluß vor 200 Jahren

Inschriften stellen besonders für den Althistoriker eine bedeutsame Quellenform dar. Doch auch für die Geschichte der neueren Zeit können sie bemerkenswerte Hinweise liefern. Die Inschrift, um die es hier geht, dokumentiert eine in die erste Hälfte des 18. Jahrhunderts zurückreichende Beziehung zwischen dem Russischen Reich und dem Fürstentum Holstein-Gottorf. Sie erinnert an eine Zeit, als dynastische Verbindungen ein wesentliches Element europäischer Mächtepolitik bildeten, als kleine Fürstentümer durch gezielte Heiratspolitik ihre Einfluß- und Wirkungsmöglichkeiten vergrößerten, als Großmachtprotektion eine abwägende Außenpolitik ersetzen konnte. So sah sich auch der Herzog von Schleswig-Holstein-Gottorf zu Beginn des 18. Jahrhunderts gezwungen, um den Schutz einer europäischen Ordnungsmacht nachzusuchen, nachdem sein Herzogtum während des Nordischen Krieges (1700-1721) von dänischen Truppen besetzt worden war. Der dieser Besetzung zugrundeliegende Konflikt zwischen den dänischen Königen und den holsteinischen Herzögen reichte zwar weit in das 17. Jahrhundert zurück, doch hatte bislang Schweden seine schützende Hand über den herzoglichen Besitz, der verstreut in den Herzogtümern Schleswig und Holstein lag, gehalten. Nachdem die Einflußmöglichkeiten der Schweden durch die Niederlage im Nordischen Krieg aber beschnitten worden waren, mußte auch der holsteinische Herzog um die territoriale Integrität seines Besitzes bangen, und nur dem Eingreifen des Deutschen Kaisers hatte es der junge holsteinische Landesherr Karl Friedrich zu verdanken, daß der dänische König ihm zumindest den holsteinischen Teil seines Besitzes zurückerstattete. Sein Anteil am Herzogtum Schleswig mit dem bisherigen Regierungssitz, dem Schloß Gottorf, blieb dagegen in dänischem Besitz. Das Kieler Schloß, in den letzten Jahrzehnten vorrangig als Wittumssitz genutzt, wurde notgedrungen zur neuen Residenz des Herzogs.

Karl Friedrich hielt sich seit 1721 allerdings in Petersburg auf, wo er, nachdem alle anderen Großmächte ihm ihre Hilfe versagt hatten, bemüht war, russische Unterstützung zur Wiedererlangung seiner verlorenen Schleswiger Besitzungen zu erhalten. Diese wurde ihm schließlich auch gewährt. Um eine dauerhafte russische Protektion sicherzustellen, heiratete der holsteinische Herzog 1725 die Tochter Peters des Großen, Anna Petrovna. Zwei Jahre später mußte er jedoch gemeinsam mit seiner Gattin den Petersburger Hof verlassen, nachdem der neue Zar, Peter II., ihm jede weitere russische Hilfe versagt hatte. Das Herzogspaar kehrte nach Kiel zurück, und damit begann eine Phase in der Geschichte der Stadt, in der sich russische Einflüsse bemerkbar machten. So wurde im Alten Schloß eine russisch-orthodoxe Hofkapelle eingerichtet, ein russischer Priester stand in holsteinischen Diensten, „Jünglinge von der Rußischen Nation" fungierten als Kirchensänger und erwarben dadurch das Recht, an der Kieler Universität zu studieren. Ein kleines Jagdschloß, das Karl Friedrich 1735 im Vieburger Gehölz erbauen ließ, erhielt den Namen Petersburg.

Erneut in das Rampenlicht des politischen Geschehens trat Holstein-Gottorf, als der Sohn Karl Friedrichs und Anna Petrovnas, der holsteinische Herzog Karl Peter Ulrich, im Jahre 1742 an den russischen Hof gerufen

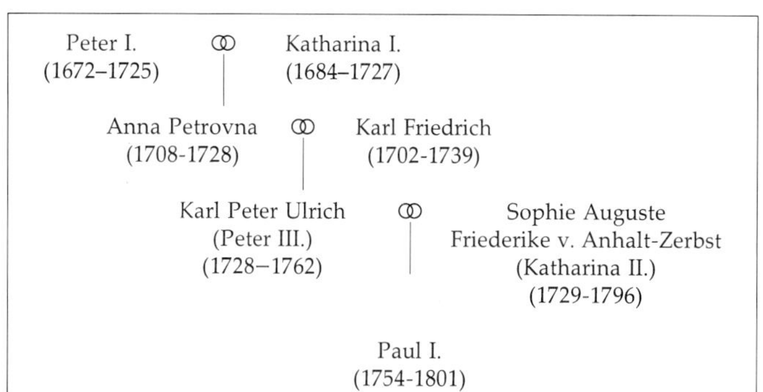

Diese Sandsteintafel erinnert noch heute an die Wiederherstellung des Schlosses 1763-65 durch Katharina die Große, Zarin von Rußland.

und dort von seiner Tante, der Zarin Elisabeth, zum Großfürsten und Thronfolger ernannt wurde.

Seit 1742 kam es zu einer engen Verzahnung zwischen gottorfischer und russischer Außenpolitik, was sich allerdings nicht immer gewinnbringend für beide Seiten auswirkte. Holstein-Gottorf erhielt sich dadurch aber einen weit über seine eigentliche Bedeutung hinausgehenden Einfluß auf die europäische Politik. Die Verwaltung des Herzogtums erfolgte seit 1745 von Petersburg aus, wo eine holsteinische Kanzlei unter der Leitung eines gottorfischen Diplomaten eingerichtet wurde. Nennenswerte Impulse zur Verbesserung der desolaten wirtschaftlichen und finanziellen Situation des Herzogtums gab es aber weder während der „großfürstlichen Zeit“ (1742-1761) noch während der kurzen Regierungszeit des holsteinischen Herzogs als Peter III. (Januar – Juli 1762). Nach dem gewaltsamen Tod des Zaren übernahm seine Witwe, Katharina II., deren Mutter ebenfalls dem Hause Holstein-Gottorf entstammte, für ihren noch minderjährigen Sohn Paul die

Leitung der Regierungsgeschäfte in Rußland und auch die Verantwortung für Holstein-Gottorf. Die Führung der holsteinischen Kanzlei lag jetzt in den Händen eines Russen, des Außenministers Nikita Ivanovič Panin. Für das kleine deutsche Duodezfürstentum bedeutete der Regierungsantritt Katharinas den Beginn einer Phase der Prosperität.

Auch Kiel profitierte von der Bereitschaft der Zarin, sich für Holstein-Gottorf zu engagieren, was in erster Linie die Gewährung finanzieller Unterstützung bedeutete. Die Schloßgebäude (vgl. Nr. 22), besonders das Alte Schloß, befanden sich seit geraumer Zeit in einem derart baufälligen Zustand, daß manche Räume gar nicht, andere nur eingeschränkt genutzt werden konnten. Verschiedene Renovierungsvorschläge waren an fehlendem Geld, vor allem aber am Desinteresse des Großfürsten in Petersburg gescheitert. Erst 1763 wurde eine Instandsetzung ernsthaft in Angriff genommen. Der bekannte Hamburger Baumeister Ernst Georg Sonnin reichte nach eingehender Untersuchung der Bausubstanz einen Kostenvoranschlag ein, den der Statthalter in Holstein-Gottorf, Friedrich August, ein entfernter Verwandter der Zarin, nach Petersburg sandte. In seinem Begleitschreiben äußerte Friedrich August die Hoffnung, Katharina möge „durch einen milden Zuschuß die Wiederherstellung des verfallenen Schloßgebäudes befördern". Dies werde ihr „zu einer besonderen Gloire gereichen". Zudem erhielten der Statthalter angemessene Räumlichkeiten und die obersten Landesbehörden die dringend benötigten Sitzungsräume. Die Zarin erklärte in der Tat ihre Bereitschaft, sich an den entstehenden Kosten zu beteiligen, so daß mit den Bauarbeiten begonnen werden konnte.

Zarin Katharina II.
Nach einem Ölgemälde von 1760/65 im Besitz der Schleswig-Holsteinischen Landesbibliothek
(Leihgabe des Herzogs von Oldenburg).

Diese gestalteten sich nicht einfach. Die Bausubstanz war an manchen Stellen unzureichend, die Materiallieferungen gerieten häufiger ins Stocken, vor allem aber verzögerten die offenkundig bereits vor 200 Jahren durchaus üblichen Reibereien zwischen Handwerkern, Architekten und Auftraggebern einen zügigen Baufortschritt. Trotz dieser Schwierigkeiten waren die Bauarbeiten Ende des Jahres 1765 im wesentlichen abgeschlossen, Nachbesserungen und Korrekturen wurden im folgenden Jahr vorgenommen. Erwähnung verdient, daß auch die russische Kirche restauriert wurde, obwohl lediglich ein Priester, der die Bauarbeiten genauestens überwachte, und einige Sänger noch in Kiel weilten. Ein Zeitgenosse, der Kieler Universitätsprofessor Philip Friedrich Hane, urteilte in vornehmer Zurückhaltung über Sonnins Umbau, dieser sei „nicht übel geraten".

Im Wissen um die Mithilfe der Zarin, ohne deren finanzielle Unterstützung die baulichen Maßnahmen nicht in diesem Umfang hätten durchgeführt werden können, entschloß sich Friedrich August, eine Erinnerungstafel, auf der Katharinas Unterstützung gewürdigt werden sollte, anbringen zu lassen – allerdings nicht, ohne vorher in Petersburg die Genehmigung für sein Vorhaben eingeholt zu haben. Da Katharina erwartungsgemäß keine Einwände gegen diese Ehrung vorbrachte, gab Friedrich August bei dem Hofbildhauer Moser die Anfertigung einer Gedenktafel in Auftrag. Der Text dieser durch pflanzliche Ornamente sowie durch eine Krone mit Zepter und Schwert geschmückten Inschrift lautet in deutscher Übersetzung:

Durch die Großzügigkeit Katharinas II., der Herr-

Großfürst Paul Petrowitz, Sohn Katharinas II. und nachmaliger Zar Paul I. Unter dem Portrait das gekrönte Wappen des Großfürsten umgeben von der Kette des St. Andreas-Ordens und eine summarische Stadtansicht Kiels von der Hafenseite.
Nach einem Kupferstich von Johann Gottfried Christian Fritzsch, 1767. Frontispiz aus J.H. Schultzes „Topographischer Beschreibung des Herzogthums Holstein ...", Kiel 1772.

scherin über Rußland und der Beschützerin Pauls, des regierenden Fürsten von Schleswig und Holstein, ist dieser vom Einsturz bedrohte Teil des Schlosses wiederhergestellt worden.

Katharinas Fürsorge für die holsteinischen Erblande ihres Sohnes blieb nicht auf die Finanzhilfe für das Kieler Schloß beschränkt. Bis 1773 wurden in Holstein-Gottorf vielfältige administrative und wirtschaftliche Reformen durchgeführt, es wurde die desolate Finanzlage verbessert sowie die sich in einem Dornröschenschlaf befindende Landesuniversität zu neuem Leben erweckt. Wie schon bei den obersten Landesbehörden bildete auch hinsichtlich der Universität eine Baumaßnahme die Voraussetzung für die Wahrnehmung der übertragenen Aufgaben: In den Jahren 1766–1768 wurde, ebenfalls von Sonnin, ein Neubau errichtet, so daß es wieder möglich war, einen umfangreicheren Forschungs- und Lehrbetrieb aufzunehmen. Gleichzeitig brachte die Verfügung, daß zukünftig ein zweijähriger Besuch der Kieler Universität (Biennium) Voraussetzung zur Aufnahme in den staatlichen oder kirchlichen Dienst sei, eine beträchtliche Erhöhung der jährlichen Immatrikulationen mit sich. Während der Einweihungsfeier für den Neubau der Universität wurde die verdienstvolle Mitwirkung der Zarin an der Neubelebung der Kieler Universität ausführlich gewürdigt.

Die Periode, in der Holstein-Gottorf von Petersburg aus regiert wurde, endete 1773. Dänemark hatte sich bereits seit geraumer Zeit bemüht, auch den herzoglichen Anteil in Holstein zu erwerben. Dieses Vorhaben war zunächst am Widerstand Karl Peter Ulrichs gescheitert. Erst nach dem Tod Peters III. und infolge einer veränderten außenpolitischen Situation, die Dänemark und Rußland für längere Zeit zu Bündnispartnern machte, sowie der Bereitschaft der Zarin, im Streit zwischen Dänemark und Holstein-Gottorf eine Vermittlerrolle zu übernehmen, kam es 1773 schließlich zum Austauschvertrag von Carskoe Selo. Darin verzichtete Paul auf seine gottorfischen Besitzungen und erhielt als Äquivalent von Dänemark die Grafschaften Oldenburg und Delmenhorst. Diese übergab der russische Großfürst an die jüngere Linie seines Hauses, an den Fürstbischof von Lübeck. Holstein-Gottorf ging für nahezu ein Jahrhundert in dänischen Besitz über. Die Inschrift aber, die jetzt im Kieler Schloß über dem Eingang zur Schauenburger Halle angebracht ist, erinnert noch heute an die Beziehung der „großen" Katharina zum kleinen Fürstentum Holstein-Gottorf und seiner Residenzstadt Kiel.

MICHAEL SALEWSKI Historisches Seminar

Feuer aus den Kesseln: Das ungeliebte Revolutions-Denkmal am Kleinen Kiel

*„Der die Pfade bereitet,
stirbt an der Schwelle,
Doch es neigt sich vor ihm
in Ehrfurcht der Tod ..."*

Haben diese beiden wirklich die Pfade bereitet? Kein Zweifel ist möglich: Ernst Toller meinte die Heizer Max Reichpietsch und Alwin Köbis. Sie galten als Meuterer, als Anstifter, ein ordentliches Kriegsgericht verurteilte sie zum Tode, der Gerichtsherr, Admiral Scheer, bestätigte die Urteile, am 29. August 1917 wurden sie in der Wahner Heide erschossen.

In der deutschen Marine schämte man sich der beiden, in Berlin gab es immerhin ein „Reichpietschufer" – das alte „Tirpitzufer", die Zentrale der deutschen maritimen Macht bis 1945.

„Feuer aus den Kesseln". Hans-Jürgen Breuste, im Februar 1979:

„Ich würde nach so langer Zeit nicht wagen, ein Erinnerungszeichen 'zu machen', wenn ich nicht genau wüßte, daß das Feuer, das unheilvolle Feuer, brennt, weiterbrennt in vielen Kesseln. Täglich, täglich wird es geschürt – Hindenburgufer, Tirpitzmole, Scheerhafen – Verursacher – unmißverständlich!"

Unmißverständlich? Am 29. Oktober 1918 rissen die Heizer das Feuer aus den Kesseln der Schlachtschiffe, sie wollten nicht in Schönheit sterben – England nicht „noch eine schwere Wunde beibringen", wie es Admiral Trotha ausgedrückt hatte. Diese Befehlsverweigerung war das vielleicht wichtigste Signal für die Revolution von 1918; von Wilhelmshaven schwappte sie nach Kiel.
Seitdem schlägt Kiel sich mit der Erinnerung an sie herum.

Das Feuer brenne noch? Sind nicht die grauen Zerstörer der „Lütjensklasse", die U-Boote und die Tender an der Tirpitzmole, der Scheermole Garantie dafür, daß das Feuer des Krieges gerade nicht wieder über uns kommt? Wie kann ein Denkmal Meuterer ehren und die Verteidigungsbereitschaft der Nation diffamieren?

Das Revolutionsdenkmal wird nicht von allen geliebt. Der Künstler wollte ohne jeden Zweifel die Ereignisse von 1917 und die des November 1918 in einer großartigen symbolischen Geste zusammenziehen. Aber paßt der Revolutionär Toller, passen die Matrosen Reichpietsch und Köbis zu den ehrenwerten Revolutionären vom November 1918, zu einem Ebert, einem Scheidemann, ja einem Noske?

Das Denkmal ist ein Symbol, Symbole sind immer das Symbiotische, das Zusammengesetzte. Sie weisen über die bloße Historie hinaus.

Und so holte die Novemberrevolution von 1918 die Stadt Kiel sechzig Jahre später ein. „In Kiel erinnert bislang keine Namensgebung einer Straße oder eines Platzes, keine Tafel oder ein sonstiges Zeichen an das sicher wichtigste historische Ereignis dieser Stadt im 20. Jahrhundert, wenn nicht den bedeutendsten Kieler Beitrag zur deutschen Geschichte", hieß es in einem Schreiben des Magistrats vom 12. Oktober 1978. „Deshalb erscheint es angemessen und angebracht, ein Erinnerungszeichen für jene denkwürdigen Tage im November 1918 zu setzen."

Aber es ging nicht nur um das Einst, es ging, 1978, durchaus auch um das Jetzt. Die Novemberrevolution hatte in den stürmischen Jahren der Jugend- und Studentenrebellion seit 1968 neuen Glanz, eine neue mythische Dimension erhalten – gerade das auch sollte ein Denkmal zum November 1918 spiegeln: „Den Bürgern und Besuchern der Stadt Kiel soll stets bewußt bleiben, daß geschichtliche Entwicklungen beeinflußbar sind und unsere Demokratie nur Bestand haben wird durch das engagierte Handeln der Bürger."

Sechs namhafte Künstler wurden von der Stadt aufgefordert, sich an einem Wettbewerb zu beteiligen: Edgar Augustin, Hans-Jürgen Breuste, Waldemar Grzimek, Otto Herbert Hajek, Alfred Hrdlicka und Hans Kock. Alle sagten zu, allen leuchtete die Idee eines Denk-Mals ein, alle lieferten Entwürfe und Modelle, sie reichten von zwei Granitstelen, die Hrdlicka vor-

Ein Monument des Aufbegehrens aus Stahl und Granit: Hans-Jürgen Breustes Revolutionsdenkmal am Kleinen Kiel.

schlug, bis zu einem riesigen Ensemble aus zwei Häusern, Toren, Grünanlagen, das Waldemar Grzimek anpries. „Beide Häuser", so phantasierte er, „könnten als ein Museum für deutsche Geschichte und die ganze Anlage als ein Zeichen für die verschiedenen Phasen der nationalen Existenz angesehen werden."

Auch die Kieler Öffentlichkeit neigte eher zu einem in möglichst viel Grün eingebetteten, mit Ruhebänken und -zonen ausgestatteten Erinnerungspark – umso anstößiger mußte der Entwurf Breustes wirken: Granitsäulen aus dem Fichtelgebirge und Stahlkörper von HDW – so hatte sich es der Künstler vorgestellt – und das in riesigen, ungefügen Massen – nein, das behagte vielen Kielern nicht, zumal die Kosten schon anfänglich auf 250 000 bis 300 000 DM geschätzt wurden. (Am Ende waren es mehr als 400 000 DM).

Dennoch setzte sich gerade dieser Entwurf ziemlich problemlos durch: in der Ratsversammlung vom 14. Juni 1979 erhielt er den Zuschlag.

„Wik" nannte Breuste sein Denkmal, das verwies eindeutig auf die Matrosenrevolte. Tollers Stück „Feuer aus den Kesseln" wurde im Kieler Schauspielhaus gegeben und heftig diskutiert. Spätestens seitdem war den Kielern die Brisanz des geplanten Denkmals bewußt, die Rathausparteien übten sich in zumeist kleinkariertem Provinzialismus; die einen sahen in dem Denkmal nicht nur Mahnung und Warnung, sondern Verheißung und Vorbild; die anderen wollten sich nicht mit dem Gedanken abfinden, daß einer der Heroen der Münchner Räterepublik zusammen mit den Meuterern von 1917 zu ewigen Ehren gelangen sollte.

Beide Positionen waren nicht unverständlich, beide entsprachen dem Geist der siebziger Jahre. Das Breustedenkmal schlug auf diese Weise tatsächlich einen symbolischen Bogen in das bewegteste Stück der Kieler Vergangenheit, das literarisch von einem großen Sohn der Stadt, Harald Eschenburg, zur gleichen Zeit bewältigt wurde. Natürlich konnte man darüber diskutieren wie schon seinerzeit der Untersuchungsausschuß des Reichstages – ob die Unruhen auf der Hochseeflotte von 1917 schon zu den Ursachen, gar den Anlässen der Novemberrevolution von 1918 gehörten; gewiß konnte man die Novemberereignisse von 1918 verdammen, wie es in nahezu traumatischer Weise viele Offiziere der Reichsmarine nach 1920 taten. Aber

Matrosenaufstand auf dem Wilhelmplatz: Ausschnitt aus der vieldiskutierten Fassadenbemalung des Gaardener Iltisbunkers.

dieses sperrige Stück Geschichte ließ sich auch als Lichtblick im Dunkel des autokratisch-militaristischen Systems in Deutschland begreifen, als Glied in einer goldenen Kette deutscher freiheitlicher Traditionen, die vom März 1848 über den 9. November 1918, den 20. Juli 1944 bis in die Tage des Mai 1949 und nun auch in die des Oktober, November 1989 reicht. Das Revolutionsdenkmal im „Ratsdienergarten" läßt in seiner schwebenden Schwere, seiner massiven Labilität alle, die es betrachten und umschreiten, mit mehr Fragen und Zweifel als Antworten und Lösungen zurück. Kann ein Kunstwerk mehr leisten?

ADRIAN VON BUTTLAR Kunsthistorisches Institut

Der Kieler Schloßgarten: Vom Lustgarten zum Stadtgrün

Dem Kielbesucher muß es gesagt werden, daß er im Schloßgarten steht: Allzusehr hat die Grünanlage, die sich längs des Fördeufers zwischen Schloß (vgl. Nr. 22) und Kunsthalle (vgl. Nr. 29) erstreckt, ihren ursprünglichen Zusammenhang mit dem Schloßhügel eingebüßt und ihre charakteristischen Konturen verloren. Die erst in den 1880er Jahren angelegte, und nach den Kriegszerstörungen kräftig verbreiterte Durchgangsstraße zwischen der Dänischen Straße und dem Wall, der sogenannte Prinzengarten, zerschneidet ihn in zwei ungleiche Hälften, und die westlich und östlich flankierenden Hauptverkehrsadern des Düsternbrooker Weges und des Schloßgartens haben ihn fast wie eine überdimensionale Verkehrsinsel isoliert. Nur wer den originellen Grundriß der einstigen Barockanlage vor Augen hat, vermag sich vielleicht mit viel Phantasie in frühere Jahrhunderte zurückzuversetzen.

Schon bald nach dem Neubau des Schlosses durch Herzog Adolf hatte es hier gegen Ende des 16. Jahrhunderts einen ersten bescheidenen Lustgarten gegeben, dessen Form durch Pläne aus der Zeit um 1650 annähernd überliefert ist. Etwa dort, wo heute der Autoverkehr quer durch den Schloßgarten fließt, befand sich damals noch ein breiter Graben, der den Kleinen Kiel mit dem „Saltzen Wasser" der Förde verband. Über eine Brücke am Dänischen Tor und einen Steg auf der gegenüberliegenden Seite erreichte man vom Schloß aus den separierten Garten – ein schmales, von einer Mauer umgebenes und durch Wege geometrisch gegliedertes Rechteck, wahrscheinlich mit niedrigen Hecken und Zierbäumen bepflanzt, in dessen Mitte sich nach Art der italienischen und französischen Hofgärten ein kleines Lusthaus erhob. Herzog Adolf schloß sich mit den ersten Gottorfer und Kieler Lustgärten dem seit kurzem an deutschen Höfen aufblühenden Gartenenthusiasmus der Renaissance an. Er konkurrierte aber wohl weniger mit den prächtigen Hofgärten im fernen Stuttgart, Kassel oder München als mit den vielgerühmten Gartenanlagen seines Freundes und Rivalen, des königlichen Statthalters Heinrich Rantzau (1526-1599), in Breitenburg, Redingsdorf und Rantzau.

Nach den Verwüstungen des Dreißigjährigen Krieges und dem Abzug der schwedischen Besatzung (1647) wurde die Anlage notdürftig wiederhergestellt und – ein für damalige Zeit wohl einzigartiges Privileg – dem Kieler Publikum geöffnet. Aufgrund vandalistischer Zerstörungen sah sich Herzog Christian Albrecht 1667 zu einer strengen Ermahnung genötigt: „Wiewohl Wir nun den Studiosis, auch andere, die sich Höfflich erweisen, in Unsern Garten zu gehen, und sich darin zu zerlustigen, wohl gestatten können. So sind Wir doch Keines weges deren Jungen und anderen, Muthwillen zu treiben, die Bluhmen und Früchte abzureisen und schaden zu thun, noch weniger jemand zu überwältigen, geständig . . ." 1668 überließ der generöse Herzog auf Bitten von Professor Daniel Major das dem Schloß nächstliegende Areal der 1665 gegründeten Christian-Albrechts-Universität zwecks Anlage eines Botanischen Gartens. Dieser hatte jedoch kaum ein Jahrzehnt Bestand. Während der dänischen Besatzung und des damit verbundenen Aufenthaltes von Christian Albrecht in Hamburg (1675-1689) geriet der Schloßgarten neuerlich in Verfall.

Seine repräsentative barocke Gestalt erhielt er unter Herzogin Friederica Amalia etwa gleichzeitig mit dem Neubau des westlichen Schloßflügels durch Domenico Pelli (sog. Rantzaubau) 1695–97. Damals wurde der trennende Schloßgraben mit dem Abbruchmaterial des Alten Hauses zugeschüttet, so daß das gesamte Terrain von der Hangkante des Schloßhügels bis zum gegenüberliegenden Geländeanstieg der Düsternbrooker Hügel einbezogen werden konnte. Durch Ankauf einiger Bürgergärten arrondierte man das Terrain östlich unmittelbar bis zum Fördeufer, im Westen bis zur Siedlung Brunswik, so daß zwei auseinanderstrebende Begrenzungsachsen in Form majestätischer Lindenalleen die an ein Tortenstück erinnernde Anlage einrahmten. Seit dem 19. Jahrhundert und vor allem durch den Bau der großen Kaianlagen (Oslokai 1961) ist die topogra-

Idylle und Romantik sucht man vergebens:
Herbststimmung im Schloßgarten.

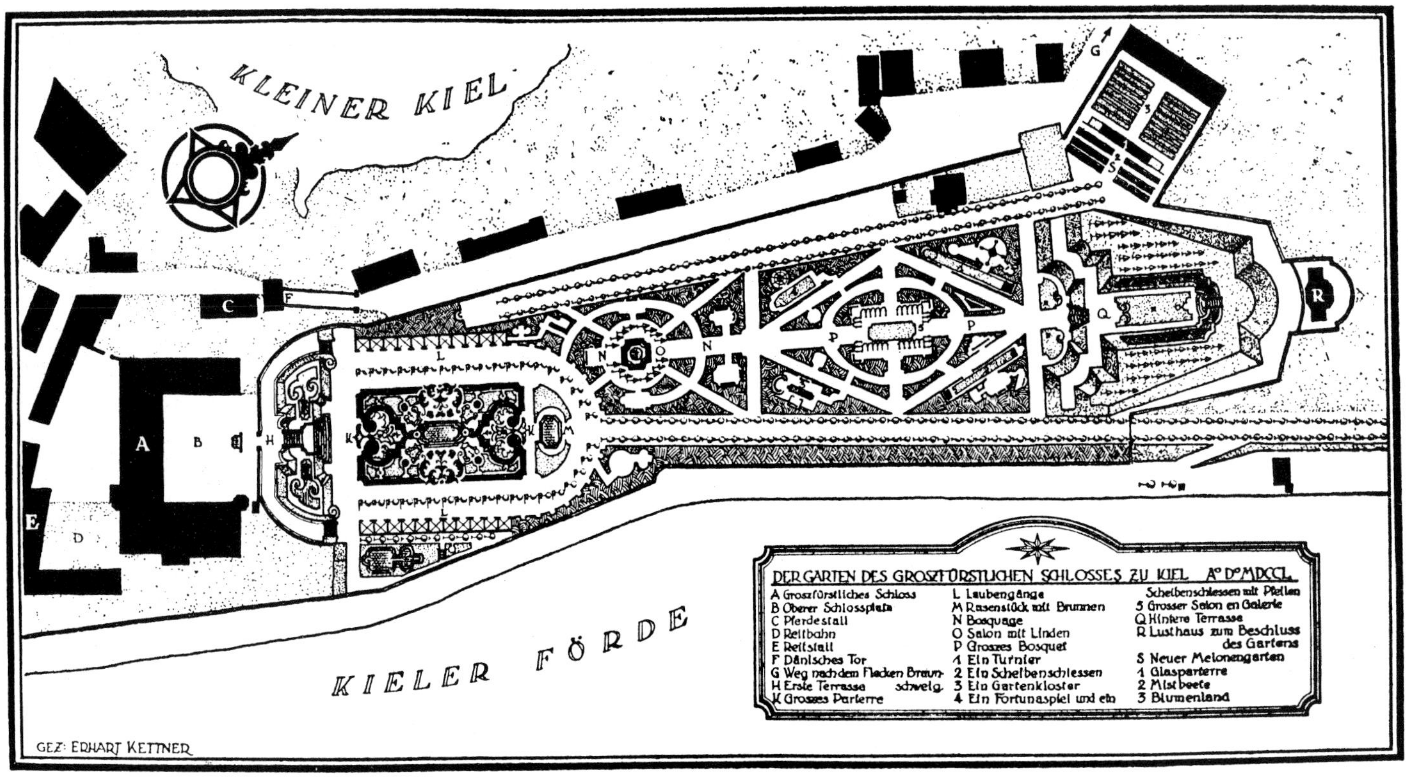

Der Schloßgarten um die Mitte des 18. Jahrhunderts.
Moderne Umzeichnung von Erhart Kettner nach dem Plan Jacob Erhard Randahls im Landesarchiv Schleswig.

phische Situation auf der Fördeseite heute stark verändert. Ursprünglich reichte das Wasser unmittelbar an jene östliche Lindenallee heran, die fragmentarisch erhalten blieb und seit 1990 durch Neupflanzungen völlig wiederhergestellt wird. Diese Allee, die in den Düsterbrooker Weg mündet, bildete die zentrale Blickachse vom Schloßhof aus, während die Symmetrieachse des Barockgartens spitzwinklig nach Westen abknickte und auf die Hangterrassen bei der heutigen Kunsthalle zuführte. Geschickt hatte der Schloßgärtner Hans Hinrich Rodrich, sicher mit Hilfe des italienischen Architekten, auf diese Weise die Symmetrieforderung der barocken Gartentheorie mit der schwierigen Topographie in Einklang gebracht. Der Barockgarten gliederte sich in vier Abschnitte, von deren Gestaltung wir eine genaue Beschreibung aus dem Jahre 1706 besitzen: Die Hauptachse führte vom Schloßhügel über zwei geböschte Rasenterrassen in ein viergeteiltes und von Buchsbaum gesäumtes Rasenparterre, in dessen Mitte sich ein Springbrunnen erhob. Die Ecken der Kompartimente waren mit vierzig Statuen aus gotländischem Stein verziert. Es folgte nach Art der großen französischen Barockanlagen eine dicht bepflanzte Zone mit geometrisch beschnittenen „Lustgebüschen" und zierlichen „Kabinetten", die mit hölzernen Sitzbänken ausstaffiert waren. Als nächstes kamen vier große „Küchenquartiere" aus niederwüchsigen Obstbäumen mit einer weiteren Fontäne. Schließlich führte die zentrale Achse über zwei Terrassen, die kunstvoll mit farbigen Steinen, Blumenrabatten und Rasenplatten belegt waren, am gegenüberliegenden Hang hinauf.

Im Prinzip blieb der barocke Lustgarten in dieser Form bis ins erste Drittel des 19. Jahrhunderts bestehen, auch wenn er manche Höhen und Tiefen und entsprechend zahlreiche Überarbeitungen erlebte, in denen sich die wechselhaften Geschicke der Kieler Residenz spiegeln. So legte Herzog Karl Friedrich nach 1727 im unteren Drittel des Gartens einen Exerzierplatz an, der jedoch schon 1739 auf Veranlassung des Administrators Adolf Friedrich, Fürstbischof von Lübeck, wieder beseitigt wurde. Adolf Friedrich beauftragte seinen Eutinischen Ober-Land-Baudirektor Johann

Christian Lewon, der auch den ehemals grandiosen Eutiner Schloßgarten angelegt hatte, mit der Neugestaltung, die letztlich noch prächtiger ausfiel als der zerstörte Garten Friederica Amalias. Anstelle des Exerzierplatzes wurde ein aufwendiges Broderie-Parterre angelegt. Rudolf Matthias Dallin errichtete eine großzüge Treppenanlage am Schloßhang und ersetzte die Kasernenbaracke durch eine Orangerie. Doch geriet auch Lewons Garten durch mangelnde Pflege, fehlende Mittel und mutwillige Zerstörungen allmählich wieder in Verfall. Die Klagen der jeweiligen Schloßgärtner, die seit 1634 im Gärtnerhaus an der Westkehre der Brunswiker Landstraße wohnten, rissen jedenfalls nicht ab. Vielleicht erklärt sich aus dieser Erfahrung, daß der berühmte Kieler Gartentheoretiker und Universitätsprofessor Christian Cay Lorenz Hirschfeld in seiner „Theorie der Gartenkunst" (1779–1785) zwar nach Kieler Vorbild erstmals weltweit „öffentliche Volksgärten" propagierte, für diese aber die längst aus der Mode gekommenen barocken Alleen guthieß, „weil sie die Aufsicht der Polizey, die an solchen Plätzen oft unentbehrlich ist, erleichtern" (vgl. Nr. 31).

Hirschfeld, dem aufgeklärten Apostel des englischen Landschaftsgartens und Entdecker der holsteinischen Landschaft, schwebte damals bereits ein Spazierweg längs der Förde vom Schloßgarten über die Krusenkoppel zum Düsternbrooker Gehölz vor – ein Gedanke, der unter Erbprinz Friedrich ab 1805 ansatzweise verwirklicht wurde. Zum romantischen Landschaftsgarten wurde der Schloßpark erst 1838 durch den Hannoverschen Hofgartenmeister Schaumburg umgestaltet. Nur die beiden begrenzenden Alleen blieben bestehen. Das Garteninnere wurde nun in malerische Baumgruppen, Wiesen und Strauchpflanzungen aufgelöst. Mit der Übergabe an die Landesregierung verlor die Anlage 1864 schließlich die Funktion eines fürstlichen Hofgartens und wurde vollends zum öffentlichen Stadtpark. Daß die preußische Zentralregierung das neue Kollegiengebäude der Universität durch die prominenten Berliner Architekten Martin Gropius

Die Wasserseite des Schloßgartens um die Mitte des 19. Jahrhunderts mit den zu stattlicher Größe herangewachsenen Lindenalleen. Nach einer Kreidelithographie von Wilhelm Heuer.

Vom Krieg verschont: Die mächtige mehrhundertjährige Eiche steht heute auf der Liste schützenswerter Naturdenkmale.

Vom Krieg zerstört: Das alte Kollegiengebäude der Universität, die allegorischen Figuren am Denkmalsockel und die bunten Blumenbeete gibt es nicht mehr.

und Heino Schmieden 1873–76 ausgerechnet im Nordteil des ehemaligen Schloßgartens erbauen ließ (nach Abtragung der Kriegsruine entstand hier ein Parkplatz!), kam einer politischen Demonstration gleich. Die Errichtung eines Denkmals für die Gefallenen des Deutsch-Französischen Krieges (1879) und die Aufstellung der Reiterstatue Kaiser Wilhelms I. (1896) führte den Kielern fortan die Rolle der preußischen Provinz und des Marinestützpunktes Kiel für das Reich im wahrsten Sinne des Wortes „plastisch" vor Augen. Im Bombenhagel der Luftangriffe von 1944 blieb von Schloß und Schloßgarten kaum etwas übrig. Beim Wiederaufbau hatte der Verkehr Vorrang, der Schloßgarten behielt zwar seinen Namen, repräsentierte aber wenig mehr als obligatorisches Stadtgrün. Erst in jüngster Zeit entwickelte die Landesbauverwaltung ein Konzept, das ihm durch die Wiederherstellung der großen Lindenallee, den Rückbau des zweispurigen Schloßgartens, die Einbeziehung des durch eine Tiefgarage zu ersetzenden Parkplatzes und die Neugestaltung des nördlichen Hanges vor den Universitätskliniken und der Kunsthalle sowie der Verbindungswege zum Alten Botanischen Garten etwas von seiner stadtgeschichtlichen Bedeutung zurückgeben könnte.

KAI DETLEV SIEVERS Seminar für Volkskunde

Das Kriegerdenkmal und das Denkmal Wilhelms I.: Schleswig-Holstein und die deutsche Einigung

Kein Zeitalter der jüngeren deutschen Geschichte ist so denkmalfreudig gewesen wie das sog. wilhelminische. Damals entstand überall in Deutschland eine Vielzahl von Personalstandbildern, Denkmalkirchen und Nationaldenkmälern. Sie waren zwar kostspielige, aber überaus wirksame Instrumente nationaler Identifikationsbildung. Eine besondere Rolle spielte die Erinnerung an den Deutsch-Französischen Krieg von 1870/71 mit der darauf folgenden Proklamation des Deutschen Reiches. Fast jede Stadt und Gemeinde bemühte sich darum, die Erinnerungen an ihre Kriegstoten wachzuhalten. In den meisten Fällen waren Kriegervereine die Initiatoren für die Errichtung von Gedenktafeln, Denkmälern, Siegeseichen, Statuen und Büsten von Kaisern, Landesfürsten und Heerführern.

In Schleswig-Holstein lag insofern eine besondere Situation vor, als es bereits eine eigene Gedenktradition seit den kriegerischen Ereignissen der Erhebungszeit von 1848-1852 besaß. Sie wurde von Kampfgenossen gepflegt, die der preußischen Obrigkeit durchaus kritisch und ablehnend gegenüberstanden und die 1867 erfolgte Annexion der Herzogtümer in den preußischen Staatsverband ablehnten. Die Kriegserklärung Napoleon III. an Preußen im Sommer 1870 fegte jedoch alle Bedenken weg und weckte auch in Schleswig-Holstein eine Welle der Begeisterung für die Verteidigung der Rheingrenze. Der siegreiche Verlauf des Krieges trug schließlich entscheidend zur Aussöhnung der Schleswig-Holsteiner mit der neuen Landesherrschaft bei.

In Kiel, das 1871 Reichskriegshafen geworden war, und wo die Marine von nun an eine gesellschaftlich entscheidende Rolle spielte, empfand man nach dem Krieg das Bedürfnis, ein sichtbares Zeichen der Erinnerung an den erfolgreichen Waffengang zu setzen. 1873 konstituierte sich daher ein Komitee zur Errichtung eines Kriegerdenkmals. Aber erst 1879 konnte das Monument eingeweiht werden. Es handelt sich um einen von dem Berliner Bildhauer Rudolf Siemering (1835–1905) gestalteten Figurenfries, der in eine konkav gerundete Nischen-Kleinarchitektur des Kieler Architekten Heinrich Moldenschardt (1839–1891) eingefügt ist. Der Fries war zunächst für ein von Martin Gropius anläßlich der Siegesfeierlichkeiten in Berlin 1871 entworfenes 12 m hohes Denkmal in Terrakotta geschaffen worden, wurde dann später für das Kieler Kriegerdenkmal verwandt und erst 1905 durch den heute noch erhaltenen Bronzeguß ersetzt. Dargestellt ist in exemplarischen Szenen die deutsche Mobilmachung 1870 – der „Aufbruch" in den Krieg. Die Figurenbilder zeigen Frauen und Männer aller Altersgruppen, unterschiedlicher Berufe vom Bauern und Handwerker bis zum Akademiker, ferner Veteranen sowie Soldaten verschiedener Waffengattungen. Da es vor allem Angehörige der unteren Schichten sind, die in Lebensgröße und in zeitgenössischer Kleidung reliefiert wurden, konnten sich einfache Menschen mühelos mit der Figurenkomposition identifizieren. Das Denkmal ist denn auch von breiten Schichten der Kieler Bevölkerung angenommen worden. Dieser Effekt war beabsichtigt, wollte man doch das Zusammenwirken von Volk und Heer zur Schaffung einer neuen deutschen Einheit versinnbildlichen. Opferbereitschaft, soziale Eintracht und Kampfesmut als patriotische Tugenden sollten vermittelt werden. Das Kieler Kriegerdenkmal ist daher ein typisches Beispiel für politische Tendenzkunst.

Den Zweiten Weltkrieg überstand das Monument mit erheblichen Beschädigungen. Erst 1973 wurde es restauriert. Noch heute stellt es für Besucher aus nah und fern einen Anziehungspunkt dar. Dazu trägt nicht zuletzt seine günstige Lage am Rand der Innenstadt und in der Nähe der Fähranleger bei.

Zusammen mit dem Kriegerdenkmal bildet das Denkmal Kaiser Wilhelm I. im Schloßgarten ein historisches und städtebauliches Ensemble. Die Reiterstatue mit dem Sockel stammt von dem Husumer Bildhauer Adolf Brütt (1855–1939), der seit 1892 Mitglied der

Aus den allegorischen Gestalten am Denkmalsockel wurde im Zweiten Weltkrieg Kanonenbronze.

Ob er wiederkehrt, ist ungewiß . . .
Ausschnitt aus dem Bronzefries am Kriegerdenkmal.

Berliner Akademie der Künste und einer der Gründer der Münchener Sezession (Verein bildender Künstler Münchens) von 1893 war. Brütt, der u.a. in kaiserlichem Auftrag drei Denkmalgruppen für die Siegesallee im Berliner Tiergarten schuf, errang mit vielen seiner Arbeiten nationalen und internationalen Ruf. Sein Kieler Werk gehört typologisch zur Gruppe der national-monarchischen Denkmäler, die der Verherrlichung der hohenzollernschen Geschichte und des neuen Kaisertums dienen sollten. Das überlebensgroße Standbild ruht auf einem Granitsockel, in den zwei Bronzereliefs eingelassen sind. Sie stellen für Schleswig-Holstein bemerkenswerte Ereignisse dar: Die „Schlacht bei Ekkernförde" im Jahre 1849, die als herausragender Sieg der Schleswig-Holsteiner gegen Dänemark im Kampf um Freiheit und Unabhängigkeit galt, und die Grundsteinlegung des Nord-Ostsee-Kanals 1887, der das Land mit dem internationalen Seeverkehr verband (vgl. Nr. 14, 50 und 51). Die drei Figuren am Fuß des Sockels, die die wichtigsten Erwerbszweige der Provinz symbolisieren sollten – Landwirtschaft, Fischfang und Seefahrt – sind im Zweiten Weltkrieg eingeschmolzen worden.

Als die feierliche Enthüllung des Kaiser-Wilhelm-Denkmals in Kiel am 24. November 1896 im Beisein des Kaiserpaares und mit großem militärischen Gepränge stattfand, stellte dieses Ereignis den sichtbaren Ausdruck der Versöhnung der Herzogtümer mit dem preußischen Herbergsstaat dar. Denn die Annexion des Landes zu Beginn des Jahres 1867 durch König Wilhelm I. hatte nicht nur Begeisterung, sondern bei einem großen Teil der Bevölkerung auch Ablehnung gefunden. Man empfand sie als Willkür und Rechtsbruch und strebte nach staatlicher Selbständigkeit. Aus die-

Ein deutsches Leitbild: Die Zügel fest im Griff, blickt der Kaiser vom Pferderücken auf seine Untertanen.

Wenig beachtet: Auch die Rückseite des Kriegerdenkmals wurde architektonisch gestaltet.

sem Grund nahm auch das Kieler Deputiertenkollegium nicht an der Huldigungsfeier im Schloß teil. Doch schon im Herbst 1868 wandelte sich die Stimmung, und der neue Landesherr wurde bei seinem ersten Besuch in Kiel begeistert empfangen. Der für Deutschland siegreiche Krieg gegen Frankreich 1870/71 und die nachfolgende Gründung des Deutschen Reiches stärkten das Ansehen des Monarchen bei den Schleswig-Holsteinern und machten ihn auch bei vielen Kielern zur nationalen Leitfigur. Die Aufstellung seines Reiterstandbildes im Schloßgarten fand daher die Zustimmung breiter, vor allem bürgerlicher Bevölkerungskreise. Am Festakt nahmen nicht nur die Admiralität, die Spitzen der Behörden, sondern auch studentische Korporationen, Gesang- und Sportvereine und sogar Arbeiter der Kaiserlichen Werft teil.

Den Bombenhagel des Zweiten Weltkrieges hat das Monument unbeschadet überstanden.

GÜNTHER WIEGAND Universitätsbibliothek
JÖRN HENNING WOLF Institut für Geschichte der Medizin und Pharmazie

Die Alte Bibliothek: Preußische Universitätsbauten in Kiel

Die Alte Universitätsbibliothek, Brunswiker Str. 2, ist ein bauliches Zeugnis aus der Frühzeit der Zugehörigkeit Kiels und Schleswig-Holsteins zum preußischen Staat. Die Universität Kiel wurde eingereiht unter die preußischen Universitäten. Das hatte nicht nur Folgen für ihre innere Verfassung, sondern dokumentierte sich auch im äußeren Bild, in Gebäuden. Die Berliner Architekten Martin Philipp Gropius (1824–1880) und Heino Schmieden (1835–1913), die überwiegend im öffentlichen Auftrag vor allem in der Reichshauptstadt zahlreiche repräsentative Bauten nach dem Vorbild K.F. Schinkels errichteten, wurden auch als Baumeister der Universität Kiel tätig. Im nördlichen Teil des Schloßgartens wurde von Gropius und Schmieden 1876 ein neues Universitätsgebäude (Kollegiengebäude) errichtet. Seit dem Ende der 70er Jahre folgten mehrere Institutsbauten auf der Anhöhe nördlich des Schloßgartens. In diese Reihe (vgl. Nr. 28 und 33) gehört auch die Universitätsbibliothek, die, anders als das Kollegiengebäude, den Zweiten Weltkrieg überdauert hat, wenn auch mit schweren Schäden.

Ein Neubau der Universitätsbibliothek, die 1884 zum ersten Male in ihrer 200-jährigen Geschichte ein eigenes Gebäude erhielt, war schon in dänischer Zeit ein dringendes Bedürfnis. Am 18. Mai 1872 reichte das Konsistorium eine „Denkschrift betr. die Baubedürfnisse der Universität Kiel und die zur Befriedigung derselben erforderlichen Mittel" beim preußischen Ministerium der geistlichen, Unterrichts- und Medizinal-Angelegenheiten in Berlin ein, in der mit Nachdruck ein Bibliotheksbau gefordert wurde. Ab 1875 griff Emil Steffenhagen (Bibliothekar in Kiel 1875–1903) das Thema wiederholt auf, am ausführlichsten 1877 in einem Exposé. Dadurch kam die Angelegenheit 1878/79 wieder in Bewegung. Gropius und Schmieden lieferten die Baupläne, doch wurde die Bauleitung und Bauausführung, die 1881 begann, dem Kreisbauamt Kiel unter Baurat Friese übertragen.

Das neue Bibliotheksgebäude, das im März 1884 seiner Bestimmung übergeben wurde, zeigt schon auf den ersten Blick den Zusammenhang der Kieler Universitätsbibliothek mit dem preußischen Bibliothekswesen. Es hat seine Parallele in dem 1882 fertiggestellten Bibliotheksgebäude der Universität Greifswald, das gleichfalls von Gropius und Schmieden stammt. An das Bibliotheksgebäude in Halle (v. Tiedemann, 1878-80) gibt es viele Anklänge. Für ähnliche Bedürfnisse wurden von der preußischen Universitätsverwaltung an verschiedenen Orten gleichartige Gebäude (Typenbauten) errichtet.

Bemerkenswert ist der Bibliotheksbau aber nicht nur durch diesen gesamtpreußischen Kontext, sondern auch in bauästhetischer und nutzungstechnischer Hinsicht. Hinter einer schönen, gleichmäßigen Fassade im Stil der Berliner Bauakademie verbirgt sich – für einen Teil des Gebäudes ist das wörtlich zu nehmen – ein Zweckbau des industriellen Zeitalters. Bei der zur Brunswiker Straße gewandten Südhälfte des Gebäudes, die die Benutzungs- und Verwaltungsräume umfaßt, stimmt der innere Baukörper mit der Außengliederung überein. Bei der Nordhälfte dagegen, die das Magazin enthält, stellen die Außenwände mit ihrer Geschoß-, Fenster- und Mauergliederung nur die Umhüllung eines ungeteilten Hohlraumes dar. Die innere Geschoßgliederung weicht davon ab. Sie wird durch eine eigenständige Eisenkonstruktion gebildet, wobei außer im Erdgeschoß auf ein Verwaltungs- und Benutzungsgeschoß (Südhälfte) zwei Magazingeschosse (Nordhälfte) kommen.

Der Ziegelbau mißt 3 Achsen in Ost-West-Richtung und 8 Achsen in der Nord-Süd-Ausdehnung. Die Hauptfassade mit dem Portal ist nach Süden zur Brunswiker Straße gerichtet, aber auch von Osten (Hegewischstraße) hat man eine schöne Ansicht der harmonisch gegliederten Fassade. Das Erdgeschoß, das durch ein Gurtgesims von den Obergeschossen abge-

Deutsche Weinwoche
RASSEHUNDE-
AUSSTELLUNG

Lesesaal der Alten Universitätsbibliothek (1. OG) in den 20er Jahren.

setzt ist, wirkt wie ein durch farbige Horizontalbänder untergliederter Sockel. Die zwei Obergeschosse bilden eine Einheit. Durch die Fenstergliederung, die beide zusammenschließt, erscheinen die Wände über die Geschosse hinweg wie aufgelöst in eine Serie von Pfeilern, die im 2. Obergeschoß durch große Bögen miteinander verbunden sind. Die Fenster der Obergeschosse wiederholen das Motiv der durch Bögen verbundenen Pfeiler in kleinerem Maßstab. Sie sind dadurch vertikal dreigeteilt. Nach oben ist die Fassade durch ein Konsolgesims abgeschlossen, das als Gegenstück zum Gesims zwischen Erdgeschoß und beiden Obergeschossen erscheint. Diese Fassade, die heute unter Denkmalschutz steht, ist ein wertvolles und ansprechendes Bauzeugnis.

Aber auch die Eisenkonstruktion im Inneren des Magazinteils ist bemerkenswert. In die Eisensäulen und -stützen sind gußeiserne, rostartige Platten als Zwischendecken und eiserne Treppen eingefügt. Durch diese gitterartige Konstruktion sollte das Tageslicht leichter Zugang zu allen Geschossen erhalten. Um 1880 bereitete eine ausreichende Beleuchtung von großen Büchermagazinen noch Schwierigkeiten. Offene Flammen waren in Bibliotheken gefährlich, und die elektrische Glühlampe hatte ihren Siegeszug damals noch nicht angetreten. Die Bautechnik ermöglichte Nutzräume großer Abmessungen, doch waren die Nutzungsbedingungen im Inneren noch nicht auf dem entsprechenden Stand. Als sich später die elektrische Beleuchtung durchsetzte, waren die Gitterroste nicht nur überflüssig, sondern für den Betrieb hinderlich. Sie wurden deshalb nach dem Zweiten Weltkrieg bis auf einige Reste durch geschlossene Decken ersetzt. Diese verbliebenen Reste sind eindrucksvolle Dokumente einer industriellen Bauweise und daher erhaltenswert. Im Greifswalder Bibliotheksgebäude ist die eiserne Magazinkonstruktion noch vollständiger erhalten als in Kiel.

Das Bibliotheksgebäude, das gegen alle Warnungen des Bibliothekars Steffenhagen kleiner als zunächst geplant ausgeführt worden war, konnte alsbald den Bücherzugang nicht mehr fassen. Steffenhagen mühte sich in seiner gesamten Amtszeit um eine Erweiterung, die aber erst 1907 in Form einer Verlängerung des Magazinteils durch einen Anbau nach Norden Wirklichkeit wurde.

Der Zweite Weltkrieg, der verheerende Zerstörungen in Kiel anrichtete, zog auch das Gebäude der Universitätsbibliothek schwer in Mitleidenschaft. Nachdem am 26. Februar 1942 bei einem britischen Bombenangriff ein in das Gebäude eingeschlagener Blindgänger nur geringen Schaden angerichtet hatte, wurde bei einem Fliegerangriff vom 29. April 1942 der Anbau von 1907 durch Brandbomben vernichtet. Die Bibliothek verlor durch Feuer und Löscharbeiten ca. 250 000 Bände, fast die Hälfte ihres Bestandes. Der schwer getroffene Anbau mußte später abgebrochen werden. Bei einem weiteren Angriff am 22. Mai 1944 tötete eine Sprengbombe 5 Bibliotheksangehörige, darunter den Direktor Herbert Oberländer.

Nach dem Krieg wurde ein Neubau für die Universitätsbibliothek notwendig, weil das auf die Abmessungen der Zeit vor 1907 reduzierte Gebäude den schnell wachsenden Bestand nicht fassen konnte, vor allem aber wegen der Verlegung der Universität an ihren heutigen Standort. 1966 beim Bezug des Neubaus der Universitätsbibliothek am Westring/Olshausenstraße verblieb die für die Versorgung des Universitätsklinikums erforderliche medizinische Literatur als Medizinische Abteilung der Universitätsbibliothek im Gebäude Brunswiker Str. 2. Nach einigen Umbauten teilten sich nunmehr die Medizinische Abteilung der Universitätsbibliothek, das Institut für Geschichte der Medizin und Pharmazie und (bis 1988) die Abteilung Medizinische Statistik und Dokumentation (AMSD) des Universitätsklinikums das Gebäude der Alten Universitätsbibliothek. Seit dem Auszug der AMSD liegen Pläne für einen Umbau zum Zweck einer wesentlich

Die Universitätsbibliotheken von Kiel (erbaut 1881–84, oben) und Greifswald (erbaut 1880-82, unten) sind einander verwandte Bauten derselben Architekten.

250 000 Bücher fielen dem Bombenangriff vom 29. April 1942 zum Opfer.

verbesserten gemeinsamen Nutzung des Gebäudes durch die Medizinische Abteilung der Universitätsbibliothek und das Institut für Geschichte der Medizin und Pharmazie vor. In diesen Plänen ist vorgesehen, den beiden Einrichtungen, die in ihrer Aufgabenstellung gut zueinander passen, zeitgemäße Nutzungsbedingungen zu bieten. Gleichrangig damit ist das Bestreben, den historischen Baubestand zu erhalten und nach Möglichkeit auch im Innern wieder sichtbar zu machen. Das Institut für Geschichte der Medizin und Pharmazie spricht die Öffentlichkeit unter anderem durch wechselnde Ausstellungen aus den Beständen seiner neugegründeten medizinhistorischen und apothekengeschichtlichen Sammlung in den Schauräumen des Erdgeschosses an. Die Universitätsbibliothek möchte vor allem den früheren Lesesaal im 1. Obergeschoß nach Rückführung in seine ursprüngliche Raumgestaltung wieder in dieser Funktion verwenden und darüber hinaus Teile des Magazins in der beschriebenen Eisenkonstruktion durch Einrichtung eines Freihandbereiches zugänglich und erlebbar machen. Beide Nutzer hoffen, daß die seit längerem vorliegenden Pläne für die innere Umgestaltung des sowohl für das Kieler Stadtbild als auch für die Geschichte der Christian-Albrechts-Universität wertvollen Baudenkmals alsbald verwirklicht werden.

Das Zoologische Museum: Vom kuriosen Naturalienkabinett zur wissenschaftlichen Bildungseinrichtung

Vom Oslo-Kai, Anlegeplatz der großen Skandinavien-Fähren und markantem Orientierungspunkt für den Ortsfremden, sind es quer durch den Schloßgarten nur wenige hundert Schritte bis zu der in den Klinikbereich aufsteigenden schmalen Straße, die an den Medizinprofessor Franz Hermann Hegewisch erinnern soll. Kurz vor deren Ende, nur einen Sprung weit von der Kunsthalle entfernt, liegt das Zoologische Museum. Es ist ein heute unter Baudenkmalschutz stehender, seinerzeit herkömmlicher Mauerwerksbau, der zu einem Symbol der modernen musealen Zoologie in Kiel geworden ist.

Bevor aber 1881 dieses Museum dem Publikum übergeben wird, hat zumindest ein Teil seiner (Schau-) Sammlungen eine wechselvolle, um nicht zu sagen, abenteuerliche Geschichte hinter sich gebracht: Ansätze zu zoologischen Sammlungen im Bereich der Kieler Universität zeichnen sich schon im 17. Jahrhundert ab, denn aus der „Gottorpischen Kunstkammer", die man als Stamm-Mutter aller hiesigen Museen ansehen kann, wird „Überstehendes" zur Verfügung gestellt. Dieses Material ist wohl eher ein „Sammelsurium" denn eine Sammlung, da es nicht systematisch geordnet ist. „Butter zu den Fischen" in Sachen „Museum" tut wohl das erste Mal Johann Daniel Major (1634-1693), erster Professor für Theoretische Medizin. Er interessiert sich enthusiastisch für Naturalienkabinette und Verwandtes, gründet aus dieser Begeisterung heraus 1674 in Kiel ein Museum, das zuerst anheimelnd „Memoriale Anatomico-miscellaneum", später „Museum Cimbricum" heißt. Es beherbergt Naturalsachen als das „Principalste", unter ihnen zoologische Objekte und steht im akademischen Lehrbetrieb: Führungen finden statt, wie auch Vorlesungen über das Museum oder einzelne seiner Exposite. Wenige Jahre nach Majors Tod wird das Material von seinen Erben verkauft; für die nächsten 80 Jahre muß die Universität ohne ein „Academisches Naturhistorisches Museum" auskommen.

Politische Veränderungen in den sechziger Jahren des 18. Jahrhunderts verursachen unter anderem eine Neuorganisation der Universität, in deren Zuge Johann Friedrich Fabricius (1745–1808) nach Kiel kommt, um den Lehrstuhl für „Oeconomie, Cameralwissenschaften und Naturhistorie" einzunehmen. Fabricius ist damals schon für die Entomologie (= Insektenkunde) das, was Linné für die Botanik ist. Zahlreiche Reisen zu Sammlern und Sammlungen, oft zu Pferde, tragen ihm den Ruf des „entomologischen Ahasverus" ein. Bei dessen Unternehmungen ist gelegentlich auch „Beschaffungskriminalität" mit im Spiel: In seinem hohen Zylinder versteckt, läßt er ihm wertvolle Exemplare aus den Sammlungen mitgehen. 1775 nun, in seinem Antrittsjahr, erhält Fabricius das Versprechen, auch ein Naturalienkabinett einrichten zu können. Dieses Jahr wird zum offiziellen Gründungsdatum des Naturhistorischen Museums, aus dem sich das heutige Zoologische Museum entwickelt hat. Fabricius kämpft mit ständigen Geldschwierigkeiten, versucht über Schenkungen, auch mit Erfolg, Sammlungen aufzubauen, die aber bis zu seinem Tod provisorisch, so in der Universitätsbibliothek, untergebracht bleiben. Teile seiner wissenschaftlichen Privatsammlung werden 1810 vom Museum angekauft.

1806 übernimmt der Botaniker Daniel Matthias Mohr (1780–1808) für wenige Monate die Leitung – er stirbt kurz darauf. Im gleichen Jahr folgt schon Christian Rudolf Wiedemann (1770–1840), ein entomologisch interessierter Gynäkologe, von dem berichtet wird, daß er sogar während Prüfungssitzungen der Medizinischen Fakultät Jagd auf Insekten machte. Wiedemann bemüht sich auch erfolgreich um die Erweiterung der Sammlungen, ordnet sie neu durch, stellt aus, kümmert sich um Museumspersonal. 1811 Umzug in das Versammlungszimmer des Universitätsgebäudes. Der später zunehmend schlechter werdende Gesundheitszustand Wiedemanns verhindert dann die Pflege des Materials: Vieles verkommt; Kritik über dessen schlechte Behandlung wird laut, das Museum als unbedeutend bezeichnet. 1836 übernimmt Wilhelm Friedrich Georg Behn (1808–1878), Professor für Anatomie, Vergleichende Anatomie, Physiologie und Zoologie, die Leitung des Naturhistorischen Museums und dessen verwahrloste Sammlung. Behn bringt hervorragende Voraussetzungen für seine vielfältigen Aufgaben mit: Lokalkenntnis, weitgereist, ungewöhnlich gutes Fachwissen, Tatkraft. Die Reinigung und erste Ansätze zur Neuordnung der Sammlungen erfolgen innerhalb weniger Wochen; nicht-zoologische Objekte werden überwiegend ausgesondert, Exposite mit dem Anatomischen Museum getauscht. Er strebt nach einem eigenen Etat, stellt feste Mitarbeiter an, bindet die Sammlungen in Forschung und Lehre ein. Auch das Raumproblem löst er: 1839 nimmt der Warleberger Hof (vgl. Nr. 19) das Naturhistorische Museum (und auch die Anatomische Sammlung, deren Direktor er gleichzeitig ist) auf. Durch Übernahme von Sammlungen und Tierbeschaffung auf Exkursionen, wächst der Materialbestand, der dann noch spektakulär durch eigene Aufsammlungen auf der Galathea-Expedition (1845–1847/48) verdoppelt wird. Der von Behn angestrebte, dringend notwendig gewordene Neubau kommt aus verschiedenen Gründen allerdings nicht zustande. Politisch stark für ein unabhängiges Schleswig-Holstein engagiert, kann er sich mit der Tatsache, daß sein Land 1867 preußische Provinz wird, nicht abfinden und läßt sich deshalb noch im selben Jahr pensionieren.

Noch in dem betreffenden Jahr wird Karl von Kupffer (1829–1902) unter anderem mit der provisorischen Leitung des Zoologischen Instituts (das vorerst noch auf dem Papier steht) betraut. Karl August Möbius (1825-1908) kommt auf den neu geschaffenen Lehrstuhl: Er hatte seine hohe Qualität als Naturwissenschaftler mit verschiedenen Arbeiten, unter ihnen einem Band über die „Fauna der Kieler Bucht", in dem Programm und Methodik der modernen Ökologie erstmalig richtungsweisend umrissen sind, unter Beweis gestellt. Hinzu kommen bei Möbius weitreichende Bildung, künstlerische Neigungen und eine fast als charismatisch zu bezeichnende pädagogische Begabung, die ihn schon als Lehrer in Hamburg ausgezeichnet hat. Mit den Berliner Architekten Gropius und Schmieden plant er den Neubau in der Hegewischstraße, der Institut und Museum aufnimmt: Er wird ein Muster moderner funktionaler Architektur. 1880 zieht man mit den Sammlungen aus dem Warleberger Hof um, die später unter anderem durch das von Möbius von seiner Forschungsreise auf die Maskarenen und Seychellen (1874–1875) mitgebrachte Material wesentlich bereichert werden. Nach neuen didaktischen Gesichtspunkten werden die Ausstellungen angelegt; eine über die Fauna der Kieler Bucht ist wohl die erste überhaupt, die eine Lebensgemeinschaft zum Thema hat. Möbius ist einer der bedeutendsten Zoologen seiner Zeit; seine ökologischen und meeresbiologischen Arbeiten sind beispielhaft und zukunftsweisend. 1887 bietet man Möbius die Leitung der Zoologischen Sammlung im neuerbauten Museum für Naturkunde in Berlin an; er verläßt Kiel 1888.

Nachfolger wird Karl Brandt (1854–1931), der als Physiologe und Chemiker andere Arbeitsschwerpunkte setzt; immerhin kommt aber noch umfangreiches Tiermaterial, so zum Beispiel von verschiedenen meeresbiologischen Expeditionen (wie der Plankton-Expedition 1889 oder der Deutschen Tiefsee-Expedition 1898/99) ins Haus. Als der Physiologe Wolfgang Freiherr v. Buddenbrock (1884–1964) nach Kiel berufen wird, liegen die Sammlungen unter einer dicken Staubschicht, viele Exposite sind ausgeblichen. Olaw Schröder – erst wissenschaftliche Hilfskraft, dann Kustos – überarbeitet mit großer Energie das gesamte Material und stellt auch aus. In einschlägigen Kollegenkreisen erzählt man sich heute noch, daß Schröder dieses „schmutzige Geschäft" stets in untadeligen Glacéhandschuhen betrieben haben soll. Er ist an sich ein wohlhabender Mann, für den sein Gehalt vermutlich nur ein Taschengeld ist: Vielleicht sollte man daher seine (für das Museum zweifellos segensreiche) Tätigkeit als eine Art „Demutsübung" ansehen. 1927 erhält das Zoologische Institut einen Erweiterungsbau, von dem auch das Museum räumlich profitiert. Von Buddenbrock geht 1936; Adolf Remane (1898–1976) wird nun Direktor von Institut und Museum. Aber der bald darauf ausbrechende Krieg setzt dem weiteren Ausbau ein Ende. 1940 wird das Museum für das Publikum geschlossen, Sammlungen werden zum Teil ausgelagert. Das Gebäude wird mehrfach von Bomben getroffen. Nach Kriegsende – Remane kann durch Auswirkungen der Kriegsereignisse nicht in Kiel sein – übernimmt Wolf Herre kommissarisch die Leitung: Gemeinsam mit einigen Zoologen und Studenten schafft er das kleine Wunder, in etwa einem Jahr trotz großer allgemeiner Materialknappheit unter anderem die Schausammlung so weit zu bearbeiten, daß sie ausstellungsfähig wird: Schon am 8. August 1946 wird deren erster

Blick in die Ausstellungshalle des Zoologischen Museums.

Abschnitt der Öffentlichkeit zugänglich gemacht. Kiel besitzt damit ein Zoologisches Museum, das als erstes in Deutschland nach dem Krieg wieder seine Pforten öffnet. Im Hause befindet sich auch das Museum für Völkerkunde unter Katesa Schlosser – es ist ein weiterer Anziehungspunkt für die Besucher. Remane kehrt 1948 zurück; Erich Schulz wird Kustos. Zwischen 1952-1955 werden verschiedene Gebäudebereiche renoviert; nach Einbau einer Heizung kann endlich ganzjährig geöffnet werden.

Nach Remanes Emeritierung übernimmt Reinhart Schuster, dann Ernst Kullmann 1972 die Leitung des Instituts und Museums. Ab 1968 leistet und koordiniert der spätere Akademische Direktor Peter Ohm die Museumsarbeit. Da es dieses (damals eines der wenigen) „Fenster der Universität" in seiner Existenz zu sichern gilt (wiederholt wurde nämlich über dessen Auflösung nachgedacht), muß zuerst die Öffentlichkeitsarbeit im Vordergrund stehen: Eine Reihe von Dauer- aber auch Sonderausstellungen (zum Teil als Wanderausstellung konzipiert) entsteht; die „Sonntagsvorträge" sind ständige Einrichtung. In den letzten Jahren werden dann in größerem Maße Sammlungsteile erweitert und überarbeitet. Da Großtiere allein aus räumlichen Gründen nicht gesammelt werden können (eine Aufgabe, die ja auch seit vielen Jahren vom Institut für Haustierkunde wahrgenommen wird), liegen die Schwerpunkte überwiegend bei kleinen Formen, wie zum Beispiel den Insekten. Das Museum beherbergt historisch sehr wertvolle Sammlungen, wie die von Fabricius, die Möbius'sche (Krebse, Weichtiere, Stachelhäuter, Knochen der ausgestorbenen Vogelarten Dronte und Einsiedler), oder das von Behn mitgebrachte „Galathea"-Material (besonders tropische Vögel). Die in ihrer wissenschaftlichen Bedeutung einmalige Fabricius'sche Sammlung ging 1950 leihweise nach Kopenhagen. Für die Publikation der Arbeitsergebnisse in den Sammlungen steht eine hauseigene Zeitschrift, die „Mitteilungen aus dem Zoologischen Museum der Universität Kiel" zur Verfügung. Nach dem Ausscheiden Ohms leitet seit 1988 Wolfgang Dreyer das Museum. Daß die Ökologie seine Hauptforschungsrichtung ist, wird auch schon in den aktuellen Ausstellungen spürbar: Das Museum ist auf dem Wege, ein ökologisches zu werden. Und da in der Ökologie jeder seinen Platz hat, so sitzt Karl Möbius noch fester auf seinem Stuhl, der neu bezogen ist.

Das aktuelle Konzept sieht vor, die teilweise historischen Sammlungen als Datenspeicher von gestern für die ökologischen Analysen von morgen zu nutzen. So

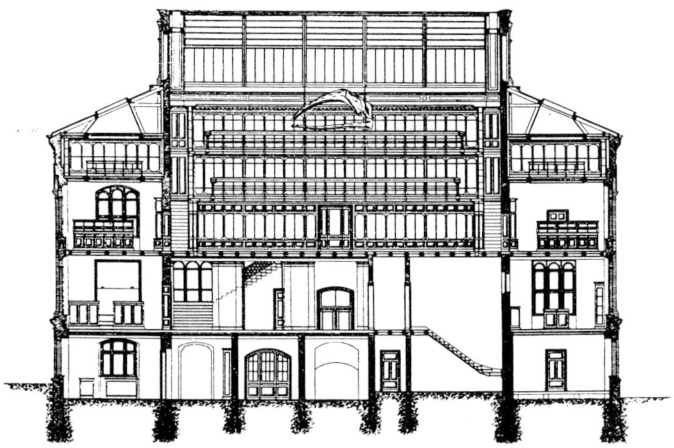

Längsschnitt durch das Zoologische Museum. Nach Gropius und Schmieden.

liegt seit 1990 bereits eine Auswertung der „Terminfahrten zur Erforschung der Deutschen Meere" vor, die in Nord- und Ostsee in den Jahren 1902-1912 durchgeführt wurden. Die Untersuchung dieser Aufsammlungen ergaben Faunenlisten dieser beiden „Hausmeere" Schleswig-Holsteins, die den Artenbestand vor rund 80 Jahren widerspiegeln; sie müssen nun mit den aktuellen Faunenerfassungen verglichen werden. So lassen sich Aussagen über die Veränderungen der Meeresfauna innerhalb der letzten 90 Jahre in Nord- und Ostsee machen; ebenso wird mit älteren Insektensammlungen aus Schleswig-Holstein verfahren werden. Auch die Öffentlichkeitsarbeit profitiert von diesen Untersuchungen. Als einziges Zoologisches Museum des Landes mit universitärem Hintergrund will es die wissenschaftlich-ökologischen Zusammenhänge der landestypischen Lebensräume vermitteln. Es wird beispielsweise darum gehen, Veränderungen der Schmetterlingsfauna bestimmter Biotope zu beobachten und im gleichen Zuge ökologische Grundbegriffe zu vermitteln. Die Synthese von „begreifbaren" Ausstellungen mit modernen Kommunikationsmitteln (wie Video, Computeranimation) oder didaktisch aufbereiteten Erlebniskursen in der neuen „Museumsschule" sowie Exkursionen in die Lebensräume vor Ort, wird das Konzept die Öffentlichkeitsarbeit für die neunziger Jahre bestimmen.

ADRIAN VON BUTTLAR Kunsthistorisches Institut

Die Kunsthalle: Bürger und Universität als Mäzene

Schon an der Baugestalt kann man Wesentliches aus der Geschichte der Kieler Kunsthalle ablesen: Zur Rechten der neunachsige, mit Tuffstein und Muschelkalk verkleidete Galerieflügel des Altbaus von 1909 in den Formen eines barockisierenden Jugendstils, dessen Fassade von den Bombentreffern halbwegs verschont geblieben war. Hinter den großen Fenstern des Untergeschosses wie ehemals die Archäologische Abguß- und Vasensammlung, im fensterlosen Obergeschoß die Oberlichtsäle der Gemäldegalerie. Mitte oben ein kleiner übergiebelter Altan für Kaiser Wilhelm II., der der Einweihung des Museums jedoch wegen einer gleichzeitig in Kiel stattfindenden Rekrutenvereidigung fernblieb und das Haus wohl nie betrat. Zur Linken der vollverglaste Eingangsrisalit des Treppenhauses mit den goldeloxierten Fensterrahmungen, die die gediegene Wirtschaftswundereleganz des Jahres 1958 signalisieren. Links davon der damals zurückhaltend erneuerte Südflügel, der einst das Kunsthistorische und das Archäologische Institut der Universität mit ihrem Hörsaal (heute Vortragssaal) beherbergt hatte. Zur Hangseite und zum Schloßpark hin schließlich der geschickt versteckte Neubau der Jahre 1983–86 – ein Anbau von selbstbewußter Bescheidenheit, der das Bekenntnis der Kunsthalle zur Moderne erneuert und von einer Kieler Bürgeraktion initiiert wurde.

Beides – Offenheit zur zeitgenössischen Kunst und Bürgernähe – sind die Wurzeln, aus denen die Kunsthalle 1857 entstand. Damals hatte Kiel nur 17000 Einwohner, aber bereits einen aktiven Kunstverein. Der 1843 gegründete „Kunstverein für die Herzogtümer Schleswig, Holstein und Lauenburg" wollte das Kunstverständnis im Lande fördern und zugleich die heimischen Künstler durch Ankauf und Ausstellung unterstützen. Eine der treibenden Kräfte war der Professor für Altertumskunde, Peter Wilhelm Forchhammer, der die Kieler Antikensammlung der Christian-Albrechts-Universität begründete, die seit 1842 provisorisch in der ausgebrannten Kapelle des Kieler Schlosses ausgestellt war. Forchhammer propagierte zusammen mit seinem Kollegen Gustav Ferdinand Thaulow und dem Maler Charles Ross auch die Idee einer entsprechenden Gemäldegalerie mit einem eigenen „Ausstellungslokal" in der Nähe des Marktes: „Unser Markt hätte eine Merkwürdigkeit mehr, welche künftig kein Freund der Kunst und kein – Engländer ungesehen lassen dürfte", hieß es 1847 im Kieler Correspondenzblatt. Der dänische König Friedrich VII. (reg. 1848–1863) war als Landesherr mit der Übernahme von 25 Mitgliedsbeiträgen der prominenteste Förderer des Kunstvereins. Die aus seinen Mitteln angekauften Werke sollten der Universität zufallen, dem Verein aber als Leihgaben überlassen werden, desgleichen die der Universität von dritter Seite gestifteten Gemälde, während die gesamte Kunstvereinssammlung umgekehrt – im Falle einer Vereinsauflösung – der Universität zufallen sollte. So kam es auf Anregung des Kopenhagener Ministeriums 1855 zu der einzigartigen und bis heute „unabänderlichen" Satzung, daß die Sammlung ein „Annex der Universität Kiel und dadurch zu ewigen Zeiten Eigenthum des Landes bleiben soll". Die Kunsthalle ist als Universitätsmuseum also weder der Stadt Kiel noch direkt dem Land unterstellt, obwohl sie in den letzten Jahrzehnten faktisch zunehmend die Aufgaben einer „Landeskunsthalle" übernommen hat. Der enge Konnex zwischen Kunstverein, Kunsthalle und Universität kam auch darin zum Ausdruck, daß seit Gründung des Kunsthistorischen Institutes (1893) der jeweilige Ordinarius für Kunstgeschichte zugleich Leiter der Kunsthalle und seit 1907 auch Vorsitzender des Kunstvereins war. Erst 1971 wurden die Ämter getrennt.

1856/57 entstand die erste Kieler Kunsthalle an der Dänischen Straße unterhalb des Rantzaubaus des Kieler Schlosses. Der Grund wurde vom König zwar unentgeltlich, aber auf Widerruf zur Verfügung gestellt. Von der Stadt Kiel, die kein Interesse an dem Museumsprojekt erkennen ließ, ersteigerte der Kunstverein für 1600 Reichstaler das Alte Zollhaus am Wall und ließ es für weitere 6000 Taler an den neuen Standort versetzen. Durch ein ionisches Säulenportal mit klassischem Giebel wurde die einfache langgestreckte Zollbaracke in ein elegantes kleines Museum mit zwei Ausstel-

lungssälen umgewandelt, das seit 1875 jeden Sonntag geöffnet war. Als das Schloß 1886 Sitz des Großadmirals der Reichsflotte – des Prinzen Heinrich von Preußen – wurde, mußte der Baugrund zurückgegeben und das erste Kunsthallengebäude zum großen Bedauern der zahlreichen Kieler Kunstfreunde wieder abgerissen werden. Obwohl man schon bald an einen Museumsneubau dachte, wurde die inzwischen stark angewachsene Sammlung nun für mehr als zwanzig Jahre notdürftig deponiert, zunächst in den Räumen des „Thaulow-Museums" für mittelalterliche Kunst (aus dem später die Mittelalter-Abteilung des Gottorfer Landesmuseums hervorging), dann in der sogenannten „Kunstscheune", einem bescheidenen Fachwerkbau im Hinterhof an der Dänischen Straße, sowie auf dem Dachboden des Kollegiengebäudes der Universität im Schloßgarten. Viele Gemälde nahmen dabei Schaden. Die Hoffnung auf einen Museumsneubau, dessen Planung der damalige Vorsitzende des Kunstvereins, Geheimrat Prof. Dr. Albert Hänel, zusammen mit dem ersten Kieler Ordinarius für Kunstgeschichte, Albert Matthæi, 1898 in einer Denkschrift vorantrieb, hatte bereits ein reales Fundament erhalten, als die Kieler Arzttochter Lotte Hegewisch ihr Grundstück an der Düsternbrooker Allee mit der Villa Klein-Elmeloo 1887 der Universität unter der Auflage vermachte, hier binnen fünf Jahren nach ihrem Tod eine neue Kieler Kunsthalle zu errichten. Der Erbfall trat jedoch erst 16 Jahre später ein. Schon 1901 begann der Preußische Oberbaurat Dr. Georg Thür mit ersten Planungen, die nach dem Tod der Stifterin (1903) in einem jahrelangen Planungsprozeß wieder aufgegriffen und variiert wurden – begleitet von entsprechenden Debatten um Raumprogramm und staatliche Finanzierung. Erst der 5. Entwurf, eine Überarbeitung von Baurat Georg Lohr und Regierungsbaumeister von Pöllnitz, kam 1907–09 zur Ausführung. Neubarock und Jugendstil verbanden sich in diesem qualitätvollen Bau mit einer Funktionalität, die die klare Gliederung bei leichter Asymmetrie bedingte. Der langgestreckte Galerieflügel mit den Ausstellungsräumen greift in der Abfolge der fünf Oberlichtsäle mit begleitenden Kabinetten auf den Typus von Leo von Klenzes Alter Pinakothek in München (1836) zurück. Die repräsentative Treppenhalle hinter dem ursprünglich barock vorgewölbten Risaliten wurde von einem überkuppelten Rundturm bekrönt und trennte sinnfällig die Galerie vom kompakten Kopfbau der Universitätsinstitute.

Als der neue Kunstgeschichtsordinarius Carl Neumann die zweite Kunsthalle im November 1909 eröffnete, konnte er bereits eine höchst beachtliche, aus einst bescheidenen Anfängen gewachsene Sammlung

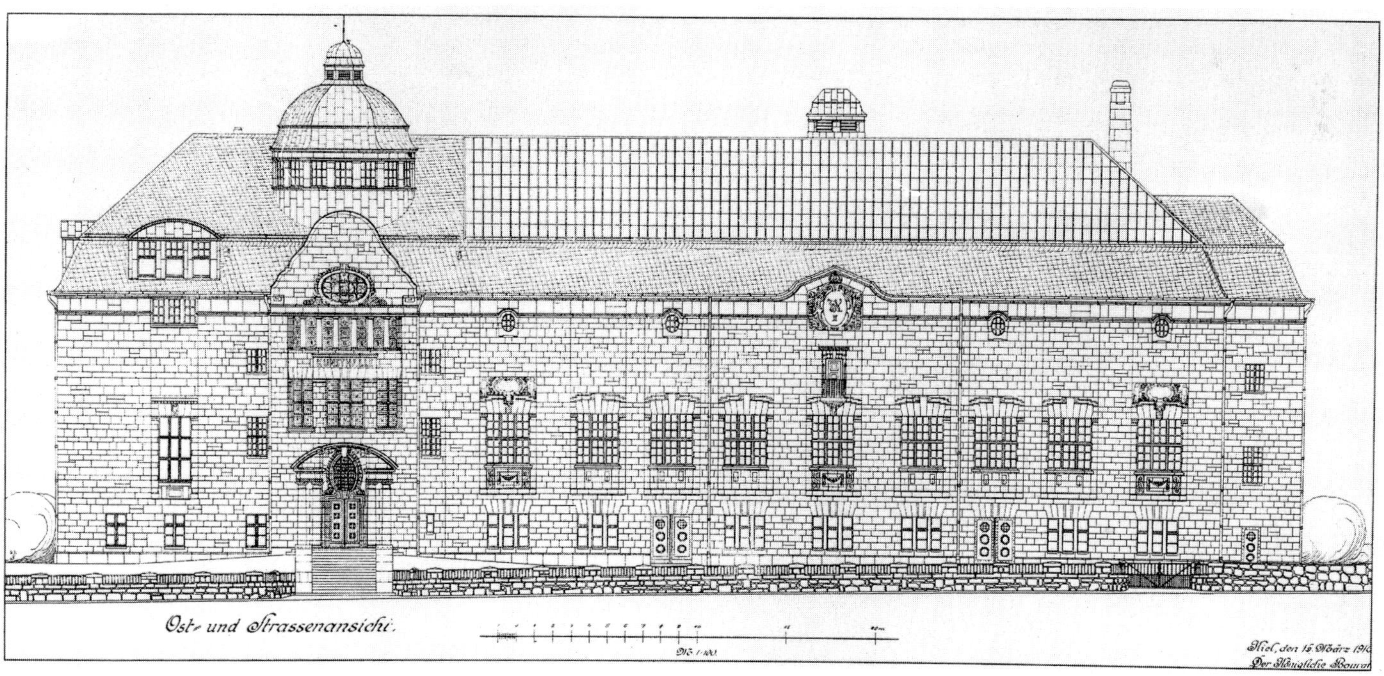

Ausführungsentwurf von Georg Lohr für die Kunsthalle. Ansicht vom Düsternbrooker Weg.

Größere Objekte finden Platz im Hof der Kunsthalle, der von Alt- und Neubau umschlossen wird.

Straßenfassade der Kunsthalle nach dem zurückhaltenden Wiederaufbau der 50er Jahre.

präsentieren. Schon frühzeitig ging es darum, repräsentative Werke der zeitgenössischen Künstler der Region in eine maßstabsetzende Auswahl von solchen der nationalen Kunstszene einzubinden, aber auch durch den Ankauf ausländischer Werke Akzente zu setzen, wobei der Blick naturgemäß insbesondere auf den Norden gerichtet war. Freilich blieben die Ankaufsmittel äußerst begrenzt. Zu den Leihgaben der Universität und den Stiftungen zeitgenössischer Künstler kamen bedeutende Schenkungen Kieler Bürger hinzu, darunter Werke des Klassizismus und der Romantik sowie auch einige ältere des 16.–18. Jahrhunderts. Zum wichtigen Bestandteil der Kunsthalle wurde die Graphische Sammlung, deren Grundstein 1862 mit dem Ankauf von 6000 Kupferstichen aus dem Nachlaß des Altonaer Konferenzrates Heinzelmann gelegt wurde. 1881 wurde sie um die Sammlung und die Fachbibliothek des Etatrats Petersen – eines Vorstandsmitgliedes des Kunstvereins – erweitert. 1918 vermachte der ehemalige Kunstvereinsvorstand Hänel der Kunsthalle ein beachtliches Vermögen und seine Sammlung, die aus 73 Gemälden, 23 Plastiken, 6 Zeichnungen und 1700 Kupferstichen bestand. Qualitätvolle Werke der Kunst um die Jahrhundertwende und der frühen Moderne bereicherterten auf diese Weise das Museum. Insgesamt umfasste der Bestand neben der Grafik damals 352 Gemälde und etwa 30 Plastiken. Der Kunstverein erreichte 1920 mit 2268 Mitgliedern seinen Höchststand. In den Zwanziger Jahren öffnete man sich – soweit es die Mittel erlaubten – auch dem Expressionismus. So waren alle Maler der Brücke durch Grafiken vertreten, Nolde schenkte der Kunsthalle 1929 seinen „Blumengarten". Der damalige Direktor, Prof. Dr. Arthur Haseloff, stiftete Barlachs Plastik „Das Wiedersehen", die 1937 als Negativbeispiel „entarteter Kunst" in der berüchtigten Münchner Ausstellung gezeigt wurde (vgl. Nr. 7). Insgesamt 200 Kunstwerke der Kieler Kunsthalle fielen den barbarischen Säuberungsaktionen der Nazis zum Opfer. Die meisten gingen für immer verloren, obwohl Professor Haseloff und seine langjährige Mitarbeiterin Dr. Lilli Martius zu retten suchten, was zu retten war. Schon 1942 wurde der größte Teil der verbliebenen Bestände nach Wien und in diversen Verstecken auf dem Lande ausgelagert. Zwei Jahre später lag die Kunsthalle in Schutt und Asche.

Wie einst in der „kunsthallenlosen Zeit" 1887–1909 ist der Enthusiasmus und das Improvisationstalent zu bewundern, mit denen die Kunsthallen-Mitarbeiter, der Kunstverein und das Kieler Kunstpublikum in den Nachkriegsjahren die Ausstellungstätigkeit wiederaufnahmen und den Wiederaufbau des Museums vorantrieben: Schon 1947 fand in den notdürftig reparierten Kellern der Ruine die erste Ausstellung zu Ehren des 80. Geburtstags von Emil Nolde statt. Man organisierte die Rückführung der ausgelagerten Bestände und baute mit großem Gespür eine neue und qualitätvolle Expressionisten-Sammlung auf, was wenig später, nach den Preisexplosionen der 80er Jahre, undenkbar geworden wäre. Planvoll ergänzt wurden auch die Bestände des 19. und frühen 20. Jahrhunderts. Mit dem Auszug des Archäologischen und des Kunsthistorischen Institutes an den neuen Universitätscampus Olshausenstraße wurden dringend benötigte Raumkapazitäten frei. Nur die Abteilung zur neueren Kunst aus der Kunsthistorischen Bibliothek verblieb zu Forschungszwecken im Hause. Außerdem nahm die dem Archäologischen Institut zugehörige Antikensammlung ihren angestammten Platz im Untergeschoß wieder ein. Der Wiederaufbau (1948–1958) – eine sehr respektable Leistung des Landesbauamtes Kiel – verbindet eine annähernde Wiederherstellung des alten Galerietraktes mit einem zurückhaltend-modernen Südflügel, der auch das elegant freischwebende Treppenhaus, ein Musterbeispiel für den heute wieder geschätzten Architekturstil der 50er Jahre, einschließt.

Die jüngste Geschichte der Kunsthalle ist geprägt durch die weitblickende Konzeption ihres ersten selbständigen Direktors, Prof. Dr. Jens Christian Jensen (1971–1991), der das Institut schwerpunktmäßig wieder auf die Auseinandersetzung mit der zeitgenössischen Moderne verpflichtete und gerade dadurch seine ursprüngliche Tradition wiederbelebte. Die regionalen Kunstleistungen der Nachkriegszeit bewähren sich wie einst vor einem mit viel Gespür und relativ bescheidenen Mitteln erworbenen Fundus exemplarischer Werke der deutschen und internationalen Avantgarde. Durch Ausstellungen von überregionalem Rang und entsprechende Vortragsveranstaltungen hat die Kunsthalle in enger Verflechtung mit dem Kunstverein, dem Stifterkreis und der Universität an Bedeutung als wichtigstes Kunstforum der Stadt und des Landes hinzugewonnen und ist zu einem weithin beachteten Bestandteil der deutschen Museumslandschaft geworden. Nicht zuletzt der neue Flügel nach dem Entwurf des Kieler Architekten Diethelm Hoffmann (1983/86), der der modernen Kunst mit seinen abwechslungsreichen Raum- und Lichterlebnissen ein adäquates Ambiente bietet, hat zur Popularität der Kunsthalle beigetragen. Daß sie wegen mangelnder Säle für Wechselausstellungen nach wie vor unter Raummangel leidet, darf nicht verschwiegen werden. Doch ist Lotte Hegewischs Testament von 1887 ja noch immer nicht vollständig erfüllt: Das nördliche Hanggrundstück, auf dem einst die Villa Klein-Elmeloo stand, bleibt – wie von Anbeginn vorgesehen – einem dringend erforderlichen zweiten Erweiterungsbau vorbehalten.

Lichterfüllt und übersichtlich präsentiert sich der neue Erweiterungsbau der Kunsthalle.

CHRISTIAN DEGN Historisches Seminar

Die Gedenktafel an der „Seeburg“: Ein kaiserliches Jubiläum

Das Jahr 1888 ist als „Dreikaiserjahr“ in die Geschichte eingegangen. Am 9. März war Wilhelm I. 90jährig gestorben – nur 99 Tage währte die Regierungszeit seines Sohnes Friedrich III. – dann wurde der 29jährige Enkel Wilhelm II. deutscher Kaiser (vgl. Nr. 51). Mit seinem Regierungsantritt (bzw. zwei Jahre später mit Bismarcks Entlassung) beginnt die sogenannte „Wilhelminische Zeit“, eine Zeit imperialistischer Weltpolitik. War es eine Friedenspolitik? Daß sie das gewesen sei, stellte der Kaiser 1913 im Rückblick auf seine 25jährige Regierung mit stolzem Selbstbewußtsein fest. So ist es jedenfalls zu lesen auf der steinernen Gedenktafel an der „Seeburg“, dem Studentenheim der Kieler Universität. Am Wasser, dem Lieblingselement des Kaisers gelegen, sollte die „Seeburg“ (der Name war älteren Datums) die Verbindung der Universität mit der Seefahrt und Seegeltung unterstreichen und der akademischen Jugend dienen, u.a. dem Kegel- und Rudersport, während der Favorit des Kaisers doch der Segelsport war.

In den ersten 25 Regierungsjahren Wilhelms II. hatte das Deutsche Reich alle außenpolitischen Krisen glücklich oder glimpflich überstanden. Der Flottenbau, eine gefährliche Herausforderung Großbritanniens, war zwar mit einem hohen Risiko verbunden. Dieses Risiko glaubten der Kaiser und Tirpitz jedoch auf sich nehmen zu können, sofern das Reich eine kluge Außenpolitik betrieb, die England nicht zu einem Präventivkrieg reizte. Diese Risikozeit aber würde mit der Erfüllung des Flottenbauprogramms 1915 oder 1917 überstanden sein; dann läge das Risiko nicht mehr auf deutscher, sondern auf britischer Seite: nämlich einen Krieg gegen das flottenstarke Deutschland zu riskieren.

Hatte Wilhelm II. 1913 im Ernst geglaubt, über die ersten 25 Regierungsjahre hinaus ein Friedenskaiser zu sein? Viele Historiker neigen zu der Ansicht, daß Wilhelm II. wirklich ein Friedenskaiser sein wollte. Nachdem sein Großvater (von ihm „Wilhelm der Große“ genannt) in drei Kriegen die Einigung Deutschlands erreicht hatte, betrachtete er es als sein Ziel, auf friedlichem Wege dem Reich „einen Platz an der Sonne“ zu verschaffen.

Das Regierungsjubiläum 1913 wurde auch – und gerade! – in Kiel mit Glanz und Gloria gefeiert, mit Flaggenschmuck, Festansprachen, Feuerwerk, fast wie ein „Jahrhundertfest“. Ausführlich berichtete darüber die „Kieler Zeitung“. In der Universität hielt Professor Bernhard Harms die Festrede. Als Direktor des „Instituts für Seeverkehr und Weltwirtschaft“ war er dafür geradezu prädestiniert.

Wir heute, ernüchtert nach dem „Genuß“ übermäßigen nationalen Hochgefühls, beurteilen Wilhelm II. viel negativer, sind befremdet oder gar angewidert von seinen hochtrabenden, oft tolpatschigen Redensarten (von denen die Zeitung eine Auslese brachte). Aber wir sollten dabei nicht vergessen, daß nationale Emotionen und Phrasen damals keineswegs auf Deutschland beschränkt waren, sondern als zeittypische Erscheinung zu sehen sind. So erklärt sich denn auch die Bewunderung, die dem deutschen Kaiser im Ausland gezollt wurde, nicht nur in Norwegen, das er so gern besuchte, sondern sogar in dem von Haßliebe erfüllten England. Bezeichnend ist die Würdigung Wilhelms II. in der „Times“ anläßlich des 25jährigen Regierungsjubiläums: „... Wenn auch die Überfülle seiner Phantasie ihn auf anderen Gebieten irregeführt haben mag, so hat sie ihn doch zu seinen größten Taten geführt. Seine Zuversicht und seine schöpferische Denkkraft zusammen haben dem Deutschen Reiche seine gewaltige Marine und den guten Platz an der Sonne gegeben. Wir Engländer bewundern neidlos das stolze Werk. Es ist die Tat eines ganzen Mannes.“

Der Kaiser hatte sein Jubiläum in der Reichshauptstadt gefeiert. Doch wenig später kam S. M. (Seine Majestät, so in Marinekreisen mit Vorliebe genannt) traditionsgemäß zur Kieler Woche, um auf der Regattabahn seine „Meteor“ (womöglich zum Siege) zu steuern. So ähnlich lief es auch im folgenden Jahr, 1914, an,

als den Kaiser draußen auf der Außenförde, in günstiger Position vor der Krupp'schen „Germania", die erschreckende Nachricht von der Ermordung des österreichisch-ungarischen Thronfolgerpaares ereilte – in einem silbernen Zigarettenetui von einem Aviso zur Kaiseryacht hinübergeworfen.

Kein Geringerer als der Stuttgarter Architekt Theodor Fischer war es, der von 1908-10 das Studentenhaus „Seeburg" errichtete. Während der Hauptbau nach schweren Kriegsschäden leider stark vereinfacht wiedererstand, erinnert der kleine Pavillon am Ende der seitlichen Kegelbahn von 1913 noch immer ein wenig an die einstige Eleganz dieser Architektur. An seiner Stirnseite befindet sich jene Steintafel, die auf das Regierungsjubiläum Wilhelms II. hinweist. Wer sie liest, denkt unwillkürlich weiter – an die Jahre 1914–1918.

WOLFGANG KEHN Institut für Literaturwissenschaft

Der Alte Botanische Garten und die Wasserallee: Hirschfeld und die Anfänge des öffentlichen Parks in Kiel

Kiel gehört nicht zu denjenigen Städten, die sich durch Denkmale der Kunst oder der Architektur je besonders ausgezeichnet hätten. Einen besonderen Reichtum aber besaß die Stadt, den seit 200 Jahren Reisende immer wieder berühmt gemacht haben: Damals nämlich wurde mit der Schönheit Ostholsteins auch der landschaftliche Reiz der Fördestadt entdeckt, und einer derjenigen, die dazu aufgrund ihrer weitwirkenden literarischen Tätigkeit ganz besonders beigetragen haben, war der in Kirchnüchel geborene und seit 1770 in Kiel als Professor der Philosophie und der Schönen Wissenschaften wirkende Christian Cay Lorenz Hirschfeld (1742–1792). Aus der Schweiz heimgekehrt, wohin er die jungen Gottorfer Prinzen als deren Lehrer begleitet hatte, schrieb er 1771 in der dritten Auflage seines Buches „Das Landleben“:

> Wenn ich oft in einer einsamen Stunde, die ich dem Lerm der Stadt, und der Mühe der Geschäfte entwende, im stillen Tiefsin längst dem Ufer des [Kieler] Hafens, unter dem melancholischen Murmeln seiner Wellen, zu jenen einsiedlerischen Wald [Düsternbrook] hinauswandele, der, würdig von Barden bewohnt zu sein, von der Höhe herab sein dunckles Haupt in dem tief unten wallenden Gewässer spiegelt, und feierlich von hohlen Geräusch ertönt, oder wenn ich einen der Hügel besteige, deren bunter Kranz die Landschaft umgürtet, und bald im nahen Meere die unermeslich fortschlagenden Wellen vom Strahl der Sonne gefärbt an den blauen Horizont hinspielen sehe, bald in der schönen Gegend umher mit den Augen irre, und unten im Thale eine ruhende Hütte erblicke, von Fruchtbäumen halb umschattet, und an seinen Fenstern vom Widerschein des nahen Wassers versilbert; dann erwacht meine schlafende Phantasie“ – und sie fühlt sich in die Schweiz zurückversetzt.

Der Spazierweg hat sich in eine breite, vielbefahrene Autostraße verwandelt, und der gepriesene „bunte Kranz“ von Hügeln wird von dem dicht bebauten Klinikum eingenommen, in dem auch noch der kleinste grüne Fleck von parkenden Autos gefährdet ist.

Noch aber existiert auf dem reich bewegten Hügelgelände zwischen Kunsthalle und Schwanenweg wie eine grüne Insel ein Rest alter Schönheit in Gestalt des Alten Botanischen Gartens. Nicht nur an seinen beschränkten wissenschaftlichen Nutzen denkend, schufen ihn seit 1873 Botaniker der Kieler Universität als öffentlichen Landschaftspark. Daß er heute noch existiert, verdanken die Kieler einer Bürgerinitiative; denn als die Universität den Garten im Jahre 1978 aufgab und in den neuen Botanischen Garten an der oberen Olshausenstraße umzog, fehlte es der Stadt nicht nur am nötigen Geld, um für ausreichende Pflege und Aufsicht zu sorgen. Vielmehr wurde die obere Hälfte des Parks als Erweiterungsbereich für das Klinikum und ein Streifen im unteren Teil für die Verbreitung des Düsternbrooker Wegs ausgewiesen. Der schöne spätromantische Aussichtsturm auf der Höhe sollte abgerissen und ein Landeplatz für Rettungshubschrauber gebaut werden.

Durch intensive Öffentlichkeitsarbeit, dendrologische Führungen und regelmäßige Arbeitseinsätze der Mitglieder eines aus der Bürgerinitiative hervorgegangenen Vereins zur Rettung des Alten Botanischen Gartens, aber auch durch Neuanpflanzung wertvoller Bäume und Sträucher, die aus Spenden finanziert werden konnten, gelang es, den Park zu erhalten und bereits entstandene Schäden zu beseitigen. Das erfreulichste Ergebnis der Bemühungen der Vereinsmitglieder war aber im Jahre 1984 der Verzicht auf den Hubschrauberlandeplatz und die Restaurierung des Aussichtsturmes. Diese Entscheidungen lassen hoffen, daß der Botanische Garten – mit seinen lediglich 2,1 Hektar Größe ohnehin eher ein Miniaturpark! – auch künftig vollständig erhalten werden kann.

Ein einzigartiger Blick lädt zum Besteigen des 1891 errichteten Aussichtsturmes im Alten Botanischen Garten ein.

Christian Cay Lorenz Hirschfeld (1742-1792). Kupferstich von J. D. Heidenreich, 1793, nach einer Vorlage von Johann Heinrich Brandt.

Es besteht also die Aussicht, daß mit dem Alten Botanischen Garten nicht nur ein besonders schöner, zentral gelegener Park, sondern zugleich auch die wohl artenreichste Gehölzsammlung Schleswig-Holsteins gerettet wird. Der Innenraum des Aussichtsturms wird jetzt als Ausstellungsraum genutzt. Zur Zeit werden dort Abbildungen und andere Dokumente zur Geschichte des Gartens aus der reichhaltigen Sammlung von Christa Trube gezeigt. Damit wird ein Blick in die Vergangenheit geöffnet, der uns zeigen kann, daß im Botanischen Garten ein Stück „grüne" Geschichte Kiels repräsentiert ist, die noch weitgehend der Erforschung harrt.

Als das Gelände im Jahre 1868 von der Universität erworben wurde, übernahm sie von dem Textilfabrikanten A.C. Brauer einen Landschaftsgarten. Während dessen Umgestaltung bemühten sich die leitenden Botaniker A.W. Eichler und A. Engler, der geographisch geordneten dendrologischen Sammlung, die sie planten, den landschaftsgärtnerischen Charakter zu erhalten bzw. wiederzugeben, um so die wissenschaftliche Aufgabe der Universität mit der ästhetischen und zugleich sozialen Funktion eines nunmehr öffentlichen Landschaftsgartens zu verbinden. Zu diesem Zweck wurden besonders schöne Gehölze des Brauerschen Gartens erhalten und das bergige Terrain im Sinne des landschaftsgärtnerischen Prinzips der Mannigfaltigkeit von Lagen, Formen, Lichtverhältnissen, Aus- und Durchblicken genutzt. Auch wurde das wichtigste Inszenierungsmittel solchen Abwechslungsreichtums, die unregelmäßige Wegeführung, dem Prinzip nach beibehalten. Die Gebäude, die zu praktischen Zwecken erforderlich waren, erhielten der Landschaft angepaßte Fassaden: so z.B. das Pumpenwerk, das man in einem hübschen Fachwerkhaus verbarg, welches sich im nahen Teich spiegelte. Einzig der Verschönerung des Gartens und dem Genuß des Ausblicks über die Baumwipfel des Gartens hinweg auf die Förde diente der im Frühjahr 1891 auf der Höhe errichtete Aussichtsturm, der ein zu gleichem Zweck von Brauer errichtetes hölzernes Gartenhäuschen ersetzte.

Dies alles zusammengenommen entsprach einem künstlerischen Ideal, das, obwohl erst im 18. Jh. entstanden, seit dem 19. Jh. den meisten Menschen, die einen schönen Park aufsuchen, fast selbstverständlich ist. Es läßt sich zeigen, daß unzählige öffentliche und private Parks, die im 19. Jh. entstanden, sich an dem Ziel orientierten, im Park natürliche Landschaftsschönheit nachzuahmen und womöglich zu steigern und daß es zunehmend zum Verständnis von den kulturellen Aufgaben der rasch wachsenden Städte gehörte, der Bevölkerung solche Gärten als Orte erholsamen Naturgenusses zur Verfügung zu stellen. An der Entstehung und Durchsetzung dieser Ideen, die seit der zweiten Hälfte des 19. Jhs. allgemein anerkannt sind, hat der in Kiel zu Unrecht in Vergessenheit geratene C.C.L. Hirschfeld, den wir eingangs zitierten, maßgeblichen Anteil gehabt.

Hirschfeld wurde in ganz Deutschland und darüber hinaus berühmt durch seine fünfbändige „Theorie der Gartenkunst" (1779-85) und zahlreiche weitere Veröffentlichungen zu ästhetischen Fragen der Gartenkunst. Damit suchte er dem geometrisch-architektonischen Gartenstil, der seit Ludwig XIV. in Europa vorherrschend gewesen war, die Form des englischen Landschaftsgartens entgegenzusetzen, indem er ihn theoretisch-philosophisch begründete und somit jenem Gartenstil zur Vorherrschaft verhalf, der später auch bei der Anlage der Kieler Parks – insbesondere der Forstbaumschule, des Schrevenparks oder eben des Botanischen Gartens – verwirklicht wurde. Landschaftliche Schönheit ist nach Hirschfelds Theorie kein kulinarischer Selbstzweck, sondern ein Wert, der sowohl für die physische wie seelische Gesundheit des Menschen und selbst für seine moralische Bildung von großer Bedeutung ist, da sie sein Gefühlsleben beeinflußt: Die durch das Erlebnis landschaftlicher Schönheit ermöglichte ästhetische Sensibilisierung bewirkt nämlich nach Hirschfelds Überzeugung moralische Empfindsamkeit, d.h. Bereitschaft zu philanthropischem Verhalten: Wer die Schönheit der Natur liebt, liebt auch seinen Nächsten und in beiden Gott.

Für diese emotionalen Wirkungen schien Hirschfeld die ostholsteinische Landschaft mit ihrem Abwechslungsreichtum an Hügeln, Tälern, Wald, Wiesen und Seen prädestiniert. Diesen Charakter besaß auch die Uferlandschaft der Kieler Förde, gesteigert noch durch den Kontrast mit dem „erhabenen" Landschaftscharakter des Meeres. Dies ist der Grund für Hirschfeld gewesen, im Jahre 1782 der Regierung in Kopenhagen den Vorschlag zu ersten Schritten einer landschaftsgärtnerischen Gestaltung des gesamten Ufergeländes zwischen Schloßgarten und Düsternbrook zu unterbreiten. Der so entstehende Park sollte der Kieler Bevölkerung offenstehen.

Mit dieser Idee eines öffentlichen Parks, die Hirschfeld drei Jahre später in seiner „Theorie der Gartenkunst" eingehend darlegte, wurde er zum theoretischen Begründer der Volksgartenidee des 19. Jahrhunderts: Geleitet von dem Ziel, seinen Zeitgenossen die beglückende und moralisch veredelnde Wirkung des Naturschönen zu erschließen, mochte er sich nicht damit zufriedengeben, daß seine Theorie des Landschaftsgartens doch nur den Wohlhabendsten, besonders dem Adel auf seinen Gütern und wenigen reichen Bürgern zugute kommen konnte, da nur sie genügend Grund besaßen, um darauf einen Garten von gehörigen Ausmaßen anzulegen und damit viel Land einer praktischen Nutzung zu entziehen.

Finanziert durch den Staat, sollten stadtnahe Volksparks jedem Bürger kostenlos zugänglich sein, damit er „nach Mühe des Tages mit anmuthigen Bildern und Empfindungen" sich erholen und dabei zugleich „gesellige Unterhaltung" finden könne. (Theorie Bd. 5, S. 68.). Dadurch werde er „unmerklich von den unedlen und kostbaren [d.h. kostspielige] Arten der städtischen Zeitverkürzungen" abgezogen und „allmählich an das wohlfeile Vergnügen, an die sanftere Geselligkeit, an ein gesprächiges und umgängliches Wesen" gewöhnt. Im Zusammenhang mit zeitgebundenen volkspädagogischen Vorstellungen formuliert Hirschfeld aber auch die für die künftige städtische Grünraumplanung grundlegende Leitidee, nämlich das „Recht, sich an der Natur zu freuen" (Theorie Bd. 5, S. 69), als ein jedem Menschen gleichermaßen zustehender Anspruch. Aus der Gleichheit der Menschen von Natur her folgt die Gleichheit ihres Anspruchs auf ästhetischen Naturgenuß. Aus solcher Verbindung von ästhetischer, moralischer und sozialer Aufgabe resultiert für Hirschfeld schließlich die für seine Zeit besonders aktuelle Hoffnung auf eine Annäherung der Stände in einem politikfreien Raum, dem öffentlichen Stadtpark:

> Die verschiedenen Stände gewinnen, indem sie sich hier mehr einander nähern, auf der einen Seite [d.h. der bürgerlichen] an anständiger Sittsamkeit und scheuloser Bescheidenheit, und auf der andern [der aristokratischen] an herablassender Freundlicheit und mittheilender Gefälligkeit.

Das Hirschfeldsche Wohnhaus in Düsternbrook.
Radierung von Heinrich August Grosch, 1790.

Winterruhe im Alten Botanischen Garten.

Diese Vorstellungen nun hoffte Hirschfeld in Kiel realisieren zu können. In einer Denkschrift an die Kopenhagener Rentkammer vom Jahre 1782 schlug er als ersten Schritt vor, den am Ufer entlangführenden Weg als Allee zu bepflanzen, weitere Spazierwege und „hie und da einen Winkel zur Anpflanzung wilder Gesträuche" vorzusehen. Wie sich Hirschfeld den weiteren Fortgang eines solchen gärtnerischen Unternehmens vorgestellt hätte, kann man in seiner „Theorie der Gartenkunst" nachlesen: An „Stellen, wo sich anmuthige Aussichten eröffnen", sollten schattige Ruhesitze angelegt, Boote zu „Lustfahrten" bereitgehalten und den geselligen Bedürfnissen der Besucher durch „Häuser, wo Erfrischungen gereicht werden", entsprochen werden. Dabei sei darauf zu achten, daß Gebäude „zugleich durch ihre Bauart anmuthige Gegenstände für das Auge" darstellen sollten. Auch seien das Kunstgefühl und die moralische Bildung des Publikums gleichermaßen durch Denkmäler von Männern zu fördern, die sich besondere Verdienste um die Stadt oder das Vaterland erworben haben. Am wichtigsten ist Hirschfeld aber der Genuß der schönen Natur, und ihn zu intensivieren sei keine Kunst so geeignet wie die Musik: „Die zum wollüstigen Gefühl berauschenden Töne des Waldhorns geben einem heitern Sommerabend einen neuen Zauber." (Theorie, Bd. 5, S. 68f.).

Von solchen kostspieligen Vorschlägen ist zur Zeit Hirschfelds in dem fern der Residenz liegenden Kiel nichts verwirklicht worden. Stattdessen erhielt er den Auftrag, eine von ihm vorgeschlagene Fruchtbaumschule auf der Höhe von Düsternbrook – in der Nähe des früheren Hotels Bellevue – heute Hotel Maritim Bellevue – anzulegen. Erst anderthalb Jahrzehnte nach Hirschfelds Tod (1792) wurde der erste entscheidende Schritt im Sinne seiner Vorschläge getan: Im Jahre 1806 gelang es dem damals in Kiel residierenden Kronprinzen Friedrich VI., das für die von Hirschfeld vorgeschlagene „Wasserallee", die Düsternbrooker Allee, notwendige Land zu kaufen und zu bepflanzen. Dieser „Schattengang nach Düsternbrook" – bislang nur ein Holzfuhrweg – öffnete den Kielern das dortige Wald- und Wiesengelände als Naherholungsgebiet: Zum Dank für die Allee kaufte die Stadt Kiel von Brunswiker Bauern am Rande der Krusenkoppel Land auf, legte hier einen kleinen Park an, ließ durch Axel Bundsen, den Erbauer des Herrenhauses von Knoop, einen klassizistischen Pavillon, den sog. Marientempel, errichten und schenkte beides im Jahre 1808 der Kronprinzessin Marie. Gleichzeitig setzte sich mit recht viel Erfolg der Senator J.F.N. Lorentzen für eine landschaftsgärtnerische Verschönerung dieses Geländes ein. Im Jahre 1821 – nach mehr als zwanzigjähriger Vorbereitungszeit – wurde durch eine Aktiengesellschaft eine Seebadeanstalt erbaut -, deren ebenfalls nach Plänen Bundsens errichtetes klassizistisches Gebäude zusammen mit einem Logierhaus eine Attraktion darstellte, da das Baden in der See immer beliebter wurde. Die Gesellschaft erhielt das Recht, Konzerte und Bälle zu veranstalten und im Düsterbrooker Gehölz Spaziergänge anzulegen. Ebenfalls ein beliebtes Ausflugsziel war das nahegelegene Freilufttheater Tivoli, an das sich ein Kaffeegarten anschloß.

Auch jetzt fehlte es nicht an moralischen und sozialpolitischen Begründungen für solche Unternehmungen: Hirschfelds noch äußerst vorsichtig formulierte Hoffnung auf eine behutsame Annäherung der Stände wurde nach dem Sieg über Napoleon unter dem Eindruck liberal-nationaler Hoffnungen entschieden verstärkt: Man vertrat nun den Gedanken, daß Einrichtungen für öffentliche Belustigungen in schöner Natur der Entstehung eines „Volksgeistes" über die Grenzen von Standes- und Bildungsunterschieden hinweg dienen könnten. Man könne solche Lustorte „als Bildungsplätze für Leib und Seele betrachten (. . .), wo sich die verschiedenartigsten Geister und die entferntesten Bewohner eines Landes nähern und inniger zu einem Ganzen verbinden und wo die mannigfaltigsten und getrenntesten Privatansichten sich mehr entwickeln, berichtigen und endlich zu einer öffentlichen Meynung verschmelzen ließen." Als Vorbild dafür sollten die „öffentlichen Spiele und allgemeinen Volksfeste" der Griechen dienen, die entschieden dazu beigetragen hätten, „die verschiedenartigen griechischen Volkszweige" zu einem machtvollen Gemeinwesen „innig" zu vereinen. Vor dem Hintergrund solcher Spekulationen zeigt sich der spezifische Sinn des von Bundsen für seine Bauten an der Wasserallee gewählten antikisierenden Baustils.

Die folgenden Jahrzehnte erwiesen den Glauben, daß sich die politisch-sozialen Widersprüche, die mit der Entstehung moderner Großstädte verbunden waren, durch Reform der Freizeitkultur verhindern oder lösen ließen, als naiv. Dies zeigt sich im Verlaufe des 19. Jahrhunderts insbesondere auch am „Kampf um das Stadtgrün", der Konkurrenz um landschaftlich schön gelegene Grünflächen im Weichbild der Städte, zwischen Ansprüchen der Öffentlichkeit, wie sie sich in der Volksgartenidee zuerst artikulierten, und dem Bedürfnis wohlhabender Privatleute, in schöner landschaftlicher Umgebung zu wohnen und dort große private Gärten anzulegen. In Gegensatz zu beiden ästhetisch bestimmten Nutzungsansprüchen traten außerdem solche pragmatischer Art, zu denen in Kiel die Wasserlage einlud, nämlich einer gewerblichen Nutzung oder in der zweiten Hälfte des 19. Jahrhunderts einer Inanspruchnahme durch den Staat, da dieser nach der Inbesitznahme Kiels durch Preußen repräsentative Grundstücke für seine Einrichtungen suchte; landschaftliche Schönheit war nämlich mittlerweile zu einem Prestigewert geworden.

So beschleunigte sich in Konkurrenz zu den zögernden, aber doch vielversprechenden Realisierungsversuchen von Hirschfelds Volksgartenidee die Inbesitznahme des in Wassernähe gelegenen Geländes durch wohlhabende Privatleute, die hier mit anfangs großen, später immer kleiner werdenden Gärten umgebene Villen bauten: So entstand bereits 1820 das Klein-Elmeloo des Professors Hegewisch, dessen Tochter das Grundstück später, im Jahre 1887, der Universität zum Bau der Kunsthalle vermachte (vgl. Nr. 29). Es folgte der im englischen Stil angelegte Park des Tabakfabrikanten Brauer, aus dem später der Botanische Garten hervorging.

Nach und nach kamen auch die Grundstücke in den umliegenden Querstraßen in privaten Besitz: So wurde etwa der große Garten des Tivoli, als dieses im Jahre 1870 abbrannte, in drei Villengrundstücke aufgeteilt. Am Schwanenweg, dem Brauerschen Garten gegenüber, erwarb der Kieler Nationalökonom Professor Wilhelm Seelig ca. 1 ½ Hektar Koppelland, auf dem er sein Wohnhaus mit großem Lust- und Obstgarten, Pavillon und Treibhäusern errichtete.

Hier wollte man unter sich sein. Eine Mischung der Stände, wie sie nach Hirschfelds Vorstellung im Genuß schöner Natur im Volksgarten stattfinden sollte, war nun unerwünscht; Naturgenuß wurde privatisiert. Die Scharen von Arbeitern, die täglich durch den Schwanenweg zogen, um die mittlerweile entstandene Werft zu erreichen, wurden von den Anwohnern als unzumutbare Störung des Feine-Leute-Ambiente „ihrer" Villengegend empfunden.

Die dem „Publikum" dienenden Freizeiteinrichtungen wie das Tivoli wurden nicht nur durch private Inbesitznahme zurückgedrängt; neben sie trat konkurrierend die Nachfrage des Staates, als Kiel preußisch geworden war: Das Gelände der Badeanstalt wurde bereits 1865/66 für den Bau der erwähnten Werft und eines Marinedepots erworben. Diesen Anfängen folgten nach der Reichsgründung, als Kiel Reichskriegshafen wurde und man die Werft auf das Ostufer verlegte, große Verwaltungsgebäude, wie sie bis heute das Bild des Ufers bestimmen. Gleichzeitig zog die Universität in den unteren Teil des Schloßgartens ein und belegte das Höhengelände bis an den Schwanenweg: Der Brauersche Garten wurde zum Botanischen Garten der Universität und zugleich zum öffentlichen Park. Er vertrat und vertritt bis heute in seiner landschaftsgärtnerischen Gestaltung die aus der Spätaufklärung hervorgegangene Idee des Volksgartens: den Anspruch des Stadtbürgers auf den Genuß schöner Natur, – ein Anspruch, der, wie die jüngste Geschichte des Gartens zeigt, auch und gerade heute, im Zeichen fortschreitender Naturzerstörung, gegenüber zweckrational-technischen Nutzungsansprüchen verteidigt werden muß.

JOACHIM HARTIG UND ULF BICHEL Germanistisches Seminar

Klaus Groth, der Schwanenweg und das Denkmal am Kleinen Kiel

Der Schwanenweg beginnt am Düsternbrooker Weg beim Alten Botanischen Garten (vgl. Nr. 31). Wenn man – leicht aufwärts gehend – sein Ende erreicht hat, dann steht man heute an einem wichtigen Zugang zum Klinikgelände der Kieler Universität. Und man steht am Klaus-Groth-Platz. Klaus Groth? Man erinnert sich vielleicht an sein „Lütt Matten, de Has' . . ." Was hat der Platz mit diesem plattdeutschen Dichter zu tun? Recht viel! Ein gleich rechts vor dem Eingang zum DRK-Zentrum aufgestellter Feldstein mit Inschrift gibt Auskunft:

HIER LEBTE KLAUS GROTH 1866-1899.

1866, diese Jahreszahl versetzt uns in eine Zeit, in der Schleswig-Holstein noch nicht preußisch, Kiel noch recht klein und hier noch beinahe freie Feldmark des Fleckens Brunswik war. Allerdings gab es an der Nordseite des – erst später offiziell so benannten – Schwanenweges ein paar Häuser. So ragte auf dem Gelände des heutigen Humangenetischen Instituts schon eine Villa auf. Sie gehörte dem ordentlichen Professor der Nationalökonomie, Finanzwissenschaft und Statistik Dr. phil. Wilhelm Seelig, der in den letzten Jahren durch die Benennung eines Platzes im Universitätsgelände geehrt worden ist. Auf dem Grundstück daneben errichtete der Dichter und Privatdozent sein sehr viel bescheideneres Haus. Privatdozent in Kiel wurde Groth übrigens auf Grund des 1856 in Bonn verliehenen Ehrendoktors, wobei seine Sammlung „Quickborn" (1852) nicht nur als poetische, sondern auch als gelehrte Leistung gewürdigt worden ist. Zwar erlangte Groth nie die volle wissenschaftliche Anerkennung durch seine Fachkollegen; dennoch wurde ihm schließlich – im Jahr des Einzugs am Schwanenweg – der Titel „Professor" verliehen – durch den österreichischen Statthalter für Holstein, Freiherrn von Gablenz.

Doch zurück zum Haus und seiner Umgebung! Da gab es noch jahrelang viel freies Feld. Der mit Groth und dessen Familie eng befreundete Johannes Brahms (vgl. Nr. 68) hat auf den Äckern hinter dem Haus mit Groths Söhnen zusammen Drachen steigen lassen. Groth hat Zustände jener Zeit rückblickend in seinem Gedicht „Klockenlüden" so beschrieben:

Dar sungn fröher de Lurken
In'n Morgendau,
Int Abendgrau,
Dar woog dat Korn,
Blöh Hecken un Dorn,
Un wenn ik wanner
un sei' un plant,
So seeg ik rut oewert gröne Land
Eensam.

Zum Thema wird für ihn dann der Wandel in der Umwelt und beim Menschen zwischen jenen Jahren und dem Tag im Jahr 1881, als vom neu errichteten Turm der Pauluskirche „dat eerste Klockenlüden an'n Niemannsweg" ertönte (vgl. Nr. 36 und 48). Er faßt diese Entwicklung mit knappen Strichen zusammen:

Dat weer domals. –
Min Böm wussen op,
Wussen mi oewern Kopp,
Rapphehn un Swans gungn weg:
Wi kregen en Swanenweg.
Brunswik war en Voerstadt,
Kiel war en Weltstadt –
Wat en Vergnögen!

De Vageln seeg man verswinn' –,
Jümmer mehr Minschen, de man nich kenn.
Nie Hüs' warn bu't,
Ut de olen trocken se nich ut.
Rund um mi her
Keem' Schösteens jümmer mehr.
Wer der kak,
Wat he mak,
Dat weer en jeden sin egen Sak. –

Das Bronze-Standbild von Klaus Groth steht inmitten einer aufwendigen Brunnenanlage am Kleinen Kiel.

KLAUS GROTH

Hier beklagt Groth sowohl die Zurückdrängung der Natur als auch die Entfremdung unter den Menschen. Wenn er sich auch tröstet: „Awer de Torn wis't na baben", so ringt er doch – vor allem seit dem Tode seiner Frau (1878) – mit zunehmender Einsamkeit, so wie er es in Gedanken an seine Pforte am Schwanenweg im Gedicht „Min Port" gestaltet hat:

> So ward se still un stiller min Port.
> All wat mi leef, geit rut un blift fort.
> Bekannte to vel, jümmer weniger Frünn,
> Un endlich bliv ik alleen hier binn.

Dabei muß allerdings erwähnt werden, daß eine bemerkenswerte Zahl bedeutender Persönlichkeiten verschiedenster Prägung als Bekannte, Bewunderer und teils auch als Freunde im Haus am Schwanenweg einund ausgingen. Nur als Beispiele seien neben dem Musiker Brahms der Dichter Theodor Storm (vgl. Nr. 41), der deutsch-amerikanische Politiker Carl Schurz, der Chirurg Friedrich Esmarch, der Oxforder Sprachwissenschaftler Max Müller und der Pionier der soziologischen Wissenschaft Ferdinand Tönnies genannt (vgl. Nr. 36).

Aber Klaus Groth war nicht nur im Kreis von prominenten Persönlichkeiten aus den Bereichen von Kunst, Politik und Wissenschaft ein Begriff: Der für den Aufbau der Kieler Fördeschiffahrt wichtige Reeder Fr. Holm benannte einen seiner Dampfer nach ihm, und Groth selbst berichtet von einem „großen Krahn, den man im Volke auch nach mir benannt." Für Groths anhaltendes Ansehen am Ort bezeichnend ist auch, daß ihm zum 80. Geburtstag die Ehrenbürgerwürde der Stadt Kiel verliehen wurde. Als er – nur anderthalb Monate danach, am 1. Juni 1899 – gestorben war, versammelte sich ein sehr ansehnlicher Personenkreis aus Literatur, Kunst, Wissenschaft und Politik zur Trauerfeier vor dem Haus am Schwanenweg. Auf diesem Hintergrund ist es naheliegend, daß es bald Bestrebungen gab, Groths Andenken zu würdigen, die „erreichbaren Briefe mit den äußeren Erinnerungen an Klaus Groths Leben (...) in seinem traulichen Heim zu bewahren, dieses allmählich zu einem Museum für schleswig-holsteinische Literatur und Kultur auszugestalten"; aber daraus wurde nichts. Es fehlte an Geld. Das Haus wurde abgerissen und an seiner Stelle das heutige Gebäude errichtet, dem man zur Erinnerung an Groth und sein Hauptwerk den Namen „Haus Quickborn" gegeben hat. Es diente über Jahrzehnte als Heilstätte für Privatpatienten und ist erst 1990 zum DRK-Zentrum geworden. Nicht viel besser als den Museums-Bestrebungen erging es zunächst den Plänen, hier am Ende des Schwanenwegs, das seit Groths 70. Geburtstag „Klaus-Groth-Platz" heißt, dem Dichter ein Denkmal zu errichten. Die Spenden reichten nicht aus. Erst als man zwei steckengebliebene Projekte miteinander verband, das Groth-Denkmal und die Schaffung eines Brunnens für Kiel, kamen sie vereint zum Ziel: Der Bildhauer Heinrich Mißfeldt, der mit Groth noch persönlich Umgang gehabt hatte, errichtete dieses Denkmal im Jahre 1912 als Brunnenanlage, was durchaus seinen Sinn hat, da der Werktitel „Quickborn" ja so viel wie „lebendiger Quell" bedeutet. Der endlich gefundene Standort hat allerdings keinen direkten Bezug zu Groths Leben. Will man vom Klaus-Groth-Platz dorthin gelangen, muß man den Klinikbereich über die Feldstraße umgehen oder sich hinter „der Chirurgie" entlang zur Hospitalstraße durchschlängeln. Wenn man dort bei der jenseitigen Einfahrt zum Klinikgelände die Brunswiker Straße überquert und zur Dahlmannstraße hinabsteigt, führt einen diese auf die Rückseite der zum Kleinen Kiel hin gerichteten Anlage zu. In deren Mitte steht als überlebensgroße Bronzefigur Klaus Groth auf einem etwa zwei Meter hohen Sockel mit seinem Namen. Aber nicht alle Betrachter können offenbar mit diesem Namen eine Bedeutung verbinden. Im Herbst 1990 war darunter in gesprayter Schrift die Frage „Who?" zu lesen: „Wer ist das?" Solche Unkenntnis hat die Statue jedoch nicht zum ersten Mal erlebt. Gegen Ende des 2. Weltkrieges hatte man sie zum Einschmelzen vom Sockel geholt, was dann glücklicherweise unterblieb: Auf einem Schrottplatz bei Harburg wurde sie 1949 wieder entdeckt. „Sie war dort unter der Bezeichnung 'unbekannter alter Mann/ großer Zivilist' registriert". Aber damals und an jenem Ort waren nähere Hinweise nicht vorhanden. Hier, wo Groth wieder auf seinem Sockel steht, so wie ihn der Bildhauer einst in seinem fast unvermeidlichen Flauschmantel gesehen hat (allerdings ohne die eigentlich ebenso unvermeidliche Zigarre in der linken Hand), hier hätte die (leider seit vielen Jahren trocken stehende) Brunnenanlage selbst einige Auskunft geben können. Rechts und links der Statue (über den oberen Wasserbecken, in denen eigentlich „Quickborne" sprudeln sollten) befinden sich jeweils drei Reliefs nach Dichtungen Groths mit Unterschriften, und auf den beiden vorgezogenen Wänden außen sind Verse zu lesen, gleich links oben die wichtigsten:

MIN MODERSPRAK SO SLICHT UN RECHT
DU OLE FRAME RED!
WENN BLOT EN MUND MIN VADER SEGGT
SO KLINGT MIT AS EN BED.

Hier wird Groth – mit der dritten Strophe aus dem Einleitungsgedicht zum „Quickborn" – als Künder des Wertes seiner plattdeutschen Muttersprache herausgestellt, der er bis in seine letzten Tage hinein geblieben ist. Die anderen Verse sind nicht ganz so bedeutend. Zwei davon waren Auftragsarbeiten, „bestellte Stiefel", wie Groth selbst abschätzig zu sagen pflegte (für eine Brunnenanlage in Friedrichstadt). Aber hinweisen sollte man doch noch auf das Relief ganz links mit der Unterschrift STILL MIN HANNE, HÖR MI TO; es weist darauf hin, daß Groth meisterhafte Kindergedichte geschrieben hat. Auch das mittlere Relief rechts mit der Unterschrift DE HEISTERKROG verdient einen Fingerzeig. Damit ist der Titel von einem Versepos gemeint, das drüben am Schwanenweg entstanden ist. Zwar hat es nie das breite Echo gefunden wie die Quickborngedichte, aber manche Kenner sehen in dieser Darstellung der Tragödie eines tüchtigen Marschbauern niederländischer Herkunft in Nordfriesland Groths bedeutendste Leistung.

Dem Quickborn-Groth können wir dagegen in Gedanken näherkommen, wenn wir dem Denkmal den Rücken kehren und über den Kleinen Kiel hinweg zum Hochhaus der Landesbank hinüberblicken. An dessen linker Schmalseite steht der Denkstein für Max Planck (vgl. Nr. 15), zu dessen Eltern Groth übrigens in vertrauter Beziehung stand, und ebendort ist das eine Ende der Faulstraße. Wenn man dieser halb bis zur Kehdenstraße folgt, erreicht man die Stelle, an der in der Mitte des vorigen Jahrhunderts auf der rechten Seite das Haus der „Mutter Brandis" stand. Bei ihr hatte Prof. Karl Müllenhoff 1853 für den Dichter des eben erschienenen „Quickborn" Wohnung besorgt, und hier haben sich in der Zeit danach die beiden Männer Tag für Tag getroffen, um am Ausbau und der Abrundung der schnell folgenden nächsten Auflagen des Werkes zu arbeiten. Einmal schlug Müllenhoff vor, Groth solle eine Art Beispielgedicht einfügen, etwa von einem Mann, der seinen Kater ertränkt, um Ruhe zu haben, aber demzufolge unter Mäusen leiden muß. Groth selbst berichtet, wie er diesen Gedanken sogleich im Kopf ausgearbeitet und dann nach Müllenhoffs Weggang das Gedicht notiert hat, von „De Mann, de wull liggn, / De Kater wull singn" bis „Do beten de Oes / Den Mann in 'e Noes". Während Müllenhoff (wohl über die Holstenbrücke) seiner an der anderen Seite des Kleinen Kiels gelegenen Wohnung zustrebte, ließ Groth den frischen Text durch einen Jungen auf anderem Wege (wohl dort vorbei, wo heute das Denkmal steht) hinübertragen und ihn dem eben heimkehrenden Müllenhoff zu dessen Erstaunen präsentieren.

Eine andere Gedichtentstehungsgeschichte spielt im zum Kleinen Kiel hin gelegenen Garten hinter dem Haus von Mutter Brandis. Da hatte Groth sein Matten-Has'-Thema gerade so richtig im Griff, als ein Freund, der Universitätszeichenlehrer Rehbenitz, auftauchte und ihn suchte. Groth versteckte sich, dichtete und schrieb nach seinen eigenen Worten, „als ob es das Leben gelte", bis auch die letzte Strophe im Notizbuch stand:

Lütt Matten gev Pot.
De Voß beet em dot
Un sett sik in Schatten,
Verspis' de lütt Matten:
De Krei, de kreeg een
Vun de achtersten Been.

Als Rehbenitz vor ihm stand, konnte er „von Angst befreit" sein Notizbuch einstecken. – So also ist hier dies humoristische, spielerisch-grausame Gedicht von Leichtgläubigkeit und Perfidie entstanden, dies zugleich tänzerisch leichte und erschreckend realistische Werk, das in der Lyrik der Welt wohl wenig seinesgleichen findet.

Kiel und die Kieler haben allen Grund, Groth und sein Werk in gutem Gedächtnis zu halten.

JÖRN HENNING WOLF Institut für Geschichte der Medizin und Pharmazie

Der „Krankenhausberg": 132 Jahre Baugeschichte des Universitätsklinikums

Als Moritz Pistor vor rund 100 Jahren in offiziellem Auftrag für ein internationales Forum die Einrichtungen des öffentlichen Gesundheitswesens in Preußen beschrieb, rühmte er die in Kiel geschaffene, durch eine „bequeme Vereinigung" der wissenschaftlichen Anstalten charakterisierte Hochschul-Gesamtanlage, „wie sie in keiner anderen Universitätsstadt vorhanden" sei. Damals konnte man, fünfundzwanzig Jahre nach der Entstehung der preußischen Provinz Schleswig-Holstein, bereits elf Institutsbauten der Christian-Albrechts-Universität aufzählen, die alle, in dem kurzen Zeitintervall zwischen 1872 und 1891, auf der ein Generationsalter zuvor noch unbesiedelten, als Weideland unter dem Namen „Schlütersche Koppel" genutzten Moränenkuppe auf dem Westufer der Förde errichtet worden waren. Ihnen sollten in diesem Gelände nördlich der Stadt nahe dem Kieler Hafen bald weitere Hochschuleinrichtungen folgen, so daß jenseits vom Schloß- und Schloßküchengarten eine Art akademische Akropolis, teils im Stil der Berliner Schinkel-Schule entstand (vgl. Nr. 27). Wer sich heute auf dasselbe, gleichfalls dicht bebaute, aber ausschließlich vom Klinikum der Kieler Universität eingenommene Höhenterrain begibt und sich beim Zugang, mehr noch beim Abstieg die landschaftlich wie städtebaulich unvermindert reizvolle Lage der Hochschulkliniken vor Augen führt, wird je nach seiner Beziehung zur Universität angesichts der Tatsache, daß die übrigen Fakultäten nach der Zerstörung ihrer Institutsbauten sich vom einstigen Zentrum entfernt als sogenannte Neue Universität instaurieren und in den ihr überlassenen Elac-Werksgebäuden (vgl. Nr. 58) oder in den zwecknormierten und tektonisch uniformierten Blöcken im neuerschlossenen Campus am westlichen Stadtrand einrichten mußten, womöglich wehmütig, mitleidsvoll oder skeptisch die Frage aufwerfen, mit welchem Recht denn die Mediziner das einst als Standort der gesamten Universität gerühmte Gelände für ihre alten und neuen Klinikbauten gewissermaßen gepachtet haben, ausgenommen das alteingesessene Zoologische Museum (vgl. Nr. 28). Gehörte nicht von jenen elf Einrichtungen vor 100 Jahren und ebenso von den bei Kriegsausbruch über 30 Instituten im heutigen Klinikumsgelände die Mehrzahl zu den anderen Fakultäten der Universität? Gegen diese Tatsachenbehauptung wird niemand etwas einwenden können. Indes: Man sollte doch nicht verkennen, daß zum einen kein geistig der Universität verbundener Mediziner nicht auch den Verlust der „bequemen Verbindung" bedauert, was nichts anderes besagt als die Möglichkeit fachübergreifender Kommunikation, wie sie mit der von der Nachkriegsnot diktierten Dislozierung der Institutsbauten eingetreten ist, die heute kilometerlange Wege voneinander trennen; und daß zum zweiten der topographisch glücklichere Standort kein den Medizinern allein beschiedener Vorteil ist. Vielmehr genießen den Vorzug der Nähe zur Förde und zur Altstadt wohl auch die Patienten und ihre Besucher.

Historisch betrachtet stellt sich überdies die Sachlage anders dar; denn die Mediziner könnten sich sozusagen auf eine Art Primogenitur berufen, wenn es ihnen darum zu tun wäre, für ihr Metier und für die Kranken ein angestammtes Vorrecht zur Präsenz auf dem Anstaltshügel der alten Universität zu reklamieren. Mag auch das ererbte Privileg durch die Ereignisse im Laufe der Zeit als verjährt gelten und durch den unterdessen vielfältigen Wandel überholt erscheinen; immerhin – Mediziner neigen bekanntlich dazu, nicht nur berufsbedingt, wenn es um den Verlauf einer Krankheit geht, geschichtlich zu denken, sondern auch, sich um die Historie ihres Faches, ihrer Institutionen und das Handeln ihrer Vorgänger zu kümmern. Und so sollten die folgenden Reminiszenzen nicht als Rechtfertigung verstanden werden, sondern einem allgemeineren Interesse an der Frühgeschichte und urbanistischen Bedeutung der Universitätsansiedlung im einstigen Flecken und heutigen Kieler Stadtteil Brunswik entsprechen.

Eines der letzten Zeugnisse aus der Frühzeit der „Akademischen Heilanstalten": Das romanisierende Rundbogenportal der 1862 von Landbaumeister H. G. Krüger vollendeten Gebäranstalt.

FRAUENKLINIK

Fest steht in diesem Zusammenhang, daß es die Medizinische Fakultät war, die das Baugelände der künftigen königlich preußischen Universität mit Billigung und Grundstücksbewilligung von der königlich dänischen Regierung erwirkt hat. Man könnte auch sagen: Die nachmaligen Zerstörungen der preußischen Universitätsbauten im Zweiten Weltkrieg und die daraus resultierende planerisch gebotene Rückkehr zur medizinischen Monokultur in den Gefilden, in denen während der Periode vom Beginn des Kaiserreichs bis zum Untergang des Dritten Reichs die wissenschaftliche Artenvielfalt florierte, haben das Rad der Geschichte bis in das Zeitalter der Herrschaft des dänischen Gesamtstaats zurückgedreht: Denn ursprünglich, von 1862 an, residierten allein die herzoglichen Einrichtungen der Gebäranstalt sowie der Medizinischen und Chirurgischen Klinik auf dem für die „Akademischen Heilanstalten" erschlossenen Plateau. Bis es der Medizinischen Fakultät endlich nach der Mitte des vorigen Jahrhunderts gelang, in diesem nördlichen Schloßgartenterrain Fuß zu fassen, vergingen Jahre, und es kostete die Vorkämpfer, teils Vertreter mehrerer Generationen von akademischen Lehrern für die drei Hauptfächer der praktischen Medizin, ein zähes Ringen. Unter den Chirurgen traten auf den Plan die Professoren Bernhard Langenbeck und später, nach dessen Weggang, Louis Stromeyer, beide unzufrieden mit den mangelhaften Zuständen im königlichen Friedrichshospital in der Flämischen Straße. Dieselben Gründe, vor allem die hygienischen Mißstände und im besonderen die ständig drohende Gefahr, daß in der Gebäranstalt das Kindbettfieber ausbrach und wiederum Wöchnerinnen dahinraffte, trieben Gustav Adolf Michaelis und nach dessen Tod Theodor Litzmann dazu, als damalige Lehrer der Geburtshilfe, die der Hebammenlehr- und Gebäranstalt an der Fleethörn vorstanden, einen Klinikbau zu fordern. Und schließlich war es der Professor für spezielle Pathologie und Therapie Emil Friedrich Götz, der Direktor des in der Vorstadt gelegenen Akademischen Krankenhauses an der Prüne, der sich ebenfalls bemühte, die Regierungsstellen in Kopenhagen von der Dringlichkeit eines Hospitalneubaus zu überzeugen. Zwar verstrichen zwischen der von Stromeyer und Litzmann 1853 erwirkten, durch eine königliche Resolution des folgenden Jahres bestätigten Bauzusage, Grundstücksschenkung und Kreditgewährung bis zur Fertigstellung und Übernahme der Gebäude volle acht Jahre. Vom Mai 1860 an jedoch wurde eifrig gebaut für die drei genannten, bis dahin, ein halbes Jahrhundert lang, provisorisch untergebrachten Einrichtungen aus dem alten Kerngebiet des Kieler Hospitalwesens. Im Sommer 1862 konnten die Kliniken bezogen und die ersten Patienten sowie Schwangeren zu stationärer Behandlung aufgenommen werden in den für die damalige Zeit als fortschrittlich anerkannten Kliniken auf dem „Krankenhausberg" oder kurz „Krankenberg", wie der Volksmund und Sprachgebrauch mancher Kieler Ärzte die fortan von den Heilanstalten beherrschte Anhöhe zu benennen pflegten.

Umgekehrt kann man, aus der Gegenwart rückblickend, sagen: Seit nunmehr 130 Jahren vollzieht sich, was der Dichter Klaus Groth (vgl. Nr. 32) in einigen Versen seiner Giebelrede zum Richtfest 1860 für das Geschehen im Inneren dieser ersten originären Krankenhausbauten in Kiel voraussagte: „... hier wirken werden früh und spat:/ Daß ihre Kunst die Schmerzen lind're/ Daß ihr Bemüh'n die Tränen mind're/ Daß viele, die da nah'n mit Trauern,/ Genesen zieh'n aus diesen Mauern ...". Unwillkürlich fragt man sich, ob denn nicht von den ursprünglichen Bauten des Kieler Protoklinikums noch Teile als direkte Geschichtsquellen zu entdecken sind und welche nachfolgenden baulichen Lösungen im Verlauf der 130jährigen Geschichte des Krankenhausberges die Weiterentwicklung oder Umgestaltung des Bauprogramms der Medizinischen Fakultät dokumentieren. Spiegeln doch der Wandel des äußeren Erscheinungsbildes und allein die wachsenden Abmessungen der Gebäude als Ausdruck gesteigerten Raumbedarfs für völlig neuartige Zwecke – zum Beispiel das klinische Laboratorium oder die Röntgenabteilung als kennzeichnende Errungenschaften gegen die Jahrhundertwende – die für den Außenstehenden am deutlichsten sichtbare Tatsache der geradezu stürmischen Veränderungen, die sich innerhalb der Medizin jener 130 Jahre abgespielt haben.

Beginnen wir unsere Suche nach den noch nicht restlos untergegangenen baulichen Zeugnissen einer verlorenen Zeit auf einem historischen Erkundungsgang oberhalb der schon vor dem 20. Jahrhundert als einzige im Universitätsviertel nach einem Personennamen bezeichneten Zufahrt, der Hegewischstraße. Vielleicht ist es symbolisch, daß man für die toponymische Ehrung dieses angesehenen Kieler Arztes, der in den Anfangsjahren als Medizinprofessor dem Friedrichshospital vorstand, jedoch mit viel größerer Leidenschaft in den renommierten Familien als Hausarzt praktizierte und sich der politischen Schriftstellerei hingab, als daß er sich seinem Lehramt widmete, nicht unbedingt einen Weg auf der Höhe des Klinikhügels, sondern die Verbindungsstraße zur Stadt hin wählte.

Auf halber Höhe ruht auf baumreichem Grund kraftvoll der sein Alter nicht verleugnende Baukörper der Augenklinik, dessen inwendig geschickt in Funktion versetzter oktogonaler Eckturm wie ein Epochenwahrzeichen dem zwischen 1887 und 1888 nach Plänen des Baurats Christoph Willers Markus Tiedemann aufgeführten Gebäude ein geradezu burgartiges Erscheinungsbild verleiht, während es im Kontrast dazu ein zusätzlich sanatoriumsartiges Gepräge erhielt, als 1927 die Südfront im Hochparterre und Obergeschoß zu Loggien für Liegekuren ausgebaut wurde. Das heutige Volumen gewann das Bauwerk zwischen 1910 und 1912 mit dem im Osten angefügten Bettentrakt.

Wenige Schritte weiter nördlich erreicht man, nahezu auf der Höhe des Klinikhügels angelangt, den 1898 entstandenen, in seinem westlichen Frontbereich 1983 modernisierten Südflügel der Frauenklinik. Sie ist mit ihrer insektenartigen Grundrißgestalt, bewirkt durch die 1898 als Bindeglied zwischen zwei Nord-Südflügeln eingefügte torbogenförmige (heute geschlossene) schmale Spange, und mit ihren skelettähnlich aneinandergefügten Gliedern eines der bauhistorisch interessantesten Gebilde. Zudem birgt der hauptsächlich in fünf Abschnitten durch ringsum hervorsprießende Annexbauten binnen 120 Jahren ohne genetischen Generalplan zu einer aus raumfordernden Impulsen und Prozessen architektonischen Hybride geratene Komplex die Hauptattraktion unseres Erkundungsgangs: das nach der Teilzerstörung bewahrte, von Ruinenbeseitigung verschonte, wiederhergestellte und mit denkmalpflegerischem Respekt bis heute gehütete Ursprungsgebäude der herzoglichen Hebammenlehr- und Gebäranstalt. 1862 vollendet, ist es das einzige einigermaßen intakt überkommene Bauwerk der „Neuen Akademischen Heilanstalten" der Universität Kiel, das im selben Jahr eingeweiht werden konnte. Der von historischer Neugier Getriebene entdeckt die verborgene Sehenswürdigkeit, wenn er auf verschwiegenem Wege seine womöglich verbotenen Schritte entlang der Schmalseite des Südflügels der Frauenklinik in den gartenartig gestalteten Platz vor dem südöstlichen Gebäudewinkel lenkt. In der Stille, abseits vom Strom der Geschäftigen im Klinikum unserer Tage, berührt den dafür Empfänglichen die wortlose Botschaft eines Baudenkmals, zu der gewiß auch, ohne daß wir sie vernehmen können, schicksalhafte Augenblicke für uns anonymer Menschen gehören, in denen es manchmal um Leben und Tod eines Kindes vor oder nach der Geburt, einer Frau bei ihrer Entbindung oder im Wochenbett ging oder gar um das Überleben beider.

Das heute in seiner Wirkung aufgrund der stilwidrigen Nachkriegserneuerung von Tür, Aufschrift, Portallampen und Dachgauben vergleichsweise geringfügig beeinträchtigte historische Bauwerk war in seiner Entstehungszeit das Ergebnis einer mehrjährigen Planungsarbeit, an der als Arzt der Geburtshelfer Litzmann aktiv sowie als Architekt der Bauinspektor Hermann Georg Krüger aus Altona maßgeblich beteiligt waren. Die Ausführung erfolgte nach Krügers endgültigem Entwurf der Gebäranstalt für 16 Betten und unter seiner Aufsicht als Teil des ihm übertragenen gesamten Bauvorhabens. Es umfaßte die der Südfront der Gebäranstalt gegenüberliegende „Directorialwohnung", eine stattliche Dienstvilla für den jeweiligen Klinikleiter, sowie vor allem das Medizinisch-Chirurgische Krankenhaus, das beide Abteilungen in getrennten Geschossen unter einem Dach vereinte und sich, die Frontlinie der Gebäranstalt fortsetzend, westlich von der Mündung des „Hauptwegs nach der Stadt", der späteren Hegewischstraße befand. Auf dem Grundstück stehen heute der 1956 angefügte Westflügel der Frauenklinik und die Radiologische Klinik. In der abschließenden Planungsphase dieses damals größten Projekts wirkte als Nachfolger Stromeyers der Chirurg Friedrich Esmarch mit, während das ärztliche Konzept auf seiten der Internisten Carl Heinrich Christian Bartels anstelle des verstorbenen Vorgängers Götz beisteuerte. Das Raumprogramm der Heilanstalten ergänzte in der Anfangsperiode ein zur Absonderung ansteckender Kranker bestimmtes Pockenhaus, in dem auch Kontagiöse isoliert werden konnten, die an der seinerzeit wegen ihrer Gefährlichkeit und Verbreitung gefürchteten Diphtherie oder an anderen Infektionskrankheiten litten. Das Wasch- und Maschinenhaus wurde hinter einem Küchenhof mit Bassin rückwärts vom Hauptkrankenhaus angefügt, das mit der Gebäranstalt durch einen Tunnel zum Speisentransport verbunden war. Ganz im Norden, an einen riesigen Gemüsegarten grenzend, entstand, kaum groß genug für Obduktionen, ein Leichenhaus. 1869 waren dem Hauptkrankenhaus westlich von der Mittelachse schräg gegenüber die beiden Wohnhäuser für die Direktoren der Chirurgischen beziehungsweise Medizinischen Klinik gebaut worden. Alle diese Gebäude wurden – mit Ausnahme der wiederherstellbar geblie-

Blick vom Turm der neuerbauten Marine-Garnisonkirche (heute Pauluskirche der Heiligengeistgemeinde) am Niemannsweg auf die Akademischen Heilanstalten, Isolierbaracken, die ersten Medizinischen Institute und die südöstlich angrenzenden übrigen Universitätsgebäude. Telepanorama-Photographie, um 1882.

Der Blick vom gleichen Standort – 110 Jahre später – auf das heutige Universitätsklinikum.

benen Gebäranstalt – bei den Bombenangriffen des Zweiten Weltkriegs im wesentlichen vernichtet. Von ihnen ist heute nichts mehr sichtbar. Was die Zerstörung an Fundament- und Mauerresten der durch Aufstockung und Anbauten 1929–30 für die Haut- und die Ohrenklinik erweiterten Anlage übriggelassen hatte, ging 1946/47 im Bau der Küche und Verwaltungsräumlichkeiten substantiell auf.

Die ostwestliche Querstraße im Klinikum, an deren Nordseite das Hauptkrankenhaus im letzten Viertel des vorigen Jahrhunderts – durch Anfügung eines römischen Badehauses mit pneumatischem Kabinett, eines Operationssaalflügels sowie eines Hörsaalgebäudes – der nach 1862 entstandenen Hospitalstraße nähergerückt war, erhielt 100 Jahre später auf Anregung der städtischen Bauverwaltung und auf Vorschlag der Medizinischen Fakultät die Benennung Arnold-Heller-Straße. Damit erfährt der über vier Jahrzehnte an der Christian-Albrechts-Universität wirkende Pathologe eine verdiente Ehrung, der nicht nur als Mandatsträger der Kieler Stadtverordnetenversammlung 1885–98 auf das öffentliche Gesundheitswesen Einfluß nahm und sich besonders für die Bekämpfung und Verhütung der seinerzeit in erschreckend hohem Maße verbreiteten Syphilis, der mit Milch perlsüchtiger Rinder übertragenen Darmtuberkulose und abwasserbedingter Wurmerkrankungen zum Wohl der Kieler Bevölkerung erfolgreich eingesetzt hat; vielmehr glückte Heller, was nicht einmal dem durch seine Verbindungen machtvollen Esmarch gelang: nämlich zweimal in seiner Amtszeit den Neubau seiner Wirkungsstätte zu erreichen. Was dies heißt, wird um so deutlicher, wenn man sich vor Augen hält, daß seine Vorgänger noch bis 1860, zusammen mit dem Anatomen im Warleberger Hof einen Raum teilen beziehungsweise in den 60er und beginnenden 70er Jahren in der Enge des kleinen Leichenhauses auf dem Klinikhügel ihre Sektionen durchführen mußten. 1876 wurde dieses abgerissen, an seiner Stelle stand zwei Jahre später das neuerbaute erste Pathologisch-Anatomische Institut in Kiel. Von seinem Hausherrn jedoch schon nach weniger als 30 Jahren für unzureichend erklärt und den Pharmakologen vererbt, hielt es im Krieg einem Volltreffer leidlich stand, der, das Gebälk und Mauern zerstörend, bis in den Keller drang, dort indes als Blindgänger entschärft werden konnte. Erst den Planungen im Umkreis der neuen – dritten – Chirurgischen Klinik der 80er Jahre wurde das so lange seinem ursprünglichen Zweck entfremdete Haus geopfert; es mußte weichen. Das 1907

Von prächtigen alten Bäumen umgeben: Der Gelbbacksteinbau des einstigen Marine-Lazaretts, heute Ost-West-Trakt der Medizinischen Universitätsklinik, mit seinen langen Reihen rundbogiger Fenster.

eingeweihte Pathologische Institut der jüngeren Generation hingegen, das sich über dem – in der Genealogie vierten – Botanischen Garten erhebt (vgl. Nr. 31), war von Heller so klug durchdacht und von dem königlichen Baurat Georg Friedrich Lohr ästhetisch derart ansprechend gestaltet, daß dieses Institut zu den großartigsten im deutschsprachigen Raum seinerzeit zählte. Noch heute, nach 85 Jahren, bewährt sich das inwendige Konzept und gibt sein kräftiger strenger Backstein-Jugendstilcharakter dem Kieler Klinikum eine im Vergleich mit dem oft wilhelminisch düsteren Erscheinungsbild mancher Klinika andernorts lichtere lebendige Fasson.

Diese Wirkung geht in ähnlicher Weise von dem ebenso sehenswerten Bau der – in der zeitlichen Abfolge zweiten – Chirurgischen Klinik aus, der in der Amtszeit von Heinrich Helferich nach dem Entwurf gleichfalls von Lohr unter schwierigen Geländebedingungen von 1902–04 ausgeführt wurde. Beide Gebäude haben sich merkwürdiger- wie glücklicherweise als weitgehend immun gegen die Angriffe im Luftkrieg erwiesen, sie gehören zu den wenigen Bauten der gesamten Universität, die nur geringe, unauffällig reparable Schäden davongetragen haben. Bezeichnend ist, daß von Lohrs zeitlich und stilistisch so nah verwandten Schöpfungen des Jahrhundertbeginns die nur drei Jahre ältere Klinik seit 1986 nun unwiderruflich zur „Alten Chirurgie" gestempelt wurde, während das kaum jüngere Institut sich offenkundig noch nicht überlebt hat. Sinnvoll und reizvoll als Aufgabenstellung zugleich, wenn auch manchmal denkmalpflegerisch nicht ohne Verstöße und Kompromisse zu meistern, sind die von Zweckumwidmungen geforderten Veränderungen. Das zeigt beispielhaft und in faszinierender Weise die Medizinische Klinik. In ihr ist noch immer mit beträchtlicher Bausubstanz jenes preußische Stationslazarett für „Personen des Soldatenstandes und der Marine angehörige Beamte" erhalten und optisch präsent, das östlich der alten Feldstraße 1869–72 für über 200 Betten gebaut worden war. Man erkennt besonders an der früheren südlichen, enorm langen Eingangsfront des durch Um-, Neu- und Erweiterungsbauten 1925–28 nach Plänen von Lohr und Kurt Feyerabend gestalteten Bauwerks die Anteile des Vorgängerbaus. An diesem dem großen Kliniker Heinrich Quincke zu seinem Leidwesen verwehrten Vorhaben einer modernen Medizinischen Klinik wirkte, für die sachliche Konzeption verantwortlich, der internistische Kliniker Alfred Schittenhelm mit, zu dessen Gedächtnis das Stück der alten Feldstraße vom Marinegang zur Hospitalstraße seit 1956 den Namen Schittenhelmstraße trägt.

Alle Neubauten der Nachkriegsepoche, deren Reihe die mit der unverkennbar die tektonische Struktur und das Gesicht der frühen 50er Jahre aufweisende Klinik für Hals-Nasen-Ohrenkrankheiten eröffnete, mögen der historischen Würdigung bei einem künftigen „Erkundungsgang" vorbehalten bleiben, wenn sie den Charakter des noch zeitgeschichtlichen Exempels abgelegt und vollends geschichtlichen Rang erlangt haben werden. Auch dann wird sich wohl bestätigen, daß das Klinikum der Christian-Albrechts-Universität in Kiel außer der selbstverständlichen Erfüllung seines hohen humanen Zwecks eine den Erlebnis-Humaniora unserer Tage zuzuordnende Nebenwirkung erreichen oder dem – mit Kant zu sprechen – interesselosen Wohlgefallen dienen kann: Man könnte es nämlich als ein Freilichtmuseum der historischen wie der gegenwärtigen Krankenhausbaugestaltung betrachten, dessen Baumreichtum den Namen Architekturpark verdient, und als Ganzes mit Genuß und Gewinn anschauen und studieren.

ERNST-RICHARD SCHWINGE Institut für Klassische Altertumskunde

Griechische Helle im grauen Norden: Die Athena-Statue in der Kieler Gelehrtenschule

'Edle Einfalt und stille Größe': Winckelmanns Deutung griechischer Plastik in ihrer Vollendung mag schon manchem eingefallen sein, der die Athena-Statue in der Eingangshalle der Kieler Gelehrtenschule – in Ruhe – betrachtet hat. In der Tat ist solche Assoziation nicht unberechtigt – falls man sie nur mit Leben füllt.

Die Statue ist die moderne, bewußt in Bronze gegossene Nachbildung einer römischen Marmorskulptur aus der Zeit des augusteischen Klassizismus (1. Jh. n. Chr.). Die römische Skulptur ihrerseits, heute im Liebieghaus-Museum in Frankfurt befindlich, ist eine Kopie eines Werks, das der berühmte griechische Bildhauer Myron aus Eleutherai, nordwestlich von Athen, etwa 440 v. Chr., in der Zeit der griechischen Klassik, geschaffen hat. Aber Myrons gleichfalls schon in Bronze gearbeitetes, heute verlorenes Werk bestand nicht nur aus der Athena; ihr gegenüber stand der Silen Marsyas, weshalb man das Ganze heute als Athena-Marsyas-Gruppe bezeichnet. Nur wenn man die Athena-Statue als Teil dieses Ensembles sieht, sieht man sie in der angemessenen Weise.

Indem Myron in seinem Werk die Göttin Athena dem Marsyas konfrontierte, faßte er eine entscheidende Situation ihrer mythischen Geschichte in plastische Gestalt und machte so, von einer Seite her, die Göttin in ihrem Wesen sichtbar. Athena, so erzählt der Mythos, erfand die Doppelflöte, die Auloi, aber als sie im Spiegel eines Wassers sah, wie ihr Gesicht durch das Blasen der Flöte verzerrt und entstellt wurde, warf sie das Instrument augenblicklich fort und verfluchte jeden, der es aufheben würde. Der aus Phrygien stammende Satyr Marsyas aber fand die Doppelflöte, und er hielt sein Spiel auf ihr bald für so vollkommen, daß er Apoll, den Gott der Musen, selbst zum Wettstreit herausforderte. Doch er unterlag und wurde – dies die Erfüllung des Athenafluchs – bei lebendigem Leibe enthäutet.

Hier ist das Gegeneinander zweier Musikarten in mythische Handlung übersetzt: die des melodischen wohlklingenden Saitenspiels Apolls und die der schrillen, grell-rhythmischen Pfeifmusik der Doppelflöte, die mit ihrem orgiastischen Charakter immer zu Dionysos gehörte: Die Auloi wurden vorzüglich von den zumal mit Pferdeschweif ausgestatteten Waldschraten, den Silenen und Satyrn, geblasen, die das Gefolge des Dionysos ausmachten. Ihre Musik weckt Leidenschaften, versetzt in Ekstase, hypnotisiert.

Wie nach neuester Forschung das Gegenüber von Athena und Marsyas sich in Myrons Werk gestaltete, zeigt die Abbildung. Myron hat jenen Augenblick plastisch realisiert, da Athena die Doppelflöte gerade weggeworfen, ja sie dem heranspringenden Marsyas vor die Füße geworfen hat: Dieser fährt daraufhin erschreckt zurück, während Athena bereits im Weggehen begriffen ist, sich aber in ihrem Hinwegschreiten, ja Hinwegschweben noch einmal zu dem umwendet, den ihr beim Fortwerfen der Flöte ausgestoßener Fluch trifft.

Die erhabene Ruhe und überlegene Gelassenheit, in sich ruhende Hoheit und selbstverständliche Souveränität der Athena-Statue – ihre stille Größe und edle Einfalt – verdankt sich also höchst konkret einem Akt der Selbstbefreiung der Göttin von einem ihrem Wesen Gegensätzlichen. Und sie gewinnt als solche erst errungene Selbstgewißheit, Profil und Plausibilität durch ihr Gegenüber, den wilden und ungeschlachten nackten Marsyas, denn dieser ist ja, als der, der die weggeworfene und verworfene Flöte in animalisch ungehemmter Bewegung sich anzueignen strebt, das sinnenfällig Gestalt Gewordene des der Göttin Fremden.

Die Athena Marsyas-Gruppe war zu ihrer Zeit auf der Akropolis in Athen aufgestellt. Von da her ist klar: Athena verkörperte die Stadt Athen. Marsyas dagegen stand vermutlich primär für das in jenen Jahren mit Athen verfeindete Boiotien, das als bäuerisch-grob strikt abgelehnt wurde. Wo immer die Athena-Statue

Athena-Marsyas-Gruppe vor dem Liebieghaus-Museum in Frankfurt am Main.

seitdem für sich allein steht, ist der ihr gegensätzliche Marsyas mitzudenken und sie selbst damit, in konkreter Weise, zu begreifen als das unübertrefflich Gestalt gewordene Plädoyer für ruhiges Maß gegen formlose Plumpheit, souveräne Freiheit gegen dumpfes Begehren, Helle des Geistes gegen dunkle Irrationalität – auch in Kiel, in der Gelehrtenschule: Griechisches Licht im grauen Norden.

Die Athena der Kieler Gelehrtenschule.

KAI DETLEV SIEVERS Seminar für Volkskunde

Der Niemannsweg: Vom Feldweg zur Villenstraße

„Der bess'ren Zukunft weiht er seine Tage" steht auf einem Gedenkstein des Kieler Architekten W. Neveling dort, wo der Schwesterngang hinter dem Klinikum in den Niemannsweg einmündet. Erinnert wird an August Christian Heinrich Niemann (1761–1832), Professor der Kameralwissenschaften an der Universität Kiel. Aus Dankbarkeit hatten Schüler ihrem akademischen Lehrer diesen Jambus einst auf seinen Grabstein auf dem St. Jürgen Friedhof geschrieben, der im Zweiten Weltkrieg zerstört wurde. Die Worte galten einem Mann, der sich ein Leben lang für die Armen und die Verbesserung ihrer sozialen Lage eingesetzt hat.

Als Sohn eines Obergerichtsadvokaten in Altona geboren, studierte Niemann zunächst in Jena, der Geburtsstadt seiner Mutter, und später in Kiel Philosophie und Rechtswissenschaften, bevor er in Göttingen bei dem berühmten Staatswissenschaftler August Ludwig v. Schlözer (1735–1809) Polizeiwissenschaften und Staatenkunde hörte. 1785 habilitierte sich Niemann in Kiel für das Fach Kameralistik und erhielt 1794 eine ordentliche Professur, die er bis zu seinem Tod 1832 innehatte. Der Kameralistik verhalf Niemann an der Christian-Albrechts Universität zu hohem Ansehen. Zahlreiche künftige Beamte in den Herzogtümern wurden von ihm in dieser Disziplin ausgebildet. Seine statistische Lehre ist später von dem Berliner Nationalökonomen Adolph Wagner als die vollkommenste aller Theorien der deutschen Universitätsstatistik des frühen 19. Jahrhunderts gelobt worden. Auch ist ihm die Erweiterung der Landeskunde zu einer vielseitigen Landesforschung zu verdanken. Bedeutsamer als seine wissenschaftlichen Leistungen war für die ärmeren Schichten der Kieler Bevölkerung Niemanns sozialpolitisches Engagement. Schon 1786 hatte er eine Patriotische Gesellschaft für Schleswig-Holstein gegründet, deren Ziel es war, alle verfügbaren Kräfte im Lande zu mobilisieren, um den gesellschaftlichen Fortschritt voranzutreiben. Da Niemann Aufklärer war, glaubte er, „daß Beförderung der Landeskunde . . . gewiß nicht selten Verbesserung des bürgerlichen Wohlstandes zur Folge haben" werde. Darüber diskutierte er mit Gleichgesinnten in den von ihm herausgegebenen Schleswig-Holsteinischen Provinzialberichten. Immer wiederkehrendes Thema war dabei die Armenversorgung. Schließlich entstand 1793 unter seiner maßgeblichen Mitwirkung die Gesellschaft freiwilliger Armenfreunde in Kiel, die sich der Bedürftigen in der Stadt annahm und planmäßig deren Versorgung organisierte. Die 1796 erfolgte Gründung der Kieler Spar- und Leihkasse als Instrument der Vorsorge durch Selbsthilfe gehört zu den erfolgreichsten Maßnahmen der Gesellschaft. Dies alles wäre ohne Niemanns tatkräftige Mithilfe nicht denkbar gewesen.

Eine amtliche Nebenaufgabe, der er sich aus finanziellen Gründen zum Unterhalt seiner großen Familie unterziehen mußte, war der forstwissenschaftliche Unterricht, den er seit 1795 in der Forstlehranstalt im Kieler Schloß erteilte. Praktische Kenntnisse vermittelte er seinen Schülern in der Forstbaumschule im Düvelsbeker Gehölz. Niemann hat den langen Weg von der Stadt (heute Altstadt) durch die Gemarkung des Flekkens Brunswik und über die Höhen von Düsternbrook bis zur Forstbaumschule oft zu Fuß oder mit dem Fuhrwerk zurücklegen müssen. Es sollte noch mehr als ein Menschenalter dauern, bis daraus allmählich eine feste Straße wurde. Erst nachdem 1869 die Brunswik und 1873 die fiskalischen Gehege Düsternbrook und Düvelsbek mit der Forstbaumschule eingemeindet worden waren, konnte mit dem Ausbau des einstigen Feldweges parallel zur Kieler Förde begonnen werden. In Erinnerung an Niemanns gemeinnütziges Wirken für Kiels Arme erhielt die Straße seinen Namen. Ihr Verlauf entspricht noch heute in etwa dem zu Niemanns Zeiten.

Die Bebauung begann erst gegen Ende des 19. Jahrhunderts und bestand sowohl aus Villen als auch aus mehrgeschossigen Mietshäusern mit herrschaftlichen Wohnungen. Hier siedelten sich vornehmlich Angehörige der bürgerlichen Oberschicht an: Marineoffiziere, höhere Beamte, Privatiers, Ärzte, Anwälte, weniger dagegen vermögende Kaufleute. Der Zweite Weltkrieg

„. . . Der bess'ren Zukunft weiht er seine Tage":
Das Gedenken an August Christian Heinrich Niemann wird am Niemannsweg wachgehalten.

AUG. CH. H. NIEMANN
30. I. 1761 – 21. V. 1832
SEIT 1791 PROFESSOR AN
DER UNIVERSITÄT · KIEL
DER BESSREN ZUKUNFT
WEIHT ER SEINE TAGE
DIESE INSCHRIFT SETZTEN
SEINE SCHÜLER AUF
SEINEN GRABSTEIN
AUF DEM ST. JÜRGEN
FRIEDHOF IN KIEL
IHREM GRÜNDER
IN DANKBARKEIT
DIE GESELLSCHAFT
FREIWILLIGER ARMEN
FREUNDE UND DIE
KIELER SPAR- UND
LEIHKASSE – 1965

Nur wenige Häuser haben am Niemannsweg den Krieg unversehrt überstanden. Die beiden schönsten stehen an der Einmündung des Sternwartenweges. Die Villa Niemannsweg 127 errichtete 1904/05 der bekannte Jugendstil-Architekt Richard Riemerschmid.

zerstörte auch im Niemannsweg zahlreiche Gebäude und veränderte dadurch sein wilhelminisches Gepräge. In den 1950er und 1960er Jahren entstand eine Anzahl schlichter Villen, denen in den letzten Jahren Neubauten in historisierendem Stil gefolgt sind. Die vormals beschauliche Stille dieser noch immer bevorzugten Wohngegend ist inzwischen lebhaftem Autoverkehr gewichen, und man kann sich heute kaum mehr die ländliche Ruhe vorstellen, die einst Niemann auf seinem Weg zur Forstbaumschule umgab.

CORNELIUS BICKEL Institut für Politikwissenschaft

Niemannsweg Nr. 61: Ferdinand Tönnies und die frühe Soziologie

Tönnies blieb sein Leben lang mit der Kieler Universität verbunden. In der Stadt selber hat er aber nur während der Anfangsphase seines akademischen Lebens, als Privatdozent für Philosophie (von 1881 bis 1894) und während der abschließenden Epoche seinen Wohnsitz genommen. In diesen letzten 15 Jahren von 1921 bis 1936 bewohnte er mit seiner Frau und anfangs mit seinen fünf Kindern als Emeritus das Haus am Niemannsweg Nr. 61, das im Krieg zerstört worden ist. Zwischen diesen beiden Lebensphasen lagen die Jahre in Hamburg und in Altona von 1894 bis 1901 und in Eutin von 1901 bis 1921, von wo aus er seine Lehrverpflichtungen an der Kieler Universität, seit 1913 als Ordinarius für „wirtschaftliche Staatswissenschaften", wahrnahm.

Den verschiedenen Lebensphasen entsprechen jeweils charakteristische Phasen der Werkgeschichte. Während der ersten Kieler Zeit schrieb Tönnies sein Jugend- und Hauptwerk „Gemeinschaft und Gesellschaft" (1887), mit dem er einen wesentlichen Beitrag zur Begründung der Soziologie als Einzelwissenschaft in Deutschland leistete. Er gehört damit in die Reihe der Klassiker der modernen Soziologie zusammen mit Georg Simmel und Max Weber in Deutschland und mit Emile Durkheim in Frankreich. In der Hamburger Zeit entfaltet Tönnies weiterhin die philosophische und die kulturanthropologische Komponente seines Denkens. Dabei entstehen weitere Hauptwerke wie die Biographie über Hobbes, seine Nietzsche-Kritik und seine Untersuchung zur Sprachphilosophie. In Hamburg zieht er auch auf besonders eindrucksvolle Weise die praktischen Konsequenzen aus seiner theoretischen Orientierung an den Gesichtspunkten der Aufklärungsphilosophie. Er engagiert sich mit einer großen Sozialreportage im Streik der Hamburger Hafenarbeiter von 1896/97. In Eutin beginnt Tönnies damit - in Übereinstimmung mit dem inzwischen stärker vorangerückten Prozeß der Herausbildung der Soziologie als Einzeldisziplin - sein Programm des Aufbaus der theoretischen Soziologie auszugestalten. Am Anfang steht 1907 der Aufsatz „Das Wesen der Soziologie". In großen Abhandlungen setzt er sich ferner mit der Sozialethik des Neukantianismus auseinander und umkreist dabei das Verhältnis von Liberalismus und Sozialismus. Die Manuskripte für zwei weitere Bücher, die für sein Werk von großer Bedeutung sind, entstehen in

Ferdinand Tönnies (1855-1936).
Nach einem Ölgemälde von Elfriede Tönnies im Besitz des Nissenhauses, Husum.

HIER STAND DAS
WOHNHAUS VON
FERDINAND TÖNNIES
GEB. 26. JULI 1855 AUF HOF
RIEP BEI OLDENSWORT,
GEST. 19. APRIL 1936 IN KIEL.
ER WAR PROFESSOR DER
STAATSWISSENSCHAFTEN
UND BEGRÜNDER DER
WISSENSCHAFTLICHEN
SOZIOLOGIE.

seinem Eutiner Arbeitszimmer. Die Belegexemplare der schließlich 1921 und 1922 publizierten Bücher werden ihm aber bereits in den Kieler Niemannsweg geschickt. Es handelt sich um die „Kritik der öffentlichen Meinung" und um „Marx. Leben und Lehre". Am Schreibtisch seines im Herbst dieses Jahres bezogenen Kieler Hauses entstehen weitere Untersuchungen zur theoretischen Soziologie, zur soziologischen Betrachtung der Geschichte („Fortschritt und soziale Entwicklung", 1926, und „Geist der Neuzeit", das erst 1935 publiziert wird und dessen Anfänge bis 1907 zurückreichen) und schließlich das Resümee seines theoretischen Denkens, die „Einführung in die Soziologie" (1931). Parallel dazu vollendet Tönnies seine schon seit langen Jahren betriebenen empirischen Forschungen zu den klassischen Krisenphänomenen sozialer Anomie, zu Selbstmord und Kriminalität, exemplifiziert am Fall von Schleswig-Holstein.

In seinem Kieler Haus, dessen Aussicht nach Osten auf die hohen Bäume des Düsternbrooker Gehölzes wie auch nach Westen in die Nachmittags- und Abendsonne von ihm geschätzt wurde, bereitete Tönnies auch seine Vorlesungen und Seminare vor, mit denen er als der „Nestor der deutschen Soziologie", der er als Emeritus inzwischen geworden war, im Rahmen eines Lehrauftrages in der rechts- und staatswissenschaftlichen Fakultät mit moralischer Unterstützung des preußischen Kultusministers Becker den soziologischen Lehrbetrieb an der Kieler Universität aufbaute. Unter den Hörern seiner Vorlesung zum System der Soziologie konnte er auch den vormaligen Reichsjustizminister Gustav Radbruch, der sein Kieler Kollege geworden war, begrüßen. Seit 1929 trat Rudolf Heberle von seiten der philosophischen Fakultät mit seinem soziologischen Lehrangebot hinzu. Rudolf Heberle, seit 1924 Schwiegersohn von Tönnies, lebte mit seiner jungen Familie damals vorübergehend ebenfalls im Hause am Niemannsweg nach seiner Lehrtätigkeit in Königsberg und nach einem Aufenthalt in den USA, bevor er dann 1938 endgültig an die Universität von Baton Rouge nach Lousiana/USA übersiedelte.

Das Haus am Niemannsweg war ein Ort des geselligen akademischen Gesprächs. Ein Kolloquium, zusammengesetzt aus fortgeschrittenen Studenten und jüngeren Gelehrten, darunter auch Tönnies damaliger Assistent und späterer Biograph E.G. Jacoby (der 1938 nach Neuseeland emigrieren sollte), versammelte sich dort regelmäßig. Von den Philosophen kam Tönnies Kieler Kollege Cay von Brockdorff hinzu, der sich mit seinen Forschungen zur Philosophie des 17. Jahrhunderts auf ähnlichen Bahnen bewegte wie seinerzeit Tönnies mit seinen Studien zu Hobbes und Spinoza.

Die Jahre der Weimarer Republik waren für Tönnies eine Zeit der Ernte. „Gemeinschaft und Gesellschaft", das erst 25 Jahre nach seinem Erscheinen mit der zweiten Auflage von 1912 Beachtung zu finden begonnen hatte, war nun - was den Titel angeht - in aller Munde und erfuhr mehrere Neuauflagen. Seine Leistung als einer der führenden Hobbes-Forscher war unbestritten. Ehrungen und einflußreiche Stellungen setzten die Akzente für seine Wirksamkeit in den zwanziger Jahren. 1925 wurde ihm die Ehrendoktorwürde von der Hamburger Rechts- und Staatswissenschaftlichen Fakultät verliehen. Sein siebzigster Geburtstag im Jahre 1925 fand weit über Kiel hinaus große öffentliche Resonanz. Bei dieser Gelegenheit bewegte sich ein Fackelzug des republikanischen Reichsbanners Schwarz-Rot-Gold auf das Haus am Niemannsweg zu. Die institutionelle Entwicklung der Soziologie als Wissenschaftsdisziplin konnte Tönnies durch seinen Vorsitz in der Deutschen Gesellschaft für Soziologie beeinflussen.

Nach 1933 dagegen wurde Tönnies aufgrund seiner kompromißlosen Opposition gegen den Nationalsozialismus an jeder öffentlichen Wirksamkeit gehindert. Nun wurde das Haus am Niemannsweg ein Ort des Rückzuges und des auch materiell bedrückten Lebens. Tönnies internationales Renommee blieb ungeschmälert. 1934 besuchte ihn der amerikanische Soziologe Earle Eubank auf seiner Europareise, die ihn zu den Pionieren der modernen Soziologie führen sollte, aus deren persönlichen Erinnerungen er ein Gesamtbild der Entstehung der akademischen Soziologie gewinnen wollte. Die politische Entwicklung betrachtete Tönnies mit einem von der Geschichte übermäßig stark gerechtfertigten Pessimismus. Das, wofür er sich sein Leben lang theoretisch und praktisch eingesetzt hatte, die Fortsetzung und Sicherung der Aufklärungstradition, war nun in einem solchen Maße zerstört worden, daß innerhalb seiner Lebenszeit mit einer Änderung nicht mehr gerechnet werden konnte.

An Tönnies' Wohnhaus im Niemannsweg Nr. 61, das 1943 vollständig zerstört wurde, erinnert heute eine schlichte Gedenktafel.

EDZARD SCHMIDT-JORTZIG Juristisches Seminar

Das Landeshaus: Von der Vergangenheit des politischen Herzens Schleswig-Holsteins

Der wuchtige Backsteinkubus, zwischen Reventloubrücke und Blücherbrücke an der Förde gelegen, stellt heute als Sitz des Schleswig-Holsteinischen Parlamentes in der Tat das „politische Herz" des Landes dar. Seit Frühling 1950 residiert hier vor allem der Schleswig-Holsteinische Landtag, der nach dem Kriege zunächst ein Nomadendasein führte vom Neuen Stadttheater Kiel (heute Schauspielhaus, vgl. Nr. 59) über das Theater am Wilhelmplatz und den Hörsaal der Milchforschungsanstalt bis zum Festsaal der Pädagogischen Hochschule in Kiel-Hassee (vgl. Nr. 86). Freilich waren die Abgeordneten nicht die alleinigen Inhaber des Gebäudes. In ihm befanden sich noch Abteilungen mehrerer Landesministerien, vor allem des Innenministeriums, dem die Hausverwaltung unterstand, und die Landeskanzlei, später Staatskanzlei. Aber immerhin war nun – wie der Landtagspräsident bei Eröffnung der ersten Sitzung im neuen Haus am 3. Mai 1950 feststellte – erst einmal „das Wandern des Schleswig-Holsteinischen Landtages vorbei".

Daß der große Ziegelbau an der Förde einmal die Residenz der obersten Staatsorgane im Lande werden würde, war ihm an seiner planerischen Wiege beileibe nicht gesungen. Errichtet worden war er 1883 bis 1888 als Marineakademie des Deutschen Reiches und Haus der Marineschule. Die feierliche Einweihung fand am 6. Oktober 1888 statt, als in Anwesenheit nicht nur der Offiziere aller in Kiel stationierten Truppen- und Marineteile und der Spitzen der städtischen Verwaltung, sondern auch von Kurator, Rektor und Professoren der Universität der Chef der Marinestation Ostsee, Vizeadmiral von Blanc, das Gebäude für die Marine übernahm. Das betreffende Areal war bereits 1865 vom preußischen Fiskus aufgekauft worden, vorher befand sich hier eine Seebadeanstalt (vgl. Nr. 43). Und niemand anderes, als der Oberkommandierende der Marine und große Förderer Kiels als „Reichskriegshafen", Prinz Adalbert von Preußen, hatte wenig später vorgeschlagen, „dort die Marineschule in einem der Gegend zur Zierde gereichenden Style zu bauen."

1910 wurde die Marineschule nach Flensburg-Mürwik verlegt, wo sie sich heute noch befindet. Die Zeit der Marineakademie im Haus an der Förde endete 1914, als mit dem Beginn des Ersten Weltkrieges die Ausbildungstätigkeit auf den Schulschiffen und in den Bildungsanstalten eingestellt wurde. Während des Krieges diente das Gebäude weiterhin als Wohnstätte für Seeoffiziere und zu anderen kurzfristigen Verwendungen der Marine. 1919 wurde im Zuge des Versailler Friedensvertrages die Marineakademie förmlich aufgelöst, und in den Bau zog der kommandierende Admiral der Marinestation Ostsee ein, die dort bis zum Jahre 1945 verblieb.

Nach dem Inferno des Zweiten Weltkrieges, in welchem auch der große Marinebau schwere Schäden davontrug, dienten die Räume zunächst verschiedensten Ämtern, nicht zuletzt auch der Besatzungsmacht als Unterkunft; Mobiliar, Baumaterial und Akten wurden gelagert; Ausgebombte und Flüchtlinge fanden hier eine kurze Bleibe. Als am 16. August 1946 Kiel definitiv zur Hauptstadt des neuen Landes Schleswig-Holstein bestimmt war, konkretisierten sich indes rasch Pläne zur Gestaltung eines Regierungsviertels an der Förde, in welchen die ehemalige Marineakademie eine zentrale Rolle spielte. Im Zuge dieser Überlegungen tauchte 1948 für das stattliche Gebäude zum ersten Mal auch die Bezeichnung „Landeshaus" auf, die sich seither fest in den Vorstellungen verankert hat. Der Begriff verfestigte sich zudem, als unter Ministerpräsident Hermann Lüdemann die Regierungsspitze des Landes vom Rantzaubau des ehemaligen Kieler Schlosses hierher umzog und etliche Ministerialdienststellen folgten.

Das nahezu vollständig dort residierende Innenministerium zog erst Anfang der 80er Jahre wieder aus in ein eigenes, neues Haus direkt daneben, zuvor waren

Einst Kaiserliche Marine-Akademie, heute Sitz des Schleswig-Holsteinischen Landtages: Das Haus an der Förde.

bereits die verschiedenen Abteilungen und Referate der anderen Ressorts in deren Amtsgebäude übergesiedelt. 1984 bis zur Geburtstagsfeier 1988 fand eine Grundinstandsetzung des Landeshauses statt. Und heute haben also Landtag (mit Landtagsverwaltung) sowie Ministerpräsident (mit Staatskanzlei) in den hundertjährigen Mauern ihren Sitz.

Dieses räumlich-politische Zusammenleben ist unter den Flächenstaaten im deutschen Föderalismus eine echte Besonderheit. Man hat von „demokratischer Kohabitation" gesprochen und dabei natürlich gesehen, daß von Verfassungs wegen eine grundsätzliche Spannung zwischen den beiden Staatsorganen besteht: das Parlament als demokratisches Grund- und Hauptorgan, die Regierung als von ihm eingesetzte, dann selbständig die täglichen, praktischen Geschicke des Landes gestaltende, aber darin eben vom Parlament auch kontrollierte Instanz. Beides unter einem Dach zeigt indessen vielleicht – wenn auch aus Raumnot geboren – die allgemeine Verträglichkeit der Schleswig-Holsteiner. Arbeitsmäßige Gegensätzlichkeiten sollen nicht „ins Häusliche" verlängert werden, man kommt bei aller respektvollen Distanz gut miteinander aus. Insoweit hat sich die Bezeichnung „Landeshaus" auch als übergreifende, neutrale, versöhnende Benennung erwiesen.

FRANK LUBOWITZ Historisches Seminar

Das verschwundene Denkmal für Herzog Friedrich VIII.: Der Traum vom selbständigen Schleswig-Holstein

Am Düsternbrooker Weg zwischen Krusenkoppel und dem ehemaligen Logierhaus des Kaiserlichen Yachtclubs (heute Institut für Weltwirtschaft, vgl. Nr. 40) befinden sich unter hohen Bäumen und von Buschwerk fast überwuchert die steinernen Fundamente eines zerstörten Denkmals, das an Friedrich VIII. von Augustenburg erinnerte. Im Jahre 1900 wurde das Standbild, das der Bildhauer Jeremias Christensen (geb. 1858 in Tingleff, gest. 1908 in Charlottenburg) geschaffen hatte, im Zentrum eines steinernen Halbrunds mit den Portraits bedeutender Schleswig-Holsteiner eingeweiht.

Dieses Denkmal und die nach dem Augustenburger benannte Herzog-Friedrich-Straße im Zentrum der Stadt ehrten einen Mann, der in den Jahren 1863/64 die Herrschaft über die Herzogtümer Schleswig und Holstein anstrebte, um sie als selbständigen Staat in den Deutschen Bund zu führen. Diese Hoffnungen des Augustenburgers und damit der Wunsch vieler Schleswig-Holsteiner scheiterten, da die Schleswig-Holstein-Frage seit der Erhebung von 1848 kein dynastisches Problem sondern Gegenstand der Politik der europäischen Großmächte geworden war.

Die Jahre nach der Schleswig-Holsteinischen Erhebung von 1848 waren von den Versuchen der dänischen Monarchie geprägt, sich aus den Fesseln, die ihr die Abmachungen mit Preußen und Österreich im Vorfeld des Londoner Vertrages von 1852 auferlegt hatten, zu lösen. Sie wollte die Verbindung zwischen Schleswig und Holstein einerseits weiter lockern, um andererseits das Herzogtum Schleswig in eine engere Beziehung zum dänischen Reich zu bringen. Bereits 1858 war eine Verfassung des Gesamtstaates, die den Verträgen von 1852 widersprach, auf Protest des Deutschen Bundes, der die Interessen Holsteins wahrnahm, in Teilen aufgehoben worden.

Mit der Verabschiedung eines Staatsgrundgesetzes für Dänemark und Schleswig am 13. November 1863 verstieß das Königreich erneut gegen den Grundsatz, Schleswig nicht enger mit Dänemark zu verbinden als Holstein und Lauenburg, indem es praktisch die Einverleibung Schleswigs vornahm. Nur zwei Tage später starb König Friedrich VII. Sein Nachfolger wurde aufgrund des Londoner Vertrages Christian IX., der zwar dem Oldenburger Haus entstammte, die Thronfolge vor allem aber seiner Ehe mit einer Cousine Friedrichs VII. verdankte. Für das Königreich ergaben sich daraus keine Erbfolgeschwierigkeiten; die Nachfolge in den Herzogtümern war ihm jedoch 1852 mit Rücksicht auf die Integrität der dänischen Monarchie und zur Erhaltung des europäischen Gleichgewichts nur zugesichert worden, wenn Dänemark die Rechte Holsteins nicht infrage stellte und Schleswig nicht enger an Dänemark band als die anderen Teile des Gesamtstaates. Dies war aber durch das Staatsgrundgesetz vom 13. November geschehen.

In dieser Situation ergriff Friedrich von Augustenburg die Initiative. Erbrechtlich begründete er seine Ansprüche auf Schleswig-Holstein mit dem für Holstein geltenden agnatischen Erbrecht, das aufgrund der Zusammengehörigkeit Holsteins und Schleswigs auch auf das Herzogtum Schleswig zu übertragen sei. Zwar hatte der Vater Friedrichs, Herzog Christian-August, sich 1852 verpflichtet, nicht gegen die Thronfolgeregelung des Londoner Vertrages zu protestieren und hatte gleichzeitig seine Besitzungen in Schleswig für 2 2/3 Millionen Taler verkaufen müssen und sich auf der Herrschaft Primkenau in Niederschlesien niedergelassen, doch war sein Sohn an dieser Erklärung nicht beteiligt gewesen. Noch am Abend, nachdem ihn die Nachricht vom Tode König Friedrichs VII. erreicht hatte, ließ Friedrich von Augustenburg sich die Rechte seines Vaters auf Schleswig-Holstein übertragen.

Es begann eine Reihe hektischer diplomatischer Aktionen, um sich die Unterstützung der deutschen Fürsten zu sichern. Dem Bundestag in Frankfurt, den deutschen Fürsten und den europäischen Mächten wurde die Thronbesteigung Herzog Friedrichs VIII. angezeigt,

Das Standbild Herzog Friedrichs VIII., das an den schleswig-holsteinischen Freiheitskampf erinnerte und eine patriotische Antwort auf das deutsche Kaiserdenkmal im Schloßgarten war, gibt es nicht mehr. Auf dem Rasen gegenüber wurde in den 50er Jahren stattdessen dem erfolgreichen Springpferd „Meteor" ein bleibendes Andenken gesetzt.

37

Die Villa Friedrichs VIII. am Düsternbrooker Weg.

und die schleswig-holsteinische Bevölkerung wurde in einem Aufruf, den Karl Samwer, der engste Berater des Augustenburgers, entworfen hatte, davon unterrichtet, daß Friedrich VIII. sich als der rechtmäßige Herzog von Schleswig-Holstein betrachte und die Ansprüche Christians IX. mit scharfen Worten zurückwies: „Von jetzt an wäre die Herrschaft eines Königs von Dänemark über Euch eine Usurpation und rechtlose Gewaltthat."

In Schleswig-Holstein war die durch den Tod König Friedrichs VII. entstandene Situation ruhig aufgenommen worden. Selbst Kiel, wo 1848 die Erhebung ihren Anfang genommen hatte (vgl. Nr. 14), zeigte das gewohnte Bild. Nur in den politisch aktiven Zirkeln des holsteinischen Nationalvereins wurde beraten, ob man den augustenburgischen Ansprüchen nachgeben oder lieber die Verbindung zu Preußen suchen sollte. Eine Gruppe von Ständeabgeordneten begnügte sich mit einer Eingabe an den Deutschen Bund, in der sie bat, die Rechte Holsteins zu schützen, ohne die augustenburgischen Ansprüche zu erwähnen. Es bedurfte also noch einiger Propaganda, um die Thronbesteigung Friedrichs VIII., der immerhin seit über einem Jahrzehnt außer Landes gelebt hatte, überhaupt erst in der Bevölkerung populär zu machen.

Geschickterweise hatte Friedrich VIII. in seinem Aufruf an die Schleswig-Holsteiner vom 16. November ausdrücklich das Staatsgrundgesetz von 1848 bestätigt. Damit schwanden die vorher bestehenden Zweifel an der „konstitutionellen Zuverlässigkeit" des Augustenburgers. Schnell und kraftvoll wuchs die augustenburgische Bewegung in den Herzogtümern an – nicht zuletzt durch die Tätigkeit eines Aktionsausschusses, der von Hamburg aus die Interessen des Herzogs wahrnahm – und erhielt lebhafte publizistische Unterstützung aus ganz Deutschland. Allerdings konnte die augustenburgische Bewegung weder die Unterstützung der Regierungen Österreichs noch Preußens gewinnen, lediglich einige der kleinen Staaten des Deutschen Bundes erkannten die Ansprüche Friedrichs VIII. an.

Am 7. Dezember 1863 wurde die Bundesexekution in Holstein eingeleitet, um König Christian IX. zur Einhaltung der vertraglichen Verpflichtungen über die Erhaltung der Rechtsstellung des Herzogtums Holstein zu zwingen. 6000 Mann Sächsischer und Hannoveraner Truppen überschritten am 23. Dezember die Elbe und besetzen die dem Deutschen Bund angehörenden Herzogtümer Holstein und Lauenburg, um der Forderung nach Wahrung der alten Rechte Nachdruck zu verleihen. Blau-weiß-rote sowie schwarz-rot-goldene Fahnen prägten das Bild beim friedlichen Einzug der Bundestruppen; das dänische Militär war vorher abgerückt.

Nach Abzug der dänischen Verwaltung war jetzt der Weg frei für die Anhänger des Augustenburgers, Friedrich VIII. zum Herzog zu proklamieren: Am 27. Dezember leisteten 20.000 Schleswig-Holsteiner auf dem Propstenfeld in Elmshorn den Treueschwur und luden den Herzog, der sich noch in Gotha aufhielt, zum Erscheinen in seinem Land ein. Inkognito, da er fürchtete, Österreich, dessen Truppen zur Verstärkung der Bundestruppen in Hamburg standen, würde seine Reise zu verhindern suchen, gelangte Friedrich VIII. am 30. Dezember 1863 nach Glückstadt, von wo er mit einem Sonderzug nach Kiel fuhr. Extrablätter verkündeten seine Ankunft, und in einer weiteren Proklamation wandte sich der Herzog an die Bevölkerung.

Aus allen Teilen Holsteins erschienen in den folgenden Wochen Abordnungen, die dem Herzog vor dem Bahnhofshotel, das sich etwa an der Stelle befand, wo heute der Stresemannplatz liegt, huldigten, im Laufe des Januar kamen fast 100 Deputationen nach Kiel, um die Verbundenheit der Bevölkerung mit der augustenburgischen Sache zu bekräftigen.

Seinen Wohnsitz nahm Friedrich VIII. in einer Villa am Düsternbrooker Weg, während er am Sophienblatt Büros unterhielt. Vordringlich wurde von hier aus die deutsche und europäische Presse mit Informationen, in denen die Ansprüche des Herzogs betont wurden, versorgt.

Obwohl der Herzog vom Deutschen Bund nicht anerkannt worden war, wurden einige seiner Anhänger in die von den Bundeskommissaren am 12. Januar 1864 neu eingerichteten Landesregierung für Holstein aufgenommen. Mittelbar konnte Friedrich VIII. also auch auf die Verwaltung des Landes Einfluß nehmen, auch wenn er offiziell erklärt hatte, als Privatmann gekommen zu sein und sich nicht in Regierungsgeschäfte einmischen zu wollen. Seine Überzeugung, daß mit seiner Ankunft die Aufgabe der Bundesexekution erfüllt sei, hatte er jedoch in seiner zweiten Proklamation vom 31. Dezember 1863 zum Ausdruck gebracht.

Mit dem Beginn der militärischen Auseinandersetzungen zwischen Preußen/Österreich und Dänemark am 1. Februar 1864 und der Besetzung Schleswigs kamen auch Deputationen aus dem nördlichen Herzogtum nach Kiel, um dem Herzog im Namen der augustenburgisch gesinnten Schleswiger zu huldigen. Bald darauf wurde die augustenburgische Propaganda jedoch preußischerseits untersagt. Sie konnte nicht im Interesse Preußens sein, da Bismarcks Politik nicht darauf abzielte, mit der Einsetzung Friedrichs VIII. einen weiteren deutschen Mittelstaat zu schaffen. Viel wichtiger war aber, daß die Besetzung Schleswigs nur der Wiederherstellung der Rechtssituation der Herzogtümer aufgrund der Abmachungen von 1852 dienen sollte, die einen augustenburgischen Anspruch nicht vorsahen. Nur die Einhaltung dieser Position sicherte Preußen die österreichische Unterstützung und konnte das Eingreifen der Großmächte, die am Londoner Vertrag beteiligt gewesen waren, zugunsten Dänemarks verhindern.

Daß Bismarcks Ziele darüber hinaus auf den Erwerb der Herzogtümer für Preußen gerichtet waren, hatte er bereits in einem privaten Gespräch Silvester 1863/64 mit der Äußerung „Die Up-ewig-Ungedeelten müssen einmal Preußen werden" verlauten lassen. Sollte sich dieses Ziel nicht erreichen lassen, hätte Bismarck ein augustenburgisches Schleswig-Holstein nur bei weitgehenden politischen, wirtschaftlichen und militärstrategischen Zugeständnissen an Preußen akzeptiert.

Der für Preußen und Österreich erfolgreiche Kriegsverlauf führte schließlich zur Abtretung der Herzogtümer Schleswig und Holstein sowie Lauenburg im Wiener Frieden (30. Oktober 1864). Die Ansprüche Friedrichs VIII. von Augustenburg fanden in den folgenden Abmachungen über die Verwaltung der Herzogtümer zwischen den beiden deutschen Großmächten keine Beachtung mehr. Nach dem preußisch-österreichischen Krieg von 1866 war dann der Weg für Bismarck frei, Schleswig-Holstein für Preußen in Besitz zu nehmen. Die ersten Wahlen in der preußischen Provinz Schleswig-Holstein zeigten allerdings deutlich, daß man sich im Lande nicht mit der neuen Situation abfinden wollte. Im Norden stimmte die dänischgesinnte Bevölkerung für dänische Kandidaten, während im übrigen Schleswig-Holstein die Mehrzahl der Stimmen für die Kandidaten der augustenburgischen Partei abgegeben wurden. Erst die Reichsgründung 1871 führte dazu, daß sich die deutschgesinnten Schleswig-Holsteiner allmählich mit der Tatsache abfanden, nunmehr Preußen zu sein.

Vom Standort des Denkmals für Herzog Friedrich waren bei dessen Einweihung im Jahre 1900 die Veränderungen, die die preußische Inbesitznahme für Schleswig-Holstein und für Kiel gebracht hatten, am deutlichsten sichtbar. Vom Standbild des Herzogs, der Ende 1863 in der kleinen Hafenstadt Kiel seinen Herrschaftsanspruch wahrnehmen wollte, ging der Blick über eine in preußischer Zeit entstandene Großstadt mit Werftanlagen und den neuen Wohnvierteln am Ostufer; die Marineakademie und der Kaiserliche Yachtclub prägten die unmittelbare Umgebung des Denkmals.

HANS-GEORG GLAESSER Institut für Weltwirtschaft

Vom Logierhaus zum Forschungszentrum: In Kiel ist die Weltwirtschaft zu Hause

In Kiel greift die Ostsee mit der Förde tief ins Land hinein und stellt seit jeher eine innige Verbindung zwischen der land- und seewärtigen Wirtschaft her. Der wissenschaftlichen Erforschung der engen naturgegebenen Beziehung zwischen Meeren und Kontinenten widmen sich nicht ohne traditionsverhafteten Grund – wenn auch unter sehr verschiedenen Problemstellungen – seit Jahrzehnten zwei an der Förde gelegene Institute: Das Institut für Meereskunde und das Institut für Weltwirtschaft. Beide sind international sehr renommiert: vom letzteren soll hier die Rede sein, vom Institut für Weltwirtschaft an der Universität Kiel und seiner Bibliothek, der Zentralbibliothek der Wirtschaftswissenschaften in der Bundesrepublik Deutschland.

Zunächst interessiert uns der Standort des Instituts- und Bibliotheksgebäudes direkt gegenüber vom Sporthafen Düsternbrook zwischen dem Hindenburgufer und dem Düsternbrooker Weg bzw. zwischen dem Kieler Yachtclub im Norden (vgl. Nr. 40) und dem Landeshaus mit seinen Ministerien im Süden (vgl. Nr. 37). Alles in allem also eine repräsentative Lage, die nicht von ungefähr kommt. Institut und Bibliothek stehen nämlich auf dem Boden eines früheren Anwesens, auf dem Friedrich Krupp von 1900 – 1901 ein äußerst luxuriöses Hotel, das Logierhaus des Kaiserlichen Yachtclubs und südlich davon das Gebäude des Kaiserlichen Yachtclubs mit einem Restaurant erbauen ließ. Dort traf sich besonders zur Kieler Woche, wer in der damaligen Sport- und Reisewelt Rang und Namen hatte, gelegentlich kam auch Kaiser Wilhelm II. Nach der Novemberrevolution 1918 veräußerte Friedrich Krupp im Januar 1919 das gesamte Anwesen an den Staatswissenschaftler Bernhard Harms, den Gründer des Instituts für Weltwirtschaft.

Den Nichteingeweihten ist Bernhard Harms vielleicht unbekannt. An ihn erinnert eine kurze, vom Düsternbrooker Weg zur Blücherbrücke abzweigende Straße, der Bernhard-Harms-Weg. Die Forschungstradition des heutigen Instituts verdankt ihm vor allem die Entwicklung des Begriffs „Weltwirtschaft" und damit den Übergang von der national-ökonomischen zur weltwirtschaftlichen Betrachtungsweise als disziplingeschichtliche Innovation in der Volkswirtschaft. 1908 auf den staatswissenschaftlichen Lehrstuhl der Universität berufen, arbeitete er unablässig und mit großem Erfolg an der wissenschaftlichen und organisatorischen Etablierung eines weltwirtschaftlichen Instituts, das 1914 als Königliches Institut für Seeverkehr und Weltwirtschaft an der Christian-Albrechts-Universität zu Kiel feierlich eröffnet wurde. Dieses Institut befand sich am Schloßgarten Nr. 14 und erwies sich bald als zu klein für die rund 100 Beschäftigten. Aus diesem Grunde erwarb Harms von Friedrich Krupp Logierhaus und Klubgebäude und verwandelte beide in wenigen Jahren in ein Studienhaus bzw. Kollegienhaus. Auf Betreiben der Nationalsozialisten mußte Harms 1933 die Institutsleitung aufgeben. Er starb 1939 in Berlin.

Nicht nur für das heutige Institut, sondern auch für die internationale Reputation Kiels und für die akademische Forschung und Lehre an der Universität lebt das Wirken Bernhard Harms weiter fort. Wissenschaftler und Wirtschaftspraktiker profitieren heute von Dienstleistungsabteilungen, die von ihm gegründet worden sind: 1914 wurde das Wirtschaftsarchiv eingerichtet, 1919 eine selbständige Bibliotheksabteilung gegründet. 1926 schuf er die Grundlagen für problembezogene Forschungsabteilungen; 1913 rief er gemeinsam mit dem Großindustriellen Gustav Diederichsen eine Fördergemeinschaft ins Leben. Die „Gesellschaft zur Förderung des Instituts für Weltwirtschaft" gedenkt in zweijährigen Abständen (erstmals 1964) des Institutsgründers durch die Verleihung des Bernhard-Harms-Preises an Gelehrte oder Wirtschaftspraktiker, die sich um die Erforschung und Förderung weltwirtschaftlicher Beziehungen hochverdient gemacht haben. Die international bekannte und anerkannte Zeit-

Eingebettet zwischen Wasser und Wald liegt das Weltwirtschaftsinstitut am Ufer der Kieler Förde.

schrift „Weltwirtschaftliches Archiv" erschien unter seiner Leitung erstmals 1913.

Soweit die Gründungsgeschichte des Instituts. Die Kriegszerstörungen von 1944 haben den mittleren und südlichen Teil des Studienhauses sehr in Mitleidenschaft gezogen. Außerdem ist durch den 1971 vollendeten Anbau der Bibliothek die vom Düsternbrooker Weg her sehenswerte frühere Rückseite des Logierhauses zugebaut worden. Aber der dem Kieler Yachtclub zugekehrte Nordflügel mit dem markanten Eckturm erinnert noch gut an den ursprünglichen Baustil des Kruppschen Logierhauses. Zu Füßen des Turms, umgeben von einigen Büschen, befindet sich eine Gedenkstätte für Bernhard Harms und seine Frau. Der große Rest des Institutsgebäudes präsentiert sich vom Hindenburgufer aus in einem zurückhaltenden Stil mit schwachen Erinnerungen an die ursprünglichen Fassaden- und Dachstrukturen des Kruppschen Vorgängerbaus.

Glücklicherweise blieb der Kern des Institutsgebäudes intakt. Schon 1951 konnte der Wiederaufbau vollendet und der Wissenschaftsbetrieb vollständig unter der Leitung von Fritz Baade wiederaufgenommen werden. Auch während der Kriegsjahre waren die Forschungsabteilungen aktiv – nur zwischen 1944 und 1945 wurden sie evakuiert –, denn die Reichsregierung benötigte die kriegswirtschaftlich wichtigen Analysen und Beratungen der Wissenschaftler. Desgleichen wurde die Bibliothek nach Ratzeburg in den Dom ausgelagert und 1949 nach Kiel – Wik in ein leerstehendes Marinegebäude in der Mecklenburger Straße rückgeführt. Ohne diese kluge Maßnahme des damaligen Institutsdirektors Andreas Predöhl und seines Bibliotheksdirektors Wilhelm Gülich wäre der 1944 rund 500 000 Bände umfassende Bestand im Bombenhagel vernichtet worden. Demselben Schicksal entging auch das Wirtschaftsarchiv durch Auslagerung nach Segeberg. Damit stehen der gegenwärtigen und zukünftigen Forschung eine der umfangreichsten und ältesten Sammlungen von wirtschaftswissenschaftlicher Literatur und wirtschaftspolitischer Presseinformation zur Verfügung, die auf der Welt ihresgleichen sucht.

Das Institut gehört zu den fünf wichtigsten deutschen Wirtschaftsforschungsinstituten. Seine nationale und internationale Bedeutung kam anläßlich des Festaktes zum 75jährigen Bestehen im Jahre 1989 für die Öffentlichkeit deutlich zum Ausdruck. Unter der Leitung renommierter Forscher wie Fritz Baade, Erich Schneider und Herbert Giersch erlangte das Institut

Maritimer Bezug prägt traditionsgemäß den Charakter des Hauses.

starke Beachtung im In- und Ausland als eines der großen Zentren weltwirtschaftlicher Forschung und als Institution wirtschaftswissenschaftlicher Politikberatung.

Der gegenwärtige Präsident Horst Siebert, der Mitglied des Sachverständigenrates für die Begutachtung der wirtschaftlichen Entwicklung in der Bundesrepublik Deutschland ist, hat die Forschungsgebiete des Instituts um die Umweltökonomie und um die Erforschung der Wirtschaftsreformen und des Strukturwandels in Mittel- und Osteuropa erweitert.

Zur Kieler Woche veranstaltet das Institut regelmäßig die „Kieler-Woche-Konferenz" unter jeweils aktuellen Leitthemen von internationaler Bedeutung und zweimal im Jahr das „Kieler Konjunkturgespräch". Diese Konferenzen dienen dem wissenschaftlichen Informationsaustausch und als Grundlagen für wirtschaftspolitische Beratung. Über diese Veranstaltungen hinaus wirkt das Institut durch Kooperationsvereinbarungen mit fast 20 Wirtschaftsforschungsinstituten im In-

und Ausland, sowie durch Gutachten und Forschungsaufträge auf wissenschaftliche und politische Entwicklungen ein und fördert durch seine Publikationsreihen „Weltwirtschaftliches Archiv", „Die Weltwirtschaft", „Kieler Studien", „Konferenzbände", „Kieler Diskussionsbeiträge" und Kieler „Arbeitspapiere", den Fortschritt in den Wirtschaftswissenschaften.

Für den Außenstehenden dürfte ein abschließender Überblick über die interne Organisation des Instituts von Interesse sein. Der Forschungsbetrieb gliedert sich in fünf Abteilungen: Wachstum und Strukturpolitik, Ressourcenökonomik, Regional- und Verkehrswirtschaft, Entwicklungsländer und Weltwirtschaft und Konjunktur. Diese sind in Forschungsgruppen untergliedert; neue Gruppen werden bei der Entstehung mittel- und langfristiger Problemfelder gebildet, wie etwa zum Problem Umweltökonomie, zum Europäischen Binnenmarkt oder zu Struktur und Wandel der Zentralplanwirtschaften in Osteuropa (seit 1989). Zur Abteilung Information, Redaktion und Außenbeziehungen gehört das bereits angesprochene Wirtschaftsarchiv, welches durch Auswertung der internationalen Presse, besonders der Wirtschaftspresse – rund 120 Zeitungen, Magazine und Informationsdienste – stets aktuelle Sammlungen von Presseausschnitten bereitstellt. Das Wirtschaftsarchiv kann von jedem kostenlos benutzt werden. Sein unschätzbarer Vorteil ist die „Frische" und Ursprünglichkeit der Information. Der Bestand umfaßt rund 12 Millionen Presseausschnitte.

Die Bibliothek des Instituts für Weltwirtschaft, seit 1967 auch Zentralbibliothek der Wirtschaftswissenschaften in der Bundesrepublik Deutschland, sammelt und erschließt die gesamte Literatur, die von der wirtschaftswissenschaftlichen Forschung und Lehre im In- und Ausland benötigt wird.

Das zentrale Sammelgebiet umfaßt nicht nur die verschiedenen Sachgebiete der Volkswirtschaft und Wirtschaftstheorie, sondern auch Sozial- und Wirtschaftsstatistiken und Wirtschaftsgeschichte. Neben der Betriebswirtschaft wird auch Schrifttum aus Geschichte, Geographie, Soziologie, Recht und Politik erworben, sofern dieses in thematischer Verbindung mit den Wirtschaftswissenschaften steht. Aufgrund der speziellen Beschaffungsbedingungen entfallen rund 60 % des Bestandes auf nicht konventionelle Literatur (Graue Literatur aus Instituten, Behörden, Parteien, Verbänden und Unternehmen). Die Literatur wird in Katalogen bzw. in der Bibliographie der Wirtschaftswissenschaften, in den Kieler Schrifttumskunden zu Wirtschaft und Gesellschaft sowie in Zeitschriftenverzeichnissen nachgewiesen bzw. dokumentiert. 1986 wurde das EDV-gesteuerte Bibliotheksinformationssystem ECONIS (Economics Information System) installiert, wobei auf eine Beibehaltung der seit mehr als 60 Jahren geltenden Auswertungsregeln für den Benutzer geachtet wurde. Der Bestand beträgt rund 2 Millionen Bände in 40 000 laufenden Regalmetern. Die Bibliothek ist für jeden kostenlos benutzbar.

Das Kieler Institut für Weltwirtschaft, dessen Gebäude nach außen bescheiden und etwas distanziert wirkt, erweist sich als ein in seiner Tradition tief verankerter Wissenschaftsorganismus, der stets mit lebendiger Offenheit den aktuellen wirtschaftswissenschaftlichen und wirtschaftspolitischen Problemen zugewandt ist und Lernende und Lehrende aus dem In- und Ausland gastfreundlich mit wissenschaftlicher Diskussion sowie mit den angebotenen Bibliotheks- und Archivinformationen an seiner Arbeit teilhaben läßt.

Von der vergangenen Pracht des Kruppschen Logierhauses kündet heute nur noch die nördliche Seitenfassade des Weltwirtschaftsinstitutes.

MICHAEL SALEWSKI Historisches Seminar

Hart am Wind der Zeiten: Der Kieler Yachtclub

Als das Clubheim 1926 eingeweiht werden konnte, lagen hinter dem „Kaiserlichen Yacht Club" fast vierzig Jahre einer Geschichte, die trotz des Ersten Weltkrieges von zahlreichen stolzen Erfolgen auf und am Wasser kündeten. Der Aufstieg des 1887 gegründeten „Marine-Regatta-Vereins" war von Anfang an aufs engste mit dem Wohl und Wehe der Kaiserlichen Marine, vor allem aber des Kaisers und seines Bruders Heinrich verknüpft gewesen. So wie Kiel insgesamt durch nichts mehr geprägt wurde als den Aufbau der „schirmenden Wehr" seit den Tagen Wilhelms II., so unzweideutig war auch die Entstehung und Fortentwicklung des KYC an Aufstieg und Fall jenes „Navalismus" gebunden, für den beispielhaft der Name des ersten „Kommodores" des Clubs steht.

1987 feierte der KYC sein hundertjähriges Bestehen – aber man kann darüber streiten, ob es sich beim Kürzel „KYC" (gesprochen: „Kütz") nicht doch um einen Etikettenschwindel von jener liebenswürdigen Art handelt, für den in Kiel die Speestraße zeugt – denn es gab eben nicht nur einen Admiral, sondern auch einen berühmten Mediziner dieses Namens. Heute jedenfalls steht das „K" nicht mehr für „Kaiserlich", sondern für den Namen der Landeshauptstadt, und tatsächlich fühlt sich der KYC heute der Stadt enger verbunden als in langen Perioden seiner bewegten Geschichte.

Die war voller Höhen und Tiefen. In der Rückschau meinten viele Clubmitglieder, mit der Kieler Woche von 1914 habe die erste Phase dieser Geschichte geendet. Damals sonnte sich der renommierteste deutsche Segelclub im Glanz der wilhelminischen Spätabendsonne; als die englischen Schiffe nach dem verhängnisvollen Schüssen von Sarajewo mit dem historisch gewordenen Signal: „Friends for today, friends for ever" schwarzqualmend aus der Kieler Förde Richtung englische Heimat, Richtung Jellicoescher Grand Fleet dampften, ahnte niemand von den Clubmitgliedern, daß man gute vier Jahre später in der grauen Düsternis des November 1918 wie in ganz Deutschland so auch in Kiel an alles andere eher als an eine Wiederauferstehung der schönen Tage von Kiel, an weiße Segel und glanzvolle Flottenparaden denken würde.

Dennoch waren die Clubmitglieder bemerkenswert trotzige Leute, die gegen den Zeitgeist mutig ankreuzten. Obwohl das „rote" Kiel demokratisch und republikanisch geworden war, hielten die Vereinsoberen unbeirrt an ihrem „kaiserlich" fest – nicht so sehr weil sie monarchistisch gesonnen waren, sondern weil sie es für schäbig gehalten hätten, ihre ehemaligen Gönner, vor allem den nun in Hemmelmark residierenden Prinz Heinrich, zu verleugnen (vgl. Nr. 21). Mit überwältigender Mehrheit beschloß die Mitgliederversammlung, an der alten Tradition festzuhalten.

Andere begannen sich vom Club abzusetzen, vor allem flossen die Spenden und Beiträge nicht mehr so üppig, und für den KYC war es ein schwerer Schlag, als die Krupp-AG das alte Clubhaus, das ihr gehörte, verkaufte, ohne daß der KYC eine Chance besessen hätte, es nun zu erwerben (vgl. Nr. 39). Es gehörte Energie und Zuversicht dazu, in den trüben Jahren der Inflation und des wirtschaftlichen Niedergangs mit dem Einsammeln von Spenden für ein neues Clubheim zu beginnen. Lange sah es nicht danach aus, als sollte das Ziel je erreicht werden.

Eine wesentliche Stütze des KYC war auch nach 1919 das Seeoffizierkorps. Man gehörte einfach dazu, auch die revolutionären Irritationen hatten an dem guten Verhältnis zwischen Club und Reichsmarine nichts ändern können. Wohlwollend verfolgte die Marinestation der Ostsee unter Konteradmiral Raeder den nicht leichten Existenzkampf des Traditionsclubs. Man kann es verstehen, daß der KYC 1926 voller Stolz sein neues Clubhaus einweihte, verstehen auch, daß damals ein frohes „Hurra!" auf den unvergessenen Prinzen Heinrich ausgebracht wurde – honi soit qui mal y pense.

Eben dies freilich tat die Sozialdemokratische Partei. Auch das war verständlich – spiegelte das „sture" Festhalten des Clubs an anscheinend überlebten, ja verfassungswidrigen monarchistischen Formen nicht den alten Ungeist des untergegangenen wilhelminischen

Der Kieler Yachtclub: Treffpunkt der internationalen Segelwelt.

HOLSTEN

Zeitalters? Und konnte es angehen, daß die Offiziere der Reichsmarine nahezu geschlossen einem Verein angehörten, der aus seiner Ablehnung der revolutionären Errungenschaften – dies zumindest – kein Hehl machte? Wieder an die Macht gekommen, setzte die SPD 1928 nach: Dem Reichswehrminister und frischgebackenen Chef der Marineleitung, Admiral Dr. h.c. Erich Raeder blieb nichts anderes übrig, als den Offizieren der Reichsmarine den Austritt aus dem KYC zu befehlen.

Das traf den Club mitten ins Herz. Es war auch wenig tröstlich, daß die ja nur widerwillig Ausgetretenen einen neuen Segelclub ins Leben riefen, den „Marine-Regatta-Verein", der mit dem alten KYC aufs engste zusammenarbeiten wollte. Mehr und mehr wirkte der KYC wie ein atavistischer erratischer Block in der politischen Landschaft Weimars.

Der Republik war das ein Dorn im Auge, viel mehr freilich der Diktatur Hitlers, die dem KYC anscheinend zum endgültigen Schicksal werden sollte.

Feudal, großbürgerlich, reaktionär, monarchistisch: Mit solchen Etiketten behaftet, blieb dem KYC nach der nationalsozialistischen Machtergreifung nur noch eine Galgenfrist. Zwar durfte man noch die Olympischen Spiele von 1936 federführend in Kiel und Umgebung organisieren, aber auch nur dafür flossen staatliche Mittel – ansonsten erging es dem KYC wie so vielen anderen gesellschaftlichen und politischen Gruppierungen aus der Zeit vor 1933: sie wurden „ausgetrocknet", schikaniert, zunehmend unter Druck gesetzt, am Ende, das war am 28. Oktober 1936, mußte der „Führer" (so weit war man schon) des KYC zu seinem „tiefen Bedauern" die Selbstauflösung des KYC verkünden. An seiner Stelle wurde der „Yacht-Club von Deutschland" gegründet, im neuen Stander des YCvD flatterte nun das Hakenkreuz.

Freilich: selbst in der finsteren Zeit dieser nationalsozialistischen Gleichschaltung hielt der Club an der Grundidee fest: jungen Menschen das Segeln zu ermöglichen, sie in Regatten und Segelmeisterschaften zusammenzuführen, niemals vergaß man die Wurzeln seiner Existenz.

Eben darum hatte der Club eine Chance, nach der Katastrophe von 1945 wiederzuerstehen. Daß es mit dem YCvD sofort aus war, bedarf keiner Erläuterung, zunächst verbot die englische Besatzungsmacht überhaupt alle seglerischen Aktivitäten, es dauerte eine schmerzhaft lange Zeit, bis das bombastische, wie ein Regenbogen über dem alten Clubhaus gespannte „British Kiel Yacht Club" wieder verschwand.

Mit Zähigkeit, List und Ironie gelang es den Altvorderen des KYC, die Engländer im März 1952 zur Räumung des alten Clubgebäudes zu veranlassen, nachdem sich der Club im Spätherbst 1945 als „Kieler Yacht Club" neu gegründet hatte. Langsam aber stetig ging es wieder bergauf, ein erster Höhepunkt war wohl die Ausrichtung der Olympischen Spiele von 1972. Mit dem neuen Olympiahafen in Schilksee eröffneten sich dem KYC ganz neue Möglichkeiten – er hat sie seitdem im Interesse seiner Mitglieder, aber auch in dem der segelbegeisterten Jugend aus ganz Deutschland, denkt man an die ständig wachsenden Meldezahlen anläßlich der Kieler Wochen, sogar aus der ganzen Welt, zu nutzen verstanden. Das alte Clubhaus aus dem Jahr 1926, inzwischen angebaut, erweitert, ist Hort einer hundertjährigen Tradition geblieben, auf die nicht nur der KYC, sondern auch die Stadt Kiel besonders stolz sein kann.

DIETER LOHMEIER Institut für Literaturwissenschaft

Ein Gedenkstein im Düsternbrooker Gehölz: Kieler Studentenleben im Spiegel einer Novelle Theodor Storms

Wer im Düsternbrooker Gehölz an ganz unauffälliger Stelle unter den Bäumen auf den schlichten Findling mit der eingemeißelten Inschrift „Theodor Storm. Auf der Universität" stößt, muß sich mit dem Werk des Husumer Dichters auskennen, um diesen Stein zum Reden zu bringen. Er steht an der Stelle eines längst verschwundenen Schauplatzes seiner Novelle „Auf der Universität", in der Eindrücke aus Storms Studentenzeit in Kiel ihren künstlerischen Niederschlag gefunden haben.

Storm hat vom Frühjahr 1837 bis zum Frühjahr 1838 und, nach drei in Berlin verbrachten Semestern, wieder vom Herbst 1839 bis zum Herbst 1842 in Kiel Jura studiert und damit die Grundlagen für fast vierzig Jahre Berufsleben in Husum, Potsdam, Heiligenstadt und wieder in Husum gelegt. Darüber hat er später kaum ein Wort verloren; es war ein Brotstudium in den vom Vater vorgezeichneten Bahnen. Wichtiger waren Storm die Freundschaften mit dem gleichaltrigen Theodor Mommsen (der mit ihm seit 1841 im selben Haus, Flämische Straße 12, bei Bäckermeister Andresen zur Miete wohnte), mit dessen etwas jüngerem Bruder Tycho und einigen anderen Kommilitonen. In dieser „Clique" (wie sie sich selber nannte) genoß Storm die studentische Freiheit zu raschem und scharfem Urteil und zum Lebensgenuß in der Art junger Männer – letztere bei aller Harmlosigkeit wohl nicht ohne schlechtes Gewissen angesichts der eigenen Sinnlichkeit, wie die im (Kieler) Ratskeller (vgl. Nr. 14) spielende Studentenszene seiner Novelle „Immensee" erkennen läßt. Vor allem aber waren die Brüder Mommsen Storms Gefährten bei seinem Eintritt ins literarische Leben. Noch im Alter sprach er gern davon, welchen gesunden Einfluß die „erbarmungslose Kritik" der beiden auf seine Entwicklung als Lyriker gehabt habe. Gemeinsam veröffentlichten sie am Ende der Studienzeit im Verlag der Kieler Schulbuchhandlung – ohne Nennung ihrer Namen – das „Liederbuch dreier Freunde" (1843), das noch keine große Lyrik enthielt, sondern vor allem Talentprobe war. Mit Theodor Mommsen arbeitete Storm außerdem, durchaus zeittypisch, an einer Sammlung schleswig-holsteinischer Sagen, die dann von Karl Müllenhoff weitergeführt und 1845 veröffentlicht wurde.

Als Storm 1837 nach Kiel kam, hatte er ideale Vorstellungen vom deutschen Studenten im Kopf, die vermutlich teils aus der Dichtung der Romantik, teils aus der kollektiven Erinnerung an die Befreiungskriege stammten. Die Wirklichkeit enttäuschte ihn, vor allem durch den tonangebenden Typus des „Haupthahns", der, wie Storm damals notierte, „viel kneipt und trinkt, alle Naslang auf der Mensur liegt, sich in Gemeinheiten gefällt, eben von nichts anderm redet als von Kneipereien und Paukereien, sich irgendein schmuckes Dienstmädchen an der Hand hält, auch wohl die Farben einer Verbindung und, wenn er ihn hat, einen Schnauzbart trägt und nebenbei etwas ins Kolleg geht." Solche Eindrücke verbanden sich nach Storms eigener Aussage später mit den „Erinnerungen an ein Nähmädchen, die – als ich in Kiel studierte – aus Trotz, weil sie sich von ihrem Liebsten, einem auf der Wanderschaft befindlichen jungen Handwerker verlassen glaubte, sich den Studenten in die Arme warf." Das ergab den Stoff und zugleich einige Hauptmotive der Handlung der Novelle „Auf der Universität", die er 1862 in Heiligenstadt schrieb.

Sie ist bei aller Verankerung in der Wirklichkeit ihrer Zeit doch keine sozialgeschichtliche Fallstudie, sondern die anrührende, künstlerisch überhöhte Darstellung eines Einzelschicksals, das als zeitgemäß bürgerliche Tragödie mit dem Freitod endet. Ihre weibliche Hauptfigur Lore, die sich ihren Lebensunterhalt in der Universitätsstadt verdient, indem sie zum Nähen in die Häuser der wohlhabenden Bürger geht, ist von Storm nach seinem eigenen Zeugnis angelegt als „eine zarte erregte Mädchennatur mit dem eingebornen Drang nach schöner Gestaltung des Lebens, dessen Erfüllung die äußern Verhältnisse versagen." Als sie glauben

Ein Granitfindling mitten im Wald: Wegweiser zu einem literarischen Schauplatz.

Diese fünf Steinstufen erinnerten noch bis zum vergangenen Jahr an die einstige Freitreppe vor der Waldwirtschaft „Sanssouci". Historischer Unkenntnis sind sie inzwischen zum Opfer gefallen.

muß, daß der Tischler Christoph, der seit seiner Jugend um sie wirbt, sich anschickt, in einer anderen Stadt in eine Meisterwerkstatt einzuheiraten, ergibt sie sich halb aus Enttäuschung, halb aus Verlockung dem „Raugrafen", einem ausschweifenden Studenten, der ihr die „schöne Gestaltung des Lebens" freilich nur in fragwürdigen Surrogaten zu bieten hat, sie aber ihrer weiblichen Ehre und damit der Aussicht auf eine bürgerlich anständige Ehe beraubt. Lore befreit sich aus der Verstrickung, in die sie nicht ohne eigene Schuld geraten ist, indem sie im Wasser der Förde den Tod sucht.

Den äußeren Rahmen für den Wendepunkt in Lores Schicksal, der ganz in ihr Inneres verlegt ist, bildet ein Tanzvergnügen der Korpsstudenten. Dessen Schauplatz ist eine im Wald vor der Stadt gelegene Wirtschaft, die den Studenten auch als Paukboden dient.

Storm schildert sie so, wie er die Gastwirtschaft im Düsternbrooker Gehölz, die man um 1850 in Kiel unter dem Namen Sanssouci kannte, in seiner Studienzeit erlebt hatte: als einen im Verfall begriffenen flachen Bau mit einem großen Saal und einer Vorhalle aus hölzernen Säulen, von der aus man durch die Bäume zur Förde hinunterblicken konnte.

Drei Jahre, nachdem Storm seine Novelle geschrieben hatte, brannte die Wirtschaft Sanssouci ab. Die Ruine und ihr terrassenartiger Unterbau wurden bis auf wenige Stufen der großen Freitreppe abgetragen, und später entstand an dieser Stelle eine Kiesgrube. Zum 100. Geburtstag Storms 1917 wurden auf Veranlassung von Professor Eugen Wolff (1863-1929), dem ersten Vertreter des Faches Neuere deutsche Literaturwissenschaft an der Kieler Universität, am Standort des verschwundenen Baus auf der Sohle der mittlerweile erschöpften und eingeebneten Kiesgrube ein Baum gepflanzt und ein Findling errichtet. Zehn Jahre später erhielt dieser die eingangs zitierte Inschrift. Ursprünglich war der Baum das eigentliche Denkmal: es war eine Doppeleiche, das Sinnbild Schleswig-Holsteins seit der Zeit der Erhebung von 1848, und galt der „Heimatstreue" des Dichters, den Eugen Wolff in seiner Festrede, zur Kriegspropaganda passend, zur Verkörperung deutschen Geistes „in seiner Kraft, Gesundheit und Stärke" stilisierte. Die Eiche steht heute nicht mehr. Durch die Hinzufügung der Inschrift rückte der Stein in den Vordergrund und mit ihm das wirklich Bleibende an Storm: sein dichterisches Werk.

Die Waldwirtschaft „Sanssouci" im Jahre 1836. Nach einer Gouache von M. Wagner.

HANS-JOACHIM WASCHKIES Philosophisches Seminar

Hindenburgufer und Rudolf-Höber-Straße: Erinnerung an die Naturwissenschaftler Meyerhof und Geiger

Zwei schlichte Metallplatten erinnern in Kiel an das Wirken von zwei großen Wissenschaftlern, die in unterschiedlicher Weise an der Weiterentwicklung von Lehren beteiligt waren, zu denen Max Planck einen Beitrag leistete. Die eine, der breiten Öffentlichkeit so gut wie verborgen, ist im Universitätsgelände in der Rudolf-Höber-Straße am Eingang des Biochemischen Instituts angebracht. Auf ihr steht der Name von Otto Meyerhof, der am 12. April 1884 in Hannover geboren wurde. Er entstammte einer alten jüdischen Kaufmannsfamilie, wuchs in Berlin auf und studierte von 1903 an Medizin. Dabei wandte er sich zunächst der Psychiatrie zu, doch schließlich weckte Otto Warburg in ihm das Interesse an der Erforschung der chemischen Reaktionen in lebenden Zellen.

Nachdem Meyerhof von Warburg, der 1931 den Nobelpreis für Medizin und Physiologie erhielt, zwei Jahre lang in die damals noch wenig bearbeitete Biochemie eingeführt worden war, ging er 1912 an das Physiologische Institut der hiesigen Christiana Albertina, das von Hans Bethe geleitet wurde. Bereits im Juli 1913 hielt der damals eben erst habilitierte Privatdozent vor der Kieler 'Philosophischen Gesellschaft' einen Vortrag 'Zur Energetik der Zellvorgänge', in dem er diese mit dem Begriffsapparat einer sowohl dynamische als auch thermodynamische und chemische Vorgänge in Lebewesen erfassenden Theorie zu beschreiben versuchte, die heute Energetik genannt wird. Seine Arbeit an den damit verbundenen Problemen wurde bald durch den Ersten Weltkrieg unterbrochen. Erst 1918 konnte Meyerhof ernstlich damit beginnen, seine theoretischen Überlegungen durch Experimente und Beobachtungen an kontrahierenden Muskeln empirisch abzusichern. Diese Untersuchungen, für die er 1923 zusammen mit Archibald Vivian Hill den Nobelpreis für Medizin und Physiologie erhielt, hatte Meyerhof praktisch ohne jede Hilfe durch technisches Personal durchführen müssen. Immerhin war er 1918 zum Titular-Professor und 1921 zum Extraordinarius ernannt worden; aber als der neue Leiter des Kieler Physiologischen Instituts Rudolph Höber, der wie Meyerhof selber Jude war, dort 1923 eine eigene Abteilung für physiologische Chemie einrichtete, lehnte es die Fakultät ab, deren Leitung Meyerhof zu übertragen. Man kann nur ahnen, welche Gründe dafür ausschlaggebend waren, daß die zuständigen Gremien einen fachlich weit weniger qualifizierten Chemiker mit diesem Amt betrauten. Als Meyerhof kurz darauf mit dem Nobelpreis ausgezeichnet wurde und unmittelbar darauf einen Ruf an die Yale Universität erhielt, konnte die Kaiser-Wilhelm-Gesellschaft seine Abwanderung in die Vereinigten Staaten einstweilen noch verhindern. Sie verschaffte ihm zunächst in Berlin und später als Leiter des Physiologischen Instituts an dem neu gegründeten Heidelberger Kaiser-Wilhelm-Institut für Medizin hervorragende Arbeitsbedingungen. Als Mitarbeiter dieser Institution gelang ihm 1925 der entscheidende Durchbruch bei dem Versuch, den Verlauf des gesamten Stoffwechselwegs vom Glykogen zur Milchsäure zu klären; aber als die Machtübernahme durch die Nationalsozialisten erfolgte, war es trotz seiner wissenschaftlicher Erfolge nur eine Frage der Zeit, wann Meyerhof aus den Leitungsgremien der Kaiser-Wilhelm-Gesellschaft ausscheiden und Deutschland verlassen mußte. Nach einem Zwischenaufenthalt in Paris entkam er beim Einmarsch der deutschen Truppen in Frankreich unter dramatischen Umständen nach Spanien, und von dort gelangte er schließlich nach Philadelphia, wo er bis zu seinem Tode am 6. Oktober 1951 an der University of Pennsylvania als Research Professor für Physiologie tätig war.

Während die Forschungen von Otto Meyerhof praktisch nur Fachgelehrten bekannt sind, hat wohl schon jeder Leser dieser Zeilen irgendwann einmal das Tikken eines 'Geigerzählers' gehört. Trotzdem wird die Tafel am Hindenburgufer, die daran erinnert, daß sein Erfinder hier mehrere Jahre lang lebte und wirkte, von den meisten der vielen tausend Spaziergänger über-

Am Hindenburgufer und in der Rudolf-Höber-Straße erinnern zwei unauffällige Tafeln daran, daß die bekannten Naturwissenschaftler Otto Meyerhof und Hans Geiger an der Kieler Universität tätig waren.

OTTO MEYERHOF 1884-1951
KIEL 1913-1924
NOBELPREIS 1922
INVESTIGATORI PRAESTANTISSIMO
BIOCHIMIAE QUI FUNDAMENTA
IECIT DISCIPLINAE

IN DEN JAHREN 1925–1929 WOHNTE HIER
UND WIRKTE AN DER UNIVERSITÄT KIEL
PROFESSOR DR. HANS GEIGER
GEB. 30. 9. 1882 IN NEUSTADT (RHEINPFALZ)
GEST. 24. 9. 1945 IN BERLIN
ER ERFAND METHODEN ZUR ELEKTRI-
SCHEN ZÄHLUNG EINZELNER ATOMARER
TEILCHEN. DAS GEIGER-ZÄHLROHR ERÖFF-
NETE DER ATOMFORSCHUNG NEUE WEGE.

sehen, die sie an jedem schönen Sonnentag passieren. Hans Geiger, der am 30. September 1882 in Neustadt in der Rheinpfalz geboren wurde, wuchs in München und Erlangen auf. Nach einem Studium der Naturwissenschaften in diesen beiden Städten, das er im November 1901 begonnen hatte, wurde er 1906 in Erlangen mit einer Arbeit über Gasentladungen bei starken Strömen promoviert. Sein Doktorvater Eilhard Wiedemann vermittelte ihm danach eine Anstellung am Cavendish Laboratory der Universität in Manchester. Rutherford, der im Sommer 1907 die Leitung dieses Instituts übernahm, bat Geiger, ihn bei der weiteren Erforschung der Radioaktivität zu unterstützen. Geiger, der damals eben im Begriff war, aus dem nach seinen eigenen Erinnerungen trüben und trostlosen Manchester, in dem die Wirklichkeit seine schlimmsten Erwartungen übertroffen hatte, nach Deutschland zurückzukehren, nahm dieses Angebot an. Von nun an befaßte er sich vor allem mit Problemen, bei denen es darum geht, die Existenz einzelner Materieteilchen von der Art nachzuweisen, wie sie beim radioaktiven Zerfall auftreten. Dabei nutzen alle von ihm entwickelten 'Geigerzähler' aus, daß die fraglichen Teilchen beim Einfall in ein starkes elektrisches Feld eine Ionenlawine auslösen, die sich meßtechnisch erfassen läßt.

Das erste bedeutende Ergebnis von Geigers Forschungen in Manchester war 1908 sein empirischer Nachweis für die statistische Natur der radioaktiven Strahlung. Erwähnt sei ferner die Entdeckung des Gesetzes, nach dem die Reichweite der α – Teilchen einer radioaktiven Strahlungsquelle von der Energie dieser Teilchen abhängt sowie die von Geiger gemeinsam mit J. M. Nuttall durchgeführten Untersuchungen über die Regel, nach der sich die Zahl der von einem radioaktiven Präparat ausgesandten Teilchen mit der Zeit ändert.

Rutherford hat später berichtet, daß Geiger in jenen Tagen 'wie ein Sklave' arbeitete, während sich dieser selbst dankbar daran erinnerte, daß er in allen Aufsätzen, die Rutherford auf der Grundlage seiner Messungen publizierte, den Namen „Geiger" neben den von Rutherford setzen durfte. Im Wissenschaftsbetrieb von damals war das keineswegs eine Selbstverständlichkeit. 1912 wurde Geiger, den die Veröffentlichungen über seine Untersuchungen im Institut des 1909 mit dem Nobelpreis ausgezeichneten Rutherford weithin bekannt gemacht hatten, als Leiter an die Physikalisch-Technische Reichsanstalt in Berlin berufen. Hier konstruierte er im Jahre 1913 einen neuen, 'Spitzenzähler'

Otto Meyerhof (1884-1951).

Hans Geiger (1882-1945).

genannten Apparat zum Nachweis von α- und β-Teilchen, doch der Erste Weltkrieg, an dem er als Artillerie- und Pionieroffizier teilnahm, unterbrach schon bald Geigers Arbeit auf diesem Gebiet. Nach dem Kriege nahm er seine wissenschaftliche Tätigkeit von Neuem auf. 1924 habilitierte er sich außerdem mit einer Sammlung von Arbeiten über Reichweitenmessungen von α-Strahlen an der Berliner Universität. Das war ein eher formaler Akt; denn nachdem Geiger diese Schriften Anfang Dezember eingereicht hatte, teilte ihm der Dekan der dafür zuständigen Philosophischen Fakultät schon drei Tage später mit, daß sie als Habilitationsleistung anerkannt würden und er im übrigen auf Grund der von ihm bislang vorgelegten Forschungsergebnisse vom Kolloquium und der Probevorlesung befreit sei. Als er kurz darauf einen Ruf der Kieler Universität auf den Lehrstuhl für Experimentalphysik erhielt, konnte es sich Geiger inzwischen trotz der ihm fast völlig fehlenden Lehrerfahrung leisten, finanzielle Wünsche für die Neuausstattung des Instituts in erheblicher Höhe anzumelden, von denen ihm allerdings nicht einmal der zehnte Teil bewilligt wurde. Dazu gehörte die Forderung, das Kieler Institut an das Wechselstromnetz der Stadt anzuschließen, die verrät, daß dessen Einrichtung damals nicht eben dem neusten Stand der Technik entsprach. Andrerseits zeigt die Berufung von Geiger aber auch, daß die Christiana Albertina in dem halben Jahrhundert davor als naturwissenschaftliche Forschungsstätte an Bedeutung gewonnen hatte. Die Berufung des jungen Planck im Jahre 1885 (s. Nr. 15) hatte noch dazu gedient, einen talentierten Privatdozenten fürs erste mit einem schlecht dotierten Posten an einer Provinzuniversität zu versorgen, die er so bald wie möglich wieder verließ, während die Christiana Albertina 1925 schon über genügend Ansehen und Geldmittel verfügte, einen so berühmten Gelehrten wie Hans Geiger zur Übersiedlung von Berlin nach Kiel zu bewegen. In Kiel erwies sich Geiger schnell als ein begabter Pädagoge, der seine Begeisterung für die Physik vor allem in seiner großen Experimentalphysikvorlesung auf seine jungen Hörer zu übertragen wußte. Dazu nahm er im Physikalischen Kolloquium die Gelegenheit wahr, mit dem Ordinarius für theoretische Physik Walther Kossel zu diskutieren, der bedeutende Beiträge zur Theorie der Röntgenstrahlen geleistet hat, und schließlich nahm Geiger im Jahre 1928 von neuem seine Bemühungen um eine Verbesserung der Methoden zum Zählen der Teilchen auf, die bei einer radioaktiven Strahlung auftreten. Dabei entwickelte er zusammen mit seinem Schüler Walther Müller den Prototyp des Geiger–Müller Zählrohrs, dessen Funktionsweise diese beiden Physiker am 7. Juli 1928 auf einer Gautagung der Deutschen Physikalischen Gesellschaft in Kiel erstmals demonstrierten.

Nachdem Geiger im Jahre 1929 einen Ruf der Tübinger Universität angenommen hatte, wandte er sich vor allem der Erforschung der kosmischen Höhenstrahlung zu, die er später am neuen Physikalischen Institut der Technischen Hochschule in Berlin Charlottenburg fortsetzte, dessen Leitung er 1936 übernommen hatte. In diesem Jahr wurde die Deutsche Physikalische Gesellschaft, deren 'Gleichschaltung' den Nationalsozialisten nie vollständig gelang, gezwungen, sich von ihren jüdischen Mitgliedern zu trennen, und die Ereignisse im Vorfeld dieser Maßnahme dürfte den politisch ansonsten äußerst zurückhaltenden Geiger, der dem Vorstand jener Gesellschaft angehörte, dazu veranlaßt haben, öffentlich zu den damit verbundenen Problemen Stellung zu nehmen.

Seit dem Beginn der 20er Jahren versuchten einige Physiker, die den Ideen der Nationalsozialisten nahe standen, die von jüdischen Gelehrten erstellten Theorien zu diskreditieren. Dabei gaben sie vor, daß man zwischen einer vornehmlich von Juden vetretenen, theoretischen Physik, bei der die Bestätigung durch empirische Daten angeblich eine untergeordnete Rolle spielen sollte, und einer völkischen oder arischen Physik, deren Gesetze induktiv aus Meßdaten gewonnen sind, unterscheiden könne. Auf diese Weise schien die rassistisch begründete Diskreditierung der jüdischen Naturwissenschaftler eine objektive Begründung zu erhalten. Es war daher von großer Bedeutung, daß 1936 der damals eben erst durch die Verleihung des Nobelpreises geehrte Theoretiker Werner Heisenberg zusammen mit dem technischen Physiker Max Wien und dem renommierten Experimentator Hans Geiger ein Memorandum abfaßte, in dem die Unsinnigkeit einer solchen Unterscheidung kompetent und unmißverständlich dargestellt war. Dieses Dokument wurde mit der Unterschrift von 75 prominenten deutschen Naturwissenschaftlern dem damaligen Reichsminister für Erziehung, Wissenschaft und Volksbildung überreicht und war auf dessen Politik nicht völlig ohne Einfluß.

Geiger, der zu den ersten Physikern gehörte, die eine waffentechnische Anwendung der Kernenergie für möglich hielten, scheint sich während des Zweiten Weltkriegs in Berlin auch mit dieser Frage befaßt zu haben. Ein rheumatisches Leiden, das ihn von 1942 an zunehmend an das Bett fesselte, hinderte ihn jedoch mehr und mehr an jeder Form von wissenschaftlicher Arbeit. Der Not, die das Leben unmittelbar nach dem Kriegsende mit sich brachte, war er dann nur noch kurze Zeit gewachsen. Geiger starb am 24. September 1945 in Potsdam.

ERICH HOFFMANN Historisches Seminar

Bellevue und die Seebadeanstalt: Die Kieler Volksfeste der Jahre 1840 und 1843 und Droysens Verdunrede

An der Stelle, an der sich heute das Landeshaus des Bundeslandes Schleswig-Holstein mit dem Sitz von Landtag und Landesregierung befindet (vgl. Nr. 36), wurde – dem aufkommenden Interesse für das Baden in offenem Meer entgegenkommend – eine Seebadeanstalt errichtet, die 1822 in Betrieb genommen werden konnte. Das Gebäude der Badeanstalt war großzügig angelegt und umfaßte auch ein „Logierhaus" samt Restaurant. Die Pläne hierzu stammten von dem bedeutenden dänischen Architekten Axel Bundsen, der gerade in Schleswig-Holstein der Schöpfer mehrerer eindrucksvoller klassizistischer Bauwerke gewesen ist.

Fast mehr als für den Badebetrieb diente diese Anlage dem geselligen Verkehr und der Veranstaltung von Festen und Bällen während der Sommerszeit. Ganz in der Nähe lag dazu das Sommertheater „Tivoli". Im Jahre 1865 wurde dann die Badeanstalt weiter nach Norden an ihren heutigen Platz bei „Bellevue" verlegt, da an ihrer Stelle nun die erste preußisch/deutsche Flottenstation erbaut wurde, die 1888 von der „Marineakademie", dem heutigen Landeshaus, abgelöst wurde.

Bei der alten Seebadeanstalt wurden aber nicht nur private Feste gefeiert, hier fanden 1840 und 1843 auch zwei der vielen politisch motivierten schleswig-holsteinischen Volksfeste statt, bei denen die deutschen liberalen Politiker ihre politischen Vorstellungen und Forderungen dem Volk nahebrachten, um eine möglichst breite Anhängerschaft zu gewinnen. Denn seit harten Auseinandersetzungen in der schleswigschen Ständeversammlung des Jahres 1842 begannen sich im Herzogtum Schleswig zwei gegnerische nationale Lager herauszubilden. Bei den deutschgesinnten Schleswig-Holsteinern entstand eine Volksbewegung, die auf möglichst große Selbständigkeit der Herzogtümer innerhalb des Gesamtstaates drängte, aber auch auf Anschluß an die deutsche Nationalbewegung hinarbeitete. Die dänische Bewegung im nördlichen Schleswig drängte auf eine Verbesserung der Stellung der dänischen Sprache im Schleswigschen und eine engere staatsrechtliche Verbindung des Herzogtums mit Dänemark.

Beiderseits veranstaltete man nun in rascher Folge volkstümliche Versammlungen, um eine möglichst große Anhängerschaft zu gewinnen und zu festigen. Bei den nordschleswigschen Dänen waren vor allem die verschiedenen Versammlungen auf Skamlingsbanke eindrucksvoll, auf schleswig-holsteinischer Seite fanden an vielen unterschiedlichen Orten solche Veranstaltungen statt. Dabei handelte es sich um politische Bankette, Volksfeste und Sängerfeste. Anscheinend war das 1840 in Kiel veranstaltete Fest überhaupt das erste größere, das nach Entschärfung eines zuvor seit einigen Jahren bestehenden Versammlungsverbotes stattfand. Hieran nahmen etwa 1400 Menschen teil, dazu kam noch eine große Menge von Zuschauern. Beim Ablauf des Festes erkennt man bereits die „Inszenierung" durch die einladenden politischen Veranstalter, die geschickt Geselligkeit, Festfreude sowie politische Demonstration und Agitation miteinander variierten. Mit einer Musikkapelle an der Spitze zogen die Teilnehmer zur Düsternbrooker Badeanstalt. Hier wurde gemeinsam in einem Zelt gespeist, ein Orchester lieferte Tischmusik, Eichenlaub schmückte Wände und Pfeiler. Die politischen Meinungsäußerungen fanden vor allem durch Toaste statt. In diesen brachte man die üblichen Hochrufe auf den Landesherrn Christian VIII. (aber nicht als König, sondern als Herzog der beiden Lande), auf Schleswig wie auf Holstein als deutschen Ländern, auf Lornsen und andere nationalliberale Politiker und das deutsche Vaterland, „daß es blühe in Kraft, Freiheit und Einheit". Zwischen den Toasts wurden nationale Lieder aus der Zeit der Freiheitskriege von der Festgemeinde gesungen.

Der zweite Teil des Festes war mehr der Geselligkeit und dem Vergnügen geweiht. Man ging im Düsternbrooker Gehölz spazieren, unternahm Schiffsfahrten auf der Förde, lauschte Chorgesang und Orchestermusik, traf sich am Abend auf drei großen Tanzplätzen

Romantik ade: Die Düsternbrooker Seebadeanstalt im Schatten eines Hotelriesen.

Der gleiche Blickwinkel um 1860. Nach einer Kreidelithographie von Ernst Wolperding.

MARITIM

Das Düsternbrooker Ufer mit dem 1822 fertiggestellten klassizistischen Badehaus Axel Bundsens. Nach einer Kreidelithographie von Christian Friedrich Ferdinand Thöming, 1823.

und bewunderte ein prächtiges Feuerwerk. Der berichtende Journalist erwähnt mit Freude, „Alle Stände waren auch wirklich repräsentiert, Adel, Bürger- und Bauernstand". Weiterhin rühmt er, daß „ein Geist der geselligen Gleichheit und die größte Ordnung, der größte Anstand von Anfang bis Ende" geherrscht habe.

Das zweite Kieler Volksfest war von noch größerer politischer Wirkung. Es wurde von dem bedeutenden Gelehrten Johann Gustav Droysen inspiriert, der von 1840-1851 als Professor für Geschichte an der Kieler Universität wirkte. Bald nach seiner Ankunft in Kiel gelang es diesem, einen großen Schülerkreis aus Studenten und jungen Gelehrten um sich zu scharen. Als liberaler Verfassungsfreund fand er schnell Anschluß an die Gruppe der schleswig-holsteinisch gesinnten Nationalliberalen in den Herzogtümern, ja er betonte noch mehr als sie die Nähe zur deutschen Freiheits- und Einheitsbewegung, die sich im „Vormärz" (d.h. vor der Revolution von 1848) zu formieren begann. So war es offensichtlich das Ziel seiner Festplanung, die schleswig-holsteinische Bewegung noch mehr als bisher in die liberale deutsche Einheitsbewegung zu integrieren.

Er gedachte dabei, den tausendsten Jahrestag des Vertrags von Verdun (843) zu nutzen, der mit der Teilung des fränkischen Reiches den in mehreren weiteren Schritten erfolgenden Beginn des deutschen und französischen Reiches und ihrer Geschichte eingeleitet hatte. Droysen nahm also, wie einst Dahlmann mit seiner „Waterloo-Rede", ein historisches Datum zum Anlaß, um moderne, zeitpolitische Forderungen aus der historischen Entwicklung heraus abzuleiten. Neben der akademischen Feier des „Jahrtausendtages" der Entstehung des Deutschen Reiches sollte dann aber auch als zweite Phase ein weiteres Volksfest bei der Düsternbrooker Badeanstalt stehen. Am Festtag (d. 10. August 1843) fand zunächst ein Festzug der Studenten durch die Stadt vom Markt in einem Bogen bis zurück zum Universitätsgebäude in der Nähe des Schlosses statt.

In der überfüllten Aula der Universität schlug Droysen dann einen großen Bogen durch die tausendjährige deutsche Geschichte. Hierbei ging es ihm aber vor allem, seinem politischen Anliegen entsprechend, um die Bedeutung der Vergangenheit der Geschichte für Gegenwart und Zukunft. „Nur das, was Leben daraus gewonnen habe, sei der (öffentlichen) Beachtung wert". So stelle der moderne Staat das Prinzip der Gleichheit aller vor dem Gesetz auf und erfordere die allgemeine Teilnahme der Staatsbürger an den öffentlichen Angelegenheiten, eine Repräsentativverfassung, die Freiheit der Presse, die Glaubensfreiheit samt der Emanzipation der Juden und die allgemeine Wehrpflicht. Anders als einst Dahlmann in der Waterloo-Rede von 1815 ging Droysen nur wenig auf die Frage der bedrohten Landesrechte der Herzogtümer ein. Er war bemüht, die schleswig-holsteinische Bewegung vor allem „mit dem lebendigen Bewußtsein des ganzen deutschen Vaterlandes" zu verbinden, „dessen Einheit unsere Freiheit, dessen Ehre unsere Ehre, dessen Zukunft unsere Zukunft ist".

Das Volksfest bei der Seebadeanstalt begann dann um 15.30 Uhr. Beim Festmahl im durch ein Zelt vergrößerten Saal, vor dem die schwarz-rot-goldene Flagge der deutschen Einheitsbewegung wehte, waren 1300 bis 1400 Personen, bei den weiteren Feierlichkeiten etwa 4000 Teilnehmer anwesend. Ein Festausschuß „aus allen Ständen" hatte zum Fest geladen, die Rednerliste weist aber deutlich darauf hin, daß in diesem der „Droysenkreis" mit Lorenz (von) Stein, Karl Samwer, Reimer Claussen und Advokat Hedde deutlich vertreten war. Nach dem Mahl wechselten Musik, Gesang der Kieler Liedertafel und politische Reden miteinander ab.

Sicherlich nach Droysens Wunsch zielten viele der Reden und Toaste darauf, daß die schleswig-holsteinische in die deutsche Bewegung einmünden solle. Samwer (der auch dem Herzog von Augustenburg nahestand) wies jedoch energisch darauf hin, daß hierüber das erste und wichtigste Ziel, die vollständige Einheit Schleswig-Holsteins zu gewinnen, nicht vergessen werden dürfe.

Alles in allem waren die beiden Kieler Volksfeste zwar nicht die wichtigsten und am meisten besuchten Veranstaltungen der Schleswig-Holsteinischen Bewegung, sie zeigen aber wie die anderen Feste deutlich auf, wie es bereits in der Frühzeit des erwachsenden politischen Bewußtseins breiterer Schichten der Landesbevölkerung die politischen Führungsgruppen verstanden, mit sehr modern anmutenden Mitteln Massenbewegungen hervorzurufen, zu begeistern und zu motivieren.

HANS JOACHIM KAISER Historisches Seminar

Das Somerset House: Vom Luftkreiskommando der Wehrmacht zum Territorialkommando der Bundeswehr

Das heute 55 Jahre alte, von Grünanlagen umgebene Gebäude steht im Kieler Stadtteil Düsternbrook. Im Westen wird es vom Niemannsweg, im Norden von der Koesterallee, im Osten vom Hindenburgufer und im Süden von der Parkstraße eingefaßt.

Wie bei offiziellen Gebäuden in Seestädten oft anzutreffen, wendet es dem von See kommenden Betrachter seine Schauseite zu. Der etwa 100 m lange, dreigeschossige rote Ziegelbau mit seinem flachen Walmdach ist von unprätentiöser Schlichtheit, die hervorgerufen wird durch die symmetrische Anordnung der Fensterreihen und den fast völligen Verzicht auf schmückende Elemente. Lediglich die Stirnwände der nach Westen angebauten Seitenflügel sowie die Portalzone treten leicht aus der Front heraus. Das umlaufende Gesims, die Gebäudeecken, die Fensterrahmungen und die kräftigen Umrahmungen der sieben Eingangstüren heben sich durch ihr andersartiges Material (Sandstein) von den Ziegelwänden ab. In nationalsozialistischer Zeit hing außerdem ein großer Reichsadler unterhalb des Gesimses in der Mitte der Fassade.

Nähert man sich dem Gebäude von der Rückseite, wird erst deutlich, daß der langgestreckte Mittelbau auf jeder Seite einen 50 m langen dreigeschossigen Flügel hat. Der so entstehende rechteckige Innenhof wird nach Westen hin durch einstöckige Anbauten bis auf eine Durchfahrt geschlossen. Mit dieser Anordnung der Trakte erinnert das Gebäude an das zu gleicher Zeit in Berlin erbaute Reichsluftfahrtministerium, einem bedeutenden Bau der Luftwaffe.

Auf dieser Rückseite befindet sich der offizielle Zugang. Die Fassade entspricht mit ihren hochrechteckigen und quadratischen Fenstern der der Seeseite, nur daß hier auch das Eingangsportal mit seinen fünf über zwei Geschosse reichenden Türelementen nicht aus der Front heraustritt. Sechs Stufen führen in die vom Tageslicht erhellte Vorhalle.

Die funktionale Schlichtheit kennzeichnet das Gebäude schon äußerlich als Verwaltungsgebäude und unterscheidet es von vielen Repräsentativbauten der Nationalsozialisten. Es bestätigt sich, was Barbara Miller Lane sagt: Den Bauten der Luftwaffe fehle der „gemäßigte Historismus der Führerbauten" (S. 191). Auch der Grundriß des Gebäudes zeigt, daß die Arbeitsräume eindeutig Vorrang vor Repräsentationsräumen haben: 500 Zimmer zählt das Bauwerk, doch nur im 1. Obergeschoß befindet sich mit Blick auf die Förde ein 200 m^2 großer Sitzungssaal, ursprünglich ausgeführt mit Parkettfußboden und Kassettendecke, inzwischen schlicht renoviert. An seinen Wänden hängen fünf nach Entwürfen von Professor Werner Peiner (1897–1984) gefertigte Gobelins, die die Erdteile symbolisieren. Diese Teppiche sind erst in der Nachkriegszeit durch die britische Besatzungsmacht von Berlin nach Kiel gekommen.

Zur Planungs- und Baugeschichte sind außer einigen Baubestandsplänen im Maßstab 1 : 250 aus dem Jahre 1938, die einen Herrn Jensen als Bauleiter ausweisen, keine weiteren Unterlagen aufzufinden (die Pläne befinden sich beim Landesbauamt Kiel I). Bekannt ist, daß die Auftragserteilung durch die Luftwaffe erfolgte, die in ihrer Aufbauphase im Jahre 1935 ein großes Bauvolumen beaufsichtigte. Ob der „Reichsminister der Luftfahrt und Oberbefehlshaber der Luftwaffe" Hermann Göring, der sich häufig Entwürfe zu Bauten der Luftwaffe vorlegen ließ, an dem Kieler Bauprojekt beteiligt war, kann nicht mehr geklärt werden. Als Bauplatz wurde das bisher unbebaute Gelände zwischen Hindenburgufer und Niemannsweg festgelegt. Baubeginn war im Sommer 1934. Im Juli begann man damit, 250 Eisenbetonpfähle einzurammen, im November wurde bereits Richtfest gefeiert und im Frühsommer 1935 war es soweit fertiggestellt, daß die ersten Abteilungen der Kommandobehörde einzogen.

Am 21. Oktober 1935 hielt sich Hermann Göring in Kiel auf. In Anwesenheit von Gauleiter Lohse, Vizeadmiral Conrad Albrecht (Kommandierender Admiral der Marinestation der Ostsee) und General der Flieger

"Militärischer Sicherheitsbereich. Unbefugtes Betreten verboten. Vorsicht Schußwaffengebrauch!" warnt eine Tafel den Passanten am Hindenburgufer vor dem Betreten der Grünanlagen, die das ehem. „Somerset-House" umgeben.

Militärischer
Sicherheitsbereich
Schußwaffengebrauch

Zander weihte er das Gebäude des Luftkreiskommandos VI ein. Eine Photographie im Kieler Stadtarchiv überliefert dieses Ereignis (Chronik 38.3).

Mit einem Artikel über dieses Gebäude begann die „Kieler Zeitung" am 6. November 1935 eine Serie über Bauten im „neuen Kiel". Darin heißt es im Tenor der Zeit: „Das Gebäude des Luftkreiskommandos VI ist ein stolzes Symbol der durch den Führer wiedererstandenen jungen deutschen Luftwaffe, ein Symbol, das in ewigen Zeiten von der Tat- und Willenskraft des Nationalsozialismus künden wird."

Die Nutzungsgeschichte des Gebäudes ist nicht mehr lückenlos zu rekonstruieren.

Durch die Bestimmungen des Versailler Vertrages waren dem Deutschen Reich Luftstreitkräfte jeder Art verboten. Jedoch arbeitete seit 1925 eine Dienststelle der Reichsmarine am Aufbau von Marinefliegerverbänden. In Kiel gründete Kapitän zur See, Rudolf Lahs, die Fluggesellschaft „Severa" (Seeflugzeug-Versuchsanstalt Kiel) eine paramilitärische Organisation, die unter dem Deckmantel ziviler Zwecke zukünftige Marineflieger ausbildete. Hier wurde Vorarbeit für eine zukünftige Marineluftwaffe geleistet. Stützpunkt für eine Seefliegerübungsstaffel wurde u.a. auch der Flugplatz Kiel-Holtenau (Tarnname: Luftdienst e.V.).

Auch an dem Aufbau einer Kommandostruktur arbeiteten Marine- und Luftwaffenoffiziere. Das ausgebildete Personal wurde am 1. April 1934 im Luftkreis VI (See) unter Führung von Vizeadmiral Konrad Zander (1883-1947) zusammengefaßt, und zwar noch unter der Tarnbezeichnung „Präsident des Luftamtes Kiel". Für dieses Luftkreiskommando VI, das am 4. Februar 1938 in Luftwaffenkommando See umbenannt wurde, errichtete man das Gebäude am Hindenburgufer. Dem Kommando unterstanden alle Seefliegerverbände an Nord- und Ostsee, deren Organisation, Ausbildung und Personalangelegenheiten. Dazu gehörte auch ein Kommandostab mit der Bezeichnung „Führer der Marineluftstreitkräfte". Dem Luftkreis unterstellt wurde auch der „Flak Kommandeur Kiel" mit zwei Flak-Abteilungen. Organisatorisch gehörte das Luftkreiskommando zunächst zur Reichsmarine.

Mit der Gründung der Luftwaffe als drittem Wehrmachtsteil am 1. März 1935 wurden Organisation und Stärke der Seeluftstreitkräfte zum Streitpunkt zwischen Luftwaffe und Marine. Göring beanspruchte die Kontrolle über das gesamte Flugwesen und gliederte in den folgenden Jahren die Marineflieger in die Luftwaffe ein.

Im Januar 1939 befahl er die Einrichtung der Dienststelle des „Generals der Luftwaffe beim Oberbefehlshaber der Marine" (Generalmajor Hans Ritter), dem der „Führer der Marineluftstreitkräfte" und alle Seefliegerverbände unterstellt wurden. Das Luftwaffenkommando (See) in Kiel wurde am 31. März 1939 als geschlossener Verband aufgelöst und General Zander in den Ruhestand versetzt. Über die weitere Nutzung des Gebäudes läßt sich nur sagen, daß bis Kriegsende dem Luftgaukommando Hamburg untergeordnete Stäbe der Luftwaffe Fliegerhorste und Anlagen der Luftwaffe in Schleswig-Holstein verwalteten.

In den ersten Maitagen 1945 erreichten Vorkommandos der britischen Armee und der Militärregierung Kiel. Alle Einheiten zusammen bildeten unter Ausnutzung der vorhandenen militärischen Infrastruktur die „Kiel Brigade Area". Geeignete Gebäude wurden requiriert. Diese erhielten für den internen Gebrauch englische Namen. Jetzt gab es in Kiel die „Cambridge Barracks" und die „Sussex Barracks".

Der „Union Jack" wurde auch am Fahnenmast des hier vorgestellten Gebäudes am Niemannsweg gehißt (vgl. dazu die Photographien in dem von Kurt Jürgensen herausgegebenen Band „Die Briten in Schleswig-Holstein"). Es war zunächst die britische Luftwaffe, die sich in den „Essex Barracks", wie das unzerstörte Gebäude zunächst genannt wurde, einrichtete. Zu ihrer Orientierung in dem weitläufigen Bauwerk nutzten die Briten die alten Baubestandspläne. Ihre Eintragungen finden sich noch heute darauf.

Mit der Auflösung des VIII. britischen Armeekorps, das sein Hauptquartier in Plön hatte, erfolgte im Frühjahr 1946 eine Umgliederung der britischen Militärregierung. Von Kiel aus als zukünftiger Landeshauptstadt sollte die Kontrolle der Provinzialbehörde und die Koordinierung der militärischen Besatzung Schleswig-Holsteins erfolgen. Im Mai 1946 übernahm Vice Marshal Hugh V. Champion de Crespigny als „Regional Commissioner" die Militärregierung, die dann die Bezeichnung „312 HQ Mil Gov Schleswig-Holstein Region" trug. Als ranghöchster Repräsentant der britischen Besatzungsmacht wählte er als seinen Amtssitz das inzwischen umbenannte Gebäude der deutschen Luftwaffe. Bereits am 19. März 1946 lautete der Befehl an die untergeordneten Dienststellen: „The main HQ Control Commission Germany-Schleswig-Holstein will move into Somerset Barracks in the early part of next month" (London, P.R.O., FO 10006/329). Pate für die Namensgebung des Gebäudes stand das „Somerset

Hofseite desselben Gebäudes in den Formen nationalsozialistischer Backsteinarchitektur.

House" in der Londoner Innenstadt, ein zweiflügeliger Palast an der Themse aus dem Ende des 18. Jahrhunderts.

Die Sachreferate der Militärregierung, zuständig für die Bereiche Ernährung, Landwirtschaft, Handel, Sicherheit, Erziehungswesen, Transport und Rechtswesen, zogen in das „Somerset-House". Im Rückblick berichtet ein ehemaliger britischer Besatzungsoffizier: „The atmosphere was similar to any large office building in a European country. The building was full of offices, store rooms and conference rooms. The larger rooms were used for typing pools, central filing and records. There was at least one canteen for tea, coffee, cakes etc." (Brief von Mr. R.J. Currey an den Verfasser vom 4. Dezember 1990).

Das Gebäude blieb bis 1955 Sitz des britischen Militärgouverneurs. Noch heute wird das Nebengebäude (ehemals zwei Admiralswohnungen) von der britischen Garnison in Kiel und Rendsburg als Offiziersheim genutzt. Am 24. Januar 1956 zog die Bundeswehr mit Abteilungen der Wehrbereichsverwaltung und einem Stab des Wehrbereichskommandos I in das Gebäude. Der Stab übernahm die Verantwortung für die militärische Landesverteidigung Schleswig-Holsteins und Hamburgs. Die heutige Bezeichnung ist „Territorialkommando Schleswig-Holstein/Deutscher Bevollmächtigter im Bereich AFNORTH". Der Befehlshaber, Konteradmiral Jürgen Dubois, ist bevollmächtigter Vertreter des Bundesministers der Verteidigung gegenüber den NATO-Kommandobehörden im Bereich der „Alliierten Streitkräfte Nordeuropa" (AFNORTH). Dem Kommando unterstehen rund 6000 Soldaten. Die Aufgaben erstrecken sich im Frieden von der Zusammenarbeit mit zivilen Dienststellen bis zu Maßnahmen der militärischen Sicherheit und Ordnung. Im Verteidigungsfall übernimmt das Territorialkommando die Organisation des Personalersatzes und vielfältige Aufgaben zur Aufrechterhaltung der Operationsfreiheit der NATO-Streitkräfte.

Heute ist dieser architektonisch schlichte, aber wirkungsvolle Bau Arbeitsplatz für rund 450 zivile und militärische Bedienstete.

ANDREA-CHRISTIANE UND HEINZ KLUG Geographisches Institut

Der Hafen: Kiels maritime Berufung

Haushohe Fährschiffe an den Kaianlagen vor dem Stadtkern, moderne Passagierterminals, neue Laderampen für den Roll-on/ Roll-off-Verkehr sowie große Umschlags-, Lager- und Aufstellflächen mit Containern und Kraftfahrzeugen dokumentieren eindrucksvoll Kiels wachsende Bedeutung als Hafenstadt. Spektakuläre Veränderungen im Seetransportwesen wie in den Umschlagstechniken, die sich raumprägend auswirkten, und die Reaktion einer zukunftsorientierten Planung auf die Neubildung der Verkehrsströme über die Ostsee in der Nachkriegszeit haben die Grundvoraussetzungen und Rahmenbedingungen für den Aufschwung erst geschaffen. Denn Kiel kann in seiner Funktion als Hafen zwar auf eine bis in die Gründungszeit der Stadt reichende Tradition zurückblicken, hat aber nie eine überregionale Bedeutung erlangen können. Der notwendige Innovationsschub kam erst mit dem Ausbau des modernen Fährverkehrs.

Schon in der Frühphase der Stadtentwicklung im 13. bis 15. Jahrhundert war Kiel maritimer Umschlagplatz. Der Seehandel wurde mit vorwiegend schwerfälligen Koggen abgewickelt. Zeitweise waren zwanzig Schiffe im Hafen beheimatet. Doch bis ins 18. Jahrhundert hinein blieb Kiel eine kleine Residenzstadt, in der die Seefahrt nur eine geringe Bedeutung hatte. Weiterreichende Pläne, sich in den Orienthandel einzuschalten („Persianische Häuser", 1633–1636 am Alten Markt errichtet und im Luftkrieg 1944 zerstört), waren im 17. Jahrhundert fehlgeschlagen. Erst die Eingliederung in den dänischen Gesamtstaat des 18. Jahrhunderts und die Fertigstellung wichtiger Infrastrukturprojekte brachten einen Aufschwung auch für den Hafen. Um 1740 entstanden im Bereich des heutigen Sartori-Kais die ersten Packhäuser, Kunststraßenbau (1832) und Eisenbahnanschluß (1844) zwischen Altona und Kiel führten zu einer Erhöhung des Frachtaufkommens. Dennoch blieb die Stellung des Hafens, der vorwiegend dem Agrarhandel diente, bescheiden.

Wichtige Impulse zur Entwicklung des Passagierverkehrs gab die von 1780 bis 1842 bestehende regelmäßige Postschiffverbindung nach Kopenhagen und die Eröffnung der Linie Kiel-Korsör (1856), nachdem sich in der Ostsee ein rascher Übergang von der Segel- zur Dampfschiffahrt vollzogen hatte. In Reaktion auf diese Entwicklung änderte sich auch das Bild des Hafens. Die vor dem ehemaligen Schuhmachertor gelegene „Schiffsbrücke", ein rund 90 Fuß langes Bauwerk aus Holz und Faschinen, wurde zum Bollhörnkai ausgeweitet, weitere Hafenanlagen entstanden am Sartori-Kai.

Aber auch an der Expansionsphase der Stadt, die Mitte des 19. Jahrhunderts begann, nahm der Hafen nur geringen Anteil. Die Gründe liegen auf verschiedenen Ebenen. Zunächst sind sie in der peripheren Lage Kiels, einerseits an einem europäischen Randmeer, andererseits zu den Hauptbevölkerungszentren und Industrierevieren zu sehen: Die wichtigsten Handelsströme, transatlantisch ausgerichtet und auf Westeuropa orientiert, berührten Kiel nicht, und mit dem Aufstieg Hamburgs zum Welthafen geriet die Fördestadt zusätzlich in eine Abseitsstellung. Der fehlende Anschluß an das Binnenwasserstraßennetz und die nur geringe Ausdehnung des Hinterlandes sind weitere Gründe dafür, warum die von der Naturausstattung her gegebene Gunst des Kieler Hafens nicht zur Entfaltung kommen konnte. Selbst der Zugang zum Elbebereich mit der Fertigstellung des Nord-Ostsee-Kanals (Bauzeit: 1887–1895) in Nachfolge des Eiderkanals (1777–1784) brachte entgegen manchen Erwartungen nicht den erhofften Aufschwung (vgl. Nr. 49 und 50). Der Verkehr ist überwiegend auf Transit ausgerichtet, zog sogar Handel ab und gab keine regionalen Wachstumsimpulse. Von wenigen Ausnahmen abgesehen hat sich in der Stadt auch kein gewichtiges Reedereiwesen entwickelt.

Als Hemmnis für Kiels Ausbau zum Handelshafen erwies sich schließlich auch seine Funktion im militärischen Bereich: Mit der Verlegung der preußischen Flottenstation von Danzig nach Kiel (1865) wurde die Stadt 1871 Kriegshafen. Der damit verbundene Ausbau der Werften führte zwar zu einem bedeutenden Bevölkerungs- und Wohngebietswachstum, für den Hafen

Der Handelshafen mit Werften, Fährterminals und moderner Verkehrsanbindung im Jahre 1991.

Der Handelshafen mit Eisenbahnanschluß um 1875. In der Bildmitte die alte Hauptpost.

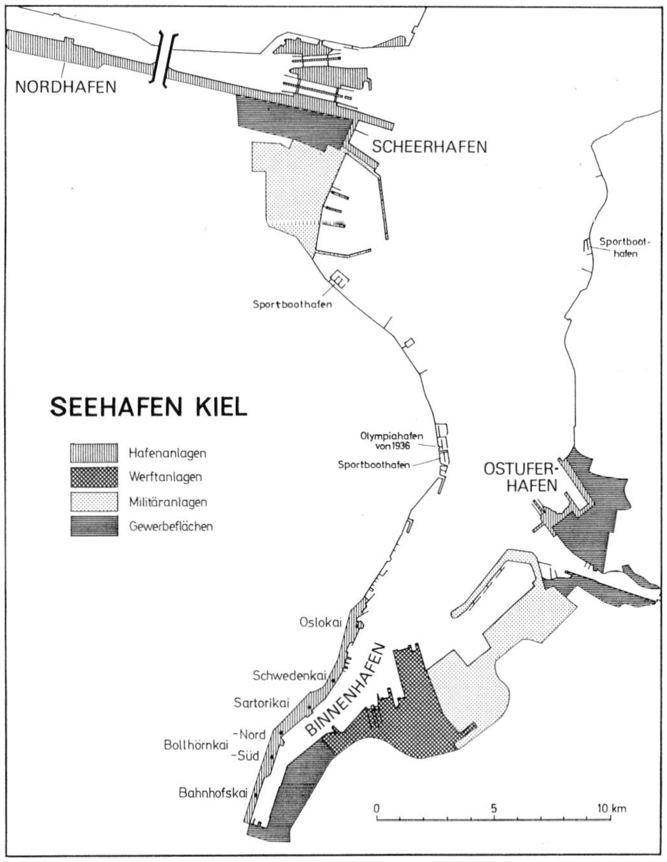

Nutzungsplan der wasserbezogenen Uferflächen.

aber bedeutete dies eine weitgehend einseitige Ausrichtung auf die Flottenbasis und die mit ihr verbundenen Funktionen: Werften, Docks, Arsenal, Industrien für Maschinen- und Apparatebau entstanden. Andere Nutzungsformen mußten hinter den militärischen Notwendigkeiten zurückstehen. Sichtbarer Ausdruck dieser Entwicklung sind die um die Jahrhundertwende noch in ländlicher Umgebung entstandenen Marinekasernen und Hafenanlagen für die Flotte (Tirpitz- und Scheerhafen) im Stadtteil Wik (vgl. Nr. 47 und 48). Während die umfangreichen Gebäudekomplexe des ehemaligen Marinedepots im heutigen Regierungsviertel, die teilweise schon 1872 für die Marineakademie (jetzt Landeshaus) abgebrochen wurden (vgl. Nr. 37), später anderen Funktionen zugeführt wurden, entstand auf dem Ostufer in Ellerbek mit umfangreichen Docks das Marineetablissement (später Kaiserliche Werft, Arsenal), woraus sich Kiels Werftindustrie entwickelte (vgl. Nr. 34).

Die dominierende Stellung der Marine in Kiel endete mit den starken Zerstörungen des 2. Weltkrieges, der Auflösung der Flotte und der Demontage der Werften. Zwar etablierte sich im Jahr 1957 die neugeschaffene Bundesmarine erneut an der Förde – der Tirpitzhafen, das Marinearsenal und auch der Marinefliegerhorst Holtenau werden wieder genutzt –, doch Kriegshafen im engeren Sinne ist Kiel nicht mehr. Dies entspricht einerseits dem Selbstverständnis und dem Auftrag der Bundesmarine, nämlich nicht nach Seemacht und Weltgeltung zu streben, sondern sich vielmehr auf die Sicherung und im Ernstfall Schließung der Ostseezugänge im Rahmen der erneuerten NATO zu konzentrieren. Andererseits wurden mit dem Wiederaufbau Kiels nach den Kriegszerstörungen auch andere Kräfte in der Hafenlandschaft wirksam, die sich insgesamt als zunehmend stärker erwiesen, so daß die Marine nicht wieder einen beherrschenden Einfluß erlangen konnte.

Allerdings wirkt die militärische Vergangenheit in der räumlichen Trennung der Hafeneinrichtungen bis in die Gegenwart nach. Da sich Hafenausbau und -nutzung den militärischen Interessen unterordnen mußten, sind die modernen Funktionen Kiels als Handels-, Fähr-, Kreuzfahrt- und Militärhafen in räumlich getrennte Areale aufgeteilt.

Nachteilig für den modernen Ausbau des Seehafens Kiel erweisen sich auch heute noch die historisch gewachsenen Besitzverhältnisse (vor allem Bundeseigentum), die Verbauung weiter Flächen des Fördeufers durch Werften, wodurch die Expansionsmöglichkeiten beschnitten sind, und die mangelhafte Verkehrsanbindung über Autobahn und Schiene. Außer dem Binnenhafen, der direkten Anschluß an das Streckennetz der Bundesbahn hat, werden die Kieler Hafengebiete durch eine städtische Bahn (Gleislänge 35 km) erschlossen, die von den Hafen- und Verkehrsbetrieben (HVB) verwaltet wird. Sie bildet zwar ein unverzichtbares Bindeglied zwischen den Seehafenteilen, den angesiedelten Industriebetrieben und dem Netz der Bundesbahn, bedarf aber einer Grunderneuerung und des Baus neuer Rangiergleise.

Der städtische Seehafen Kiel gliedert sich in folgende Teilbereiche:

1. Binnenhafen mit dem Bahnhofs-, Bollhörn-, Schweden-, Sartori- und Oslokai,
2. Scheerhafen südlich der Kanaleinfahrt,
3. Nordhafen im Nord-Ostsee-Kanal (Südseite) und
4. Ostuferhafen nördlich der Schwentine-Mündung.

Als eigenständiger Hafen unter dem Kommando der Bundesmarine kommt hinzu:

5. Tirpitzhafen südlich des Scheerhafens in der Wiker Bucht.

Die Handelsfunktionen sind auf die verschiedenen kommunalen Hafengebiete verteilt. Als Fährhafen wurden die Anlagen am Oslo- und Schwedenkai ausgebaut. Bollhörn- und Bahnhofskai dienen -neben Umschlagsaufgaben- auch als Liegeplätze für Kreuzfahrtschiffe, letzterer auch für den Ausflugsverkehr.

Die Kieler Handelshafengebiete wurden seit den siebziger Jahren durch Aufschüttung erweitert, modernisiert und für den Roll-on/Roll-off-Verkehr völlig neu gestaltet. Der Binnenhafen verfügt als Ergebnis dieser Entwicklung über insgesamt 2500 m Kailänge bei Wassertiefen bis zu 10 m, ist mit sechs Kränen bis 24 t Tragfähigkeit, einem Mobilkran bis 45 t Tragfähigkeit ausgestattet und bietet 60 000 m^2 Stellfläche. Am Sartorikai befindet sich ein älteres Lagerhaus (15 000 m^2) und ein 16 000 t-Getreidesilo. Die neue Kaianlage dient dem Umschlag von Containern, Fahrzeugen und Stückgütern im rollenden Verkehr.

Der Scheerhafen ist mit 300 m Kailänge bei 10,3 m Wassertiefe, zwei Kränen bis 10 t Tragfähigkeit, einer Freilagerfläche von 8000 m^2 und 1000 m^2 in Schuppen ebenfalls für den Umschlag von Stückgut, Containern, und Massengütern ausgerüstet. Eine Tankerlöschbrükke und Tanklager mit einem Fassungsvermögen von 36 000 m^3 entstanden an der Nordmole. Der Nordhafen – 2000 m Kailänge bei 11 m Wassertiefe – bietet 44 000 m^2 Stellfläche, davon 28 500 m^2 in gedeckten Schuppenräumen, 77 000 t Silokapazität und verfügt über sechs 25 t-Kräne und einen Mobilkran bis 40 t Tragfähigkeit. Zusammen mit Bunkerstationen und einer Container-Umschlaganlage im Finnland-Terminal mit beweglichen Rampen prägen diese Einrichtungen das Bild des Hafens angesichts des pulsierenden Kanalverkehrs.

Der Ostuferhafen, für den mit dem Erwerb des Werftgeländes der Howaldtswerke Deutsche Werft AG in Dietrichsdorf durch die Stadt Kiel 1985 der Grundstein mit einer vorhandenen Hafenfläche einschließlich einer Hafenvorratsfläche von 300 000 m^2 gelegt wurde, befindet sich seit 1986 im Ausbau. An der 925 m langen Kaistrecke mit 11 m Wassertiefe stehen zwei Kräne bis zu 50 t Tragfähigkeit, zwei Ro-Ro-Anlagen mit beweglichen Rampen, u.a. für Trailer, sowie 20 000 m^2 Lager- und Umschlaghallen zur Verfügung. Zu einem bereits 1985 fertiggestellten Getreideterminal mit einer Lagerkapazität von 100 000 t kam 1986 eine weitere Getreideanlage hinzu. Neben Containern und Massengütern soll der Hafen zukünftig besonders auch dem Kohle- und Ölumschlag dienen. In der Flächennutzung spielen Standorte für große, seegebundene Gewerbe- und Industriebetriebe eine wichtige Rolle. Der Hafen wird im Frachtfährdienst zwischen Turku (Finnland) und Harwich (England) zweimal je Woche angelaufen. Eine neue Frachtlinie zwischen Norwegen und dem Kieler Ostuferhafen nahm 1991 ihren Dienst auf.

Am eindrucks- und zugleich wirkungsvollsten vollzog sich der moderne Hafenausbau im Bereich der Fährschiffstationen. Die Neugestaltung erfolgte in Anpassung an die wachsenden Schiffsgrößen und in Abhängigkeit von der Entwicklung des Ostseeverkehrs nach dem zweiten Weltkrieg. Kiel konnte Verkehrsströme, die sich infolge der Teilung Deutschlands neu ausbildeten, an sich ziehen und alte Verbindungen wieder beleben. Es gelang dem Seehafen Kiel, sich aktiv in den wachsenden internationalen Ostsee-Fährverkehr nach Dänemark, Norwegen und Schweden einzuschalten und an dessen Aufschwung teilzunehmen, der seit den 60er Jahren durch die zunehmende Bedeutung des Tourismus ermöglicht wurde (Böhme 1983). Heute verkehren von Kiel aus Passagierfährschiffe nach Oslo (seit 1961), Bagenkop/Langeland (seit 1965), Göteborg (seit 1967) und St. Petersburg (1991). Die schon mehrfach für kürzere Zeit bestehende Verbindung nach Korsör wurde 1990 wiederaufgenommen, eine nach Memel wird diskutiert. Für die Fährschiffe wurden die Kaianlagen erweitert und neugestaltet. Es entstanden die modernen Gebäudekomplexe der Fährterminals am 500 m langen Oslo- und 180 m langen Schwedenkai sowie große Lager- und Stellflächen für Kraftwagen und Container. Kiel nutzte die sich bietende Marktlücke und wurde zum „Fährhaus nach Norden".

Dieser Ausbau spiegelt zugleich die Entwicklung der im Fährverkehr eingesetzten Schiffstypen wider, deren neue Generation über größere Kapazitäten und höheren Komfort verfügt. Die zwischen Kiel und Göteborg verkehrenden Super-Fähren „Stena Germanica" (1987) und „Stena Scandinavica" (1988), die jeweils 2500 Passagiere (2364 Betten) und 625 Pkws transportieren können, gehören zu den größten Fährschiffen der Welt. Größere und moderne Neubauten kamen aber auch auf den Linien nach Oslo (1987) und Bagenkop (1989) zum Einsatz. Die vom Bollhörnkai aus wöchentlich

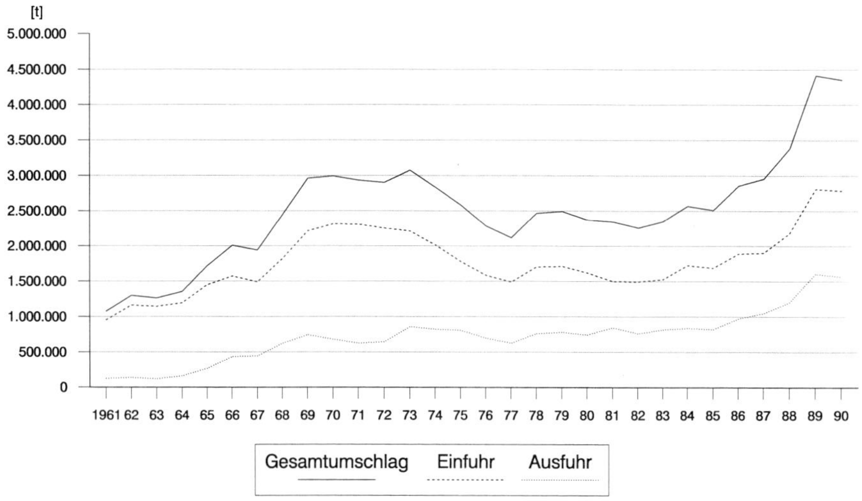

Entwicklung des Güterverkehrs.

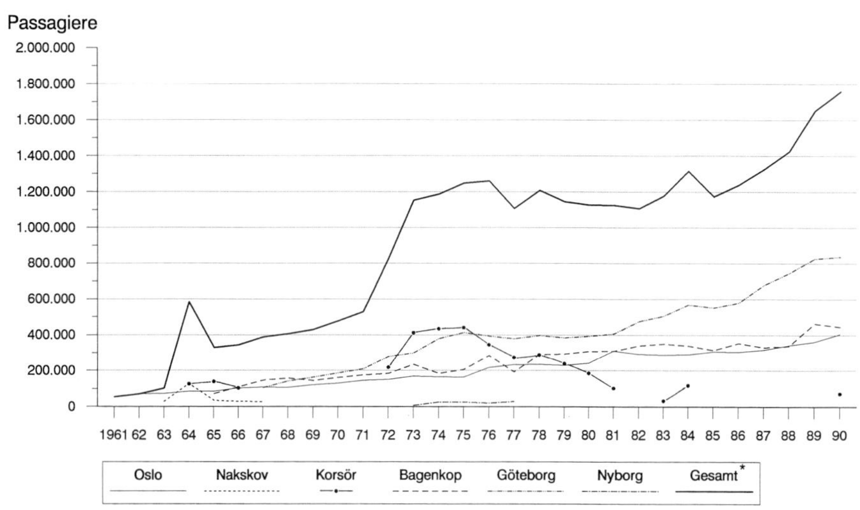

* Einschließlich Sonderburg (1964), Faaborg (1964) und Kopenhagen (1967)

Quelle: Hafenamt der Landeshauptstadt Kiel

Entwicklung des Passagierfährverkehrs 1961-1990.

Jahr	Umschlag in t brutto	Zahl der Schiffsbewegungen (Ankunft und Abgang)	Anteil Fährverkehr am Umschlag in %	Zahl der im Fährverkehr beförderten Lkw
1965	1 031 725	8 753	keine Angabe	10 441
1970	2 172 710	8 252	14,2	14 313
1975	2 010 720	6 499	33,6	28 811
1980	1 872 444	5 635	48,6	36 894
1985	2 245 080	4 817	49,0	46 558
1990	3 992 378	7 107	45,4	74 432

Quelle: Hafenamt der Landeshauptstadt Kiel

Entwicklung des seewärtigen Güterumschlags im Kieler Hafen und Anteil des Fährverkehrs 1965-1990

verkehrende St.-Petersburg-Fähre verfügt über 1178 Kabinenplätze und kann 486 Autos oder 60 Lkw mitnehmen.

Zweifellos hat Kiel im Fährverkehr die entwicklungsfähigste Hafenfunktion, wie die stetig wachsenden Passagierzahlen zeigen. Eng mit der Expansion des Fährverkehrs ist aber auch die vergleichsweise positive Entwicklung des seewärtigen Güterumschlags verknüpft.

Nach einem Umschlagsverlust Mitte der siebziger Jahre und einer anschließenden Stagnationsphase erfolgte seit 1985 ein progressiver Zuwachs, so daß sich der Gesamtgüterumschlag von 2 245 080 t auf 4 358 021 t (1990) fast verdoppelt hat. Dabei ist Kiel allerdings überwiegend Importhafen geblieben. Unter den Einfuhrgütern stehen Papier, Mineralöle und Fahrzeuge vor Splitt, Steinen und Futtermitteln an der Spitze, im Versand Fahrzeuge, Getreide und Schrott. Im Gesamt-Umschlag haben Stückgüter sowohl im Empfang wie im Versand die größte Bedeutung.

Im letzten Jahrzehnt wurde etwa die Hälfte des Umschlags mit Fährschiffen abgewickelt (1988: 51,0%) gegenüber 14,2% vor zwanzig Jahren (1970). Nach der Eröffnung des Ostuferhafens (1988) mit seinen wachsenden Umschlagkapazitäten ist der Anteil des Fährverkehrs am Umschlag zwar auf 45,4% (1990) zurückgegangen, doch besitzt er nach wie vor die größten Steigerungsraten (z.B. 7,8% von 1989 auf 1990). In dieser Entwicklung, die mit einem gleichzeitigen Bedeutungsverlust der traditionellen Küstenschiffahrt verbunden ist, kommt ein grundsätzlicher Strukturwandel zugunsten des Fährverkehrs zum Ausdruck. Seine Vorteile, die vor allem dem Stückguttransport gelten, werden in der größeren Schnelligkeit, Zuverlässigkeit und Pünktlichkeit der Verbindungen, hohen Abfahrtsdichten und Reduzierung der Umschlagskosten durch das Roll-on/Roll-off-Verfahren gesehen. Im Fährverkehr nach Skandinavien wurden über die Abfertigungsterminals Schwedenkai und Oslokai seit Bestehen rund 27,3 Mio. Passagiere und rund 21 Mio. t Frachtgut befördert. Die Passagierzahlen stiegen von 388 000 im Jahr 1967, als erstmals die drei Linien nach Oslo, Bagenkop und Göteborg gleichzeitig verkehrten, auf 1,8 Mio. im Jahr 1990. Unter den Zielländern steht Schweden an vorderster Stelle. Das Passagieraufkommen nach Göteborg ist mit 836 000 etwa doppelt so groß wie das nach Oslo und Bagenkop. Dagegen liegen die Zahlen für den Stückgutumschlag (> 400 000) und Lkw-Transport (37 000) bei Schweden und Norwegen fast gleich hoch.

Neben den „Jumbo-Fähren" prägen auch hin und wieder große Kreuzfahrtschiffe das Bild des Kieler Hafens, deren Fahrt von hier aus zu den großen und traditionsreichen Ostseestädten geht. Für Kreuzfahrten eingesetzte Passagierschiffe, darunter die größten der Welt, liefen 1990 insgesamt 32mal den Seehafen Kiel an. 18.028 Passagiere gingen an oder von Bord. Sowohl die Zahlen der Anläufe wie die der Passagiere weisen eine steigende Tendenz auf. Vom Kieler Hafen wird schließlich auch ein reger Schiffsausflugverkehr betrieben. Er entwickelt sich seit Jahren günstig. 1990 wurden auf diesen Schiffen 442 190 Personen (1989: 435 610) befördert. Zum Bild des Hafens gehören außerdem die Fördeschiffe der Kieler Verkehrs-AG, die über ihre Anlegebrücken die Innen- und Außenförde, das West- und Ostufer miteinander verbinden. Zahlreiche kleinere und größere Sportboothäfen, allen voraus der alte Olympiahafen am Hindenburgufer (1936) und das neue Olympiazentrum in Schilksee (1972) in der Strander Bucht, weisen darauf hin, daß Hafen und Förde nicht nur auf kommerziellem Sektor, sondern auch im Freizeitbereich wichtige Funktionen erfüllen.

KLAUS FRIEDLAND Historisches Seminar

Binnenförde und Außenförde: Recht und Sicherheit im Hafen

Wer Kiel kennenlernen will, macht eine Fördefahrt. Er erschließt sich dann die Stadt gewissermaßen auf historischem Wege, indem er beim Taufpaten beginnt, der keilförmigen Meeresbucht, nach der sie benannt worden ist.

Die Förde und besonders ihr stadtwärtiger Bereich, die Binnenförde, ist das Seegebiet, dem unsere Betrachtung gilt (vgl. Nr. 1 und 2). Da ist es wohl angemessen, aus den vielen Fördedarstellungen, die als Schilderungen von begeisterten Fördefahrern sowohl wie als Empfehlungen für Unternehmungslustige in Reisehandbüchern, Topographien und dergleichen vorliegen, eine an den Anfang zu stellen, die aus der großen Zahl herausragt und außer den Fakten auch die Eindrücke, die dieses Gewässer auf den Menschen macht, in liebenswürdigster Weise wiedergibt. Der Hamburger Domherr Dr. Friedrich Johann Lorenz Meyer beschrieb im Jahre 1815 eine Sommerreise in Holstein, bei der er „mit einer befreundeten Familie ... eine Wasserfahrt ... durch den Hafen auf die Rhede" unternahm, und schilderte, wie „die Ruderbarke ... sanft ... über die blaugrüne Fluth ... glitt ..., hier die Stadt, dort die reichen Ufer". Er fährt fort: „Am jenseitigen Ufer landeten wir, nicht ohne das Lachen erregende Abentheuer, von den Schiffern über den seichten Grund ans Land getragen zu werden ... Wir genossen (von) Mönkeberg ... die treffliche Aussicht auf Kiel mit seinem Hafen (und) der Waldhöhe Düsternbrook bis weithin zu der Veste Friedrichsort und dem Meer. Von hier ging der fröhliche Streifzug ... durch ... Gefilde bald mit dem röthlich schimmernden Buchwaizen, bald mit tiefblauen Blüthen (von) Flachsdecken, Roggen- und Gerstenfeldern und Viehtriften bis zum Habbas-Wald" (heute 'Havas') „in das Gebiet von Schrevenborn, ... (des) Guts des Grafen Hardenberg, der .. zur Feier des Geburtstages seines Vaters, des edlen Fürsten des Friedens unsers Deutschlands ..., auf diesem erhabnen Uferplatz der Pietas eine ländliche freundliche Hütte errichtet ... hatte" (heute sog. 'Hardenbergtempel'). „Im Angesicht der Majestät der Natur weilten wir hier, bis die Sonne hinabgesunken war, das Meer dunkler und dunkler sich färbte und nun der Schleier der mildesten Sommernacht sich über die Gegend breitete. Da stieg über dem Meer der Mond herauf; in seinem Silberschein schifften wir unter der Freundschaft und der Freude geweihetem Gesang zur Stadt zurück".

Der Domherr Dr. Meyer hat bei allem Überschwang der Empfindungen einen klaren Blick für die Realitäten der Förde behalten, sowohl was ihre meeresbiologischen Eigenheiten angeht („Zu Tausenden regen sich in ringelnden Kreisen um das Schifflein die Quallen Medusa aureta") wie auch für ihre regionale Gliederung (in „Hafen" und „Rhede") und für die Beschaffenheit der Uferzonen. Man wird ihm schwerlich vorwerfen dürfen, daß er in Gefühlsseligkeiten ertrinke: Neumühlen, findet er – ein Ort, den andere enthusiastisch wegen seiner „alpendorfartigen Lage ... an der prachtvollen Schwentinemündung" preisen – könnte es bei seiner vorteilhaften Lage in Hafennähe binnen weniger Jahre mit einer englischen Industriestadt aufnehmen – er nennt Birmingham -, wenn nur staatswirtschaftlicher Eifer dafür aufgewandt werde. Bemißt man diese Chancen an dem rasanten Aufstieg des idyllischen Kiel, nachdem es zum preußischen Flottenstützpunkt wurde und 'staatswirtschaftlichen Eifer' genoß, wird man seine Prognose für gar nicht so sachferne halten dürfen.

Der Hafen und der Förde-Fahrwasserbereich sind heute durch eine klare Grenzlinie voneinander geschieden; sie verläuft ungefähr so, wie auch der Domherr Meyer „Hafen" und „Rhede" voneinander unterschied – von der Stadtgrenze gegen Mönkeberg auf dem Ostufer über die Wasserfläche zur Scheermole auf dem westlichen. Innerhalb dieser Linie sorgt der Hafenkapitän für Leichtigkeit und Sicherheit des Verkehrs. Das von ihm geleitete Amt nimmt im Hafenbereich gleichartige Funktionen wahr wie das Ordnungs-

Die Binnenförde heute: Blick von Gaarden auf den Oslo-Kai.

Die Außenförde um die Mitte des 19. Jahrhunderts: Links die Mündung des Schleswig-Holsteinischen Kanals (Eiderkanal). Nach einer Kreidelithographie von R. Ritter.

JAHRE

amt an Land, bekümmert sich aber auch seinerseits um das Geschehen an Land, jedenfalls soweit es mit dem Schiffahrtsbetrieb zusammenhängt – zum Beispiel den Verkehr der Transport- und Ladefahrzeuge, Geräte für den Hafenumschlag oder auch einfach nur den Fußgängerverkehr im Hafenbereich.

Jenseits dieser Grenzlinie beginnt die Zuständigkeit der Bundeswasserstraßen- und Schiffahrtsdirektion – hier, wo die Förde mit dem Kanal im eigentlichen Sinne zur (Durchgangs-) Wasserstraße wird und zum Hoheitsbereich der Bundesrepublik Deutschland gehört. Nach außen hin, zur offenen See, ist dieses Gebiet von einer Linie begrenzt, deren Endpunkte allein schon durch ihre alten martialischen Funktionen und Namen an Staatsgewalt und Herrschaftsansprüche denken lassen: Es sind die Grenzsteine des alten Festungsbereichs Kiel in Kalifornien und in Dänischenhagen; die Verbindung zwischen beiden Punkten grenzt, nach Nordosten, die deutschen Hoheitszonen gegen die offene See ab. Von hier aus, praktisch vom Feuerturm Kiel, muß ein einlaufendes Schiff, wenn es größer als 1000 BRT ist oder gefährliche Ladung führt, einen Lotsen bis in den Kanal und entsprechend einen für die Gegenrichtung nehmen; nur wer die Strecke sehr häufig abfährt und eine Sonderprüfung abgelegt hat, ist davon frei – so zum Beispiel die skandinavischen Fährschiffe, die täglich ein- und auslaufen. Der Feuerturm liegt allerdings schon 300 m außerhalb der Hoheitsgrenze, in der freien See. Das nicht genau genug bedacht zu haben, hätte nach der Einweihung des Feuerturms die Bundesdeutschen um ein Haar in gewichtige internationale Probleme verstrickt: Die deutschen Repräsentanten hatten beim Verlassen des Feuerturms vergessen, die Bundesdienstflagge einzuholen, was formal auf einen Bruch des Völkerrechts hinauslief; zum Glück haben die königlich dänischen Anwesenden, die das bemerkten, daraus nicht auf die Absicht einer Ausweitung der bundesdeutschen Hoheitsansprüche geschlossen.

Emblem der Kieler Wasserschutzpolizei.

Mit der rechtlichen Sicherung und Behandlung der Grenzzone zwischen See und Land hat es seit eh und je seine Probleme. Über „Hoheitsgewässer" im heutigen Sinne gebot erstmals in der Geschichte der König von Dänemark, nicht auf Grund eigenen Anspruchs, sondern weil ihm seine damaligen Kriegsgegner, die Städte an der westlichen Ostsee, diese Machtvollkommenheit im Sund zugestanden und ihre Partner davor warnten; tatsächlich verhängte Dänemark auch einen Zoll für die Passage des Sundes, den Sundzoll (1429), der bis 1853 erhoben wurde; die damals von der Krone gezahlten Ablösesummen für verpfändet gewesene Zollanteile bildeten den noch heute in Kiel bestehenden „Zollfonds". Welche Schwierigkeiten es damit hatte, solche Sicherheitszonen zum Schutz der eigenen und, wo nötig, Zurückweisung der fremden Schiffahrt angemessen zu begrenzen, bezeugt ein solcher Versuch des 16. Jahrhunderts in Fahrgewässern entlang der mecklenburgischen Küste: dort sollte die Hoheit des Herzogs von Mecklenburg von Lande so weit ins Wasser hineinreichen, wie ein Mann hineinreiten könne und noch den Wurf eines Hufeisens weiter: ein hübsches Beispiel, wie territoriales Denken und kavalleristisches Zubehör in nautische Meßeinheiten umfunktioniert werden.

Die Stadt Kiel hatte mit ihren langgestreckten, die Hafenausfahrt begleitenden Fördeufern guten Grund, der Grenzzone zwischen See und Land ihre Aufmerksamkeit zu widmen. Nicht zuletzt wegen des Strandrechts: Der barbarischen Sitte, daß gestrandete Schiffe samt Ladung und Besatzung von denen in Anspruch genommen wurden, an deren Küste sich der Schiffbruch ereignet hatte – als Beute, als eine Art gewaltsam eingetriebenen Bergelohn oder einfach als Eigentum –

Das Dienstgebäude der Kieler Wasserschutzpolizei am Hindenburgufer.

das konnte die Schiffbrüchigen selbst in die Sklaverei führen oder sogar, als unbequeme Zeugen des Bergehergangs oder der wahren Besitzansprüche, in den Tod. Die Kieler haben deswegen 1334 Sorge getragen, daß ihnen ihr Hafen, den sie damals schon lange in friedlichem Besitz hatten – so sagt es die Urkunde, die ihnen damals auf Betreiben der Grafen Gerhard und Johann ausgestellt wurde -, auch förmlich zugeschrieben wurde, und zwar von der Levensau bis Bülk: Gemeint war damit nicht nur der totus, plenus et liber portus, der ganz freie Hafen mit seiner Wasserfläche, sondern der Vorstrand dazu, eben das Gebiet, auf das es ankam, wenn man die Seefahrt gegen widerrechtliche Eingriffe vom Strand her schützen wollte.

Allerdings ging ihr Streben weiter – begreiflich: Man wollte auch auf dem Ostufer, kurzum in der ganzen Förde diese Sicherung nicht nur zu Wasser, sondern auch auf dem küstenbegleitenden Landstreifen haben, totum stagnum usque Boz, die ganze Förde bis zur offenen See im Norden zwischen Bülk und Bottsand.

Das freilich hat die Stadt Kiel nicht erreicht – wenn es denn überhaupt auf stadtkielerisches Betreiben geschah, daß dieser Halbsatz in das Privileg von 1461 hineingefälscht wurde: Sein Ursprung liegt im Dunkeln – nicht ausgeschlossen, daß er in den verstärkten Seehandelsaktivitäten Kiels in der zweiten Hälfte des 15. Jahrhunderts zu suchen ist, in den Jahren, in denen auch der Kieler Umschlag seinen Anfang nahm. Daß die Pfandschaft Kiels an Lübeck erst später (1469 Okt. 11) ihren Anfang nahm als das (verfälschte) Privileg (1461) zu datieren ist, widerspricht dem nicht, da die Fälschung nachträglich eingebracht worden sein kann. Und angesichts der heutigen, durch Verträge genau ausgehandelten Regelung – nach der draußen der Bund, drinnen die Stadt zuständig sind – wäre dieser Zusatz auch nicht mehr nötig.

MICHAEL SALEWSKI Historisches Seminar

Tor zur Welt: Der Tirpitzhafen

Wer ahnt schon, wieviele fremde Kriegsschiffe hier anlegen! „Shankush", „Guldborgsund", „Diomede", „Kri Cacra", „Glover", „Asturias", „Capricorn", „Yavuz" – das sind nur wenige von jenen rund hundert Einheiten, die Kiel Jahr für Jahr besuchen. Aus Indien, Dänemark, Großbritannien, Indonesien, den USA, Spanien, Frankreich und der Türkei stammten sie beispielsweise 1987. Vielen Matrosen mag die Stadt Kiel ebenso exotisch erschienen sein wie den Kielern die Namen dieser Schiffe. Der „Tirpitzhafen" ist zur gewaltigen Drehscheibe für die Kriegsflotten aus aller Welt geworden, inzwischen kommen Marine-Einheiten sogar aus der Sowjetunion. „Informal Visit", „Routine Visit" nennt man das im NATO-Jargon; „Botschafter in Blau" sollen sie alle sein, die Matrosen, Unteroffiziere und Offiziere aus aller Herren Länder, die zumeist nicht versäumen, auch der Stadt Kiel einen Besuch abzustatten, den die Kieler Stadtväter höflich zu erwidern pflegen.

Das ist gar nicht so selbstverständlich, wie man meinen sollte. Denn Kiel hatte es mit „der Marine" nicht immer leicht, und vor allem der „Tirpitzhafen" schmerzt noch heute so manchen geschichts- und traditionsbewußten Kieler Bürger.

Denn „eigentlich" sollte da, wo heute Masten, Sensoren, Geschütze, Raketenabschußanlagen in den grauen Himmel der Wiker Bucht ragen, der große Kieler Handelshafen liegen. Lange hatte sich die Stadt mit solchen Plänen gequält, man wußte um die Jahrhundertwende nicht so genau, wie alles sich entwickeln würde. Als der Magistrat endlich glaubte, den rechten Weg zu kennen, ging es der Stadt wie dem Hasen in dem bekannten Märchen mit dem Igel: die Kaiserliche Marine war schon dort, und auch der große „Wiker Hafenprozeß", bei dem die Stadt alles an Wissenschaft und Kommunalverstand mobilisierte, was die Zeit zu bieten hatte, ging 1904 endgültig verloren: seitdem war Kiel nicht mehr eine aufstrebende Handelsstadt, sondern wurde zunehmend zum infrastrukturellen Anhängsel der Marine. Mit der Flotte wuchs die Stadt, mit der Flotte ging sie fast zu Grunde, dennoch hielten Bürger und Offiziere zumeist auf Distanz: zu unterschiedlich waren die Interessen, zu unterschiedlich in langen Perioden der Stadtgeschichte auch die politischen Grundüberzeugungen.

Es waren ja auch weniger politische als seestrategische Gründe gewesen, die Kiel 1865 zum preußischen Kriegshafen hatten werden lassen. Anfangs begnügte sich die Marine noch damit, in der Hörn, bei Gaarden, in Ellerbek, in Brunswik, bei Friedrichsort mit Hafenanlagen, Werften, Fortifikationen präsent zu sein, nach der Thronbesteigung Wilhelms II., vor allem aber nach dem Amtsantritt des Admirals Tirpitz als Chef des Reichsmarineamtes (1897) kam die fatale Idee auf, daß Deutschlands Zukunft auf auf dem Wasser liegen müsse – für Kiel hatte das die einschneidendsten Folgen: Nichts reichte mehr aus, am liebsten hätte die Kaiserliche Marine jede Quadratmeile Wasser der Kieler Förde und jeden Meter des Ufers für sich in Beschlag genommen.

Der „Tirpitzhafen" entstand seit 1902, 1904 wurden die ersten Kasernenblöcke bezogen, bald die ersten Stichbrücken in der Wiker Bucht angelegt, sie sollten den neuen Torpedobooten, aber auch kleineren Einheiten wie U-Booten und Minensuchern Schutz bieten – nur die „dicken" Schiffe nämlich konnten jahrein jahraus auf Reede liegen – eine ebenso imposante wie oft auch nachdenklich stimmende Silhouette, aus der Geschichte Kiels bis 1914 nicht wegzudenken.

Nach dem verlorenen Ersten Weltkrieg gewann der Tirpitzhafen – zu Ehren des Schöpfers, der Torpedobootswaffe genannt – nach und nach den noch heute gültigen Grundriß: Zwischen Nord- und Südmole südlich der Kanalmündung lagen die drei Becken des „Scheerhafens" (Scheerhafen 1-3), südlich daran schloß sich der eigentliche Tirpitzhafen an, im Norden durch die Tirpitzmole, im Süden durch die 1938/39 errichtete Südmole begrenzt. Mit Befehl vom 30. August 1924 wurden die Brücken umbenannt: Aus der Kasinobrücke wurde die Gneisenaubrücke, die nördliche Marsbrücke erhielt den Namen Scharnhorsts, die südliche Marsbrücke den Lützows. Die Torpedobootsmole

Illuminierte ausländische Kriegsschiffe während der "Kieler Woche" an der Tirpitzmole.

– also die Nordmole des Tirpitzhafens – wurde nun zur Tirpitzmole.

Es hat später noch einige Umbenennungen gegeben, die U-Bootbrücken wurden nach den Namen der verdienten Helden des U-Bootkrieges in Saltzwedel- und Weddigenbrücke umbenannt. Vor allem aber erhielt die alte Tirpitzmole den Namen Scheermole und die Südmole wurde zur neuen Tirpitzmole – und so heißt sie heute noch.

Der Tirpitzhafen ist mit der deutschen Marinegeschichte ebenso eng und vielleicht ebenso tragisch verbunden wie der Nordfriedhof (vgl. Nr. 55) – da genügt es daran zu erinnern, daß Kiel der Heimathafen des Linienschiffes „Schleswig- Holstein" war, das zusammen mit seinem Schwesterschiff „Schlesien" die ersten Schüsse des Zweiten Weltkrieges gegen die Westerplatte abgab. Von Kiel aus operierten anfangs die Boote der U-Bootsflottillen „Weddigen", „Lohs", „Emsmann", „Wegener" – letztere war jene 7. U-Bootflottille, der Lothar-Günther Buchheim in seinem Roman „Das Boot" ein unvergängliches Denkmal gesetzt hat.

Nach 1945 diente der Tirpitzhafen der britischen Besatzungsmacht, zwischen 1951 und 1956 dem Seegrenzschutz mit der 3. und 4. Wachbootflottille. Nachdem mit dem Aufstellungsbefehl Nr. 16 (Marine) vom 25. April 1956 entschieden war, daß Kiel erneut Marinestadt werden sollte, entwickelte sich der Hafen in raschem Prozeß zum wichtigsten Stützpunkt der Bundesmarine im Ostseebereich. Dabei konnte die Marine den größten Teil der Gebäude, soweit sie den Bombenkrieg überstanden hatten – sie waren teilweise sehr solide gebaut worden, entworfen u.a. von jenem Marineoberbaurat Kelm, der auch die Marineschule in Flensburg-Mürwik, das „rote Schloß am Meer" gebaut hatte (vgl. Nr. 48) – übernehmen, im Laufe der kommenden Jahrzehnte wurde die Infrastruktur des Stützpunktes immer weiter ausgebaut. Was „Tradition" bedeutet, mag man einer „Chronik" des Stützpunktes von Gerhard Beckmann entnehmen:

„Kennzeichnend für die Langlebigkeit von Material bei entsprechender Wartung und Pflege und die Sparsamkeit des Fiskus ist, daß 1904 bei der Chemnitzer Maschinenfabrik gekaufte Maschinen 1919 von der Kaiserlichen Marine durch die Reichsmarine übernommen und weiterbenutzt, dann der Kriegsmarine übergeben, 1945 von der britischen Besatzungsmacht beschlagnahmt und dann 1951 von der Seegrenzschutz-Instandsetzungs- und Ausrüstungsstelle täglich gebraucht, 1956 an die Marine übergeben wurden. Erst 1975 wurden sie ausgesondert!"

Freilich: Solche liebenswürdige Altertümelei sollte nicht darüber hinwegtäuschen, daß der Tirpitzhafen gegenwärtig die modernsten Produkte der maritimen Kriegstechnik beherbergt – das gilt für Zerstörer, U-Boote, Minensuchboote, Tender und Begleitschiffe aller Art. Auch diese Einheiten haben dazu beigetragen, daß nicht nur die Kieler, sondern alle Menschen in Europa in der längsten Friedensperiode ihrer Geschichte leben können.

Wie der Tirpitzhafen, so ist auch die Blücherbrücke militärisches Hoheitsgebiet. Hier liegt das Schulschiff der deutschen Bundesmarine, die „Gorch Fock".

HENRIK KARGE Kunsthistorisches Institut

Kirche kieloben: Die Petruskirche in der Wik und die anderen Marinekirchen

Die zwei wohl bedeutendsten Baudenkmäler Kiels entstanden nicht nur zur gleichen Zeit, sie wurden auch beide von Architekten aus dem fernen Karlsruhe entworfen: Hermann Billings Rathaus von 1907–12 (vgl. Nr. 71) und die 1905–08 entstandene Petruskirche von Robert Curjel und Karl Moser. Gilt das Rathaus unbestritten als Wahrzeichen der Stadt Kiel, so wird die etwas abseits im Stadtteil Wik gelegene Petruskirche kaum noch spontan mit ihrer einstigen Zweckbestimmung als Marine-Garnisonskirche in Verbindung gebracht. Man wird eher an das Schleswig-Holstein Musik Festival denken, und in der Tat wirkt die heutige Funktion als Konzerthaus des Kirchenkreises Kiel (seit 1984) diesem Bau wie auf den Leib geschneidert: Der weite Rechteckraum der Petruskirche ist nicht eindeutig als Sakralraum charakterisiert, sondern wirkt mit der berühmten Bohlenkonstruktion seines offenen Dachstuhls zunächst zweckfrei als konstruktives Glanzstück der Architektur des frühen 20. Jahrhunderts. Im Rahmen von Konzerten kann diese Architektur ihre ästhetische Wirkung voll entfalten, zumal der offene Dachstuhl für eine vorzügliche Akustik sorgt.

Schaut sich der Konzertbesucher jedoch einmal in der Umgebung der Petruskirche um, so nimmt er sofort die rückwärtige Einbindung in den Wiker Kasernenkomplex wahr, während die Kirchenfront den frei gruppierten Gebäuden des Marinekrankenhauses St. Ansgar zugewandt ist. Man kann sich auf diese Weise leicht in die Zeit der Jahrhundertwende zurückversetzen, als Kiels Stadtbild in weit stärkerem Maße als heute von Militärbauten geprägt war. Unmittelbar nach der preußischen Eroberung war Kiel 1865 zum preußischen Kriegshafen erhoben und die Marinestation der Ostsee von Danzig nach Kiel verlegt worden. So gehörte die Marine von Beginn an zu den bestimmenden Faktoren der rasanten städtebaulichen Entwicklung des preußischen Kiel, zumal seit der Gründung der Kaiserlichen Marine mit der deutschen Einigung 1871.

Nachdem anfangs die Heiligengeistkirche von der Marine mitbenutzt worden war, kam bald der Wunsch nach einer eigenen Garnisonskirche auf. Nach ersten Schwierigkeiten bei der Wahl eines geeigneten Standortes konnte 1876 ein Grundstück am Niemannsweg erworben werden, das sich sowohl städtebaulich durch seine Lage hoch über Stadt und Förde als auch logistisch durch seine Nähe zum Kasernenkomplex an der Feldstraße und dem Marine-Lazarett (heute Uni-Klinik) auszeichnete. Den Bauplan der Kirche mit 450 Sitzplätzen, die simultan beiden Konfessionen dienen sollte und erst nach dem Bau der zwei neuen Garnisonskirchen am Anfang des 20. Jahrhunderts Pauluskirche genannt wurde, arbeitete der Oberingenieur Gießel in der Intendanturstelle Ostsee aus. Die Kosten wurden mit 391 000 Mark veranschlagt, im Haushaltsplan waren jedoch nur 265 000 Mark vorgesehen (immerhin noch die zweieinhalbfache Bausumme der ungefähr gleichzeitig errichteten Jakobi-Pfarrkirche). Die anfängliche Überlegung, den Turm fortzulassen, wurde von der Admiralität in Berlin abgelehnt – die signalhafte Fernwirkung des Baues sollte nicht entfallen. Stattdessen beschloß man, am Baumaterial zu sparen, was zu späteren Bauschäden beigetragen hat. Am geistreichsten war noch der Gedanke des Chefs der Admiralität, Generalleutnant von Stosch, ein im östlichen Mittelmeer befindliches Ausbildungsgeschwader mit dem Ankauf günstiger Marmorsorten „vor Ort" zu beauftragen. So brachte die Marine 1878 unter anderem 5 cbm weißen parischen Marmor nach Kiel, der in der Pauluskirche auch verbaut wurde.

Bei der Betrachtung der 1878-82 in Backstein ausgeführten Garnisonskirche kann man sich dennoch, vor allem am Außenbau, des Eindrucks einer Sparausführung nicht erwehren. Mit ihrem steilen Frontturm kann die Kirche immerhin eine imposante Fernwirkung entfalten, und diese war sicher bewußt auf die in die Kieler Förde einlaufenden Schiffe hin berechnet. Von bemerkenswerter Feingliedrigkeit ist der Innenraum der Pau-

luskirche, eine dreischiffige Halle mit Querschiff und polygonalem Chor. Man möchte spontan an Vorbilder in der norddeutschen Backsteingotik denken, doch verweisen die Einzelformen der Pauluskirche, etwa die Maßwerkfenster und die schlanken übereckgestellten Pfeiler eher auf süddeutsche Kirchen des 14. Jahrhunderts (ähnliche Pfeiler begegnen etwa in St. Sebald in Nürnberg). Gleichzeitig wirkt die Kieler Garnisonskirche wie eine reduzierte Fassung der 1863-69 von Theodor Krüger errichteten Schweriner St. Pauls-Kirche – es gibt auffallende Übereinstimmungen vor allem in der Grundrißgestaltung beider Kirchen sowie im Aufbau des Frontturms mit bekrönendem Oktogon. Die konventionelle neugotische Formensprache der Kieler Pauluskirche gibt die Funktion einer Garnisonskirche in keiner Weise zu erkennen und paßt deshalb genauso gut zu ihrer heutigen Funktion als Pfarrkirche von Düsternbrook (seit 1907).

Eine ganz andere Prägung verrät die 1905–08 von Robert Curjel und Karl Moser mit einem Kostenaufwand von 395 000 Mark errichtete Petruskirche, die neue Garnisonskirche in der Wik (seit 1955 zivile Kirchennutzung, heute Konzertsaal). Die historischen Stile treten hier ganz in den Hintergrund, die Architektur soll stattdessen die Funktion einer Marinekirche deutlich ausdrücken: Der gedrungene Turmkörper über dem Eingang vermittelt mit seinem kraftvoll geschwellten Umriß den Eindruck von Geschlossenheit und Wehrhaftigkeit, der stützenlose rechteckige Kirchenraum steht mit der streng orthogonalen Reihung des Gestühls für militärische Disziplin (1100 Sitzplätze), und die grandiose Deckenkonstruktion erinnert sicher nicht zufällig an einen umgedrehten Schiffsrumpf.

Im Jahre 1904 hatte die Kaiserliche Marine einen wichtigen Gerichtsprozeß gegen die Stadt Kiel gewonnen: Der Stadt blieb es untersagt, in der Wik einen Handelshafen zu bauen; das weitläufige Gelände im Winkel von Förde und Kanal wurde vom Staat in Anspruch genommen und in der Folge zum Kriegshafen und Kasernenkomplex ausgebaut (vgl. Nrn. 45 und 47). Bereits ein Jahr nach dem Urteil trumpfte die Marine mit dem Baubeginn ihrer neuen Garnisonskirche in der Wik auch architektonisch auf – Architektur als Machtdemonstration des Militärs gegenüber der Stadt?

Knapp 30 Jahre nach dem eher konventionellen Bau der ersten Garnisonskirche ließ die Marine mit Curjel und Mosers Petruskirche einen der modernsten Kirchenbauten Deutschlands in Kiel errichten, der zusammen mit Hermann Billings Kieler Rathaus für einen entscheidenden Umschwung in der schleswig-holsteinischen Architektur sorgte: Man suchte die einfache, monumentale Gesamtform, die die Rhetorik der historischen Stilverwendung ablösen sollte. Noch immer wurden historische Formen zitiert – der Kieler Rathausturm geht auf den Campanile des Markusdoms in Venedig, die Fenster der Petruskirche auf die spätgotische Architektur Englands zurück – doch sollten diese vor allem den Stimmungswert des Gesamtbaus unterstreichen. Es ist kein Zufall, daß die beiden entscheidenden Kieler Neubauten von Karlsruher Architekten errichtet wurden: Mit seiner Technischen Hochschule war Karlsruhe eines der lebendigsten Zentren der aktuellen Architekturentwicklung in Deutschland. Daß die Schweizer Architekten Robert Curjel und Karl Moser, die von 1888 bis 1915 in Karlsruhe tätig waren, sich bei der Planung der Kieler Petruskirche auch mit der internationalen Architekturszene, etwa mit Berlages Amsterdamer Börse, auseinandersetzten, hat Hans-Günther Andresen in seinem umfassenden Aufsatz über die Petruskirche gezeigt. Als Vorbild des offenen Dachstuhls der Petruskirche erkannte Andresen den Dachstuhl des mittelalterlichen Rittersaales im Haag, der nach seinem Abbruch 1861 um die Jahrhundertwende rekonstruiert wurde. Curjel und Moser wählten dieses historische Vorbild nicht aus, um ihrem Neubau ein mittelalterliches Aussehen zu verleihen – sie verknüpften den technischen Reiz einer zeitlos wirkenden Zimmermannskonstruktion vielmehr mit der Assoziation „Schiff", und zwar in doppeltem Sinne als Schiff der Kirche und Schiff der Marine. Curjel und Mosers Baulösung für eine Marinekirche wirkte sich bereits für die 1909-11 von C. Stock erbaute Cuxhavener Garnisonskirche vorbildhaft aus, und Martin Elsässers Kirche in Schwenningen am Neckar (1907 geplant, 1909/10 ausgeführt) deutet durch ihre auffallend ähnliche Gesamtanlage sogar auf eine süddeutsche Nachfolge der Kieler Garnisonskirche hin.

Über den spektakulären Bau der evangelischen Petruskirche vergißt man allzuleicht, daß auch die katholischen Marineangehörigen in Kiel um die gleiche Zeit einen bemerkenswerten Kirchenbau, die St. Heinrichskirche, erhalten haben (seit 1922 kath. Pfarrkirche). 1906 wurde der Bauplatz an der Feldstraße, unmittelbar neben der Forstbaumschule, zur Verfügung gestellt, und in den Jahren 1907-09 entstand die katholische Garnisonskirche in naturgemäß eher bescheidenen Dimensionen – die katholische Marinegemeinde umfaßte

Die Petruskirche (1905-08), ein Werk von Robert Curjel und Karl Moser: Innenraum mit Blick zum Altar (oben) und auf die Eingangsseite (unten).

nur etwas über 2000 Soldaten. Architekt war der Geheime Marineintendantur- und Baurat Adalbert Kelm aus Landsberg an der Warthe, der vor 1903 Stadtbaurat in Gleiwitz gewesen war.

Die Außenerscheinung der Heinrichskirche ist durch eine mittelalterliche Formensprache geprägt, die sowohl romanische als auch gotische Elemente enthält. Wirkt die Kirche also auf den ersten Blick wie ein konventioneller Bau des späten Historismus, so zeigt die Konzentration der Baumassen und ihre kraftvolle Staffelung doch eine Auseinandersetzung mit den aktuellen Tendenzen des frühen 20. Jahrhunderts an: Der Kernbau der Kirche besteht aus einem gedrungenen griechischen Kreuz, dem an der Westfront ein hoher Turm mit spitzem Helm und auf der Ostseite ein polygonaler Chorschluß mit zwei begleitenden Räumen – Sakristei und Kaiserloge (!) – angefügt sind. Die Loge im sakralen Chorbereich und der Patron Kaiser Heinrich II. zeugen von einer doch etwas anachronistischen Kaiserikonographie.

Erstaunlich modern ist die Gestalt des Innenraums: Er besteht im wesentlichen aus einem einzigen Raum auf quadratischer Grundfläche, der von einem einfachen Sterngewölbe überfangen wird und sich in der Querrichtung mittels weiter Bögen zu zwei Anräumen von geringer Tiefe erweitert. Allein diese Querausrichtung ist für eine katholische Kirche höchst ungewöhnlich, da sie einer spezifisch protestantischen Bautradition entspricht. Wie in der Petruskirche, so ist auch hier ein Einheitsraum verwirklicht, der sowohl den Ideen der neuen Architektur des frühen 20. Jahrhunderts als auch den spezifischen Anforderungen einer Garnisonskirche entspricht. Von einer eigenen Architekturschöpfung Kelms kann man hier jedoch nur sehr bedingt sprechen: Kelm war mit der Aufsicht über den Bau der Petruskirche betraut und griff 1905 auch maß-

Die Pauluskirche (1878-82) am Niemannsweg.

Die eigenwillige Turmfassade der Petruskirche.

geblich in die städtebauliche Planung der evangelischen Garnisonskirche ein (Nord-Süd-Ausrichtung auf Kelms Initiative). So lag es für ihn nahe, sich mit den Planungen des Büros Curjel und Moser zu beschäftigen. Interessanterweise orientierte sich Kelm bei der Planung der Heinrichskirche jedoch nicht an der Petruskirche – das hätte die Nachahmung allzu auffällig gemacht – sondern an den süddeutschen Kirchenbauten von Curjel und Moser, die gerade in den Jahren um 1905 zumeist im Schema des griechischen Kreuzes mit rechteckigem Einheitsraum und Sterngewölbe gehalten sind. Als direktes Vorbild diente Kelm offenbar die 1901-04 erbaute evangelische Johanniskirche in Mannheim, die auch in wesentlichen Einzelformen mit der Kieler Heinrichskirche übereinstimmt: Hier sind vor allem die Querhausfassaden mit ihren gestaffelten Dreifenstergruppen und den durch Ornamentstreifen abgesetzten Giebelspitzen zu nennen. Indem Kelm jedoch den bei den Kirchen von Curjel und Moser meist in einer Eckposition befindlichen Turm in die Mittelachse rückte und die Chorpartie aufwendiger gestaltete, verlieh er seinem Bau eine eher traditionell historistische Erscheinung.

Zur gleichen Zeit wie die Heinrichskirche entstand Kelms Hauptwerk, die Marineschule Mürwik bei Flensburg (1906-10), ein gigantischer Gebäudekomplex, dessen Formensprache bewußt an die mittelalterliche Architektur des deutschen Ritterordens anknüpft. Bei einer näheren Betrachtung der Kieler Heinrichskirche entdeckt man viele Einzelformen, die mit Mürwik übereinstimmen: die Natursteinverkleidung des Sockels im Eingangsbereich, die durchgehende Verwendung von Rundbögen, gitterartiges Blendmaßwerk etc. Im Falle der Heinrichskirche präsentieren sich diese Formen jedoch in einer eigenwilligen romanisch-gotischen Stilsynthese, die keinen konkreten historischen Bezug verrät. Gerade die Uneindeutigkeit der Verwendung historischer Formen ist charakteristisch für die Architektur des frühen 20. Jahrhunderts: Ein neues Bauwerk soll vage Vorstellungen von historischer Verwurzelung evozieren, die Vergangenheit jedoch nicht konkret nachbilden.

Die Heinrichskirche (1907-09) von Adalbert Kelm, Vorkriegszustand.

Die zwei im frühen 20. Jahrhundert entstandenen Garnisonskirchen sind für ihre Zeit ausgesprochen modern – für die Petruskirche gilt dies noch in weit höherem Maße als für die Heinrichskirche – und dies ist sicher kein Zufall: Mangels einer bedeutungsvollen Tradition der deutschen Marine konnte sich deren repräsentative Architektur nur an willkürlich gewählten historischen Vorbildern orientieren oder bewußt der Avantgarde zuwenden. Die Bauten in Kiel und Mürwik zeigen, daß beides zugleich versucht wurde.

CHRISTIAN DEGN Historisches Seminar

Kanalpackhaus und Obelisk in Holtenau: Der Schleswig-Holsteinische Kanal

Für den Seeverkehr zwischen Nord- und Ostsee bedeutet die Cimbrische Halbinsel ein Hindernis. Güter (bisweilen auch Schiffe) mußten, wenn man die gefährliche und zeitraubende „Umlandfahrt" um Skagen vermeiden wollte, auf dem Landweg hinübertransportiert werden. Der Gedanke, die Halbinsel mit einem Kanal zu durchqueren, lag nahe. Geeignete Ansatzpunkte waren die weit ins Land eingreifenden Förden.

Der erste uns bekannte Kanalplan stammt von dem weltgewandten Herzog Adolf von Schleswig-Holstein-Gottorf. Seinem Lehnsherrn, dem Kaiser Maximilian II. in Wien, schrieb er: Zwischen „dem Kil" und der Eider ließe sich ein Schiffahrtsweg mit etlichen Schleusen anlegen; auf ihm könnten Güter „one alle Gefahr unnd Abentheur Wetters und Winds halben uufs lenngst in drey Tagen aus der Ostsehe in die Westsehe ... sicher und mit guetter Gelegenheit durchgefüeret werden". Für die Kaufleute erbat er den Schutz des Kaisers. Dieser holte Gutachten ein, u.a. von der Freien Reichsstadt Lübeck und von dem niederländischen Statthalter in Brüssel. Der – es war Herzog Alba – fand solchen Kanal sehr wünschenwert, aber man sollte sich der Zustimmung des dänischen Königs versichern.

Doch der Plan scheiterte, ob an technischen, finanziellen oder politischen Schwierigkeiten. Wieder aufgegriffen wurde er während des 30-jährigen Krieges vom Gottorfer Herzog Friedrich III. Damals war auch Wallenstein als „Admiral des Ozeanischen und Baltischen Meeres" lebhaft daran interessiert. Verwirklicht wurde er aber erst, als nach Ausschaltung der Gottorfer (1721, 1773) der dänische König „fast absolut" über den dänischen Gesamtstaat zwischen Elbe und Nordkap regierte, in einem Zeitalter großer staatlich-ökonomischer Reformen.

Zunächst standen zwei Vorschläge zur Debatte: Carl von Hessen, königlicher Statthalter auf Schloß Gottorf, unterstützte den Plan einiger Militärs, einen 5 m tiefen Kanal von der Schlei oder der Eckernförder Bucht nach Husum zu bauen. Dagegen machte der Schatzmeister Schimmelmann, ein kluger Wirtschaftsexperte, geltend, daß solcher Plan technisch und finanziell undurchführbar sei. Er beharrte auf der geographisch viel günstigeren Trasse Levensau – Eider; doch wollte er den (nur etwa 2 m tiefen) Kanal in die Unterelbe einmünden lassen. Diesen Vorschlag lehnte man in Kopenhagen ab; man fürchtete, bei einem eventuellen Verlust des deutschen Reichslehens Holstein könnte ein „fremder" Kanal der einträglichen Öresundpassage ernstlich Konkurrenz machen. Man einigte sich schließlich auf eine Verbindung von Levensau und Eider, mithin einen Kanal auf der Grenze zwischen den beiden Herzogtümern.

Die ursprünglich 18 m hohe Wasserscheide wurde auf 8,5 m abgegraben. Über sie führte der Kanal in zweimal 3 Schleusenstufen. Bei den erstaunlichen Ausmaßen von 3,45 m Tiefe und einer Spiegel/Sohlenbreite von 29/18 m konnten auf diesem damals modernsten Kanal Seeschiffe mit 100 Commerzlasten (ca. 260 t) fahren, bei achterlichem Wind segelnd, sonst treidelnd. Während der 8-jährigen Bauzeit waren bis zu 3000 Mann beschäftigt. Die Arbeit erfolgte zumeist „von Hand"; soweit man Muddebagger einsetzen konnte, wurden sie von Mensch und Tier mittels Treträdern in Gang gesetzt – Dampfmaschinen gab es noch nicht – und natürlich auch nicht Draht und Funk; deshalb besorgten Brieftauben die Nachrichtenübermittlung zwischen den Ausweichstellen und den Schleusen. In Holtenau, Rendsburg und Tönning hatte der Staat für den Umschlag große Lagerhäuser gebaut. Zwei Obelisken mit je einer vergoldeten Krone an der Spitze markierten in Holtenau die Einfahrt in den „Schleswig- Holsteinischen Kanal"; die Inschrift

PATRIAE ET POPULO

bezog sich nicht etwa auf Schleswig-Holstein (seit 1844 „meerumschlungen, deutscher Sitte hohe Wacht") oder gar auf Deutschland. Patria war vielmehr in „vornationaler" Zeit der dänische Gesamtstaat. Ausschließlich

Patriae et populo: Der an die Einweihung des Schleswig-Holsteinischen Kanals im Jahre 1784 erinnernde Sandsteinobelisk steht heute vor dem ehem. Kanal-Packhaus in Holtenau.

PATRIA
ET
POPULO
KANAL-PACKHAUS

Die Einfahrt in den Schleswig-Holsteinischen Kanal flankierten ursprünglich zwei Obelisken. Am Holtenauer Ufer erkennt man hinter einem Frachtensegler das große Packhaus.
Nach einer Kreidelithographie von Friedrich Thöming, um 1822.

seinen, unter dem Danebrog fahrenden Schiffen sollte ursprünglich die Benutzung des Kanals erlaubt sein, in „merkantilistischer" Staatsweisheit. In diesem Sinne war 1782 der „Königlich Dänischen, Norwegischen, Schleswigschen und Holsteinischen Handels- und Kanalkompanie" ein Oktroi erteilt worden – es war eine Aktiengesellschaft mit 15 000 Aktien zu je 100 Reichstalern. Da es aber hoffnungswidrig an Interessenten mangelte, wurde bereits 1785 der Kanal, dessen Bau etwa 7,5 Mill. Reichstaler verschlungen hatte, allen seefahrenden Nationen freigegeben. Er war nun wirklich ein „Weltkanal". Bis 1830 passierten ihn jährlich rund 2000 Schiffe, in den folgenden 50 Jahren sogar über 5000. Im Packhaus, das unter Denkmalschutz steht, befinden sich heute eine Gaststätte und private Wohnungen.

JÜRGEN BÄHR Geographisches Institut

Die Holtenauer Schleusen: Kiel und der Nord-Ostsee-Kanal

Die alten und neuen Schleusen in Holtenau spiegeln wesentliche Epochen der nunmehr gut 100jährigen Baugeschichte des Nord-Ostsee-Kanals wider. Die international als „Kiel Canal" bezeichnete Wasserstraße erspart der Schiffahrt zwischen Nord- und Ostsee den Umweg über die Nordspitze Jütlands; die Wegstreckenverkürzung beträgt im Mittel 250 Seemeilen. Während für den Bau des Kanals strategische Gründe maßgeblich waren, steht er heute im Dienst des Warenaustausches der Ostseestaaten mit der übrigen Welt.

Die Vorgeschichte des Nord-Ostsee-Kanal reicht weit in die Vergangenheit zurück. Land-Wasser-Querverbindungen zwischen Nord- und Ostsee unter Nutzung der Eider und ihrer Nebenflüsse sind bereits seit der Wikinger-Zeit bekannt, und seit dem Spätmittelalter wurden verschiedene Pläne für den Bau eines Kanals diskutiert, die jedoch sämtlich an finanziellen oder technischen Problemen scheiterten. Ein direkter Vorläufer des Nord-Ostsee-Kanal entstand mit dem „Eiderkanal" (Schleswig-Holsteinische-Canal) erst 1777 – 1784. Dieser führte von Holtenau nach Rendsburg, von wo aus zur Weiterfahrt die begradigte Eider benutzt werden konnte. Die geringen Abmessungen des Eider-Kanals, seine vielen engen Kurven und zahlreichen Schleusen behinderten jedoch die allmählich größer werdenden Schiffe erheblich (Fahrtzeit 3 – 4 Tage bis zur Nordsee) bzw. machten ihre Durchfahrt unmöglich. Dennoch nahmen die Überlegungen, einen neuen Kanal zu bauen, erst konkrete Formen an, als Kiel 1867 Flottenstation des Norddeutschen Bundes und schließlich 1871 Reichskriegshafen wurde. Eine leistungsfähige Wasserstraße zur Nordsee erschien jetzt notwendiger denn je, um eine schnelle und ungehinderte Verlegung von Marineeinheiten sicherzustellen. Trotzdem dauerte es noch fast 10 Jahre bis zum endgültigen Baubeginn, weil das Projekt wegen der hohen Kosten anfangs recht umstritten war. Die offizielle Grundsteinlegung erfolgte am 3. Juni 1887 in Holtenau durch den 90jährigen Kaiser Wilhelm I., der sich persönlich stark für den Bau eingesetzt hatte und dessen Namen der Kanal bis nach dem Ersten Weltkrieg führte (Kaiser-Wilhelm-Kanal) (vgl. Nr. 51). 1895 wurden die Bauarbeiten termingerecht beendet, so daß die neue, 98,7km lange und 9m tiefe, im östlichen Teil soweit wie möglich dem alten Eiderkanal folgende Wasserstraße am 21. Juni des gleichen Jahres von Kaiser Wilhelm II. dem Verkehr übergeben werden konnte.

Der Querschnitt des Kanals war so bemessen worden, daß ihn die größten der damaligen Kriegsschiffe passieren konnten und an einigen Stellen auch Begegnungen größerer Marinefahrzeuge möglich waren. Obwohl als Durchstichkanal konzipiert, kam man ohne den Bau von Abschlußschleusen in Brunsbüttel und Holtenau nicht aus, um tide- und sturmbedingte Wasserstandsschwankungen auszugleichen. Heute werden diese „Alten Schleusen" (Doppelschleuse mit zwei nebeneinander liegenden Kammern), wenn auch noch funktionsfähig, wegen ihrer geringen Abmessungen und des somit unwirtschaftlichen Betriebes im Regelfall nicht mehr genutzt (ausgenommen bei Unfällen oder Reparaturen); lediglich zwischen Mai und September stehen sie tagsüber Sportfahrzeugen zur Verfügung (Schleusungszeit ca. 30 Min.).

Bei Abschluß des für die damalige Zeit gewaltigen Bauprojektes war nicht abzusehen, daß schon nach gut 10 Jahren größere Erweiterungen erforderlich werden würden. Auch dafür gaben militärische Erwägungen den Ausschlag. Nach der Jahrhundertwende hatte das Wettrüsten zur See zum Bau immer größerer Kriegsschiffe geführt, die schließlich aufgrund ihrer Abmessungen den Kanal bzw. die Schleusen nicht mehr passieren konnten. Zwischen 1907 und 1915 wurde der Kanal daher wesentlich verbreitert und vertieft. Die im Zuge dieser Baumaßnahmen entstandenen „Neuen Schleusen" waren damals die größten der Welt. Seit den 1960er Jahren sind sie kontinuierlich modernisiert worden, allerdings ohne daß sich an ihren Abmessungen etwas änderte. Die Nutzlänge der beiden Kam-

HAMBURG

mern beläuft sich auf je 310 m, die Breite auf 42 m. Durch ein zusätzliches Schiebetor kann jede Kammer auf ca. 2/3 Länge nochmals unterteilt werden, um bei geringem Schiffsverkehr Zeit zu sparen. Im Mittel beträgt die Schleusungszeit 45 Min.

Die bis 1915 geschaffenen Kanalabmessungen sind bis Mitte der 60er Jahre fast unverändert geblieben. In den 30er Jahren bestanden zwar Pläne für einen großzügigen Ausbau, die erneut vorwiegend auf die Belange der Kriegsschiffahrt ausgerichtet waren. Mit der Ausführung ist jedoch nur an wenigen Stellen begonnen worden, und nach Kriegsende wurde das Projekt nicht weiter verfolgt. Erst Anfang der 60er Jahre zeichnete sich die Notwendigkeit von Sicherungs- und Erweiterungsarbeiten ab. Durch den starken Anstieg der Schiffszahl, insbesondere in den oberen Größenklassen, hatte die Beanspruchung der Böschungen erheblich zugenommen und zu Rutschungen sowie Uferabbrüchen geführt. Mit Geschwindigkeitsbegrenzungen allein (heute je nach Schiffsklasse 12 km/h = minimale Durchfahrtszeit gut 8 Std. bzw. 15 km/h = 6 1/2 Std.) war das Problem auf längere Sicht nicht zu lösen, und man entschloß sich daher, die am stärksten gefährdeten Kanalabschnitte zu verbreitern. Dadurch sollte die seitliche Erosion vermindert und das gegenseitige Passieren größerer Schiffe erleichtert werden. Die Vollendung des 1965 begonnenen Vorhabens zog sich allerdings sehr viel länger hin als ursprünglich angenommen, und auch heute sind die Arbeiten noch im Gange, für die nach dem Preisstand von 1988 bisher 840 Mill. DM ausgegeben worden sind. Nach Abschluß des Programms wird der Nord-Ostsee-Kanal auf einer Länge von 88km verbreitert sein; die verbleibende Strecke von knapp 11km im Ostabschnitt befindet sich aufgrund des hier anstehenden festeren Geschiebemergels in einem relativ guten Zustand, so daß auf Sicherungsmaßnahmen vorerst verzichtet werden kann.

Der Nord-Ostsee-Kanal bietet heute vor allem der Handelsschifffahrt eine Reihe von Vorteilen, denn mit der Wegeabkürzung geht eine (durch die Geschwindigkeitsbegrenzung allerdings reduzierte) Zeitersparnis und eine Verringerung des Brennstoffverbrauchs einher. Überdies kann die Ausrüstung und Versorgung der Schiffe beim Schleusenvorgang erfolgen, und während der Passage sind kleinere Reparaturarbeiten möglich. Die Benutzungsgebühren decken dennoch die Betriebskosten bei weitem nicht, weil die Höhe möglicher Abgaben durch die vergleichsweise geringe Streckenersparnis begrenzt ist und zudem hohe Kosten aufgrund gesetzlicher Regelungen aus dem vorigen Jahrhundert entstehen, die vom Kanalverkehr völlig unabhängig sind (künstliche Entwässerung angrenzender Gebiete, Unterhaltung von Wegen, Sicherstellung des unentgeltlichen Querverkehrs: 10 Hochbrükken, 1 Auto-, 1 Fußgängertunnel, 14 Fähren). Allerdings läßt sich der „Wert“ des Kanals nicht allein aus seiner Betriebsbilanz ablesen; in Rechnung zu stellen sind auch die nur schwer quantifizierbaren Vorteile für die Wirtschaft im norddeutschen Raum. Weit mehr als Kiel als Standort der Kanalverwaltung und einiger auf die Kanalschiffahrt spezialisierter Dienstleistungsunternehmen hat Hamburg beträchtliche direkte und indirekte Vorteile aus der Existenz des Nord-Ostsee-Kanal gezogen. Das zeigt sich allein daran, daß etwa 1/3 der Schiffe, die den Kanal passieren, aus Hamburg kommen bzw. die Hansestadt als ersten Bestimmungshafen anlaufen.

Mit der wirtschaftlichen Wiederbelebung nach dem Zweiten Weltkrieg begann ein stetiger, fast ununterbrochener Aufschwung des Kanalverkehrs, der bis Mitte der 60er Jahre anhielt. Ein außergewöhnlicher Rückgang wurde lediglich durch den sehr harten Eiswinter des Jahres 1963 registriert. 1965 passierten etwas mehr als 85 000 Schiffe (ohne Sportboote) den Kanal und damit viermal soviel wie in den ersten Jahren nach der Eröffnung. Dieser Rekord ist seitdem nicht wieder erreicht worden; dagegen stiegen Tonnage und Ladung, wenn auch unter Schwankungen, weiterhin langsam an. Diese Entwicklung ist Ausdruck des Übergangs zu immer größeren Schiffseinheiten. Lag die durchschnittliche Schiffsgröße (ohne Sportboote) in den 60er Jahren noch unter 1.000 BRT, so beträgt sie heute (1990) 1 717 BRT. Im gleichen Zeitraum stieg die durchschnittliche Ladung von ca. 700 t auf 1320 an.

Aber nicht nur die Größenstruktur des Schiffsverkehrs hat sich in den letzten beiden Jahrzehnten erheblich gewandelt, auch die Zusammensetzung des Ladungsaufkommens und die Richtung der Transportströme zeigen einige bemerkenswerte Veränderungen. Der Anteil der Stückgüter beläuft sich mittlerweile (1990) auf 29,7% (1965: 24,7%), in der Bedeutung folgen Erdöl und Derivate mit 14,8% (18,7%) und Holz mit 8,3% (8,5%). Einen besonders starken Rückgang erlebten die Kohle- und Erztransporte, während Getreide und Düngemittel ihre Stellung ungefähr behaupten konnten. Unter den Herkunfts- und Bestimmungsorten stehen Häfen der Bundesrepublik (31,1%) bei wei-

Die Neuen Schleusen: Ihre Kapazität, einst ausgelegt für die kaiserlichen Schlachtschiffe, bewältigt noch heute mühelos den Seeverkehr zwischen den Meeren.

tem an der Spitze der Tonnage, gefolgt von den Niederlanden (20,7%) und Großbritannien (14,1%).

Die zukünftige Bedeutung des Nord-Ostsee-Kanal für die Schiffahrt zwischen Nord- und Ostsee hängt von einer Reihe von Faktoren ab, die sich heute noch nicht voll abschätzen lassen. Der Strukturwandel der Seeschiffahrt mit einer Tendenz zu wachsenden Schiffsgrößen und höheren Geschwindigkeiten könnte insofern negative Folgen haben, als die Abmessungen des Kanals nur einen Tiefgang bis 9,5m erlauben bzw. die Geschwindigkeitsbegrenzungen bei der Durchfahrt und der Zeitverlust beim Schleusen die aus der Wegeabkürzung resultierende Zeitersparnis größtenteils wieder aufzehren. Dem Kanal kommt allerdings zugute, daß den Schiffsgrößen im Ostseebereich aufgrund natürlicher und wirtschaftlicher Gegebenheiten Grenzen gesetzt sind (Schwellen im Untergrund, Tiefen der Häfen). Weil der Treibstoffverbrauch mit steigender Geschwindigkeit überproportional zunimmt, wird die Nutzung des Kanals noch stärker als in der Vergangenheit von der Preisentwicklung auf dem Energiesektor abhängen. Hohe Preise begünstigen tendenziell eine Kanalpassage, wie die Spitzenergebnisse während der „2. Ölkrise" belegen.

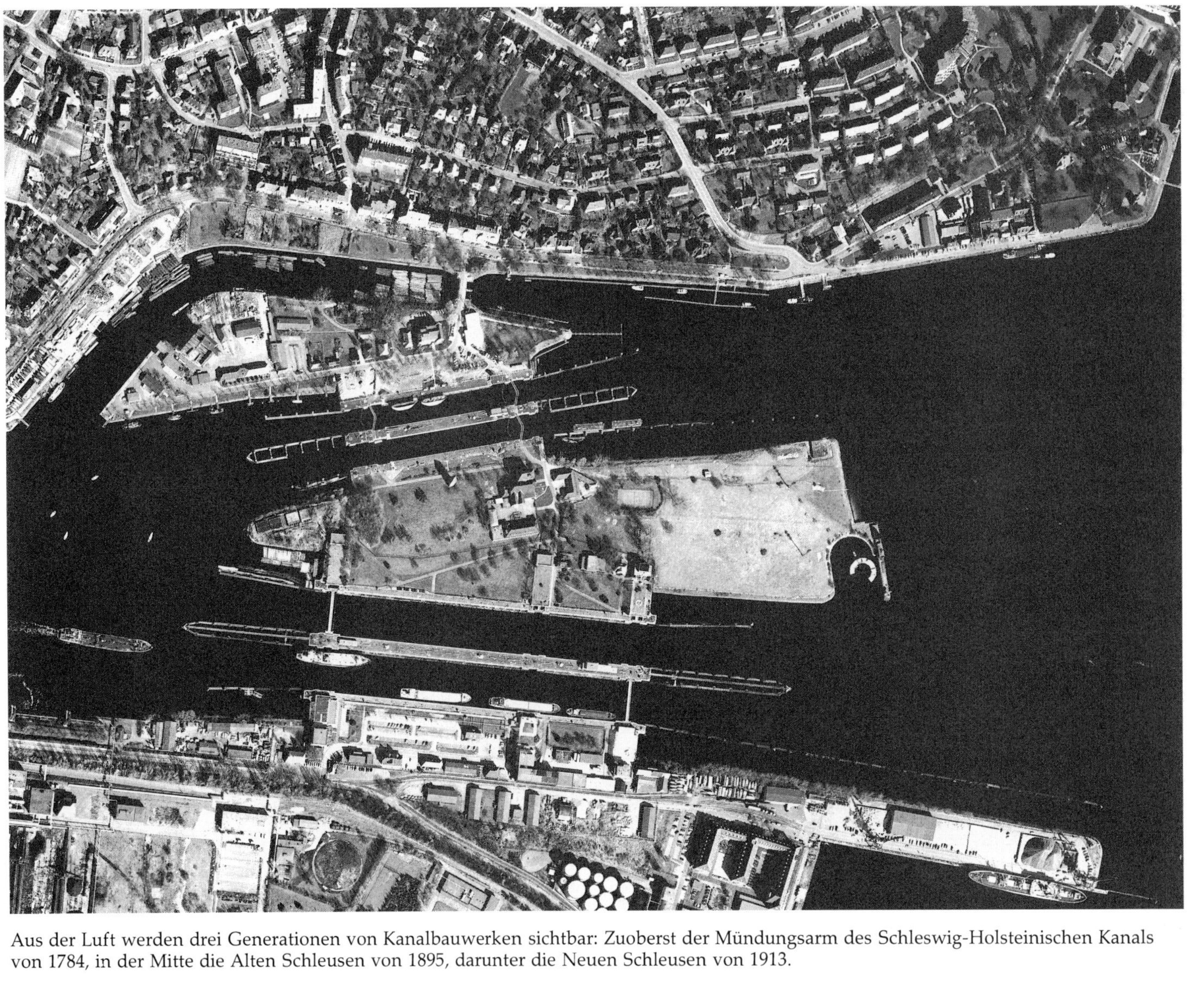

Aus der Luft werden drei Generationen von Kanalbauwerken sichtbar: Zuoberst der Mündungsarm des Schleswig-Holsteinischen Kanals von 1784, in der Mitte die Alten Schleusen von 1895, darunter die Neuen Schleusen von 1913.

Eine vielbewunderte Touristenattraktion: Die Schleusen können besichtigt werden.

Zu einer Belebung des Kanalverkehrs könnte die sich abzeichnende Verstärkung der Handelsverflechtungen mit Nord- und Osteuropa beitragen, wenn auch nicht übersehen werden darf, daß dem Nord-Ostsee-Kanal durch die Intensivierung und Verbesserung des Fährverkehrs im westlichen Ostseebereich (Eisenbahnfähren, Lastwagentransporte im roll-on/roll-off Verfahren) eine zunehmende Konkurrenz erwachsen wird. Das gilt umso mehr, als sich durch die Benutzung der Häfen in den neuen Bundesländern (z. B. Rostock-Warnemünde) zusätzliche Zeitgewinne ergeben. Auch die in Angriff genommene Querung des „Großen Belts", deren Fertigstellung bis 1993 (Eisenbahn) bzw. 1996 (Straße) geplant ist, dürfte eine Verlagerung der Transportströme von der Küstenschiffahrt auf die Straße und möglicherweise die Schiene bewirken. Es ist deshalb wahrscheinlich, daß sich der Anteil des Nord-Ostsee-Kanal am gesamten Verkehrsaufkommen zwischen Nord- und Ostsee verringern wird, ohne daß dadurch aber seine Stellung als wichtiger internationaler Seekanal gefährdet sein dürfte.

GEORG-CHRISTOPH VON UNRUH Lorenz-von-Stein-Institut für Verwaltungswissenschaften

Der Leuchtturm in Kiel-Holtenau: Ein Denkmal des Drei-Kaiser-Jahres 1888

In Schleswig-Holstein befindet sich ein einzigartiges Erinnerungsmonument an die letzten deutschen Kaiser: Im Leuchtturm Kiel-Holtenau sind am Ausgang des Nord-Ostsee-Kanals (vgl. Nr. 50) die Reliefs mit Erinnerungsdaten an Wilhelm I., Friedrich III. und Wilhelm II. angebracht. In der jeweiligen Regierungszeit der Monarchen wurden Bauabschnitte für die Errichtung des Nord-Ostsee-Kanals begonnen bzw. beendet.

Am 3. Juni 1887 legte Wilhelm I. in Holtenau den Grundstein für den Kanal. Am Vorabend war der greise Kaiser mit seinem Enkel, dem Prinzen Wilhelm, in Kiel eingetroffen und von einer begeisterten Menge empfangen worden. Tags darauf fuhr er mit einem vierspännigen Wagen vom Kieler Schloß, auf dem er Wohnung genommen hatte, durch Düsternbrook nach Holtenau zum Festplatz an der Mündung des alten schleswig-holsteinischen Kanals. Dort waren bogenförmig große Tribünen errichtet, in ihrer Mitte der Vorderteil eines Schiffes, das am Bug die Figur der Germania trug. Unterhalb des Schiffsbugs stand das Kaiserzelt, von zwei Kandelabern eingefaßt, zehn Meter davor der Grundstein. Staatssekretär von Bötticher als Vertreter des Reichskanzlers – Bismarck war verhindert – verlas die für die Versenkung in den Grundstein bestimmte Urkunde und legte sie hinein. Wilhelm I., der während der ganzen Feier hoch aufgerichtet dastand, warf Mörtel auf den Stein, und Handwerker setzten ein Verschlußstück auf. Der Kaiser vollzog dann mit einem Spruch als erster drei Hammerschläge, nach ihm die Prinzen Wilhelm und Heinrich, darauf Staatssekretär von Bötticher, die stimmführenden Bevollmächtigten des Bundesrates, die Präsidenten des Reichstages, des Preußischen Herrenhauses und Abgeordnetenhauses, die Mitglieder des preußischen Staatsministeriums und der Kanalkommission und die Chefs anderer höherer Ämter. Unter den Klängen von „Heil Dir im Siegerkranz" und tausendstimmigem „Hurra" fand die Feier ihren Abschluß. Der Kaiser nahm anschließend an Bord der „Pommerania" die Flottenparade ab. Mittags wurde ihm zu Ehren ein Festmahl auf Bellevue gegeben, nachmittags verließ er Kiel.

Während der kurzen Regierungszeit Friedrichs III. wurde im Mai 1888 mit der Herstellung des Kanalbettes begonnen. In Bezug auf das Bauvorhaben des Kanals ist die Erinnerung im Holtenauer Leuchtturm auf der Tafel und dem Relief wohl als eine Reverenz an die Tragik der Regierungszeit Friedrichs III. gedacht.

Am 21. Juni 1895 legte Kaiser Wilhelm II. den Schlußstein des Nord- Ostsee-Kanals. Die kaiserliche Yacht „Hohenzollern" mit dem Monarchen an Bord war als erstes Schiff von Brunsbüttel kommend durch den Kanal in die Kieler Förde gefahren, gefolgt von den Schiffen mit den Bundesfürsten, Botschaftern und Gesandten, dem Gesamtvorstand des Reichstages und des preußischen Landtages, des Herrenhauses und des Hauses der Abgeordneten. Den Abschluß bildeten die Schiffe anderer Nationen. Der Festplatz lag etwa an derselben Stelle wie 1887. Es waren große Tribünen errichtet worden, in deren Mitte das Kaiserzelt mit zwei Prunksesseln für das Kaiserpaar stand. Reichskanzler Fürst zu Hohenlohe-Schillingfürst verlas eine Urkunde des Kaisers, die dann mit anderen Schriftstücken und Münzen in den Grundstein gelegt wurde. Der Kaiser warf Mörtel auf den Stein und mauerte ihn ein. Sodann vollzog er drei Hammerschläge und gab dem Kanal zum Gedächtnis an seinen Großvater den Namen „Kaiser-Wilhelm-Kanal". Nach ihm vollzogen die Kaiserin Victoria, der Kronprinz Wilhelm und die deutschen Fürsten ihre Hammerschläge. Währenddessen schossen die Geschütze auf den Schiffen Salut. Mit einem Hoch des Reichskanzlers auf den Kaiser und unter dem Jubel der Festversammlung schloß die Feier. Am Nachmittag nahm der Kaiser die Flottenparade von sämtlichen im Hafen liegenden Geschwadern ab. Auf dem südlichen Kanalufer war auf einer während des Kanalbaus durch Anschüttung gewonnenen großen Fläche eine Festhalle in Gestalt eines Schiffes errichtet

Leuchtfeuer und Reichsadler weisen seit Kaisers Zeiten der Schiffahrt den rechten Weg.

Im Innern des Holtenauer Leuchtturms erinnern drei Tafeln an die Entstehung des Nord-Ostsee-Kanals.

worden, das der 1849 erbauten Fregatte „Niobe" nachgebildet war. Das Schiff hatte drei Masten, wobei der Großmast 49 m hoch war und das Schiff über alles 140 m lang war. In dem 21 x 114 m großen Festsaal fand am Abend der Kanalfeier ein Festessen für 1050 geladene Gäste statt. Zur Ausschmückung der Festtafel waren 116.640 erlesene Rosen verwandt worden.

Seit dieser großen Feier zur Einweihung des Nord-Ostsee-Kanals sind fast 100 Jahre vergangen. Der Holtenauer Leuchtturm erinnert heute nicht nur an die bedeutenden Bauabschnitte in den Regierungszeiten der drei Kaiser, sondern weist noch täglich auch den Schiffen mit seinem Leuchtfeuer den Weg nachts in den Kanal. Seine nautische Funktion ist die Sicherung der Schiffahrt als festes Seezeichen, seine historische Aufgabe aber die Erinnerung an den Kanalbau in den Regierungszeiten der drei deutschen Kaiser.

MANFRED JAKUBOWSKI-TIESSEN Historisches Seminar

Friedrichsort: Spuren einer barocken Festung

Heute sind nur noch wenige Spuren der einstigen Festung Friedrichsort zu sehen, obgleich die Festung sich niemals einer ernsthaften Feuerprobe hat stellen müssen. Doch nicht allein der Zahn der Zeit, sondern vor allem die spätere militärisch-industrielle Nutzung des Geländes hat dazu beigetragen, daß von der barokken Festungsanlage nur noch wenige Relikte übriggeblieben sind. Nur alte Stiche und Zeichnungen können uns noch ein Bild von Größe und Anlage der mit dem Schweiß so vieler Menschen gebauten Festung vermitteln.

Die ersten Planungen für eine Festung am nördlichen Ufer der Kieler Förde gehen auf das Jahr 1629 zurück. Damals hatte der dänische König Christian IV. nach seinem Eingreifen in den 30jährigen Krieg, das zu einem fürchterlichen Desaster für ihn geworden war, erkennen müssen, daß sein Verteidigungswesen nicht ausreichte, um sein Land vor solch starken Gegnern, wie es die Truppen Wallensteins und Tillys waren, zu schützen. Die Anlage einer Festung in der Nähe der gottorfischen Stadt Kiel sollte aber nicht allein einer besseren Sicherung der Südgrenze des dänischen Reichs dienen, sondern gleichzeitig auch eine Demonstration der Macht sein gegenüber dem gottorfischen Herzog Friedrich III., der im gerade beendeten Konflikt entgegen bestehenden Vereinbarungen den Ausgleich mit dem kaiserlichen Gegner gesucht hatte. Friedrich III. erhob dann auch seinen kräftigen Einspruch gegen den Festungsplan. Wie es scheint, sollte die Anlage einer Festung in dem vom König als Lehen vergebenen Herzogtum Schleswig auch einen Ausweis dänischer Souveränität nach innen darstellen.

Der Leiter des dänischen Festungswesens, der Ingenieur Axel Urup, suchte als Platz für die künftige Anlage den an der schmalsten Stelle der Kieler Förde nördlich der Levensau gelegenen Landvorsprung Priesort aus, der zum Gut Seekamp gehörte. Seekamp wie auch die benachbarten Güter Bülk und Knoop waren damals im Besitz des Cai von Ahlefeldt. Nach längeren Verhandlungen konnte Christian IV. Ende des Jahres 1631 alle drei Güter für insgesamt 164 000 Reichstaler kaufen. Sofort wurde mit dem Festungsbau begonnen, der sich dann unter der Leitung Urups über ein Jahrzehnt hinzog. Das Baumaterial wurde zumeist zu Schiff von Kopenhagen herübergebracht, das Zimmerholz aber in den umliegenden Wäldern geschlagen. Für die Bauarbeiten wurden Arbeiter aus allen Teilen Dänemarks herangezogen. Die nach dem holländischen System mit Wällen, Gräben, Ravelins und Contrescarpes angelegte Festung erhielt nach dem dänischen König den Namen Christianspries; in gleicher Weise waren auch schon die beiden Grenzfestungen in Blekinge und Schonen, Christianopel und Christianstad, benannt worden.

Es zeigte sich schon bald, daß Christian IV. mit seiner Festung auch wirtschaftliche Absichten verfolgte. Für Holstein bestimmte Frachten aus Kopenhagen wurden jetzt nicht mehr in den Kieler Hafen gebracht, sondern direkt nach Christianspries geliefert, von wo aus sie dann über Land weitertransportiert wurden. Auch begann Christian IV., ganz im Sinne seiner Sundzollpolitik, von den an der Festung vorbeisegelnden Schiffen Zölle zu erheben, worüber besonders die Stadt Kiel bittere Klage führte.

Das alles blieb jedoch Episode; denn schon am 18. Dezember 1643 wurde die mit nur 60 Mann belegte Festung überraschend von zwei schwedischen Regimentern im Sturm eingenommen und somit vorübergehend wichtiger Stützpunkt der Schweden, die unter ihrem Kanzler Oxenstierna erneut den Kampf um die Vorherrschaft im Ostseeraum aufgenommen hatten. Erst durch den Frieden von Brömsebro 1645 kamen die Dänen wieder in den Besitz ihrer Festung. Doch schon drei Jahre später, nach dem Tode Christians IV., erklärte sein Sohn und Nachfolger Friedrich III. sich bereit, diesen militärischen Stützpunkt in den Herzogtümern aufzugeben, wenn ihm der Landtag 1¼ Reichstaler auf den Pflug bewilligen würde. Die Stände willigten ein, und die Festung Christianspries wurde daraufhin geschleift. Erhalten blieben nur die Wälle zur Seeseite hin.

Von der Festung zur Waffenschmiede: Friedrichsort – eine militärische Karriere.

König Friedrich mußte einige Jahre später einsehen, daß sein Zugeständnis an die schleswig-holsteinischen Stände eine Fehlentscheidung gewesen war. Der gottorfische Herzog hatte nämlich dem schwedischen König Karl X. Gustav während des 1657 begonnenen Kriegs zwischen Dänemark und Schweden jederzeitigen Zugang zur Stadt Kiel eingeräumt. Schwedische Kriegsschiffe fuhren ungehindert in die Kieler Förde ein und transportierten über den Kieler Hafen ihre Truppen, ohne daß der dänische König etwas dagegen unternehmen konnte. Jetzt zeigte sich, welche Folgen die Aufgabe der Festung Christianspries für Dänemark hatte. Deshalb faßte Friedrich III. den Entschluß, die Festung Christianspries wiederaufzubauen. 1663 wurde mit den Arbeiten begonnen. Die Leitung der Bauarbeiten übernahm der erfahrene holländische Festungsbau-Ingenieur Henrik Ruse. Diese neue Festung, die der König nach seinem Namen Friedrichsort nannte, war schon 1667 fertig. Die Baukosten beliefen sich auf 123 000 Reichstaler.

Wie groß die Besatzung der Festung in den folgenden Jahrzehnten war, wissen wir nicht genau. Mannschaftsunterkünfte waren für 600 Personen vorhanden. Ob aber alle Unterkünfte jemals voll belegt waren, ist sehr fraglich. Stationiert waren dort jedenfalls einige Artilleristen und Feuerwerker sowie anfangs auch ein Bataillon Infanterie. Als Friedrichsort nach 150 Jahren erstmals eine feindliche Belagerung erlebte, ergab sich die Mannschaft bereits nach zwei Tagen. Die Besatzung war zu jener Zeit 250 Mann stark, dazu kamen noch einige Zivilisten und Invaliden. Dieser Ernstfall ereignete sich am 17. Dezember 1813, genau 170 Jahre nach dem ersten und einzigen Angriff auf Christianspries im Jahr 1643. Dieses Mal waren es wieder Schweden, die die Besatzung zur Aufgabe zwangen. Der dänische König hatte sich damals mit Napoleon verbündet und hielt selbst nach der Schlacht bei Leipzig noch an diesem Bündnis fest. Die Folge war, daß eine schwedisch-russisch-preussische Armee in die Herzogtümer einrückte und diese über ein Jahr besetzt hielt. Nach der Kapitulation der Festung ließ der schwedische General Karl Posse die Besatzung gegen alliierte Gefangene, die Dänemark in der Schlacht bei Sehestedt gemacht hatte, austauschen und durch eigene Soldaten ersetzen, die dort dann bis zur Unterzeichnung des Kieler Friedens vom 14. Januar 1814 verblieben (vgl. Nr. 20).

Für die dänische Regierung war die Festung Friedrichsort von jener Zeit an nur noch von geringer militärischer Bedeutung. Eine kleine Mannschaft blieb dort zwar stationiert; auch wurden noch die notwendigsten Reparaturen am Festungswerk und den Gebäuden ausgeführt, aber das alles war ohne vernünftige Perspektive. So sprach man von jener Zeit an auch nur noch von der „Seebatterie Friedrichsort". Hauptsächlich wurde die Festung jetzt als Gefängnis für straffällig gewordene Soldaten und für dänische Staatsgefangene genutzt. Der bekannteste Häftling war Uwe Jens Lornsen, der hier 1831 einige Monate Festungshaft verbüßen mußte. Ein Freund Lornsens, der Kieler Ökonomieprofessor Georg Hansen, schrieb über das damalige Friedrichsort: „Es gibt keinen tristeren Aufenthalt. Der Platz ist eigentlich gar kein Ort, hat nur die Festungsgebäude mit Zubehör und ca 100 Bewohner."

Als dänischer Pfahl im schleswig-holsteinischen Fleisch wurde die Festung 1848 zum Beginn der Erhebung gegen Dänemark dennoch empfunden. Schon kurz nach Bildung der Provisorischen Regierung gelang es dem Prinzen von Noer, die in Friedrichsort gelagerten Waffen und Munitionsvorräte für die schleswig-holsteinischen Truppen sicherzustellen. Von dieser schnellen Übergabe der Festung hatten die Kieler Bürger keine Kenntnis bekommen. Daraus erklärt sich, daß sie ihrerseits mit 150 Mann der Bürgerwehr und weiteren 50 Reservisten zur Festung zogen und in der Nacht über die niedergelassene Zugbrücke in die schon fast verwaiste Festung eindrangen. Geführt wurde diese Kieler Truppe von dem preußischen Artillerieleutnant Werner Siemens, dem Erfinder und späteren Elektro-Industriellen, der sich in Kiel bei seinem Schwager, dem Chemieprofessor Himly, aufhielt. Weil die Kieler eine Bombardierung ihrer Stadt durch die dänische Kriegsflotte befürchteten, wurde auf Siemens Vorschlag hin der Kieler Hafen durch unterseeische Minen mit elektrischer Zündung gesichert, was damals eine ganz neue Idee war. Er war es auch, der sich darum bemühte, die Festung Friedrichsort in Verteidigungsbereitschaft zu versetzen, um Kiel noch zusätzlich vor einem Angriff der dänischen Kriegsflotte zu schützen. Doch dänische Kriegsschiffe drangen nicht in die Förde ein, so daß die Festung ihre Verteidigungsfähigkeit wiederum nicht unter Beweis zu stellen brauchte. Zwar kam die Festung nach der Niederlage der Schleswig-Holsteiner wieder in dänische Hände, aber die dänische Regierung hatte nun gänzlich ihr Interesse daran verloren.

Ein neues Kapitel in der Geschichte der Festung Friedrichsort begann mit der Einverleibung der Her-

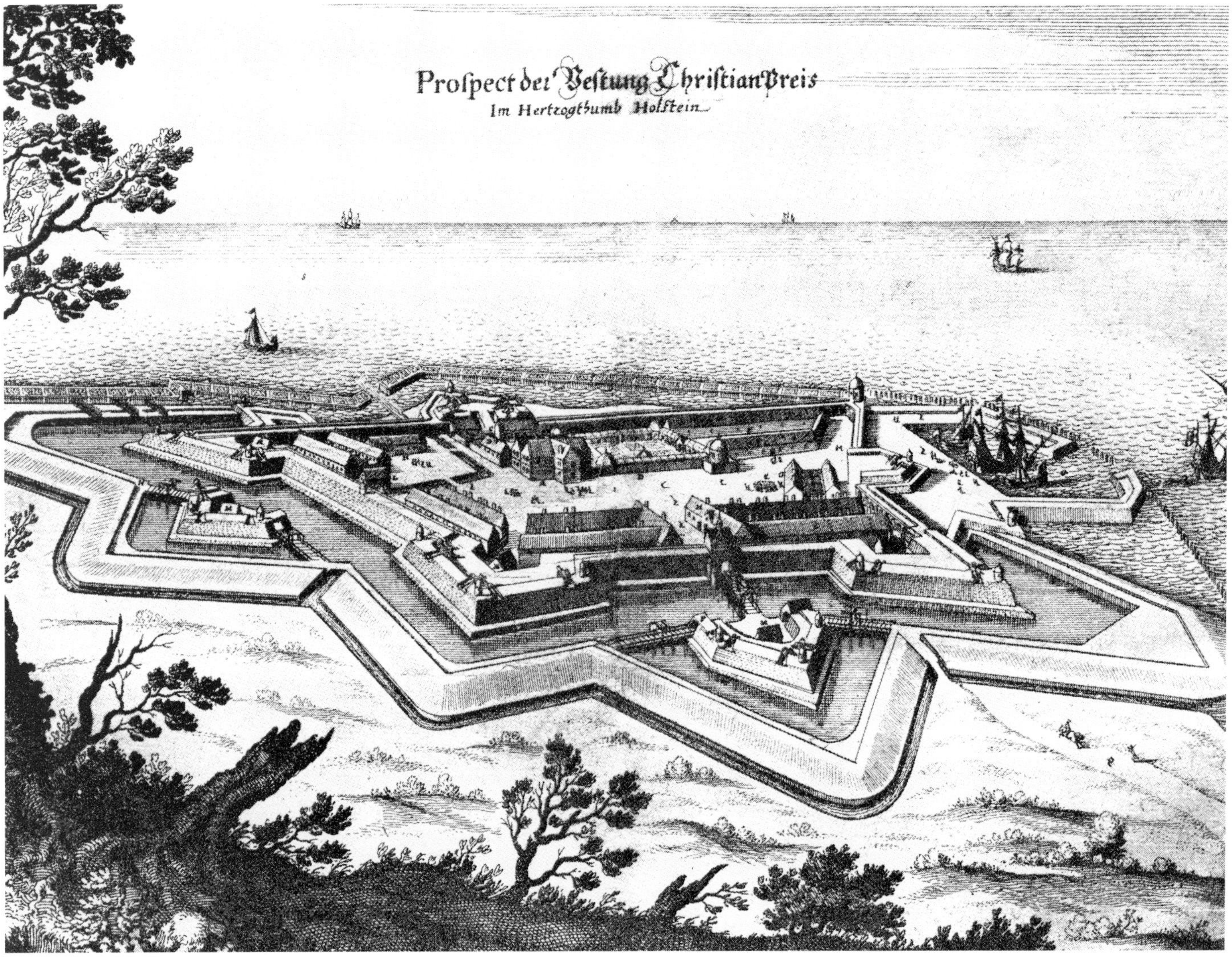

Die Festung Christianspries um 1640.

zogtümer Schleswig und Holstein in Preußen. Schon 1865 wurde die preußische Flottenstation von Danzig nach Kiel verlegt; zwei Jahre später wurde Kiel Kriegshafen des Norddeutschen Bundes und 1871 schließlich Reichskriegshafen. Friedrichsort wurde nun zum Sitz einer Festungsbaubehörde, der Fortifikationsdirektion, die alle zum Schutz des Kieler Hafens begonnenen Befestigungsarbeiten beiderseits der Förde zu leiten und zu koordinieren hatte. Im Rahmen dieser Befestigungsarbeiten wurde auch die Feste Friedrichsort, wie die Verteidigungsanlage jetzt hieß, wieder umfassend ausgebaut. Vier Kompanien der Marineartillerie wurden hier stationiert. Jedoch nicht allein als Verteidigungsanlage war Friedrichsort fortan von Bedeutung, sondern auch als Lagerungs- und Herstellungsort von Marinewaffen. 1866 wurden ein Artilleriedepot und 1877 ein Minen- und Torpedodepot errichtet. 1891 kam eine Torpedofabrik hinzu, in der um 1900 bereits 1000 Personen beschäftigt waren, 1913 schon 2400 und während des Ersten Weltkriegs sogar 6310 Mann.

Diese neuen militärischen Anlagen konnten nicht alle in der alten Festungsanlage untergebracht werden. Außerdem wurden immer mehr Wohnungen für die dort Beschäftigten benötigt. So kam es zu einer regen Bautätigkeit außerhalb der Festung. Im Westen entstand eine planmäßig angelegte Siedlung, die den Kern

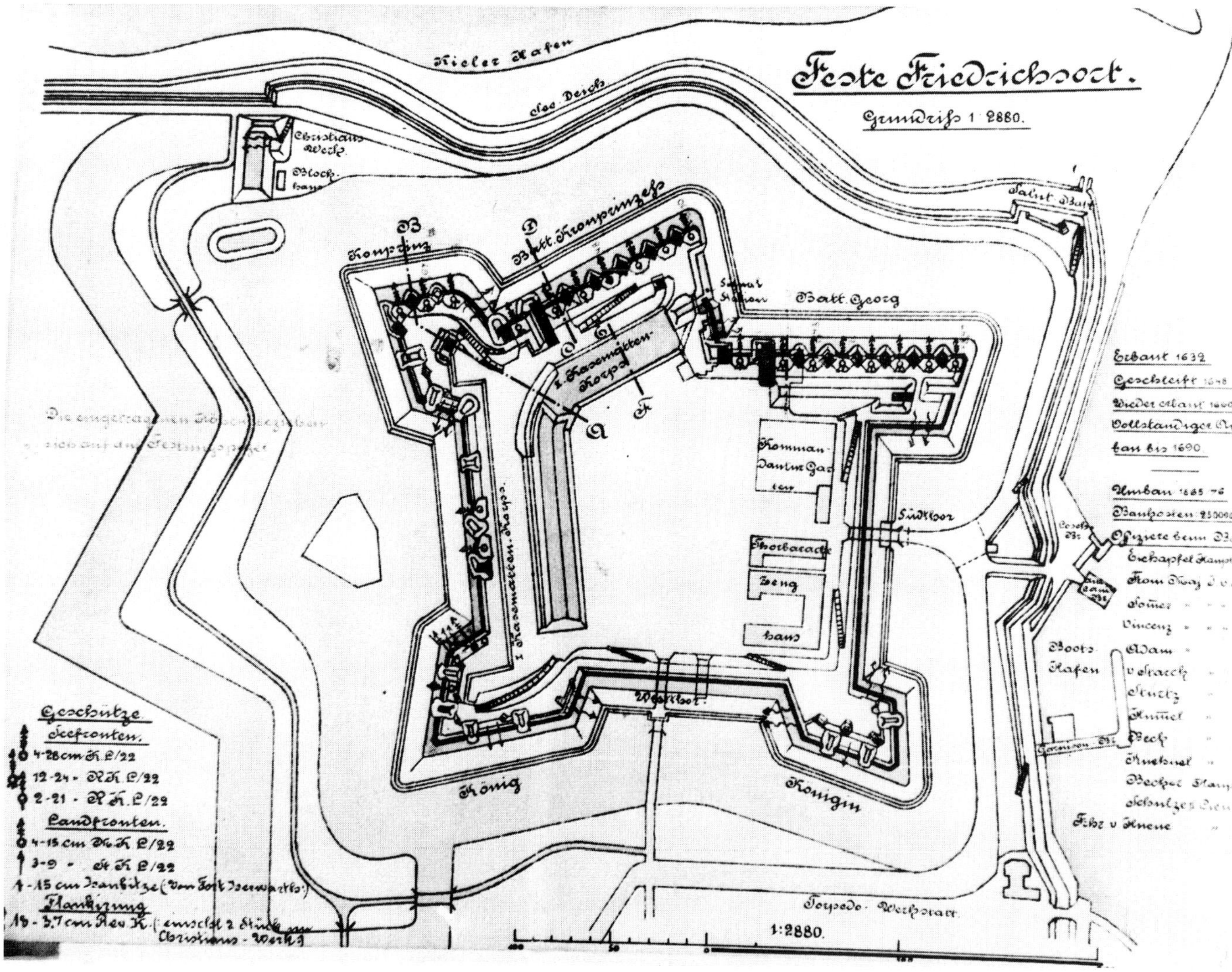

Geschützanordnung auf der Feste Friedrichsort um 1880.

des heutigen Kieler Stadtteils ausmacht. Aus einer kleinen Seebatterie wurde somit innerhalb einiger Jahrzehnte der Standort einer Garnison und eines großen Rüstungsbetriebes. Auch für die in preußischer Zeit angelegten Befestigungsanlagen trat der Ernstfall nie ein. Die größte Herausforderung stellte die Sturmflut des Jahres 1872 dar, die erheblichen Schaden an der Festungsanlage Friedrichsort anrichtete.

Weiterreichende Folgen für Friedrichsort hatte die Niederlage Deutschlands im Ersten Weltkrieg. Nach dem Versailler Vertrag mußten militärische Befestigungsanlagen geschleift werden. Das betraf auch Friedrichsort, wo jedoch nur der Nordwall abgetragen wurde, während die übrigen Wälle noch erhalten blieben. Die militärischen Anlagen innerhalb der Feste wurden allerdings mit Ausnahme der beiden Kasernen zerstört. Nach der Machtergreifung der Nationalsozialisten nahm die Marine 1935 zwar wieder die ganze Festung in ihren Besitz, ihre alten militärischen Funktionen erhielt sie jedoch nicht zurück. Hier wurde nur eine Marine-Ergänzungsabteilung untergebracht und während des Krieges die Flugabwehr stationiert. Heute wird das Gelände der ehemaligen Festung zum Teil wieder militärisch, zum Teil industriell genutzt. Der noch sichtbare Rest der alten Festungsanlage verfällt weiter.

CHRISTIAN WILKE und TRISTAN WILLEBRANDT Institut für Sportwissenschaft

Das Olympiazentrum in Kiel-Schilksee: Eine Stadt für den Segelsport

Die Olympiaanlage in Kiel-Schilksee ist spätestens seit den olympischen Spielen 1972 jedem Kieler bekannt. Jedoch offenbart sich einem Spaziergänger, der nur einen flüchtigen Blick darauf wirft, die Funktion der Anlage nicht. Bei der Planung sollten folgende Aspekte berücksichtigt werden: (a) Die Funktion des Olympiageländes während der Olympischen Spiele als Sportstätte; (b) die nachfolgende Nutzung hinsichtlich Segelsport, Ausflugsziel, Wohn- und Erholungsgebiet.

Die Sportart Segeln erfordert keine typischen Gebäude oder Plätze für die eigentliche Aktivität. Vielmehr geht es um Vor- und Nachbereitung der Boote und Fürsorge der Segler. Auch der Zuschauer soll hier beteiligt sein. Drei Bereiche entstanden: für den Sport, für die Besucher, für das Wohnen. Diese dritte Ebene nimmt den größten Raum ein. Sie besteht aus Wohn- (11 + 12), Hotel-(14) und Geschäftsbauten (3 + 4).

Begeht der Spaziergänger mit diesem Wissen das Gelände, kann er sich dieser funktionellen Einteilung nicht entziehen:
Durch die Lage von Bushaltestelle und Besucher-Parkplatz (Süd) bedingt, führt ihn sein Weg über den Haupteingang an den beiden Wohnhochhäusern (12) vorbei zum Promenadenaufgang (4). Von der Balustrade hat der Besucher das Schauspiel direkt vor Augen. Unten auf dem Hafenvorfeld (13) sieht er auf ein scheinbares Chaos. Unzählige Boote werden auf- oder abgetakelt, laufen ein oder aus, Segler setzen Segel und treffen letzte Vorbereitungen – vorausgesetzt, es ist Saison. Im Rücken des Betrachters befindet sich der Wohnbereich. Er besteht aus dem Appartementgebäude Ost (11), das im Erdgeschoß eine Ladenzeile enthält, dem über eine Fußgängerbrücke zu erreichenden Appartementhaus West (11), den schon erwähnten zwei Wohnhochhäusern (12), 32 in Atriumform angelegten Einfamilienhäusern (12) und einem Appartementhotel (14). Vor und unter ihm erstreckt sich der Sportbereich. Dazu gehören: Bootshallen (5 + 9), Presse- und Informationszentrum (7), Segelzentrum der Universität (6), Leistungszentrum des DSV (6), Hafenvorfeld (13) mit Bootsliegeplätzen, Hafenbecken und Hafenmeisterei (incl. Olympiafeuer) (1), ferner eine Mehrzweckhalle und zwei Schwimmhallen.

Die hochgelegene teilweise in die Gebäude eingelassene Promenade erlaubt den Zuschauern den Hafenbetrieb zu beobachten, ohne ihn selbst zu stören.

Fraglich muß allerdings bleiben, ob die starke funktionelle Ausrichtung der Gebäude nicht im Nachhinein die Wohnqualität einer geplanten nachfolgenden Nutzung beeinträchtigt.

Schon von weitem heben sich deutlich im Landschaftsbild die beiden Wohnhochhäuser (12) und das Olympiahotel (13) ab, während der langgezogene Funktionsbau (11) sich fast erdrückend über den Horizont erstreckt. Als eine Fortführung der Steilküstenformation sollte er gesehen werden. Wer heute im Herbst oder Winter nach Schilksee fährt, wird die saisonale Ausrichtung erkennen. Allein die 400 kleinen Appartements der zwei Terrassenhäuser (11), als Zweit- und Aktivurlaubswohnsitz für die nacholympische Nutzung konzipiert, eignen sich kaum für eine andere Verwendung. Die Atmosphäre ist grau und düster. Nur

Vom Modell zur Wirklichkeit: Olympisches Gold für das Naherholungsgebiet Schilksee? Dichtes Gedränge an Balkonen und im Yachthafen.

Zweimal Schilksee: See, Sand und Segel waren schon lange hier, 1972 kam der Beton dazu.

teilweise von Familien bewohnt sind die 32 Gartenhofhäuser (12) und die 168 Wohnungen der zwei Hochhäuser (12). Es bleibt der Eindruck eines zweigeteilten Olympiazentrums.

Aber das Olympiazentrum steht auch für Breitensport und Naherholung, wo See, Sand und Segel mit der Stadt Kiel verschmelzen. Hauptanteil daran hat die weiträumige Auslegung des zu 1972 neu gebauten zweiten Hafenbeckens. Der Olympiahafen war schnell durch Fahrtensegler und Vereinstätigkeit voll ausgelastet. Seit seiner Entstehung darf man vom Ideal eines Hafens sprechen. Grundsätzlich entstehen Sporthäfen unter dem Druck der Kostendeckung. Aber gerade die olympische Aufgabe ließ den Hafen ausstattungsreich werden:

- großes Hafenvorfeld mit mobilen Kränen,
- breite schwimmende Betonstege mit über 800 Stegliegeplätzen,
- eine Jollenbühne (65 m breit),
- Kaianlagen mit Bedienungsstegen, Boots- und Mastenkränen,
- Strom, Wasser und Beleuchtung an allen Landliegeplätzen,
- Segelwasch- und Trockenanlagen,
- durch Lautsprecheranlage überall beschallter Hafen,
- mobile Jollenwagen und Gerätekisten,
- Parkräume in unmittelbarer Nähe der Liegeplätze (2 + 13).

Vor diesem Hintergrund ist die starke Zunahme der Regattaklassen und -teilnehmer während der Kieler Woche, einem der größten Segelsportereignisse der Welt, verständlich. Zum 100. Geburtstag des Kieler Yacht Clubs wurden 1987 in sieben olympischen Klassen Welt- oder Europameister ausgesegelt, rein sportlich betrachtet ein weiterer absoluter Höhepunkt der Olympiahafengeschichte. Die Infrastruktur des Hafens setzt die Rahmenbedingungen, doch ohne seine Bewirtschaftung durch die Vereine Kieler Yacht Club, Verein Seglerhaus am Wannsee (Berlin), Hamburger Segelclub, Norddeutscher Regattaverein (Hamburg) und Surf Club Kiel wären große leistungssportliche Segelwettkämpfe unmöglich. Allerdings scheint mit weit über 3000 Regattateilnehmern der Kieler Woche die Kapazitätsgrenze bereits überschritten zu sein. Nicht nur die Fahrtensegler müssen während der vielen großen Wettfahrten mit Rempeleien bereits am Stegliegeplatz rechnen, sondern auch die Surfer wurden bereits nach Strande oder werden in Zukunft nach Laboe ausgelagert. Falschauswertungen der Regattaergebnisse deuten auf Engpässe im Informationszentrum hin. Trotzdem: Der Hafen und seine Organisationsstruktur haben sich im Leistungssport bewährt und lassen die Stadt Kiel (zusammen mit Berlin) an eine olympische Zukunft 2000 denken. Jedoch sind viele Räumlichkeiten, die ehemals Sportler, Betreuer und Funktionäre beherbergten, verkauft oder vermietet. In der Planüberlegung hält es das Presseamt der Stadt Kiel für möglich, ein Hafenbecken tiefer auszubaggern, um angemieteten Wohnschiffen einen nahen Liegeplatz zu verschaffen. Ansonsten setzt man auf die Vorzüge der bereits bestehenden Infrastruktur der Stadt Kiel; besonders auf den Olympiahafen Schilksee.

Mitgewirkt haben L. Becker (†), H. J. Dose und B. G. Strauß.

ULRICH LANGE Historisches Seminar

Die alte Holtenauer Hochbrücke: Ein Denkmal aus Deutschlands eiserner Zeit

Die Stadt Kiel scheint für den wichtigsten Abschnitt ihrer Geschichte, für die Zeit der Hochindustrialisierung zwischen 1880 und 1914, kein rechtes Gespür zu besitzen. Damals entwickelte sich das Gemeinwesen von einer großen Mittelstadt zur Großstadt, und allein im ersten Jahrzehnt des 20. Jahrhunderts verdoppelte sich die Bevölkerung auf mehr als 200 000 Einwohner. Bekanntlich ist dieses stürmische Wachstum aufs engste verbunden mit Kiels Funktion als Reichskriegshafen und als Standort einer seit dem Beginn des 20. Jahrhunderts prosperierenden Werftindustrie. Die Bedürfnisse der Marine prägten seit 1865 zunehmend das städtebauliche Gesicht und Erscheinungsbild der Ostseestadt.

Einer der markantesten Zeugen jener Zeit wirtschaftlichen Aufbruchs, fortgeschrittener Ingenieurkunst und weitgreifender strategischer Pläne des kaiserlichen Deutschland ist oder – wie man bald schreiben muß – war die alte, 1912 fertiggestellte Holtenauer Hochbrücke. Ohne daß es nennenswerten Widerspruch von seiten der Bevölkerung und der städtischen Amtsträger gegeben hätte, beschloß der Bund den Abriß der in ihrer filigranen Fachwerkkonstruktion, in der Anordnung ihres Trägersystems und in ihrer Linienführung durchaus individuellen Brücke, deren Funktion nun von einer formschlichten Blechträgerkonstruktion an gleicher Stelle übernommen wird.

Die Brücke war eine von zahlreichen infrastrukturellen Maßnahmen, die erforderlich waren, um Deutschland den Weg zu bahnen zu einem „Platz an der Sonne", d.h. das Reich zu einem gleichberechtigten Partner im weltpolitischen Spiel der Großmächte um Kolonien und Einflußzonen zu machen. Dabei kam es nach den Vorstellungen der Marineführung, Kaiser Wilhelms II. und des damaligen Reichskanzlers von Bülow darauf an, durch forciertes Aufrüsten der Reichsmarine die Welt- und Seemacht Großbritannien zum einen zu bedrohen, zum anderen sie zu der Einsicht zwingen, daß sie, um in der Konkurrenz mit Frankreich und Rußland zu bestehen, auf das Reich als starken Bündnispartner angewiesen sei und folglich mit Deutschland ihre Interessensphären in Übersee teilen müsse.

Im Rahmen dieses außenpolitischen Kalküls, das schließlich nicht aufging, weil sich die etablierten Großmächte 1904 und 1907 dennoch miteinander verbündeten, war es unausweichlich, dem englischen Beispiel von 1904 zu folgen und zum Bau von Großschlachtschiffen überzugehen (Dreadnoughtsprung), von Einheiten, die 16 000-18 000 t verdrängten statt 11 000–13 000 t. Für diese Typengrößen war der Kaiser Wilhelm-Kanal (vgl. Nr. 50), für den 24 m Schiffsbreite und 16 000 t Deplacement die äußerste Grenze darstellten, nicht gebaut worden. Großkampfschiffe der 1906 auf Stapel gelegten „Nassau"-Klasse mit über 27 m Breite konnten weder die Kanalschleusen passieren noch den Kanal befahren. Da der Kanal der Flotte den im Kriegsfall unschätzbaren Vorteil der sog. „inneren Linie" bot und die Möglichkeit, im Kriegsfall die Geschwader zwischen Nord- und Ostsee wechseln zu lassen, da er – mit einem Wort – von strategischer Bedeutung war, mußte er erweitert werden: Kurven waren zu strecken, Weichen zu erweitern und zu vermehren, der Kanalquerschnitt mußte vergrößert werden, durch Verdoppelung der Sohlenbreite von 22 auf 44 m und durch Vertiefung des Kanals von 9 auf 11 m. Die neue Wasserspiegelbreite sollte bei rund 103 m statt bisher 67 m liegen. Zwei neue Schleusen galt es zu bauen, und von den sechs Brücken über den Kanal blieben nur zwei stehen, die in Grünenthal und die Levensauer Hochbrücke. An die Stelle der vier alten Drehbrücken traten drei Hochbrücken, die Eisenbahnhochbrücken bei Hochdonn und in Rendsburg, eine Straßendrehbrücke in Rendsburg, schließlich die Straßenhochbrücke in Holtenau.

Das politische Konzept, zum forcierten Bau von Großkampfschiffen überzugehen und damit auch die fälligen infrastrukturellen Maßnahmen – wie etwa die Kanalerweiterung – auf den Weg zu bringen, war seit

Die Holtenauer Hochbrücke: Stählerne Eleganz, die sang- und klanglos verschwindet – im Kieler Jubiläumsjahr.

Begegnung mit Rendsburg: Die Eisenbahnhochbrücke besitzt noch eine Schonfrist.

1905 beschlossene Sache und wurde vom Reichstag im Mai 1906 mit der Ersten Flottennovelle angenommen. 1907 stimmte der Reichstag dem vom Reichsamt des Innern aufgestellten Erweiterungsplan für den Kaiser Wilhelm-Kanal zu. Die Durchführungsplanung konnte beginnen. Entwurf, Verdingung der neuen Brückenanlagen und Bauleitung für die drei neuen Hochbrücken verantwortete das neugeschaffene Brückenbauamt beim Kaiserlichen Kanalamt unter der Leitung von Dr. Ing. Friedrich Voß. Nach seinen Plänen entstanden die Hochbrücken bei Hochdonn, Rendsburg und Holtenau.

Der Bau der Holtenauer Straßenhochbrücke hatte den unterschiedlichsten Anforderungen zu genügen: sie sollte den Landverkehr unabhängig vom Schiffsverkehr machen – und ersetzte daher die beim Bau des Kanals geschaffene zweiflüglige Prahmdrehbrücke ca. 300 m weiter östlich; es war wegen der nahen Schleusen eine Durchfahrtshöhe von 42 m auf 135 m Kanalweite gefordert, und auf beiden Kanalseiten war Platz zu schaffen für sog. „Zukunftsanlagen", für Straßen, Eisenbahnen, Lösch- und Verladeeinrichtungen, und so kam für diesen wie für die anderen Neubauten ein Bogenträger wie bei der Levensauer Hochbrücke nicht in Frage. Des weiteren sollte der die Brücke passierende Verkehr nach Möglichkeit freie Aussicht haben und die Brückenkonstruktion möglichst Querverkehr auf der Brücke erlauben. Schließlich war die Stärke der Brückentragwerke mit Rücksicht auf die "Gesamt- und Fernwirkung" (Fr.Voß) des Bauwerks zu wählen. All diese Anforderungen waren endlich unter dem Gesichtspunkt der Wirtschaftlichkeit der Brücke hinsichtlich der Bau- und Unterhaltungskosten zu erfüllen.

Von seiten der Stadt Kiel wurde die Forderung erhoben, die Brückenkonstruktion so einzurichten, daß sie eine zweigleisige Straßenbahn aufnehmen konnte. Holtenau, Friedrichsort und Pries nördlich des Kanals, die letzteren Standorte von Marinebetrieben, nahmen immer mehr den Charakter von Kieler Vororten an (Eingemeindung 1922), deren bestehende verkehrsmäßige Anbindung über Fördedampfer zunehmend als unzureichend empfunden wurde.

Fr. Voß wählte als Haupttragwerk der neuen Brücke einen Fachwerkparallelträger, der in den beiden Seitenöffnungen mit einer Stützweite von je 87 m unter der Fahrbahn liegt und der sich in der Hauptöffnung mit einer Stützweite von 156 m über die Fahrbahn erhebt. Den Übergang zwischen der Brücke und den großen Erddämmen vermittelt ein trapezförmiger Schleppträger, der mit dem Hauptträger über ein

Bolzengelenk verbunden ist und der auf den Endwiderlagern beweglich aufliegt.

Von besonderem Interesse ist die konstruktive Lösung, die Voss für den Verlauf der Kräfte wählte, die auf die Brückenkonstruktion einwirken: Eigengewicht, Verkehrsgewicht, Windkräfte, Setzungen des Brückenuntergrundes. Er stützte sich dabei im wesentlichen auf bewährte Techniken. So besteht der mittlere Überbau nicht aus einem Stück, sondern aus einem Schwebeträger von 109,2 m, der nach dem Vorbild der Ruhrorter Straßenbrücke auf beiden Seiten mit Hängependeln an die über die kanalseitigen Pfeiler hervorgekragten Seitenträger angeschlossen ist. Bei dem „Pendel" handelt es sich um zwei senkrecht übereinander angeordnete Gelenkbolzen, deren oberer dem Schwebeträger, auch „Schaukel" genannt, nur eine Drehbewegung seiner Enden erlaubt und deren unterer als längsbewegliches Gelenklager ausgebildet ist. Ein Pendelgelenk kann die infolge von Temperaturänderungen und durch die Verkehrslast auftretenden, nicht unbeträchtlichen Bewegungen der Eisenkonstruktion in Brückenlängsrichtung aufnehmen und ohne Zwängung ausgleichen. Es ist zu bedenken, daß rein rechnerisch die temperaturbedingte Horizontalbewegung der Brücke bis zu maximal etwa 38 cm betragen kann. Die beiden Gelenkpunkte sollen darüberhinaus Kräfte aufnehmen, die sich aus der Setzung der Pfeiler ergeben. Voß selbst wies darauf hin, daß die tatsächliche Bewegung der eingehängten Schaukel wegen der großen Reibungskräfte an den Bolzengelenken nur zu geringen Bewegungen führen werde. Der derzeitige Zustand der Gelenke, die starken Rostansatz aufweisen, läßt vermuten, daß die errechnete maximale Beweglichkeit kaum jemals wirklich gefordert war.

Ein weiteres Charakteristikum der Konstruktion stellen zweifellos die als sog. Pendelstützen ausgebildeten kanalseitigen Pfeiler dar. Während die landseitigen Pfeiler mit dem Seitenträger fest verbundene, ausgesteifte Stützen sind, machen die Pendelstützen die Bewegung der Seitenträger in Brückenlängsrichtung mit. Daher nimmt die Pendelstütze die Längsbewegung des Seitenträgers über ein Kugellager mit einem Zapfen aus Gußstahl auf. Die Brücke erhält ihre Standfestigkeit also zunächst durch die beiden landseitigen Pfeiler. Die Pendelstützen würden einfach umfallen, sprängen sie aus ihren Lagern. Die Pendelstützen müssen auch die quer zur Brückenachse auftretenden Windkräfte aufnehmen und an die Fundamente weitergeben. Das wird möglich durch die eingebauten Windkreuze, die zusammen mit den Stützen eine Pendelwand bilden.

Die Unterbauten der Pendelstützen wurden mit Rücksicht auf mögliche zusätzliche Erweiterungen des Kanals und wegen der Lasten, die in waagerechter und senkrechter Richtung auf sie einwirken, besonders tief gegründet. Sie gehen etwa ebenso tief in den Erdboden, wie die eisernen Pendelstützen in die Höhe ragen. Je nach Tragfähigkeit des Materials reicht die Größe der Auflagerfläche von 1/8 qm im Kugellager bis 84,5 qm an der Gründungssohle.

Wie schon erwähnt, liegen die Träger, die auf beiden Seiten die Brücke mit den mächtigen, ca. 30 m hohen Dämmen der Brückenauffahrt verbinden, die sog. Schleppträger mit einer Stützweite von 57,6 m, auf Endwiderlagern beweglich auf, mit einem Abstand von mittleren 20 cm zur Abschlußmauer der Dammköpfe. So ist in allen Teilen der Brückenkonstruktion der Wille des Konstrukteurs erkennbar, den Kräfteverlauf klar und berechenbar zu gestalten, was bei der Holtenauer Hochbrücke durch die Anordnung von Stützen und Gelenken sichtbar wird.

An anderen Details der Konstruktion wird aber auch deutlich, daß der Brückenbauer auch dort gestaltend tätig wurde, wo es bei allem Gewicht der Brücke – von 3700 t – dennoch um ein zierliches, gefälliges Aussehen ging. Wählte Friedrich Voß für die Verbindung der Fachwerkstäbe bei den Eisenbahnbrücken eine kräftigere Winkeleisenvergitterung, so bevorzugte er bei der Straßenbrücke, die geringere Lasten zu tragen hatte, aus ästhetischen Gründen die Flacheisenvergitterung. Diese Entscheidung trug gewiß zu dem im Vergleich zu den Eisenbahnbrücken in Hochdonn in Rendsburg lichten, schlanken und eleganten Erscheinungsbild bei, einem Äußeren, daß trotz der zeittypischen Bauart individuelle Züge trägt. Zwar wird man auch der neuen Brücke, deren Form kompromißlos der gewünschten Funktion folgt und die am ehesten der Forderung der Wirtschaftlichkeit genügt, eine gewisse schlichte Eleganz zubilligen wollen, aber ebenso gewiß ist, daß sie eine unverwechselbare Physiognomie nicht haben wird.

MICHAEL SALEWSKI Historisches Seminar

Der Nordfriedhof: Deutsche Marinegeschichte in Grabmälern

Fritz Mittendorf ist einer der 43 Männer, die die größte Seeschlacht der Weltgeschichte, wie man die vor dem Skagerrak nannte, nicht überlebten. „SMS König" gehörte zu jenen Schlachtschiffen, die bei den taktischen Gefechtskehrtwendungen des Befehlshaber der Hochseeflotte, Admirals Scheer, plötzlich als Spitzenschiffe in den vollen Hagel der gegnerischen Granaten gerieten. Aber das Schiff war gut gebaut und standfest, schon im Juli 1916 konnte es wieder zur Flotte treten. Noch einmal sollte „König" Geschichte machen: Der Kommandant des Schiffes, Kapitän zur See Weniger, wurde beim Versuch, die kaiserliche Flagge zu schützen, am 4. November 1918 von Land aus erschossen, ein Opfer der Matrosenrevolution von Kiel.

Auch andere Opfer liegen auf dem Nordfriedhof, die Männer der Marine-Brigade Löwenfeld etwa, die in den Wirren des Kapp-Lüttwitz-Putsches ihr Leben lassen mußten. Das Grab von Admiral von Löwenfeld gehört zu den wenigen Ehrengräbern der Stadt Kiel. Ein anderes ist das des Admirals Koester – mit ihm, so könnte man fast sagen, begann die große Zeit der Kaiserlichen Marine in Kiel; den „Exerziermeister" der deutschen Flotte hat man ihn genannt. Zweifellos: Ohne den gefürchteten Koesterschen Drill wäre das „Crossing the T" des britischen Admirals Jellicoe in der Skagerrakschlacht für die Deutschen wohl kaum so glimpflich abgegangen.

Der Nordfriedhof ist der alte Garnisonsfriedhof der Marine, 1878 auf einem ehemaligen Schießgelände angelegt – aber dabei hat man sich seinerzeit gewiß nichts gedacht. Mit 16 ha ist er der größte Friedhof der Stadt. An die 3000 Soldatengräber sind ein eindrückliches Memento mori der deutschen Geschichte, vor allem der Jahre des Ersten und des Zweiten Weltkriegs. Nicht nur die Skagerrakschlacht, sondern auch das unglückliche Doggerbankgefecht vom 24. Januar 1915 hat hier seine Spuren hinterlassen; den Gefallenen der „Blücher" ist ein hohes Steinmonument gewidmet. In einem zeitgenössischen Text liest man:

„Die Fläche des Denkmals stellt Christus, einen Matrosen führend, in mehr als Lebensgröße dar. Äußerst realistisch wirkt die Figur dieser braven Teerjacke, wie sie, scheinbar etwas zaghaft, den Arm des Führers fassend, dem Voranschreitenden folgt."

Ihrem „Führer" ins Verderben folgten auch die Toten des Zweiten Weltkrieges. Namen wie die der Schlachtschiffe, Panzerschiffe und Kreuzer „Gneisenau", „Prinz Eugen", „Scheer", „Scharnhorst", „Lützow" (der ehemaligen „Deutschland") künden davon, daß der Seekrieg auch dann seine Opfer forderte, wenn die Schiffe nicht versenkt, sondern „nur" bombardiert und beschädigt wurden – wie „Gneisenau" oder „Lützow". Die Toten der „Scharnhorst" waren nicht die vom 26. Dezember 1943, als das Schiff mit Mann und Maus unterging, und wenn man „den Prinzen", also „Prinz Eugen" das „glückhafte Schiff" genannt hat – er war es gewiß nicht für alle sein Besatzungsmitglieder.

Wer die langen Reihen der Gräber und Denkmale abschreitet, stößt aber auch auf tragische Unglücke der deutschen Marinegeschichte: hier ruhen die Toten der „Niobe", des deutschen Segelschulschiffes der Reichsmarine, das 1932 vor Fehmarn kenterte, da erinnert ein Stein an die Toten von „U Hai", jenes deutschen Ubootes, das mitten im Atlantik und mitten im Frieden unterging. Nur einer wurde gerettet: der Obermaat Silbernagel – man erinnert sich? Das U-Boot-Ehrenmal ist kleiner als das von Möltenort, darum herum ruhen „Unbekannte", während der steinernde Bug eines U-Bootes aus dem Boden hervorbricht – ein Ensemble von eigentümlichem, fast schon makabrem Reiz.

Der Nordfriedhof ist aber auch die letzte Ruhestätte zahlreicher deutscher Admirale geworden. Neben dem 1. Admiral der Kaiserlichen Marine von Koester finden sich die Gräber von Arnims und von Thomsens aus der kaiserlichen Zeit; die Reihe der Admirale aus der Zeit des Zweiten Weltkrieges ist zu lang, als daß man sie alle aufzählen könnte. Der Oberbefehlshaber der Kriegsmarine, Erich Raeder, Ehrendoktor der Kieler

„Sag wo die Soldaten sind – über Gräbern weht der Wind ...“

... hoffentlich wird niemals wieder eine Kriegerwitwe einen solchen Grabstein aufstellen müssen.

Universität, ruht hier in einem Familiengrab, die Flottenchefs Marschall und Boehm, beide uralt geworden, haben hier die letzte Ruhe gefunden. Man denkt daran, daß der dritte von ihnen, Admiral Lütjens, am 27. Mai 1941 mit der „Bismarck" unterging. Aber auch ein Gruppenbefehlshaber, Generaladmiral Carls liegt in Kiel begraben, lange galt er als der eigentliche „Kronprinz" Raeders, und ohne die Leistungen des Generaladmirals Warzecha und des Admirals Fuchs wäre es mit der deutschen Marinerüstung noch schlechter bestellt gewesen als es ohnehin der Fall war. Der Name des Konteradmirals Eschenburg erinnert daran, daß es auch in Kiel Familien gab, in denen hohe militärische Profession, künstlerische Begabung und scharfer wissenschaftlicher Intellekt ineinanderflossen; liest man den Namen des Konteradmirals Wassner, so erinnert man sich an die vergeblichen Bemühungen des deutschen Marineattachés in London, den Krieg mit England vielleicht doch noch abzuwenden.

Fast jeder dieser Namen erzählt lange Geschichten. Zu ihren Lebzeiten waren diese Männer oft höchst streitbare Charaktere, da braucht man nur an die harschen Kontroversen zwischen Raeder auf der einen, Boehm und Marschall auf der anderen Seite zu erinnern; in der historischen Erinnerung leben diese Persönlichkeiten nach.

Und doch sind es nicht diese soliden, oft eindrucksvollen Grabmale, die uns nachdenklich werden lassen. Vielleicht sind es doch eher die langen Reihen der bekannten und „unbekannten" Soldaten und Bombenopfer – 2649 Gräber. Darunter Russen, Polen, Litauer, Kanadier. Und viele, viele Engländer, sie ruhen zusammen auf einem gesonderten Gottesacker des Nordfriedhofes. Gewiß, diese Gräber haben nicht unmittelbar mit der Marinegeschichte zu tun. Diese aber war doch ein Teil der unglücklichen, der unglückseligen deutschen Geschichte in zwei Weltkriegen. Hoffentlich wird niemals wieder eine Kriegerwitwe einen so anrührenden Grabstein aufstellen lassen müssen.

HANS-GEORG GLAESSER Institut für Weltwirtschaft

Preußens Gloria am Blücherplatz

Gneisenau, Yorck, Scharnhorst, Kleist, Bismarck, Lützow, Clausewitz, Hardenberg, Blücher, Moltke, Bülow, Stein ... Namen berühmter Preußen aus Politik, Poesie und Militärgeschichte, die zwischen Holtenauer Straße und dem Niemannsweg, zwischen dem Düvelsbeker Weg und der Düppelstraße als Namensgeber der Wohnstraßen in der Umgebung des Blücherplatzes aufmarschieren und Preußens Gloria präsentieren. Es ist nicht nur der Blücherplatz alleine, der Preußens Gloria beim Anhören dieser berühmten Namen aufscheinen läßt, es sind auch die anderen illustren Generäle, Politiker und der große Dichter Kleist, die ein ganzes Stadtviertel an Preußens Ruhm teilhaben lassen. Nur die wenigsten dieser Leute haben je mit Kiel zu tun gehabt, aber Kiels ältere Stadtentwicklung ist ohne Preußen und sein in der Katastrophe endendes Gloria überhaupt nicht denkbar; doch davon später.

Wir laden nun ein zu einer physiognomischen Autopsie des Blücherplatzes, „des Blüchers", wie die Kieler sagen. Es lohnt sich, diesem Platz, insbesondere seinen drei ihn umrahmenden Häuserzeilen, bereitwillige Aufmerksamkeit zu schenken, denn er ist ein städtebauliches Kleinod aus wilhelminischer Zeit, in der der städtische Wohnungsbau im Rahmen einiger Bauvorschriften noch weitgehend von privater Hand betrieben wurde.

Wer den Rundgang montags oder donnerstags vormittags unternehmen möchte, erlebt außerdem den bunten Markt, der, 1908 gegründet, als überaus beliebte Einrichtung immerhin schon auf ein beträchtliches Alter zurückblicken kann.

Beginnen wir an der Scharnhorststraße Nr. 20. Hohe und breite Fassaden blicken uns an, kaum eine aber wirkt deswegen schwerfällig und langweilig. Sie sind reich gegliedert durch breite Erker, Eckbalkons, Balkonnischen und durch Konsolen über den Erdgeschossen, die den darüber aufstrebenden Erkerelementen viel von ihrer Schwere nehmen. Wir können vermuten, daß jüngere Fassadenerneuerungen ältere ornamentale Strukturen verschwinden ließen. Das Haus Nr. 15 (Ecke Lützowstraße) mit seinen alten, vielsprossigen Fenstern und Ornamenten vermittelt aber eine Vorstellung davon, wie anmutig die Hausfronten ursprünglich ausgesehen haben müssen.

Für diese vielleicht erst später entstandene Kargheit an attraktiven Hausgesichtern entschädigen uns reichlich die beiden Häuserzeilen Blücherplatz Nr. 12 bis Nr. 1 (Ecke Esmarchstraße; Ausnahmen bilden die Häuser Nr. 12, 3 und 1, die sich im schlichten Wiederaufbaustil der 50er Jahre präsentieren), denn dort sprechen die Hausfronten buchstäblich Bände über Stilgeschichte oder, besser, über Richtungen des ausgehenden Jugendstils zum Beginn des 20. Jahrhunderts und gleichzeitig auch Geschichten über den gutbürgerlichen Geschmack der späten Kaiserzeit: Wir beobachten die gestreckten Rundbögen über den Balkonnischen und die ornamentalen Blumengirlanden bei Haus Nr. 11; die Dämonenfratzen, Putten oder Fensterverzierungen bei Nr. 10; das aufwendige, mit Holzverzierungen und Schiefer verkleidete 3. Obergeschoß und Dachgeschoß der Nr. 9. Schräg gegenüber fängt unser Blick die farblich intensiv gestaltete Ornamentik des Hauses Blücherplatz Nr. 5 ein, gleitet bewundernd über die Hausfronten der Hardenbergstraße Nr. 2 und 4 und verharrt schließlich an der Einmündung der Blücherstraße in den Blücherplatz, denn dort blicken sich alle Eckhäuser mit turmartigen Erkern auf kunstvollen Eckkonsolen über dem Erdgeschoß an. Schon beschäftigen unsere Augen und Sinne die symmetrisch angeordneten Erkerfassaden der Hausnummer 5, die in Dachhöhe in je einem trutzig wirkenden Turmaufbau mit Schieferhaube enden, und deren Fachwerk und versetzte Fenster ein wenig archaisch aussehen.

Den Höhepunkt dieser Fassadenparade bildet zweifelsohne die Hausnummer 2. Dieses Haus ist eines der schönsten Kieler Beispiele für die ausschließlich vom Jugendstil inspirierten Fassadengestaltung innerhalb einer Häuserzeile. Der Mittelerker dieses Hauses wächst, gestützt von einer stufig gemauerten Konsole aus flachen Ziegelsteinen, sozusagen aus der Decke des Hauseingangs in die Höhe. Wenn man sich die glücklicherweise nicht allzu störenden Glasanbauten

Der „Blücher": Montags und donnerstags bunter Marktplatz, ansonsten grauer Parkplatz.

wegdenkt, ahnt man etwas von der vornehmen Gediegenheit, die der Bauherr als eigener Botschafter seines Geschmacks und seiner Wohlhabenheit nach draußen vermitteln wollte. Alle drei mit Ranken, Putz- und Ziegelornamenten harmonisch ausgeschmückten Fassadenelemente münden in je einen Giebel, geformt aus gestreckten und seitlich etwas eingezogenen Bögen mit einem peripheren Klinkerfries und ausgefüllt mit reizvollen großblumigen Sträußen. Hier offenbart sich ein typischer Wesenszug des Jugendstils, nämlich sein Ursprung in der Verherrlichung des Vegetabilen, des Naturgewachsenen und seiner natürlichen Schönheit. Machen wir uns nun die kleine Mühe und vergleichen wir diese Jugendstilfassade mit dem Haus Blücherplatz Nr. 10, um an diesen beiden Beispielen die stilgeschichtliche Gleichzeitigkeit des Jugendstils und des von ihm abgelehnten Historismus der wilhelminischen Epoche auf engem Raum aufzuzeigen. Hier hat der Architekt auf ein Arsenal historischer Stilelemente zurückgegriffen und diese geschickt auf dem Gesicht des Hauses drapiert: das sichtbare Klinkerwerk betont in scheinperspektivischer Anordnung der Säulen die Vertikale; die Säulenbalustrade mit den einen Sims stützenden Putten unterstreicht die Horizontale, die in Verbindung mit den Vertikallinien das Haus für den, der davorsteht, höher, vielleicht auch herrschaftlicher erscheinen läßt. Nur sehr zurückhaltend wurden Jugendstilornamente verwendet, die sich in diesem zum Pompösen neigenden Repräsentationsstil fast verlieren.

An diesen Beispielen zeigt sich, wie entgegengesetzt und uneinheitlich das die Fassadenarchitektur der Wohnhäuser prägende Stilempfinden in der wilhelminischen Epoche war, denn die Baubehörde schrieb lediglich Bauhöhe und -tiefe sowie Baufluchtlinien vor. Die Gestaltung der Hausgesichter war eben Privatsache, sicher auch Sache fachmännischer Beratung, aber letzten Endes doch den individuellen Geschmacksneigungen der Bauherren unterworfen und nicht selten von Anregungen aus einschlägigen Fachjournalen beeinflußt. Also die Fassade sozusagen von der Stange, als Modeartikel? Ja, warum nicht, diente sie doch sicherlich ganz individuellen Repräsentationsbedürfnissen des wilhelminischen Bürgertums! Insofern ist dieses städtebauliche Ensemble einmalig, denn vergleichbare soziale Voraussetzungen für den mehrgeschossigen Wohnungsbau in Innenstadtbereichen sind heute nicht mehr möglich. Auch ein Blick hinter die gutbürgerlichen Kulissen ist lehrreich, wenn man sich nur durch die großen Toreinfahrten der Häuser Blücherplatz Nr. 9 und Nr. 6 bequemt: Wie einfach und schmucklos sehen die rückwärtigen Partien aus, vorne Repräsentation, hinten bescheidene Privatheit und Abgekehrtheit von jeglichem Gestaltungswillen über das Notwendigste hinaus! Mancher Hausbewohner aber wird die lichte Offenheit und relative Ruhe dieser Hinterhofidylle als angenehmen Teil seiner Wohnumgebung schätzen.

Obwohl wir uns nun mit „dem Blücher" gut vertraut gemacht und ihn als Ergebnis des Zusammenspiels zwischen Bauleitplanung und privatem Wohnungsbau kennengelernt haben, bleiben einige Fragen nach den historischen Begleitumständen der Stadtentwicklung um den Blücherplatz zu beantworten. Um 1900 erstreckten sich hier noch die Koppeln des Brunswiker Feldes, aber die Stadtgrenze war bereits über die Düppelstraße hinaus nach Norden vorgerückt. Kiel hatte damals ein atemberaubendes Bevölkerungswachstum: Von 1867 bis 1900 nahm die Bevölkerung um das Viereinhalbfache zu, von 24 216 auf 107 977 Einwohner. Die Stadt platzte aus allen Nähten, Wohnraum mußte geschaffen werden, und zwar dringend und schnell!

Kiel hatte seit spätestens 1871, seit der Erhebung zum Reichskriegshafen durch Kaiser Wilhelm I., enorme Wanderungsgewinne zu verkraften. Im Jahre 1900 waren nur 36.900 Einwohner aus Kiel gebürtig, also ein wenig mehr als ein Drittel der Stadtbevölkerung, ein weiteres Drittel stammte aus Schleswig-Holstein und gut ein Fünftel aus Preußen.

Die Kieler Stadtverwaltung mußte also schnell und wirksam auf diesen raschen Bevölkerungszustrom reagieren, wollte sie soziale und planerische Fehlentwicklungen von Anfang an ausschalten. Sie hat durch eine vorausschauende Bodenpolitik und Stadtplanung die Probleme glänzend gemeistert. In den Jahren von 1904 bis 1910 entfielen in dem nach dem Blücherplatz benannten Stadtteil VII auf 274 Neubauten 205 Wohnungsneubauten (ca. 75 %) und damit die höchste Zunahmerate in ganz Kiel. In diesen Boom fällt die Entstehung und Bauentwicklung des Blücherplatzes. Er wird zuerst im Verwaltungsbericht der Stadt Kiel 1903 genannt (die Benennungsurkunde ist nicht mehr vorhanden), und im Adreßbuch von 1903 wird der Platz als „nicht bebaut" erstmals öffentlich erwähnt. Bis 1905 bereitete das Tiefbauamt das gesamte Terrain für das Verkehrsnetz und die Baugrundstücke vor. 1904 wird der erste Hausbau begonnen, und zehn Jahre später, um 1914, waren alle Bautätigkeiten am Blücherplatz abgeschlossen. Laut Angaben der Adreßbücher kamen die Bauherren aus dem unternehmerischen Mittelstand: Bauunternehmer, Architekten und Handwerker.

Diese Phase der Stadterweiterung beruhte auf einer planerischen Komponente, die auch für die Gegenwart von erheblicher Bedeutung ist. Es ist dem Kölner Stadtplaner Josef Stübben und dem Kieler Stadtbaurat Schmidt zu verdanken, daß ab 1896 die Stadtentwicklung Kiels ein anderes Gesicht bekam: Abkehr von der schachbrettartigen Straßenplanung und der damit verbundenen Eintönigkeit der Neubauviertel; anstelle davon Anlage von Plätzen, leicht gebogenen oder diagonalen Straßen, Blockbebauung mit festgelegten Gebäudebreiten und -höhen, öffentliche Begrünung und Anlage von breiten gepflasterten Bürgersteigen und Straßen.

Bei einem Rundgang um den Blücherplatz erkennen wir sofort, daß dieses Konzept auch verwirklicht worden ist. Wie ein dicker Schlußstrich unter der bis dahin verlaufenden Stadterweiterung erstreckt sich die Esmarchstraße von dem so stattlichen Wasserturm auf dem Ravensberg (vgl. Nr. 57) bis an die Moltkestraße, dem Tor zum gehobenen Wohnviertel am Düsternbrooker Gehölz und an der westlichen Kieler Förde, die als Naherholungsgebiete bei den Kielern schon damals so beliebt waren. Genau dazwischen liegt der Blücher-

Preußens Gloria zeitgemäß verunstaltet: Fassadenkosmetik ohne Gewinn.

platz. Er profitiert in seiner Attraktivität als Wohngebiet auch heute noch von dieser bewußt geplanten repräsentativen Lage an Kiels nördlichem Stadtrand um 1910. Dieses Konzept der Kieler Stadtplanung hat tatsächlich – mit Wirkung bis in die Gegenwart – dem gesamten Stadtteil den Charakter eines gutbürgerlichen Wohnviertels verliehen bzw. erhalten. Nach dem Adreßbuch von 1913 setzte sich am Blücherplatz die Wohnbevölkerung zu fast 50 % aus Angehörigen des öffentlichen Dienstes, zu 20 % aus Selbständigen (Handwerker, Handel, freie Berufe) und der Rest aus Arbeitern und Angestellten zusammen; allein 39 % bekleideten Marineberufe. 1972 standen nach dem Adreßbuch desselben Jahres Beamte und Angestellte in der öffentlichen und privaten Wirtschaft mit 40 % an der Spitze der Sozialstruktur, gefolgt von fast 30 % Rentnern und Pensionären (danach sind wegen des Datenschutzes aus dieser Quelle keine sozialstatistischen Informationen mehr zu ermitteln). Die Sozialstruktur dürfte sich bis auf den heutigen Tag wohl kaum wesentlich geändert haben, und es mag sicher auch zutreffen, daß die Nähe der Universität, des Klinikums und der Landesbehörden die Sozialstruktur dieses Viertels entscheidend mitgeprägt und im übrigen nicht ohne Einfluß auf Struktur und Qualität der Ladengeschäfte in der Umgebung gewesen ist. Vor allem für die Studierenden an der nahegelegenen Universität sind „der Blücher" und seine Nachbarschaft ein sehr begehrtes Wohngebiet.

Nun sind wir am Ende unserer Darstellung des Blücherplatzes, dieses beredten Beispiels Kieler Stadtplanung und Sozialgeschichte, angelangt. Preußens Gloria ist schon lange Vergangenheit. Unser Rundgang aber ließ dennoch die enge historische Bindung Kiels an Preußen und die damit verbundenen stadtgeschichtlichen Folgen im Lichte unserer Gegenwart erneut wieder aufleben und in die Erinnerung rücken.

KAI DETLEV SIEVERS Seminar für Volkskunde

Der Wasserturm auf dem Ravensberg: Stadtversorgung im Gewande des Historismus

Am westlichen Ende der achsial den Kieler Norden durchziehenden Esmarchstraße liegt auf dem Ravensberg ein mächtiger Wasserturm. Der stämmige Ziegelrundbau mit umlaufender Blendgliederung und auf Konsolen vorragendem Obergeschoß mit zentraler Laterne ist im Stil jenes Historismus gebaut, der weite Teile der Stadt heute noch bestimmt. Daß das Gebäude schon um die Jahrhundertwende den Zeitgenossen als markantes Bauwerk galt, geht aus dem Bericht der Städtischen Wasserwerke von 1904 hervor, in dem es heißt: „Der stolz aufragende Turm im Nordwesten der Stadt bei der Holtenauer Straße ist mit seiner eigenartigen, kräftigen Architektur weithin von allen Seiten der Stadt sichtbar und fällt wohl jedem, der von irgendeiner Seite einen Blick über Kiel sendet, auf."

Die Wasserversorgung einer in geradezu amerikanischem Tempo wachsenden Stadt wie Kiel gehörte neben Straßenbau, Kanalisation, Gas- und Elektrizitätsversorgung zu den zentralen kommunalen Aufgaben der Selbstverwaltung. Bis 1880, als die Bevölkerung immerhin schon über 40.000 Einwohner betrug, mußten sich die Kieler noch mit Brunnen und einer primitiven Wasserleitung begnügen, die das teure Naß aus dem südlich der Stadt gelegenen Galgenteich mit geringem Gefälle (13,8 m über dem Hafennullpunkt) in die Altstadt rinnen ließ. Das Schloß bezog sein Wasser in gleicher Weise aus dem westlich liegenden Schreventeich. In trockenen Sommern trat daher regelmäßig Wassermangel ein. Erst 1879 wurde auf dem Studentenberg nahe der Kiel-Altonaer Eisenbahn an der Lübecker Chaussee nach den Plänen des Dresdener Baurates Salbach das erste moderne Wasserwerk mit einem unterirdischen Wasserbehälter und einer Pumpe gebaut. Dessen Kapazität erwies sich aber schon bald als zu gering. Deshalb nahm man zehn Jahre später das Wasserwerk am Schulensee in Betrieb. Als sich die Stadt gegen Ende des Jahrhunderts immer weiter nach Norden ausdehnte und die Miethäuser immer höher wuchsen, war ein weiteres Wasserwerk erforderlich. Auf dem Ravensberg hatte schon ein alter Behälter gestanden. Über ihm wurde 1898 der neue Turm errichtet. Der eiserne sog. Intz'sche Ringbehälter (genannt nach dem Wasserbauingenieur Otto Intze, 1843-1904, der neue konstruktive Grundsätze für den Bau von Wasser- und Gasbehältern entwickelte) von 16 m innerem und 26,78 m äußerem Durchmesser faßte bei 5,80 m Wasserstand ein Volumen von 1 500 cbm Was-

Querschnitt durch einen Turm, der seinen lebenspendenden Inhalt hinter dicken Mauern verbirgt.

Große Pumpen versorgen viele Haushalte mit dem kostbaren Naß.

ser. Eine Gasmotoren-Pumpanlage förderte das Wasser aus dem unteren in den oberen Behälter. Nun konnten auch die höher gelegenen Stockwerke in den Mietshäusern selbst in den sommerlichen Hauptverbrauchszeiten versorgt werden. Das reichte, um mit den übrigen Anlagen den Bedarf von 150 000 Menschen zu decken, obgleich Kiel damals erst 84 000 Einwohner zählte, zu denen noch 9000 Militärpersonen hinzuzurechnen waren. Die planende Voraussicht auf dem Gebiet der Wasserversorgung erwies sich jedoch als richtig. Denn Kiels Bevölkerung wuchs unaufhörlich weiter und erreichte vor dem Ersten Weltkrieg einschließlich des stationierten Militärs die 200 000-Grenze. Inzwischen war aber 1910 im Schwentinetal erneut ein Wasserwerk gebaut worden, das wie das Schulenseer noch heute in Betrieb ist.

Schon von weither macht der trutzige Turm auf sich aufmerksam.

KURT JÜRGENSEN Historisches Seminar

Die ELAC: Von der Rüstungsfabrik zur Universität

Vielen ist der Anblick bekannt, den auch das nebenstehende Bild vermittelt: das hohe Portal der Christian-Albrechts-Universität mit den vier eckigen Säulen aus rotem Ziegelstein. Ganz oben am Portal prangt in großen Lettern der Name der Universität, der an ihren Gründer, den gottorfschen Herzog Christian Albrecht, erinnert. In der Vorbereitung auf das 300-jährige Jubiläum der Christian-Albrechts-Universität im Jahre 1965 war das Portal als repräsentativer Eingang in den Bereich der Neuen Universität errichtet worden; hierbei handelt es sich um ein großes Areal, das bis 1945 zum Werkgelände der ELAC gehört hatte.

Rechtzeitig zum Jubiläum war auch das 15-stöckige Hochhaus, das in seinen unteren Stockwerken die Organe der akademischen Selbstverwaltung aufnahm, fertig geworden. Auch äußerlich ist der moderne Bau aus Beton und Stahl seither ein weithin sichtbarer Mittelpunkt der Universität. Die räumliche Ausweitung des Universitätsgeländes sollte sich auch noch in den 70er und 80er Jahren fortsetzen, und sie ist noch keineswegs abgeschlossen.

Hieran erkennt man die Entfaltung der wissenschaftlichen Einrichtungen der Universität. Ganz entsprechend ist auch die Studentenzahl, die im Sommersemester 1946 genau 2 240 betrug (das ist übrigens dieselbe Zahl wie im Wintersemester 1931/32) und die im Jubiläumsjahr 1965 bei gut 7000 lag, inzwischen um weitere 10 000 Studenten und Studentinnen angewachsen.

Der weitläufige Universitätscampus hat auch Nachteile. Institute und Seminare, die miteinander kooperieren möchten (wie Geschichte, Volkskunde, Politische Wissenschaft) liegen relativ weit auseinander. Über Größe, Ausstattung und Standort der Universitätsbibliothek denkt man heute auch anders als zur Zeit ihrer Erbauung Mitte der 60er Jahre.

Doch mag auch in rückschauender Betrachtung das eine oder andere kritisch gesehen werden, so soll damit doch nicht die grundsätzliche Feststellung in Zweifel gezogen werden: Als der Zweite Weltkrieg zu Ende war und die Alte Universität auf dem Gelände zwischen Schloßgarten, Düsternbrooker Weg, Schwanenweg und Hospitalstraße weitgehend in Ruinen lag, da eröffnete sich hier, am nordwestlichen Stadtrand Kiels, für die Christian-Albrechts-Universität eine neue Zukunft, und sie ist großartig genutzt worden!

Natürlich unter Beibehaltung auch des alten Universitätsgeländes im Zentrum der Stadt! Hier wahrt vor allem die Medizinische Fakultät die alte Tradition, und zwar für ihre klinischen Semester (vgl. Nr. 33), und sie tut das zusammen mit anderen Einrichtungen (u. a.: Zoologisches Museum (vgl. Nr. 28), Museum für Völkerkunde, Institut für Humanernährung und Lebensmittelkunde, Institut für Meereskunde). Aber nach dem Zweiten Weltkrieg hat sich der Schwerpunkt der Universität ganz eindeutig vom Gebiet zwischen Schloßgarten und Schwanenweg zum neuen Campus beidseits der oberen Olshausenstraße verlagert.

Die Möglichkeiten, die sich der Universität hier für ihren Neuanfang nach 1945 eröffneten, verdankt sie der ELAC. Verschaffen wir uns zunächst eine Orientierung von dem damaligen Gelände. Wenn man die Toreinfahrt an der Olshausenstraße passiert hatte, gelangte man auf das Werkgelände der Electroacustic. Wie diese Einfahrt im Jahre 1945 aussah, zeigt uns die Abbildung; wie es dort heute aussieht, wissen wir: Genau dort erhebt sich nämlich das hohe Portal der Christian-Albrechts-Universität.

Auf dem Lageplan ist diese Stelle mit einem kleinen schwarzen Pfeil markiert. Dieser Plan – er stammt übrigens aus dem britischen Staatsarchiv (Public Record Office, London) – gibt eine gute Orientierung, wie das Gelände gegen Ende des Zweiten Weltkrieges ausgelegt war. Wir erkennen auf dem Plan, daß es noch einen anderen, und zwar älteren Werkeingang gab, nämlich am Weddigenring (heute Westring), so wie er in etwa auch heute noch besteht. Von dort gelangt man auf das im Plan eingetragene Werkgelände A. Hier wurde 1926 das Stammwerk der Electroacustic (ELAC) errichtet, und zwar als eine Gesellschaft mit beschränkter Haftung. Verantwortliche Gründer und Gesellschafter des Werkes waren Dr. Heinrich Hecht,

Das „Brandenburger Tor“: Eingang in die „Bildungsfabrik“.

Gerhard Schmidt und Wilhelm Rudolph. Aufgabe des Werkes war es, die electroacustische Forschung voranzubringen und technisch zu nutzen, vor allem für die Entfernungsmessung im Wasser und in der Luft.

In den Bauten, die Ende der 20er Jahre errichtet wurden, fertigten die Werkangehörigen Echolote, Horchgeräte, Höhenmesser für Flugzeuge, u. a. m. Was der Handelsschiffahrt und der zivilen Luftfahrt dienlich war, bekam im Zuge der Aufrüstung nach Hitlers Machtübernahme eine zunehmend militärische Bedeutung. Das Reich drängte auf eine Kapazitätserweiterung der ELAC.

Im Jahre 1938 war es soweit: Es kam zur Gründung einer Kommanditgesellschaft, in deren Verantwortung die Werkerweiterung lag, und zwar zur Hälfte auf werkeigenem Boden und zur Hälfte auf dem Boden, der der Stadt Kiel gehörte. Wie immer die Rechtsverhältnisse zwischen der ELAC, der Stadt Kiel und dem Reich geregelt waren: Tatsache ist, daß auf Kosten des Reiches – noch vor dem Kriege beginnend – die Werkerweiterung I vorgenommen wurde (Werkgelände B), und in der zweiten Kriegshälfte wurde ein weiteres Areal erschlossen (Werkgelände C), mit fast 44 000 m^2 mehr als doppelt so groß wie das Gelände A

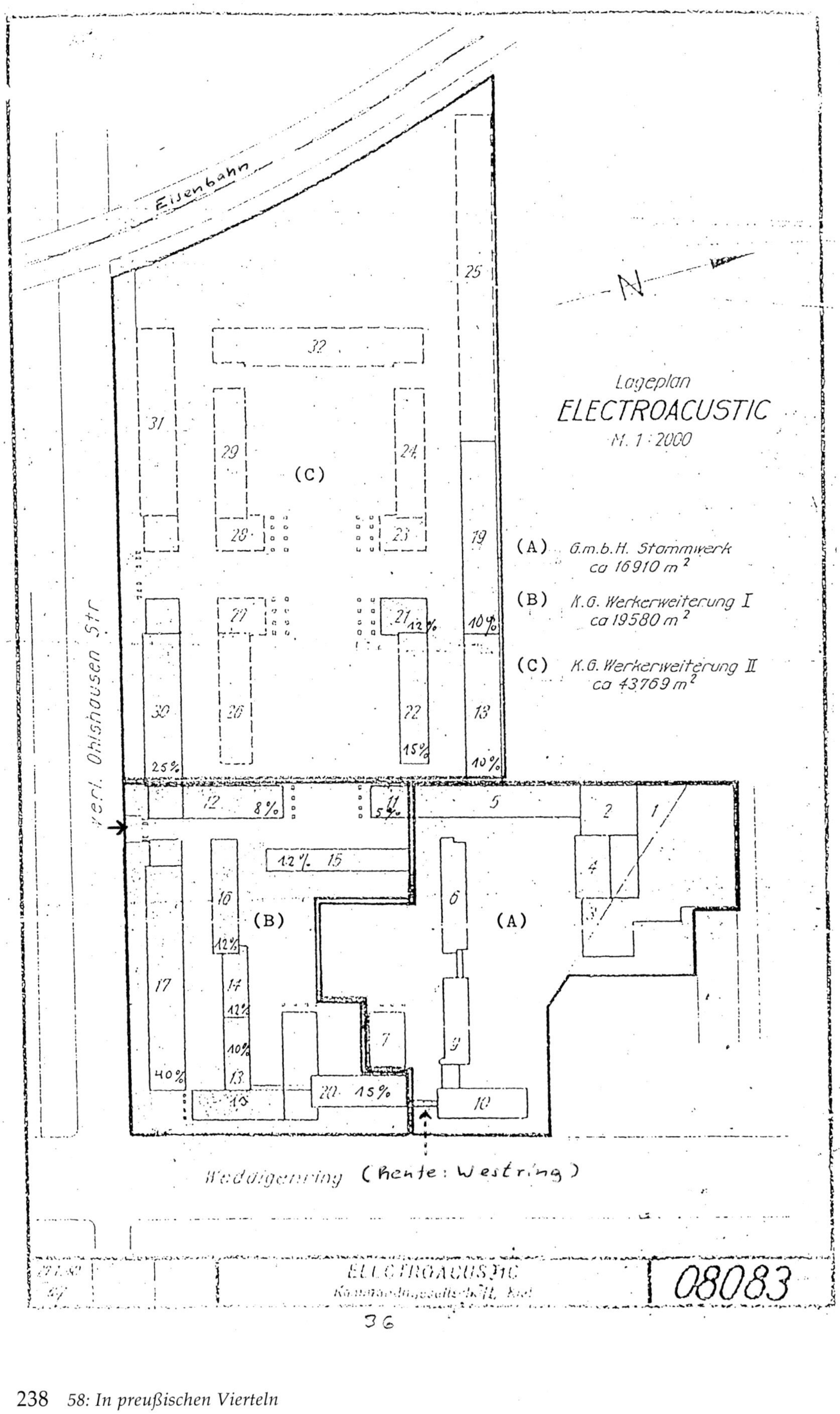

Der Lageplan der Elac-Gebäude: Einst Rüstungsbetrieb, heute Ort friedlicher Studien.

Lageplan der Neuen Universität

Akademische Verwaltung

Gebäude	Geschoß	
15	Erdgeschoß	Rektorat Universitäts-Sekretariat Fakultäten

Universitätskasse

Gebäude	Geschoß	
15	Erdgeschoß	Kasse und Quästur

Philosophische Fakultät

Gebäude	Geschoß	
11	Erd- und I. Obergeschoß	Musikwissenschaftliches Institut
12	I. Obergeschoß	Mineralogisch-petrographisches Institut
13	I. Obergeschoß	Institut für Theoretische Physik und Sternwarte
13	II. Obergeschoß	Mathematisches Seminar Geographisches Seminar
14	Erdgeschoß	Archäologisches Institut
14	I. Obergeschoß	Institut für klassische Altertumskunde
14	II. Obergeschoß	Kunsthistorisches Institut
15	I. Obergeschoß	Romanisches Seminar Englisches Seminar
15	II. Obergeschoß	Anthropologisches Institut Slavisches Seminar
15	III. Obergeschoß	Philosophisches Seminar Institut für Pädagogik und Psychologie
16	Erdgeschoß	Historisches Seminar
17	II. Obergeschoß	Seminar für Ur- u. Frühgeschichte
20	Keller, Erdgeschoß, I. und III. Obergeschoß	Physikalisches Institut a) Institut für Experimentalphysik
20	II. Obergeschoß	b) Institut für angewandte Physik
20 a	Keller, Erdgeschoß	Institut für Physikalische Chemie
22	Keller, Erdgeschoß, I. Obergesch.	Geologisches Institut und Museum
22	I. Obergeschoß	Indogermanisches Seminar

Theologische Fakultät

Gebäude	Geschoß	
16	I. Obergeschoß	Homiletisches Seminar Katechetisches Seminar Theologisches Seminar Kirchlich-archäologisches Institut
16	III. Obergeschoß	Theologische Bibliothek

Rechts- und Staatswissenschaftliche Fakultät

Gebäude	Geschoß	
15	II. Obergeschoß	Staatswissenschaftliches Seminar
16	II. Obergeschoß	Juristisches Seminar
16	III. Obergeschoß	Juristische Bibliothek

Medizinische Fakultät

Gebäude	Geschoß	
12	Erdgeschoß	Physiologisches Institut
12	I. Obergeschoß	Physiologisch-chemisches Institut
30	Keller, Erdgeschoß, I. und II. Obergeschoß	Anatomisches Institut

Angeschlossene und sonstige Einrichtungen

Gebäude	Geschoß	
11	I. Obergeschoß	Schleswig-Holsteinische Universitäts-Gesellschaft
13	Erdgeschoß	Mensa
15	Keller	Fototechnische Anstalt
17	Erdgeschoß	Hochschulinstitut für Leibesübungen
Baracke I		Studentenwerk
Anschützhaus		Allgemeiner Studentenausschuß (ASTA)

(ca. 17 000 m²) und das Gelände B (ca. 19 500 m²) zusammen.

Es sind dort nur noch wenige Werkhallen errichtet worden. Die auf dem Lageplan gestrichelt eingetragenen Gebäude zeigen an, was geplant war, aber nicht mehr zur Ausführung gelangte. Immerhin herrschte während des Krieges auf dem gesamten Gelände der vom Reiche finanzierten Werkerweiterung eine beachtliche Bautätigkeit. Und dazu kamen die durch Bombenschäden verursachten Reparaturarbeiten. Gemessen an den enormen Kriegsschäden, die Kiel mit seinen ca. 5 Millionen m³ Trümmern zu einer Ruinenstadt gemacht hatten, ist es erstaunlich, daß das Rüstungsunternehmen ELAC unter dem Luftkrieg relativ wenig gelitten hatte. Was es an Schäden und entsprechender Wertminderung der Gebäude am Ende des Krieges gab, das zeigen die in den Lageplan eingetragenen Prozentzahlen an. Innerhalb der Bandbreite von 5 % (Haus 11) und 40 % (Haus 17) lag der Schnitt bei 12 %, und bei den Schäden handelte es sich im wesentlichen um undichte Dächer, um aus dem Rahmen gerissene Türen, beschädigte Fenster. Alles in allem war das Bild für damalige Kieler Verhältnisse recht günstig.

Ganz anders war die Lage der Universität auf dem Gelände hinter dem Schloßgarten. Die schweren Luftangriffe im Januar, im Juli und im August 1944 hatten die Forschung und Lehre völlig zum Erliegen gebracht. Nachdem die Universitätsbibliothek schon im April 1942 ein Drittel ihres Bestandes eingebüßt hatte, galt die Hauptsorge im letzten Kriegsjahr der Auslagerung von Sammlungen, Seminarbibliotheken und der Verlegung von Instituten und vor allem auch – im Interesse der Kranken – der Verlegung von Kliniken nach außerhalb, insgesamt - nach den noch in der NS-Zeit für das Sommersemester 1945 mitgeteilten Angaben – an 18 Orte, vornehmlich in der östlichen Hälfte des Landes zwischen Schleswig, wo die Provinzial-Heilanstalten einen Teil der Kliniken aufnahmen, und Ratzeburg, wo im Dom große Bestände des Instituts für Weltwirtschaft benutzergerecht aufgestellt wurden. Noch im Kriege wurde auf Drängen des damaligen Kurators Dr. Christian Kinder die Verlegung der Universität nach Schleswig beschlossen, und dorthin wurde am 1. Mai 1945 auch die akademische Verwaltung beordert. Wenn dies auch nicht als eine für immer gültige Entscheidung gedacht war, so doch zumindest als Lösung auf lange Zeit; denn an einen Wiederaufbau der Universität in Kiel war aus damaliger Sicht überhaupt nicht zu denken.

Die ELAC hat die Universität für Kiel gerettet. Der sofortige Produktionsstop am Tage der militärischen Besetzung Kiels durch Einheiten der 5. britischen Division am 4. Mai 1945 machte die Gebäude für andere Zwecke verwendbar, oder doch nicht? Zunächst wurden die Gebäude von britischen Spezialeinheiten inspiziert, und es wurde requiriert, was ihnen als Beutegut wichtig war, um vom deutschen Rüstungs-Know-How zu profitieren. Es mußte auch damit gerechnet werden, daß die Briten nach der Phase des Inspizierens und Requirierens die Werkhallen, in denen Rüstungsgüter produziert worden waren, zerstören würden.

Die Idee, die ELAC-Gebäude für die Universität zu nutzen, schuf eine völlig neue Lage. Diejenigen, die sich gedanklich schon für immer in Schleswig eingerichtet hatten und dort von einem „Tübingen des Nordens“ träumten (so Prof. Dr. Otto Scheel), sahen sich sehr bald der Sogkraft der ELAC-Idee ausgesetzt. Die Angehörigen der Medizinischen Fakultät traten mit besonderem Nachdruck dafür ein, daß die Möglichkeit zur Rückkehr nach Kiel genutzt würde. Viele von ihnen „pendelten“ zwischen Kiel und den Ausweichorten, an denen die Kliniken untergebracht waren (das war zur Hauptsache die Stadt Schleswig), hin und her. Es geschah vor allem im Interesse der Kieler Bürger: Je nach dem Zerstörungsgrad der Akademischen Heilanstalten in Kiel wurde dort bis zum Kriegsende und darüber hinaus eine stark eingeschränkte stationäre und auch ambulante Behandlung aufrechterhalten. Man sah durchaus die Chance, in den Klinikgebäuden, die nicht völlig zerstört waren, mit relativ geringen Mitteln Räume wieder funktionsfähig zu machen und sogar auch auf längere Sicht Klinikgebäude wieder aufzubauen. Wichtig war nur, daß die Universität als Ganzes in Kiel bleiben konnte. Die ELAC bot diese Chance.

Die Idee, die ELAC für die Universität zu nutzen, ist mehreren gleichzeitig in den Sinn gekommen, vielleicht als erstem dem Geologen Prof. Dr. Karl Gripp. Er war bei Kriegsende westlich der Elbe in einem britischen Kriegsgefangenenlager; er wurde vorzeitig entlassen, um als Kenner des Landes Schleswig-Holstein in einer eigens für ihn eingerichteten geographischen Forschungsstelle Kartenmaterial über Schleswig-Holstein für die Besatzungsmacht zu erstellen. Nicht nur, daß er darauf verwies, daß die Forschungsstelle nirgendwo besser einzurichten sei als in einem der ELAC-Bauten! Ein Gleiches, so Gripp, gelte auch für viele andere Institute der Universität. Sein direkter Kontakt zur Besatzungsmacht mag dazu beigetragen haben, Sprengungen zu verhindern.

Vor allem aber dies: Professor Gripp hat seine Überlegungen sofort an diejenigen weitergegeben, die im Rahmen der akademischen Selbstverwaltung für die Universität Verantwortung hatten oder gehabt hatten. Die ersten, die unterrichtet wurden, waren Prof. Dr. sc. pol. Andreas Predöhl, der bis zum Wintersemester 1944/45 der Rektor der Universität Kiel war, und Prof. Dr. phil. Erich Burck, der zur selben Zeit der Dekan der Philosophischen Fakultät und kommissarisch auch der Theologischen Fakultät war.

Vom Nachbarbetrieb aus – das war die Hagenuk GmbH – hatte der damalige Dozent Dr. Werner Kroebel den ständigen Blick auf die ELAC und kannte diesen großen Betrieb. In der Hagenuk war er während des Krieges in Forschungen eingebunden und lehrte zugleich an der Universität. Ob nun im Wissen um Professor Gripps Idee oder auch nicht, das mag dahingestellt bleiben: sein Gedanke war es jedenfalls auch, der Universität in der ELAC Raum zu geben.

Der Gedanke kam sehr schnell bestimmten und vielleicht besonders einflußreichen Personen zu Ohren, wenn er nicht gar auch von ihnen spontan gefaßt worden war. Das gilt allemal für den Direktor der Electroacustic GmbH und Gründer des Werkes, Gerhard Schmidt, den die Universität später zum Ehrenbürger der Christiana Albertina ernannt hat. Direktor Schmidt war froh, wenn es ihm gelingen sollte, das Stammwerk der ELAC GmbH zu erhalten und in ihm eine zivilen

Zwecken dienende Produktion aufzunehmen. So ist es auch schon relativ bald geschehen.

Aber er war sich darüber im klaren: Die eigens für Rüstungszwecke vorgenommenen Werkerweiterungen, die dem Reiche gehörten, waren ganz gewiß nicht zu erhalten und wahrscheinlich der Zerstörung preisgegeben, es sei denn, die Besatzungsmacht konnte davon überzeugt werden, daß die Gebäude sich durchaus für zivile Zwecke nutzen ließen. Und keine Nutzung war Direktor Schmidt lieber als die durch die Universität.

Für diese Idee begeisterte sich auch Dr. Otto Hoevermann, den die britische Militärregierung am 14. Mai 1945 zum kommissarischen Oberpräsidenten bestellt hatte und der am 18. August 1945 in seinem Amt bestätigt wurde. Dr. Hoevermann war als Oberpräsident auch Kurator der Universität. Er fühlte sich nicht nur für die Christiana Albertiana verantwortlich, sondern ihm lag auch das Schicksal der Stadt Kiel am Herzen, die so schwer vom Luftkrieg gezeichnet war und als Werft- und Marinestadt wesentliche Funktionen eingebüßt hatte. Sie brauchte ein Zeichen der Hoffnung; Dr. Hoevermann kämpfte um den Erhalt der Christian-Albrechts-Universität für die Stadt Kiel.

Dabei hatte er Rückhalt bei dem von der Militärregierung ernannten Oberbürgermeister der Stadt Kiel, dem Rechtsanwalt Dr. Max Emcke. Beiden, Dr. Hoevermann wie Dr. Emcke, war klar: die ELAC bot die einzige Chance, die Verlegung der Universität nach außerhalb zu verhindern.

Doch war dies wirklich eine reelle Chance? Stellte sich – neben dem Problem der rechtlichen Übereignung – nicht vorrangig die Frage nach der tatsächlichen Eignung der Gebäude für die Zwecke der Universität?

Die Eignung wurde am 10. Juli 1945 bei einem Ortstermin geprüft. An der „Begehung der Electroacustic-Gebäude (Reichseigentum)" so heißt es im Protokoll, und damit ist die Werkerweiterung I und II (= Werkgelände B und C) gemeint – nahmen teil:

a) seitens der Provinzialregierung der kommissarische Oberpräsident Dr. Otto Hoevermann, der kommissarische Landeshauptmann Erster Landesrat Dr. Hans Müthling und Dr. Heinrich Clasen, der für den Oberpräsidenten die Geschäfte des Kurators führte;
b) seitens der Stadt Kiel nur der Oberbürgermeister Dr. Max Emcke;
c) seitens der ELAC die Direktoren Gerhard Schmidt, Dr. Heinrich Hecht und Nickelsen;
d) seitens der Universität die Professoren Dr. med. Gerhard Creutzfeldt, Dr. phil. Erich Burck, Dr. sc. pol. Andreas Predöhl und Dr. phil. Pestemer.

Die Namen der Professoren erscheinen in dieser Reihenfolge im Protokoll, und das will etwas Wichtiges besagen. Prof. Dr. Creutzfeldt und Prof. Dr. Burck waren vorausgehend auf einer Versammlung von Professoren der Universität Kiel – diese Versammlung hatte in Schleswig stattgefunden – zum Rektor und Prorektor gewählt worden. Sie sind dann – wohl auch aufgrund dieses Votums – von der Militärregierung in ihre hohen Ämter berufen worden.

Zurück zur Ortsbesichtigung und zur anschließenden Besprechung am 10. Juli 1945! Professor Creutzfeldt hat das Ergebnis selber in einem Vermerk festgehalten: Bis auf Bau 30 („ziemlich beschädigt") und Bau 17 („durch Volltreffer stark zerstört, jedoch 10 Fensterbreiten noch ziemlich brauchbar") waren alle Gebäude verwendbar, natürlich erst nach Durchführung von Bauarbeiten zwecks Reparatur und Umrüstung. Dr. Hoevermann hielt diese Probleme für lösbar und sprach sich ganz entschieden für das ELAC-Projekt aus.

Man spürte aber bei allen die Bereitschaft, in der ELAC der Universität eine neue Zukunft zu eröffnen. Dr. Emcke erklärte sich spontan bereit, auf die Eigentumsrechte der Stadt an Grund und Boden zu verzichten. Direktor Schmidt bot (laut Protokoll) „aus dem Privateigentum der ELAC in reichem Maße Tische, Regale, Schemel und sonstiges Inventar" an. Der Oberpräsident faßte zusammen: „günstige Gesamtbeurteilung".

Nun ging es um das Problem: Würde die britische Militärregierung dem Projekt zustimmen? Dr. Hoevermann hatte den Chef der britischen Militärregierung, den Commander (312) Provincial Detachment Military Government, Brigadier Gail Patrick Henderson, bereits unterrichtet. Henderson habe sich zustimmend geäußert, so Hoevermann, aber mit dem Vorbehalt, „wenn es nicht für Zwecke der Besatzung gebraucht wird". Zwar war nicht mehr von Sprengung die Rede; aber die Royal Navy, so wußte Direktor Schmidt zu berichten, hatte das ELAC-Gelände bereits „wegen Errichtung eines Zentral-Magazins" in Augenschein genommen.

Es folgte eine vierwöchige bange Wartezeit. Man fragte sich, ob die Briten überhaupt an einer schnellen

Wiedereröffnung von universitärer Forschung und Lehre interessiert waren. Doch, so war es; was man damals nicht unbedingt erkennen konnte, das vermag man heute aufgrund der offenen Aktenlage unzweifelhaft festzustellen: Die britische Politik zielte darauf ab, spätestens zum Wintersemester 1945/46 alle sechs Universitäten in der britischen Zone und die ihnen gleichgestellten wissenschaftlichen Hochschulen, die vier Technischen Hochschulen und die Tierärztliche Hochschule (Hannover), wieder zu eröffnen. Denn ohne eine gründliche Bildung und eben auch Hochschulbildung sei – so die überzeugende Argumentation – die innere Erneuerung der Gesellschaft in Deutschland nicht möglich.

Der Leiter der University Section in der Education Branch, Major Dr. James Mark, in Bünde/Westfalen (zuständig für die ganze britische Zone) drängte ebenso wie der Education Control Officer in Kiel Lt. Colonel A. H. Wilcox, darauf, daß auch die Christian-Albrechts-Universität – obgleich die am stärksten zerstörte Universität in der britischen Zone – in die Lage versetzt würde, wieder Forschung und Lehre aufzunehmen. Dabei half der Kommandeur des 8. britischen Korps, Generalleutnant Sir Evelyn Barker, der ranghöchste britische Offizier in Schleswig-Holstein (Sitz in Plön), dem im ersten Besatzungsjahr die Besatzungstruppen und die Militärregierung unterstellt waren: Er sorgte dafür, daß die ELAC-Gebäude nicht für Besatzungszwecke requiriert wurden.

Mitte August 1945 erhielt der Oberpräsident Dr. Hoevermann die ersehnte Nachricht von der Militärregierung: Die Universität könne über die reichseigenen Gebäude der ELAC verfügen; so lautete der Bescheid. Damit stand das ganze Gelände der Werkerweiterung I und II (siehe den Plan: B und C) von insgesamt 63 349 m^2 (6,3 ha) Fläche und mit 14 mehrstöckigen Gebäuden, die eine Gesamtgeschoßgrundfläche von 3349 m^2 aufwiesen, zur Verfügung. Es bedurfte sorgfältiger Überlegung, wie kurzfristig unter Einsatz möglichst geringer Mittel aus Fabrikräumen Stätten der Forschung und Lehre werden konnten. Dr. Hoevermann suchte die Abstimmung mit der Universität und erteilte dem preußischen Staatshochbauamt den Auftrag, schnellstmöglich genaue Pläne für die Reparatur-, Umrüstungs- und Einrichtungsarbeiten zu erstellen, parallel dazu aber auch auf dem alten Universitätsgelände hinter dem Schloßgarten die baulichen Maßnahmen zu ergreifen, die mit relativ geringen Mitteln einen möglichst großen Nutzeffekt für die (gegebenenfalls auch nur teilweise) Wiederbenutzbarkeit beschädigter Gebäude erbringen würden.

Wie schon vor 1945 war Regierungsbaurat Rudolph Jaeger für den Bereich „Alte Universität" zuständig. Regierungsbaurat Walter Spohr übernahm die Verantwortung für den Komplex ELAC, der nunmehr „Neue Universität" genannt wurde. Dank intensiver Arbeit waren die Pläne für die ELAC binnen kurzer Zeit fertig. Im Einvernehmen mit dem Rektorat der Universität genehmigte der Oberpräsident die Pläne am 10. September 1945. Er tat dies namens des Preußischen Ministeriums in Berlin, das es dort gar nicht gab. Er wollte damit aber deutlich machen, daß die Kieler Universität rechtlich noch der staatlichen Hoheit Preußens unterstand; in der Tat: noch bestand – formal gesehen, aber nicht mehr für lange – der preußische Staat. Hoevermanns praktisches Handeln zeigte jedoch die tatsächliche Zuständigkeit, und die lag bei den Organen des im Entstehen begriffenen Landes Schleswig-Holstein. Die Christian-Albrechts-Universität war auf dem Wege, wieder eine wirkliche Landesuniversität zu werden.

Die Baupläne von Regierungsbaurat Spohr zeigten ein außerordentlich günstiges Bild von der Bausubstanz der ELAC-Gebäude und von ihrer Verwendbarkeit für die Zwecke der Universität. In der Fachsprache von Spohr hieß das: Die „klare architektonische Fassadengliederung mit breitangelegten Fensterbändern dienen einer ungewöhnlich guten Belichtung der neuen Räume"; die „Stahlbeton-Skelettbauweise" der Gebäude und die „achsmäßig vorteilhaften Mittelstützenstellungen" (Mittelpfeiler in den Werkhallen) machen die Geschoßdecken „hochbelastbar". Somit würde das Einziehen von Zwischenwänden wie auch später die Aufstellung der Seminarbibliotheken und anderer Institutseinrichtungen keine statischen Probleme bereiten.

Es gab weitere große Vorzüge: die zentrale Fernheizung für alle Gebäude, eine Hochspannungsstation mit zwei Transformatoren, eine eigene Wasserversorgungsanlage mit Tiefbrunnen, Gaszufuhr und vor allem auch eine Großküchenanlage mit einem dazugehörigen Gemeinschaftsraum, der sich vorzüglich als Mensa eignete. Dieser Raum bot 500 Personen Platz zum Essen, und als Versammlungsraum – etwa in der Funktion eines Auditorium maximum – faßte er gar die doppelte Personenzahl.

Dr. James Mark, der für die Universitäten in der britischen Zone verantwortliche Offizier, eilte im September 1945 nach Kiel, um sich ein Bild davon zu machen,

Die „Stunde Null“: Nur leicht beschädigt überstanden die Elac-Gebäude die Bombenangriffe. Hier befindet sich heute der auf S. 237 gezeigte Eingangsportikus.

wie die Rüstungsfabrik in Institute und Seminare verwandelt werden könnte. Was er sah, stimmte ihn keineswegs euphorisch, im Gegenteil! In den Werkhallen standen schwere Maschinen, etwa 600 an der Zahl, Rohmaterial gab es – zum Teil auseinandergerissen-stapelweise, und dazwischen lag viel Schutt; es gab allenthalben lädierte Fenster und Türen: Wirklich, es gehörte viel Phantasie dazu, hier im Geiste schon universitäre Wirkungsstätten zu sehen.

Die Arbeit wurde noch im September angepackt. Studienbewerber und -bewerberinnen halfen bei den Aufräumarbeiten, die Besatzungsmacht leistete Transportdienste; vor allem kamen Bauleute, zeitweise bis zu 150 Mann, Facharbeiter und Hilfsarbeiter, um nach der von Regierungsbaurat Spohr aufgestellten Prioritätsliste die Arbeiten so in Angriff zu nehmen, daß spätestens für das Sommersemester 1946 der ELAC-Komplex der Universität zur Verfügung stand, auch wenn sich die Umbauarbeiten im ganzen gesehen über Jahre hinziehen würden.

War damit die Wiedereröffnung der Christian-Albrechts-Universität schon zum Wintersemester 1945/46 in Frage gestellt? Nein, so nicht! Es kam Dr. Mark auf dreierlei an:

(1) Lehrveranstaltungen mußten im Bereich der alten Universität – wenn auch in größter Behelfsmäßigkeit und mit sehr viel Improvisation – in angemessener Zahl für alle Fakultäten durchführbar sein.

Zwischen Bangen und Hoffen: Lehre und Forschung oder Demontage.

Das war einigermaßen zu schaffen, weil das Zoologische Institut und das geologische Institutsgebäude an der Hohenbergstraße relativ heil geblieben waren und bis aufs äußerste ausgelastet werden konnten.

(2) Die Studenten und die Studentinnen mußten einigermaßen vertretbar untergebracht werden, was in der in so hohem Grade zerstörten Stadt Kiel das größte Problem war. Für den Anfang konnten vier Wohnschiffe (in Anbetracht ihres tatsächlichen Zustands ein geschmeichelter Name), die der Marine gehörten und zum Teil auf der Reparationsliste standen, nämlich die »Sofia«, die »Barbara«, die »Orla« und die »Hamburg«, in Anspruch genommen werden.

(3) Der genaue Verteilungsplan für die Zuweisung der Räume im ELAC-Komplex an die einzelnen Institute und Seminare der vier Fakultäten mußte im Herbst vorliegen. Der Plan war nötig für die Durchführung der Umbau- und Einrichtungsarbeiten; er war auch psychologisch wichtig, um jedermann klarzumachen, daß alles, was im Wintersemester an Veranstaltungen durchgeführt werden würde, in einer schnell vorübergehenden Behelfsmäßigkeit stattfinden würde.

Der Verteilungsplan wurde in eingehenden aber zügig durchgeführten Beratungen zwischen Rektorat und den vier Dekanaten aufgestellt, vom Oberpräsidenten als Kurator der Universität gebilligt und noch im September 1945 der Militärregierung mitgeteilt. Der „Lageplan der Neuen Universität" zeigt das Ergebnis. Man kann sehen: Es wurde die Chance wahrgenommen, verwandte Fachrichtungen nahe beieinander unterzubringen. Nur die Germanischen Institute (wie es damals hieß) mit dem Germanistischen Seminar und dem Seminar für Literaturwissenschaft hatten es vorgezogen, im Bereich der Alten Universität zu bleiben, bis auch sie – erst Mitte der 50er Jahre – Räume in dem wiederaufgebauten Gebäude 17 der ELAC annehmen mußten.

Inoffiziell liefen die Vorbereitungen zur Wiederaufnahme von Forschung und Lehre im September/Oktober 1945 an. Das Sekretariat der Universität – es war in den Kellerräumen der Universitätsbibliothek in der Brunswiker Straße untergebracht – nahm Einschreibungen entgegen, und dies in größerer Zahl als nach der Verlautbarung der Militärregierung als Obergrenze (1800) festzusetzen war. Aus diesem Grunde und auch wegen eines zu hohen Anteils an ehemaligen Wehrmachtoffizieren unter den Studenten kam es zu Spannungen mit der Militärregierung, die im Februar 1946 zur Entlassung des Rektors führen sollten.

Doch lassen wir diese späteren Probleme beiseite. Es mag nur noch erwähnt sein, daß erst im Februar 1946 mit der Ernennung von Miss Caroline Cunningham, einer energischen, aber wohlmeinenden englischen Dame, als University Control Officer die Christiana Albertina – wie entsprechend auch die anderen Universitäten und wissenschaftlichen Hochschulen der britischen Zone – einer direkten Kontrolle unterworfen wurde.

Endlich fiel die Entscheidung. Am 14. November wurde Lt. Colonel A. H. Wilcox von Dr. James Mark fernmündlich ermächtigt, dem Rektor der Universität den Tag der Wiedereröffnung der Universität mitzuteilen: Dienstag, der 27. November 1945. Eine Woche später lag auch die schriftliche Bestätigung vor.

Die Festveranstaltung zur Wiedereröffnung der Christian-Albrechts-Universität fand in der ELAC statt. Damit wurde sichtbar: Hierhin verlagerte sich der Schwerpunkt der Universität. Hier war nun auch – erst im Haus 17, dann im Haus 15 – der Sitz des Rektorats und der Zentralen Verwaltung.

Vor dem Festakt am Vormittag des 27. November 1945 leistete der Rektor Seine Magnifizenz Prof. Dr. Creutzfeldt in Anwesenheit des Senates der Universität den Amtseid und nahm die in freier lateinischer Rede vorgetragenen Glückwünsche des Prorektors Prof. Dr. Burck entgegen. Sodann begab man sich in den großen Mensaraum, den Flachbau des Hauses 13 parallel zum heutigen Westring. Über 20 Jahre sollte dieser Raum auch als Auditorium maximum dienen. Hier hatten sich viele Ehrengäste eingefunden, Repräsentanten der Militärregierung, der Provinzialregierung und der Stadt Kiel. Der Lehrkörper der Universität (soweit als Ergebnis des Überprüfungsverfahrens zur Lehre zugelassen) und ein Großteil der Studenten und Studentinnen waren anwesend. Den Klängen der vom städtischen Orchester gespielten Jupitersymphonie von Wolfgang Amadeus Mozart und den Ansprachen des Brigadier Gail Patrick Henderson und des Oberpräsidenten Theodor Steltzer – er hatte am 15. November 1945 Dr. Otto Hoevermann in diesem Amt abgelöst – folgte die Rede des Rektors.

Die Wiederaufnahme von Forschung und Lehre war für Prof. Dr. Creutzfeldt eine Verpflichtung, an das geistige Erbe zu erinnern, das jene uns hinterlassen haben, „die je im Reiche des Geistes sich redlich bemüht haben". Hierauf habe man aufzubauen, und das werde nun – so der Rektor – in „Werkhallen" geschehen, die „zu Arbeitsstätten des Geistes" umgestaltet würden. Voller Dankbarkeit wandte sich der Rektor an alle, die geholfen hatten, „die ELAC für die Universität zu gewinnen", und er bezeugte denjenigen seinen Dank, die nun dabei waren, die Fabrikgebäude zur „Neuen Universität" umzuformen. Es ist kein Zweifel: dank der ELAC war es im Jahre 1945 möglich, trotz der furchtbaren Hinterlassenschaft des Dritten Reiches und ihrer bitteren Folgen für Kiel, die damals 280-jährige Tradition der Christian-Albrechts-Universität an ihrem Gründungsort fortzuführen.

Nachfolgend ist ein Weg beschritten worden, den damals niemand voraussehen konnte. Er führte zum großzügigen weiteren Ausbau der Universität. Sie hat vor wenigen Jahren auch ELAC-Gebäude des alten Stammwerkes übernommen. Der gesamte Campus der Universität ist in den zurückliegenden Jahren um ein Mehrfaches größer geworden.

Einem manchmal geäußertem Zweifel zum Trotz möchte ich abschließend feststellen: Kiel i s t eine Universitätsstadt; sie ist es im Jahre 1945 dank der ELAC geblieben, und sie hat seither ihr hohes Ansehen gemehrt.

JÖRG JOOST Institut für Literaturwissenschaft, Theatergeschichtliche Sammlung

Das Schauspielhaus: Theater in Kiel

Man betritt das Haus durch die Hintertür, durch die Zugänge im Knooper Weg 182: eine nach rückwärts versetzte Mauer begrenzt eine Lücke in der Häuserzeile, davor Parkplätze; links die Zufahrt für die Feuerwehr, rechts eine schmale Pforte, beide führen auf den Hof. Der liegt, wie es scheint, voller Gerümpel: bemalte Prospekte, Dekorationsteile aus Metall, Holz und Kunststoff. Links parkt im rechten Winkel zum Gebäude ein grauer Lkw, unter den aufgemalten Masken der komischen und der tragischen Muse wirbt der Schriftzug: „Besucht die Bühnen der Landeshauptstadt Kiel". Mit ihm reiste das Ensemble früher zu Gastspielen, jetzt dient er als Aufbewahrungsort für den Fundus. Wenn gespielt wird, sind die Türen weit geöffnet, werden Requisiten vom Wagen über den Hof zur Bühne transportiert. Daneben stehen zwei Container voller Requisiten, Requisiten stapeln sich auch längs des Kuppelbaues, mit Planen gegen Witterungsschäden notdürftig abgedeckt. Drangvolle Enge herrscht auf dem Hof, schafft eine Atmosphäre der Erwartung: Gleich werden die Artisten erscheinen und vor dem Besucher ein Spiel auf dieser idealen Freilichtbühne improvisieren. Aber es treten die Bühnenarbeiter auf und ziehen ein und aus.

Diagonal zum Kuppelbau springt ein schmaler Raum in den Hof vor. Da war nach 1945 einmal die Kantine, ein Aufenthaltsraum der Belegschaft in der schlechten Zeit. Damals wurde hier unter primitivsten Bedingungen während der Pausen gekocht. Heute dient der Raum als Werkstatt der Tapezierer, in der kleinere Arbeiten für laufende Produktionen ausgeführt werden. Fast alle anderen handwerklichen Arbeiten verrichten die Werkstätten im „großen Haus" am Kleinen Kiel. Auf der rechten Seite des Hofes dasselbe Bild: Requisiten, wohin der Blick auch fällt. An das Gelände grenzen die Hinterhöfe der Häuser am Knooper Weg. Es gab Pläne, diese Häuser dem Schauspielhaus anzugliedern und dort Räume für den Fundus zu schaffen. Sie ließen sich nicht realisieren, und so diskutiert man heute unter der Theater-Intendanz von Peter Dannenberg sehr viel weitergehende Überlegungen: Aufgabe und/oder Abriß des Gebäudes, Neubau unter Erhaltung der Fassade, die unter Denkmalschutz steht, Umbau und Modernisierung. Die Diskussion läuft seit Jahrzehnten. Aber man war in dieser Zeit nicht untätig: Unter der Intendanz von Claus Henneberg wurde das Gebäude an der Holtenauer Straße aufgestockt und überragt nun mit seiner schwarzen Dachverkleidung die Häuserzeile. In die ehemalige Hausmeisterwohnung im obersten Stockwerk zog die Studiobühne ein, neben ihr entstand die Probebühne, dahinter das Atelier der Maskenbildnerin. Der neugeschaffene Raum nahm Teile des Fundus auf, und nun ist wieder alles viel zu eng. Jetzt diskutiert man erneut Pläne für einen Neubau des Schauspielhauses auf dem Gelände der einstigen Feuerwache an der Dänischen Straße. Peter Dannenberg orakelt, daß sie angesichts der hohen Kosten nicht vor der Jahrtausendwende realisiert werden können.

Ein paar Stufen führen vom Hof abwärts zur Pforte, dem Eingang zu einem wohlgeordneten Labyrinth, Relaisstation für alle internen und externen Vorgänge. Das Treppenhaus, ein einziges Schwarzes Brett: Probenpläne, Pressestimmen zu laufenden Produktionen, Public-Relation-Fragen. Auf dem ersten Treppenabsatz der Eingang zur Bühne, zugleich Durchgang zum Foyer und zur Hausinspektion im vorderen Gebäude an der Holtenauer Straße. Das Gebäude mit der historischen, leuchtend blau gestrichenen Fassade ist aus der Sicht der Belegschaft das „Hinterhaus".

Denn gearbeitet wird vor allem auf der Bühne und in den Räumen des Bühnenturms. Wenn geprobt wird, stehen auf dem Treppenabsatz vor dem Bühnenraum und im Treppenhaus, auf den Stufen, die zur Pforte hinab oder nach oben zu den Garderoben und Duschräumen führen, Schauspieler und Statisten auf engstem Raum zusammen und warten auf den Auftritt. Kein Ruheraum, keine Kantine –, aber man kann die Fenster öffnen und Einblick nehmen in Hinterhausidyllen.

Im „Hinterhaus" an der Holtenauer Straße 103, das der Besucher mit dem Theater identifiziert und das er

Für die Belegschaft das „Hinterhaus": Der Publikumseingang zur Schauspielbühne an der Holtenauer Straße.

SCHAUSPIELHAUS
STUDIO

durch einen Säulenportikus betritt, sind zu ebener Erde die Kassen, die Garderoben und der Raum der Hausinspektion untergebracht. In den oberen Stockwerken, der Holtenauer Straße zugewandt, die Räume der Direktion, Oberspielleitung und Dramaturgie, ein Lese- und Musikzimmer, Damen- und Herrenschneiderei und Lagerräume für den Fundus. Darüber dann die Studiobühne, das Foyer und die Probebühne, die für ein Haus, das in jeder Spielzeit mehr als ein Dutzend neuer Stücke einstudiert, längst nicht mehr ausreicht: Mitte der Spielzeit 1989/90 wurde im Vereinshaus des Westens am Wilhelmsplatz noch eine weitere Probebühne angemietet. Beide Häuser sind durch das Gebäude der Kuppel verbunden, das den Zuschauerraum mit 516 Plätzen im Parkett und auf den Rängen birgt.

Doch die eigentliche Verbindung zwischen den Gebäuden stiftet der sogenannte „Grippegang" – als solcher nicht nur dem Ensemble geläufig, sondern auch in den Kieler Amtsstuben ein berüchtigter Begriff. Der Grippegang, der im 2. Stockwerk des Bühnenturms abzweigt und außen am First der Kuppel entlangführt, ist ein notdürftig mit Spanplatten verkleideter Holzverschlag. Früher wehte hier im Winter der Wind den Schnee durch die Spalten mit der Folge, daß sich in der kalten Jahreszeit die Ausfälle häuften, wenn die Schauspieler aus ihren Garderoben zum Auftritt auf die Studiobühne im „Hinterhaus" eilten.

Und noch eine Sehenswürdigkeit birgt das sogenannte „Hinterhaus": das ist die technische Anlage der Beleuchtung, die mit dem Büro des Inspizienten akustisch verbunden ist. Seine Anweisungen werden hier in Sekundenschnelle manuell umgesetzt. Größere und modernere Häuser verfügen längst über elektronisch gesteuerte Anlagen. Im Schauspielhaus wird das Licht auf der Bühne noch von Hand „gemacht". „Gelegentlich", so erzählt ein Mitglied der Belegschaft, „schauen wir mal nach, ob das Schaltwerk und seine Betreiber sich noch im Gebäude befinden oder bereits heimlich im Deutschen Museum in München installiert worden sind."

So schreit hier vieles nach Veränderung, aber auch nach Erhaltung und Konservierung eines Gebäudes, dessen museale Qualitäten es für die Einrichtung eines Theatermuseums prädestinieren und dessen Existenz als „Spielplatz" aus der Infrastruktur des Stadtteils nicht wegzudenken ist.

Kaum vorstellbar, daß das Gebäude eines Tages der Spitzhacke zum Opfer fallen oder, nach entsprechender Renovierung und Entkernung, hinter der historischen Fassade die Lager eines Supermarktes aufnehmen könnte! Denn die Geschichte des Hauses ist mit der wechselvollen Geschichte der Stadt im 20. Jahrhundert eng verbunden.

Als 1907 das 1898 von Friedrich Wriedt in der Holtenauer Straße 103 eröffnete Schiller-Theater, ein ehemaliges Vergnügungsetablissement, von dem Theaterdirektor Franz Gottscheid gepachtet und neben dem neu erbauten, prunkvollen Stadttheater als zweite Bühne betrieben wurde, verfügte Kiel über zwei moderne und gut ausgestattete Theater. Die Angliederung des Schiller-Theaters an das Stadttheater erfolgte auf Empfehlung der Theaterkommission der Stadt. Das von seinem Besitzer mehrfach umgebaute und renovierte Haus galt bis zur Verbindung mit dem Stadttheater als „Gewerbebetrieb eines theaterliebenden Bürgers", dem die Rentabilität seines Unternehmens allemal über die Pflege der Kunst ging. Es bestritt ein Unterhaltungsrepertoire von Possen, Schauspielen, Lustspielen und Operetten, wagte sich aber gelegentlich auch mit Klassiker-Inszenierung an anspruchsvollere Aufgaben heran. 1907 war die Epoche der Privattheater in Kiel vorbei. Unter der gemeinsamen Direktion von Franz Gottscheid und Anton Otto wurden nun professionelle Maßstäbe angelegt, die den Übergang des Theaterbetriebs vom privaten Provinztheater zu einer modernen, von Fachleuten betriebenen kulturellen Institution einleiteten. Die Besetzung des Ensembles und die Schaffung eines modernen Theaterfundus spiegeln diese Entwicklung in gleicher Weise wie die Spielplangestaltung. Das ehemalige Schiller-Theater, das jetzt als Kleines Theater für das intime Schauspiel, das Lustspiel und die Operette vorgesehen war, eröffnete im Oktober 1907 seinen Betrieb mit Ibsens „Nora".

Nach dem Ausscheiden des Direktors Gottscheid führte die Stadt die Aufsicht über die Theater und übertrug deren Leitung zunächst Anton Otto, der als Regisseur des anspruchsvollen Schauspiels einen guten Namen hatte. Während am Stadttheater (vgl. Nr. 70) neben der Oper und dem klassischen Drama auch das moderne Schauspiel durch bescheidene Proben der naturalistischen Dramatik zur Geltung kam - man wagte immerhin neben Ibsen, Halbe und dem „neuromantischen" Hauptmann auch dessen Diebeskomödie „Der Biberpelz", beschränkte sich das Kleine Theater auf die Pflege der Unterhaltung. Die eigentliche „Moderne" kam in Kiel nur sporadisch in Gastspielen (Wedekind „Der Erdgeist", Strindberg „Totentanz") zum Zuge.

Unter der Direktion Karl Alvings (1912-1918) blieb es dabei. Alving, Direktor beider Häuser, widmete sich der Opernregie und der Pflege der modernen Operette, die auf dem Kleinen Theater blühte und dem Kieler Publikumsgeschmack entsprach. Auch der Kriegsausbruch änderte daran nichts. Ein Experten-Gutachten, das u.a. von dem Kieler Literatur- und Theaterwissenschaftler Eugen Wolff bestätigt wurde, plädierte für organisatorische und institutionelle Kontinuität: Pflege der Oper (Stadttheater) und der Operette (Kleines Theater) schien angesichts ständiger Defizite dringend geboten, zumal für das tägliche Schauspiel ein breiteres Publikumsinteresse nicht zu wecken wäre. So wurden nun in bescheidenerem Umfang als zuvor neben Oper und Operette die Klassiker gespielt und gelegentlich auch in Aufführungen des Kleinen Hauses übernommen, sofern sie wie Kleists „Der Prinz von Homburg" dem Geist der Zeit zu entsprechen schienen. Das Kleine Theater blieb aber die Hochburg der Unterhaltungsoperette. Es widmete sich in der Garnisonsstadt der Reichskriegsflotte dem Bedürfnis nach Abwechslung und orientierte sich dabei am Geschmack der Offiziere und Mannschaften. Trotz namhafter Künstler, die gelegentlich in Gastspielen in Kiel auftraten, bedeutete die Kriegszeit in Kiel keine Glanzzeit des Theaters.

Erst mit dem Erscheinen Max Albertys in Kiel, mit dem die Stadt seit 1917 in Verhandlungen stand, änderte sich im Epochenübergang vom Kaiserreich zur Weimarer Republik die Theatersituation in Kiel grundlegend. Dem neuen Intendanten, der am 1. August 1919 offiziell sein Amt als Nachfolger Alvings antrat, ging der Ruf einer hervorragend qualifizierten, künstlerisch engagierten und erfolgreichen Persönlichkeit voraus. Am Dresdner Albert-Theater hatte Alberty mit Schiller-Aufführungen, aber auch mit Inszenierungen moderner Autoren (Wedekind u.a.) Aufmerksamkeit erregt. Der zwischen Alberty und der Stadt geschlossene Pachtvertrag kam noch während des Kriegs zustande. Alberty hatte zunächst Philosophie und Literaturgeschichte, dann Jura und Nationalökonomie studiert, war als Schauspieler, Dramaturg und Regisseur tätig gewesen und hatte einschlägige Werke über moderne Theaterregie und die Organisation des Theaterbetriebs veröffentlicht („Theater im freien Volksstaat"). Sie wiesen ihn als einen gebildeten und versierten Fachmann aus, der sich durch Reformfreudigkeit, soziale Einstellung und pragmatische Nüchternheit empfahl.

Als persönlicher Leiter des gesamten Theaterbetriebs verfügte Alberty über uneingeschränkte Kompetenzen und Verantwortlichkeiten. (Ihm unterstand neben der künstlerischen Leitung auch die Pflege der Bauten, des Fundus und des Inventars). Die von ihm angestrebte Trennung von Musik- und Sprechtheater durch Umbau des Stadttheaters zum reinen Opernhaus, des Kleinen Theaters zum Schauspielhaus ließ sich aus wirtschaftlichen Gründen nicht realisieren. So tauchen auf dem Spielplan des Stadttheaters auch Werke von Shakespeare, Tolstoi, Hasenclever und Johst als geplante Neuinszenierungen auf. Im Schauspielhaus an der Holtenauer Straße, wie das Kleine Theater nun umbenannt wurde, war neben musikalischen Werken und Unterhaltungsstücken auch das niveauvolle Sprechtheater vertreten. Der Spielplan setzte hier Schwerpunkte bei den Naturalisten, aber auch bei der literarischen Avantgarde (Wedekind, Sternheim).

Alberty nahm das Theater als moralische, künstlerische und soziale Institution gleichermaßen ernst. Als ehemaliges Mitglied des Dresdner Arbeiter- und Soldatenrates strebte er in seinen künstlerischen Zielsetzungen und in den Fragen der praktischen Organisation des Theaterbetriebs weitgehende Reformen an. Er konzentrierte sich dabei auf die Förderung des künstlerischen Nachwuchses (Ernst Busch, Gustav Gründgens u. a.) und auf die Modernisierung des Spielplans. Über Klassikeraufführungen sollte das moderne Drama nicht vernachlässigt werden. Durch die Förderung junger Dichter und Komponisten und mit der Einrichtung von Schüler- und Arbeitervorstellungen sollte ein neues Publikum für das Theater interessiert werden, das dem modernen Theater aufgeschlossen begegnete.

Aber gab es für diese Neuerungen in Kiel überhaupt ein Publikum?

In Kiel existierte seit 1914 der „Literarische Abend", eine Vereinigung junger Leute, die sich um den Literatur- und Theaterwissenschaftler Eugen Wolff scharten und über moderne Kunst und Literatur diskutierten. Man bestritt die Abende mit Vorträgen und Gesprächen, trug aus fremden und aus eigenen Werken vor und verständigte sich über zeitnahe Themen wie Kriegsdichtung und die moderne Literatur des Auslandes. Der Krieg erzwang eine geistige Standortbestimmung, die sich in den Protokollen des Tagebuchs (seit 1916) spiegelt. In diesem geselligen Zirkel führte Gerhard Ausleger, der neben Richard Blunck ein Wortführer der künstlerischen Avantgarde in Kiel gewesen ist, zeitweilig den Vorsitz. Aus seinen Beiträgen entsteht das Bild eines jungen Intellektuellen mit literarischen Ambitionen, der Klabund, Heinrich Mann, Wedekind und die Expressionisten kennt. Es bedurfte daher nur des Erscheinens einer so vielseitigen und tatkräftigen Persönlichkeit wie der Albertys und seiner vor allem aus Dresden nach Kiel engagierten Mitarbeiter, um dem brachliegenden künstlerischen Enthusiasmus in Kiel zu öffentlicher Wirksamkeit zu verhelfen. Gerhard Ausleger wurde unter Alberty Dramaturg des Schauspiels. In Walter Dinse, dem technischen Direktor und leitenden Bühnenbildner, und in dem Kieler Otto Reigbert, die beide das „illustrierende“ zugunsten des „interpretierenden“ Bühnenbildes aufgaben, fand Alberty weitere Mitarbeiter, die sein Konzept des Kulturtheaters unterstützten. Reigberts Ausstattung von Hasenclevers „Der Sohn“ gilt heute als Ikone des expressionistischen Bühnenbildes. Reigbert selbst, der schon nach wenigen Jahren Kiel verließ und als Mitarbeiter Otto Falckenbergs an den Münchener Kammerspielen moderne Dramen wie Brechts „Trommeln in der Nacht“ ausstattete (1922), zählte schon Mitte der 20er Jahre zu den führenden zeitgenössischen Bühnenkünstlern. In Kiel hat er von 1919 bis 1921 eine Reihe bedeutender Bühnenbilder zu Aufführungen expressionistischer Dramatiker geschaffen.

Gleichwohl erfuhr Alberty, der sich vom Ensemble Alvings trennte, schon bald Kritik von beiden Kieler Blättern, gegen die er sich in den von Gerhard Ausleger redigierten Programmheften der „Kieler Bühne“ zur Wehr setzte. Nach seinem plötzlichen Tod, der eine hoffnungsvolle Phase des Theaters jäh beendete, übernahm Curt Elwenspoek die Leitung der Kieler Bühnen. In seine Amtszeit fällt die dramaturgische Tätigkeit Zuckmayers in Kiel. Mit Inszenierungen Barlachs, Brechts und mit Matineen im Schauspiel wurde nun konsequent modernes Theater realisiert. Über Zuckmayers von Elwenspoek angeregte Bearbeitung des Terenz'schen „Eunuchen“ kam es dann zum Eklat, der die spannungsvolle Amtszeit des Intendanten beendete. Mit der Umgestaltung der „Kieler Herbstwochen“ hatte Elwenspoek indessen einen bedeutenden Aufschwung des Theaterlebens in Kiel bewirkt. Erst unter Georg Hartmann, der sich um die Neuorganisation des Opernensembles verdient machte, erlebte das Theater in Kiel wieder ruhigere Zeiten. Jetzt gab es in Kiel moderne Inszenierungen von Strawinsky und Brecht, mit Just Scheu als Mackie Messer in der „Dreigroschenoper“. Brechts „Mann ist Mann“, Bronnens „Ostpolzug“, und Zuckmayers „Schinderhannes“ fanden als Erstaufführungen des Schauspiels statt. 1927 gab Alfred Stöger aus Anlaß des 20jährigen Bestehens des neuen Stadttheaters ein Jahrbuch der vereinigten städtischen Theater in Kiel heraus, in dem neben Originalbeiträgen von Brecht, Hasenclever, Jahnn führende Bühnenkünstler sich zur Situation des Theaters äußerten. Stöger, Oberspielleiter am Schauspielhaus, das seit 1925 in kommunalen Besitz übergegangen war, bekannte sich zu den Aufgaben der Traditionswahrung und zur Vermittlung der modernen künstlerischen Formen ans öffentliche Bewußtsein: „Durch planvolle Verteilung aller neuen Kunstrichtungen kann und wird einseitige Bildung des Geschmacks vermieden werden (. . .) Das Theater, das nicht in seiner Zeit und für seine Zeit lebt, ist sinnlos“. Hasenclevers Beitrag betonte die Gefährdung des Theaters durch die Konkurrenz von Film und Rundfunk und forderte Begrenzung und Konzentration auf das „einheitliche Ganze“. Aber was war dieses Ganze? Brecht leugnete es radikal. Er trat in seiner Bestandsaufnahme auch hier als kompromißloser Neuerer auf und bezeichnete die Theatersituation als „reines Provisorium“. Er sprach dem Publikum jegliche ästhetische Kompetenz ab und forderte die Theaterschaffenden auf, nicht länger Rücksicht auf den „alten Typus der Theaterbesucher“ zu nehmen, der neue Inhalte nur in konventionellen Formen zu akzeptieren bereit sei. Der neue Typus müsse das Theaterbesuchen erst erlernen. Von ihm seien also Neuerungen nicht zu erwarten: „Es ist zwar eine neue Verwendungsart für Rasierapparate, von Negern um den Hals gehängt zu werden, aber diese Verwendungsart wird nicht zu einer wesentlichen Verbesserung der Rasierapparate führen können“.

Mit solch radikalen Forderungen und Formulierungen war es dann 1933 vorbei. Kiel „erlebte“ konventionelles Theater unter Ernst Martin, Hanns Schulz-Dornburg, Wolfram Humperdinck und die Zerstörung seiner Theater im Krieg.

Die schwierige Phase des Wiederaufbaus und der Neuorganisation des Theaters fällt in die Amtszeit Paul Belkers (1945-1950). Das Große Haus war zerstört, das Ensemble zersprengt, der Fundus verbrannt. Belker, der noch in der Vorkriegszeit als Kapellmeister in Kiel engagiert worden war, widmete sich vor allem dem Orchester und der Oper. Für das Schauspiel engagierte er Persönlichkeiten wie Karl-Heinz Streibing, Bernhard Minetti, Dieter Borsche, den Bühnenbildner Franz

Szenenbild aus der Premiere der „Dreigroschenoper" (10. Januar 1931). Links Just Scheu als Mackie Messer.

Mertz und Gustav Rudolf Sellner, dessen Shakespeare-Inszenierungen als große Neuerungen im Schauspiel auch außerhalb Kiels gewürdigt wurden.

In der 'Stunde Null' konzentrierten sich mannigfaltige kulturelle und politische Aktivitäten auf das Theatergebäude in der Holtenauer Straße, das den Krieg mit geringeren Schäden überstanden hatte und in dem im Oktober 1945 das „Neue Stadttheater" mit „Figaros Hochzeit" eröffnet wurde. Wie bereits in den Spielzeiten 1941/42 und 1943/44, als das Stadttheater am Kleinen Kiel zerstört worden war, nahm das Schauspielhaus nun den gesamten Betrieb in sich auf. Neben dem Neuen Stadttheater wurde bis 1948 auch im Theater am Wilhelmsplatz und im Saal des Gewerkschaftshauses gespielt. Zeitgenössische Dramen französischer, englischer und amerikanischer Autoren standen jetzt neben älteren Unterhaltungsstücken auf dem Programm. Zum Kieler Theaterereignis wurde jedoch vor allem Carl Zuckmayers Zeitstück „Des Teufels General" in der Spielzeit 1947/48 (Prawitt). Im Herbst 1949 übernahm die Stadt das Theater am Wilhelmsplatz von der Niederdeutschen Bühne, die sich den Bühnen der Landeshauptstadt anschloß. Das führte zu einer so nachhaltigen Belebung der Theaterszene, daß Kiel und

Lübeck vorübergehend den Zusammenschluß ihrer Theater erwogen. Zunächst wurde jedoch unter der Intendanz von Alfred Noller der Wiederaufbau des alten Stadttheaters beschlossen und daraufhin das Neue Stadttheater an der Holtenauer Straße auf 5 Jahre als Kino verpachtet. Man glaubte, daß der Betrieb zweier Häuser finanziell nicht zu verkraften sei.

Schon einmal, in der unmittelbaren Nachkriegszeit, hatte das Haus fremden Zwecken gedient. Als die Britische Besatzungsmacht die Geschicke Schleswig-Holsteins bestimmte, fand am 26. Februar 1946 die Eröffnung des 1. ernannten Provinziallandtages im Kieler Neuen Stadttheater statt (vgl. Nr. 86). Die zeitgenössischen Photographien dokumentieren den Vorgang als einen Hoheitsakt, in dem das militärische Zeremoniell den politischen Vorgang dominiert: Aufmarsch einer Ehrenkompanie und Aufstellung vor dem Theatergebäude, Eintritt der 62 ernannten Mitglieder des Landtages und der deutschen und britischen Besucher durch getrennte Eingänge, Ankunft des Corps Commanders, der die Front abschreitet und das Theater betritt, in dessen Foyer ihm die VIPs vorgestellt werden. Begrüßung der Ehrengäste durch Oberpräsident Theodor Steltzer auf der Bühne. Danach die Eröffnung des Landtages durch den Corps Commander vor den getrennt sitzenden Militärs, Landtagsabgeordneten und geladenen Gästen, die auf den genau angewiesenen Plätzen dem Ereignis beiwohnten.

Mit der Intendanz Alfred Nollers, der 1950 die Leitung der Kieler Bühnen übernahm, wurde auch im Schauspiel „überprovinzielles Niveau" (Noller) angestrebt und erreicht. Noller, dessen Anfänge zu Beginn der 20er Jahre in München durch die Bekanntschaft mit Brecht und Caspar Neher geprägt worden waren, hatte während des Krieges die Hamburger Staatsoper geleitet und nach dem Krieg als Gastregisseur u.a. am Deutschen Schauspielhaus gearbeitet. In Kiel übernahm er in enger Zusammenarbeit mit dem Bühnenbildner Max Fritsche und dem Dramaturgen Gerhard Reuter auch die Oberspielleitung des Schauspiels. Jetzt fanden aufsehenerregend aktualisierte Klassiker-Inszenierungen (Maria Stuart) statt, und mit Sartre und Arthur Miller wurden zeitgenössische Autoren des Auslandes vorgestellt.

Dann folgte die „Ära Klaiber". Sie umfaßt die Jahre 1963-1976 und gilt vor allem als eine Blütezeit des musikalischen Theaters, das in Kiel mit der Akzentuierung des zeitgenössischen Opernschaffens Maßstäbe setzte (vgl. Nr. 70).

Denn Klaiber ist vor allem ein Mann der Oper. Seine gemeinsam mit Hans Zender realisierte Studio-Reihe schuf der künstlerischen Avantgarde eine einzigartige Institution zur Erprobung neuer Spielformen. Die Aufführung dreier zeitgenössischer Werke pro Spielzeit mit einem Beispiel der klassischen Moderne, einem Stück der heiteren Oper und einem Werk der experimentellen Moderne, letzteres meist in deutscher oder gar europäischer Erstaufführung, läßt eine klare triadische Struktur erkennen und dokumentiert einen Wirkungsgrad, mit dem das Schauspiel Schritt zu halten versuchte. Das Schauspiel jener Jahre, „immer wieder von Bleichsucht-Perioden heimgesucht" (Susanne Materleitner), kennt aber von Anbeginn der Tätigkeit Klaibers auch Phasen, in denen sich der Nachholbedarf an modernen Stücken durch die eindrucksvolle Häufung von Erst- und Uraufführungen im Wechselspiel mit gediegener Klassik manifestiert. Und auch das Schauspielhaus erhält in dieser Zeit eine Studiobühne, auf der spektakuläres Theater gemacht wird. Zugleich wird, lange bevor andere Städte dem Kieler Beispiel folgen, ein Jugendtheater eingerichtet, das bis heute existiert. Mit zahlreichen Aufführungen Brechts ist im Schauspiel die klassische Moderne ebenso vertreten wie die zeitgenössische deutschsprachige Moderne durch Dürrenmatt und Frisch, Handke, Kroetz und Weiss. Ihnen korrespondieren Aufführungen moderner ausländischer Autoren wie Claudel, Sartre und Tennessee Williams, Beckett, Ionesco, Genet und Arthur Miller.

Anläßlich der 1973 von den Bühnen der Landeshauptstadt herausgegebenen Festschrift zu Klaibers erster Dekade in Kiel zeichnete Peter Dannenberg, damals Theater- und Musikkritiker der „Welt", ein Porträt des Intendanten, aus dem die Vielseitigkeit eines Theatermannes spricht, der nicht nur ein bedeutender Förderer des modernen Musiktheaters war, sondern auch im Schauspiel für Bewegung sorgte. Klaibers Inszenierungen von Claudels „Der seidene Schuh", von Tennessee Williams' „Camino Real" und Frischs „Biografie, ein Spiel" sind ebenso Höhepunkte des Schauspiels in Kiel wie Terrys „Vietrock", das 1968 inszeniert wurde, als das Theater unter Legitimationsdruck geriet und seine gesellschaftliche Relevanz in Diskussionen mit den Anhängern der 68er-Studentenbewegung auch während der Aufführungen zu vertreten hatte.Der Glanz der öffentlichen Anerkennung fiel damals auf die Oper. Daraus folgten Spannungen und Rivalitäten. Man habe sich im Schauspielhaus ins Abseits gestellt und vernachlässigt gefühlt. Sogar von den Kollegen im Opernensemble sei die Meinung vertreten worden, hier in der Oper werde die Kunst gemacht, die hohe Kunst des Theaters, im Schauspielhaus werde dagegen Politik inszeniert und dadurch Unruhe auch ins Opernhaus getragen, erinnert sich Siegfried Kristen.

Das Schauspiel-Ensemble organisierte sich, erstritt ein Mitbestimmungsmodell und setzte die Einstellung eines Schauspieldirektors durch. Mit Dieter Reible kam dann am Beginn der 70er Jahre aus Frankfurt einer jener produktiven Unruhestifter aus dem Kreis der „roten Fünf" (Peymann u.a.), der dem Schauspielhaus bald ein neues Profil verlieh und in der Öffentlichkeit für Diskussionen sorgte. Zug um Zug wurde das Mitbestimmungsmodell erweitert. Schließlich war gesichert, daß das Ensemble bei der Wahl des Intendanten mitwirkte und gegen seinen Einspruch eine Ernennung nicht erfolgen konnte. Als Reible 1975 auf eigenen Wunsch ausschied, hatte das Schauspiel erneut an Boden gewonnen.

Dabei blieb es auch in der Folgezeit. Zwar brach nach der Amtszeit Klaibers eine unruhige Phase in der Theatergeschichte an, in der interne Auseinandersetzungen auch in der Öffentlichkeit heftig ausgetragen wurden, doch es gab auch in dieser Zeit der Henneberg, Tabor, Wächter Phasen, in denen Theaterereignisse über Kiel hinaus Beachtung fanden. Ende der 70er Jahre wurde der aus Salzburg stammende Bühnen- und Kostümbildner Gottfried Pilz, ein Schüler Caspar Nehers, an die Bühnen der Landeshauptstadt verpflichtet und fand mit seinen Arbeiten für beide Häuser bald große Zustimmung. Vor allem seine Produktionen für das moderne Musiktheater, die in Zusammenarbeit mit dem Regisseur John Dew entstanden, gelten heute als Durchbruch zu einem eigenen Stil, der Pilz in den Folgejahren zu internationaler Anerkennung verhalf. Doch auch im Kieler Sprechtheater hat Pilz mit eigenwilligen Ausstattungen so starke Akzente gesetzt, daß er bereits bei seinem Ausscheiden (1986) in dem Ruf stand, einer der führenden deutschen Bühnenbildner zu sein und das Kieler Theater erneut aus der provinziellen Enge geführt zu haben.

Auch als Mitte der 80er Jahre Volkmar Clauß als Intendant von Ulm nach Kiel berufen wurde, hatte das Sprechtheater Konjunktur. Mit Petra Dannenhöfer und Silvia Richter teilten sich nun nach der Abschaffung des Schauspieldirektor-Postens zwei erfahrene Regisseurinnen die Funktionen der Oberspielleitung und die Aufgaben der Regie. Beide zeigten im Umgang mit dem Ensemble große Sensibilität und wahrten bei vergleichbaren Interessen ihre eigenständige künstlerische Handschrift in einer für das Schauspiel fruchtbaren Konkurrenz. So faßte Silvia Richters „Lulu" erstmals Wedekinds Doppeltragödie „Erdgeist" und „Büchse der Pandora" in einer abendfüllenden Aufführung zusammen und entwickelte dabei eine Sichtweise auf die Frauenrollen, die auf der Höhe aktueller Diskussionen einen künstlerischen Beitrag zum Thema der „imaginierten Weiblichkeit" leistete. Petra Dannenhöfers packende Shakespeare-Aufführungen, ihre „Maria Stuart", die im historischen Bild den Stammheim-Komplex zu einer bedrängenden Vorstellung von Isolation, Fremdbestimmung und skrupelloser Zweckrationalität verdichtet, machen die Bedrohlichkeit von Räumen transparent, in denen die scheinbare Idylle von verborgenen Spannungen fast zerrissen wird. „Zerstören, Zerreißen, Zusammensetzen - da ist etwas, das an die Nerven geht . . ." unter diesem Titel eines Gesprächsprotokolls zu „Maria Stuart" wird ein wirkungsästhetisches Konzept erkennbar, auf das das Kieler Publikum anspricht. Die Fortsetzung der Tätigkeit Petra Dannenhöfers unter der Intendanz von Peter Dannenberg gewährleistet am Beginn der 90er Jahre Kontinuität im Kieler Schauspiel.

HELMUT GRIESER Historisches Seminar

Die Gutenberganlage: Ein ehemaliger Bunker als Kinderspielplatz

Eine Hecke umsäumt weite Rasenflächen und einen Spielplatz. Es gibt eine Aufenthaltshalle für Mütter und Kinder. Schmale befestigte Wege laden dazu ein, auf dem Roller ihren verschlungenen Linien um große Gesteinsbrocken herum und unter einer Brücke hindurch nachzusausen. Auch können an manchen glatten, leicht schräg liegenden Betonwänden erste Kletterkünste geübt werden. Nur in der Ecke Westring/Gutenbergstraße bezeugt ein viereckiges Betontürmchen mit Flachdach, daß diese Kinderidylle auf einem Boden lebt, der vom Bombenkrieg geprägt war. Auf dem Gelände befand sich die „5. Mädchenvolksschule". Sie wurde am 25. April 1941 von Bomben getroffen und am 24. Juli 1944 zerstört. In ihrem Schulgarten stand ein Tiefbunker, der auf 235 m^2 384 Menschen Zuflucht bieten sollte. Ursprünglich war er für 46 Sitz- und 222 Liegeplätze ausgelegt worden. Im Winter und Frühjahr 1941 belief sich der Bodenaushub dafür auf 6400 m^3. 530 m^3 Stampf- und 2700 m^3 Eisenbeton hatte die Firma Max Giese für den Schutzbau zu verarbeiten. Am 30. Juli 1945 wurde er, wie fast alle derartigen Anlagen in Kiel, gesprengt. Einige Hochbunker wurden durch Fensterlöcher „entmilitarisiert" und nach ihrer Verwendung als Lagerräume im Zuge der Wiederaufrüstung für den Zivilschutz hergerichtet. Jedenfalls können der Iltis-, der Knorr- und der Schützenpark-Bunker als Luftschutzhochbauten neben den Marine-Klötzen (u.a. in der Wik) auch heute noch einen Eindruck von den Anstrengungen vermitteln, mit denen die Stadt ihre Bürger zu schützen versuchte.

Als Reichskriegshafen seit 1871 Hauptbasis der Kaiserlichen Marine und mit seinen Großwerften seit 1933 unentbehrlich für den Aufbau der neuen Kriegsmarine, verfügte Kiel 1939 über ein militärisches Erscheinungsbild, das die Stadt von Anfang an britischen und später auch amerikanischen Luftangriffen aussetzen mußte. Dementsprechend wurde dem Luftschutz hier auch mehr Aufmerksamkeit gewidmet als in anderen deutschen Städten, die weniger bedroht erschienen wie z.B. Dresden. Denn wie anders sollte es zu erklären sein, daß die Zahl der zivilen Luftkriegstoten in Kiel während des ganzen Krieges bei etwas unter dreitausend Menschen lag, während in Hamburg Ende Juli 1943 bei mehreren Angriffen und in Dresden bei einem einzigen Unternehmen am 13. Februar 1945 jeweils über 34 000 Menschen umkamen? Die Kieler Verhältnisse erscheinen noch um so erstaunlicher, als die Stadt 90 Luftangriffe mit Bombenabwurf erdulden mußte und 633 Alarme ausgelöst wurden.

Es liegt daher nahe, in den Kieler Bunkerbauten die wichtigste Ursache für die niedrige Zahl der Bombenopfer zu vermuten. Tatsächlich überzog bei Kriegsende ein eindrucksvolles Netz von Schutzräumen die Stadt. Es gab 17 Tiefbunker, die bis auf den zweistöckigen Rathaus-Bunker eingeschossig waren. Mit ihrer Nutzfläche zwischen 170 und 460 m^2 faßten sie 240 bis 620 Menschen. Im Bahnhof-Tiefbunker mußten sich gar 1250 Menschen die 945 m^2 teilen. Pro Person gab es also zwischen einem halben und einem dreiviertel Quadratmeter Platz. Bei den meist vier- oder auch drei-, seltener fünfgeschossigen Hochbunkern, von denen 28 für die Bevölkerung und zehn für die Kriegsmarine errichtet wurden, standen einige Quadratdezimeter mehr zur Verfügung. Dagegen herrschte in den 18 Luftschutzstollen qualvolle Enge. Denn dort drängten sich nicht selten über 2000 Menschen auf wenigen Hundert Quadratmetern.

Eine unvollständige Schätzung der vorhandenen Schutzplätze führt zu dem Ergebnis, daß über 35 000 Menschen in den sicheren Tief- oder Hochbunkern untergebracht werden konnten. Unter Einbeziehung aller Anlagen auch auf den Werften und in den Werken dürfte um 70 000 Kielern zusätzlich zu den Luftschutzkellern ein einigermaßen bombensicherer Platz zugestanden haben. Diese Zahl wirkt zunächst erschrekkend niedrig, wenn sie auf eine Bevölkerung von über 300 000 Menschen Ende Dezember 1942 bezogen wird, unter denen sich auch Zehntausend Fremdarbeiter be-

Vergangenheitsbewältigung in einem Rutsch: Vielgelobter Kinderspielplatz auf Bunkertrümmern.

fanden. Knapp jeder vierte Kieler hätte demnach nach Ausbau des Bunkersystems vor den Bombenteppichen geschützt werden können. Dabei darf nicht vergessen werden, daß den Zwangsarbeitern und Kriegsgefangenen nach Beschwerden der deutschen Bevölkerung besonders 1944 der Einlaß in die Bunker verwehrt wurde. Andererseits lebten im Augenblick des Zusammenbruchs nur noch etwa 135 000 Menschen in der Stadt. Über 150 000 Kieler verließen seit dem Frühjahr 1941 und besonders seit 1943 die Trümmerwüste. Die Evakuierung und die Kinderlandverschickung betrafen besonders Frauen und Kinder. Gemessen am Fassungsvermögen der Schutzbauten im Verhältnis zu der in der Stadt verbliebenen Arbeitsbevölkerung wirkte das Kieler Luftschutzsystem 1945 beachtlich.

Kriegszerstörung im Bereich Westring/Gutenbergstraße. Aufnahme der amerikanischen Luftaufklärung vom 7. April 1945.

Dies gilt um so mehr, als Kiel noch 1941 im Vergleich zu den bedrohteren Städten Emden, Wilhelmshaven und Bremen beim Bau bombensicherer Bunker keinen Vorrang genoß. In der Stadt befanden sich am 13. August erst 15 Bunker im Bau, während elf weitere „bis zum 1. Oktober 1941 betonfertig" sein sollten. Fertig war damals noch kein einziger. In Wilhelmshaven galt dies immerhin schon für 13 und behelfsmäßig in Bremen für 26. Allerdings brachte es Hamburg zur selben Zeit gar nur auf vier „behelfsmäßig fertige" Werke. Die Planung sah für die 1,7 Millionen-Stadt insgesamt lediglich 112 bombensichere Bunker vor. Die Hamburger Luftkriegserfahrungen seit 1943 liefen darauf hinaus, daß es nicht in erster Linie darauf ankam, „bombensichere" Schutzräume einzurichten. Viel wichtiger wurde die Forderung, daß es sich um „trümmer-, verschüttungs-, hitze- und qualmsichere" Zufluchtsorte handeln müsse. Schließlich betrug auch die Zahl der über Kiel abgeworfenen Brandbomben das Zehnfache der entsprechenden Sprengbombenmenge. Im Frühjahr 1941 hatten Bautruppen des Heeres eine große Anzahl von Luftschutzkellern verstärkt. Später wurden über 300 000 m^3 Beton in Kiel verbaut. Über 50 Millionen RM kosteten diese Bauten. Die Stadt trug einen Großteil der Last.

Doch auch die in Kiel seit Kriegsbeginn gut eingehaltene Verdunkelung oder die seit Juli 1942 auf jeden Hausbewohner ausgedehnte Luftschutzpflicht vermochten ab 1943 die Großstadt Kiel nicht mehr davor zu bewahren, „ausradiert" zu werden. Die Flakartillerie erzielte wohl fast 140 Bomberabschüsse, obwohl sie sich Ende 1944 nur auf 100 schwere Rohre belief. Allerdings hielt Dönitz die doppelte Anzahl für erforderlich, um die Bombenteppiche auf ein Schutzobjekt wirksam abzuwehren. Immerhin zwang die Kieler Flugabwehr die anglo-amerikanischen Bomber in große Höhen, aus denen ein gezielter Angriff fast unmöglich wurde. Die enge zellenförmige Bebauung aus der Zeit vor dem Ersten Weltkrieg und die seit 1942 betriebene Vernebelung der Stadt taten ein Übriges, die Flächenbombardements zu begünstigen. Das Ausmaß der Verwüstung tritt in einer vorläufigen Übersicht vom 1. September 1945 zutage. Von den insgesamt fast 1,5 Milliarden RM entfielen 600 Millionen auf Wohngebäudeschäden. Hausratsschäden machten 245 Millionen RM aus. Die Werften meldeten 131 Millionen RM für Gebäude-

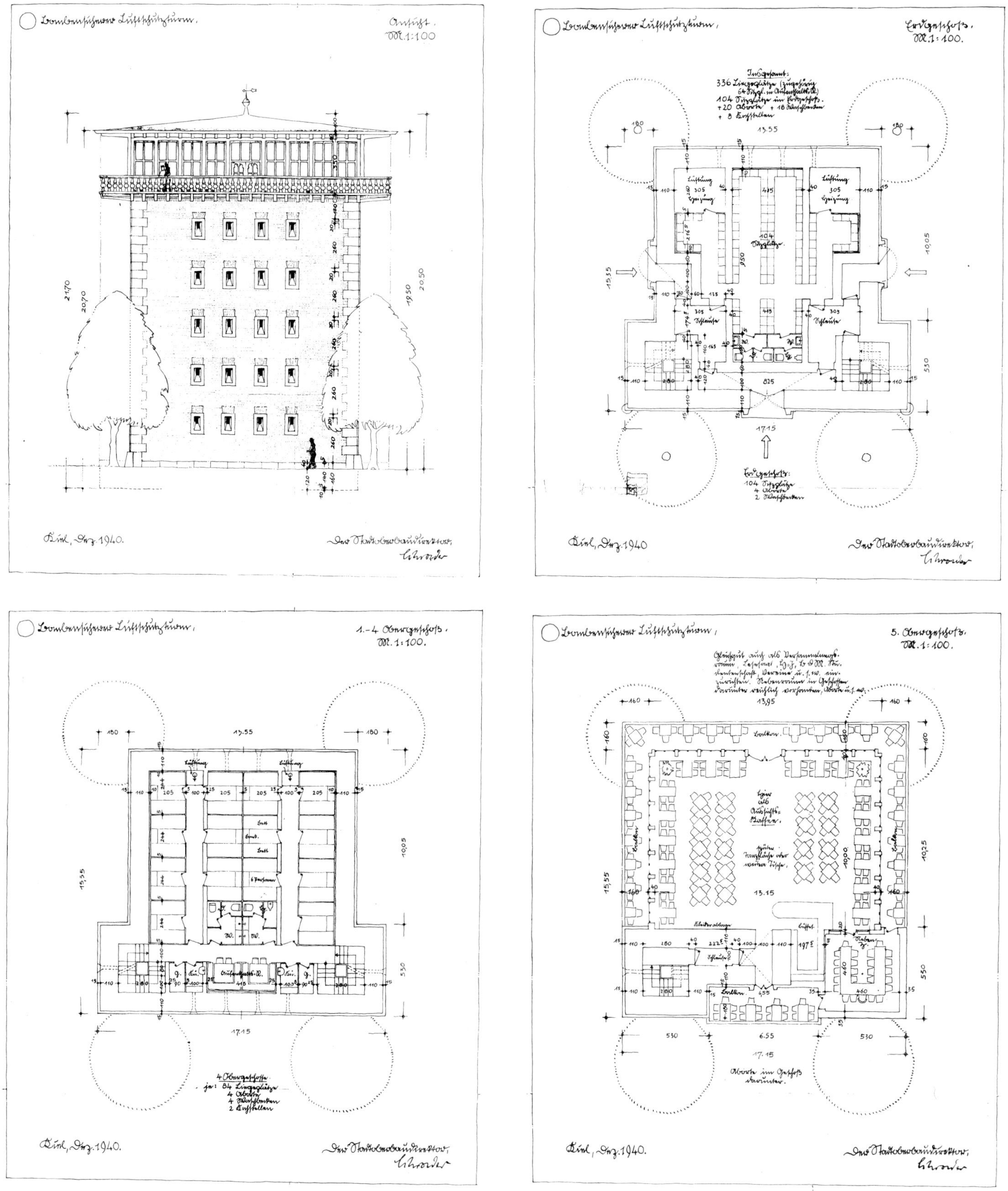

Mehrzweckbunker wie dieser waren städtebauliche Landmarken und Monumente der Unbezwingbarkeit: Bombensicherer Schutzraum im Krieg, Vereinsheim mit bekrönendem Aussichtscafé im Frieden.

schäden an, während ihr gewerblicher Schaden noch einmal dieselbe Summe betragen mochte. Aus diesen Zahlen geht bereits hervor, daß die Stadt im Vergleich zu den eigentlichen Rüstungsbetrieben eine fünfmal so schwere Last zu tragen hatte. Noch bewegender als die Zahl der über 18 000 zerstörten oder beschädigten Gebäude mutet der Hinweis auf die über 216 000 Schadensakten an, von denen im November 1945 erst 78 000 bearbeitet waren. Die Rüstungsindustrie aber konnte bis zu den vernichtenden Schlägen im April 1945 „bei fortschreitendem Wiederaufbau ihrer Betriebe den wesentlichen Teil ihrer Programme halten", wie es in einer Meldung der Rüstungsinspektion X vom Oktober 1944 hieß. Die schwersten Angriffe hatte Kiel am 9. April 1941, am 14. Mai und 13. Dezember 1943, am 4. Mai 1944, am 24. Juli und 26. August 1944 sowie am 3. April 1945 zu erdulden. Vor allem die Altstadt, die Brunswik und Ellerbek wurden fast völlig ausgelöscht. Am 3. Mai 1945 erlebte Kiel nach 11 Angriffen im Vormonat den letzten Schlag gegen eine deutsche Stadt im Zweiten Weltkrieg.

84 reichs- und 32 werkseigene Luftschutzsirenen hatten die Bevölkerung seit Mai 1944 auch verstärkt in den Mittagsstunden warnen müssen. Von den 633 Alarmen fielen 341 in die Abend- und Nachtzeit (20.00–02.00 h). Sonntags, mittwochs und donnerstags mußten sie am häufigsten ausgelöst werden. In den Bunkern sammeln sich von jungen Mädchen bis zu Matrosen alle Bevölkerungsgruppen. Immer mehr verdrängt das Schreien und Weinen der Frauen bei schweren Einschlägen die Stimmung der ersten Kriegsjahre, in denen sogar noch gesungen werden konnte. Die Sirenen versagen bei Stromausfall oder heulen stundenlang. In den letzten Kriegswochen ziehen sich die Menschen abends nicht mehr aus. Viele gehen schon vor dem Alarm zu den Bunkern, um dort zu übernachten.

Die Wiederaufbaupläne nach dem Krieg sahen eine Stadt vor, die durch Grünflächen aufgelockert wurde. Schnellwachsende Laubbäume bedeckten als „Gayksche Wälder" schon bald die eigentlichen Trümmergrundstücke, während Rasenflächen mit Strauchkulissen die abgeräumten Areale überzogen. Den gesellschaftspolitischen Wunschvorstellungen des 1954 verstorbenen Kieler Oberbürgermeisters Andreas Gayk entsprach eine Grünanlage, die zugleich Kinderspielplatz sein konnte, in besonderer Weise. Es ging nun nicht mehr um dekorative Parkflächen oder Parkringstraßen wie vor 1914. Freilich hatte der Kieler Jugendspielverein schon am 23. November 1900 den Magistrat gebeten, einen Jugendspielplatz möglichst dicht an die Wohnviertel zu legen. Statt des Areals am Mühlenweg, das noch „zehn Minuten weiter von der Stadt entfernt" sei als der bisherige Platz an der Eckernförder Chaussee, schlug er den Schrevenpark vor, da dieser mit seinen 90 000 m² als „große, parkartig angelegte Fläche während der Abendstunden große Unzuträglichkeiten im Gefolge haben könne", während „ein offener Platz (mit schöngehaltenem Rasen) . . . durch seine günstige Lage eine lebhafte Benutzung bis in die späten Abendstunden hinein verbürgen würde". Nur wenig mehr als hundert Meter vom heutigen Spielplatz entfernt schuf die Stadt kurz darauf an der Gutenbergstraße (bei der Hauptfeuerwache) eine Anlage mit vier Spielfeldern, Laufbahnen und Sprunggruben. Kiel konnte sich um die Jahrhundertwende mit Recht rühmen, zu den bestverwalteten Städten Deutschlands zu zählen und „inbetreff der Spielbewegung geachtet" dazustehen. Die Spiele sollten der „Erhaltung guter Sitten" und der Ausbildung des Gemeinsinns dienen. Desto weniger würden „auch von halbwüchsigen Jünglingen die Kneipen besucht" werden. „Gemeinsame Spiele zwischen vornehm und gering sind ferner ein sehr geeignetes Mittel, die sozialen Gegensätze zu überbrücken." Während die Männer „durch ihren Beruf zum großen Teil doch immer noch mehr ins Freie geführt wurden als die Frauen, sind diese durch ihre Verpflichtungen im Haushalt und Handfertigkeit nachhaltig an das Haus gefesselt". Deswegen seien „körperliche Übungen in freier Luft für das weibliche Geschlecht" noch notwendiger als für die Knaben und Männer. Kräftigende Laufspiele, Wanderfahrten und „vielleicht auch" Kriegsspiele sollten dazu beitragen, „in gemeinsamer Betätigung Körpergewandtheit, Charakterfestigkeit und – Bescheidenheit zu erwerben". Der alte Gutenbergplatz blieb allerdings zunehmend Schulen und Vereinen vorbehalten, worüber sich ein Leser in der Volkszeitung vom 17. Mai 1929 beschwerte.

Im November 1957 bildete sich das Kuratorium „Spielende Jugend – Gesunde Jugend", um auf dem Trümmergelände des ehemaligen Luftschutzbunkers in der Gutenbergstraße einen Musterkinderspielplatz von ca. 10 000 m² vorzubereiten. 24 Vereine, Verbände und Dienststellen schlossen sich zusammen. Mit Oswald Lovisa und Anton Willer beteiligten sich bekannte Kieler Unternehmer an diesem Vorhaben. Medizinalrat Dr. Fritz Beske wollte einen Spielplatz schaffen, auf dem die Kinder nicht nur genießen, sondern aktiv

Den Sportlern auf der Kampfbahn kein Hindernis: Einer der letzten intakten Bunker in der Wik.

handeln konnten. „Wilde" Spiele sollten privat gefördert werden, da die Stadt allein nicht imstande war, die 50 kommunalen Spielplätze zu Vorbildern für die übrigen 200 Kieler Anlagen zu erheben. Allerdings fehlten am Jahresende 1958 an der Gesamtsumme von 90 000 DM immer noch etwa 25 000 DM. So begann erst im Herbst 1959 der Bau der Rollschuh- und Rollerbahn. Dazu mußten zunächst die dort hausenden Ratten vernichtet und ihre Löcher zugeschüttet werden. Am 7. Juli 1960 wurde der Platz eingeweiht. Die Kieler Bürger hatten mit ihren Spenden ein Kinderparadies geschaffen. Sandkisten mit „Kleckermatsch", ein Bolzplatz, Kletterturm, Palisadenwand, Holzböcke zum Turnen, eine sechsseitige verschiedenfarbige Wand für kleine Mädchen zum Ballspielen, heimliche Plätzchen zum Verkriechen oder die felsenartige Indianerlandschaft mit ihren Kletterhaken auf der teilweise eingeschütteten Bunkeranlage und eine Tischtennishalle ließen die Geschichte dieses Kieler Grundstücks zurück- und das Leben hervortreten. Die Bürger finanzierten den Spielplatz überwiegend selber. Sie statteten ihn so reichhaltig aus, daß später lediglich noch eine Grillecke hinzukam. Der Spielplatz kündet damit auch von einem Bewußtseinswandel in der Bevölkerung.

LARS OLOF LARSSON Kunsthistorisches Institut

Die „Klagemauer“: Wiederaufbau nach dem 2. Weltkrieg

Nach der vor kurzem durchgeführten Neugestaltung der Ladenzeilen in der unteren Holtenauer Straße erscheint ihre volkstümliche Benennung „Klagemauer“ unberechtigter denn je. Edler Steinbelag der Bürgersteige und postmoderner Chic der Überdachung strahlen Wohlstand und Konsumanspruch aus und tragen zur Bequemlichkeit und Gemütlichkeit des Einkaufsbummels bei. Dabei sollte nicht übersehen werden, daß diese, aus geschäftlichen Gründen sicher wohlüberlegte und in der Formgebung sympathisch feingliedrige Überbauung nicht durchgeführt werden konnte, ohne den Charakter der „Klagemauer“ als Denkmal der ersten Wiederaufbauzeit schwer zu beeinträchtigen. Diesem Denkmal sollen die folgenden Zeilen gewidmet sein.

Das Gelände auf beiden Seiten der Holtenauer Straße, zwischen der Jungmannstraße im Norden und dem Lehmberg bzw. der Preußerstraße im Süden, war bis zu seiner fast totalen Zerstörung im 2. Weltkrieg dicht bebaut. Die Straßen säumten anspruchslose Mietshäuser, hinter denen sich Gewerbebauten und Hinterhofgebäude verbargen. Dieses Gebiet wurde in das Schwerpunktprogramm im Wiederaufbauplan der Stadt aufgenommen. Hier sollte mit der neuen Bebauung ein Zeichen gesetzt werden für einen zukunftsorientierten Städtebau.

Durch Zusammenlegung der Grundstücke nach dem schleswig-holsteinischen Aufbaugesetz wurde es möglich, das ganze Gebiet ohne Rücksicht auf alte Grundstücksgrenzen, Straßenführungen und Besitzverhältnisse neu zu planen. Zeigen die ersten Aufbaupläne, trotz der genannten Ambitionen, noch eine konventionelle Randbebauung der Baublöcke, so wurden durch den Wiederaufbauwettbewerb 1948 neue Ideen ins Spiel gebracht. 1950 legte Stadtbaurat Jensen einen Plan vor, der auf der Basis eines Zusammenlegungsverfahrens ein großes Wohnungsbauprojekt nach modernen städtebaulichen Ideen vorsah und dabei auch die besonderen ästhetischen Möglichkeiten des ansteigenden Geländes an der Straßenbiegung in Rechnung zog. Der Plan sah an der Westseite der wesentlich verbreiterten Holtenauer Straße vier Zeilenhäuser in senkrechter Lage zur Straße vor. Diese wurden durch eine niedrigere Ladenzeile zusammengebunden. An der Ostseite der Straße war ein breiter, ebenfalls niedriger Laden- und Gewerbebaukomplex, überbaut mit drei hohen, nordsüdlich orientierten Wohnhauszeilen geplant. Hinter diesem Komplex war ein Wohnpark mit vier großen Zeilenhäusern, in Grünanlagen gebettet, vorgesehen.

Im Prinzip wurde dieser Plan auch durchgeführt, an der Ostseite allerdings mit erheblichen Veränderungen. Auf die Überbauung der Läden wurde verzichtet, stattdessen wurde eine lange hohe Zeile hinter den Läden gebaut, die den jetzt auch dichter bebauten Wohnpark von der Straße abschirmt. Die Ladenzeile öffnet sich in der Mitte zu einem trichterförmigen Platz, der durch eine Öffnung in der langen Hauszeile den Straßenraum mit dem Wohnpark verbindet. Diese Verbindung erinnert an die zugelegte Annenstraße, die an dieser Stelle in die Holtenauer Straße mündete. Auf der Westseite wurde die Annenstraße abgebogen und in den Lehmberg geführt.

Die Stillegung der Querstraßen – ein zentrales Thema im Städtebau der Nachkriegszeit – kam sowohl verkehrstechnischen als auch ästhetischen Gesichtspunkten entgegen. Damit sollte einerseits der Verkehrsfluß auf der Holtenauer Straße erleichtert werden, andererseits sollte aber auch der architektonische Zusammenhang der gesamten Anlage unterstrichen werden. Die Ladenzeilen dienen auch dazu, den Straßenraum optisch zusammenzuhalten. Darüber hinaus unterstreichen sie durch ihre geringe Höhe die Offenheit der Zeilenbausiedlung.

Die Gebäude auf der Westseite der Holtenauer Straße wurden von den Architekten Roland Lukas und Kurt Malzahn entworfen und 1950–51 errichtet. Anschließend wurden die Bauten auf der Ostseite nach Plänen von Otto Schnittger und Otto Frank 1952–54 gebaut.

Schon durch ihre einheitlich helle Farbe und ihre Flachdächer setzen sich diese Häuser heute noch von der Umgebung ab, obwohl an der Westseite und teil-

Die untere Holtenauer Straße: Von anspruchslosen Mietskasernen zur „weißen Stadt“ im Grün.

POSTEN PARTIEN
4 Wellingdorf
968

Drogerie
Gebr. Gerken
Drogerie
Parfümerie
Solinger Stahlwaren
HERREN MODEN

Der „Klagemauer" antwortet das „Echo".

weise auch im Ostteil die ursprünglich weißen Putzfassaden inzwischen verkleidet worden sind. Diese „weiße Stadt" umrahmt von Grün und durchzogen von der breiten modernen Verkehrsader verkörpert, wenn auch in kleinem Maßstab, die Vision einer offenen, durchsonnten und gesunden Stadt der Zukunft. Daß der farbige und stilistische Kontrast zur Umgebung gewollt war, beweist die Tatsache, daß die umgebenden, gleichzeitig geplanten Neubauten aus rotem Backstein und mit konventionellen Satteldächern errichtet wurden. Ein schöneres Beispiel für den Zukunftsglauben und das Pathos der Wiederaufbauzeit läßt sich kaum denken – ob allerdings der asketisch sparsame Ausdruck dieser Architektur von der Bevölkerung je richtig angenommen wurde, läßt die Benennung „Klagemauer" bezweifeln.

DIETRICH WIEBE Geographisches Institut

Auf dem Wege zur Integration: Türkische Gewerbebetriebe in Kiel

1979 gab es zehn türkische Lebensmittelhändler, drei Gaststätten, einen Änderungsschneider und einen Autohändler. Typisch für alle damaligen Lebensmittelläden war ein extrem breites Sortiment, das neben Lebensmitteln auch Videofilme, türkische Haushaltswaren, mediterrane Weine und Spirituosen, Textilien, Devotionalien, Musikkassetten, Teppiche und Reisen umfaßte. Die Kieler Türken neigten damals dazu, soweit wie möglich vom deutschen Lebensmittelangebot unabhängig zu werden. Die türkischen Lebensmittelgeschäfte waren wichtige Kommunikationsstätten für die eigenen Landsleute. Der Mangel an Markterfahrungen führte zu relativ schneller Fluktuation. Keiner der Betriebe war älter als 10 Jahre. Von den 10 Lebensmittelhändlern 1979 sind nur zwei übriggeblieben, die ihr Sortiment auf Textilien umgestellt haben. Die drei Gaststätten, ausschließlich auf Landsleute spezialisiert, bestehen dagegen heute noch.

Die 87 Betriebe 1987 gehören zu 9 verschiedenen Branchen. An der Spitze liegt mit 32,7 % der Lebensmittelhandel unterschiedlichster Sortimentsbreite; sie reicht vom überwiegenden Obst- und Gemüseangebot bis zum Handel mit sogenannten non-food-Artikeln. An zweiter Stelle folgen die Änderungsschneider mit 27,6 % und dann die Gaststätten mit 26,4 %. Die Türken haben sich also nur auf wenige Branchen spezialisiert. Die Gründungsdaten belegen, wie kurzfristig viele Betriebe am Markt bleiben. So stammen von den 1987 vorhandenen Firmen nur 5,7 % aus der Zeit vor 1980. Die meisten (24,6 %) sind in den ersten sechs Monaten 1987 eröffnet worden. Im Jahre 1986 wurden 20,7 % und 1985 16,1 % aller Betriebe gegründet. Lebensmittelhändler und Änderungsschneider haben sich in der Regel in aufgegebenen „Tante-Emma-Läden" niedergelassen und nehmen Funktionen für die Viertelsbevölkerung wahr, von der die deutschen und türkischen Bewohner profitieren. Die hohe Zahl der Änderungsschneider dürfte wohl kaum eine langfristige Perspektive haben, da diese Betriebe fast ausschließlich türkische Kunden versorgen. Bei den Gaststätten ist das etwas anders. Seit ca. drei Jahren haben sich diese neuen Kneipen auf deutsche Gäste eingestellt, teilweise mit der üblichen Speisekarte, teilweise aber auch als türkisches Spezialitätenrestaurant. In ihnen trifft man selten türkische Besucher an. In fast allen Lokalen waren die Vorgänger deutsche Wirte, die aus verschiedenen Gründen die Restauration aufgegeben hatten. Die Gaststätten gleichen bestehende Versorgungsdefizite aus bzw. nehmen ergänzende Aufgaben im Bereich der Spezialitätengastronomie wahr. Die Entwicklung der letzten Jahre zeigt eine steigende Zahl von Spezialgeschäften, wie An- und Verkaufsläden, Videotheken, Reisebüros, Textilhandlungen, in denen ausschließlich die eigenen Landsleute ihren Bedarf decken. Angst vor Arbeitslosigkeit und möglicher Ausweisung sind unterschwellige Motive für den Sprung in die Selbständigkeit. Der jüngst (8. Mai 1987) eingerichtete Wochenmarkt in Altenholz hat bereits einen türkischen Obst- und Gemüsehändler. Die Struktur der türkischen Betriebe ist durch einige Besonderheiten gekennzeichnet. Die 148 Beschäftigten (1,7 Personen pro Betrieb) sind fast ausschließlich mithelfende Familienangehörige. Die größte Zahl pro Betrieb arbeitet in der Gastronomie mit 2,0 Personen, gefolgt vom Lebensmittelhandel (1,6) und den Änderungsschneidern (1,4). Die durchschnittliche Flächengröße liegt bei 41 m^2. Im Lebensmittelhandel gibt es fünf Geschäfte, die jeweils über 100 m^2 (insgesamt 630 m^2) verfügen; die meisten Läden liegen zwischen 15 m^2 und 35 m^2. Noch geringer sind die Flächen bei Änderungsschneidereien mit 26 m^2 in der Regel. Gaststätten und Imbißhallen haben durchschnittlich 31 Sitzplätze. Aus diesen Daten lassen sich Aussagen über den typischen türkischen Betrieb machen: Er weist nur eine geringe Flächengröße auf, er beschäftigt zum größten Teil nur Familienangehörige, er hat überwiegend einen Standort in türkischen Vierteln, er bietet türkische Waren an, als Geschäftsräume dienen aufgegebene deutsche

Schafskäse
EGETÜRK
Trink
Coca-Cola
MURGI
G.E.S.P.O.V.

Kneipen und Kleinläden, der Inhaber ist meistens zwischen 1970 und 1975 in die Bundesrepublik Deutschland (59 % aller Inhaber) eingereist – d. h. nach mehr als 12 Jahren erfolgt eine Betriebsgründung – und fast 95 % aller Firmen sind in den letzten 7 Jahren entstanden; jeder vierte wurde im ersten Halbjahr 1987 eröffnet. Bei der Namensgebung überwiegen die türkischen Angaben, denn man richtet sich ja im Handel zunächst primär an die eigenen Landsleute. Die Lebensmittelläden verwenden Bezeichnungen wie: Türk Bakkali, Bayrak Bazar, Gida Pazari, Basar Baskent, Birlik Export, Üsküda Export, Coscun Export oder Alkan Market. Spezialläden heißen z.B. Video Anadolu, Denez Video Club oder Türk Hava Yollari Acentasi (Reisebüro). Anders bei den Gaststätten, hier hat man vielfach die alten Angaben beibehalten, z.B. Bauernstube, Zum Postillon, Zum goldenen Anker, Die Zwei, Kleinkes Bierstube oder Jever-Deel. Spezialitätenrestaurants weisen auf die Türkei hin, wie Bosporus, Adana Kebap Salonu, Istanbul Grill oder Restaurant Orient. Sprachliche Mischungen gibt es aber auch wie z.B. Pamukkale Reisen, Ankara Feinkost, Flickschneiderei Firat oder Karadeniz Imbiss. Religiös-kulturelle Mittelpunkte für die ca. 7000 Kieler Türken sind die Moscheen. Zwischen 1973 und 1986 entstanden in Kiel sechs Moscheen. Es handelt sich fast ausschließlich um Hinterhofgebäude, die früher gewerblich genutzt wurden.

Kulinarische Genüsse mit einem Hauch Exotik findet man an türkischen Obst- und Gemüseständen.

FRAUKE DETTMER Seminar für Volkskunde

Das Mahnmal gegen die Zerstörung der Synagoge in der Goethestraße: Der Kristallnachtpogrom in Kiel

Am 24. Mai 1989 wurde das Mahnmal gegen die im November 1938 in der sogenannten „Kristallnacht" teilweise zerstörte Synagoge in der Goethestraße eingeweiht. Die Hamburger Künstlerin Doris Waschk-Balz schrieb über ihre Plastik:

> „Der Thoraschrein steht seiner Bedeutung gemäß im Mittelpunkt der Darstellung ... Der Riß, der Außen- und Innenform sprengt und das ursprünglich geschlossene Ganze auseinanderfallen läßt, soll die Zerstörung, die rohe Gewalt (Sprengung, Feuer) sichtbar und spürbar machen. Der zerrissene Thoravorhang, der gekippte Tisch (Almemor) und der herabstürzende Chanukkaleuchter weisen symbolisch auf die Schändung des Heiligtums hin."

Erst 1909 (Einweihung 1910) hatte die Kieler Jüdische Gemeinde (vgl. Nr. 84) die Synagoge von dem Kieler Architekten Theede „in einer vornehmen und ruhigen Gegend am Hohenzollernpark" bauen lassen – Ausdruck von Selbstbewußtsein einerseits und dem Gefühl einer Sicherheit andererseits, das die Minderheit innerhalb der Mehrheit offenbar empfand. Denn das Gebäude exponierte die Gemeinde. Es überragte mit seiner Kuppel die übrigen Häuser am Park.

Auch das Innere der Synagoge war beeindruckend. Arthur Posner, bis 1933 Rabbiner der Gemeinde, beschrieb es so:

> „Über zwei sich schneidenden Tonnengewölben erhebt sich eine mächtige Kuppel, von der aus flimmerndem Blau der goldene Davidstern herabblickt, bewacht von einem Kranz stilisierter Adler. In den Rundbögen erkennt man die Wappen der zwölf Stämme, nach den Angaben der Midrasch, teilweise von Dornenarabesken umzogen. Im großen Rundfenster – von der Zionistischen Ortsgruppe Kiel gestiftet – sieht man neben anderen Symbolen die aufgehende Zionssonne."

Das Gefühl der Sicherheit, das Gefühl, eine endlich gleichberechtigte Minderheit zu sein, wurde seit 1933 Schritt für Schritt zerstört und endgültig durch die Ereignisse des 9./10. November 1938 vernichtet.

1933 bestand die Gemeinde aus etwa 600 Mitgliedern, die sich je zur Hälfte aus deutschen Juden und aus Ostjuden zusammensetzten. Beide Gruppen unterschieden sich recht erheblich im Grad der Assimilation, so daß es nicht nur eine „soziale Distanz" zwischen ihnen gab, sondern auch immer wieder Konflikte im religiösen Bereich zwischen den eher orthodoxen Ostjuden und den eher liberalen deutschen Juden.

Schon am 2. Mai 1933 fielen die staatlichen Zuschüsse für die Besoldung des Rabbiners rückwirkend für 1932 fort. Daraufhin mußte Rabbiner Posner entlassen werden. Er emigrierte am 11. Juni 1933 zunächst nach Antwerpen, dann nach Jerusalem. David A. Winter, Rabbiner in Lübeck, betreute ab Februar 1934 tageweise die Kieler Rabbinerstelle.

Das Klima in Kiel wurde immer bedrückender. Mehrere Gewaltakte waren dafür ausschlaggebend. Am 3. August 1932 hatte ein Sprengstoffanschlag auf die Synagoge stattgefunden. Am 12. März 1933 wurde der Rechtsanwalt Wilhelm Spiegel in seiner Wohnung im Forstweg 42 ermordet. Der Anschlag galt ihm als Juden und sozialdemokratischem Stadtverordneten. Am Boykott-Tag, dem 1. April 1933, verübten SA- und SS-Leute Lynchjustiz an dem jüdischen Rechtsanwalt Friedrich Schumm, nachdem er mit der Waffe das elterliche Geschäft gegen Plünderungen hatte schützen wollen und dabei einen SS-Mann verletzt hatte. Von Anfang an richteten sich im ganzen Reich antisemitische Aktionen besonders gegen jüdische Rechtsanwälte, Richter, Kaufleute und Ärzte.

Die Wirkung auf die Gemeindemitglieder blieb nicht aus. Posner schrieb aus der Rückschau: „Das waren Zeichen, daß die Gemeinde keine Zukunft mehr hatte." Bis 1938 wanderte etwa die Hälfte der „Glaubensjuden" ab.

Nach den „wilden" Terrorakten der ersten Zeit traten gesetzliche Maßnahmen an ihre Stelle. Es kam zu einer

Zu wenige haben aus der Geschichte gelernt: die Diskriminierung von Minderheiten ist nach wie vor ein Thema.

HIER STAND DIE SYNAGOGE DER
GEMEINDE IN KIEL
DIE IN DER ZEIT DER
DURCH EINEN WILLKÜRAKT AM
9. NOV. 1938 ZERSTÖRT WURDE

gewissen Beruhigung in der Gemeinde. Man meinte vielleicht, diese Regelungen eher einschätzen zu können. Noch gab es ein rudimentäres Gemeindeleben und Unterricht in der jüdischen Religionsschule. Dies alles wurde durch die Novemberereignisse weitgehend zerstört.

Am 7. November 1938 verübte der junge deutsch-polnische Jude Herschel Grynszpan ein Attentat auf den Legationssekretär der Deutschen Botschaft in Paris, Ernst vom Rath. Als vom Rath am 9. November 1938 seinen Verletzungen erlag, war dies für die nationalsozialistische Führung ein willkommener Anlaß, die Jagd auf Juden zu verschärfen. Der Kristallnachtpogrom wurde eingeleitet. Der Pogrom hatte teilweise eine Ventilfunktion für die antisemitisch eingestellte nationalsozialistische Basis, die schon vor 1938 eine Radikalisierung der Judenpolitik gefordert hatte. Die Kieler Mordanschläge von 1933 machen diese Stimmung deutlich. Auch anderswo gab es schon 1933 pogromähnliche Aktionen, so z.B. in Breslau und Berlin.

In der Nacht vom 9. auf den 10. November brachte G., Führer des SA-Pioniersturms Kiel/West und geprüfter Sprengmeister, in einem der unteren Räume der Kieler Synagoge zusammen mit anderen SA-Leuten sechs Bohrpatronen und eine Sprengkapsel an. Nachdem er sich davon überzeugt hatte, daß niemand mehr im Gebäude war, steckte er die Zündschnur an.

Kurz zuvor hatten circa 10 bis 15 Männer in den oberen Räumen Feuer gelegt und im Sitzungs- und Schulzimmer (Parterre) und im Betsaal (Obergeschoß) Mobiliar und Fenster zerschlagen. Der Parterreraum brannte vollständig aus, ebenso wie die Wohnung der Witwe des Synagogenkastellans. Erst nach der Detonation schritt die Feuerwehr ein – der Betsaal wurde so nicht ganz zerstört.

Über die Täter sagte die Kastellanswitwe 1946 aus:

> „Die Leute waren in bürgerlicher Kleidung. Einige Männer trugen braune Hosen, wie die SA sie trug, einige auch Braunhemden. Ganz uniformiert war niemand."

Dies entsprach ganz dem Wunsch Hitlers bei der Gedenkfeier für den Putsch von 1923 in München, auf der der Pogrom initiiert wurde, „daß die Partei nach außen nicht als Urheber der Demonstrationen in Erscheinung treten, sie in Wirklichkeit aber organisieren sollte."

Insgesamt brannte es an mindestens zehn Stellen im Gebäude, so daß für den damaligen Reviervorsteher des 7. Polizeireviers, in dem die Synagoge lag, feststand, daß hier ein eindeutiger Fall von Brandstiftung

Nur kurze Zeit Stolz der jüdischen Gemeinde Kiel:
Die von Johann Theede 1909-1910 erbaute Synagoge am Hohenzollern-(heute: Schreven-)Park.

vorlag. In der offiziellen Brandschadensanzeige der Landesbrandkasse wurde die Brandursache hingegen mit „unbekannt" angegeben.

Die Quellenlage bezeugt auch für Kiel eindeutig, daß sich in dieser Nacht nicht etwa „spontaner Volkszorn" über die Ermordung vom Raths austobte, sondern daß die Aktionen zentral angeordnet waren. Der Kieler Polizeipräsident und SA-Führer Meier-Quade war auf der Feier in München anwesend und gab die Anweisung zum Pogrom telefonisch an den Stabsführer der SA-Gruppe Nordmark, Oberführer Volquardsen, nach Kiel weiter.

Zwar waren die Auswirkungen der Brände eher gering, das Ausmaß der Zerstörung und Schändung der

Synagoge hatte jedoch eine große psychologische und soziale Bedeutung.

Ende Januar 1939 durften Gemeindemitglieder erstmals die Synagoge wieder betreten:

> „Der Anblick war schauderhaft. In der eigentlichen Synagoge lagen die Thorarollen geschändet umher, und Zeichen der Verwüstung und der Roheit waren überall zu erkennen."

Doch der Synagogenbrand war nicht das einzige Ereignis dieser Nacht. Die Bildhauerin brachte es in ihrer Plastik zum Ausdruck:

> „Darüber hinaus kann in der zerbrochenen Platte über die Assoziation 'Riß-Bruch-Scherben-Splitter' auch ein allgemeiner Bezug gesehen werden zu den Ereignissen jener Nacht . . ., in der nicht nur Synagogen, sondern auch Geschäfte und Privathäuser jüdischer Bürger verwüstet wurden – und die wegen der dabei zerschlagenen Scheiben mit dem zynisch verharmlosenden Begriff 'Kristallnacht' umschrieben wurde."

In Kiel ist die Demolierung und Plünderung von mindestens elf Geschäften bekannt. Vier Privatwohnungen wurden total verwüstet. Für beide Bereiche dürfte es eine größere Dunkelziffer geben. Schließlich wurden darüber hinaus fast alle männlichen Gemeindemitglieder zum Teil unter äußerst demütigenden Umständen verhaftet und in das Kieler Polizeigefängnis in der Gartenstraße eingeliefert, von wo aus sie in das KZ Sachsenhausen-Oranienburg transportiert wurden. Ein jüdischer Lehrer: „Da hat die Hölle angefangen." Insgesamt wurden 58 Männer verhaftet. Zwei von ihnen trugen bei Mordanschlägen schwere Verletzungen davon.

Das Kapitel „Synagoge" hatte noch ein Nachspiel. Nachdem die NS-Organisationen die Dreckarbeit getan hatten, übernahmen die städtischen Behörden auf „legalem" Weg den Rest. Die Behörden zwangen die jüdische Gemeinde zum Verkauf von Synagoge und Grundstück. Dies war möglich aufgrund eines ganzen Paketes von Verordnungen zur Enteignung der Juden und zur „Arisierung" der Wirtschaft unmittelbar nach dem Novemberpogrom.

Der Verkauf an die Stadt wurde noch im Dezember 1938 eingeleitet. Der Kaufpreis von 25 000 RM – abzüglich der Grundschulden 19 850 RM – wurde auf ein Sperrkonto überwiesen, von dem die Gemeinde keinen Pfennig erhielt.

Eine Nutzung des Gebäudes durch die Stadt war von vornherein nicht vorgesehen. Der sofortige Abbruch sollte vielmehr dies prominente Zeichen der zu bekämpfenden Minderheit vollständig verschwinden lassen.

Der Abbruch zog sich dann noch bis Ende November 1940 hin, aber den Nationalsozialisten war es gelungen, das Zentrum der Gemeinde im Kern zu zerstören. Hinzu kam die finanzielle und wirtschaftliche Ruinierung durch die „Entjudung" der Wirtschaft und die fortschreitende Entrechtung der Juden.

Nach dem Novemberpogrom wanderten von den ca. 300 in der Stadt verbliebenen Personen etwa die Hälfte ab. Mit Kriegsbeginn schlug dann die Falle zu – jetzt gab es kaum noch Fluchtmöglichkeiten. Für die dagebliebenen Kieler Juden begann 1941 mit den Deportationen die „Endlösung".

In vielen Städten ging den Deportationen eine allmähliche Gettoisierung der Juden voraus. In Kiel wurden vom Herbst 1939 bis Herbst 1941 mindestens 35 Juden gezwungen, in das Gebäude Kleiner Kuhberg 25/Feuergang 2 zu ziehen, das von der Stadt gekauft worden war und in dem bereits vorher überwiegend Juden gewohnt hatten.

Die größte Deportation aus Kiel fand am 4. Dezember 1941 statt. Ca. 54 Personen wurden ins Rigaer Getto transportiert, wo gleich nach der Ankunft Massenerschießungen durchgeführt wurden.

Die Zahl der Opfer der Deportationen und der direkten nationalsozialistischen Gewaltakte ist nicht vollständig ermittelt. Man kennt aber einschließlich der sogenannten „Rassejuden" 239 Menschen; eine Zahl von mehr als 250 kann angenommen werden.

Rabbiner Posner ahnte von diesem Ende der Kieler Juden noch nichts, als er kurz vor seinem erzwungenen Weggang auf einer Gemeindeversammlung am 19. März 1933 sagte:

> „. . . der Glaube, daß die Menschheit sich verfeinert und entwickelt, wird Lügen gestraft, wir schreiten rückwärts. Niemand hat aus der Geschichte gelernt."

GERHARD PRIESEMANN Institut für Pädagogik

Die Humboldt-Schule: Ein Ort lebendigen Wandels

Woran erkennt man eigentlich eine Schule? Ist es eher ein Gebäude oder eher das Leben, das sich in ihm abspielt? Sind es die Lehrer und Schüler oder ist es der Lehrplan und der Unterricht? Sehen wir uns die Humboldt-Schule an und hören wir, was Männer, die es wissen mußten, dazu zu sagen haben:

Eine Schule sollte nur Dauer haben und keine Geschichte, das meinte der Rektor Hegel, als er noch eine Schule leitete und nicht schon Philosophie-Professor war. Aber es steht gerade umgekehrt, und die Geschichte der Humboldt-Schule kann es uns lehren; denn dies sind die Daten in Stichworten:

- gegründet 1861, noch im dänischen Reich, als „Höhere Bürgerschule für Jungen",
- 1880/82 umgewandelt zu einer „Oberrealschule",
- 1897/1907 umgewandelt zu einem „Reform-Realgymnasium",
- 1926 Einrichtung eines Zweigs der „Deutschen Oberschule",
- 1937/41 umgewandelt zur „Oberschule" neuer Art,
- 1947 Umbenennung in „Humboldtschule" – denn von 1937 an hatte unsere Schule den Namen „Admiral-Graf-Spee-Schule" getragen,
- 1955 Umbenennung von „Oberschule" in „Gymnasium",
- 1967 Einführung der Koedukation; von jetzt an gibt es die „Jungen-Schule" nicht mehr,
- 1971 Einführung der Studienstufe.

Sicherlich werden noch weitere Umwandlungen folgen. Die Daten der Geschichte bezeugen sehr deutlich, daß eine Schule teilhat am allgemeinen politischen Geschehen, und das Leben von Schülern und Lehrern nach dem Lehrplan und im Unterricht folgt nicht nur den pädagogischen Gesetzen.

Dennoch, gedauert hat die Humboldt-Schule auch als Institution und seit 1876 auch als Gebäude. Die Anlage, unverkennbar im Stile ihrer Zeit, unverkennbar als Bau norddeutscher Art, eine Mischung von gotischer Kirche und Ritterburg, steht mit Recht seit 1976 unter Denkmalschutz; unbeschädigt hat auch dieser Bau die Kriege nicht überstanden: 1941 trafen Bomben den Altbau, 1945 den seinerzeitigen Neubau. Aber eben: diese Schule dauert, und sie genießt den Schutz der Kastanien, die sie umstehen, die zu ihr hinführen: das ist ein schönes Symbol ihres Lebens, aber auch ein städtebaulicher Kunstgriff, denn die Baumreihe setzt die von weithin auf die Fassade der Humboldt-Schule ausgerichtete Straßenachse der Fleethörn fort.

Dazu stimmt denn auch, was seinerzeit Herder, als er Schulaufseher in Weimar war, zum Wesen einer Schule sagte: Jede Schule sollte einen Genius, sollte ihren eigenen Geist haben. Die Humboldt-Schule, in ihrer jetzigen Gestalt, hat deren eigentlich zwei; denn bei der Umbenennung 1947 ist nicht entschieden oder darüber beschlossen worden, wer von den beiden Brüdern nun eigentlich Schutzpatron sei: Wilhelm, der große Schulreformer und Sprachforscher, oder Alexander, der große Entdecker und Weltgelehrte. Mit Recht stellt sich die Schule aber in ihrer Festschrift zum 125. Jahr ihres Bestehens unter den Schutz beider. Das kann als Hinweis verstanden werden auf die Doppelaufgabe eines modernen Gymnasiums: Es hat die Philosophie und die Geisteswissenschaften genauso zu pflegen wie die Naturwissenschaften und die mathematischen Disziplinen. Daß es auch soziale Aufgaben hat und in sozialwissenschaftlichem Geist arbeiten muß, ist an zwei Neuerungen deutlich: der Einführung der Koedukation und der Einführung der Studienstufe.

Woran erkennt man also eine Schule? An einem Beispiel wie dem der Humboldt-Schule, so ließe sich sagen. Eine Schule ist eine Einrichtung, die Tradition und Innovation zu verbinden vermag, die sich im Wandel der Geschichte lebendig erhält und ihre Eigentümlichkeit bewahrt und von der die einander ablösenden Generationen von Lehrern und Schülern sagen: Seht her, dies ist meine, dies unsere Schule! Jeder Blick aufs Gebäude, jeder Gang über Schulhof und Flure, durch Klassenräume und Aula zeigt es, und geschriebene wie ungeschriebene Erinnerungen bewahren es für die zukünftigen Zeiten.

Die Humboldtschule: Mittlerweile ältestes Gebäude am Knooper Weg.

INGABURGH KLATT Historisches Seminar

Das ehemalige Arbeitsamt auf dem Wilhelmplatz: Selbstdarstellung der Weimarer Republik

Den meisten Kielern ist dieses Gebäude bekannt, vielen war und ist jedoch nicht bewußt, welch architektonischen Wert es besitzt. Die meisten, die sich diesem Gebäude näherten, hatten etwas anderes im Sinn, als sich an der Ästethik des Hauses zu freuen. Eher dachten sie bedrückt darüber nach, ob ihr Gang zum Arbeitsamt wohl wieder einmal vergeblich wäre. Oder sie betraten das Amt, um zu „stempeln", eine Pflicht, die in den Krisenjahren der Weimarer Republik fast täglich vollzogen werden mußte. Da konnte leicht in Vergessenheit geraten, daß dieses Gebäude auch gerade für die Arbeitslosen, für deren bestmögliche Betreuung in einem formschönen Rahmen konzipiert worden war.

Wie kam es zum Bau dieses „eindrucksvollsten Dokumentes des Bauhaus-Einflusses in Schleswig-Holstein" – wie das ehemalige Arbeitsamt von Kunsthistorikern bezeichnet wird?

Seit 1895 gab es in Kiel einen gemeinnützigen öffentlichen Arbeitsnachweis, der am 1. April 1918 in die Hand der Stadt überging. Diese Dienststelle war seit dem 5. Dezember 1918 als ein Teilbereich der Erwerbslosenfürsorge im Schloß untergebracht, da es galt, nach dem Krieg den Massen der Erwerbslosen Arbeit zu verschaffen. Ende 1923 bezog der städtische Arbeitsnachweis dann ein eigenes Haus: den Buchwaldschen Hof in der Dänischen Straße, der vorher als Schulgebäude gedient hatte (vgl. Nr. 20).

1925 kam es zu einer Werftenkrise, die Kiel aufgrund seiner wirtschaftlichen Monostruktur besonders hart traf. Infolgedessen wuchs die Zahl der Arbeitslosen erneut sprunghaft. Als 1927, mit dem Gesetz über die Arbeitsvermittlung und Arbeitslosenversicherung, die Aufgaben des Arbeitsamtes zudem über die reine Vermittlung von Arbeit weit hinauswuchsen, wurde die räumliche Enge des Buchwaldschen Hofes für Mitarbeiter und Besucher gleichermaßen unerträglich.
Die einzig akzeptable Lösung war der Bezug eines neuen Gebäudes, das speziell für die Belange eines solchen Amtes konzipiert sein sollte. Der Träger der Baumaßnahme war die Reichsanstalt für Arbeitsvermittlung und Arbeitslosenversicherung, die Konzeption und die Ausführung wurde der städtischen Bauverwaltung unter der Leitung des Stadtbaurats Dr. Willi Hahn und des Magistratsbaurats Rudolf Schroeder übertragen.

Aufgrund der erst 1927 gesetzlich vorgeschriebenen Einrichtung von Arbeitsämtern gab es in Deutschland kaum Gebäude, die eigens für diesen Zweck errichtet worden waren. Durch die Jahre der Improvisation waren indes genaue Vorstellungen über die Ansprüche an einen solchen Bau entwickelt worden.
Die ersten Neubauten hatten demgemäß einen Modellcharakter. Die Bauherren verstanden ihre Entwürfe als Suche nach einem funktionalen architektonischen Rahmen für die Umsetzung der neu geschaffenen Arbeitsverwaltung. Als eines der ersten war das Arbeitsamt in Dessau im Stil des „Bauhauses" erbaut worden. Das „Bauhaus" wurde 1919 von Walter Gropius in Weimar als Lehr- und Forschungsinstitut für Architektur, Kunst und Handwerk gegründet. 1925 wurde es nach Dessau verlegt und 1933 durch die Nationalsozialisten aufgelöst. Es übte innerhalb Deutschlands, aber auch international einen großen Einfluß auf Architektur und Design aus. Erstrebt wurde die Einheit von Kunst und Handwerk. Die Architektur sollte dem Volk und nicht den Repräsentationsbedürfnissen seiner Regierenden dienen, deshalb bestimmte die Funktion die Gestaltung, ohne deshalb künstlerische Aspekte zu vernachlässigen. Die Bauherren ließen sich von diesen Vorstellungen und dem Dessauer Modell inspirieren.

Eines der wichtigsten Kriterien zur Gestaltung eines Arbeitsamtes war es, gute Zugangsmöglichkeiten zu den einzelnen Abteilungen zu schaffen, ohne daß sich die Publikumsströme mit den Wegen der Beamten kreuzen mußten. Deshalb hatte man sich in Dessau für einen reinen Flachbau entschieden, um zahlreiche Eingänge direkt von außen zu gewinnen. Der Nachteil lag jedoch in einer großen Flächenausdehnung und den

kann Joghurt

Frischer Wind in den Amtsstuben: Erstes Großraumbüro 1930 im Arbeitsamt.

höheren Kosten gegenüber einem Stockwerkbau. In Kiel kamen die Architekten auf den Gedanken, quasi mehrere Flachbauten inklusive der vorgelagerten Bürgersteige übereinander zu setzen.
Als zentraler Standort, der für das Publikum gut erreichbar war und gleichzeitig genug freien Raum für die zu erwartenden Besuchermengen aufwies, bot sich der Wilhelmplatz an, der 1927 zum „Platz der Republik" avanciert war. – Nach einem kurzen Zwischenspiel, in dem SA-Leute ihn eigenmächtig in „Adolf-Hitler-Platz" umbenannt hatten, wurde er 1933 wieder zum „Wilhelmplatz", im Volksmund jedoch meist Wilhelmsplatz genannt. – Dieser Platz war weder all zu weit vom Stadtkern noch von den städtischen Ämtern im Rathaus entfernt.
Ein wichtiger Anspruch an diesen Zweckbau war die Flexibilität der räumlichen Gestaltung, die eine Anpassung an eine veränderte Arbeitsmarktlage erlaubte. Als Lösung wählten die Architekten einen Stahlbetonbau, bei dem die Innenwände und auch die Drehtüren versetzbar waren.

Innerhalb des Gebäudes war alles auf die optimale Lenkung der Besucherströme zugeschnitten: Über breite Außengänge erreichte das Publikum die jeweiligen Etagen und konnte von dort über 24 Drehtüren die einzelnen Abteilungen und ihre Warteräume betreten.

Die Beschilderung auf dem Außengang ermöglichte eine gute Übersicht; das vermied Stauungen an Engpässen oder vor Orientierungstafeln. Das Prinzip der Gebäudeaufteilung bestand darin, daß sich die Großraumbüros der Beamten und die Warteräume der Besucher auf einer langen Front, lediglich getrennt durch die Schalter, gegenüberlagen. Die Büros lagen nach Südosten; dadurch schien die Sonne während der ganzen Arbeitszeit,- welches sich sicher positiv auf die Arbeitsatmosphäre und auf den Energiebedarf auswirkte. Da das Fensterband die obere Hälfte der Längswände einnahm, wurde eine übermäßige Hitze im Sommer verhindert, gleichzeitig konnte das Sonnenlicht über die Schalter hinweg in die Warteräume gelangen.

Die Beamten brauchten die Publikumszonen nicht zu durchqueren, wenn die Zusammenarbeit mit anderen Kollegen erforderlich war, dadurch wurde der Besucherfluß nicht unterbrochen. Vom Warteraum gelangte man durch eine weitere Drehtür in eine der dicht nebeneinanderliegenden, durch dünne Holzwände getrennten Sprechkojen und stand dann dem Beamten frei gegenüber.
Dieses Detail war symptomatisch für die veränderte Rechtsstellung der Arbeitslosen, die endlich, nach jahrzehntelangen Kämpfen, mit der gesetzlichen Arbeitsvermittlung und Arbeitslosenversicherung erreicht worden war:
In den alten Arbeitsämter konnte der Besucher den Kontakt mit dem Angestellten nur durch Schalterklappen aufnehmen – wobei die Klappen teilweise so tief angebracht waren, daß er/sie sich niederbeugen mußte, um mit dem Beamten zu sprechen. Diese demütige Haltung entsprach dem Charakter, den Erwerbslosigkeit vor 1927 innehatte. Arbeitslosigkeit und Armut galten eher als selbstverschuldet, denn als gesellschaftlich bedingt.

Im Vergleich zu anderen Behörden und Arbeitsämtern war das Konzept außerordentlich besucherfreundlich. Es wurde versucht, die Barriere zwischen dem Beamten und dem Besucher zu verringern und eine persönlichere Beratung zu ermöglichen. Dennoch blieb dies eine Illusion, die jedoch nicht den Bauherren anzulasten ist. Als die neue reichsweite Arbeitsverwaltung ins Leben gerufen wurde und die Architekten darangingen, für deren Belange Gebäude zu konzipieren, sah man noch nicht die Tausende von Arbeitslosen voraus, die dann in den Jahren der großen Wirtschaftskrise nach 1930 und erneut in der Nachkriegszeit die Flure der Arbeitsämter füllten und nur noch eine Massenabfertigung erlaubten; 1932 und 1950 waren es allein in Kiel ca. 34 000 Menschen. Auch das Instrument der Arbeitslosenversicherung versagte in den Krisenjahren der Weimarer Republik, auch dieses war nicht für Millionen von Arbeitslosen konzipiert worden: Immer mehr Versicherungsnehmer wurden „ausgesteuert" und konnten nur mühsam mit Hilfe der städtischen Wohlfahrtsfürsorge ihr Leben fristen.

Der Bau wurde im Herbst 1928 begonnen und konnte im März 1930 eröffnet werden. Die Bausumme betrug 780.000 RM; dazu kamen 100.000 RM für die Innenausstattung, die hauptsächlich aus heller Eiche bestand, um großer Beanspruchung standhalten zu können.

Betrachtet man Photos, die der Photograph Ferdinand Urbahns 1930 vom Arbeitsamt gemacht hat, so fasziniert die Übereinstimmung von Funktionalität und Ästhetik, die in diesem Gebäude sichtbar wird – bei der Gestaltung der Arbeitsplätze und Warteräume ebenso wie bei der Anordnung von Treppenhäusern und Zugängen. Dabei spielen der Lichteinfall, die Einheitlichkeit und Schlichtheit der verwendeten Materialien, die räumliche Weite der Flure und Wartehallen, die das Warten in der bedrückenden Situation der Arbeitslosigkeit erträglicher machen sollte, die wichtigste Rolle. Die Funktion bestimmte die Form, sowohl in der inneren als auch in der äußeren Gestaltung des Gebäudes, dessen einziger Schmuck die aus dem Gebäude herausragenden runden Treppenhäuser, die Außengänge und die Fensterbänder waren.

Die Intention des „Bauhauses" – wie sie sich auch in diesem Gebäude manifestiert – Architektur für das Volk, in diesem Fall für die Mitarbeiter und Benutzer des Arbeitsamtes zu schaffen, ist vom Volk jedoch nicht gewürdigt worden; ebensowenig wie die ungeliebte Republik, die dieses Gebäude in ihrem Sinne errichten ließ.

Das Gebäude wurde 1967 den geänderten Bedürfnissen angepaßt; es wurde umgebaut und mit einem weiteren Stockwerk versehen, ohne daß Denkmalschützer dazu befragt wurden. Erst 1979 wurde es gegen den erbitterten Widerstand des Landesarbeitsamtspräsidenten unter Denkmalschutz gestellt.
Seit dem März 1989 hat ein Neubau an der Hörn die Funktion des alten Amtes übernommen. Bei dessen Entwurf und Ausführung wurden das alte Amt und dessen Ideal der Übereinstimmung von Funktion und Ästethik zum Maßstab gewählt.

KLAUS HESSE Institut für Ernährungswirtschaft und Verbrauchslehre

Das Kieler Stadtkloster: „... stets ein Segen für das Alter ...“

Das Kieler Stadtkloster in der Harmsstraße ist kein Kloster, in dem Mönche oder Nonnen, von Äbten oder Äbtissinnen geführt, in Abgeschiedenheit leben. Auch seine historischen Vorläufer, das St. Jürgens-, das St. Annen- und Erasmi-, das Neugasthaus- und das Heiligen-Geist-Kloster, waren es mit einer Ausnahme nicht. Sie wurden als Hospitäler bzw. Armenhäuser gestiftet und im Volksmund Kloster genannt. Lediglich das Heiligen-Geist-Kloster war ein der Maria-Magdalena geweihtes Franziskanerkloster, das Graf Adolf IV. von Schauenburg in der zweiten Hälfte des 13.Jahrhunderts am Markt errichten ließ (vgl. Nr. 16). Die historischen Wurzeln des heutigen Kieler Stadtklosters sind damit durch das Franziskanerkloster eng mit der Stadtgründung Kiels verbunden. Als Kloster bestand es bis zur Reformation und ging dann in den Besitz der Stadt über.

Das alte Kieler Stadtkloster am Sophienblatt um 1900 (heute Bahnhofsvorplatz).

Von den vier Klöstern wurden das Heiligen-Geist-Kloster und das St. Jürgens-Kloster durch Legate und Liegenschaften relativ wohlhabend und dies führte offensichtlich zu Begehrlichkeiten. Mit dem Besitz der Klöster wurde „... zur ungebür umbgegangen ...“ wie Herzog Adolf 1553 schrieb. Dem Rat der Stadt wurde daraufhin die Verwaltung entzogen und von der Landesherrschaft übernommen mit der Folge, daß nunmehr die Landesherrschaft die Erträge des Besitzes einbehielt. Die jahrzehntelange Vorenthaltung von Mitteln durch Stadt und Land führte zu einem langsamen Verfall der Klöster. Der bauliche Zustand der Gebäude des Heiligen-Geist-Klosters am Markt ging in die Annalen ein, als diese 1665 Gründungssitz der Kieler Universität wurden. Infolge des desolaten Zustandes wurde 1695 erwogen, die Klöster zu vereinigen. Wegen fehlender Mittel konnte dies erst über hundert Jahre später (1819) realisiert werden. Die Grundlage bildete ein Vermächtnis der Henriette Friederica von Ellendsheim, welche die Hälfte ihres Vermögens den Klöstern unter der Bedingung ihrer Vereinigung vererbte. Mit Hilfe der Vermächtnismittel sowie durch Verkauf von Klostergebäuden gelang es, ein den Ansprüchen der Zeit entsprechendes neues Kloster zu errichten.

Das neue Kloster, als unmittelbarer Vorläufer des jetzigen Stadtklosters, entstand 1822 an der Stelle des St. Jürgens-Klosters am Sophienblatt. Vier Jahrzehnte später (1865) wurde das Kloster mit großzügiger Hilfe der Gesellschaft freiwilliger Armenfreunde in Kiel aufgestockt. Die Folgezeit war geprägt durch die Ausweitung des 1844 begonnenen Eisenbahnverkehrs und die Errichtung des Bahnhofes in unmittelbarer Nähe des Klosters. Die Zunahme des Verkehrs und die damit verbundenen Beeinträchtigungen führten zu dem Wunsch nach Verlegung. Die Verhandlungen zwischen der Eisenbahndirektion, dem Stadtkloster und

Eingang in ein „zweites Leben“: Das Portal des Kieler Stadtklosters.

Johann Theede ist der Architekt dieses „freundlichen und würdigen Baues ..."

der Stadt Kiel konnten, nachdem das Grundstück zwischen Harmsstraße und Zastrowstraße als geeignet angesehen wurde, 1905 konkretisiert und 1907 abgeschlossen werden (vgl. Nr. 81).

Mit der Planung des Neubaues des heutigen Kieler Stadtklosters wurde der Reformarchitekt Johann Theede beauftragt. Es wurde beschlossen, „bei der Vergebung der Arbeiten anerkannt zuverlässige Firmen, ... besonders zu berücksichtigen und in den Ausschreibungen ausdrücklich zu betonen, die sich bewerbenden Firmen sollten die Preise von vornherein so bemessen, daß sie gewissenhafte und gediegene Arbeit aus allerbestem Material zu liefern vermöchten." Das Ergebnis war ein „... ungemein freundlicher und würdiger Bau ...". Das Stadtkloster, dessen Renaissanceportal abgebildet ist, hatte seinerzeit 166 Zimmer, nach dem Wiederaufbau des im Kriege zerstörten Südflügels 183 und heute 78 Zimmer für 82 Bewohner im Senioren- und 72 im Pflegeheimbereich. Diese Zimmer waren und sind überlegt gestaltet. Sie waren von Beginn an mit eigenen Kochvorrichtungen ausgestattet, um den Bewohnern wirtschaftliche Selbständigkeit zu gewährleisten.

Das Kieler Stadtkloster in der Harmsstraße ist das Stammhaus der Stiftung „Kieler Stadtkloster", die heute insgesamt zehn Einrichtungen umfaßt, davon acht eigene und zwei, die für den Arbeitersamariterbund verwaltet werden. Im Hauptflur verweist die in Stein gehauene Inschrift auf die Erwartungen und Hoffnungen des Jahres 1909, die auch heute Gültigkeit beanspruchen können:

MÖGE DIESES HAUS
STETS EIN SEGEN FÜR
DAS ALTER BLEIBEN!
MÖGE EINIGKEIT UND
FRIEDE DARIN WOHNEN
MÖGE ES SICH STETS
DER GUNST BEMITTEL-
TER MENSCHEN ER-
FREUEN UND KINDERN
EINE GELEGENHEIT SEIN
ELTERNLIEBE MIT KINDES-
DANK ZU BEGLEICHEN

D.M. 1909

HENRIK KARGE Kunsthistorisches Institut

Die Jakobikirche: Von der „Groschenkirche" zum „Hallelujah-Gasometer"

Kiel im kleinen: Ebenso wie die maßgeblich durch die Erweiterungen der Jahrhundertwende geprägte Stadt auf weite Strecken hin nach den modernen Vorstellungen der Nachkriegszeit radikal umgebaut worden ist, bildet die Jakobikirche nur noch den Torso einer neugotischen Kirche des späten 19. Jahrhunderts, verwandelt zu einem Kirchenbau der fünfziger Jahre. Wie im Stadtbild, so ging auch hier die Verwandlung nicht ohne Vergewaltigung ab, und dennoch ist das Resultat von bemerkenswerter architektonischer Qualität. Ob dies den Verlust des bedeutendsten Werks der neugotischen Architektur in Kiel aufwiegt, bleibt zu fragen.

Die Jakobikirche war der erste Kirchenbau des preußischen Kiel. Bereits 1870, drei Jahre nach der Inbesitznahme der Stadt durch König Wilhelm I., und dann wieder 1874 wurden Versuche unternommen, einen Kirchenbau für den neugegründeten Jakobi-Pfarrbezirk zu gründen, nachdem die Stadt Jahrhunderte lang allein auf die Nikolai- und die Heiligengeistkirche angewiesen gewesen war. Da das Kieler Kirchenkollegium in beiden Fällen die Errichtung einer neuen Kirche ablehnte, entschloß sich die Jakobi-Gemeinde zur Selbsthilfe. Bis 1880 brachte ein neugegründeter Förderverein durch Groschensammlungen – daher der Spitzname „Groschenkirche" – 105.000 Mark zusammen, ein Betrag, mit dem allerdings nur ein bescheidener Kirchenbau finanziert werden konnte. Um so erstaunlicher ist es, daß hierfür der renommierte Architekt Johannes Otzen gewonnen werden konnte.

Der im schleswigschen Sieseby 1839 geborene Otzen war ein Schüler von Conrad Wilhelm Hase, dem Begründer der sog. Hannoverschen Schule der Neugotik. War Otzens erster Kirchenbau, die Johanneskirche in Altona (1867-73), noch ganz in der Auffassung von Hase durch die Auseinandersetzung mit der norddeutschen Backsteingotik geprägt, die im Sinne malerischer Polychromie weiterentwickelt wurde, so gelangte Otzen mit seinem zweiten Bau, der Wiesbadener Bergkirche (1875 geplant, 1876-79 ausgeführt), bereits zu einer freieren Bauauffassung. Die kreuzförmige Kirche wird von einem zentralen Oktogon beherrscht, das – abweichend von den mittelalterlichen Vorbildern – die gesamte Breite des basilikalen Langhauses einnimmt. Hier prägte sich erstmals Otzens charakteristisches Entwurfskonzept aus: Den gotischen Einzelformen des 13. Jahrhunderts blieb er sein Leben lang treu, verwendete sie aber ganz frei zur Bildung einheitlicher Gesamträume, die seinen Vorstellungen vom protestantischen Predigtraum entsprachen.

Am 30. März 1876 zeigte Konsul Kruse bei einer Sitzung des Kieler Jakobi-Kirchenvorstandes Photographien der Wiesbadener Bergkirche – offenbar von deren Plänen, denn die Ausführung der Bergkirche begann erst 1876! Otzen wurde gebeten, seine Wiesbadener Pläne auszuleihen, und bereits in den Tagen vom 9. bis 11. April 1876 wurden sie in der Kieler Kunsthalle ausgestellt, wo sie großen Anklang fanden.

Der Auftrag zum Bau der Jakobikirche fiel Otzen allerdings nicht von selbst zu. 1878 reichte der Kieler Architekt und Semperschüler Heinrich Moldenschardt Entwürfe für einen Jakobi-Kirchbau in Renaissanceformen ein. Moldenschardt arbeitete Alternativen für drei verschiedene Standorte aus, wobei er eine Errichtung auf der Westseite des Exerzierplatzes als Ideallösung vorschlug. Die städtischen und kirchlichen Gremien lehnten dies 1880 ab und hielten an ihrer ursprünglichen Vorstellung fest, daß die Stadt ein kleines Grundstück an der Ecke Knooper Weg/Waisenhofstraße der Kirchengemeinde kostenlos zur Verfügung stellen sollte. In städtebaulicher Hinsicht kann man diese Lösung nur bedauern, denn am Rande des Knooper Weges mußte der kleine Kirchenbau relativ unscheinbar bleiben.

Im Gegenzug zu Moldenschardts Kuppelkirchenentwürfen legte Otzen 1880 Entwürfe für einen gotischen Kirchenbau (in enger Anlehnung an die Wiesbadener Bergkirche) vor und sagte zu, diesen unter Verzicht auf

ein eigenes Honorar für 100 000 Mark auszuführen, womit er Moldenschardts Kalkulation um ein Drittel unterbot. Dies wird ebenso zu Otzens Erfolg geführt haben wie seine Stilwahl: Seit die Konferenz der deutschen evangelischen Kirchenregierungen 1861 mit dem sogenannten „Eisenacher Regulativ" den altchristlichen, den romanischen und besonders den gotischen Stil für Sakralbauten empfohlen hatte, hatte sich letzterer als Kirchenstil weitgehend durchgesetzt. In einer anderen Beziehung entsprach die zwischen 1882 und 1886 errichtete Kieler Jakobikirche allerdings keineswegs den Bestimmungen des Eisenacher Regulativs: Statt der geforderten Längsausrichtung des Kirchenbaus konzipierte Otzen eine kreuzförmige Anlage mit stark zentralisierender Wirkung – eine protestantische Predigtkirche.

Die Grundzüge der Anlage stimmen mit der Wiesbadener Bergkirche überein: Die Vierung ist zu einem raumbeherrschenden Oktogon mit Sterngewölbe ausgeweitet, das die gesamte Breite des Langhauses einnimmt und die Breite von Chor und Querhaus noch übertrifft. Damit entspricht die Jakobikirche einem frühen Bautyp Otzens, den dieser in der ab 1878 geplanten Berliner Heiligkreuzkirche zu monumentalem Maßstab gesteigert hat. Während die anderen Kirchen dieses Typs jedoch traditionell als Basiliken konzipiert sind, weist das Langhaus seiner Kieler Kirche eine Wandpfeilerstruktur auf: Nach innen gezogene Strebepfeiler unterteilen den einschiffigen Raum, in die Wandpfeilernischen sind Emporen eingefügt. Zusammen mit der Petrikirche in Altona (geplant 1879/80) ist die Kieler Jakobikirche das früheste Beispiel dieser für Otzens weiteres Werk charakteristischen Raumform, die er selbst in die Tradition der frühesten protestantischen Emporenkirchen, wie etwa der Torgauer Schloßkapelle von 1543-44, stellte. Vierungsoktogon und Wandpfeilersystem kennzeichnen Otzens Streben zum Einheitsraum, gemeinsam hat er sie allerdings nur in der Kieler Jakobikirche verwirklicht.

In der Außenerscheinung wurden die bescheidenen Dimensionen der Jakobikirche durch einen beherrschenden Vierungsturm mit hohem Rhombenhelm wettgemacht. Gegenüber dem Vorbild der Wiesbadener Bergkirche geriet die Kieler Kirche geschlossener und wuchtiger, womit sie sich trotz ihrer ungünstigen Lage optisch recht gut behaupten konnte. Den Chor richtete Otzen zur Achse der Muhliusstraße hin aus, noch heute bildet die Jakobikirche einen wirkungsvollen Abschluß dieser Straße.

Die Jakobikirche von Johannes Otzen (1882-86). Ansicht des Innenraumes im Zustand vor dem Zweiten Weltkrieg.

> „Die Wiedergutmachung von Bausünden der Pseudostile ist uns als besondere Aufgabe vor die Füße gelegt . . . Eine Wiederherstellung im 'historischen' Sinne wäre Verrat an der Baukunst und Verrat an der Kirche zugleich, und ein der Kirche Verpflichteter müßte gegebenenfalls die Zumutung zur Rekonstruktion von sich weisen. Den Pseudostilen gegenüber ist eine Radikalität am Platze, wie sie sonst an keiner Stelle in der Kirche gefordert wird. Selbst da, wo die erhaltene Substanz des Bauwerkes ein übergroßes Gewicht haben sollte, ist ernsthaft zu prüfen, wo eine Wiedergutmachung anzusetzen hat, denn die Einzelformen sind so ineinander verflochten, daß man nicht immer weiß, wo zu beginnen, wo aufzuhören ist." (Langmaack 1949)

Diese vernichtenden Sätze richten sich vor allem gegen die „in einem lähmenden leeren Formalismus erstarrten" neugotischen Kirchen der Hannoverschen

Der Innenraum der Jakobikirche nach dem Wiederaufbau durch Gerhard Langmaack (1952-1954).

Jakobikirche, Vorkriegszustand. Ansicht des Chores von der Muhliusstraße aus.

Schule von Hase und Otzen. Der Hamburger Architekt Gerhard Langmaack war der erfolgreichste Kirchenbauer der Nachkriegszeit in Norddeutschland, und eines seiner prominentesten Opfer war die Kieler Jakobikirche.

Als Folge von Bombenangriffen in den Jahren 1943 und 1944 war die Kirche ausgebrannt und hatte den größten Teil ihrer Gewölbe sowie den Helm ihres Vierungsturms verloren. Dennoch war die Bausubstanz in wesentlichen Teilen erhalten geblieben, so daß man unmittelbar nach dem Krieg an ihre Wiederherstellung dachte. Aufgrund ihres fortgesetzten Verfalls wurde die Ruine 1950 wegen Einsturzgefahr gesperrt, in den Jahren 1952-54 führte Langmaack die Wiederaufbauarbeiten durch. Er beseitigte sämtliche Emporen, die weitgehend unbeschädigten Maßwerkfenster, die Außengiebel und den oberen Mauerkranz sowie das Freigeschoß des Turmes – übrig blieben nur die äußere Mauerschale ohne ihre oberen Partien und ein Teil des Vierungsgewölbes. Damit zerstörte der Wiederaufbau ohne Not mehr als die Bomben.

Und dennoch: Langmaack hatte ein Konzept und schuf etwas Neues von unverkennbarer Qualität. Die hochliegenden Holzdecken der vier Kreuzarme lassen diese als kastenartige Räume erscheinen, deren vertikale Ausrichtung durch die Entfernung der Emporen noch verstärkt wurde. Der Abbruch der Querhausemporen führte zudem zu einer räumlichen Angleichung der Querhausarme an die anderen Kreuzarme. Im Zentrum dieser hohen Räume wirkt das stehengebliebene Sterngewölbe der Vierung nun zitathaft isoliert, wie ein hineingestelltes Altarziborium. Den größten Effekt erzielte Langmaack allerdings mit der Durchbrechung des Vierungsgewölbes: Eine weite kreisförmige Öffnung wird durch eine weitgehend in Glas aufgelöste Laterne bekrönt – im Volksmund „Hallelujah-Gasometer" genannt. Diese beherrscht über einem kubischen Mauersockel, der das erhaltene Gewölbe umfängt, die Außenerscheinung der heutigen Kirche. Durch die Laterne ergießt sich eine Lichtflut in das Zentrum der Kirche, auf den in die Vierung vorgerückten Altar. Ursprünglich wurde dieser Lichtzylinder noch durch einen weiten Ring mit zwölf Lampen betont.

Die sakrale Stimmung des Innenraums wird durch die 1961-64 eingesetzte Buntverglasung des Bremer Ateliers Borchers noch gesteigert. Eindrucksvoll ist die Darstellung des Himmlischen Jerusalem im Nordquerhausfenster. Die 1980-81 von den Architekten Kahlcke und Steingräber vorgenommene Restaurierung hat gegenüber dem Langmaackschen Zustand wiederum einschneidende Veränderungen bewirkt: Die Rippen des Vierungsgewölbes wurden freigelegt, so daß partiell die intensive Polychromie des Otzen-Baus wieder sichtbar geworden ist. Auf der anderen Seite wird so auch Langmaacks Konzept der Hervorhebung des liturgischen Zentrums unterstrichen, indem das Rippengewölbe nun wie eine Krone eingehängt wirkt. Leider wurde Langmaacks Lampenkranz unter der Laterne durch vier große neue Leuchter ersetzt, die den Lichtzylinder der Vierung nicht mehr so deutlich werden lassen wie vordem – hier wäre eine Rückkehr zur Langmaackschen Konzeption sehr zu wünschen. Positiv hat sich dagegen die Freilegung der unteren Abschnitte der Querhausstirnwände mit ihren Fensterreihen ausgewirkt. Schließlich wurde auch die Ausstattung der Kirche weitgehend erneuert, offenbar in der Absicht, mehr Farbe in den Innenraum zu bringen (roter Terrakottafußboden, türkisfarbenes Gestühl). Die Noblesse sparsamer Farbgestaltung im Langmaackschen Bau ist dadurch allerdings verlorengegangen.

Auch nach der Restaurierung ist Langmaacks Konzeption noch großenteils erkennbar. Man spürt sofort, daß diese Architektur programmatisch gemeint ist. Die bereits in Otzens Bau vorherrschende Zentralisierung ist noch verstärkt, allerdings nicht in Richtung auf einen Einheitsraum, sondern durch Hervorhebung des liturgischen Zentrums. Wesentlich ist die Versetzung des Altars vom Chorabschluß in den zentralen architektonischen Bereich der Kirche, hin zur Gemeinde. Durch die Inszenierung des von oben auf den Altar fallenden Lichtes und die baldachinartige architektonische Einfassung wird der Altar gegenüber der Kanzel betont – die Sakralität des Kirchenraums ist wichtiger als die Predigtfunktion. Langmaack schrieb selbst: „Durch das Vorhandensein des Altares und durch die Gebete der Kirche an seinen Stufen wird der gottesdienstliche Raum der evangelischen Kirche vorbereitet

Jakobikirche. Außenansicht nach dem Wiederaufbau.

zu einem echten Heiligtum. In der Realpräsenz Christi liegt die verborgene Kraft, die nun auch die letzte Spannung, die Grenze, den Raum und die Zeit aufzuheben vermag und die den irdischen Raum zum sakralen erhebt!" (Langmaack 1949)

Langmaack stand mit diesen Vorstellungen nicht allein: Nach den Erschütterungen in der Zeit der nationalsozialistischen Herrschaft gab es eine starke Bewegung in der evangelischen Kirche Deutschlands hin zu den altkirchlichen Wurzeln des Glaubens, während die protestantische Tradition der Wortverkündigung – die für Otzen eine wesentliche Rolle gespielt hatte – eher in den Hintergrund geriet. Dies bedeutete gleichzeitig eine Abwendung von der Aufklärung und eine Annäherung an katholische Grundauffassungen. Die Kirchenarchitektur sollte zur bildhaften Veranschaulichung der neuen und gleichzeitig alten liturgischen Vorstellungen dienen. So zeigen mehrere Kirchenneubauten der fünfziger Jahre vergleichbare Altarinszenierungen durch baldachinartige Architekturen oder senkrechten Lichteinfall, etwa die Frankfurter Allerheiligenkirche am Zoo von Giefer und Mäckler (1953). Dem Vorbild der Kieler Jakobikirche folgte offenbar der Kieler Architekt Otto Schnittger mit der Vierungslaterne der Ascheberger Kirche (1954). Merkwürdig ist, daß in diesen Motiven noch Vorstellungen der Romantik von der Sakralität gotischer Kirchenräume mit ihrer ausgeprägten Vertikalität nachschwingen.

In Otzens Jakobikirche sah Langmaack ein Beispiel für die zu sehr vom Verstand bestimmte Architekturauffassung der von ihm so genannten „Pseudostile". „Diese Erscheinungen sind Kinder der gleichen Zeit, in der innerhalb der Theologie der Kampf auf dem Gebiete der Geschichts- und Religionsphilosophie geht, wo über der Leben-Jesu-Forschung der lebendige Christus vergessen wird, und wo über dem rationalen ‚Wortverständnis' die volle Worterkenntnis verlorengeht, wo über der alleinigen Wertung der reinen Lehre und des frommen Gefühls die sakramentale Mächtigkeit des kirchlichen Handelns verblaßt." (1949) Hier wird die antiaufklärerische Tendenz der neuen Sakralität im Kirchenbau der fünfziger Jahre deutlich. Gerade der moralische Anspruch des Neubeginns ermöglichte den brutalen Umgang mit der Architektur des 19. Jahrhunderts, die in dieser Zeit unverstanden blieb. Ohne Zweifel stellt Langmaacks Konzeption der Kieler Jakobikirche ein wertvolles Denkmal für die Kunstauffassung der fünfziger Jahre dar, aber es ist auch ein Denkmal der Verständnislosigkeit und Intoleranz.

HEINRICH W. SCHWAB Musikwissenschaftliches Institut

Das Carl-Loewe-Denkmal in der Gartenstraße: Kiel und die großen Komponisten

Mit solchen Beinamen wie Mozartstadt oder Händelstadt kann sich Kiel nicht schmücken; keiner der weltweit berühmten, ganz großen Komponisten ist hier geboren oder hat auch nur zeitweise innerhalb der Kieler Stadtmauern ein musikalisches Amt innegehabt. Und daß es auch für reisende Virtuosen lange Zeit nicht leicht war, in Kiel auf Interesse zu stoßen, mußte selbst der allerorts gefeierte Franz Liszt erfahren. Als er 1841 in Kiel ein Subskriptionskonzert zu geben beabsichtigte, scheiterte dies schlicht deshalb, weil sich „überhaupt die größte Lauheit gezeigt hatte". Ortsansässige Musikkenner entschuldigten dies damit, daß „das größere Publikum seine Leistungen zu würdigen nicht vermöge". Für die „geringe Zahl von Musikfreunden" gab Liszt indes ein Privatkonzert. 1841 trat Clara Schumann-Wieck, von Kopenhagen kommend, erstmals in Kiel auf. Das „Kieler Wochenblatt" berichtete von einem Konzert „mit viel Applaus, aber vor wenig Leuten". 1855 unternahm diese vielgerühmte Pianistin eine weitere Reise nach „Düsternbrook bei Kiel". Damals wollte sie sich von strapaziösen Konzerttourneen jedoch nur erholen. Ihr Eindruck, daß es sich um „das gemütlichste ländliche Seebad" handelte, das sie je kennengelernt hatte, und weil sie ferner unter den sie behandelnden Medizinern der Kieler Universität auf sachkundige Musikfreunde getroffen war, mögen als Gründe mitgespielt haben, daß sie mehrfach an die Förde zurückkehrte. 1875 half sie im Bunde mit Joseph Joachim mit, das I. Schleswig-Holsteinische Musikfest aus der Taufe zu heben. Clara Schumann-Wieck hat gewiß auch Johannes Brahms auf Kiel aufmerksam gemacht. Brahms zog es seit seinem ersten Konzertaufenthalt im Jahre 1856 gleichfalls wiederholt nach Kiel. Hier traf er u.a. mit dem befreundeten Dichter Klaus Groth zusammen (vgl. Nr. 32), dessen Gedichte er nach eigenem Bekunden mit besonderer Hingebung vertont hat. 1882 wirkte Brahms unter Leitung von Hans von Bülow als Klaviersolist bei einem „classischen Musik-Abend" mit. Erstmals hatte damals die Meininger Hofkapelle als eines der ersten modernen Reiseorchester in Kiel Station gemacht. Ein nicht minder herausragendes Ereignis, dem später sogar lexikographische Aufmerksamkeit in Edvard Griegs Biographie zuteil wurde, bildeten die Darbietungen, die am 26. und 27. April 1907 in „Wriedt's Etablissement" unter „persönlicher Leitung des Komponisten" stattfanden. Nachgerade wissen wir, daß es sich um die letzten Konzerte handelte, die Edvard Grieg vor seinem Tode gegeben hat.

Während des 19. Jahrhunderts hat Kiel eine expansive Entwicklung erlebt. 1830 besaß es noch immer erst 11 000 Einwohner. Vor Ausbruch des 1. Weltkrieges war Kiel zu einer modernen Großstadt von mehr als 200 000 Einwohnern herangewachsen. In Erwartung einer zahlreichen und kunstverständigen Hörerschaft begann sich hier nun auch immer häufiger die internationale Künstler- und Komponistenelite einzustellen. Mit Überzeugung von der Landeshauptstadt als einer „Musikstadt" wollen aber auch heute nur wenige sprechen.

Sieht man von der Mozartbüste am Stadttheater ab, so wird lediglich an einen Komponisten in Kiel mit einem Denkmal erinnert: an den 1796 bei Halle an der Saale geborenen Carl Loewe. Mit Blick auf dessen Biographie mag dies etwas seltsam erscheinen. Nach dem Studium der Theologie fand Loewe seine erste und sodann fast ein halbes Jahrhundert andauernde Musikertätigkeit in Stettin. Dort wirkte er seit 1820 zunächst als Gesangslehrer an einem Gymnasium und als Organist an der Jakobikirche, seit 1821 auch als städtischer Musikdirektor, seit 1850 gleichfalls als Kantor. Das Musikleben dieser alten pommerschen Hansestadt hat Loewe maßgeblich durch Oratorienaufführungen geprägt wie auch durch seine damals neuartigen „historischen Konzerte": bereits 1831 brachte er in Stettin Bachs „Matthäuspassion" zur Aufführung. Durch ausgedehnte Konzertreisen, die ihn nach England, Norwegen und Frankreich führten, erwarb er sich zugleich als Sänger hohes Ansehen. Die Philosophische Fakultät

Kiel und die großen Komponisten: Neben Mozart ist Carl Loewe der einzige, an den mit einer Büste erinnert wird.

Ehemaliger Standort der Büste, gegenüber der Einmündung des Carl-Loewe-Weges in den Düsternbrooker Weg.

der Universität Greifswald würdigte 1831 nicht ohne Grund seine vielfältigen künstlerischen Leistungen wie auch seine schriftstellerischen Beiträge zur Musikgeschichte mit der Verleihung des Ehrendoktors.

Mit Kiel steht Loewe nur in loser, eher zufälliger Verbindung. Nach einem ersten, 1864 erlittenen Schlaganfall suchte und fand er in Kiel – im Hause seines Schwiegersohns, des preußischen Kapitäns zur See Hepburn von Bothwell – vorübergehende Besserung, so daß er bald wieder sein Organistenamt in Stettin antreten konnte. Als die dortigen Vorgesetzten ihm jedoch nahelegten, seinen Abschied zu nehmen, siedelte er 1866 tiefgekränkt mit seiner Frau und seiner jüngeren Tochter nach Kiel über. Sein Domizil fand er in einem Haus am Schloßgarten (Nr. 5, heute Café Rolfs). Seit 1959 erinnert im Innern dieses Hauses eine Gedenktafel daran. Am öffentlichen Musikleben Kiels hat Loewe nicht mehr aktiv teilgenommen. Zurückgezogen lebte er im Kreise seiner Familienangehörigen; „sie allein", so bekennt sein Biograph Carl Hermann Bitter, „konnten ihn trösten über seine verlorene Lebensstellung. Allabendlich ließ er seinen Flügel erklingen, und in die Choräle mischte sich wohl hie und da eine eigene Melodie phantastisch ein". Offensichtlich haben anfangs auch die Kieler nicht näher zur Kenntnis genommen, daß sich Loewe in ihrer Stadt niedergelassen hatte. Walther von Goethe, der Enkel des Dichters, zählte zu den wenigen von auswärts angereisten Besuchern, die dem Komponisten in Kiel ihre Aufwartung machten. Loewe starb am 20. April 1869. Beerdigt wurde er auf dem St. Jürgensfriedhof. Sein Herz jedoch wurde symbolisch dort beigesetzt, wo er beinahe lebenslänglich tätig war: in der Stettiner St. Jakobikirche. Als Folge der durch den letzten Weltkrieg verursachten Zerstörungen, von denen auch die Stettiner Loewe-Orgel nicht verschont geblieben war, bedingt aber auch durch die Abschnürung der im Westen ansässigen Pommern von ihrer alten Heimat, entstand in der „Pommernkapelle" der Kieler Nikolaikirche eine neue Gedenkstätte. Hier endlich hat Carl Loewe, nach Aufhebung auch des St. Jürgensfriedhofs, 1957 seine letzte Ruhestätte gefunden. Ein Gedenkstein in der Nikolaikirche, geschaffen von dem Kieler Steinmetz Albert Ulbrich, zeugt von seinem Wirken (S. 287).

Kiel besitzt also gleich mehrere Orte, an denen des pommerschen Komponisten gedacht wird. Neben einem „Carl-Loewe-Weg" in Düsternbrook wurde 1948 des weiteren jene an der Gartenstraße, Ecke Legienstraße gelegene Schule nach ihm benannt, an der seit 1952 auch das bereits 1896 im Düsternbrooker Gehölz

HIER RUHT
DR. CARL LOEWE
GEB. AM 30. NOVEMBER 1796
IN LÖBEJÜN
GEST. AM 20. APRIL 1869
IN KIEL

ER WIRKTE 46 JAHRE ALS
ORGANIST AN ST. JAKOBI IN
STETTIN. SEIN HERZ WURDE
DORT NEBEN SEINER ORGEL
BEIGESETZT. ALS LETZTES MU.
SIKWERK KOMPONIERTE ER
KLAGELIEDER JEREMIAE . 3 / 22.23
DIE GÜTE DES HERRN IST'S /
DASS WIR NICHT GAR AUS
SIND / SEINE BARMHER .
ZIGKEIT HAT NOCH KEIN
ENDE / SONDERN SIE IST
ALLE MORGEN NEU UND
DEINE TREUE IST GROSS .

errichtete Carl-Loewe-Denkmal einen neuen Standort gefunden hat. Dabei handelt es sich um eine Büste, die Loewes markant geschnittenes Gesicht, seine hohe Stirn und seine buschigen Augenbrauen betont. Daß dieser Künstler zeitlebens ein schöner Mann war, ist vielfach bezeugt. Geschaffen wurde die Büste von dem in Berlin tätigen Bildhauer Fritz Schaper (1841-1919). Sie ist aus Bronze gegossen und besitzt eine Höhe von 1,20 m. Auch dieses zu Loewes 100. Geburtstag gestiftete Denkmal war durch Kriegseinwirkungen stark zerstört. Der in Kiel geborene Steinmetz Walter Rössler besorgte dessen Wiederherstellung. Der Sockel aus Muschelkalk, auf dem die Büste heute ruht, trägt die schlichte Inschrift:

„CARL LOEWE 1796 – 1869".

Im Bewußtsein der musikinteressierten Nachwelt nimmt Loewe einen herausragenden Platz als Balladenkomponist ein. Dank einiger populärer Lieder (darunter fraglos „Die Uhr"), vor allem aber als Schöpfer so kunstvoller Balladen wie „Erlkönig", „Archibald Douglas", „Tom der Reimer" oder „Die Heinzelmännchen" gilt er im Urteil der Musikgeschichte als „the north German Schubert" (Grove, 1980) – eine Charakterisierung, die erstmals die Wiener Musikkenner getroffen haben. Daß Loewe gleichfalls Opern und Oratorien komponiert hat wie auch zahlreiche Instrumentalwerke, ist heute so gut wie vergessen. Dabei befinden sich unter seinen Sonaten eigenartige und selten anzutreffende programmatische Werke wie u.a. auch eine solche Klaviersonate, deren zweiter Satz, eine „Romance", ad libitum mit hinzutretender Gesangsstimme ausgeführt werden kann. Wie sehr der Lieder- und Balladenmeister Loewe einst von der Mitwelt geschätzt wurde, mag daran abzulesen sein, daß bereits 1904 eine 17-bändige Gesamtausgabe seiner „Legenden, Lieder und Gesänge für eine Singstimme und Klavier" zum Abschluß gelangt war. Selbst Richard Wagner und Hugo Wolf bekannten sich zu Loewes besonderen Verehrern; mit Vorliebe trug Wagner im engen Künstlerkreis Loewes „Hexen"-Ballade vor. Und daß auch Johannes Brahms den Neu-Kieler hoch schätzte, ist durch den Dichter Klaus Groth verbürgt. Aus Groths „Erinnerungen an Johannes Brahms" ist zu erfahren, daß Brahms und Julius Stockhausen 1868 in Kiel Loewe noch persönlich begegnet sind:

„Einige Tage vor dem Konzerte war Stockhausen schon längere Zeit bei mir im Hause, und wir warteten auf Brahms, der sich verspätet hatte. Ich ging vor die Pforte und den Schwanenweg entlang, um nachzusehen, wo er blieb und ob er bald käme. Da ging mir der alte Komponist Loewe am Arm eines Matrosen, der ihn zu führen pflegte, auf dem Wege vorbei. Er hatte verschiedene Schlaganfälle gehabt und konnte ohne Führung keine weiteren Wege machen. Gleich darauf begegnete mir Brahms und ich sagte: 'Du, kennst Du den Mann, der Dir eben vorbeiging, den alten großen schönen Mann? Das ist Loewe.' Da wandte Brahms sich rasch um und sah ihm mit offenbar großem Interesse nach, und wie wir nach Hause zu Stockhausen kamen, sagte er dem: 'Wir sind eben Loewe begegnet, singst Du etwas von ihm? Hast Du etwas von seinen Kompositionen in Deinem Repertoire?'Auf die verneinende Antwort Stockhausens bemerkte er ihm: 'O, Du könntest sehr wohl ein paar Sachen von ihm singen.' Bekanntlich kannte Brahms alles, was Musik heißt. – Dann sagte er zu meiner Frau: 'Haben Sie nicht vielleicht' – denn wir auch besaßen viel Musikalien – 'die Ballade von Heinrich dem Vogeler von Loewe?' Die war allerdings da, wurde sogleich herausgesucht, und die beiden Meister führten sie uns vor. 'Ja', sagte Brahms, 'Du könntest auch gerne einige Kompositionen von Loewe zu altdeutschen Texten in Dein Repertoire aufnehmen!' Von den später berühmt gewordenen, viel gesungenen großen Balladen von Loewe, 'Douglas' usw. sprach er nicht . . .   Indem wir damals über Loewe sprachen, sagte er: 'Wohnt der hier in Kiel, dann besuchen wir ihn; die Ehre müssen wir ihm antun!'".

KURT JÜRGENSEN Historisches Seminar

Das Justizgebäude am Kleinen Kiel: Stätte der Rechtspflege seit bald einhundert Jahren

Das Justizgebäude am Kleinen Kiel ist ein auffallend schönes Haus. Es entstand in vierjähriger Bauzeit von November 1890 bis Oktober 1894 unter der Leitung des Kgl. preußischen Baumeisters Hesse. Bauherr war der Justizminister der preußischen Staatsregierung in Berlin, Dr. von Schelling, vertreten durch den Präsidenten des Oberlandesgerichts P. Florschütz in seiner Eigenschaft als oberster Justizbeamter der Provinz.

Auf einem Festakt am 18. Oktober 1894 im großen Sitzungssaal des neuen Gerichtsgebäudes nahm der Chefpräsident aus der Hand des Baumeisters Hesse die Schlüssel für das Eingangsportal – zum Zeichen der Übernahme des Hauses – entgegen. Zugleich wurde damit das Gebäude offiziell für das Königliche Oberlandesgericht in Kiel in Dienst genommen.

Im Mittelpunkt des Festaktes stand der Rückblick auf das „heimische Rechtsleben in den Jahren 1834 bis 1894". Aus einer entsprechend titulierten Festschrift zu diesem 18. Oktober 1894 trug Oberlandesgerichtsrat Wulf Tagg die von ihm selbst zusammengetragenen Erinnerungen an die zurückliegenden sechs Jahrzehnte vor.

Somit gingen die Gedanken an diesem Tag der Freude, an dem das neue Oberlandesgerichtsgebäude feierlich eröffnet wurde, von dem Lorentzendamm zurück in die engen Räume in der Flämischen Straße, wo einst das Blome'sche Freihaus stand, das im Juli 1768 in das Eigentum des Geheimrats Caspar von Saldern überging (vgl. Nr. 5). Caspar von Saldern, der als Bauherr des zwischen 1776 und 1782 errichteten Herrenhauses in Schierensee bekannt ist, ließ ein neues Haus an der Stelle des alten errichten. Es kam 1834 durch Verkauf seitens der Erben in die öffentliche Hand und wurde noch im selben Jahre Sitz des Unter Ihrer Königlichen Majestät zu Dänemark Allerhöchsten Autoriät errichteten Oberappellationsgerichtes für die Herzogtümer Schleswig, Holstein und Lauenburg.

Hier liegt der Anfang der modernen Obergerichtsbarkeit in Schleswig-Holstein, und dies in einem dreifachen Sinne. Zum ersten wurde gemäß der damaligen Verfassungslage dem Artikel 12 der Deutschen Bundesakte von 1815 Rechnung getragen, wonach im Deutschen Bund für die höchste und abschließende Rechtsprechung kleinere Territorien „gemeinschaftliche Oberste Gerichte" einzurichten hatten. Zum zweiten wurde zugleich auf höchster Ebene eine klare Trennung von Justiz und Verwaltung vollzogen und demgemäß neben dem Oberappellationsgericht in Kiel zum 1. Oktober 1834 eine gemeinschaftliche Provinzialregierung für Schleswig und Holstein auf Schloß Gottorf eingerichtet. Zum dritten ist wichtig: der Gerichtsbezirk des Oberappellationsgerichts umfaßte nicht nur die Herzogtümer Holstein und Lauenburg, sondern auch das nicht zum Deutschen Bund gehörige Herzogtum Schleswig, seit alters her dänisches Lehensgebiet. Cay Lorenz Graf von Brockdorff, der erste Präsident des Oberappellationsgerichts, wußte dies bei der Eröffnung des Gerichts am 1. Oktober 1834 so zu würdigen: „Ein enges Band umschließt nunmehr die Herzotümer Schleswig, Holstein und Lauenburg."

Die Entwicklung ging weiter und führte eineinhalb Jahrzehnte nach der Erhebungszeit von 1848-1850 zur tiefstgreifenden Zäsur in der schleswig-holsteinischen Geschichte überhaupt: das Ende der Herrschaftsstellung des dänischen Königs in den drei Herzogtümern im Jahre 1864. Erst die preußische Lösung der Schleswig-Holstein-Frage, durch welche die Herzogtümer 1866/67 eine preußische Provinz wurden, führte tatsächlich zu ihrer ganz engen verwaltungsmäßigen Einheit, dies aber bei gleichzeitiger Einbindung in den preußischen Staat.

Man erinnerte sich am 18. Oktober 1894 durchaus daran, daß dieser Vorgang auch seitens der Rechtspflege mit gemischten Empfindungen aufgenommen worden war: Einerseits erkannte man den Fortschritt, der damals in Schleswig-Holstein Einzug hielt, so die Aufhebung der vielen Sondergerichtsbarkeiten unterhalb der bisherigen Obergerichtsbarkeit und die auf allen

Trotz „preußischer" Sparsamkeit ein stattlicher Bau: Das Oberlandesgericht (heute: Justizministerium) am Kleinen Kiel.

JUSTIZMINISTERIUM

Ebenen durchgeführte strikte Trennung von Justiz und Verwaltung. Andererseits mußte man aber die Mediatisierung in der Obergerichtsbarkeit hinnehmen. Denn ab 1. Oktober 1867 gab es ein Oberappellationsgericht nicht mehr in den Herzogtümern, sondern in Berlin, und zwar gemeinschaftlich für alle 1866 neuerworbenen Gebiete Preußens (Hannover, Kurhessen, Nassau, Frankfurt, Schleswig-Holstein); in Kiel, und zwar im Gerichtsgebäude in der Flämischen Straße, wurde ein Appellationsgericht neu eingerichtet. Sein Erster Präsident Ebert verstand es, so wußte Wulf Tagg am 18. Oktober 1894 in seinem Rückblick zu erzählen, „mit Ruhe und großem persönlichen Wohlwollen den Übergang in die neuen Verhältnisse zu vermitteln und zu leiten".

Erst die Gründung des Deutschen Reiches und die durch Reichsgesetz am 1. Oktober 1879 wirksam gewordene Gerichtsverfassung gab der Provinz Schleswig-Holstein (zu ihr gehörte seit 1876 auch das Herzogtum Lauenburg) die Obergerichtsbarkeit zurück. An die Stelle des Appellationsgerichts trat das Oberlandesgericht und übernahm das Gerichtsgebäude in der Flämischen Straße. In dem mit der Provinz Schleswig-Holstein deckungsgleichen Gerichtsbezirk des Oberlandesgerichtsbezirks besaß das OLG die abschließende rechtsprechende Kompetenz, sofern nicht die Revision beim neuen Reichsgericht in Leipzig zugelassen war.

Das ehemalige Ober-Appellationsgericht in der Flämischen Straße 21, vormals Blomesches Freihaus.

Für Oberlandesgerichtspräsident P. Florschütz und seine Kollegen war der Einzug in das neue Gerichtsgebäude am Kleinen Kiel zugleich die Stunde des Abschieds von dem alten Geschäftshaus – so der Ausdruck der Zeit – in der Flämischen Straße. Hier hätten die Richter – so Florschütz – „lange Jahre hindurch ihres wichtigen und schweren Amtes gewaltet, und das Haus sei ihnen trotz seiner Enge „lieb und vertraut gewesen".

Zugleich wandte der Oberlandesgerichtspräsident jedoch den Blick nach vorn. Er dankte allen, die zur Eröffnung des Gerichtsgebäudes gekommen waren und – so seine Worte – „durch ihr Erscheinen dem festlichen Tage die Weihe gäben". Unter den Ehrengästen waren die prominentesten die Regierungsvertreter aus Berlin, der Geheime Oberjustiz- und Ministerialrat Dr. Starcke und der Geheime Oberbau- und Ministerialrat Nath sowie der Regierungspräsident aus Schleswig, August G. Zimmermann. Der Oberlandesgerichtspräsident gab der Hoffnung Ausdruck, daß es allen Gästen der Feierstunde „zur Freude und Genugtuung gereichen werde, sich durch den Augenschein zu überzeugen, wie dem Oberlandesgericht nun eine würdige Heimstätte bereitet worden sei."

Gemessen an den ursprünglichen Plänen war das neue Gerichtsgebäude, so meinte der Kgl. Baumeister Hesse, „einfach und bescheiden". Im Etat waren an Gesamtkosten 572 000 Mark bewilligt. Abzüglich der 97 000 Mark für den Grunderwerb standen nur 475 000 Mark für den eigentlichen Bau und die Außenanlagen zur Verfügung. Unerwartet aufwendige Grundierungsarbeiten wegen des moorigen Untergrunds am Kleinen Kiel mußten im Etat an anderer Stelle eingespart werden. Es wurde mit „preußischer" Sparsamkeit gewirtschaftet, und mit sichtlicher Genugtuung teilte der Kgl. Baumeister der Festversammlung am 18. Oktober 1894 mit, daß die Baukosten einschließlich der gärtnerischen Außenanlagen 468 000 Mark nicht übersteigen, also der Haushaltsansatz um 7000 Mark unterschritten würde.

Schauen wir uns das neue Gebäude an: Es ist wohlproportioniert. Dem dreiachsigen Mittelbau in einer Breite von 15,24 m und in einer Tiefe von 19,94 m schließen sich rechts und links zwei gleich lange Flügelbauten von je 20,94 m Breite und 15,90 m Tiefe an. Der mittlere Baukörper, der um einen knappen Meter hervorspringt, ist in der Mittellinie zu einem Giebelbau hochgezogen; er wird von einem Zwerchhaus überhöht, das einst im Wappenfeld den preußischen Adler

Seit 1948 repräsentativer Sitz des Justizministeriums des Landes Schleswig-Holstein.

trug. Aufgrund des in Schleswig-Holstein vorherrschenden maritimen Klimas war es damals eine gewagte Entscheidung, die Außenmauern mit einem Zementputz zu versehen und dabei die Hausecken und die im Renaissancestil gehaltenen Fensterumrahmungen, für die ein rötlich-brauner Sandstein vewendet wurde, auszusparen. Aus Sandstein ist auch das Eingangsportal mit den beiden Säulen und dem darüberliegenden Balkon. Doch die Bauweise hat sich bewährt. Der helle Putz und der rotbraune Sandstein geben einen gut wirkenden Kontrast. Zur äußeren Zierde des Hauses gehört auch der seitlich aus Sicherheitsgründen zusätzlich angebaute Treppenaufgang, der mit einem Zwiebelturm abschließt.

Das Haus ist vor allem funktional gebaut, und so hat man innen im Gebäude nur wenige ornamentale Elemente (einfache Stuckarbeiten, Holztäfelungen, u.a.), und diese zur Hauptsache auch nur im großen Sitzungssaal. Funktional gut durchdacht ist auch die Anordnung der Räume: Hausmeisterwohnung und Geschäftsräume im Untergeschoß und im Erdgeschoß, dann im 1. Stock die sog. „Chefetage“ mit dem großen Sitzungssaal, den Diensträumen des Chefpräsidenten, des Senatspräsidenten und der Räte, und darüber im zweiten Stock die Amtsräume des Oberstaatsanwalts (das war zur Zeit des Einzugs in das Haus W. Starke), Sitzungsräume einschließlich des Senatssitzungssaals und weitere Diensträume. Für die Bibliothek ist später (1935) an der Rückseite des Gebäudes (entlang der Fährstraße, heute Legienstraße) ein Anbau hinzugekommen.

Die prachtvolle Lage am Kleinen Kiel erhöhte die bauliche Wirkung. Sie vermittelte damals den Eindruck der Ruhe, wie den Worten der Festschrift von 1894 zu entnehmen ist: „Aus der Enge der Flämischen Straße ist das Oberlandesgericht jetzt hinausgerückt in

Die Vertreter der britischen Militärregierung verlassen nach feierlicher Wiedereröffnung am 26. November 1945 das Oberlandesgericht.

die freundliche Gartengegend des Lorentzendamms, wo der Lärm des städtischen Verkehrs nicht mehr wie dort aufdringlich und störend sich einmischt in die Verhandlungen und Berathungen." Inzwischen hat der Verkehr längst auch dieses Gebäude eingeholt; es liegt im Zentrum der Stadt, die sich seither erheblich ausgedehnt hat.

Gehen wir noch einmal zurück zu dem Einweihungstag, dem 18. Oktober 1894. Man sei sich, so drückte es der Präsident des Oberlandesgerichts P. Florschütz aus, des „würdevollen Ernstes und wohlthuenden Ruhe" im Hause bewußt, die beide der Rechtspflege gemäß seien.

Damals wurde im Namen des Königs Recht gesprochen, und so bedeutete es den Zeitgenossen viel, daß der preußische König – er war zugleich deutscher Kaiser – der Bitte, die vorher an ihn herangetragen worden war, entsprochen hatte: Er ließ ein Gemälde, sein Portrait, überreichen. Mit einem dreimaligen „donnernden Hurra" auf den König und Kaiser Wilhelm II. endete die Feierstunde.

Die Zeiten haben sich seither grundlegend gewandelt. Tempus fugit, tempus edax rerum, iustitia manet – so möchte man sagen; doch ganz so ist es nicht. Die Rechtspflege unterliegt ganz gewiß dem Anspruch, unabhängig und nur dem Gesetz verpflichtet zu sein. Aber sie vollzieht sich im Staate, ist eingebunden in die staatliche Ordnung, die in der funktionalen Aufgliederung in die legislative, exekutive und jurisdiktionelle Gewalt ein innerstaatliches Gleichgewicht verbürgen soll. Vor allem dies: In der heutigen Wertordnung ist alle staatliche Gewalt der Würde des Menschen verpflichtet, und sie leitet ihren Auftrag vom Volke her ab (so will es das Grundgesetz der Bundesrepublik Deutschland gemäß dem Artikel 1, Absatz 2, und dem Artikel 20, Absatz 2).

Welch' bitterer Erfahrungsweg ist durchschritten worden – auch durch schuldhaftes Versagen des Richterstandes in den 20er und 30er Jahren unseres Jahrhunderts -, damit endlich im Sinne der im Grundgesetz postulierten Grundwerte auch auf deutschem Boden der demokratische Rechtsstaat Wirklichkeit werden konnte. Könnten Steine reden, sie hätten auch im Gerichtsgebäude am Kleinen Kiel viel zu bezeugen, aber nicht nur das Versagen, vielmehr auch das mannhafte Einstehen für das Recht in schwierigen Zeiten, so etwa durch den Oberlandesgerichtspräsidenten Dr. Gottfried Kuhnt, der je sechs Jahre vor 1933 und nach 1945 der oberste Richter in Schleswig-Holstein war. Am 4. Juli 1945 kehrte Dr. Kuhnt in sein Amt als Präsident des Oberlandesgerichts zurück. Zwar sah das Gerichtsgebäude aufgrund von Bombensplittern in seiner Fassade arg mitgenommen aus, und der hintere Anbau an der Fährstraße war durch Bomben zerstört worden; aber das Gebäude als solches stand noch und wartete sozusagen darauf, wieder der Rechtspflege dienen zu können.

Aber nach der Kapitulation im Mai 1945 herrschte zunächst Rechtsstillstand. Allein die britische Besatzungsmacht übte eine Militärgerichtsbarkeit aus. Einmal wöchentlich tagte im OLG-Gebäude das Militärgericht. Dies blieb auch so, als die Obergerichtsbarkeit wieder aufgenommen werden konnte. Am 26. November 1945 war es soweit. An diesem Tage fand die Wiedereröffnung des Oberlandesgerichts statt, und zwar in dem großen Sitzungssaal, in dem 51 Jahre zuvor die feierliche Einweihungsfeier für das Gerichtsgebäude stattgefunden hatte. Wie unvergleichbar war doch die äußere Lage im Vergleich mit dem 18. Oktober 1894! War damals die Feier auch ein Ausdruck des Stolzes und der Zufriedenheit mit der vermeintlich gesicherten Ordnung des Königreichs Preußen und des Deutschen Reichs, so war nun ganz sichtbar eine fremde Macht, eben die britische Militärregierung, Herr im deutschen Hause. Das war auch äußerlich zu erkennen: Die britische Flagge prangte an der Stirnseite des Sitzungssaales. Der britische Legal Officer in Kiel, Lt. Col. Shanks, begrüßte die Anwesenden, Richter, Staatsanwälte, die beim OLG zugelassenen Anwälte und die Gäste. Er übergab das Wort zur Eröffnung des Oberlandesgerichts an den höchsten Repräsentanten der britischen Besatzungsmacht in Schleswig-Holstein, an den Kommandeur des 8. Korps, Generalleutnant Sir Evelyn Barker. Er hatte sein Hauptquartier im Plöner Schloß. Ihm unterstanden im ersten Besatzungsjahr die in Schleswig-Holstein stationierten Truppen und die verschiedenen Detachments der Militärregierung. Sir Evelyn Barker würdigte die Bedeutung der Gerichte für den inneren und äußeren Wiederaufbau des Landes. Erst an dritter Stelle sprach der Präsident des Oberlandesgerichts Dr. Kuhnt.

Man mag sich bei seinen Worten an Gedanken des Oberlandesgerichtspräsidenten P. Florschütz erinnert fühlen, der seinerzeit die Erwartung ausgesprochen hatte, daß Recht und Gesetz allezeit in dem Gerichtsgebäude am Kleinen Kiel lebendig sein mögen. Denn in ähnlichem Sinne äußerte sich auch Dr. Kuhnt, um sodann grundsätzlich festzustellen: „Stand und Güte der Rechtspflege" seien der „Gradmesser für den inneren Wert eines Staatswesens". Unter diesem hohen Anspruch fand sodann die Vereidigung der Richter und Staatsanwälte statt, die der britische Legal Officer Lt. Col. Shanks durchführte.

Die Rechtspflege bedurfte nach Auffassung des OLG-Präsidenten Dr. Kuhnt eines Gebäudes, das – wie das Haus am Kleinen Kiel – genau auf die Zwecke der Gerichtsbarkeit zugeschnitten ist. Er war glücklich, daß das Haus fast unversehrt den Bombenkrieg überstanden hatte. Des weiteren war ihm auch Kiel als Gerichtsort wichtig: Die Nähe zur Provinzialverwaltung wie auch zur Christian-Albrechts-Universität, die einen Tag danach, nämlich am 27. November 1945, Forschung und Lehre wieder aufnehmen konnte (vgl. Nr. 38), gab nach Dr. Kuhnts Auffassung die Gewähr dafür ab, daß die Obergerichtsbarkeit den nötigen Kontakt zur politischen und geistigen Welt hat. Und so wie er dachten alle, die damals am Oberlandesgericht oder auch außerhalb von ihm an verantwortlicher Stelle in der Rechtspflege tätig waren, nämlich u.a. Generalstaatsanwalt Dr. Dörmann und Rechtsanwalt Dr. Nielsen als Vertreter der Anwaltschaft. Aber im Blick etwa auf das Oberlandesgericht in Celle, das 1945 schon auf eine über 200-jährige Tradition zurückblicken konnte, war diese Argumentation wohl nicht zwingend. Denn Hannover als Regierungsstadt und vor allem Göttingen als Universitätsstadt liegen doch in einer deutlichen Entfernung zu Celle.

Wie dem auch sei: Nur dreiviertel Jahr nach der Wiedereröffnung des Oberlandesgerichts in Kiel stand der Gerichtsort in Frage. Oberlandesgerichtspräsident Dr. Kuhnt, Generalstaatsanwalt Dr. Dörmann und Rechtsanwalt Dr. Nielsen formierten eine „Abwehrfront", in die sich viele einreihten, um das Gebäude am Kleinen Kiel als Sitz des Oberlandesgerichts zu erhalten.

Es war ein dramatischer Kampf, und es war letztlich für Dr. Kuhnt und seine Mitstreiter ein vergeblicher Kampf. Warum wurde er überhaupt geführt?

Zunächst das Grundsätzliche: Die Frage des Gerichtsortes ist eine in der Gerichtsverfassung zu regelnde Angelegenheit, und über diese entscheidet nicht das Gericht, sondern der für die gesetzgebende und ausführende Gewalt zuständige staatliche Hoheitsträger, wobei die Gerichtsverfassung heute Sache der Bundesgesetzgebung, die Gerichtsorganisation für die Amts-, Land- und Oberlandesgerichte (auch die Festlegung der Gerichtsorte) Sache des Landesgesetzgebers ist. Hoheitsträger waren in der unmittelbaren Nachkriegszeit allein die Militärregierung und kraft Delegation auch deutsche Regierungsstellen, so in Schleswig-Holstein die von der Militärregierung ernannte Provinzialregierung und für legislative Aufgaben der auch von ihr ernannte Provinziallandtag. Hoheitsträger war schließlich auch – im Rahmen der durch britische Verordnungen bestimmten Kompetenzen – der von der Bevölkerung gewählte Landtag und die mit dem Vertrauen des Parlaments ausgestattete Landesregierung.

Der Wechsel der Begriffe von „Provinz" zu „Land" deutet auf ein ganz wichtiges Geschehen hin, nämlich auf die Entstehung des Landes Schleswig-Holstein und auf die Schaffung einer neuen Landesordnung, in die die Gerichtsorganisation eingebunden ist. Dieser grundlegende Wandlungsprozeß führte zur Verlegung des Oberlandesgerichts von Kiel nach Schleswig.

Ausgangspunkt der Entwicklung war am 1. Dezember 1945 die Überleitung der Verwaltung des Regierungspräsidenten in Schleswig in den Kompetenzbereich des Oberpräsidenten in Kiel. Dadurch entstand eine einheitliche Landesverwaltung. Endpunkt der Entwicklung war die Verabschiedung der Landessatzung für Schleswig-Holstein am 13. Dezember 1949 in der Pädagogischen Akademie (vgl. Nr. 86).

Genau zu der Zeit, da am 23. August 1946 durch die Verordnung Nr. 46 der britischen Control Commission for Germany die Provinz Schleswig-Holstein auch im rechtlichen Sinne ein Land wurde, faßte die aus CDU- und SPD-Mitgliedern zusammengesetzte Regierung unter Führung Theodor Steltzers (CDU), des letzten Oberpräsidenten und ersten Ministerpräsidenten Schleswig-Holsteins, den Entschluß zu prüfen, ob die Stadt Schleswig nicht Sitz des Oberlandesgerichts werden könne, und zwar zum Ausgleich für die von dort abgezogenen Regierungsbehörden. Nach Abschluß der Prüfung richtete Theodor Steltzer am 11. September 1946 einen ausführlich begründeten Antrag an die britische Militärregierung.

Das Portal als Visitenkarte: Kunstvolle Handwerksarbeit im Stil der Neorenaissance empfängt den Eintretenden.

Dr. Kuhnt widersetzte sich dem Plan leidenschaftlich. Er mobilisierte die „Abwehrfront", in die er auch die Universität (auf deren Bibliothek und Mitwirkung bei der Rechtsfindung – so Dr. Kuhnt – das Oberlandesgericht angewiesen sei) und die Industrie- und Handelskammer zu Kiel einzureihen verstand. Die Stadtoberen von Kiel verhielten sich allerdings zurückhaltend, wohl wissend, daß Kiel als neue Landeshauptstadt auf jeden Fall auf der „Gewinnerseite"stand. Vor allem dem neuen Oberbürgermeister Andreas Gayk (gewählt am 18. Oktober 1946, vgl. Nr. 77) war es eine Selbstverständlichkeit, daß eine in sich ausgewogene Landesordnung auf die Interessen des Landesteils

Schleswig Rücksicht zu nehmen hat. Er war als Kieler Stadtoberhaupt bereit, der Verlegung des Oberlandesgerichts nach Schleswig zuzustimmen. Die örtliche Trennung von Regierungssitz und Sitz des obersten Gerichts machte auch die Gewaltentrennung nach außen sichtbar, und auch das war ein Gesichtspunkt, der für die Verlegung sprach.

Dr. Kuhnt trat am 2. Dezember 1946 als Justizminister in die Regierung Steltzer ein. Der Ministerpräsident hoffte so, den Oberlandesgerichtspräsidenten in das Gesamtinteresse des Landes einzubinden, während umgekehrt Dr. Kuhnt sich von seinem Ministeramt die Möglichkeit versprach, „von innen her" den Verlegungsplan zu Fall zu bringen. Doch schon fünf Monate später wurde die Regierung Steltzer infolge des Ergebnisses der ersten Landtagswahl vom 20. April 1947 durch die Regierung des neuen sozialdemokratischen Ministerpräsidenten Hermann Lüdemann abgelöst. Die neue Landesregierung verfocht den Verlegungsplan noch energischer und schließlich mit Erfolg.

Die Entscheidung fiel im Schleswig-Holsteinischen Landtag, der sich am 6. August 1947 fast einstimmig für die Verlegung aussprach. Daraufhin gab der britische Zivilgouverneur für Schleswig-Holstein, H.V. Champion de Crespigny (er war als höchster Repräsentant der Besatzungsmacht der Nachfolger des Corps Commanders Generalleutnant Sir Evelyn Barker), der Landesregierung die Vollmacht zur Verlegung des Gerichtssitzes. Dies geschah im Vorgriff auf die formale Rechtslage; denn erst die britische Verordnung Nr. 169 vom 1. Oktober 1948 gab den gesetzgebenden Körperschaften der Länder das Recht, den Sitz der Gerichte im jeweiligen Land durch Gesetz zu bestimmen. Der Landtag wiederholte daraufhin am 1. November 1948 fast einmütig den früheren Beschluß und gab ihm die nötige Gesetzeskraft. Seit dem 1. Oktober 1963 gilt das Gerichtsorganisationsgesetz, das einstimmig im Landtag angenommen wurde; es bestimmt in seinem ersten Artikel, was praktisch schon seit April 1948 gilt: „Das Schleswig-Holsteinische Oberlandesgericht hat seinen Sitz in Schleswig."

Das war ein gutes Ende für das, was anfänglich traurig und konfliktgeladen aussah. In der Woche vom 12. bis 17. April 1948 hatten die Möbelwagen vor dem Gerichtsgebäude am Kleinen Kiel gestanden. 53 Jahre hatte damals das Oberlandesgericht in diesem Hause und seit über 100 Jahren in Kiel getagt und Recht gesprochen. Das gerichtseigene Mobiliar, die Aktenbestände, die Reste der Bibliothek (sie mußte langsam wieder aufgebaut werden) wurden verpackt. Oberlandesgerichtspräsident Dr. Kuhnt mußte den Umzug – man weiß es – blutenden Herzens geschehen lassen. Er war in Fragen der Gerichtsorganisation weisungsgebunden und seinem Dienstherrn, dem Landesjustizminister, zur Folgsamkeit verpflichtet. Das wußte er und handelte entsprechend. Am Montag, dem 19. April 1948, meldeten Oberlandesgerichtspräsident Dr. Kuhnt und mit ihm zusammen Oberstaatsanwalt Dr. Richter gemeinsam telegraphisch von Schleswig aus, daß die Verlegung des Oberlandesgerichts und der Staatsanwaltschaft vom Justizgebäude am Kleinen Kiel in das ehemalige preußische Regierungsgebäude in Schleswig vollzogen sei.

Der Justizminister des Landes Schleswig-Holstein übernahm das Gerichtsgebäude am Kleinen Kiel für die drei Abteilungen seines Ministeriums. Der Minister selber – das war damals Dr. Rudolf Katz – behielt jedoch seine Diensträume im Landeshaus, und dies hatte sicherlich psychologische Gründe. Dr. Katz – in der Angelegenheit der Verlegung des Oberlandesgerichts nach Schleswig der „Gegenspieler" von Dr. Kuhnt – zeigte Taktgefühl, wenn er sich nicht im bisherigen Amtszimmer des Oberlandeserichtspräsidenten niederließ, gar noch, um im dienstlichen Verkehr diesen dort von Zeit zu Zeit zu empfangen.

Aber das Kieler OLG-Gebäude diente weiterhin der Rechtspflege. Sie umfaßt ja mehr als die gerichtliche Rechtsprechung: Zu ihr gehören auch die Aufgaben, die das Justizministerium und die Justizverwaltung wahrnehmen. Justizminister Dr. Katz war vom 19. April 1948 an der Hausherr am Kleinen Kiel, auch wenn er selber dort nicht amtierte, wohl aber seine Nachfolger – bis zur heutigen Zeit, und so wird es sicherlich auch künftig bleiben.

Es hat hin und wieder Überlegungen gegeben, das Gebäude durch Behördentausch zum Sitz des Kultusministeriums zu machen (so in den frühen 50er Jahren) oder dort den Landesrechnungshof unterzubringen (so der Wunsch des Finanzministers in den frühen 80er Jahren). Solche Pläne haben sich aber mit dem Argument abweisen lassen, daß das Haus für die Justiz gebaut worden ist.

Das Gebäude hat seinen Zwecken optimal als Oberlandesgericht gedient, als dieses noch relativ klein war und nur zwei Zivilsenate und einen Strafsenat umfaßte (heute hat sich die Zahl vervielfacht). Nach 1948 hat sich das Haus als der repräsentative Sitz des Justizministeriums und der Justizverwaltung bewährt.

BERND SPONHEUER Musikwissenschaftliches Institut

Das Opernhaus: Die Bürger und ihr Musikleben in Kiel

„Die schönen Künste haben, wie bekannt, in den nördlichen Gegenden Deutschlands mit vielfachen Hindernissen ihrer Kultur zu kämpfen. Der natürliche Mangel an reger Einbildungskraft, und die Nothwendigkeit, beym Lebensgenuss die Regeln der Oekonomie nicht zu vergessen, . . . dies und noch so manches andere hemmt die Verfeinerung der Sinnlichkeit, bey der allein die schönen Künste gedeihen . . . Kein Wunder, wenn diese Erstarrung sich von den Küsten der Ostsee bis wenigstens auf dreissig und mehrere Meilen ins Land hinein erstreckt!" Diese wenig ermutigenden Worte, die der damals tonangebenden „Allgemeinen Musikalischen Zeitung" vom Januar 1799 entnommen sind, scheinen auf etwas ähnliches hinauszulaufen wie eine spätere Bermerkung Hegels (aus der „Ästhetik"): „Die Italiener z.B. haben Gesang und Melodie fast von Natur, bei den nordischen Völkern dagegen ist die Musik und Oper, obgleich sie die Ausbildung derselben sich mit großem Erfolg haben angelegentlich sein lassen, ebensowenig als die Orangenbäume vollständig einheimisch geworden." Heißt das nicht wieder einmal – auf die altbekannte Formel gebracht – : „Holsatia non cantat"?

In der Tat, Orangenbäume – und das meint doch wohl: ein von Natur und Geschichte freundlich beschienenes Ambiente, in dem die Künste den Gewächsen gleich von selbst gedeihen – wird man an der Förde schwerlich finden; dennoch steht am Kleinen Kiel seit 1907, „vielfachen Hindernissen" zum Trotz, das Opernhaus und prägt, wie nur wenige andere Gebäude, das architektonische Gesicht einer Stadt, die nicht zu den 'gewachsenen' Musikstädten deutscher Lande gezählt wird. Damit scheint eine Grundkonstellation des Kieler Musiklebens berührt: obwohl von Hause aus den Musen gegenüber eher spröde und ohne den ererbten Reichtum einer bedeutenden Musiktradition kirchlicher, höfischer oder patrizischer Prägung (vgl. Nr. 9), hat sich – vor allem seit der Erhebung zur damaligen preußischen Provinzhauptstadt (1867) – ein differenziertes Musikleben entwickelt, das in erster Linie der beharrlichen Initiative seiner Bürger zu verdanken ist. Was die Gunst der geschichtlichen Überlieferung versagte, mußte durch – umso respektablere – eigene Anstrengungen erst ins Leben gerufen werden.

Das 1907 als „Neues Stadttheater" eröffnete Opernhaus legt davon Zeugnis ab. Nicht, daß es vorher keine Musiktheatertradition in Kiel gegeben hätte; als kleine (Neben-)Residenz- und Marktstadt mit Universität verfügte Kiel jedoch nur über ein bescheidenes Theaterleben, das vom 17. bis zur Mitte des 19. Jahrhunderts vor allem von fahrenden Theatertruppen bestritten wurde. Die erste Opernaufführung in Kiel – ein Gastspiel der ebenfalls durch bürgerliche Initiative gegründeten Hamburger Oper im Jahre 1694 – kam wohl durch die tätige Mithilfe von Herzog Christian Albrecht, dem Universitätsgründer, zustande. Auch die Anfänge einer organisierten Instrumentalmusik in Kiel gehen auf die zunächst privaten Aktivitäten von Professoren und Studenten der Universität seit dem Ende des 18. Jahrhunderts zurück, die zur Bildung von Musikvereinen führten. Und 1841 wurde das (alte) Stadttheater in der Schuhmacherstraße eröffnet, als Gebäude wie als Institution von eher modestem Zuschnitt, das mit wechselndem Erfolg von privaten Pächtern betrieben wurde.

Die entscheidende Zäsur der Urbanisierung Kiels – d.h. die Entwicklung zu einer Großstadt, mit der sich zuallererst eine soziale Trägerschicht für einen entwikkelten Theater- und Konzertbetrieb konstituieren konnte – fällt wie erwähnt mit dem Jahre 1867 zusammen. Aus 30.000 Einwohnern im Jahre 1865 wurden nahezu 164.000 im Jahre 1905. Auch in dieser, das soziokulturelle Profil Kiels bis heute prägenden Periode sind es die Eigenaktivitäten der interessierten Bürger selber, die für eine auch kulturelle Ausrichtung des vornehmlich auf die Marine und die Industrie konzentrierten Wachstumsprozesses sorgen. Während die Stadtväter seit 1896 den Bau des „Neuen Stadttheaters" projektieren, wird im Jahre 1901 der „Verein der Musikfreunde in Kiel" (VdM) gegründet. Maßgeblich beteiligt sind Kreise der Universität, insbesondere der Akademische Musikdirektor Prof. Hermann Stange,

Das „große Haus" am Kleinen Kiel: Wie lange müssen die Musen noch auf ein A-Orchester warten?

der schon 1875 das erste Schleswig-Holsteinische Musikfest in Kiel organisiert hatte – unter dem Eindruck dieses erfolgreichen Musikfestes prägte im übrigen Klaus Groth seine berühmt gewordene Gegenformel „Holsteen kann dat", mit der er schlagfertig auf „Holsatia non cantat" parierte. Der Paragraph 1 der Vereinssatzung sieht die „Gründung und Förderung eines städtischen Orchesters Kiel" vor, denn bis in die neunziger Jahre des 19. Jahrhunderts hinein hatten vor allem Militärmusiker, unter anderem die Kapelle des Seebataillons und die Marine-Divisionskapelle, das Theaterorchester gestellt. Seit 1902 veranstaltet der VdM „Volkssinfoniekonzerte" zunächst mit einem gemieteten Orchester, und im Jahre 1905 – demselben Jahr, in dem auch, nach vielen Schwierigkeiten, der Grundstein zum Bau des „Neuen Stadttheaters" gelegt wird – entschließt sich der Verein, ein eigenes Orchester zu gründen.

Am 1. Oktober 1907 kommen beide Unternehmungen zusammen: bei der festlichen Eröffnung des „Neuen Stadttheaters" am Kleinen Kiel mit Ludwig van Beethovens „Fidelio" präsentiert sich zugleich zum ersten Mal das „Orchester des Vereins der Musikfreunde" in voller Stärke der Öffentlichkeit. Beide Institutionen, das Opernhaus wie das neugegründete Orchester, konnten sich sehen lassen.

Der Bau des Opernhauses, dessen Zuschauerraum auf etwa tausend Plätze ausgelegt war, stellte für eine Stadt wie Kiel, die damals vor allem mit den Problemen einer rapide wachsenden Bevölkerung zu kämpfen hatte, eine höchst bedeutende Leistung dar. Er ist das Werk des Berliner Theaterarchitekten Heinrich Seeling, der in jenen Jahren unter anderem auch das Schauspielhaus in Frankfurt (1902) und die Theater in Freiburg (1910) und Nürnberg (1905) baute. Die finanzielle Lage der Stadt zwang allerdings mehrfach zu erheblichen Abstrichen am ursprünglichen Konzept. Dem durch Sandsteinelemente reich gegliederten, mit zahlreichen Winkeln und Giebeln verzierten Bau aus Backstein und Granit – dessen heutige Gestalt durch den schnörkellosen Wiederaufbau nach dem Zweiten Weltkrieg stark von der ursprünglichen abweicht – attestierte ein damaliger Theateralmanach eine „mittelalterlich-nordische Bauart", womit wohl neben dem regionalspezifischen Backsteinmaterial auf die vielfältig ornamentalen Elemente des Jugendstils angespielt wird, die dem Haus auch im Innern das Gepräge gaben: „Wie ein Stück festlich ernster Rittersaalornamentik mutet der Raum (Kassenvestibül) an mit seiner interessant gewölbten Decke, dem Quaderfußboden mit seinen Steinintarsien, mit den feinfarbigen Mosaiken und den glatt polierten Flächen deutschen Marmors, die Säulen und Pilaster schmücken, mit den getriebenen Messingbändern, welche die Fenster der Kassenhäuschen umrahmen und mit den aus gleichem Metall getriebenen Wandtellern, die ringsum als Beleuchtungskörper dienen" (Kieler Zeitung vom 2. Oktober 1907). Und über den Zuschauerraum heißt es: „Sobald man durch eine der Seitentüren in das Parkett eingetreten ist, wird der Blick von der in edlen, weichen Tönen durchgeführten Decke gefesselt, deren mittleres Feld eine Darstellung des Himmels mit den Sternbildern des Tierkreises gibt. Sie ist auf vergoldetem Grund in brauner Kaseinfarbe gemalt; das Gold des Grundes vereinigt sich mit dem Braun der Figuren und den silbernen Sternen zu einem ungemein stimmungsvollen Gesamtbild; man glaubt, ein reiches Brokatgewebe vor sich zu haben" (Itzehoer Nachrichten vom 3. Oktober 1907).

Wie der Theaterbau, der auch in der überregionalen Presse ein sehr anerkennendes Echo findet, steht auch das neugegründete Orchester auf der Höhe seiner Zeit. Mit seinen 56 Mitgliedern, die aus tausend Bewerbern ausgewählt wurden, gehört es seiner Stärke nach zu den führenden Orchestern in Deutschland und wird zahlenmäßig nur von den Spitzenorchestern etwa in Berlin, München oder Dresden übertroffen (was sich heute leider nicht mehr behaupten läßt: die langjährigen, bislang aber fruchtlosen Bestrebungen, das Kieler Orchester in die Kategorie der sogenannten A-Orchester einzugruppieren, stehen dafür ein). Nicht weniger vorbildlich für seine Zeit sind die Bemühungen des VdM um die soziale Absicherung seines Orchesters, das den Namen des Vereins bis 1919 trägt, 1920 als Folge der Kommunalisierung in „Städtisches Orchester Kiel" umbenannt wird und seit 1972 „Philharmonisches Orchester der Stadt Kiel" heißt.

Die Etablierung der beiden Institutionen im Jahre 1907, mit der langjährige Hoffnungen und Bemühungen kulturbegeisterter Kieler Bürger an ein Ziel gelangten, schuf die Voraussetzungen für eine organisatorisch nunmehr dauerhaft abgesicherte Entwicklung des städtischen Musiklebens. Mehr als einmal zeigte sich freilich, daß auch dieser feste Rahmen vor den eingangs zitierten „Regeln der Oekonomie" – insbesondere natürlich in den bald anbrechenden Kriegs- und Krisenzeiten – keinen wirksamen Schutz zu bieten vermochte: schon zwei Jahre nach seiner Gründung wurde das Orchester auf 49 Stellen reduziert, während der 20er Jahre standen seine Mitglieder infolge der wirtschaftlichen Probleme unter ständigem Kündigungsdruck, und Anfang der dreißiger Jahre kürzte man die Zahl der Musiker noch einmal auf 38. Erst nach dem Zweiten Weltkrieg kam es zu einem schrittweisen Ausbau des Orchesters, das sich von 53 Mitgliedern im Jahre 1956 – also etwa derselben Zahl wie im Gründungsjahr 1907 – bis auf 76 im Jahre 1972 steigern konnte.

Gerade die krisengeschüttelten 20er Jahre aber, zu deren Beginn Orchester und Theater in direkte städtische Regie übergehen, bringen für beide Institutionen einen besonderen künstlerischen Aufschwung, der im Blick auf das Orchester vor allem mit dem Namen Fritz Stein verbunden ist, der von 1919 bis 1933 die Leitung der Sinfoniekonzerte innehat und seit 1925 den erstmalig verliehenen Titel eines Kieler Generalmusikdirektors führt. In Personalunion – und dies dürfte ein historisches Unikum darstellen – bekleidet Stein, ein Schüler Max Regers, außerdem die Organistenstelle an St. Nikolai (1918-23), ist Akademischer Musikdirektor (1919-20) und seit 1921 Direktor des von ihm gegründeten Musikwissenschaftlichen Institutes der Universität Kiel. In seine Zeit als Orchesterchef fallen die für die überregionale Reputation von Theater und Orchester sehr bedeutsamen „Kieler Herbstwochen für Kunst und Wissenschaft" 1920-30 (mit dem „Schwedischen Musikfest" 1926 und der „Nordisch-Deutschen Woche" 1929), das 55. Tonkünstlerfest des Allgemeinen Deutschen Musikvereins 1925, das 2. Händelfest der Händelgesellschaft 1928 und schließlich das 18. Deutsche Bachfest von 1930. Neben diesen enormen Leistungen Steins, die das Kieler Musikleben auf eine bislang nicht gekannte Höhe führten, darf freilich seine sinistre Rolle in der Musikpolitik des nationalsozialistischen Deutschland nicht verschwiegen werden.

Unmöglich, alle wichtigen Namen und Ereignisse hier zu referieren; wenige Hinweise auf strukturell bedeutsame Knotenpunkte der Entwicklung müssen deshalb genügen.

Die für Kiel verheerenden Auswirkungen des Zweiten Weltkrieges betreffen auch das Opernhaus. Nachdem schon 1940 und 1941 Bombenangriffe das Haus beschädigt hatten, wird es nach einem Luftangriff am 13. Dezember 1943, bei dem 126 Kieler ums Leben kamen, unbespielbar; auch die Nikolaikirche und das Rathaus werden schwer beschädigt. Ab dem 1. 10. 1944 wird dann der gesamte Theaterbetrieb, auch im Schauspielhaus, das als Ausweichstätte der Oper gedient hatte, geschlossen.

Bereits im Oktober 1945 eröffnet das nun „Neues Stadttheater" benannte Schauspielhaus mit „Figaros Hochzeit", 1950 faßt die Ratsversammlung den Beschluß zum Wiederaufbau des Opernhauses, und zur Kieler Woche 1953 wird das Haus am Kleinen Kiel – wie 1907 – mit „Fidelio" wiedereröffnet. Schon vor dem Ratsbeschluß hatten die beiden Kieler Architekten Heinrich Hansen und Guido Widmann aus eigener Initiative die Pläne für den Wiederaufbau entwickelt, die unter Berücksichtigung der erhaltenen Bausubstanz („Regel der Oekonomie"!) auf eine Verbindung von Neubau und Wiederherstellung abzielten. Herausgekommen ist eine behutsam modernisierte, der luxurierenden Ornamentfülle des Jugendstils entratende Formgebung, die sich in der funktionalen Neugestaltung der Innenräume fortsetzt (ein Anbau für Werkstätten und Probenräume kam 1973 hinzu). Auch in künstlerischer Hinsicht wurde das überregionale Niveau der Vorkriegszeit bald wieder erreicht und noch bedeutend gesteigert. Ähnlich stellvertretend wie das Wirken Fritz Steins in den 20er und 30er Jahren muß hier die Intendantenära Joachim Klaibers hervorgehoben werden, der von 1963 bis 1976 als Generalintendant wirkte und dem Kieler Musikleben, insbesondere der Oper, einen ungewöhnlichen Ruf verschaffte. In Zusammenarbeit mit bedeutenden Dirigenten wie Peter Ronnefeld und Hans Zender entwickelte Klaiber ein vielerorts als modellhaft eingeschätztes Konzept moderner Musiktheaterarbeit, das u.a. durch die prononcierte Kultivierung der Neuen Musik (etwa durch die Einrichtung des ersten experimentellen Opernstudios in der Bundesrepublik), die Schaffung eines mobilen Kinder- und Jugendtheaters und durch die Praktizierung eines weitgehenden Mitbestimmungsmodells unverwechselbare Konturen gewann.

Auf eine nicht-alltägliche und dennoch unspektakuläre Weise ist das Kieler Opernhaus wie das Kieler Musikleben insgesamt aus der tätigen Initiative seiner Bürger selber hervorgegangen: darin liegt das nicht zu unterschätzende Besondere im Vergleich zu den vielfach begünstigteren Musikstädten traditioneller Prägung. Die Anteilnahme und die beharrliche Zuneigung bilden den Boden, auf dem wo nicht die „Orangenbäume", so doch die „schönen Künste" auch „in den nördlichen Gegenden Deutschlands" gedeihen können.

FRANK BÜTTNER Kunsthistorisches Institut

Das neue Rathaus: Stolzes Wahrzeichen der Stadt

Ganz Kiel war am 11. November 1911 auf den Beinen, obwohl es ein regnerischer Sonntag war. Den Augenblick der feierlichen Einweihung des neuen Rathauses wollte niemand verpassen. Schüler, Vereine, Handwerksverbände und schließlich die Burschenschaften bildeten vor dem Rathaus ein langes Spalier, das ein getreues Abbild der gesellschaftlichen Schichtung in der Stadt war. Hinter ihnen drängte sich die übrige Bevölkerung. Diejenigen, die nicht zu den Auserwählten gehörten, die am Festakt im Saal des Rathauses teilnehmen durften, wollten wenigstens die Anfahrt der Ehrengäste miterleben und vor allem einen Blick auf das Kaiserpaar erhaschen. Die Einweihungsfeier war erstaunlich kurz. Wilhelm II. hielt eine militärisch knappe Rede, in der er daran erinnerte, daß „die großartige Entwicklung, welche Ihre ehrwürdige Stadt mit Ihrer mehr als 1000-jährigen (!) Geschichte in den letzten fünfzig Jahren erfahren hat, mit dem Wachsthum Meiner Marine" zusammenhänge. Der hohe Rathausturm, das neue Wahrzeichen der Stadt, werde fortan „Meinen Schiffen bei der Rückkehr in den Heimathafen einen Willkommensgruß der Kieler Bürgerschaft zurufen". Für Oberbürgermeister Fuß dagegen war der Turm eher eine Mahnung, über die oft kleinen Aufgaben des täglichen Lebens und den engen Gesichtskreis der eigenen Stadt hinauszusehen. Der Stolz der Bürgerschaft auf das Vollbrachte wurde in den Reden dieses Tages offen ausgesprochen. Man war allgemein überzeugt, einen Monumentalbau errichtet zu haben, der „noch in späteren Jahrhunderten von dem künstlerischen Streben und dem Kunstsinn unserer Zeitepoche sprechen und die Stadt würdig repräsentieren" solle. Daß dieses Ziel angesichts der wachsenden wirtschaftlichen Schwierigkeiten der Stadt nur mit großen Opfern zu erreichen war, bekannte der Oberbürgermeister erst, als die Mitglieder der Stadtkollegien wieder unter sich waren.

Es hatte lange genug gedauert, bis die Stadt es sich überhaupt leisten konnte, einen Neubau des Rathauses zu beginnen. Die explosionsartige Entwicklung Kiels hatte schon bald nach 1871 dazu geführt, daß die Räume des Alten Rathauses am Markt nicht mehr ausreichten. Nach und nach mußten immer mehr Ämter ausquartiert werden. 1890 wurde erstmals der konkrete Raumbedarf ermittelt, doch obwohl die „Erbauung eines neuen Rathauses als nothwendig und eine würdige künstlerische Ausführung als gebothen" anerkannt wurden, geschah jahrelang nichts.

Als sich die Stadtväter schließlich 1901 zum Neubau durchrangen, geschah dies nicht nur mit Rücksicht auf die Notwendigkeiten der Stadtverwaltung, sondern auch, um in der Konkurrenz der Städte mithalten zu können. Nachdem in den siebziger und achtziger Jahren im Gebiet des deutschen Reiches jeweils keine zehn Rathäuser errichtet worden waren, schnellte die Zahl der prachtvollen Neubauten und großzügigen Erweiterungen alter Bauten in den neunziger Jahren auf fast vierzig empor, um nach der Jahrhundertwende noch weiter anzusteigen. Mit großangelegten Wettbewerben, die in allen Fachzeitschriften veröffentlicht und kommentiert wurden, machten die Städte auf ihre ehrgeizigen Pläne aufmerksam. Antrieb waren ganz offensichtlich nicht nur die Erfordernisse der expandierenden Verwaltungen, sondern auch das Repräsentationsbedürfnis der immer selbstbewußter auftretenden Kommunen.

Ein bei allen Projekten vieldiskutiertes Problem war die Frage des Standortes. Grundsätzlich war für das Rathaus eine zentrale Lage gefordert, doch das war nicht überall zu realisieren. Auch in Kiel war der Dimensionen wegen, die der Neubau haben mußte, eine Verlagerung aus der Altstadt notwendig. Die nach längerer Diskussion gefällte Entscheidung, den Neubau auf dem Gelände der alten Gasanstalt an der Fleethörn zu errichten, war mit der Absicht verbunden, der Stadt mit dem Neumarkt ein zweites Zentrum zu geben, das nicht einen wirtschaftlichen, sondern einen kulturellen Schwerpunkt bilden sollte, denn wenig zuvor war schon beschlossen worden, hier auch das Theater zu erbauen. Diese Verbindung von Rathaus und Theater war um 1900 nichts Ungewöhnliches. Sie war eine

Demonstration des Anspruchs der Kommunen, Kulturträger zu sein.

Im Dezember 1902 wurde der Wettbewerb für den Neubau ausgeschrieben. Den Architekten wurde ein umfangreiches Bauprogramm mitgeteilt, das den Raumbedarf der städtischen Gremien und Ämter genau auflistete. Über die äußere Gestaltung, über Material oder Baustil wurden keine Vorschriften gemacht. Die Zeiten, in denen heftigste Kämpfe ausgefochten wurden zwischen denen, die in der Neugotik den einzig angemessenen Stil für einen Rathausbau erkannten, und jenen, die entschieden für die Neorenaissance als „typisch deutschen" Stil eintraten, waren vorbei. Hingewiesen wurde lediglich auf die Probleme der Lage, die sich aus dem ansteigenden Gelände wie aus dem Standort gegenüber Neumarkt und Theater ergaben. Das Ergebnis der Konkurrenz war enttäuschend. Ein erster Preis wurde nicht vergeben. Den zweiten Platz teilten sich die Architekten Hermann Billing, Franz Thyriot und das Architekturbüro Börnstein & Kopp. Diese drei wurden, da keiner der Entwürfe für die Ausführung geeignet schien, Anfang 1904 aufgefordert, Zeichnungen zu einem zweiten Wettbewerb einzureichen. Nachdem das Preisgericht an Billings erstem Entwurf mancherlei auszusetzen hatte, waren die Pläne, die er jetzt einreichte, von Anfang an Favorit.

Beim ersten Wettbewerb hatte Billing eine Doppelung der Hauptakzente des Baues vorgesehen. Die breit gelagerte Fassade am Fleethörn sollte durch zwei Giebel ausgezeichnet werden, hinter denen jeweils ein Turm aufragen sollte, wobei der als Haupteingang vorgesehene Giebelrisalit hinter dem Theater und der zugehörige Turm das größere Gewicht erhalten sollten. In der Überarbeitung des Entwurfes wurden die Akzente anders gesetzt. Der kleinere, auf den Neumarkt ausgerichtete Turm fiel fort. Der Portalvorbau, hinter dem der Rathausturm sich erheben sollte, wurde erheblich verkleinert, so daß das Hauptgewicht der Fassade jetzt auf dem Giebel am Neumarkt lag, hinter dem der große Sitzungssaal eingerichtet werden sollte. Die beiden Giebel sollten durch ein mächtiges Walmdach zusammengefaßt werden. Die Preisrichter waren zwar von den künstlerischen Qualitäten dieses Projektes überzeugt. Seine Verwirklichung wäre jedoch, gemessen an den beiden anderen Entwürfen des zweiten Wettbewerbs, zu teuer geworden. Sie forderten den Architekten deswegen zu einer Überarbeitung auf, bei der unter anderem die Erscheinung des Außenbaues vereinfacht werden sollte. In dem Ausführungsentwurf, den Billing Ende 1905 vorlegte, sind die Gewichte der Fassade endgültig auf den Saalbau verschoben, der zwar den Giebel über dem fünfachsigen Mittelrisalit verloren hat, dafür aber durch ein hohes Mansardenwalmdach ausgezeichnet ist.

Nach diesen Plänen wurde im August 1907 begonnen. Trotz erheblicher Schwierigkeiten bei der Fundamentierung schritt der Bau zügig voran, so daß schon Ende 1909 das Richtfest gefeiert werden konnte. Allerdings stellte sich im Fortschritt der Arbeiten auch heraus, daß der Bau den ersten Kostenvoranschlag Billings erheblich überschreiten würde. War zunächst mit etwa 2,5 Millionen Mark gerechnet worden, so ergaben sich aus den Anfang 1909 vorgelegten Berechnungen fast 4 Millionen Mark, was natürlich einen Entrüstungssturm der Bürgerschaft hervorrief, der nur mit Mühe von Oberbürgermeister Fuß gedämpft werden konnte. Am Schluß hat der Bau sogar diese Summe noch überschritten, doch die Gemüter konnten sich damit beruhigen, daß die hohe künstlerische Qualität des Baues nach allgemeiner Überzeugung völlig außer Frage stand und daß die vereinbarte Bauzeit von nur vier Jahren eingehalten wurde.

Während der Bauzeit wurden noch einmal bedeutende Veränderungen vorgenommen. Besonders wichtig war die Veränderung des Daches über dem Saalbau. Dieser erhielt jetzt ein in weichen Linien geschwungenes, mit Kupfer gedecktes Kielbogen-Walmdach, das die relative Eigenständigkeit dieses Bauteils betonte und ein weiteres wirkungsvolles Steigerungsmittel in der Fassadenentwicklung war. Damit wurden auch die barockklassizistischen Tendenzen unterstrichen, die gerade im Saalbau, etwa in der Gestaltung des Mittelrisalits, am deutlichsten hervortreten, die aber durch das Ornament und die Oberflächenbehandlung des Hausteins in eine „moderne", dem Jugendstil verpflichtete Formensprache übersetzt werden. Verändert wurde in der Ausführung auch der Turm. In den ersten Entwürfen wollte Billing den mächtigen und in seinen unteren Partien fast schmucklosen Turmschaft mit einem hohen, mehrfach gestuften Zwiebeldach bekrönen. Im Ausführungsentwurf hatte der Architekt zwar noch diese historistische Turmspitze vorgesehen, die Gestaltung des Schaftes hatte er jedoch bereits entscheidend bereichert durch Doppelreihen von übereinanderstehenden Rundbogenfenstern an jeder Seite und vor allem durch den oberen Abschluß, der durch mächtige, ornamentierte Pilaster gebildet werden sollte. In der Ausführung wurden die oberen Geschosse in den Formen vereinfacht, so daß dem Betrachter vor allem der Gegensatz des Materials von dem für die Pilaster, Gebälk und Gesimse verwendeten Sandstein zu dem im übrigen benutzen Backstein ins Auge fällt. Erst bei genauerem Hinsehen bemerkt man die tiefen Nischen zwischen den Pilastern, die starke plastische Durchbildung, durch die diese Zone den mächtigen Flächen des unteren Turmschaftes entgegengesetzt wird. Am auffälligsten aber ist natürlich die Veränderung des Turmdaches. An die Stelle der gestuften Haube ist eine steile Pyramide getreten, die sich über einer wulstigen Basis erhebt. Dieses Dach ist es vor allem, das die Erinnerung an den Campanile von San Marco in Venedig provoziert, eine Assoziation die bei dem ursprünglich geplanten Turmhelm kaum aufgekommen wäre, obwohl in der Gestaltung des Turmschaftes auch vorher schon gewisse Ähnlichkeiten bestanden. Diese Gedankenverbindungen mit der traditionsreichen Lagunenstadt werden nicht unwillkommen gewesen sein, doch sollten dabei die Absichten des Architekten nicht übersehen werden, dem es bei der Ausgestaltung des Turmes auch darum ging, diesen anschaulich in eine enge Beziehung zum Saalbau zu setzen. Der Zusammenhang wird vor allem durch die Sandsteinpilaster und den wulstförmigen Ansatz der Kupferdaches sichtbar gemacht.

Ein Zusammenhang dieser beiden Hauptglieder der vielgestaltigen Baugruppe, die das Rathaus bildet, besteht auch in der Ornamentik. Sie tritt hier bevorzugt auf, wenn auch nur in äußerster Sparsamkeit eingesetzt. Die Rathausbauten des 19. Jahrhunderts hatten stets besonderes Gewicht auf einen plastischen Schmuck gelegt. Die Fassaden prunkten mit umfangreichen Skulpturenprogrammen, die die bürgerlichen Tugenden versinnbildlichten oder Herrscherreihen darstellten. Im Innern setzte sich die Ausschmückung mit großen historischen Bilderzyklen fort. Nach der Jahrhundertwende jedoch war man dieses Bilderreichtums immer mehr überdrüssig geworden und Billing verzichtete fast ganz auf figürlichen Schmuck. Die Fassade des Saalbaues wird lediglich mit den Wappen von Kiel, Schleswig-Holstein, Preußen und dem Deutschen Reich verziert, die sich über den Fenstern des großen Sitzungssaales befinden. Den Haupteingang flankierte einst ein Figurenpaar, das als Personifikation der Ostsee bezeichnet wurde. Eindeutiger als deren Bedeutung war die der vier Reichsadler an den Ecken der Turmbalustrade oberhalb der Uhr, die allerdings so stark der im übrigen ungegenständlichen Formensprache angepaßt sind, daß man sie bei einem flüchtigen Blick gar nicht bemerkt.

Auch im Innern ging man mit figürlichem Schmuck sparsam um. In der monumentalen Raumfolge, die von der Empfangshalle über das Treppenhaus zur oberen Rotunde und von dort weiter zum großen Sitzungssaal führt, sind es vor allem die sorgfältig bearbeiteten und in ihrer Farbwirkung genau berechneten Materialen, die den Betrachter beeindrucken sollen. Mit Malerei und Skulptur werden nur einzelne Akzente gesetzt. In der Vorhalle stehen sich zwei Wandbilder gegenüber, die Ludwig Dettmann geschaffen hat und die an den Bau der Rathauses erinnern sollen. Blickpunkt der unteren Empfangshalle war ein im Scheitel der Rotunde aufgestellter Brunnen mit der Bronzefigur eines jungen Mädchens. Wichtigster Schmuck der oberen Rotunde waren, jedenfalls nach der damaligen Auffassung, die Büsten Kaiser Wilhelms II. und der Kaiserin Auguste Viktoria, die von Kieler Bürgern gestiftet worden waren und am Einweihungstag enthüllt wurden. Sie waren Werke des Bildhauers Adolf Brütt, der auch die Bronze des Schwertmannes geschaffen hat, eine Athletenfigur, die ursprünglich den Brunnen auf dem Neumarkt schmückte und wie die mittelalterlichen Rolandsäulen dem Rathaus zugeordnet war. Sie steht heute unmotiviert und ihres intendierten Sinnes entkleidet in einer Ecke des Platzes.

Bei den Bombardierungen im zweiten Weltkrieg blieb das Rathaus von Zerstörungen größeren Ausmaßes verschont. Nur die Dächer fielen den Flammen zum Opfer. Sie wurden vereinfacht wiederhergestellt, ohne Rücksicht darauf, daß damit der wohlkalkulierte Zusammenhang der einzelnen Bauteile beeinträchtigt wurde. Vor allem dadurch, daß dem Saalbau heute das wohlgeschwungene Kupferdach fehlt, wird dem Rathaus ein entscheidendes Stück seiner Wirkung genommen. Als Beeinträchtigung der städtebaulichen Wirkung muß man auch die Umgestaltung des Platzes im Olympiajahr 1972 bezeichnen, denn damals wurde der Platz gegen den kleinen Kiel hin abgegrenzt, von seiner Lage am Wasser, auf die das ganze Bauensemble bezogen war, abgedrängt.

REINHART SCHMIDT Institut für Betriebswirtschaftslehre

Das Ahlmann-Haus: Über den Wandel im Kieler Bankwesen

Das Ahlmann-Haus mit der feinen Adresse „Rathausplatz 1" fällt als eines der wenigen Gebäude in der Kieler Innenstadt als „alt" auf; es hat den Zweiten Weltkrieg ohne große Beschädigung überstanden. Das Gebäude steht mit der Hauptfront in Richtung Kleiner Kiel und schließt den Rathausplatz zur einen Seite hin ab – die andere Seite des Rathauplatzes wird von dem Opernhaus eingenommen.

Der an der Vorderfront unter dem Dach hervortretende Schriftzug

/ 1852 / WILH. AHLMANN \ 1927 \

lädt den Betrachter geradezu ein, darüber nachzudenken, welche Geschichte sich hinter den Mauern dieses Hauses verbirgt. Heute wie früher ist es ein Bankhaus, allerdings eines mit einem für das ganze Kiel bedeutsamen Hintergrund.

Die Stadt Kiel zählte zur Mitte des 19. Jahrhunderts noch 16 000 Einwohner und begann erst damals, „aus ihrem wirtschaftlichen Dämmerzustand aufzuwachen". Dies hatte seine wesentliche Ursache in der Schaffung einer festen Straßenverbindung mit Hamburg sowie in der 1844 eröffneten Kiel-Altonaer Eisenbahn, welche als erste Eisenbahnstrecke in Schleswig-Holstein errichtet wurde. Auch heute noch bildet die Verbesserung der Verkehrsbeziehungen einen wesentlichen Punkt, mit dem die Politiker die weitere wirtschaftliche Entwicklung Kiels und Schleswig-Holsteins fördern wollen. Während Kiel schon lange eine bekannte Handelsstadt – vor allem für landwirtschaftliche Produkte – war, entwickelte sich die Industrie recht zögernd. Kleingewerbe und ein blühendes Handwerk beherrschten neben dem Handel das Wirtschaftsleben.

Die Wirtschaftsentwicklung in einer Geldwirtschaft hängt auch von dem Stand des Geld- und Kreditwesens ab. Weltweit und auch in Deutschland wurde die Entwicklung des Bankgewerbes stark durch die unternehmerische Tätigkeit einzelner Kaufleute, die man heute Privatbankiers nennt, beeeinflußt. Es sei hier nur an die Fugger sowie an führende Bankiers in Frankfurt, Berlin und Hamburg erinnert.

Zur damaligen Zeit existierte in Kiel im Rahmen des Kreditgewerbes nur die 1796 gegründete und damit älteste schleswig-holsteinische Sparkasse, nämlich die Kieler Spar- und Leihkasse, die sich 1990 einen moderneren Namen gab, indem sie das „Leihen" strich: „Sparkasse Kiel" heißt dieses Institut jetzt. Das Zentralgebäude dieser Sparkasse liegt übrigens vis-à-vis dem Ahlmann-Haus, wenn man von ihm aus über den Kleinen Kiel blickt: die Hauptkonkurrenten der heutigen Kieler Bankenlandschaft stehen sich hier gegenüber.

Die Kieler Spar- und Leihkasse bediente aber satzungsgemäß nur die Kieler Privatpersonen und das Kleingewerbe. Die Bankgeschäfte erledigten die größeren Firmen damals in Hamburg oder in Altona. Hier sah Dr. Wilhelm Ahlmann eine unternehmerische Chance und gründete am 5. November 1852 das erste private Bankhaus in Kiel. Er gab öffentlich bekannt:

„Ich beehre mich Ihnen hierdurch anzuzeigen, daß ich am heutigen Tage hierselbst, unter der Firma WILH. AHLMANN ein Handlungshaus errichtet habe. Meine Tätigkeit werde ich vorzugsweise Geldgeschäften, als Beleihung von Hypotheken, An- und Verkauf von Staatspapieren, Eisenbahn-Actien, Coupons und anderen Werthpapieren, Depositen, Vorschuß auf Sicherheiten, An- und Verkauf von Wechseln, Inkasso und Auszahlungen, hier und auf auswärtigen Handelsplätzen, Geldwechseln, Contoführung usw. zuwenden, werde zugleich aber auch Commissionen in anderen Handelszweigen mit der sorgsamsten Wahrnehmung des Interesses meiner Auftraggeber ausführen."

Im Anschluß an diese Verlautbarung werden Referenzadressen aus Kiel, Hamburg, Flensburg und Gravenstein erwähnt, um den Start des ja stark auf Vertrauen aufbauenden Bankgeschäfts zu erleichtern.

Wilhelm Ahlmann, der einer Alsener Kaufmannsfamilie entstammt, hatte vor der Gründung der Bank

Das Ahlmann-Haus erinnert an den Gründer der ersten Kieler Privatbank.

Staatswissenschaften studiert und war in Tübingen zum Doktor der Staatswissenschaften promoviert worden.

Er habilitierte sich 1847 an der Universität Kiel, wo er Vorlesungen über „Nationalökonomie", „Theorie der Statistik" und „Handelswissenschaft" hielt, also über Gebiete, die heute die Säule der recht anerkannten Kieler Wirtschafts- und Sozialwissenschaftlichen Fakultät bilden. Nach der Erhebung Schleswig-Holsteins am 24. März 1848 wurden Professor Dr. Droysen und Dr. Ahlmann zu den Sekretären der Provisorischen Regierung ernannt; die spätere Unterwerfung durch Dänemark führte allerdings dann zur Entlassung, und Ahlmann suchte nach einem neuen Beruf, er entschied sich für die Bankierstätigkeit.

Gegen seine Konkurrenz konnte sich Ahlmann glücklicherweise gut etablieren, und er gewann eine ganze Reihe guter und bekannter Kieler Kunden. Welches Vertrauen Wilhelm Ahlmann genoß, zeigt sich daran, daß er kurz nach Eröffnung seines Bankgeschäfts von der Generalversammlung des „Handels- und Industrievereins" zu dessen Vorsitzenden gewählt wurde; dieser Zusammenschluß der Kieler Kaufmannschaft war der Vorläufer der 1871 gegründeten Handelskammer.

Das Bankgeschäft wurde von Wilhelm Ahlmann zunächst in den unteren Räumen des 1692 erbauten Wohnhauses in der Holstenstraße 34 geführt. Es war eines der damaligen „adeligen Häuser", die früher das Gesicht des alten Kiels prägten (vgl. Nr. 19 und 20).

Schon mehrere Jahrhunderte lang bildete der Kieler Umschlag (vgl. Nr. 11) den größten Finanztermin für Schleswig-Holstein, wobei die unterschiedlichsten Kreise – Ritterschaft, Vertreter der Klöster, Gutsbesitzer und Pächter – zusammenkamen, um Geschäfte finanziell abzuwickeln bzw. neue in die Wege zu leiten. Ein Bankier als Organisator des Kieler Umschlages fehlte, was Wilhelm Ahlmann als „Marktlücke" empfunden und mit zu der Gründung der Bank veranlaßt haben mag. Ahlmann half der Stadt Kiel bereits am 25. November 1852 bei der Auszahlung eines großen Betrages in Preußischen Talern an verschiedene Gläubiger im Rahmen des Kieler Umschlages 1853.

Damals war der Kieler Umschlag das bedeutendste jährliche Ereignis im Leben der Stadt, das später und vor allem seit Beginn des 20. Jahrhunderts in seiner Bedeutung gegenüber der auch jährlich veranstalteten „Kieler Woche" zurückfiel. An den finanzwirtschaftlichen Hintergrund des Kieler Umschlages erinnert übrigens beziehungsreich ein seit 1975 jährlich geprägter „Umschlagstaler"; er wird als Medaille in einer beschränkten Auflage geprägt und als begehrtes Sammlerstück verkauft.

Aus heutiger Sicht eines Allfinanzangebots – also des Anbietens verschiedenster Finanzdienstleistungen aus einer Hand – ist es sehr interessant, daß Ahlmann schon damals neben dem Bankgeschäft auch das Versicherungsgeschäft betrieb; Anfang der sechziger Jahre wurde dieses als Agentur betriebene Geschäft jedoch wieder aufgegeben.

In dem politisch ereignisvollen Jahr 1864 ließ Ahlmann am 19. Juni als Gründer und Verleger die „Kieler Zeitung" erscheinen. Sie wurde zur führenden Landeszeitung, mußte aber ihr Erscheinen 1936 einstellen. Trotz der Enttäuschung darüber, daß Schleswig-Holstein 1867 preußische Provinz wurde, kandidierte Ahlmann für den Preußischen Landtag und vertrat bis 1873 die Interessen dieser neuen preußischen Provinz.

1865 war im Kieler Bankgewerbe mit Gründung der „Vereinsbank in Kiel" Konkurrenz aufgekommen; diese Bank wurde 1918 zur Filiale der Vereinsbank in Hamburg, der heutigen Vereins- und Westbank AG. Als zweite Aktienbank wurde 1872 die „Kieler Bank" gegründet, sie brach jedoch 1929 zusammen, und heute werden die Altaktien dieser Gesellschaft als Rarität gehandelt: historische Wertpapiere als neues Sammelgebiet.

Das Kleingewerbe organisierte sich 1869 genossenschaftlich durch Gründung der Kieler Creditbank, wobei Ahlmann auch einer der Genossen wurde. An diese genossenschaftliche Tradition knüpft die heutige Kieler Volksbank an.

1889 wurde der dreißig Jahre alte Sohn von Wilhelm Ahlmann, Dr. jur. Ludwig Ahlmann, persönlich haftender Teilhaber; er übernahm 1894 die alleinige Führung der Bank, und 1902 trat auch der jüngste Sohn des Gründers, Waldemar Ahlmann als Mitinhaber ein.

Dr. Wilhelm Ahlmann starb 1910 im gesegneten Alter von 93 Jahren nicht nur als der Gründer des Kieler privaten Bankgewerbes, sondern auch als ein Mann seiner Stadt und Region, der auch in Stadt-, Kreis- und Kirchenverwaltung an führender Stelle gewirkt hatte.

Die Inflation des Jahres 1923 (vgl. Nr. 80) sowie die Währungsreform 1923/24 führten zu einem enormen Kapitalschwund und erzwangen einen Konzentrationsprozeß im Bankwesen. Das Bankhaus Wilh. Ahlmann konnte jedoch seine Selbständigkeit wahren. 1923 schied Waldemar Ahlmann aus, nachdem Dr. Ludwig Ahlmanns Schwiegersohn, Kapitänleutnant a.D. Karl Eltze, und sein Sohn, Dr. jur. et phil. Wilhelm Ahlmann, als Teilhaber eingetreten waren.

Unter der Führung des Seniors Dr. Ludwig Ahlmann nahm die Bedeutung des Bankhauses wieder zu, und es wurde am 4. August 1927 das mit einem Aufwand von 1,25 Millionen Reichsmark erbaute Bankgebäude am Rathausplatz bezogen. Die Weltwirtschaftskrise und die sich in Deutschland 1931 anschließende Bankenkrise führten dazu, daß das Bankhaus Wilh. Ahlmann am 1. Januar 1932 die Dresdner Bank als Kommanditistin aufnehmen mußte, der Charakter der Privatbank blieb jedoch erhalten. Am 1. Januar 1937 übernahm die Girozentrale Schleswig-Holstein, die heutige Landesbank Schleswig-Holstein Girozentrale, die Anteile der Dresdner Bank. Das Bankhaus Wilh. Ahlmann konnte jedoch die Kommanditbeteiligung durch Zurückzahlung ablösen und wurde wieder eine Offene Handelsgesellschaft.

Am 1. Januar 1940 trat der Bankier Dr. Otto Knapp als Mitinhaber ein; damals zählte die Bank zu den 30 größten Privatbanken des Reichsgebietes. In der Kriegszeit verlor die Bank die Teilhaber der Familie Ahlmann; auch starb 1941 der Mitinhaber Karl Eltze. Nachdem dessen Teilhaberschaft von Frau Gabriele

Auch nachts einen Blick wert: Der Bankpalast am Kleinen Kiel.

Eltze geb. Ahlmann bis Ende 1948 fortgesetzt worden war, trat ihr Schwiegersohn, Kapitän zur See a.D. Werner Pfeiffer, am 1. Januar 1949 als Mitinhaber ein; er war schon mehrere Jahre als Generalbevollmächtigter in der Bank tätig gewesen.

Nachdem Dr. Ludwig Ahlmann 1942 im 83. Lebensjahr verstorben war – auch er hatte sich wie sein Vater sehr verdient gemacht um Bankwesen und öffentliche Belange, die Landesuniversität ernannte ihn zu ihrem Ehrenbürger –, verlor die Firma auch Dr. Wilhelm Ahlmann. Er hatte zum Freundeskreis von Graf Stauffenberg gehört und sah nach dem mißglückten Attentat auf Hitler keinen Ausweg als den Freitod am 7. Dezember 1944, um „die eigene Freiheit zu retten und um die Verschwiegenheit für seine Freunde zu wahren."

Trotz der schweren Zerstörung der Kieler Innenstadt im Zweiten Weltkrieg blieb das Bankhaus Ahlmann von einer Zerstörung verschont. 1952 wurden schon wieder 125 Mitarbeiter gezählt. Der Mitinhaber Dr. Otto Knapp wurde 1946 Präsident der Industrie- und Handelskammer zu Kiel und 1948 Präsident der Gesellschaft zur Förderung des Instituts für Weltwirtschaft an der Universität Kiel; außerdem bekleidete er Aufsichtsratspositionen in führenden Kieler Unternehmen.

Schließlich war Knapp Mitgründer des Vereins- und Clubhauses „Kieler Kaufmann" und wurde erster Präses des noch heute existierenden und angesehenen Vereins „Der Kieler Kaufmann e.V.". Die Mitglieder treffen sich auch heute noch in dem ehemaligen Ahlmann'schen Privathaus am Niemannsweg in den nunmehr als Hotel und Restaurant geführten Räumen, die auch der Öffentlichkeit zugänglich sind. Dort finden anläßlich der Kieler Woche regelmäßig auch Empfänge der schleswig-holsteinischen Landesregierung für das diplomatische Korps statt.

Durch die Währungsreform war das Eigenkapital des Bankhauses Ahlmann stark reduziert worden. Wie man weiß, benötigt aber jede Bank Eigenkapital, um zusätzliche Kredite vergeben zu können; denn das Eigenkapital bildet einen Risikopuffer, falls es zu Kreditausfällen kommen sollte. Um die Wettbewerbsposition zu halten, war also eine Stärkung der Eigenkapitalbasis erforderlich. Diese Stärkung der Kapitalkraft wurde dadurch möglich, daß mit Wirkung vom 1. April 1956 die bisherige Offene Handelsgesellschaft in eine Kommanditgesellschaft umgewandelt wurde, wobei die damalige Norddeutsche Bank AG als Kommanditistin hinzutrat.

Zwecks einer besseren Marktbearbeitung und einer einheitlichen Außenwirkung wurde das Bankhaus zum 1. Januar 1967 voll von der Deutschen Bank übernommen und bildet seitdem die Filiale Kiel dieser führenden Großbank. Der bisherige persönlich haftende Gesellschafter Werner Pfeiffer wurde Direktor dieser Filiale und nahm diese Funktion bis zu seiner Pensionierung im Jahre 1971 wahr. Im Jahre 1985 wurde dem jüngeren der beiden Söhne, Mathias Pfeiffer, die Mitdirektion der Kieler Filiale der Deutschen Bank übertragen. Er hat seine Bankerfahrung in Frankfurt am Main, Luxemburg und New York gesammelt – ein Beleg für die Internationalisierung der Banken.

So zeigt sich am Beispiel des Ahlmann-Hauses der Wandel im Bankwesen: Viele mehr oder weniger kleine, selbständige Privatbankiers mußten vom Markt verschwinden oder konnten sich zwar noch unter dem alten Firmennamen weiter betätigen, kamen aber durch die notwendige Eigenkapitalzufuhr unter die Kontrolle großer in- oder ausländischer Banken.

Noch heute erinnert der Schriftzug an der Vorderfront des Ahlmann-Hauses an die nun vergangene Zeit der Privatbankiers in Kiel, insbesondere an den Gründer der ersten privaten Bank, Wilhelm Ahlmann. Die Zeiten sind zu Ende gegangen, in denen ein Bankier

Der „Kieler Kaufmann": Einst Wohnhaus der Familie Ahlmann, heute luxuriöses Hotel und Restaurant.

handschriftlich Bücher führte, sie sind abgelöst worden von einer Kunde-Bank-Beziehung, bei der man als Kunde im Schaltervorraum und in der Schalterhalle selbst modernste Banktechnik einsetzt und von Spezialisten beraten wird. Zur Erledigung von Standard-Bankgeschäften kann der Kunde sogar Home Banking via Bildschirmtext betreiben und sieht das Ahlmann-Haus recht selten: Der Umschlag des Geldes durch Übertragung von Münzen und Noten wird durch Electronic Banking verdrängt.

FRANK BÜTTNER Kunsthistorisches Institut

Das Bismarck-Denkmal: Kiel dankt dem „Eisernen Kanzler"

Der 80. Geburtstag Otto von Bismarcks am 1. April 1895 war ein nationaler Feiertag. Der „Eiserne Kanzler", fünf Jahre zuvor von Wilhelm II. aus seinem Amt entlassen, wurde geehrt wie selbst Herrscher kaum je zuvor. Die Feierlichkeiten in Friedrichsruh im Sachsenwald, wohin sich Bismarck zurückgezogen hatte, zogen sich über eine Woche hin. Gleichzeitig wurden überall in Deutschland Jubelfeiern abgehalten und vielerorts beschloß man, Bismarck Denkmäler zu errichten, um dem Dank an den „Schmied der Einheit der Reiches" dauerhaften Ausdruck zu geben. In dieser nationalen Begeisterung konnte Kiel nicht zurückstehen. In einem Festaufruf heißt es, Kiel habe besonderen Grund, Bismarck zu danken und zu ehren, denn es habe „wie kaum eine andere Stadt im Reiche die Segnungen der thatkräftigen und genialen Staatsleitung des ersten Kanzlers am eigenen Gedeihen und Aufblühen unmittelbar empfunden". Natürlich dachte man hier zu allererst an die Loslösung Schleswig-Holsteins von Dänemark im Krieg von 1864, die Bismarck selbst als sein diplomatisches Meisterstück betrachtete. Zwar war die folgende Annexion des Landes durch Preußen von den Schleswig-Holsteinern mit sehr gemischten Gefühlen aufgenommen worden, doch war die Kritik auch im bürgerlichen Lager nach der Reichgründung 1871 weitgehend verstummt. Von der nationalen Einigung hatte gerade Kiel als „Reichskriegshafen" profitieren können.

Sehr spät, erst Ende März 1895, wurde beschlossen, Bismarck zu Ehren einen Turm zu errichten, der mit einem Beitrag der Stadt und Spenden der Bürger finanziert werden sollte. Als Standort für den 30 Meter hohen Turm, der Wahrzeichen und Aussichtsturm zugleich werden sollte, wurde das Düsternbrooker Gehölz vorgesehen. Man kam jedoch mit der Planung nicht recht voran. Auf Anraten Albert Hänels, der Professor für Staatsrecht an der Christian-Albrechts-Universität war und als bedeutender liberaler Politiker eigentlich zur Opposition gegen Bismarck zählte, entschloß man sich im Herbst des Jahres, lieber ein Standbild aufzustellen, das den eigentlichen Zweck eines Denkmals, die dauerhafte Vergegenwärtigung einer bedeutenden Persönlichkeit, sehr viel wirkungsvoller erreichen kann. Um keine Zeit zu verlieren, wurde jetzt gleich der aus Hamburg stammende Bildhauer Harro Magnussen (1861-1908) damit beauftragt, ein Modell

Ein heute eher seltenes Bild: Bismarck *mit* seinem Pallasch.

zu liefern, das bereits im folgenden Februar besichtigt werden konnte. Als Standort für das Denkmal war von Anfang an der Platz ausersehen, an dem es auch heute noch steht, auch wenn seine Umgebung sich inzwischen völlig veränderte. Damals befand es sich im Zentrum der Grünanlagen, die sich zwischen Neumarkt und Gymnasium erstreckten.

Seit der Errichtung der ersten Bismarck-Denkmäler um 1880 hatte sich eine bestimmte Typologie herausgebildet, an die sich auch Magnussen hielt. Ausgangspunkt für die verschiedenen Typen waren einzelne, besonders bedeutende Momente in Bismarcks Leben, insbesondere der Feldzug 1870/71 und die Kaiserproklamation in Versailles. Im ersten Falle wurde Bismarck in voller Uniform dargestellt, mit der charakteristischen Pickelhaube auf dem Kopf, im zweiten wird er in Paradeuniform, jedoch barhäuptig gezeigt, mit der Gründungsurkunde des Reiches in der Hand. Eine ganz andere Form des Denkmals, die allerdings erst in den neunziger Jahren begegnet, zeigt Bismarck als den „Alten im Sachsenwalde". Magnussen wählte für das Kieler Denkmal den vierten und verbreitetsten Typus, der Bismarck als Redner im Reichstag zeigt. Bismarck steht im sogenannten Interimsrock da, die Brust mit den Orden des Eisernen Kreuzes und des Pour le Mérite geschmückt. Die Linke stützt sich auf den Pallasch, den schweren Reitersäbel, die Rechte ist leicht vorgestreckt und zur Faust geballt, um die Energie und Entschlossenheit des Redners zu zeigen. Die physiognomischen Charakteristika, die buschigen Augenbrauen und den mächtigen Schnurrbart, hat der Bildhauer mit allem Nachdruck herausgearbeitet. Der wuchtige Sockel hebt die mächtige Gestalt hoch über die Köpfe der Betrachter empor, um das Ehrfurchtsgebietende der Gestalt noch zu steigern. Leider ist das Bronzerelief, das sich ursprünglich am Unterbau des Sockels befand, verlorengegangen. Es zeigte zwei eng aneinandergeschmiegte Eichen: ein damals wohlbekanntes Symbol für Schleswig-Holstein, das im Zusammenhang des Denkmals auf verschiedene Weise interpretiert werden konnte, sowohl als Hinweis darauf, daß hier Schleswig-Holsteins Bürger ihren Dank an Bismarck abstatten, wie auch als Erinnerung an die Eigenständigkeit der „auf ewig ungeteilten" Länder, die der nationalen Einigung, dem großen Ziel der Politik Bismarcks, hatte geopfert werden müssen. Bei der Einweihung des Denkmals am 10. November 1897 hat man dies nicht verschwiegen.

HANS JOACHIM KAISER Historisches Seminar

„Gebt unsere Gefangenen frei": Erinnerungen an die Nachkriegszeit am Berliner Platz

Kommt man heute von der Holstenstraße auf den Berliner Platz, fällt das Mahnmal unter den zwei Ahornbäumen zwischen der geschäftigen Fußgängerzone auf der einen und dem vielbefahrenen Berliner Ring auf der anderen Seite zunächst gar nicht ins Auge. Das Mahnmal liegt am Rande des Geschehens. Nur wer sich zum Ausruhen eine der dort im Karree angeordneten Bänke aussucht, dessen Blick fällt unwillkürlich auf die schlanke, aus vier Blöcken Muschelkalkguß zusammengesetzte Stele, die sich freistehend ohne Sockel fast 4 m in die Senkrechte erhebt. Mit einfachen, plastisch nur angedeuteten Linien hat der Künstler Arme und Köpfe zweier trauernder Frauen herausgearbeitet. Die beiden Köpfe ruhen aneinander, und die Arme umschließen sich gegenseitig. Unterhalb der Arme gleiten die deutlich markierten Oberkörper ineinander. Die geometrische Strenge der Stele wird durch den neutralen Werkstoff verstärkt.

Gerade durch die inhaltliche und formale Reduktion gelingt es dem Künstler, Fritz During, die Situation der Trauer und des Wartens, in der viele Menschen in der Nachkriegszeit standen, intensiv zum Ausdruck zu bringen.

Eines der großen Themen der unmittelbaren Nachkriegszeit war die Kriegsgefangenenfrage. An die 11 Millionen deutsche Soldaten gerieten in Gefangenschaft, davon kamen etwa 3,2 Millionen in sowjetische Gefangenenlager. Im Frühjahr 1947 hatten sich die Außenminister der vier Siegermächte auf einer Konferenz in Moskau geeinigt, bis zum 31. Dezember 1948 alle ehemaligen Angehörigen der deutschen Wehrmacht zu entlassen. Die westlichen Alliierten hielten sich im großen und ganzen an die Vereinbarung.

Es war eine Folge des Kalten Krieges, daß sich die Repatriierung der deutschen Gefangenen aus den sowjetischen Lagern auf Jahre verzögerte. Moskau setzte die Kriegsgefangenenfrage als Aktivposten für seine Deutschlandpolitik ein. Die sowjetische Propaganda nannte die Kriegsgefangenen „Kriegsverbrecher der ehemaligen Hitlerarmee" und lehnte damit eine humanitäre Regelung ab. Der Heimkehrerstrom aus dem Osten versiegte mehr und mehr. 1953 ging die Bundesregierung von noch immer 103 000 deutschen Kriegsgefangenen in sowjetischen Lagern aus.

Bei den Angehörigen blieben Ungewißheit und Hoffnungen groß. Das öffentliche Interesse an der Kriegsgefangenenfrage begann allerdings nachzulassen, denn zu Beginn der 50er Jahre standen mit dem rasanten wirtschaftlichen Aufbau der Bundesrepublik Deutschland neue Themen auf der Tagesordnung.

Vor diesem Hintergrund sollten „Gedenkwochen" der Kirchen, Initiativen des „Verbandes der Heimkehrer, Kriegsgefangenen und Vermißtenangehörigen Deutschlands e.V." und die Errichtung von Mahnmalen in den Städten die Erinnerung an das Schicksal der deutschen Kriegsgefangenen wachhalten.

Als Landeshauptstadt wollte die Stadt Kiel ihre noch nicht zurückgekehrten Bürger nicht vergessen, und seitens der verantwortlichen Kulturpolitiker wurde im Frühsommer 1953 die Idee geboren, insgesamt an sieben verschiedenen Plätzen und Haupteinfallstraßen der Stadt Mahnmale zu errichten. Die Initiative für das erste Mahnmal, das dann das einzige bleiben sollte, lag bei dem damaligen Kieler Kulturreferenten Brockmann. Gedacht wurde an eine einfache „übermannshohe Stele aus einem Material, das ihre vorübergehende Funktion deutlich erkennen läßt." Wegen der Entwürfe für das „Mahnmal für die noch nicht zurückgekehrten Gefangenen", wie es jetzt genannt wurde, nahm Brockmann Kontakte mit Bildhauern in Kiel auf. Von Oberbürgermeister Andreas Gayk (vgl. Nr. 77), der das Projekt unterstützte, kam der Vorschlag für eine Inschrift: „Gebt uns die Gefangenen frei".

Einer der angesprochenen Bildhauer war der gebürtige Spreewälder Fritz During, der seit 1936 in Schleswig-Holstein zu Hause ist und mir zu Person und Werk Auskunft gab. During arbeitete bis Ende 1939 in der Werkstatt der Kieler Kunstkeramik. Nach fünf Kriegs-

„Gebt unsere Gefangenen frei!": eine in Deutschland allmählich verblassende Erinnerung ist in vielen Ländern hochaktuell.

GEBT UNSERE
GEFANGENEN FREI
ERRICHTET 1953

jahren kehrte er nach Kiel zurück und begann als freischaffender Künstler einen Neuanfang. So schuf er zehn Arbeiten im öffentlichen Raum der Landeshauptstadt, von denen das „Mädchen mit Kind" (1965) gegenüber der Schalterhalle der „Kieler Nachrichten" und Reliefs unter dem Titel „Bürger bauen eine Stadt" (1957) im Erdgeschoß des Kieler Rathauses die bekanntesten sind. Nach den Worten Dieter Oppers steht During in der „Tradition der realistischen figürlichen Plastik unseres Jahrhunderts".

Von den Kriegsereignissen war der Künstler persönlich betroffen. Sein neun Jahre älterer Bruder, der Maler Paul During, wurde in Rußland vermißt. Das Thema der trauernden Mutter verarbeitete During später in seinem Relief „Traum".

Fritz During lacht bei dem Gedanken, daß aus dem geplanten Provisiorium des Mahnmals ein dauerhaftes Kunstwerk wurde. Er erzählt die Geschichte seiner Entstehung: Wenige Wochen, nachdem Brockmann ihn angesprochen hatte, reichte er ein 66 cm hohes Modell ein, das die folgende Inschrift trug: „Gebt unsere Gefangenen frei. 300 Kieler kehrten noch nicht zurück. Denket daran". Dieses Modell, eine „abstrakte Steigerung" zu einer Vorarbeit aus dem vorangegangenen Jahr, gefiel dem Stadtbaurat Professor Jensen. Er entschied sich für Durings Entwurf. Die Form der Stele, das Material, und die günstigen Gesamtkosten gaben den Ausschlag.

Nachdem somit eine Vorentscheidung gefällt war, stellte sich sogleich die Frage nach einem geeigneten Termin für die Einweihung. Bekannt war, daß vom 19. bis 25. Oktober 1953 eine „Kriegsgefangenen-Gedenkwoche" in der ganzen Bundesrepublik stattfinden sollte. Einen geeigneteren Termin für eine feierliche Enthüllung des Mahnmals konnte man nicht finden, und alles sollte nun versucht werden, um ihn einzuhalten.

Der von der Stadt Kiel gegründete Sonderausschuß „Gedenkstätte der Stadt Kiel" entschied sich unter Leitung des Stadtpräsidenten am 6. Oktober 1953 endgültig für den Vorschlag Durings und legte den Standort „Holstenbrücke/Runder Platz", wie er damals noch hieß, fest. Das Mahnmal sollte ständig mit Blumen geschmückt sein. Der Ausschuß beschloß weiterhin, daß nach Rückkehr aller Kriegsgefangenen die Stele zu entfernen sei.

Die Inschrift sollte lauten: „Gebt unsere Gefangenen frei! . . . Bürger der Stadt sind aus Kriegsgefangenschaft und Haft nicht heimgekehrt". In die Leerstelle sollte dann jeweils die Zahl der noch immer nicht zurückgekehrten Gefangenen aus Kiel eingesetzt werden. Verläßliche und vollständige Namenslisten gab es nicht, und es herrschte Unklarheit über die Zahl der Gefangenen. Man befragte über die Presse die Öffentlichkeit und rechnete schließlich mit rund 150 noch nicht heimgekehrten Kieler Bürgern. Die Ermittlung der aktuellen Zahl erwies sich auch in Zukunft als schwierig. Bereits 1954 wurde die Zahl mehrfach geändert und schließlich auf 64 herabgesetzt.

Jetzt drängte die Zeit, wollte man den Termin zur Einweihung einhalten. Die Anfertigung geschah, wie Fritz During erzählt, unter großem Zeitdruck innerhalb von acht Tagen. Allein drei Tage lagen die vier Teile der Plastik, um in der Form auszuhärten. Noch in der Nacht vor der Einweihung wurden die Metallbuchstaben der Inschrift angebracht.

Am 25. Oktober 1953, einem Sonntag, wurde das Mahnmal nach einer Verkehrsstille von zwei Minuten und Glockengeläut unter den Klängen des Kieler Polizeimusikkorps und großer Beteiligung der Kieler Bevölkerung durch den damaligen Stadtpräsidenten Max Schmidt eingeweiht.

Anläßlich des Moskaubesuchs von Bundeskanzler Konrad Adenauer Anfang September 1955, der zur Freilassung der letzten Gefangenen führte, wurde das Mahnmal in bengalisches Feuer getaucht. Hatte das Mahnmal damit seinen Zweck erfüllt? Den städtischen Gremien stellte sich die Frage nach dem weiteren Schicksal des Mahnmals.

Am 15. Juni 1960 beschloß der Magistrat der Stadt, das „Heimkehrer-Ehrenmal am Berliner Platz", wie das Mahnmal jetzt genannt wurde, an seinem Platz zu belassen. Allerdings legte man auch die Entfernung der zusätzlichen Inschrift „Zwei Bürger der Stadt Kiel sind aus Kriegsgefangenschaft und Haft nicht heimgekehrt", fest.

Das Thema „Kriegsgefangene" hatte sich erübrigt und für die nachwachsende Generation keinen emotionalen Gehalt mehr. Von unterschiedlicher Seite erhoben sich in den folgenden Jahren Forderungen nach Entfernung oder Umgestaltung des Mahnmals. Der Kieler Baudirektor Mertens schlug 1962 seine Beseitigung anläßlich des Neubaus eines Kaufhauses am Berliner Platz vor, einige Bürger hielten es für nicht mehr zeitgemäß und forderten vom Bürgermeister den Abriß. Eine Schülerzeitung argumentierte, das Mahnmal könne Anstoß bei den vielen ausländischen Besuchern erregen.

Darauf antwortete die Stadt im September 1964: „Man sollte das Mahnmal, auch wenn es nicht die brennende Aktualität wie vor Jahren hat, aus der damaligen Situation verstehen." Dieser Linie blieb die Stadt bis heute treu.

Doch die Gemüter beruhigten sich nicht. Der Bedarf für eine Neuinterpretation der Inschrift „Gebt unsere Gefangenen frei" schien notwendig zu sein. Der Stadtrat Lindemann verstand in einer schriftlichen Stellungnahme im Oktober 1966 unter den Gefangenen „auch die in der sowjetisch besetzten Zone widerrechtlich Inhaftierten". Dieser Auffassung schloß sich der damalige Kulturreferent Dr. Arp an und formulierte, daß das Mahnmal „dem Gedanken an alle Gefangenen gewidmet ist, die Opfer der unglücklichen Teilung unseres Vaterlandes wurden . . .". Anläßlich der Olympiade im August 1972, als die Welt nach Kiel blickte, erweiterte er seine Interpretation: „Es gibt in der ganzen Welt Gefangene, die widerrechtlich festgehalten werden. Wir meinen, daß das Mahnmal in dieser Bedeutung noch seine Berechtigung hat." Die Kieler Bürger konnten sich dieser Deutung vielleicht anschließen, aber der Inschrift des Mahnmals zu entnehmen ist sie nicht.

Im Oktober 1985 kam das „Denkmal „Gebt unsere Gefangenen frei"" (Der Sprachgebrauch hatte sich wiederum geändert.) auf Initiative des Stadtrates Johanning erneut auf die Tagesordnung des Magistrats. Beschmierungen politischer Extremisten und fehlende Buchstaben der Inschrift verunstalteten den Gedenkstein. Im Mittelpunkt stand aber die Frage, wie man die historische Aussage des Mahnmals, die Erinnerung an die Leiden der Gefangenen wie der Angehörigen, herausstellen könnte. Der Magistrat beschloß die Anbringung des Zusatzes „Errichtet 1953", um den zeitlichen Bezug herauszustellen.

Durings Stele ist bewußt als Mahnmal für seine Zeit errichtet worden. Heute ist es ein Denkmal von historischem und ästhetischem Wert. Für den reflektierenden Betrachter ist der Stein ein „Denk"mal, das ihn einen Augenblick zum Nachdenken über das Schicksal der deutschen Kriegsgefangenen veranlassen soll.

MANFRED JAKUBOWSKI-TIESSEN Historisches Seminar

Asmus Bremer: Ein Chronist als Wahrzeichen

Die Witwe Dorothea Catharina Bremer hatte keinen leichten Stand. Nach dem Tode ihres Mannes war sie für die Pflege ihrer schwachsinnigen Tochter und ihres erblindeten Sohnes allein zuständig. Das erforderte nicht nur ihre ganze Kraft, sondern brachte sie auch an die Grenzen ihrer finanziellen Möglichkeiten. Es werde der Witwe „nunmehro bludtsauer", „sich und ihre beyden elende Kinder zu conserviren", heißt es im Protocollum publicum der Stadt Kiel vom Dezember 1723. So war es für sie eine große Hilfe, als ihre Tochter auf Entscheidung des Rates eine freie Stiftsstelle im Heiliggeistkloster bekam. Gleichzeitig wurde ihr zugesichert, bei der nächsten Vakanz im St. Jürgenskloster den Sohn dort unterzubringen. Diese Fürsorge der Stadt sollte eine nachträgliche Anerkennung der Verdienste ihres Mannes, des Bürgermeisters Asmus Bremer, darstellen.

Aus diesem Grund unterstützte der Rat die Witwe Bremer verschiedentlich auch in finanzieller Hinsicht. So bedeutete es ein freundliches Entgegenkommen des Rats, als er sich 1740 damit einverstanden erklärte, ihr eine Schuld von 44 Reichstalern und 16 Schillingen zu erlassen, wenn sie dem Rat dafür den schriftlichen Nachlaß ihres Mannes, insbesondere das als Manuskript hinterlassene „Chronicon Kiliense tragicum-curiosum", die sogenannte Chronik des Asmus Bremer, übergeben würde. Durch diese Vereinbarung gelangte die Chronik Bremers für reichlich 44 Reichstaler – was damals etwa dem Wert von zwei Mastochsen entsprach – in den Besitz der Stadt. Fortan wurde diese für Kiel einzigartige Chronik im Stadtarchiv aufbewahrt, in jener Institution, die erst von Bremer in seiner Amtszeit als Bürgermeister neu errichtet und neu geordnet worden war.

Wäre der Rat der Stadt Kiel damals nicht so weitsichtig gewesen, dieses Manuskript ihres verstorbenen Bürgermeisters aufzukaufen und sicher zu deponieren, so wäre es möglicherweise im Laufe der Jahrhunderte und Jahrzehnte verloren gegangen und der Nachwelt nicht erhalten geblieben. In solchem Fall wäre aber auch der Bürgermeister Asmus Bremer nicht zu jenem Ruhm gelangt, den er bis heute in seiner Vaterstadt besitzt; gründet sich dieser doch fast ausschließlich auf seine Verfasserschaft dieser Chronik.

Asmus Bremer war der Sohn eines Wein- und Bierhändlers aus der Schmiedestraße. Er wurde vor 1652 geboren; denn in den Taufregistern der Nikolaikirche, die nur bis zum Jahre 1652 zurückreichen, wird er nicht mehr erwähnt. Über seine Kindheit und Jugend wissen wir nichts, wie aus seinem Leben überhaupt nur wenige Daten überliefert sind. Er wird in Kiel die Schule besucht haben, bevor er sich am 15. August 1670 in das Album novitiorum und am 29. Dezember 1671 in die Matrikel der Kieler Universität eintragen ließ. Nach dem Studium der Rechte ließ er sich in Kiel als Advokat nieder. Möglicherweise wird er nach seinem Studium zunächst noch gereist sein, wie es damaligem Brauch entsprach. Am 19. September 1684 leistete er den Bürgereid. Bald darauf heiratete er Dorothea Catharina Clausen, Tochter eines Kieler Kaufmanns in der Schuhmacherstraße, die in ihrer Ehe vier Töchtern und einem Sohn das Leben schenkte. Die Familie Bremer wohnte in der Schuhmacherstraße.

Als 1687 nach dem Tod des Bürgermeisters Fuchs der Ratsherr Otto Nikolaus Lindholtz in dieses Amt berufen wurde, war dessen Ratsherrnstelle freigeworden. Ratsherr konnte nach den rechtlichen Bestimmungen nur werden, wer einer angesehenen Kieler Familie angehörte, einen guten Ruf hatte, Grundbesitzer innerhalb der Stadt war und seinen Lebensunterhalt nicht durch Handwerksarbeit bestritt. Da der Ratsherr auf Lebenszeit gewählt wurde, mußte der Rat bei der Kooptierung neuer Mitglieder sorgfältig vorgehen. Asmus Bremer gehörte auf Grund seiner Herkunft und seines Berufs zum Kreis der ratsfähigen Bürger. Nun, da er am Ende seines vierten Lebensdezenniums stand, mußte er als einer der ersten Anwärter für die neue Ratsstelle gelten. So war es keine besondere Überraschung, als der Rat ihn am 9. Januar 1688 zum Kieler Ratsherrn wählte.

In seiner neuen städtischen Funktion übernahm Bremer zunächst das Amt eines Richters am Niederge-

Asmus Bremer: Der Bürgermeister als Kinderfreund.

richt. Dieses Gericht, das mit zwei Ratsherren besetzt war, war für die niedere Straf- und Zivilgerichtsbarkeit zuständig, während der Rat selbst das „judicium superius", das Obergericht bildete. Als Vorsteher des Neugasthauses und des St. Jürgensklosters war Bremer außerdem im Armenwesen der Stadt tätig.

Bremer muß in seinen städtischen Ämtern tüchtig gewesen sein, denn schon 1698 nach dem Tod des Bürgermeisters Lindholtz sollte er zu dessen Nachfolger gewählt werden, was er jedoch aus uns nicht bekannten Gründen ablehnte. Drei Jahre später wurde ihm dann das städtische Finanzwesen anvertraut und ihm das wichtige Amt des Kämmerers übertragen. Als im April 1702 durch den Tod des zweiten Bürgermeisters Johann Caspar Adolphi erneut die Stelle eines Bürgermeisters frei wurde, konnte sich Bremer als inzwischen ältestes Ratsmitglied der an ihn herangetragenen Aufforderung, dieses Amt zu übernehmen, nicht mehr entziehen. Seine Wahl erfolgte am 21. April einstimmig. Künftig wechselte er sich mit dem ersten Bürgermeister Michael Pauli jährlich in der Führung der Geschäfte ab, so daß er, wie die offiziellen Protokolle ausweisen, die Dienstgeschäfte des Bürgermeisters jeweils in den Jahren 1704, 1706, 1708 und 1710 wahrnahm.

Bremer hatte das Amt des Bürgermeisters in einer politisch angespannten Zeit auszuüben, die auf die zum gottorfischen Territorium gehörende Universitätsstadt Kiel nicht ohne Auswirkungen blieb. Das ganze 17. Jahrhundert war in den Herzogtümern Schleswig und Holstein bestimmt gewesen von den Auseinandersetzungen zwischen den Gottorfer Herzögen und den dänischen Königen. Ursache dieser Auseinandersetzungen war die Forderung der Gottorfer Herzöge nach voller Souveränität über ihren Anteil an Schleswig. Erstmals hatte Dänemark 1658 im Frieden von Roskilde auf die Oberlehnsherrschaft über den Gottorfer Anteil an Schleswig verzichten müssen. Dank der Hilfe anderer europäischer Mächte hatte Gottorf seine Souveränität trotz einiger kurzfristiger Rückschläge vorerst behaupten können.

Auch dem neuen dänischen König Friedrich IV., der seit 1699 die Regierung führte, gelang es zunächst nicht, die Gottorfer Frage im Sinne des dänischen Absolutismus zu lösen. Vielmehr mußte er dem Gottorfer Herzog 1700 im Frieden von Traventhal erneut die Souveränität bestätigen. Als der gottorfische Herzog Friedrich IV. im Juli 1702, also nur drei Monate nach dem Amtsantritt Asmus Bremers als Bürgermeister, auf einem Feldzug des Schwedenkönigs Karls XII. in Polen fiel, war die nur halbwegs gesicherte Souveränität Gottorfs wieder in Frage gestellt. Für den erst zweijährigen Nachfolger mußte eine Vormundschaftsregierung eingesetzt werden, in der der aus Hessen stammende Abenteurer Georg Heinrich Freiher von Schlitz gen. von Görtz die maßgebende Person wurde. Görtz schlug einen betont absolutistischen Kurs ein, durch den er sich sowohl die Feindschaft der Ritterschaft als auch der Städte zuzog. Unter seiner Regie wurden einschneidende Änderungen im Stadtregiment der gottorfischen Städte vorgenommen. Auch in Kiel griff die gottorfische Regierung in die bürgerlichen Freiheiten ein. Am 27. Oktober 1711 wurden die Bürgermeister Pauli und Bremer, der Rat der Stadt sowie der städtische Syndikus unter dem Vorwand abgesetzt, sie hätten bestimmte zur Einschränkung der Pest getroffene Verordnungen und Bestimmungen nicht ausgeführt. Um die Verwaltung der Stadt weiter zu gewährleisten, wurde Kiel vorübergehend unter das Präsidium des Amtmannes von Kiel-Bordesholm gestellt. Im Dezember wurden dann auf Geheiß der Regierung neue Ratsherren ernannt und am 24. Februar 1712 auch einer der beiden Bürgermeister, nämlich Michael Pauli, wiedereingesetzt. Nach der neuen Verfassung, die bereits in einem Edikt vom 30. November 1711 festgeschrieben wurde, sollte an der Spitze des Rates künftig nur noch ein Bürgermeister stehen. Damit hatte Bremer sein Amt verloren. Doch schon etwa ein Jahr später, im Mai 1713, starb Bürgermeister Pauli, und an seiner Stelle wurde kurz darauf, am 2. Juni, Bremer von der Regierung erneut ernannt.

Als Bremers zweite Amtszeit als nunmehr einziger Bürgermeister der Stadt begann, hatte der Gottorfer Herzog faktisch bereits seinen Anteil am Herzogtum Schleswig verloren. Auch gerieten die holsteinischen Gebiete des Gottorfer Herzogs noch unter dänische Besatzung, worunter auch die Stadt Kiel zu leiden hatte. Als schließlich nach langjährigen kriegerischen Auseinandersetzungen Frieden geschlossen wurde und die „Ruhe des Nordens" einkehrte, hatte Asmus Bremer schon seine Ruhe gefunden. Er starb am 31. Juli 1720 in seiner Heimatstadt, der er über 31 Jahre lang in öffentlichen Ämtern gedient hatte.

Erstaunlich ist, daß Bremer in seiner Chronik von den aufregenden politischen Ereignissen seiner Zeit keine Notiz nimmt. Nicht einmal denkwürdige Ereignisse der Stadt Kiel, wie die Eingriffe des Landesfürsten in das Stadtregiment, finden bei ihm Erwähnung. Darin zeigt sich der Unterschied zu den Chroniken an-

Wappen Asmus Bremers auf der Bürgermeistertafel im Ratsherren-Zimmer des Kieler Rathauses

derer Städte. Bremers Chronik beschäftigt sich hauptsächlich mit mehr oder weniger unbedeutenden örtlichen Ereignissen, die zwar über die sozialen und mentalen Verhältnisse in Kiel im 16. und 17. Jahrhundert Aufschluß geben, die politische Geschichte der Stadt aber kaum erhellen können. Es ist eine Aneinanderreihung von Berichten über Gewalttätigkeiten, Todes- und Unglücksfälle, kriminelle Delikte, Rechtshändel, Hexerei und Zauberei, die uns in dieser Chronik begegnet. Dazu kommen noch in einem zweiten Teil Abschriften, Auszüge und Zusammenfassungen von Urkunden und Akten zur Geschichte der Stadt Kiel aus der Zeit von 1241 bis 1705 sowie Listen der Ratsherren, der Geistlichen und der Lehrer. Dieses Material ist allerdings für die Erforschung der Geschichte Kiels unentbehrlich, da viele Schriftstücke, die Bremer noch eingesehen hat, heute nicht mehr vorhanden sind.

Als Vorlage für seine Chronik diente Bremer die von dem Flintbeker Pastor Martin Coronäus begonnene Sammlung über denkwürdige Todesfälle holsteinischer Adliger des 16. und 17. Jahrhunderts, die eine deutliche Sozialkritik – vorwiegend gegen den einheimischen Adel – enthielt. Dieses von Coronäus gesammelte Material hat er in seiner Chronik vollständig übernommen, es aber durch viele weitere Nachrichten, die er wohl vor allem den Akten des Kieler Stadtarchivs entnommen hat, ergänzt. Bremer hat die in den Akten enthaltenen Vorfälle gesammelt, sich aber jeden Kommentars enthalten. Auch hat er sich nicht bemüht, die Aktenauszüge literarisch zu gestalten. So blieb er bei der Abfassung seiner chronikalischen Aufzeichnungen ein korrekter Verwaltungsmann, ein Archivar, den das Spektakuläre, Außergewöhnliche, von der Norm Abweichende faszinierte, dem aber der Blick für die großen politischen Fragen seiner Zeit fehlte.

Die große Popularität, die Asmus Bremer in jüngster Zeit in Kiel gewinnen konnte, geht allerdings weniger auf die Kenntnis seines Wirkens zurück, als vielmehr auf die Tatsache, daß er zu einer Art Leitfigur des Kieler Umschlags (vgl. Nr. 11) gemacht wurde. Der Kieler Umschlag, einst ein bedeutender Geldmarkt Norddeutschlands, wurde 1975 aus vorwiegend kommerziellen Gründen als Volksfest wiederbelebt. In diesen Tagen schlüpft dann ein Schauspieler in die Rolle des Bürgermeisters Bremer, wobei er aber mehr als unterhaltend-komische Figur denn als seriöser Bürgermeister auftritt. Im Zuge dieser Wiederentdeckung ihres frühneuzeitlichen Bürgermeisters und Chronisten wurde 1982 die von Frauke Wehberg geschaffene Bronzefigur „Asmus Bremer“ auf dem nach ihm benannten Platz aufgestellt. Damit hat sich die Stadt Kiel, wie sich inzwischen erwiesen hat, ein neues Wahrzeichen geschaffen.

MANFRED JESSEN-KLINGENBERG Historisches Seminar

Die Ostseehalle: Aus Schwertern werden Pflugscharen

Bierträgergang, Alte Reihe und Neue Reihe – so hießen die Gassen des eng bebauten Kuhbergviertels, das nach Süden vom Großen, nach Norden vom Kleinen Kuhberg und nach Westen vom Exerzierplatz begrenzt wurde. Die Häuser dieses Viertels wurden im Zweiten Weltkrieg durch Bomben zerstört. Vor dem Kriege galt der Kuhberg als sanierungsbedürftig, und diejenigen, die hier wohnten, konnten schwerlich mit einer 'feinen Adresse' aufwarten. Am Rande dieses Viertels stand das Geburtshaus (Exerzierplatz 4 b) der jüdischen Ärztin und Politikerin Käte Frankenthal (1889–1976), der Berliner Stadtverordneten und preußischen Landtagsabgeordneten (SPD), die 1933 vor dem Zugriff der Nationalsozialisten fliehen mußte und nach einem unsteten und riskanten Emigrantendasein in Europa 1936 Asyl in den Vereinigten Staaten fand. Irgendwo in dieser Gegend Kiels scheint auch „der kleine Oskar vom Kuhberg" zu Hause gewesen zu sein, ein seinerzeit offenbar stadtbekannter Kieler Jude. Er wurde im Dezember 1941 mit 44 Leidensgefährten in den Osten – es hieß nach Minsk – verschleppt. Von dem Schicksal der Verfolgten und Gejagten und von dem Leiden und Sterben der Kuhbergbewohner im Kriege war in den Zeitungen nichts zu lesen, als sie 1950 und 1951 über den Bau und die Fertigstellung der Ostseehalle berichteten, die einen beträchtlichen Teil des Kuhbergs einnahm.

Das Gelände war eingeebnet worden, und mit den Trümmern hatte man auch die Schrecken und Nöte der Vergangenheit gleichsam weggeräumt. Die Zeit des 'Wirtschaftswunders' hatte ihren Einzug gehalten; mit Zuversicht waren Oberbürgermeister Gayk (vgl. Nr. 77), seine Mitarbeiter und nicht zuletzt die große Mehrheit der Einwohner darum bemüht, ein neues Kiel erstehen zu lassen, eine Notwendigkeit, die zugleich als eine verlockende Chance aufgefaßt wurde: „Eine neue Stadt sollte gebaut werden; eine neue Stadt durfte gebaut werden." So heißt es in dem von Andreas Gayk angeregten, aber erst nach seinem Tode (1954) erschienenen Buch „Bürger bauen eine neue Stadt" (1955).

Das im Aufbau befindliche Kiel brauchte, zumal es bereits gegen Ende des Jahres 1945 de facto Landeshauptstadt geworden war, ein Gebäude für Großveranstaltungen. Die Mitte der zwanziger Jahre errichtete Nordostseehalle an der Gutenbergstraße – etwa dort, wo sich heute die Hauptfeuerwache befindet – war den Bomben zum Opfer gefallen. Der Name dieses Gebäudes bleibt verbunden mit der Nordisch-Deutschen Woche für Kunst und Wissenschaft vom Juni 1929, deren primärer Zweck es war, Deutschland und den gesamten nordischen Raum im Austausch kultureller Güter zusammenzuführen. In ihrem Mittelpunkt stand der von der Schleswig-Holsteinischen Universitätsgesellschaft angeregte und organisierte Nordisch-Deutsche Universitätstag. Die Hoffnung freilich, dieses Ereignis werde auch zu engeren politischen Beziehungen zu den nordischen Staaten und insbesondere zu Dänemark führen, wurde in den folgenden Krisenjahren der Weimarer Republik erheblich gedämpft und mit der Etablierung der nationalsozialistischen Diktatur zunichte gemacht.

Die Nordostseehalle hatte man seinerzeit an den Stadtrand setzen müssen. Nach den Zerstörungen des Zweiten Weltkriegs war es möglich, die neue Halle im Stadtzentrum zu errichten, und zwar an hervorragender Stelle: auf dem Kuhberg, dem Geländedreieck zwischen Großem und Kleinem Kuhberg und dem Exerzierplatz. Im Dezember 1950 begann man mit dem Bau.

Das dazu nötige Material kam von der Insel Sylt; hier wurden zwei Flugzeughallen der ehemaligen Luftwaffe demontiert und ihre Teile nach Kiel transportiert, wo sie nun zu einem neuen Gebäude, das nur friedlichen Zwecken dienen sollte, zusammengefügt wurden. Man hat gesagt, hier seien gleichsam Schwerter zu Pflugscharen umgeschmiedet worden (Jesaja 2,4). Allerdings waren die Schwerter, um bei diesem Bild zu bleiben, den deutschen Angreifern längst aus der Hand geschlagen und dem Rost preisgegeben. Es hat also nicht des mutigen Entschlusses bedurft, mitten im Kampf den Frieden zu stiften. Dennoch wohnt dieser 'Umwidmung' eine gewisse Symbolkraft inne.

Volksbank

Bierträgergang um 1890. Links eine öffentliche Bedürfnisanstalt.

Nach dem Richtfest (30. April 1951) folgte rasch die Eröffnung der Ostseehalle: zur Kieler Woche dieses Jahres, am 17. Juni. Die neue Halle am neuen Standort hatte auch einen neuen Namen bekommen. Die 'Nord-ostseehalle' hatte Kiels Rolle als Vermittlerin von Kultur und Kommerz im Nord- und Ostseeraum deutlich machen sollen. Aber dieser Traum – mehr war es kaum – war längst ausgeträumt. 1951 präsentierte das Land seine wiedergewonnene Leistungskraft mit einer Schleswig-Holsteinischen Wirtschaftsschau, die von Oberbürgermeister Gayk, dem Ministerpräsidenten Bartram und Vizekanzler Blücher eröffnet wurde. – Mit einem Bunten Abend, gestaltet von den städtischen Bühnen, weihte man die Ostseehalle im September zum zweiten Male, nunmehr ganz offiziell, ein.

Die ersten Veranstaltungen in der Ostseehalle waren also eher regionaler und lokaler Provenienz. Auch fernerhin bildeten Firmen und Organisationen des Landes und der Stadt ihre Stammkundschaft. Sie nutzen die Halle in vielfältiger Weise für wirtschaftliche, sportliche, politische und kulturelle Ausstellungen, Darbietungen und Kundgebungen. Hier seien nur die Handballspiele des Turnvereins Hassee-Winterbek (THW) genannt.

Aber auch viele Veranstaltungen nationalen und internationalen Zuschnitts und Niveaus haben im Laufe ihrer vierzigjährigen Geschichte die Ostseehalle zu einem für die Stadt und das Land Schleswig-Holstein bedeutsamen Ort der Vermittlung von Unterhaltung, Begegnungen, Erlebnissen und Anregungen werden lassen. Dies könnte nur eine besondere Chronik in der nötigen Breite und Tiefe darstellen. Es seien wenigstens die Namen einiger und bei weitem nicht aller illustrer Persönlichkeiten genannt, die in der Ostseehalle zu Gast waren: Furtwängler, Schmidt-Isserstedt, Menuhin, Bernstein, Gigli, Adenauer, Kiesinger, Brandt, Schmidt, Kohl, Grock, Mario Lanza, Louis Armstrong, Benny Goodman. Nicht ausgelassen werden sollte Herr Schmidt aus Speyer, den Peter Frankenfeld zum 25-jährigen Jubiläum der Ostseehalle als zehnmillionsten Besucher begrüßte. Die heutige Ostseehalle ähnelt indessen kaum noch der aus den beginnenden fünfziger Jahren. In ihrem Innern wurden manche Umbauten notwendig, u.a. ist die Akustik merklich verbessert worden. Auch das Äußere bedurfte aus mancherlei Gründen der Erneuerung. Nicht zuletzt galt es, die 1987 fertiggestellte Fassade und den vorgelagerten Europaplatz architektonisch aufeinander abzustimmen.

HELMUT GRIESER Historisches Seminar

Die Andreas-Gayk-Straße: Zu Ehren eines großen Bürgermeisters der Nachkriegszeit

Zwischen dem Stresemann-Platz mit der Hauptpost und dem Berliner Platz bietet sich die Kieler Innenstadt ungewohnt großzügig und verkehrsfreundlich dar. Ein Fremder würde nicht so schnell auf den Gedanken kommen, daß er sich hier auf dem Boden der jahrhundertealten Kieler Vorstadt bewegt. Nur in der ersten Hälfte der 50er Jahre konnte er wenigstens an den Namen erkennen, daß hier ein neues Stadtbild entstanden war. Die Gayk-Straße hieß damals „Neue Straße", und der Berliner Platz trug die deutliche Bezeichnung „Runder Platz". Eine bekannte Kieler Straße mit stark wechselnder Breite und unregelmäßiger Führung, die „Klinke", verschwand vollständig. Sie wurde zur östlichen Begrenzung des Holstenplatzes, der auf der früher dicht bebauten Fläche zwischen der Klinke und der Holstenstraße angelegt wurde. Die Verlängerung dieser „Rest-Klinke" bis zum Bootshafen wurde durch Trümmergrundstücke hindurchgebrochen und erhielt daher zu Recht den Beinamen „neue" Straße. 1954 wurde ihr der Name des Mannes verliehen, der zum Inbegriff des Kieler Überlebenswillens geworden war.

Doch wäre es falsch, ihm und seiner Zeit allein die Erkenntnis zuzuschreiben, daß Kiel nach dem wenig planvollen Wachstum bis zum Ersten Weltkrieg neu gestaltet werden müsse. Auch an diesem augenfälligen Beispiel einer grundstürzenden Veränderung im Straßenbild, die im übrigen Deutschland rühmend in der Fachpresse beobachtet wurde, läßt sich das Wirken älterer Vorstellungen verfolgen. Die Neue Straße steht in einer Kontinuität der Kieler Stadtplanung, die beim ersten Zusehen verwundert. Schon 1941 wurden nach dem Sieg über Frankreich Pläne zur Umgestaltung Kiels der Öffentlichkeit vorgelegt. Wall und Martensdamm sollten als Randstraßen den Stadtkern entlasten. Während aber bis zum Generalbebauungsplan von 1946 und dem Architekten-Ideenwettbewerb von 1947 der Verkehr vom Sophienblatt über die Holstenstraße und die Willestraße zu einem Verteilerplatz südöstlich des Rathauses und von dort zum Martensdamm weitergeführt werden sollte, übernahm erst der Aufbauplan von 1948 Hans Bernhard Reichows Gedanken der Neuen Straße und des Runden Platzes. Ansonsten deckten sich die älteren Pläne nahezu nahtlos mit den verwirklichten Entwürfen der Aufbauzeit. Dies lag sicher auch mit daran, daß die personelle Kontinuität durch Stadtbaurat Herbert Jensen erhalten blieb. Es lenkt aber auch die Aufmerksamkeit auf die eigentlichen Leistungen Gayks, die weniger im Entwurf bahnbrechender Neuerungen als in dem Vermögen bestanden, eine völlig verwüstete Stadt in kürzester Zeit zur „bestaufgeräumten" in den Westzonen zu machen und ebenfalls in erstaunlich knapper Spanne die ausgelöschte Innenstadt nach damaligen Vorstellungen auf modernste Weise neu zu errichten. Wer war dieser Mann? Gayk wurde 1893 als Sohn eines Werfttischlers geboren. Das sozialdemokratisch geprägte Ostufer ließ ihn wie selbstverständlich in die Arbeiterbewegung hineinwachsen. Nach einer kaufmännischen Lehre beim Kieler Konsum und einer Tätigkeit bei der Lüdenscheider Parteizeitung diente er im Ersten Weltkrieg als Soldat in Galizien und Frankreich. In Kiel wirkte er in den 20er Jahren als Lokalredakteur der „Schleswig-Holsteinischen Volks-Zeitung" und seit 1929 auch als Stadtverordneter. 1927 hatte er die erste Zeltlager-Kinderrepublik auf Gut Seekamp organisiert. Hier konnte er seine Idee vom Sozialismus als einer kämpferischen Gemeinschaft entwickeln. Über 2.300 Kinder aus allen Teilen Deutschlands sollten sich dort selbstverantwortlich verwalten. Nach dem Verbot der Volkszeitung 1933 und einer kurzen Haft zog sich Gayk in die Reichshauptstadt zurück, wo er noch zwei Jahre für die Wochenzeitschrift „Blick in die Zeit" Pressestimmen des In- und Auslandes zusammenstellen und dadurch indirekt auf die Schwächen des Dritten Reiches hinweisen konnte. Als wissenschaftlicher Mitarbeiter eines pharmazeutischen Betriebs schlug sich Gayk unauffällig durch, bis er 1943 zur Hilfspolizei eingezogen wurde. Seine beiden Söhne fielen in Ruß-

KARSTADT
JEAN PASCALE
DRESDNER BANK

Die Ausstellungshalle der „Nordischen Messe" um 1925 auf dem Gelände der heutigen Hauptpost. Hier befand sich bis 1905 Kiels erster Bahnhof.

land. Kurz vor Kriegsende verließ er Berlin. Gayks Stellung in der neugegründeten Kieler SPD war anfangs nicht unumstritten. Doch bald prägte er in der Stadt und in der Provinz nicht nur das Gesicht seiner Partei, sondern galt auch als einflußreichster Politiker Schleswig-Holsteins. Als Vorsitzender des Bezirksverbandes, als Fraktionsführer im Landtag und nebenher als formeller Chefredakteur der Volkszeitung erreichte Gayk auf dem Düsseldorfer SPD-Parteitag 1948 bei den Wahlen zum Parteivorstand die dritthöchste Stimmenzahl. Er gehörte dem Parlamentarischen Rat an und galt als „Kronprinz" für die Schumacher-Nachfolge. Immer wieder wurde er gedrängt, doch als Ministerpräsident Schleswig-Holsteins dem „Armenhaus" der Westzonen zu bescheidenem Wohlstand zu verhelfen. Aber er versagte sich trotz seiner Freundschaft mit bedeutenden Parteiführern wie Schumacher und Heuss sowohl der Restreichs- als auch der Landespolitik. Er verzichtete auf die große Bühne, um stattdessen seine Heimatstadt zu neuem Leben zu erwecken. Sie war nicht nur in weiten Teilen zerbombt worden. Nach der Besetzung schwebte sie auch in der Gefahr, auf Befehl des Siegers zu einem Fischerdorf zu werden. Unter derart ungünstigen Voraussetzungen wurde Gayk im

Dezember 1945 „ernannter Ratsherr", im Januar 1946 Stadtrat, wenige Wochen später ehrenamtlicher Bürger-und schließlich im Oktober ehrenamtlicher Oberbürgermeister. Vom April 1950 bis zu seinem Tod im Oktober 1954 erfüllte er diese Aufgabe hauptamtlich.

Seine Sorgen galten neben dem Wiederaufbau der Stadt und ihrer Verwandlung in eine Stadtlandschaft vor allem der Kieler Wirtschaft. In seinem „kommunalpolitischen Testament" bekannte er 1954: „Kiel ist noch nicht über den Berg. Der schwerste Brocken, der Wirtschaftsaufbau, ist nur wenig von der Stelle gerückt. Er liegt noch wie ein Klotz vor unseren Füßen." Mehrere Hindernisse waren demnach zu beseitigen. Zum einen galt es dem Zerstörungswillen der Engländer zu widerstehen, die den Schiffsbaukonkurrenten Kiel nach zwei Weltkriegen endgültig ausschalten wollten. Zunächst verhinderten sie, daß auf dem Ostufer aufgeräumt, geplant und neuangesiedelt werden konnte. Erst als der Marshallplan und die Weststaatsgründung anliefen, erklärten sie sich zur Freigabe des Werftgeländes bereit. Bis zum Korea-Krieg 1950 wurden dann auch die Anlagen gesprengt, die den Krieg überstanden hatten und einer Friedensindustrie angeboten werden konnten. Zudem wurden Betonblöcke vorbereitet, die eine Nutzung des Ostufers als Hafengelände ausschließen sollten.

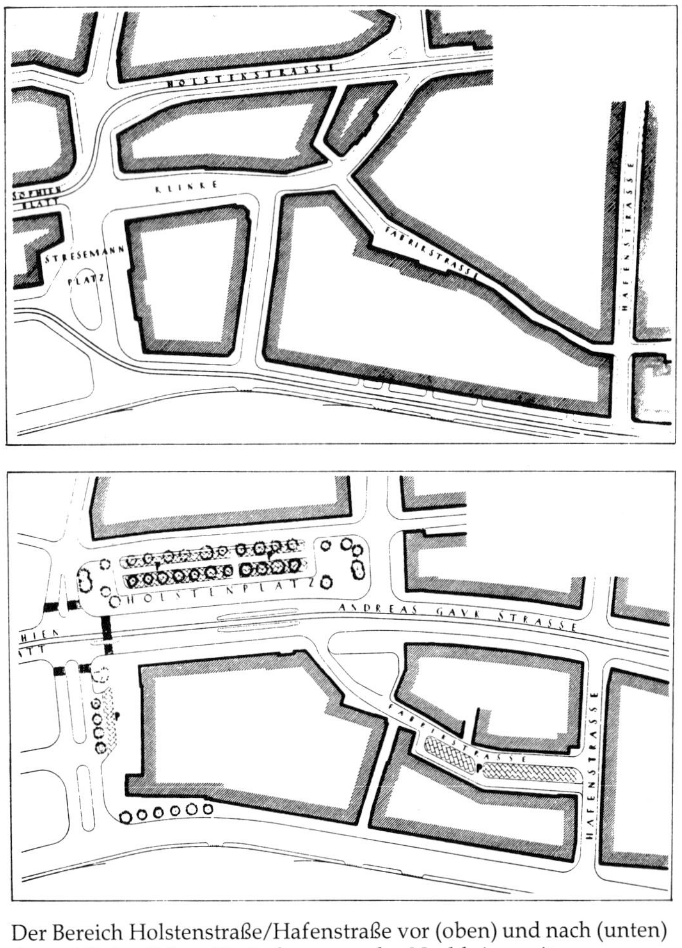

Der Bereich Holstenstraße/Hafenstraße vor (oben) und nach (unten) den städtebaulichen Veränderungen der Nachkriegszeit.

Zäh rang die Stadt unter Gayks Führung mit der Besatzungsmacht darum, wenigstens einzelne Gebäude für die Friedensindustrie zu retten. Gayks Waffen bestanden darin, schon ungewöhnlich früh die Bevölkerung zu Protestkundgebungen aufzurufen oder während der Berliner Krise seit November 1948 die britischen Militärbehörden gesellschaftlich zu boykottieren. Er erreichte es, daß manche Sprengung unterblieb. Vor allem aber gelang es ihm, 1947/48 in Friedrichsort die Holmag (heute MaK) vor einer vollständigen Demontage zu bewahren (vgl. Nr. 52) und an der Schwentinemündung einen Hochseefischereibetrieb (vgl. Nr. 97) aufzubauen.

Die langwierigen Auseinandersetzungen mit den Briten, die sich bei den Zerstörungsvorhaben auf Kontrollratsbeschlüsse zurückzogen, hatten zur Folge, daß das Kieler Industriegelände erst zu einem Zeitpunkt freigegeben wurde, als ansiedlungswillige Firmen bereits in anderen ehemaligen Rüstungs- oder Wehrmachtsanlagen im übrigen Deutschland untergekommen waren. Der Wettlauf mit der Zeit wurde insofern verloren, als es Kiel nicht gelang, im beginnenden Wirtschaftswunder rechtzeitig Ersatzindustrien für die Rüstungsbetriebe an die Förde zu locken. Marmeladen- und Strumpffabriken konnten den etwa 30.000 Kieler Werftarbeitern keinen Ausgleich bieten. Unabhängig von fremdbestimmten Hemmnissen und der vertanen Gunst der Aufschwungsjahre erhob sich aber drittens die viel schwierigere Frage, wie Kiel seiner Abhängigkeit vom Schiffsbau überhaupt entrinnen konnte. Trafen sich Gayk und die Briten noch in der Absicht, die Kriegsmarinestadt zu entmilitarisieren, so gab es keine gemeinsame Antwort darauf, wie denn diese Friedensindustrie auszusehen habe. Es mutet wie eine Ironie der Geschichte an, und bestätigt Gayks Befürchtungen, daß trotz der gleichlautenden Umgestaltungsabsichten von Siegern und Besiegten kurz nach dem Tod des Oberbürgermeisters die Werften für zwei Jahrzehnte wieder aufblühten und sogar die Bundesmarine die traditionsreichen Anlagen und Plätze übernehmen

Andreas Gayk (1893-1954).

konnte, ohne daß doch damit eine tragfähige und dauerhafte Existenzgrundlage für die Stadt geschaffen wurde, die durch ihre Standortnachteile stets auf die Reichsaufträge angewiesen war.

Gayks größte Bedeutung liegt also nicht auf einem Felde, auf dem sich die Stadtväter schon seit langem abmühten. Sein Verdienst besteht darin, den Kielern vorgearbeitet zu haben, daß die totgeglaubte Stadt leben wollte und damit ein Beispiel für ganz Deutschland geben konnte. Aus den Erfahrungen der Weimarer Republik schätzte er eine tatkräftige Führung sehr. Seine eigentlichen Erfolge errang er in dem Bemühen, die Kieler über die Parteien und Interessengrenzen hinweg zu einer Aufbaugemeinschaft zu vereinen. Stellvertretend dafür sei hier die neue Kieler Woche genannt, die neben den herkömmlichen Segelwettbewerben und den kulturellen Darbietungen auch zu einem Volksfest wurde. Zugleich sollte sie Brücken zum Norden schlagen und verdeutlichen, daß Kiel nur noch im Frieden gedeihen könne. Gayk suchte die Partnerschaft mit dem ebenfalls schwer bombardierten englischen Luftrüstungszentrum Coventry und förderte deshalb eine „Gesellschaft der Freunde Coventrys" (vgl. Nr. 13). Für die Nachkriegszeit besaßen diese kleinen Gesten zukunftsweisende Bedeutung. Gayk versuchte auch, immer wieder die Jugend zu begeistern. Sie sollte beim Baumpflanzen auf Trümmergrundstükken mit ihrer Stadt fühlen lernen. Für sie ließ er fortschrittliche Schulen bauen wie z.B. die Goethe-Schule, wegen deren Ausstattung die finanzstarken Länder ihre Zuschüsse an Schleswig-Holstein zu kürzen drohten. Doch Gayk ließ sich hier nicht beirren. Durch den hohen Zerstörungsgrad lebten in Kiel im Verhältnis zum Umland weniger Vertriebene. Gayk kümmerte sich auch um ihre Lager.

Bei aller Entschiedenheit zeigte Gayk jedoch auch die Fähigkeit, seinen Standpunkt zu überprüfen. Hatte er anfangs die neue britische Gemeindeordnung mit ihrer Trennung von Politik und Verwaltung verteidigt, so vertrat er später entschlossen die Rückkehr zur alten deutschen Magistratsverfassung. Mit einiger Berechtigung darf er als Kiels zweiter Stadtgründer bezeichnet werden, weil er aus einer engen und verbauten Reichskriegshafenstadt einen klar gegliederten Landesmittelpunkt geschaffen hat, dem auch der endgültige Wegzug der Universität nach Schleswig erspart blieb. Sein letzter Wunsch lautete, die Einmütigkeit und Opferbereitschaft der Aufbaujahre möge „wie eine schöne Sage fortleben".

LARS OLOF LARSSON Kunsthistorisches Institut

Die Landwirtschaftskammer: Kiels großer Klinkerbau

Der im Zuge des Wiederaufbaues geschaffene baumbepflanzte Platz zwischen Andreas-Gayk-Straße und Holstenstraße hebt das Verwaltungsgebäude der Schleswig-Holsteinischen Landwirtschaftskammer geradezu palastähnlich hervor. Unverdient ist dies gewiß nicht. Dieses Gebäude, das von dem Kieler Architekten Johann Theede (1876-1934) entworfen und 1926-27 errichtet wurde, repräsentiert nicht nur den wichtigsten Erwerbszweig des Landes, sondern es gehört auch zu den bedeutendsten architektonischen Denkmälern des 20. Jahrhunderts in Kiel. Um so bedauerlicher ist es, daß keine elegantere Lösung gefunden wurde für das Fahrstuhl- und Rolltreppenhaus, das jetzt den Blick auf das Gebäude vom Sophienblatt aus verstellt.

Palastähnlich wirkt auch die Gliederung der Fassade: symmetrisch mit hervorgehobener Mitte und leicht vorspringenden Eckrisaliten. Vergeblich sucht der Betrachter aber ein hervorgehobenes Portal; das Erdgeschoß nimmt eine Reihe gleichförmiger Läden ein. Neben der Absicht der Kammer zu repräsentieren, ist das wirtschaftliche Denken nicht zu kurz gekommen.

Die Notwendigkeit, diesen anspruchsvollen Bau zu errichten, war auch ursprünglich sehr umstritten. Akut wurde die Frage eines Neubaus durch den Antrag des Staates, das vorhandene Verwaltungsgebäude der Landwirtschaftskammer und das Gebäude der Agrikulturchemischen Anstalt für die Erweiterung der Milchwirtschaftlichen Versuchsanstalt zu erwerben. Nachdem die Kammer beschlossen hatte, diesem Antrag stattzugeben, stand die Wahl zwischen einem Neubau und dem Kauf und Umbau eines vorhandenen Gebäudes. Wegen der „traurigen Wirtschaftslage“ der Landwirtschaft und der viel zu hohen Baukosten wurde der Vorschlag des Vorstandes, einen Neubau zu errichten, von der Hauptversammlung der Kammer 1926 abgelehnt. Es folgte eine kurze aber lebhafte Debatte in der Presse, bis der Vorstand dennoch seinen Vorschlag durchsetzen konnte. Erleichtert wurde die Entscheidung für einen Neubau durch das Angebot der Stadt, der aus Gründen der Arbeitsplatzbeschaffung das große Bauprojekt natürlich willkommen war, der Kammer ein Grundstück in bester Lage billig zur Verfügung zu stellen und außerdem ein Darlehen zu geben. Am 19. Juni 1926 fand die Grundsteinlegung statt und bereits im Oktober 1927 konnte begonnen werden, das Haus zu beziehen. Gleichzeitig wurde nach Plänen Theedes ein neues Gebäude für die Agrikulturchemische Anstalt in der Gutenbergstraße errichtet.

Als der Neubau fertig stand und der Anbau eines Westflügels am Ziegelteich auf dem neuerworbenen Grundstück des „Nordischen Hofes“ bereits beschlossen war, wagte es ein Mitglied der Baukommission, im Wochenblatt der Kammer die repräsentative Wirkung des Gebäudes, die anfänglich so viel Anstoß erregt hatte, offen zu unterstreichen: „Zugleich aber wird dieser Bau äußerlich die Macht und die Stärke der schleswig-holsteinischen Landwirtschaft versinnbildlichen“!

Der Architekt dieses Gebäudes, J. Theede, gehörte zu den bekanntesten und produktivsten Architekten seiner Zeit in Kiel. Er war in Karlsruhe und Stuttgart ausgebildet und seit 1905 in Kiel als freischaffender Architekt tätig. Bis zum 1. Weltkrieg waren seine Bauten durch seine süddeutsche Ausbildung und vor allem von den Idealen der Heimatschutzbewegung geprägt. Davon ist im Neubau der Landwirtschaftskammer nicht viel zu spüren. Er mutet in seiner scharfkantigen Strenge eher klassizistisch an, ohne aber Säulen, Pilaster oder andere klassizistische Schmuckelemente aufzuweisen. Es ist aber weniger diese strenge Struktur der Gliederung als die braun-lila schimmernde Klinkerverkleidung und die reiche, aus den Klinkersteinen allein entwickelte Musterung der Wandflächen und der Gesimse, die den Eindruck der Fassade zunächst bestimmen. Für die beabsichtigte Gesamtwirkung wichtig waren auch die ursprünglichen, feingliedrigen Sprossenfenster, die mit ihrer weißen Farbe die dunklen Klinkerflächen farbig belebten. Sie fielen, trotz Protestes, der Modernisierungswelle Mitte der 70er Jahre zum Opfer.

Im Bau der Landwirtschaftskammer wird die Nähe zu Hamburg spürbar, wo gerade in den zwanziger Jahren der Klinkerbau zu einem Kennzeichen der Stadt wurde. Hier sei nur an das bekannte Chilehaus Fritz Högers im sogenannten Kontorviertel erinnert.

Klinkerexpressionismus in Kiel: Die Fassade der Landwirtschaftskammer am Holstenplatz.

LANDWIRTSCHAFTSKAMMER
SCHLESWIG - HOLSTEIN
BÜCHER
BÜCHER
GERHARD SCHNEIDER
EDUSCHO

CHRISTIAN DEGN Historisches Seminar

Die Kaistraße: Stätte der Maschinenbauanstalt von Schweffel und Howaldt

An der Kaistraße liegt das 1989 fertiggestellte rote Backsteingebäude der Oberpostdirektion. Aus städtebaulichen Gründen – um vom Holstenplatz einen Durchblick zum Hafen zu behalten – hat man das Bauwerk in zwei Baukörper gegliedert. In der Lücke dazwischen steht eine auffallende 7 m hohe Metallplastik des Berliner Künstlerehepaars Matschinsky- Denninghoff, „Seewind" genannt. Dieses „Kunstwerk am Bau", das Bewegung darstellt, wirkt am stärksten, wenn man es aus der Bewegung – im Vorbeifahren – betrachtet. Das beruht auf den wechselnden Lichtreflexen der zusammengeschweißten Chromnickelstahlrohre.

Unterhalb dieses Blickfangs befindet sich an unscheinbarer Stelle an einer grauen Stützmauer eine Platte aus Gußeisen mit Bronzelegierung. Die Inschrift kann man nur lesen, wenn man dicht herantritt und sich Zeit nimmt. Die Gedenktafel erinnert an die Keimzelle des größten Kieler, ja schleswig-holsteinischen Industriebetriebs. Der Kaufmann Johann Schweffel hatte 1825 auf der „Rosenwiese" am Hafen eine Schiffswerft gegründet. Er selbst besaß drei Segelschiffe und kaufte dazu 1835 den Raddampfer „Löven", eines der ersten Dampfschiffe, die zwischen Kiel und Kopenhagen verkehrten. Als Maschinenmeister engagierte er den Mechanikus August Friedrich Howaldt aus Braunschweig. Leider mußte man bereits 1837 bei Armstrong & Co. in Newcastle wichtige Ersatzteile bestellen. Da man mit der Qualität nicht zufrieden war und die lange Reparaturzeit sparen wollte, schlug Howaldt dem Reeder vor, eine eigene Maschinenbauanstalt zu errichten; so könnte man sich von der führenden britischen Industriemacht emanzipieren, die damals fast ein Monopol für Dampfmaschinen hatte.

Ihren Sozietätsvertrag hatten Schweffel und Howaldt 1838 als gleichberechtigte Partner geschlossen. Während Howaldt die technische Leitung übernahm, wirkte Schweffel als Kaufmann und Wirtschaftspolitiker. Er gründete 1841 in Kiel den „Handels- und Industrieverein", dessen Vorsitz er übernahm, und förderte den Bau der Kiel-Altonaer Eisenbahn, die 1844 eröffnet wurde (s. Nr. 81). Dabei ließ er sich von seinem Freund Gustav Harkort, dem Initiator und Direktor der Leipzig-Dresdener Eisenbahn, beraten. 1848 sandten Schweffel und Howaldt an den „Ausschuß für die Errichtung einer deutschen Flotte" eine Denkschrift „Der Kieler Hafen als künftiger deutscher Kriegshafen". Das Revolutionsjahr stand aber nicht nur im Zeichen nationaler und liberaler Ideen, sondern auch sozialer Unruhen. So mußten die Besitzer der Maschinenbauanstalt sich gegen die Beschwerde der Kieler Zunftmeister zur Wehr setzen, ihr kapitalistischer Großbetrieb (mit 120 bis 150 Beschäftigten) mache den gewerblichen Mittelstand kaputt – schließlich werde es nur noch „Millionäre und Proletarier" geben. Die beiden Unternehmer wiesen die Vorwürfe zurück und machten deutlich, daß das Industriezeitalter neue Methoden und neue Gesetze verlange. Sie als Unternehmer seien selbst auf Investitionskredite angewiesen und trügen ein hohes Risiko. Als Arbeitgeber fühlten sie sich für die Vollbeschäftigung ihrer Belegschaft verantwortlich. So bemühten sie sich derzeit beim Marine-Congress in Frankfurt um Aufträge für Lieferung von Gewehren. In der Tat erhielt die Firma Schweffel und Howaldt bald Rüstungsaufträge, die in eine künftige Produktionsrichtung wiesen: Sie lieferte 1849 an die schleswig-holsteinische Regierung die erste Schraubenschiffsdampfmaschine für das auf einer anderen Kieler Werft erbaute Kanonenboot „Von der Tann". Und im nächsten Jahr wurde bei Schweffel und Howaldt das erste deutsche U-Boot gebaut, das erste deutsche Eisenschiff. Dieser „submarine Apparat", auch „Brandtaucher" genannt, war die Erfindung eines bayerischen Artillerie-Unteroffiziers, der von der Bayerischen Legion in die schleswig-holsteinische Armee übergetreten war. Bei einer Probefahrt zerbarst das Schiff bei einer Grundberührung in der Förde, 16 m unter NN. Die dreiköpfige Besatzung gelangte zu aller Überraschung nach 7 Stunden lebend an die Oberfläche.

Das Bauersche U-Boot wurde später gehoben. Ein Modell ist im Kieler Schiffahrtsmuseum zu sehen.

Die Gedenktafel an der Kaistraße.

AM 1. OKTOBER 1838 ERÖFFNETEN
AN DIESER STELLE DER KAUFMANN
JOHANN SCHWEFFEL,
GEB. 28. 7. 1796 IN KIEL,
VERSTORBEN 14. 4. 1875 EBENDORT,
UND DER MECHANIKUS
AUGUST FERDINAND HOWALDT,
GEB. 23. 10. 1809 IN BRAUNSCHWEIG,
VERSTORBEN 4. 8. 1883 IN KIEL,
EINE MASCHINENBAUANSTALT
UND EISENGIESSEREI, AUS DENEN DIE
KIELER HOWALDTSWERKE
HERVORGINGEN.
HIER LIEF AM 18. 12. 1850 DER
"BRANDTAUCHER" VOM STAPEL,
DAS ERSTE DEUTSCHE EISENSCHIFF
UND UNTERSEEBOOT, KONSTRUIERT
VON WILHELM BAUER AUS
DILLINGEN AN DER DONAU (1822–1876).
MATERIALEINSPARUNGEN – DURCH
GELDMANGEL BEDINGT – FÜHRTEN AM 1. 2.
1851 ZUM UNTERGANG DES BOOTES.

ALBERT JECK Institut für Theoretische Volkswirtschaftslehre

Verrückte Welt: Eine Kieler Tafel aus dem Jahre 1923

Kiel, zum Erstaunen eines Wahlkielers dem Vernehmen nach „bis in die Neuzeit hinein eine hübsche, geradezu malerische Stadt" (Arthur Gloy, 1911) mittelalterlichen Gepräges, verdankt den allseits beklagten Totalverlust an schöner, alter Bausubstanz nicht erst den Zerstörungen des Zweiten Weltkriegs. Fortschrittsglaube, Bürgersinn und Ordnungswut hatten im Verein mit einer Versiebenfachung der Einwohnerzahl bereits seit 1870 gründlich tabula rasa gemacht. Der damalige Stadtarchivar Franz Gundlach konstatierte 1921 bedrückt: „Die alte Stadt Kiel hat man zerstört. Die heutige . . . ist eine neue Stadt und eine der häßlichsten ganz gewiß."

Wer in diesen Tagen in der Auguste-Viktoria-Straße unterwegs ist, geht somit durch Kiel III; zumeist eilenden Schrittes und nach vorn gerichteten Blicks. Verständlich ist das schon, denn vom Hauptpostamt zum Hauptbahnhof verlaufend, flankiert von Zentralomnibusbahnhof (ZOB), Zollabfertigung und Parkdecks, ist diese herausfordernd unansehnliche Straße das genaue Gegenteil jener urbanen Traumreviere, in denen man gemächlich schlendernd auf Entdeckungen ausgeht. Ein wenig schade ist es andererseits auch, denn eine kleine Entdeckung wäre selbst hier zu machen: Hausnummer 2 bewahrt nämlich eine gar nicht häßliche, eher tröstliche Reminiszenz an Kiel II.

Kurz vor der Ecke zum heutigen Stresemannplatz, der früher Augustenburgerplatz hieß, in der zweiten Hälfte des vorigen Jahrhunderts den ersten Kieler Bahnhof und nach 1945 Wellblechbehelfshütten für Ausgebombte beherbergte, prangt über den Köpfen zumeist unachtsamer Passanten das auf der folgenden Seite wiedergegebene Relief. Von Ruß und Abgasen längst geschwärzt, gehört es zu einem Backsteinkomplex von 1923, der sich zur Platzseite hin „Haus Augustenburg" nennt und in dieser Umgebung zunächst einmal ansehnlich wirkt. Gleich neben dem Relief befindet sich ein einladend offener Torbogen, der den Neugierigen über wunderschönes Holzpflaster – links ein weiteres Relief, rechts eine steinerne Schrifttafel – in einen Innenhof lockt, in dem man sich richtig wohlfühlen könnte, wäre er nicht vollständig zugeparkt. Das Bauwerk hat jedenfalls Stil, über dem inneren Torbogen noch ein Relief und seine Vorderfront offensichtlich im Sophienblatt. Dort angelangt, gewahrt man über dem Portal von Hausnummer 3 ein weiteres Relief, die Jahreszahl 1922, einen unübersehbaren Hinweis auf die Herkunft des Haus- und Firmeneigentümers (Handlung gegründet 1782 in Sieseby), hoch über der belebten Straße zwei Köpfe (Portraits?), über allem zum Abschluß einen Treppengiebel.

Das Ganze verweist auf Menschen, die Zeichen geben und Spuren hinterlassen wollten; Zeichen ihrer Zeit, Spuren ihrer Existenz. Drei der vier Reliefs sprechen schlicht für sich selbst: ein säender, ein pflügender, schließlich ein den hochbeladenen Erntewagen nach Hause führender Landwirt. Agrikole Erinnerungsposten, Nostalgie nach Schwansen. In der umtriebigen Großstadt von 1922/23 lebt, baut und handelt indessen ein Kaufmann. Besagte Schrifttafel im offenen Torbogen sollte, in großen Lettern, von seinem Leitmotiv künden:

> Ein Narr, wer sich nur selbst nicht traut,
> weil immer er auf andere schaut.

Stolz, selbstbewußt und auch dann nicht ohne Humor, wenn die Welt aus den Fugen gerät. Das ambitioniertere Relief in der Auguste-Viktoria-Straße setzt einen verwirrenden Schlußpunkt. Die Bildteile sprengen den Rahmen, die Schriftzeichen stehen Kopf, die Uhr zeigt fünf Minuten vor zwölf, aber an der Stelle der Zwölf befindet sich die Sechs. Ziffern und Zahlen, Buchstaben und Wörter, die von Menschen ersonnenen Verständigungszeichen sind durcheinander geraten, scheinen dubios geworden zu sein - anno 1923 für einen Kieler Kaufmann.

Folgt man den Geschichtsbüchern, dann hatte (1) die französische Armee das Ruhrgebiet besetzt, (2) die Weimarer Republik mehr als eine Regierung verschlissen, (3) ihrem späteren Liquidator nach dem Münchener Putsch mittels Festungshaft die Muße verschafft, „Mein Kampf" zu schreiben, (4) Thomas Mann „Be-

Verrückte Welt – verrücktes Denkmal.

An ein hansisches Kaufmannshaus erinnert der hohe Staffelgiebel im Sophienblatt 3.

kenntnisse des Hochstaplers Felix Krull" veröffentlicht, (5) das Fememorden nicht aufgehört, (6) Wilhelm Röntgen die Röntgenstrahlen entdeckt, aber kein Deutscher einen der Nobelpreise erhalten, (7) man das Rundfunkzeitalter eingeläutet und den Gedanken des „Muttertages" aus den USA importiert. Spezialitäten aus Kieler Sicht waren die „Nordische Messe" im März mit dem Zentrum Augustenburger Platz und, wenige Tage danach, die 75-Jahr-Feier der Schleswig-Holstein-Erhebung mit Festzug, Bürgermeisterrede, „Ein feste Burg" und „Ich hatt einen Kameraden".

Allenthalben alles wie gehabt, Vergleichbares kannte man seit Jahren. Das wirklich Neue an 1923 war die Inflation, die Hyperinflation. Sie wirbelte die Zeichen durcheinander. Die Reichsregierung hatte die Notenpresse in Schwung gebracht. Sie inszenierte – wie und warum braucht hier nicht geklärt zu werden – eine nie dagewesene Geldvermehrung, der eine ebensolche Geldentwertung via Anstieg der Warenpreise in unvorstellbar rasantem Tempo auf dem Fuße folgen mußte. Hatte man 1922 einen Dollar noch für rund 300 Mark zu kaufen vermocht, waren Ende Januar 1923 bereits 50.000, Ende Juli 1 Million, Anfang Oktober 1 Milliarde Mark dafür zu bezahlen. Auf dem Höhepunkt in der dritten Novemberwoche landete der offizielle Inlandskurs eines (!) Dollars bei 4.2 Billionen Mark, während er im Ausland sogar mehr als das Doppelte betrug.Mit den Güterpreisen ging es nicht sehr viel anders. Ein freitäglicher Wochenlohn ließ sich am Nachmittag gerade noch in ein Brötchen umsetzen. Als die staatlichen Notenpressen mit dem Gelddrucken nicht mehr nachkamen, griffen Kommunen und Unternehmungen zur Selbsthilfe und fabrizierten ihr eigenes „Notgeld".

Ein sinnlicher Begriff davon, wie sich Menschen, je nach Lage, in solchen Zeiten fühlen, läßt sich nicht wirklich vermitteln. Mir bleibt die Erinnerung an meinen Großvater. Er habe, so munkelte man mit leicht maliziösen Untertönen, in der Inflation zwei Häuser verloren. Keine Ahnung – wie! Doch wenn wir Enkel uns ein Vierteljahrhundert später in seiner Stube zum Kartenspiel zusammenfanden, wurde er zum Krösus. Abgeklärt lächelnd schritt er zum Buffet und kam mit einer Zigarrenkiste zurück, in der er seinen papierenen Inflationsgewinn verwahrte. Anschließend spielten wir um Millionen. Demgegenüber läßt sich vermuten, daß unser Kieler Kauf- und Bauherr beim ernsten Millionenspiel des Jahres 1923 als Sachwertbesitzer doch eher zu den echten Gewinnern gehört haben dürfte. Er müßte die verworrenen Zeichen der Zeit letztlich zu deuten gewußt haben. Die Taube am oberen Rand des Reliefs sieht jedenfalls nicht nach Pleitegeier aus. Sollte ich mich täuschen, dann hätte er zumindest Humor bewiesen. Humor ist, wenn man trotzdem lacht! Und solange eine Stadt auch Künstler und Kaufleute beherbergt, die dieser liebenswerten Philosophie anhängen, läßt es sich in ihr leben.

HERMANN ACHENBACH Geographisches Institut

„Eilend hin und zurück, bringe dem Lande Glück!": Kiel und die Geschichte der Eisenbahn

„Möge auch im Vaterlande bald die Zeit kommen, wo der Triumphwagen des Gewerbefleißes mit rauchenden Kolossen bespannt ist und dem Gemeinsinn die Wege bahnt".

Dieser von dem Frühindustriellen Friedrich Harkort 1825 geäußerte Wunsch ging für die Stadt Kiel zu einem erstaunlich frühen Zeitpunkt, nämlich bereits 1844, in Erfüllung. Verglichen mit den älteren Strecken Nürnberg-Fürth (1835), Braunschweig-Wolfenbüttel (1838), Dresden-Leipzig (1839) und Hamburg-Bergedorf (1842) stellt die Verbindung Altona-Kiel ein herausragendes Beispiel zukunftsorientierter Verkehrspolitik bezogen auf das damalige dänische Reichsgebiet dar. Dampf und Schiene sollten als Transportmittel der Zukunft die ältere Transitachse des Schleswig-Holsteinischen-Kanals und der Chaussee Altona-Kiel ablösen und an beiden Endpunkten unmittelbare Verbindungen zu den neuen dampfgetriebenen Schiffen ermöglichen. Auch hier spielte Kiel eine Vorreiterrolle in der Ostsee: schon 1819 hatte das in Schottland gebaute Dampfboot „Caledonia" regelmäßige Verbindungen nach Kopenhagen aufgenommen.

Die frühe Entwicklung der Bahntrasse Altona-Kiel ist nur vor dem Hintergrund der konkurrierenden Interessen der Hansestädte Hamburg und Lübeck gegenüber Dänemark zu verstehen. Schon 1831 hatte der Kaufmann Emil Müller, dessen Vater die Einrichtung Lübecker Dampfschiffahrtslinien sehr gefördert hatte, für ein Bahnprojekt Hamburg-Lübeck geworben und die Aufmerksamkeit englischer Finanziers geweckt. Aber die dänische Krone versagte die Durchführung des Vorhabens und den Beginn von Vermessungsarbeiten im Herzogtum Holstein, das zwar zum Deutschen Bund gehörte, aber zusammen mit Schleswig in Personalunion mit Dänemark stand und in den dänischen Gesamtstaat einbezogen war.

Als Friedrich List 1833 seinen berühmten Plan eines nationalen, von Territorialgrenzen unabhängigen Eisenbahnnetzes vorstellte und als nördlichste Endpunkte Lübeck und Danzig vorschlug, scheint die dänische Krone ihren entscheidenden Anstoß erhalten zu haben, die Chancen eines eigenen Projektes näher zu erkunden.

Die Regierung in Kopenhagen beauftragte Professor Georg Hanssen, einen exzellenten Landeskenner der damaligen Zeit, die bestmögliche Route zwischen den Endpunkten Kiel und Altona zu erkunden. Es kommt zu zwei realisierbaren und nahezu gleich distanzierten Streckenvorschlägen: der eine von Altona über Segeberg und Bornhöved verlaufend, der andere über Barmstedt und Neumünster auf die Kieler Förde zusteuernd. Der westlichen Trasse, die Elmshorn einbezieht und einen Abzweig zur Garnisons- und Handelsstadt Glückstadt ermöglicht, wird amtlicherseits der Vorzug eingeräumt. Bis heute ist keine Änderung dieser Trassierung eingetreten.

Trotz der prinzipiellen Befürwortung ist der dänischen Regierung die Errichtung einer Transitachse Altona-Ostsee damals ökonomisch gewagt erschienen. Das Unternehmen sollte daher dem Unternehmergeist privater Investoren überlassen bleiben. Erst zum Schluß stieg die Regierung ein, um durch den Kauf von 5000 der insgesamt 12300 Aktien die Finanzierung des Vorhabens zu retten. So konnte am 16. Juni 1842 die „Altona-Kieler-Eisenbahn-Gesellschaft" gegründet und dieser bereits 12 Tage später durch die Krone die Konzession für Vermessung, Trassierung und Betrieb erteilt werden.

Baumeister der Bahn war der Ingenieur Eduard Dietz, der bereits Erfahrungen auf der Strecke Leipzig-Dresden gesammelt hatte. Da alle Lokomotiven, die Schienen und das meiste rollende Material in England und Schottland bestellt wurden, einigte man sich ohne lange Diskussion auf die englische Spurbreite und damit die spätere Normalspur. Wie auch andernorts in Deutschland kam es an verschiedenen Stellen, so in Neumünster und Elmshorn, zu Protestaktionen der

GLEIS 1
GLEIS 4
DB
DB
Lüneburg

Fuhrleute, die um ihre Einnahmen aus dem Frachtgewerbe fürchteten.

Schwierigkeiten beim Bau der Bahn traten im meist ebenen Gelände Holsteins nicht auf. Nur zwischen Bordesholm und Kiel mußten die feuchten und überschwemmungsgefährdeten Wiesen des Eidertals durch große Kurven entlang dem Talhang umgangen werden. Auf hohem Damm erreichte die Bahn die damals noch spitz auslaufende Hörn und hielt sich parallel zum Westufer der Förde bis zum Einmünden der Trasse in den Bahnhof.

Bereits nach gut einem Jahr Bauzeit wurde die 105 km lange Transitlinie von der Elbe zur Ostsee eröffnet. Dies geschah zum Geburtstag des Königs am 18. September 1844. Auf Professor Hegewisch, Leibarzt des Königs, soll der Vorschlag zurückgehen, die erste Bahnverbindung im dänischen Staat auf den Namen „Christian VIII. Ostseebahn“ zu taufen. Anstelle von vorher 9 Stunden, die eine Extrapost auf der Chaussee benötigte, wurde die Strecke nunmehr in 2 Stunden 32 Minuten bei Spitzengeschwindigkeiten bis 45 km/h durchmessen. 112 Bahnwärter sicherten die Strecke und gaben per Flaggensignal und vermittels hochgezogener Körbe Informationen an den Lokführer sowie den nächsten, auf Sichtverbindung postierten Bahnwärter weiter.

Die Personenbeförderung war vom ersten Jahr an ein Erfolg. Schon 1845 wurden pro Tag etwa 1000 Personenbillette verkauft; 1868 – nach Anschluß der Ostholsteinischen Bahnen – stieg die Zahl auf über 6000. Daß die Kiel-Altonaer-Eisenbahn im wahrsten Sinn des Wortes hoch im Kurs stand, erhellt aus der Tatsache, daß zum Zeitpunkt der Übernahme der Gesellschaft durch den preußischen Staat 1884 für die Aktie 13,50 Reichsmark und 9,5 % Dividende gezahlt wurden. „Eilend hin und zurück, bringe dem Lande Glück!“ Dieser Wunsch, der die zur Eröffnung geprägte Gedenkmünze ziert, schien für den Anfang der Kieler Bahngeschichte in Erfüllung zu gehen.

Von weitreichender Bedeutung für die innere Erschließung und räumliche Differenzierung der Stadt wurde die Lokalisierung des Bahnhofs. Nach kontrovers geführter Diskussion entschied man sich für die altstadtnahe Lösung an der Klinke im Bereich der heutigen Oberpostdirektion. Das Kieler Altstadtbürgertum hatte für eine Heranführung der Bahn bis zum Pfaffentor plädiert, während sich die selbstbewußten Vorstädter für eine Lösung außerhalb der Bebauung auf der Höhe des St. Jürgens-Friedhofs einsetzten.

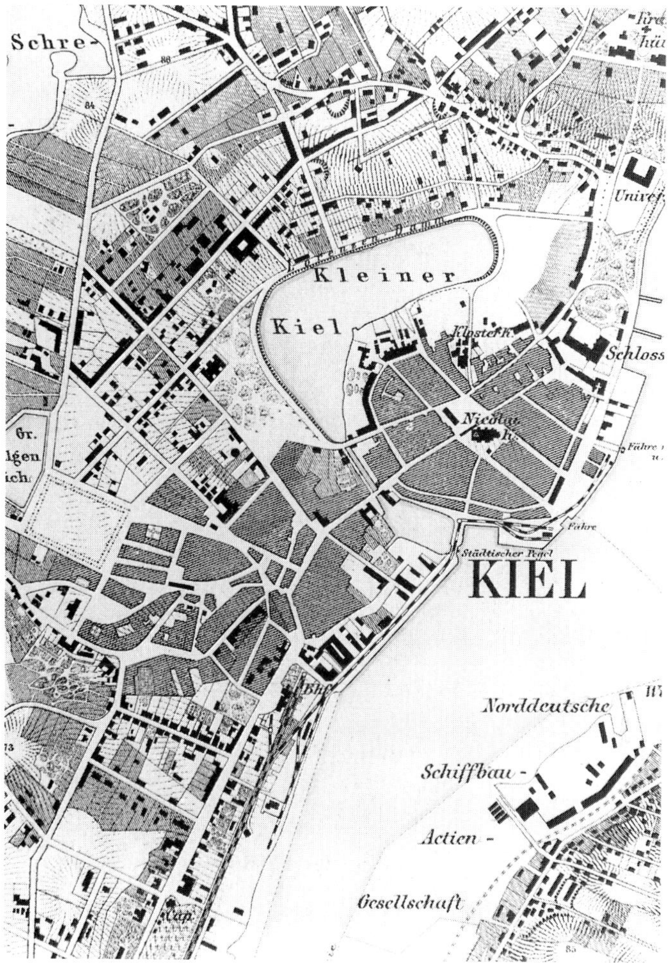

Kiel um 1880: Die Bahnlinie Altona-Kiel wird bis in die Vorstadt herangeführt.

Ein Kompromiß mußte aus technischen Gründen geschlossen werden, da die Lokomotiven durch die offene, zweigleisige Halle hindurchfahren mußten, um auf einer Drehscheibe für die Rückfahrt gewendet zu werden. Vor dem Bahnhofseingang zweigte ein Gleis zu den Kais und zur Schiffsbrücke ab. Der den Zustand von etwa 1880 darstellende Stadtplan, bringt diesen Sachverhalt noch sehr deutlich zum Ausdruck. Im Kartenbild tritt auch das westlich an der Längsseite errichtete eigentliche Bahnhofsgebäude hervor.

Aus heutiger Sicht muß außerordentlich bedauert werden, daß diese citynahe Lage des ersten Kieler Bahnhofs an der Klinke in preußischer Zeit einer Neuplazierung 450 m weiter südlich weichen mußte. Die innere Gliederung der Stadt hätte mit Sicherheit eine

Ungewohnte Einsicht in die Kieler Bahnhofshalle.

Nur noch ein Torso einstiger Größe: Das Kaiserportal an der Ostseite des Kieler Hauptbahnhofs.

Bahnhof im Wandel: Dem architektonischen Purismus der 50er Jahre wurde neuerdings mit gläsernen „Terminal-Passagen" zu Leibe gerückt.

stärker zentralorientierte Ausrichtung behalten, wenn die spätere innerstädtische Verkehrserschließung an dieser günstigen Stelle zwischen Alt- und Vorstadt mit direktem Zugang zum Wasser hätte anknüpfen können. Der Gefahr der Entwicklung zu einer 'Stadt ohne Mittelpunkt' hätte mit Hilfe einer altstadtnahen Bündelung der öffentlichen Verkehrsträger viel wirksamer begegnet werden können, als dies heute der Fall ist.

Der heutige Bahnhof, der den Namen Hauptbahnhof führt, obgleich alle früheren sonstigen Personenbahnhöfe stillgelegt sind, ist kurz vor der Jahrhundertwende (1899) unter preußischer Regie mit Pomp und Pathos eröffnet worden. Der alte Bahnhof aus dänischer Zeit wurde 1905 abgerissen.

Das neue Gebäude war mit seiner Zugangsseite stirnseitig ausgerichtet und wurde über dem Hauptportal von einer mächtigen Zentralkuppel überwölbt, wie man sie an anderen großen Bahnhöfen – so in Hannover und Bremen – als beeindruckendes Bauelement noch heute antrifft. Selbst nach der Zerstörung im letzten Krieg macht diese Kuppel, deren Stahlkonstruktion noch bestand, auf Photographien einen imposanten Eindruck.

Zur Wasserseite hin besaß der neue Kieler Bahnhof einen repräsentativen Ausgang durch ein erhöht angeordnetes Portal, zu dem Treppen und seitlich Rampen hochführten. Diese sog. Kaisertreppe, die vor allem für den Empfang von Fürsten und Majestäten gedacht war, ermöglichte einen direkten Zugang zum Wasser, besonders bei Besuchen des Kaisers zur kaiserlichen Jacht „Germania". Im Inneren diente den repräsentativen Absichten das sog. Fürstenzimmer. Von der wasserseitigen Parkplatzseite, die heute ein wenig organisches Aussehen besitzt, sind noch Reste des ehemaligen Portals und seiner ornamentalen Umrahmung, vor allem der steinerne Reichsadler, zu erkennen. Letztmalig war die Kaisertreppe im Mai 1945 in Funktion, als der britische Feldmarschall Montgomery von der Freitreppe sprach und an der Ostseite eine Front englischer Soldaten abschritt.

Interessanterweise konkurrierten bei der Errichtung des neuen Bahnhofs vier Vorschläge miteinander, darunter ein solcher, der vom Schrevenpark als neuer Verkehrsmitte ausging und eine Ringbahn um das gesamte Westufer vorsah. Der eigentliche Grund, die alte Plazierung beizubehalten, lag in der Anlage von Nebenbahnen, so nach Schönberg, Segeberg, Rendsburg und Eckernförde, deren Trassen in den bestehenden Schienenstrang eingefädelt werden mußten. Auch der Flächenanspruch eines Güterbahnhofs mußte berücksichtigt werden.

Das Bahnhofsgebäude, nicht jedoch das Innere mit seinen glasüberwölbten Gleisanlagen, hat in vereinfachender, stark funktionalistischer Form zweifache Umbauten über sich ergehen lassen müssen. Der eigentlichen Wiederaufbauphase nach dem Krieg folgte seit 1986 eine weiterreichende Umgestaltung unter mehreren Gesichtspunkten. Einmal wollte die Bundesbahn den inneren Servicebereich auch im peripheren Kiel dem Stand eines zeitgemäßen Dienstleistungsunternehmens anpassen. Daneben sollte zumindest der Zentraleingang wieder freigelegt und von einer Fußgängerbrücke befreit werden, die vom Zentralen Omnibus-Bahnhof direkt „ins Auge des Bahnhofs" verlief. Schließlich ging es um die Anbindung des cityfernen Bahnhofs an weitere öffentliche Verkehrsträger wie Bus und Schiff sowie um den Zugang zum bahnhofsnahen Sophienhof mit seiner neuen Geschäftskonzentration. Diese Maßnahmen, unter dem Aspekt fußläufiger Verflechtung vollzogen, prägen heute sehr stark das äußere Bild des Kieler Hauptbahnhofs.

Viel schwerer indes, als den Bahnhof in die verkehrsinternen Personenströme von Stadt und Umland einzubinden, lastet die Problematik der Fernverkehrslage auf der schleswig-holsteinischen Landeshauptstadt. Sackgassenlage ohne internationalen Zugverkehr, die blockierende Wirkung Altonas im schienengebundenen Durchgangsverkehr und vielleicht auch ein wenig die fehlende Elektrifizierung nördlich der Elbe wiegen im Konzept überregionaler Landes- und Wirtschaftsplanung schwerer noch als die kommunikativen Probleme im Umkreis der Förde.

Der Hauptbahnhof um 1930.

FRANK BÜTTNER Kunsthistorisches Institut

Der neue Sophienhof: Ein Paradies der Fußgänger

Der moderne Sophienhof, der das große Karree zwischen Sophienblatt, Herzog-Friedrich-Straße und Hopfenstraße fast bis zur Ringstraße hin ausfüllt, ist ein lebendiger Beweis dafür, wie schnell das Neue, wenn es nur einigermaßen Annehmlichkeiten bietet, das Alte vergessen lassen kann. Den ganzen Tag über herrscht in der Passage des Sophienhofes dichtes Gedränge. Unter den gläsernen Dächern kann sich ein Hauch von Großstadtleben entfalten, den man sonst in Kiel nicht findet. In den Gaststätten und Cafes, die hier eingerichtet wurden, sitzt man wie unter freiem Himmel und kann träumen, sich im Trubel einer südländischen Metropole zu befinden.

Der alte Sophienhof um 1975.

Indem man den modernen Passagenkomplex „Sophienhof" taufte, usurpierte man einen Namen, den früher ein einzelner, allerdings sehr großer Bau innerhalb der wilhelminischen Bebauung des Sophienblattes trug, der zusammen mit einer Reihe weiterer aus dieser Zeit erhaltener Häuser bis in die jüngste Zeit hinein die Entwicklung Kiels zur Großstadt anschaulich dokumentierte. Die Entstehung dieses Teiles des Sophienblattes hängt vor allem mit der Neuanlage des Bahnhofs zusammen. Rings um den neuen Bahnhofsplatz entstanden seit 1900 aufwendige Bauten: das fünfgeschossige, weiß verputzte Hansa-Hotel, der palastartige Werksteinbau der Schleswig-Holsteinischen Landgesellschaft und als weiteres Prachtstück der 1906 errichtete Sophienhof. Seine Fassade war geprägt von dem Zusammenklang der warmgelb gefaßten Putzflächen mit dem bräunlichroten Sandstein, der für alle Schmuckformen verwendet wurde. Auffälligstes Motiv der Bauornamentik waren zwei monumentale Sphingen mit Flügeln und maskenhaften Gesichtern, die den Mittelgiebel des Baues flankierten. Man kann sie auch heute noch sehen, oberhalb des Nebeneinganges des „modernen" Sophienhofes, als Spolien einer überwältigten Vergangenheit.

Die Bomben des Zweiten Weltkrieges hatten empfindliche Lücken in die Bebauung des Sophienblattes gerissen. Charakteristische Bauten der wilhelminischen Zeit wie Sophienhof oder das „Sophieneck" und der Erweiterungsbau des Thaulow-Museums blieben jedoch weitgehend erhalten, wurden aber bald von den Städteplanern nur noch als Störfaktoren angesehen, die einer umfassenden Neukonzeption der Bahnhofsumgebung im Wege standen. Verschiedenste „Sanierungskonzepte" lösten einander ab. Die Weichen in die Zukunft stellte man Ende der sechziger Jahre mit

Ein Hauch von Großstadtleben: Shopping im neuen Sophienhof.

Caf

Spolien einer überwältigten Vergangenheit: Die beiden Sandsteinreliefs der Sphingen am Nebeneingang zum Sophienhof.

der Genehmigung des einfallslosen, schachtelförmigen Kaufhausneubaus, der an der Stelle des Thaulow-Museums errichtet wurde. Für die Bebauung des anschließenden Areals wurden jetzt hochfliegende Pläne aufgestellt und wieder verworfen. Es gab viele Bürger, die mit der beabsichtigten radikalen Sanierung nicht einverstanden waren. Dennoch wurde der Abbruch durchgesetzt. Im Sommer 1983 fiel auch der alte Sophienhof. Die Vergangenheit war beiseite geräumt, dem Neubau stand nichts mehr im Wege.

Es sollte jedoch noch drei Jahre dauern, bis der Grundstein gelegt werden konnte. Die Gesamtplanung des Sophienhofes lag in den Händen des Kölner Architekturbüros Dietrich und Herrmann. Der umfangreiche Baukomplex zeigt sich von außen her vielgestaltig und ist nicht in jeder Hinsicht gelungen. Die Fassaden zur Hopfenstraße sind eintönig und abweisend. An der Seite zum Sophienblatt bietet sich der Bau als Addition unterschiedlicher Bauteile dar, die durch das Material des Backsteins und das Motiv der Laubengänge unter gestelzten Pfeilern verbunden werden. Die Behandlung der Wand- und Glasflächen setzt die Bauteile voneinander ab. Dem Dissonanten des Außenbaues steht der Eindruck der Einheitlichkeit gegenüber, den das Innere vermittelt. Man kann wohl sagen, daß der Bau von innen her konzipiert wurde, von seinem Kernstück, der langen zweistöckigen, glasüberdachten Passage. Sie führt im Obergeschoß die Linie des sogenannten Holstentörns fort, der als zweite Verkehrsebene die Fußgängerströme vom Holstenplatz zum Bahnhof aufnehmen soll.

Die Passage ist ein charakteristischer Gebäudetypus des 19. Jahrhunderts. Überall in der Welt entstanden damals überdachte Einkaufsstraßen, die das exotische Vorbild des orientalischen Basars auf die Bedingungen der modernen Großstädte und des liberalistischen Wirtschaftssystems übertrugen. In jüngster Zeit erst wurde die Passage als Bautypus wiederentdeckt, als man nach Möglichkeiten suchte, dem Fußgänger in den Stadtzentren wieder zu seinem Recht zu verhelfen. Heute gibt es kaum eine größere Stadt bei uns, in der nicht eine Einkaufspassage eingerichtet wurde. Kiel folgte einer städtebaulichen Mode und der Erfolg beim Publikum gab dieser Entscheidung recht. Wenn das, was hier einmal war, schon jetzt bei den meisten Passanten vergessen ist, so wahrt doch wenigstens der Name „Sophienhof" einen Schein von Kontinuität.

JÖRN HENNING WOLF Institut für Geschichte der Medizin und Pharmazie

Am Königsweg: Die erste moderne chirurgische Klinik der Welt

Überträgt man ein nach der Entstehungs- und Standortchronologie geordnetes Verzeichnis der Kieler Hospitäler und Krankenhäuser alter wie neuer Zeit in den Stadtplan und schlägt um das Rathaus als Mittelpunkt einen Kreis, dessen Durchmesser sich bis zu den im Lebensalltag der Stadt am meisten frequentierten Plätzen zwischen Hauptbahnhof und Schloß erstreckt, so vermittelt das topographische Bild folgende Erkenntnis: Von den seit Beginn der Kieler Stadtgeschichte geschaffenen Einrichtungen zur Krankenversorgung befanden sich alle, die vor der Mitte des vorigen Jahrhunderts entstanden waren, innerhalb des gezogenen Kreises, der keineswegs mit dem Verlauf der mittelalterlichen Befestigungsmauer beziehungsweise der heutigen Altstadt identisch ist. Wir können das Innere dieses Kreises als das Kerngebiet des mittelalterlichen Hospital- und Krankenhauswesens der Vormoderne, aber auch der ersten aufkommenden Kliniken neuzeitlicher Prägung in Kiel bezeichnen. Demgegenüber hatten und haben die jüngeren, teils aus den Keimzellen des alten Kerngebietes emporgewachsenen Institutionen mit ihren nach 1850 errichteten neuen Bauten gesteigerter Bettenkapazität einen Standort außerhalb des erwähnten Kreises. Das gilt sowohl für die seit 1862 nördlich des Schloßgartens im ehemaligen Flecken Brunswik angesiedelten einstigen akademischen Heilanstalten – das heutige Klinikum der Christian-Albrechts-Universität (vgl. Nr. 33) – als auch für die 1866 am Kronshagener Weg von der Gesellschaft freiwilliger Armenfreunde eingerichtete Krankenabteilung der Zwangsarbeitsanstalt, aus der 1871 die – im Unterschied zur staatlichen Trägerschaft – nach damaligem preußischen Gesetz in kommunaler Verantwortung befindliche Armen- und Krankenanstalt der Stadt Kiel hervorgegangen ist – das heutige Städtische Krankenhaus mit seinem modernen Klinikum an der Chemnitzstraße. Der gleiche Sachverhalt der zentrifugalen Standortbewegung beziehungsweise einer von Beginn an peripheren Niederlassung trifft zu auch auf die unter den größeren Krankenversorgungsstätten zu berücksichtigenden Militärlazarette unterschiedlicher Epochen der dänischen, preußischen und reichsdeutschen Geschichtsperiode, mit ihren sich nordwärts verlagernden Positionen, vom Umkreis des Exerzierplatzes über das Areal in der Feldstraße – heute Medizinische Universitätsklinik in der Schittenhelmstraße – bis zum Gelände Weimarer Straße in Kiel-Wik, wo zwischen 1903 und 1907 der Neubau des gegenwärtig noch weitgehend erhaltenen ehemaligen Marinelazaretts nach dem Pavillon-System errichtet wurde, das später zum Teil – bis 1988 – vom Anschar-Krankenhaus genutzt wurde, zum Teil noch heute – bis zur Entstehung eines Gebäudes im Universitätsklinikum – der Neurochirurgischen Klinik als Unterkunft dient. Wir können das Merkmal aber auch bei der Gattung der Privatkliniken beobachten, unter denen mit Rücksicht auf ihre längste Bestehensdauer die aus einem Institut für mechanische orthopädische Therapie 1904 entwickelte „Krankenanstalt des Herrn Dr. Lubinus" exemplarisch angeführt sei, die 80 Jahre lang in der Brunswiker Straße 8-10 ansässig war und sich heute als Lubinus-Klinik im Neubau am Steenbeker Weg präsentiert.

Eine der Einrichtungen aus der jüngeren Vergangenheit, deren Tradition in abgewandelter Form am angestammten Platz bis in die Gegenwart fortgeführt wird, begegnet dem Betrachter der krankenhausgeschichtlichen Topographie im alten Ursprungsgebiet Kieler Hospitäler. Die Spur zu dieser Klinik führt im wahren Wortsinn „hinter" die 1961 im Zeitstil erneuerte Fassade des St. Elisabeth-Krankenhauses, der jüngsten und kleinsten Institution unter den vier größeren Kliniken im Kieler Raum. Als Niederlassung der Kongregation der Schwestern von der Heiligen Elisabeth verkörpert dies Krankenhaus hiesigenorts als einziges den Status konfessioneller gemeinnütziger Trägerschaft. Jeder Passant des Königswegs kennt aus eigener Anschauung das unübersehbare Gebäude in seiner 1979 erweiterten und renovierten Gestalt mit der weißen Klinker-

Dr. Neubers Privat-Klinik.
Kiel, Königsweg.

verblendung und mit dem kolossalen Treppenturm, der das Bauwerk, ungefähr in seiner Mitte leicht vorgelagert, an Höhe überragt und – für den Kenner – eine tektonische Schnittstelle von geschichtlichem Rang markiert.

Bevor der Betrachter jedoch hinter die Fassade zu blicken sich anschickt, um das Gesicht des alten Hauses in der Vorstellung zu rekonstruieren und die ursprüngliche Bedeutung des Bauwerks zu erfahren, mag er sich in einem Panorama vergegenwärtigen, auf welchem Kieler hospitalgeschichtlichen Boden sich das Elisabeth-Krankenhaus befindet und jene Klinik befand, die sozusagen in ihr steckt und von der anschließend die Rede hauptsächlich sein soll. Zumindest könnte den einen oder anderen Besucher, Patienten oder Bediensteten des in unseren Tagen florierenden Innenstadt-Krankenhauses das Bewußtwerden nachdenklich stimmen, daß nicht weit von seinem Standort entfernt, nämlich dort, wo in das Sophienblatt, die Parallele zum Königsweg, quer verlaufend die Ringstraße mündet, bis 1954 auf dem Gelände vor der Bahnhofshalle die 1902-04 erbaute St. Jürgens-Kirche stand. Sie war die Nachfahrin einer gleichnamigen Kapelle und zugleich das letzte weithin sichtbare Zeugnis der an dieser Stelle einst gelegenen Unterbringungsstätte für die im Mittelalter zwangsweise isolierten Aussätzigen. Noch im Jahrhundert der Stadtgründung errichtet und, wie zumeist in Norddeutschland und Dänemark, dem Heiligen Georg als Schutzpatron der Leprosen geweiht, lag die „Domus S. Georgii prope Kyl" am damaligen Hauptverkehrsweg, der von der Holstenbrücke in Richtung Hamburg führte. So war es „den armen Luden to S. Jorghen" möglich, bei den Reisenden um Almosen zu betteln, was sie innerhalb der mauerumschlossenen Stadt – wie in allen Orten – wegen erhöhter Ansteckungsgefahr nicht durften.

Weiter ostwärts der bis um die Jahrhundertwende gut erhaltenen St. Jürgens-Kapelle, dem kleinen, aber dominierenden Gotteshaus der Leproserie benachbart, existierte auf dem heutigen Bahnhofsvorplatz bis 1909 ein in den Jahren 1821-22 erbautes Siechenhaus. Hier wurden um die Jahrhundertwende über 100 gebrechliche und hilfsbedürftige alte Menschen durch Pflegekräfte betreut, die dem 1872 vom Vaterländischen Frauenverein zur chirurgischen Hospital- sowie zur Privat- und Armenpflege gestifteten Anschar-Schwestern- und Krankenhaus (in der Annenstraße) angehörten. In diesem sogenannten Stadtkloster (vgl. Nr. 66), das 1809 als Zusammenschluß der in Kiel teils seit mittelalterlicher Zeit bestehenden Armenspitäler konstituiert worden war, hatte auch das gegen 1257 mit der traditionellen Bestimmung als Stätte leiblicher Pflege und geistlicher Fürsorge einsamer Kranker und aller Art Zuflucht suchender Bedürftiger gegründete Heiligen-Geist-Hospital seine geschichtliche Fortsetzung erlebt, das nach einem anfangs provisorischen Quartier in der Straße hinter den Mauern während der nachreformatorischen Zeit in den Gebäuden des aufgelassenen Franziskanerklosters sein Domizil gefunden hatte (vgl. Nr. 16).

In unmittelbarer Nähe des Elisabeth-Krankenhauses bestanden im frühen und mittleren 19. Jahrhundert zwei in gewisser Hinsicht als Pendants verstandene Krankenhäuser: zum einen, im Terrain zwischen der heutigen Lerchen-, Hopfen- und Herzog-Friedrich-Straße das alte, aus dem Zeitalter des dänischen Gesamtstaates stammende Militärkrankenhaus, zum anderen die gelegentlich auch zur Unterscheidung Zivil-Krankenhaus genannte, nach dem offiziellen Sprachgebrauch der Zeit als „Klinisches Institut" bezeichnete Einrichtung, die der Professor für Medizin und Botanik an der Kieler Universität Georg Heinrich Weber in privater Initiative 1785 geschaffen hatte und mit großer Aktivität fortwährend weiterentwickelte. Diese in einem eigens hergerichteten ursprünglichen Privathaus etablierte Krankenanstalt gewann binnen weniger Jahre eine Schlüsselfunktion für Kiels Krankenhauswesen im vorigen Jahrhundert. Hatte es sich zunächst um eine Heilanstalt für ambulante Kranke gehandelt, so wurde sie 1891 durch eine Abteilung mit Krankenbetten erweitert und erhielt damit den Charakter einer medizinischen Poliklinik mit partieller stationärer Versorgung hospitalisierungsbedürftiger Patienten. Als solche kann Webers ärztlich geleitete Krankenanstalt als die erste Klinik neuzeitlicher Prägung in der Stadt Kiel gelten, mit der sich die Loslösung vom Typus des mittelalterlichen Hospitals als Ort ausschließlich pflegerisch diätetischer Fürsorge für das körperliche Wohlbefinden sowie vor allem geistlicher Heilsvorsorge für die Seele der hinfällig gewordenen verarmten und vereinsamten Bewohner der Stadt vollzog und die Wandlung zur Behandlungsstätte für heilbare Kranke – aus den gleichfalls mittellosen Bevölkerungsschichten – erfolgte. Darüber hinaus wurde die Krankenanstalt an der Prüne, in der Weber von Beginn an Medizinstudenten praktischen Unterricht in der Krankenuntersuchung und Arzneitherapie erteilte, die Keimzelle der Medizinischen Universitätsklinik; denn 1802 vom

Heutige Rückansicht und Vorderansicht nach 1906 des St. Elisabeth-Krankenhauses, vormals Dr. Neubers Privat-Klinik.

Staat übernommen, avancierte das „Klinische Institut in der Vorstadt" zum „Akademischen Krankenhaus" und sollte 60 Jahre später die Medizinische Klinik der Akademischen Heilanstalten im damaligen Neubau auf dem von der Universität erschlossenen Brunswiker Plateau werden. Dort begann 1862 ihre Vereinigung unter einem Dach mit der Chirurgischen Klinik, der Folgeinstitution des 1807 vom dänischen König gestifteten und seit 1833 ausschließlich der Chirurgie gewidmeten Friedrichshospitals in der Flämischen Straße. Hatte sich diese erste Wirkstätte ruhmreicher Chirurgengenerationen ebenfalls im eingangs umkreisten Kerngebiet der Kieler Hospitäler entwickelt, so trifft dies gleichermaßen für den seit 1805 in Kiel eigenständig hervorsprießenden Zweig der Geburtshilfe insofern zu, als auch der geschichtliche Stationenweg der herzoglichen Hebammenlehr- und Gebäranstalt zum Brunswiker Plateau vom ursprünglichen Lokal im Konviktsgebäude der Universität am Klosterhof und von benachbarten Raumprovisorien über ein von 1810 bis 1862 genutztes Quartier an der Fleethörn führte. Nichts von all diesen Einrichtungen aus der vormodernen Ära des Kieler Krankenhauswesens ist im Ortsbild der Innen- und südwestlichen Vorstadt erhalten geblieben, alle Gebäude sind verfallen oder im Zuge urbanistischer Veränderungen vernichtet worden.

Um so mehr bildet eine Ausnahme aufgrund ihres obzwar verborgenen substantiellen Überlebens die im Ursprungsbezirk Kieler Hospitäler gelegene, nur für den genaueren Beobachter sichtbar im heutigen Gebäudekomplex des Elisabeth-Krankenhauses aufgehobene „Privat-Klinik Dr. Neubers", die einst Kiel in der medizinischen Fachwelt berühmt gemacht hat. 1885 nach den Vorschlägen des Arztes und Bauherrn Gustav Neuber errichtet, ist sie noch immer ein renommierter Gegenstand der Architekturgeschichte des neuzeitlichen Krankenhauses. Die Erklärung für diese erstaunliche Tatsache entdeckt der aufmerksame Betrachter der Gebäudefassade des Elisabeth-Krankenhauses auf einer Bronzetafel, die sich rechts neben dem Erdgeschoß-Hochfenster des nördlichen Treppenhausrisalits, der früheren Eingangstür, findet. Da ist die Zeit genannt, in der Gustav Neuber an seiner Klinik wirkte, mehr noch: er wird als der „Schöpfer der Asepsis" gerühmt und, was das Gebäude und seine inwendige Einrichtung auszeichnete, bestätigt die Inschrift dem von Neuber geschaffenen Privathospital am Königsweg Nr. 8, daß es die erste „nach aseptischen Grundsätzen erbaute Klinik der Welt" war. Die Frage drängt sich

Gustav Adolf Neuber (1850-1932).

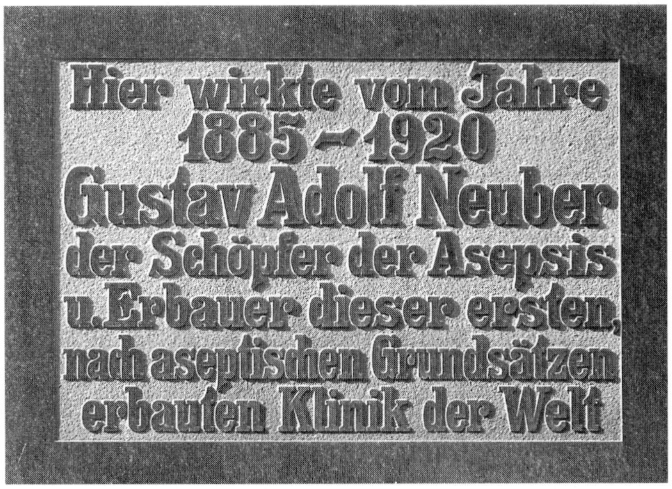

Gedenktafel neben dem ehem. Klinikportal.

auf: Ist der Wortlaut der Gedenktafel, die der einstigen Kieler Klinik einen derartigen mundanen Rang bescheinigt, tatsächlich gerechtfertigt oder vielleicht nur der Ausdruck einer buchstäblich pro domo sprechenden lokalpatriotischen Übertreibung?

Jeder, der eine moderne Klinik kennt, in der chirurgisch gearbeitet wird, weiß vom hygienisch „Allerheiligsten", der hermetisch abgeriegelten Operationsabteilung, in der sogenannte „aseptische" von „septischen" Bereichen streng geschieden werden, wo Patienten, Personal und Material voneinander getrennte „Schleusen" passieren, bevor sie in das Innere der Räumlichkeiten vorgelassen werden, wo sterile Kautelen herrschen. Und selbst die Wegführung hinaus aus dem chirurgischen Konklave sieht für den Operierten eine „Ausschleusung" vor. Welch ein Wandel gegenüber der Zeit vor kaum mehr als 100 Jahren! Wie sahen damals die Räume aus, in denen operiert wurde, sofern dies nicht im Haus des Patienten geschah, der sich im allgemeinen lieber in der Privatwohnung behandeln ließ, als daß er sich den Gefahren der nosokomialen Wundinfektion aussetzte. In den Krankenhäusern fanden die Operationen im eigens dafür bestimmten Operationszimmer statt, das sich aber – abgesehen von einigen typischen Inventarstücken – kaum von den übrigen Zimmern der Klinik unterschied. Zumeist gab es nur ein einziges Operationszimmer. Darin pflegte man in mehr oder minder dem Zufall überlassener Reihenfolge Abszesse zu öffnen, bei denen Eiter floß, Verbände zu wechseln, chronische Knochen- und Gelenkentzündungen zu behandeln, Tumoren oder abgestorbenes Knochengewebe zu entfernen, Gliedmaßen zu amputieren, einzurenken und Gipsverbände anzulegen sowie Untersuchungen durchzuführen, bei denen Personal und Instrumente mit den Körperausscheidungen des Kranken in Berührung kamen. Stets gebrauchte man dieselben, nach der Benutzung lediglich mit Desinfektionslösungen gespülten Geräte, das Personal trat mit demselben Anzug bekleidet auch beim nächsten Eingriff in Aktion und damit unvermeidlich in Kontakt mit dem Patienten, der in derselben Badewanne gelegen hatte, wie der vor ihm behandelte Kranke, welcher vielleicht mit einer septischen Infektion behaftet war. Jede Bewegung der Luft, vor allem wenn sie nach vollendeter Operation bei geöffneten Fenstern einströmte, wirbelte Unmengen unsichtbarer Bakterien auf, die sich auf den zahllosen Ablagerungsflächen an den Zierleisten und Profilen der Türen, Fenster, Möbel sowie übrigen Einrichtungsgegenstände und Geräte mit Schmutz und Staub vermischten. Alle diese Umstände – so wurde sich in den frühen 80er Jahren des vorigen Jahrhunderts der seinerzeit Erste Assistent an der von Friedrich Esmarch geführten Chirurgischen Klinik der Akademischen Heilanstalten Gustav Neuber bewußt – verursachen für den frisch operierten Kranken oder für den mit einer offenen Wunde in das Operationszimmer gebrachten Verletzten das Risiko der Wundinfektion und daraus entstehenden „Wundkrankheit", die weder mit der üblichen Karbolbesprühung von Operationsfeld und Dauerverband nach der antiseptischen Methode des Engländers Joseph Lister zu verhüten noch mit den verfügbaren therapeutischen Mitteln zu bekämpfen war und nicht selten zu akuter Lebensgefahr führte. Wer war Gustav Neuber, dem die Antisepsis nicht genügte, der sie zu vereinfachen suchte, kritisierte und schließlich etwas grundsätzlich Besseres dagegenzusetzen wußte?

1850 in Tondern geboren, kam Neuber als Sohn eines Apothekers und Enkel des bekannten Meldorfer Kreisphysikus gleichen Namens früh mit der Medizin in Berührung. In Kiel, dem Heimatort seiner Mutter, die der Industriellenfamilie Schweffel entstammte (vgl. Nr. 79), beschloß der während des Deutsch-Französischen Krieges beim Winterfeldzug 1870/71 in die Normandie verschlagene Husar eines westfälischen Regimentes sein zuvor in Tübingen, Leipzig, Halle und Wien absolviertes Medizinstudium 1875 mit der Staatsprüfung, nachdem er wenige Monate vorher in Giessen zum Dr. med. promoviert worden war. Als Oberstabsarzt der serbischen Armee 1876 auf Kampfschauplätzen im Serbisch-Türkischen Krieg eingesetzt, lernte Neuber die Bedingungen der truppenärztlichen Tätigkeit auf dem Schlachtfeld und im Lazarett kennen. Von seinem in der Zivil- und Militärchirurgie gleichermaßen erfahrenen Lehrer Esmarch unterstützt, der selber energisch für die Anwendung des Prinzips der Antiseptik auch auf dem Feldverbandplatz eintrat, entwickelte Neuber seine wegleitende Zielvorstellung: Nicht die Vermehrung und Unschädlichmachung der Krankheitserreger in der bereits infizierten – traumatisch oder operativ verursachten – Wunde mit den verschiedenartigen von ihm und anderen erprobten Mitteln erstrebte er, sondern er wollte durch eine forcierte Prophylaxe die Krankheitserreger weitestgehend von der Wunde fernhalten, zumindest in so hohem Maße, daß die körpereigenen Abwehrkräfte des Verletzten nach der Wundversorgung beziehungsweise des operierten Patienten nach erfolgter Wundnaht und ange-

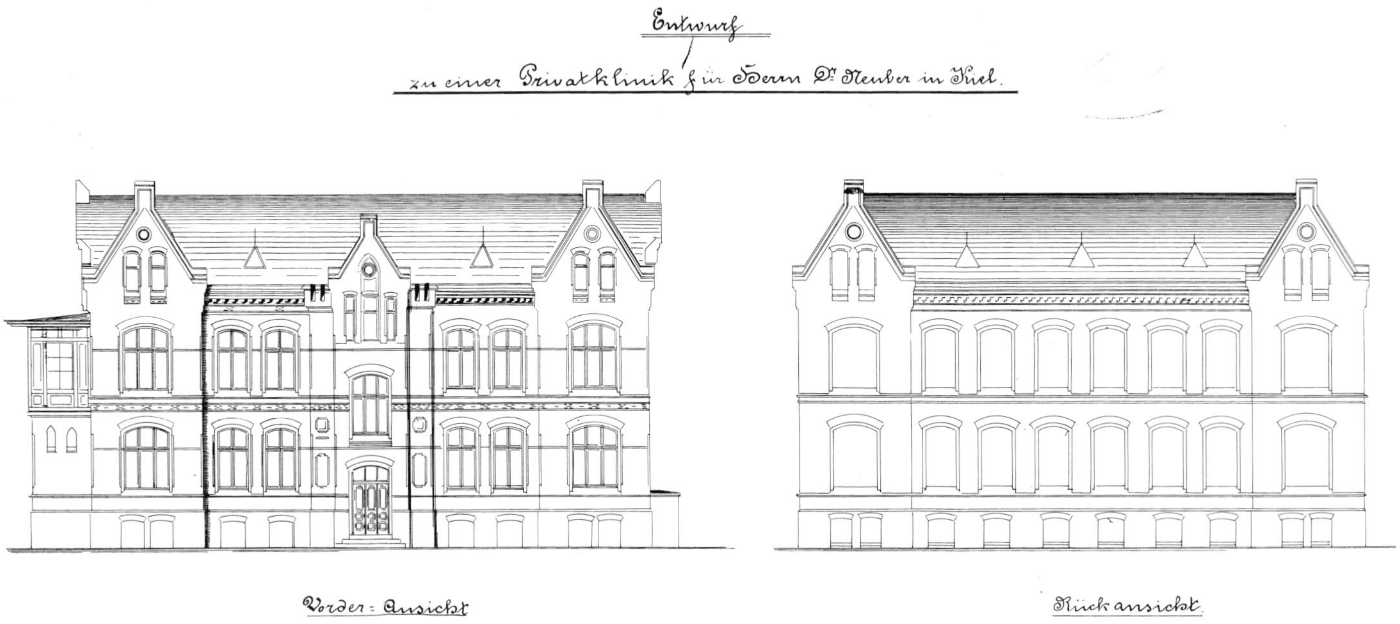

Aufriß von Fassade und Rückseite des ursprünglichen Klinikgebäudes.

legtem Verband ausreichten, sich der zwar unvermeidlichen, aber merklich verminderten Invasion pathogener Keime zu widersetzen. „Da die Verhältnisse der Kieler Klinik ... eine Durchführung dieser Pläne nicht gestatteten, baute ich, in der ausgesprochenen Absicht, an die Stelle der anti- die aseptische Wundbehandlung treten zu lassen, ein Hospital" – so lapidar formulierte Neuber sein Konzept 1910 rückblickend in einem genau ein Vierteljahrhundert seines Wirkens überschauenden Erfahrungsbericht. Und eben diesem „gemeinnützigen Privat-Hospital für die 2. Klasse" am Kieler Königsweg Nr. 8 gab Neuber eine bauliche Struktur, eine Ausstattung und eine Organisationsform des klinischen Betriebs, die so konsequent durchdacht und realisiert worden waren, daß das Zusammenwirken aller Faktoren die Klinik in der Tat im Rahmen seinerzeit erreichbarer Möglichkeiten zu einer prototypischen Musteranstalt für die angewandte Aseptik gemacht hat, die mit manchen inwendigen Facetten und funktionellen Details bis um die Mitte des 20. Jahrhunderts als Richtschnur gegolten und im Grundsatz als Modell gewirkt hat.

Vergegenwärtigt man sich das ursprüngliche Erscheinungsbild des Gebäudes, das sich im nördlichen Abschnitt bis zum Treppenturm reichend hinter der 1961 unter Beseitigung der historischen Dachgestalt samt Turm, Risalitgiebeln und Gauben aufgeführten, 1978 südwärts verlängerten, den Verbindungstrakt zum Ärztehaus einbindenden Fassade des Elisabeth-Krankenhauses als dessen Altbau verbirgt, so wird man überrascht sein: Wer würde heute beim Anblick der überaus reich gegliederten Straßenfront, deren Entwurf von dem Gaardener Architekten Ferdinand Schmidt aus dem Frühsommer 1885 stammt, ein Ensemble von mehreren bis in feinste sanitäre Finessen nüchtern und zweckgerecht gestalteten Operationsräumen vermuten, zu deren charakteristischen Merkmalen allseits ebene Flächen, in Wandnischen eingebaute, bündig abschließende Instrumentenschränke, glatte Wände mit Ölanstrich, Marmorterrazzoböden, gläserne Fensterbretter, einfache Gaslampen, unter Putz verborgene Wasserleitungen sowie in die Wand eingelassene Spiegel gehörten. Dem gleichen Prinzip der Vermeidung von Staubablagerungsflächen bzw. Schmutzansammlungskrypten folgte die Machart der aus einem Stahlstück, glatt, ohne Rillen und Spalten gearbeiteten Instrumente und des auf das Nötigste beschränkten Mobiliars. Dasselbe Höchstmaß an Sauberkeit, welches Neuber für die Gegenstände forderte, verlangte er vom Operationspersonal: Seife, Holzfaserbündel und Nagelreiniger auf den Waschtischen, bestimmt für die nochmalige Händereinigung, zeugen von dem strengen Reglement, dem das Personal unterworfen war. Es mußte sich außerhalb des Operationszimmers waschen, wurde dicht vor der Tür mit Sublimatwasser besprengt und hatte im Operationszimmer Mützen und Kittel aus weißem Leinen, Gummischürzen und – stiefel zu tragen, sogar „wöchentlich zu wiederholende Vollbäder und häufigen Wechsel der Leibwäsche" unterließ der unerbittliche Verfechter kompletter Aseptik nicht, seinem Personal anzuordnen.

Alle diese hier bei weitem nicht erschöpfend aufgeführten, von Neuber systematisch entwickelten und mit Perfektion eingeführten Operationsbedingungen zielten darauf, Wunden rascher als üblich zur Heilung zu bringen und Störungen des Wundverlaufs, hervorgerufen durch Infektion und Eiterung, zu unterbinden. Sie haben sich im Konzept der heute noch sanktionierten Asepsis erhalten, und sie haben Zeitgenossen von Neuber zur fruchtbaren Weiterentwicklung des Gedankens inspiriert. Diese künftigen Förderer der Asepsis waren und blieben Repräsentanten großer chirurgischer Universitätskliniken, in Bonn, Breslau und Berlin, während Neuber nur in seiner Frühphase der kritischen Abwandlung des orthodoxen antiseptischen Dauerverbandes den Rückhalt der Kieler Universitätsklinik und der persönlichen Autorität ihres für Neubers Bestrebungen anfänglich aufgeschlossenen Klinikleiters hatte. Als es aber darauf ankam, den Durchbruch zur umfassenden Aseptik zu wagen, war er nach seinem Zerwürfnis mit Esmarch als Privatkliniker auf sich gestellt und trug die Verantwortung für das Gelingen oder Scheitern der kostspieligen Methodik allein. Der für ihn selbst sichtbare Erfolg und die prinzipielle Anerkennung seiner mit einem originären Totalitätsanspruch in der Praxis verwirklichten Idee durch führende Weggefährten haben Neubers Einsatz belohnt.

35 Jahre hindurch hat Gustav Neuber mit Hingabe und Sensibilität für die Nöte seiner Patienten die Klinik am Königsweg betrieben. Nach Beendigung seiner beruflichen Tätigkeit übergab er sie 1920 dem Kieler Anschar-Krankenhaus. Sie ging später in die Hände des Chirurgen Carl Rehr über. Aus dessen Eigentum erwarb sie 1958 die Kieler Niederlassung der 1842 in Neisse/Schlesien zur Wahrnehmung karitativer Aufgaben gegründeten Kongregation und gab ihr den Namen der Schutzpatronin. Der 1979 vollendete Erweiterungsbau, der den Anschluß an das 1966 errichtete Nachbarhaus mit den Praxen der im Krankenhaus tätigen Belegärzte herstellte, war dadurch ermöglicht worden, daß die Planverfasser beiden Neubauten die Fassadenflucht des alten Gebäudes zugrunde gelegt hatten. Man könnte es als Respekt vor der Tradition auslegen, daß sich die Operationsräume noch immer im 1885 entstandenen ursprünglichen Teil des auch von Neuber bereits 1906 verlängerten Altbaus befinden, des einst avangardistischen Krankenhauses am Königsweg, das der Vorreiter und Schrittmacher der Entwicklung zur modernen Operationsabteilung vor Augen hatte, als er vor seinen versammelten Kollegen 1898 auf dem Berliner Chirurgenkongreß nicht ohne Stolz und nicht ohne zustimmend heitere Resonanz die Feststellung traf: „Der Ursprung der ganzen Asepsis liegt in Kiel".

Das St. Elisabeth-Krankenhaus 1979. Rechts vom Treppenturm der Altbau (Dr. Neubers Privat-Heilanstalt), links der moderne Erweiterungsbau der Klinik (Entwurf: Jüchser u. Ressel).

OLE HARCK Institut für Ur- und Frühgeschichte

Der jüdische Friedhof: Namen die keiner mehr kennt

Bevor die jüdische Gemeinde in Kiel die offizielle Genehmigung erhielt, einen eigenen Friedhof anzulegen, hat man bis 1852 die Toten – etwa 100 an der Zahl – auf den Begräbnisplatz der jüdischen Gemeinde in Rendsburg bei Westerrönfeld gebracht. Im Totenbuch der Kieler Juden ist als erster Name einer Bestattung auf dem Friedhof in der heutigen Michelsenstraße Hannahta Levy, geb. Moses, Ehefrau des Selig Levy aus Lütjenburg, genannt, die am 2. August 1852 verstorben war. Wenige Wochen danach folgte Josef Simon Kirchheim aus Kiel, der am 2.9.1852 im Alter von 86 Jahren beerdigt wurde, kurz danach ein Kleinkind. 1864 sind bereits über 30 Begräbnisse verzeichnet, um die Jahrhundertwende 178 und im Jahre 1941, als das Totenbuch offiziell abgeschlossen wurde, zählte der Friedhof 379 Bestattungen. Danach kamen bis Kriegsende nur wenige Gräber hinzu, soweit dies aus den Grabinschriften entnommen werden kann; in die Zeit zwischen 1945 und 1973, dem Jahr der vorläufig letzten Beerdigung in der Michelsenstraße, datieren nur noch eine kleine Zahl.

Das von einer hohen Mauer umgebene, 2.493 qm große Friedhofsgelände zeigt eine Belegung von Nord nach Süd, wobei der Streifen von den jüngsten Gräbern bis zur südlichen straßenseitigen Mauer mit einem großen vergitterten Eisentor heute als Rasenfläche dient. Die Parzelle hätte somit noch Platz für weitere Bestattungen.

Allein die zahlreichen Grabsteine sind heute letzte stumme Zeugen einer früher blühenden Religionsgemeinschaft. Viele Steine enthalten hebräische Inschriften, – ausschließlich oder kombiniert mit deutschen Texten –, Namen und Daten. Andere sind unleserlich, weisen Beschädigungen auf, Belege von Zerstörung während der Nazizeit oder von den Bomben im dichtbesiedelten Wohngebiet um die Friedhof während des Krieges. Wenige Steine tragen jüdische Symbole wie segnende Hände – bei Verstorbenen der Nachkommen Arons, dem Geschlecht der Priester im Jerusalemer Tempel – oder Schale und Kanne – bei Begräbnissen aus dem Stamme Levys, der das Amt der Tempeldiener in Jerusalem wahrnahm. Davidsterne finden sich dagegen auf Gräbern der Zeit nach 1945. Sie tragen auch gelegentlich Hinweise auf ermordete Verwandte in den Konzentrationslagern Osteuropas.

Am Eingang befindet sich ein kleines einfaches Gebäude mit einer großen Doppeltür, die Leichenhalle. Durch die Fenster erkennt der Besucher dort neben Gestühl auch hebräische Inschriften und Gerät für die nach den Religionsgesetzen erforderliche rituelle Waschung der Verstorbenen.

Eine Chewra Kadischa, ein Bestattungsverein für die Betreuung des Friedhofes und die Beerdigung der Verstorbenen aus der Gemeinde nach den Vorschriften der jüdischen Religionsgesetze, gibt es nicht mehr in Kiel. Diese Traditionsgemeinschaft bestand aber zwischen 1884 und vermutlich 1938 und gehörte während dieser Zeit zu den größeren Vereinigungen in der Kieler Gemeinde.

Wie lange und unter welchen Schwierigkeiten Beerdigungen nach dem Pogrom im November 1938 (vgl. Nr. 63) in Übereinstimmung mit den religiösen Vorschriften durchgeführt werden konnten, ist unbekannt. Nach dem Kriege bemühte sich die kleine Gruppe zurückgekehrter Juden Kiels und die in die Fördestadt verschlagenen, überlebenden KZ-Häftlinge jüdischen Glaubens vor allem um eine Wiederherstellung des Friedhofes mit Unterstützung der Stadt. Die Umfassungsmauer war 1945 beschädigt, das Gelände durch Bombentrichter zerwühlt, die Grabsteine umgekippt. Die Friedhofsanlage wurde als einzige der früheren Gemeindeeinrichtungen in Kiel wieder herstellt, sie dürfte aber – außer in wenigen Einzelfällen – kaum in absehbarer Zeit wieder benutzt werden. Der Bestattungsplatz ist somit – wie andere jüdische Friedhöfe in Schleswig-Holstein – „tot".

Dabei stand die Entwicklung der Kieler Gemeinde von der Reichsgründung 1870/71 bis zum Beginn der Nazizeit 1933 in einer positiv zu wertenden Situation gegenüber den älteren jüdischen Traditionsgemeinden im heutigen nördlichen Bundesland (z. B. Rendsburg, Friedrichstadt, Elmshorn, Glückstadt). Diese zeigten

Allein die Gräber künden heute noch von der Existenz einer jüdischen Gemeinde in Kiel.

Erich Leipziger
geb. 25. Mai 1901 in Lissa i/P
gest. 15. Dez. 1925 in Bochum
4. Tag Chanukkah 5686.

seit der Emanzipation 1854 im Herzogtum Schleswig und 1863 im Herzogtum Holstein rückläufige Mitgliederzahlen, gerieten in wirtschaftliche Schwierigkeiten oder aber vermochten kaum noch die für den Gottesdienst erforderlichen zehn Männer zu stellen. In Kiel dagegen stieg die Zahl jüdischer Bürger von 41 im Jahre 1835 auf 187 im Jahre 1871, um nach der Jahrhundertwende 430 zu betragen (1905); in der Weimarer Zeit lag sie dann über 600. Heute (1986) sind nur noch fünf Bürger der Stadt Mitglieder der jüdischen Gemeinde in Hamburg, die auch für die Belange der Juden in Schleswig-Holstein zuständig ist.

Kiel gehörte lange Zeit zu den Städten zwischen Nord- und Ostsee, die für jüdische Ansiedlungen nahezu gesperrt blieben, obwohl Juden als Besucher, z.B. des Kieler Umschlags, im 17. Jahrhundert bekannt sind. Die ersten Kieler Juden, Jacob Musaphia mit seinen Söhnen Isaac und Joseph, durften sich nur dank eines besonderen Privilegs als „Hofjuden“ niederlassen. Die Familie, bereits vom Namen her zu urteilen von der Iberischen Halbinsel stammend und somit sephardischer (spanisch-portugiesischer) Herkunft, kam aus Tönning in Eiderstedt, hatte dort Verbindungen zu den aschkenasischen (deutsch-polnischen) Juden in Friedrichstadt gehabt und darüber hinaus eine Bestattungserlaubnis auf dem für sie nächstgelegenen sephardischen Friedhof in Glückstadt. 1728 zogen weitere „Hofjuden“ nach Kiel, ein Protokoll des Jahres 1766 enthält die Namen von sechs jüdischen Haushalten mit 34 Personen, darunter auch ein „Kirchenbedienter“, der die jüdischen Gottesdienste in Kiel organisierte, sonst aber als Lehrer sein Brot verdienen mußte. Nachdem Kiel im Jahre 1773 den Status einer Residenzstadt verloren hatte und Teil des dänischen Gesamtstaates geworden war, änderte sich die Situation der Juden wider Erwarten aber kaum. Von 1782 bis 1869 diente zwar ein Haus in der Kehdenstraße 12 als „Synagoge der Israeliten“, danach ein heute in der Haßstraße als Ruine befindliches Gebäude (1869–1908). Erst 1910 wurde das große, durch eine mächtige Kuppel gekennzeichnete Gotteshaus in der Goethestraße am Schrevenpark errichtet (vgl. Nr. 63). Es war das Zentrum der Kieler Gemeinde bis zur Pogromnacht vom 9./10. November 1938, als es einem Brandanschlag zum Opfer fiel.

Tod in Auschwitz.

In den Jahren vor der Emanzipation Mitte des letzten Jahrhunderts war die jüdische Gemeinde in der Stadt Kiel nahezu bedeutungslos, obwohl während dieser Zeit weitere jüdische Gruppen besondere Niederlassungsrechte in Ansiedlungen vor den Toren Kiels erhalten hatten und sich daher die Zahl der Gläubigen in Synagogennähe erhöhte, z.B. im erst 1859 eingemeindeten Dorf Brunswik. 1821 lebten hier allein sieben Familien mit 46 Personen, darunter ein Medizinstudent an der Universität. Zu den wenigen hervortretenden Juden in diesen Jahren zählte u.a. der Kieler Meyer Isak Schiff (1783–1847), ein Mitbegründer der Gesellschaft für Schleswig-Holsteinische Geschichte, der zusammen mit seiner christlichen Ehefrau in einem Grabhügel beim Gute Uhlenhorst in der Nähe von Dänischenhagen bestattet worden ist.

Die Lage der Kieler Gemeinde veränderte sich erst nach 1863, dem Jahr der Emanzipation, und vor allem nach dem Aufstieg Kiels als Marinehafen im Kaiserreich: Von Juden gegründete Firmen und Geschäfte zählten bald zum natürlichen Bestandteil des Kieler Wirtschaftslebens, Rechtsanwälte und Mediziner jüdischen Glaubens waren bereits in der preußischen Zeit angesehene Bürger der Fördestadt, an der Universität lehrten bedeutende Wissenschaftler jüdischer Herkunft, so z.B. die Nobelpreisträger Wassily Leontief (1927–28) und Otto Meyerhof (1913–1924, vgl. Nr. 42). Ihre Verbindung zur Kieler Gemeinde ist aber nur in wenigen Fällen bekannt. Allein der Mathematikprofessor Otto Toeplitz gehörte mit Sicherheit im Jahre 1928 zu den Vorstehern der jüdischen Gemeinde.

Der jüdische Friedhof in der Michelsenstraße: 1973 fand hier die letzte Beerdigung statt.

Diese wurde in den Jahren 1891-1929, d.h. in der Blütezeit des Kaiserreiches, während des 1. Weltkrieges und in den Jahren der noch funktionierenden Weimarer Republik durch den Sanitätsrat Dr. Joseph Jacob geführt. Während dieser Jahre gelang es nicht nur, die neue Synagoge zu bauen und wichtige Gemeindeeinrichtungen zu gründen (Religionsschule, Mikwe), sondern auch eine Vielzahl von Vereinen innerhalb der jüdischen Gemeinschaft aufzubauen (z.B. Israelitischer Frauenverein, Verein für jüdische Geschichte und Literatur, Reichsbund jüdischer Frontsoldaten, Turnverein, Jugendbund, Zionistische Vereinigung, und eine Esra Loge).

Verschiedene Rabbiner haben sich um die junge Großstadtgemeinde verdient gemacht: Dr. Moritz Stern (1890–1898), Dr. Emil Cohn (1908–1910), Israel Goldberg, Leo Breslauer (1918–1923) und Dr. A. Posner (1924–1933), danach betreute der Lübecker Rabbiner Dr. David Alexander Winter die Kieler Juden bis 1938. Die Umwälzungen in Deutschland während und nach dem 1. Weltkrieg brachten zahlreiche Juden aus Osteuropa in den Westen, einige gelangten auch nach Kiel. Ein Konflikt zwischen alteingesessenen liberal-konservativen Kieler Juden und den neuen, häufig orthodoxen Glaubensbrüdern führte vorübergehend zur Spaltung der Gemeinde und Errichtung eigener, in osteuropäischer Tradition stehender Betstuben und einer orthodoxen Talmud-Schule in Kiel. Dank der Vermittlung des Rabbiners Dr. Posner konnte dieser Konflikt aber nach wenigen Jahren überwunden werden, so daß die Gemeinde 1933 nach innen insgesamt in einer Aufschwungphase stand, sich nach außen aber auch durch eine behutsame Öffnung durchaus bemerkbar gemacht hatte.

ULRICH LANGE Historisches Seminar

Der Meilenstein am Rondeel: Eine Kunststraße für den Transit nach Altona

„Holsteins Produkte bestehen hauptsächlich nur in Vieh und Getreide. Für das Vieh brauchen wir keine Kunststraße; es geht lieber und besser auf ungepflasterten Wegen. Für den Getreidehandel, der bei uns in der Ausfuhr besteht, die sich im großen allenthalben nur zu Schiffe macht, bedarf es allerdings der Wege zu dem den Produzenten nächsten Hafen . . .". Dieser Auffassung des Deputierten Tiedemann vom Nutzen oder Nachteil von Kunststraßen für Land und Leute widersprach der Abgeordnete Graf von Holstein ganz entschieden: „Kunststraßen sind für jedes Land ein Gewinn, weil sie den Verkehr im Lande heben und die Verbindung mit dem Auslande erleichtern; sie heben Personen- und Frachtfrequenz, befördern den Export der Produkte und den Import der Bedürfnisse".

Kontrovers waren in der holsteinischen Ständeversammlung von 1840 nicht nur die Meinungen zum Bau sog. Kunststraßen, umstritten war, wie man sich denken kann, auch die Linienführung der neu zu bauenden Trassen, gegensätzliche Meinungen gab es auch zur Frage, ob nicht die allfälligen Investitionen für Eisenbahnstrecken gewinnbringender angelegt seien als für Straßen, und ganz unterschiedliche Standpunkte bezogen die Abgeordneten schließlich hinsichtlich der Finanzierung. Hier plädierten die einen für eine private Finanzierung durch Wegebau- und Aktionärs-Vereine, die anderen für staatliche Trägerschaft, mit der Investitionen in die Zukunft zu tätigen seien. Die Lösung, in beiden Fällen eine Verzinsung der aufzubringenden Summen durch die Erhebung von Wegegeld zu erzielen, fand dabei durchgehend Zustimmung.

Die Anlage eines neuen Straßennetzes von Kunststraßen wurde im Jahre 1840 in der holsteinischen und auch der schleswigschen Ständeversammlung von dem Landesherrn, dem dänischen König, vertreten durch einen königlichen Kommissar, den Abgeordneten vorgelegt, und zwar als Gesetzentwurf zu einer Wegeordnung für die Herzogtümer Schleswig und Holstein.

Eine Kunststraße war etwas durchaus Neues. Unter dem Namen „Chaussee" ist sie besser bekannt. Verbinden wir damit die Vorstellung einer altertümlichen, nicht mehr leistungsfähigen Überlandverbindung, stand die Bezeichnung seit der Zeit um 1800 für eine wahrlich „wegweisende" Neuerung, die etwa in Frankreich und Brandenburg-Preußen schon einige Jahre vorher eingeführt worden war. Eine Chaussee unterschied sich von einer damals herkömmlichen Landstraße im wesentlichen dadurch, daß sie sich durch einen wasserundurchlässigen, durch ständiges Befahren immer dichter werdenden Schotterbelag auszeichnete. Verwendung fanden Feldsteine, die zerkleinert und in verschiedenen, nach Größe sortierten Schichten auf das vorbereitete Straßenbett aufgebracht und glatt geharkt wurden. Die Chaussee hat man sich als einen von Gräben begrenzten Chaussee-"Damm" mit leicht gewölbter Oberfläche vorzustellen. Wie sahen die Wege vordem aus, wenn eine Straßen dieses Typs zu Beginn des 19. Jahrhunderts als straßenbautechnisches „Non plus ultra" galt? Eine Sommerreise in Holstein im Jahre 1815 gestaltete sich so: „Es sind wahre Marterfahrten, diese sogenannten Wege, mit losen Granitklötzen überstreut, gegen die die Wagenräder anschmettern, jeden Augenblick in Gefahr zerschmettert zu werden. Die unbefestigte Oberfläche dieser Landstraßen soll dadurch entstehen, daß die Bauern die aus dem steinigten Boden . . . aufgepflügten Steine in die Wege hineinwerfen dürfen und es gemächlich den Wagenrädern überlassen, sie einzustampfen".

Die erste „makadamisierte" Kunststraße, – sie wurde nach der von dem Schotten Macadam beschriebenen Methode angelegt –, entstand seit 1830 zwischen Kiel und Altona. 1832 fertiggestellt, verband sie beide Städte über die Route Neumünster – Bad Bramstedt und maß 12 1/4 dänische Postmeilen, das waren 92 km. War die Straße vor der grundlegenden Moderni-

Der Obelisk von 1830 am Rondeel: Ausgangspunkt der Chausseen nach Hamburg und Lübeck.

Hamburg

sierung in nicht weniger als 16 Stunden zu bewältigen, stellten sich nun ganz wesentliche Verbesserungen ein. Auf der neuen Strecke benötigten die seit 1825 fahrenden „Extraposten" nur noch 9 Stunden bis Altona und die Beförderung per Kurier gar nur rasante 6 Stunden. Berechnungen ergaben, daß ein Pferd auf der neuen Kunststraße dreimal mehr ziehen werde als auf der alten, und Optimisten dachten bereits an einen Schienenweg, auf dem ein Pferd fünmal so viel wie auf der „bloßen Chaussee" würde bewegen können. Die Frachten bestanden in Richtung Altona zumeist aus überseeischen Produkten der dänischen Kolonien, Kattun und Kolonialwaren, auch aus landwirtschaftlichen Produkten, in Richtung Kopenhagen aus fremden Fabrik-, also Manufakturwaren.

Die Chaussee begann gut einen Kilometer südlich der gepflasterten Straßen Kiels, dort, wo sich heute Alte Lübecker Chaussee und Hamburger Chaussee treffen, also am Rondeel, dem Schnittpunkt der alten Landstraßen nach Lübeck und nach Hamburg. Am Scheitelpunkt fand auch der Gedenkstein seinen Platz, dessen Inschrift besagt, daß König Friedrich VI. „hanc viam sternendam curavit", diesen Weg „ebnen", also anlegen ließ. Der Verbindung Kiel–Altona galt seit 1773, seit der Vereinigung Holsteins mit dem dänischen Gesamtstaat, das besondere königliche Interesse. Kiel konnte im günstigsten Falle zu einer ernsthaften Konkurrenz für Lübeck werden. Dieser Wettbewerb war auch ein vorrangiges kommunalpolitisches Thema in Kiel wie in Lübeck. Das erste Mal zeigte sich diese Konkurrenzsituation während der Kontinentalsperre, als Kiel für wenige Jahre gleichsam für den von der Nordsee und von Norden kommenden Verkehr anstelle von Lübeck und des durch die Elbblockade empfindlich getroffenen Hamburg zur „Hintertür" des Reiches avancierte. Für den Transport problematisch waren weniger die seewärtigen Verbindungen als die Landwege. Hier reichen die königlichen Maßnahmen zur Verbesserung des Transits über administrative Maßnahmen wie Ermäßigung der Frachttarife, Zollabgaben und Vereinfachung der Zollformalitäten seit 1774/75 über Instandsetzung der Landverbindungen in den 1780er Jahren bis hin zur Subventionierung des Linienverkehrs zwischen Kopenhagen und Kiel.

Der Bau der Kiel-Altonaer Chaussee war nur eine von mehreren größeren Maßnahmen im Rahmen dieser nur knapp angedeuteten Verkehrs- und Wirtschaftsförderungspolitik. Die Förderung des Transits

Runde Meilensteine mit dem Monogramm des dänischen Königs Friedrich VI. und der Jahreszahl 1832 geben die Entfernungen auf der ersten Kunststraße zwischen Altona und Kiel an. Der nördlichste steht am Waldwiesenkreisel.

über Kiel wurde damit auch erreicht, wenngleich nicht in dem Umfang, wie das einige Jahre später geschah, im Jahre 1844, als die Städte Kiel und Altona durch eine Eisenbahn miteinander verbunden wurden. Erst in den 40er Jahren setzte das Aufblühen Kiels und seines Hafens in größerem Umfange ein, ein Wachstum, das, von dem Dreijahreskrieg mit Dänemark 1848-1851 und der Geld- und Handelskrise von 1857 unterbrochen, bis zum Ende der 1850er Jahre währte und die Hoffnung des Handelsstandes nährte: „Kilia porta Baltica!". Wie man weiß, war es nicht der Handelshafen, der einen weiteren Aufschwung nehmen sollte, sondern Kiel als preußische Flottenstation und späterer Kriegshafen.

KURT JÜRGENSEN Historisches Seminar

Die Pädagogische Akademie: Stätte der Lehrerbildung und Tagungsort des Landtags

Unter dem Namen „Pädagogische Akademie" ist der große dreiflügelige rote Backsteinbau im Stil der Neuen Sachlichkeit wohl am bekanntesten. Dabei ist der Name in der fast achtzigjährigen Geschichte des Gebäudes nur acht Jahre die offizielle Bezeichnung gewesen, nämlich von 1926 bis 1934.

Pädagogischen Zwecken dient dieser Backsteinbau, das Hauptgebäude der Akademie, immer noch. Denn heute befindet sich dort die „Fachhochschule – Fachbereich Sozialwesen". Das schlichte Nebengebäude, Teil der Pädagogischen Akademie, das siebzehn Jahre jünger ist, beherbergt heute das „Statistische Landesamt Schleswig-Holstein".

„Altbau" und „Neubau" befinden sich auf dem Areal, das von der Diesterwegstraße, der Fröbelstraße und der Pestalozzistraße umgrenzt wird. Diese Straßennamen beziehen sich auf drei herausragende Pädagogen des späten 18. und frühen 19. Jahrhunderts, nämlich auf Johann Heinrich Pestalozzi (1746 – 1827), Friedrich Fröbel (1782 – 1852) und Friedrich Adolph Diesterweg (1790 – 1866). Sie sind heute der einzige Hinweis auf den Zweck, für den das Gelände nahe dem heutigen Fernsehturm in den Jahren vor dem Ersten Weltkrieg erschlossen wurde, nämlich zur Errichtung eines Gebäudes für das Königliche Lehrerseminar zu Kiel.

Hiervon gibt keine Erinnerungstafel Kunde. Aber doch gibt es eine Gedenktafel, und zwar an der Freitreppe des erst später errichteten Seitengebäudes, des erwähnten „Neubaus" des Jahres 1931. Diese Gedenktafel hat nichts mit dem pädagogischen Zweck zu tun, für den das Haus gebaut wurde, sondern sie verweist auf eine wichtige politische Funktion, die nach dem Zweiten Weltkrieg in der Pädagogischen Akademie wahrgenommen wurde.

Hierauf ist noch näher einzugehen. Zunächst wollen wir festhalten, daß in der Pädagogischen Akademie im Laufe ihrer Geschichte ganz unterschiedliche Funktionen zusammengetroffen sind. Drei weitere seien kurz erwähnt. Im Zweiten Weltkrieg und noch eine gewisse Zeit danach diente das Gebäude als Marinelazarett. Für eine ganze Reihe von Jahren, nämlich bis zur Errichtung des Neubaus zwischen dem Schwanenweg und der Kirchenstraße, befand sich im Seitenbau die Universitäts-Kinderklinik. Ein ganzes Jahrzehnt, und zwar bis zum Frühjahr 1956, war im linken Flügel des Hauptgebäudes das Studienseminar für die Gymnasien/Oberschulen untergebracht.

Doch der eigentliche Zweck des recht ansehnlichen Hauses war dieser: Es sollte der Ausbildung von Volksschullehrern dienen. Der Königliche Baurat Lohr des Kgl.-Preußischen Hochbauamtes I wurde Anfang des Jahres 1911 mit der Bauplanung und Bauaufsicht zur Errichtung eines Königlichen Lehrerseminars beauftragt. Nach der ministeriellen Genehmigung der Baupläne konnte schon im April 1912 der Grundstein gelegt werden. In genau zweijähriger Bauzeit entstand der zentrale Backsteinbau, der auch Platz bot für einige Präparandenklassen, in denen Volksschulabgänger

An der Freitreppe erblickt man diese Gedenktafel.

auf den Besuch des Lehrerseminars vorbereitet wurden. Ferner enthielt das Gebäude eine Übungsschule, in der die Seminaristen das Unterrichten lernen sollten.

Dieses Königliche Lehrerseminar, das im März 1914 in das neue Gebäude einziehen konnte, vermochte an eine lange, aber zweimal unterbrochene Tradition der Lehrerbildung in Kiel anzuknüpfen. Das erste Kieler Lehrerseminar, das König Christian VII. als Herzog von Schleswig und Herzog von Holstein im Jahre 1781 errichtete, war das erste seiner Art überhaupt in den Herzogtümern, gefolgt von dem Seminar in Tondern im Jahre 1788. Und dabei blieb es. Vierzig Jahre später durfte das Kieler Seminar keine Absolventen mehr aufnehmen; die letzten Seminaristen verließen die Anstalt im April 1823.

Die Kieler Anstalt – obschon die einzige im Herzogtum Holstein – wurde geschlossen und zwar aus wirtschaftlichen Gründen (der dänische Gesamtstaat litt schwer unter den Folgen der napoleonischen Herrschaftszeit), aber auch aus Mangel an einer genügenden Anzahl von Seminaristen. Man muß bedenken, daß der damals übliche Weg zum Lehrerberuf über die praktische Ausbildung bei einem erfahrenen Schulmeister führte, und dies mit abschließender Prüfung bei einem Propsten der Ev.-Luth. Landeskirche.

Als die am 1. Oktober 1835 in Itzehoe eröffnete holsteinische Ständeversammlung auf der Wiedereröffnung des Lehrerseminars im Herzogtum Holstein bestand und König Friedrich VI. dem Antrag mit dem Königlichen Grundsatzbescheid vom 11. September 1838 stattgab, hätte es nahegelegen, das in Kiel suspendierte Seminar wieder ins Leben zu rufen. Der Kieler Propst Claus Harms protestierte dagegen, daß auch andere Orte ins Gespräch gebracht wurden. Es sei „eine Tollheit“, so seine Worte, „wenn von Kiel weg nach Segeberg oder wohin es dann ist, verlegt werden soll“.

Aber so kam es, im Jahre 1839. Denn die Schleswig-Holsteinisch- Lauenburgische Kanzlei in Kopenhagen mit der Königlichen Provinzialregierung auf Schloß Gottorf als Unterbehörde sprach sich für Segeberg aus und gegen die „teure“ und „studentischen Vergnügungen hingegebene“ Stadt Kiel. Nach 1867, also in preußischer Zeit, und dann auch erst, als die Zahl der Lehrerseminare in Schleswig-Holstein auf insgesamt acht gestiegen war, erhielt Kiel wieder ein Lehrerseminar. Warum war hierfür überhaupt ein Bedarf gegeben? Vor allem sind die folgenden zwei Gründe zu nennen: Zum einen versuchte der preußische Staat von dem autodidaktischen Weg zum Lehrerberuf, in dem man als Schulhelfer bei einem erfahrenen Lehrer in Stellung ging, wegzukommen. Zum anderen stieg der Bedarf an gut ausgebildeten Lehrern wegen des Bevölkerungswachstums und der Veränderungen in der Arbeitswelt, und zwar in der Landwirtschaft, im Handwerk, im Dienstleistungsgewerbe und vor allem auch in der aufkommenden Industrie. Damit verbunden waren höhere Anforderungen an das Wissen der Schulabgänger, und entsprechend mußte auch die Ausbildung des Lehrers verbessert werden.

Am 5. Mai 1911 wurde das Königliche Lehrerseminar – das neunte in der Provinz Schleswig-Holstein – in Kiel eröffnet. Nach dreijähriger provisorischer Unterbringung konnte dann am 27. März 1914 das neue Seminargebäude an der Diesterwegstraße bezogen werden. Der Kgl. Seminardirektor Dr. E. Clausnitzer vollzog „die Weihe“ des Hauses. Niemand ahnte damals, daß schon nach wenigen Monaten der Weltkrieg die pädagogische Arbeit weitgehend zum Erliegen bringen sollte. Lehrkräfte und der weitaus größte Teil der ausschließlich männlichen Absolventen wurden zum Kriegsdienst einberufen. Die Ausbildung der angehenden Lehrerinnen fand übrigens vor dem Ersten Weltkrieg fast ausschließlich – soweit sie in staatlicher Hand lang – in dem 1878 gegründeten Seminar in Augustenburg auf Alsen statt.

Nach dem Staatsumbruch 1918/19 wurden die Weichen in der Lehrerbildung grundlegend neu gestellt. Die Weimarer Reichsverfassung bestimmte, daß die Lehrerbildung „nach den Grundsätzen, die für die höhere Bildung allgemein gelten“, zu regeln sei; so heißt es im Artikel 143 der Weimarer Verfassung. Die Zeit der Lehrerseminare lief aus. Gemäß dem grundlegenden Reformplan des preußischen Kultusministers Carl Heinrich Becker wurde die Lehrerbildung im Freistaat Preußen wenigen Pädagogischen Akademien übertragen; eine einzige war für die Provinz Schleswig-Holstein vorgesehen. Sie wurde am 4. Mai 1926 im Gebäude des Kieler Lehrerseminars eröffnet und gehörte damit zu den ersten dreien, die in Preußen überhaupt ins Leben traten; Kiel, Bonn und Elbing waren die ersten Akademie-Orte.

Die Reduzierung der Zahl der Ausbildungsorte hatte natürlich zur Folge, daß die neuen Akademien wesentlich mehr Studierende aufnehmen mußten als vormals die Lehrerseminare. So auch die Pädagogische Akademie in Kiel. Das Gebäude bedurfte dringend der Erweiterung. Im Jahre 1931 konnte endlich der neue Seitenanbau an der Fröbelstraße bezogen werden.

Die „Pädagogische Akademie“: Im Anbau von 1931, in dem einst die Parlamentarier tagten, befindet sich heute das Statistische Landesamt.

Es wäre interessant weiterzuverfolgen, wie sich nach dem erneuten und unheilvollen Staatsumbruch des Jahres 1933 die nationalsozialistische Herrschaft schrittweise von der akademischen Lehrerbildung abkehrte, die bestehenden Pädagogischen Akademien – so auch die Kieler – in Hochschulen für Lehrerbildung umformte und diese im Zweiten Weltkrieg durch nicht mehr als wissenschaftliche Einrichtungen zu bezeichnende Lehrerbildungsanstalten ablöste. Sie waren an möglichst kleinen Landorten zu errichten; die durch das Abitur oder durch die gleicher Norm entsprechende Begabtenprüfung nachgewiesene Hochschulreife – ein wesentliches Element des Beckerschen Reformplans, das schon nach 1933 „aufgeweicht" worden war – wurde vollends aufgegeben, die Mittlere Reife genügte. Die Schule war dem Zugriff der NS-Ideologen ausgesetzt, und das war auch so intendiert. Die Kieler Hochschule, die wegen des Kriegsdienstes ohnehin kaum noch männliche Absolventen hatte, wurde im Jahre 1941 geschlossen.

Am 20. Mai 1949 wurde hier erstmals die Schwarz-Rot-Goldene Fahne gehißt.

Der Wiederaufbau des staatlichen und gesellschaftlichen Lebens nach dem Zusammenbruch des Jahres 1945 brachte unter britischer Besatzungsherrschaft auch einen Neuanfang in der Lehrerbildung mit sich. Nach dem Willen der Militärregierung sollte die Lehrerbildung unbedingt eine wissenschaftliche Ausrichtung erfahren. Die Provinz Schleswig-Holstein, die sich 1945/46 im Umwandlungsprozeß zum Land befand, erhielt zwei Pädagogische Hochschulen. Der Eröffnung der Pädagogischen Hochschule in Flensburg am 21. März 1946, wo die damals nicht mehr benötigte Marineschule genügend Platz bot, folgte vier Monate später, am 29. Juli 1946, die Eröffnung der Pädagogischen Hochschule in Kiel.

Die Gebäude auf dem „pädagogischen Areal" zwischen Diesterwegstraße, Fröbelstraße und Pestalozzistraße hatten den Krieg relativ gut überstanden. Oberpräsident Theodor Steltzer gab auf dem Festakt am 29. Juli 1946 seiner Freude darüber Ausdruck, daß es möglich gewesen sei, „in Kiel die Räume der alten Pädagogischen Akademie ihrer ursprünglichen Bestimmung zurückzugeben". In klugen idealistischen Gedanken leitete Theodor Steltzer aus Goethes Schilderung seiner „Pädagogischen Provinz" im zweiten Buch der „Wanderjahre" des „Wilhelm Meister" den Erziehungsauftrag ab, der zum „neuen Menschen" führen soll, ohne den – so Steltzer – eine humane und demokratische Gesellschaft nicht möglich ist.

Begeben wir uns in den Festsaal der Pädagogischen Hochschule, der sich hinter den hohen Fenstern im Erweiterungsbau befindet, und hören wir, was dort Theodor Steltzer – auch als Erfahrung aus dem geistigen Widerstand des Kreisauer Kreises im Zweiten Weltkrieg – am 29. Juli 1946 zu sagen hatte:

> „Erziehung ist Ordnen des Menschen, ist Formen und Wachsen lassen zugleich. Deshalb sind die Erzieher nur gerechtfertigt als Liebende und Aufbauende. Die Liebe ist das gestaltende Element aller Erziehung. Religion und Kunst und Wissenschaft wirken in solcher schöpferischen Liebe zum edlen Menschenbild zusammen, sie schaffen den neuen Menschen."

Es gelte nach dem Kriege das „Bild des Menschen" wieder aufzurichten, so der Leitgedanke des Kreisauer Kreises. Theodor Steltzer – der einzige Angehörige des

Sitzung des 2. ernannten Landtages am 10. März 1947.

Kreisauer Kreises, der sein Todesurteil überlebt hat – hat dieses Vermächtnis des Widerstands in die Neuordnung nach 1945 einzubringen versucht. Er redete am 29. Juli 1946 vor dem Lehrkörper und den Studenten und Studentinnen der Pädagogischen Hochschule nicht anders als er es – was den geistigen Gehalt seiner Worte anbetraf – auch vor den Abgeordneten des Schleswig-Holsteinischen Landtags tat, und zwar in genau demselben Raum. Seit dem 12. Juni 1946 diente nämlich der Festsaal der Pädagogischen Akademie als Tagungsstätte des Schleswig-Holsteinischen Landtags.

Dem „ersten Schleswig-Holsteinischen Landtag" von dem auf der eingangs erwähnten Gedenktafel die Rede ist, war der von der britischen Militärregierung ernannte Landtag vorausgegangen. Er war am 26. Februar 1946 vom Kommandierenden General in Schleswig-Holstein, Generalleutnant Sir Evelyn Barker, als dem höchsten Repräsentanten der Besatzungsmacht in diesem Lande im Kieler Schauspielhaus an der Holtenauer Straße eröffnet worden (vgl. Nr. 59) und hatte seither unter schlechten Bedingungen im kleinen Theaterraum am Wilhelmplatz und im Hörsaal der Milchforschungsanstalt getagt. Solange es eine eigens für den Landtag geschaffene Tagungsstätte noch nicht gab, bot der Festsaal der Pädagogischen Akademie für das Parlament die besten Arbeitsmöglichkeiten. Erst Ende Mai 1950 konnte der Landtag eigene Räume mit dem Plenarsaal im Landeshaus übernehmen.

Der ernannte Landtag des Jahres 1946 hatte noch keine demokratische Legitimation, und doch war er ein getreues Spiegelbild der gesellschaftlichen und politi-

Der erste gewählte Landtag (1947–1950) während einer Sitzung in dem Festsaal der Pädagogischen Akademie. Das Bild zeigt in der ersten Reihe folgende Personen (v.l.n.r.): Ministerpräsident Hermann Lüdemann, Andreas Gayk, Vorsitzender der SPD-Fraktion, Otto Passarge, Anni Krahnstöver, Luise Klinsmann. In der dritten Reihe (zwischen Lüdemann und Gayk) sieht man den Landesminister für Umsiedlung und Aufbau Walter Damm.

schen Kräfte im Lande; er wurde es noch mehr, als die erstmals im Oktober 1946 durchgeführten Kreistagswahlen das politische Meinungsspektrum im Lande zeigten und der Landtag neu zusammengesetzt wurde. Vor allem verstanden sich die Abgeordneten dieser beiden ernannten Landtage als Sachwalter und Wegbereiter des demokratischen Neuaufbaus.

Die erstmalige Wahl des Landtags fand am 20. April 1947 statt; seine konstituierende Sitzung folgte am 8. Mai 1947, und dies in einem genau mit der britischen Militärregierung abgesprochenen Zeremoniell. Ihr höchster Repräsentant war damals seit genau einem Jahr der Regional Commissioner Air Vice Marshal Hugh V. Champion de Crespigny. Er ließ sich mit seinem Gefolge von deutscher Polizei zum Gebäude der Pädagogischen Hochschule eskortieren und hielt dann selber die Eröffnungsrede. Dann erst konnte der neue Ministerpräsident Hermann Lüdemann, der am 29. April Theodor Steltzer abgelöst hatte und den der Regional Commissioner ins Amt gerufen hatte, das Wort ergreifen, um das Regierungsprogramm vorzustellen. Gemäß den Mehrheitsverhältnissen im Landtag hatte Hermann Lüdemann eine rein sozialdemokratische Landesregierung gebildet.

Der Ort des parlamentarischen Geschehens war – wie gesagt – der Festsaal der Pädagogischen Hochschule, und das blieb er bis zur vorletzten Sitzung des ersten gewählten Landtags am 3. Mai 1950. In diesem Raume sind die Beschlüsse gefaßt worden, durch die das Land Schleswig-Holstein seine verfassungsrechtlichen Grundlagen erhalten hat. Hier fielen die Entscheidungen im Entstehungsprozeß der Bundesrepublik Deutschland.

Als hier am 12. Juni 1946 erstmals der erste ernannte Landtag tagte, wurde die vorläufige Verfassung des Landes Schleswig-Holstein verabschiedet. Diese Verfassung beruhte auf einem Entwurf des Kieler Staatsrechtlers Prof. Dr. Hermann von Mangoldt, Rektor der Christian-Albrechts-Universität im Amtsjahr 1947/48 und in dem vorausgegangenen Jahr von April 1946 bis April 1947 Ressortchef für das Innere in der Regierung des letzten Oberpräsidenten und ersten Ministerpräsidenten Theodor Steltzer. Die Vorläufige Verfassung war für vier Jahre – nebenbei erwähnt ohne britische Genehmigung – die verfassungsrechtliche Grundlage für Schleswig-Holstein, und das schon zu einem Zeitpunkt, als die durch die britische Verordnung Nr. 46 verfügte vorläufige Erhebung der preußischen Provinzen zu Ländern noch gar nicht erfolgt war. Es gab damals – erstaunlicherweise auch unter den Neubürgern, die als Flüchtlinge und Vertriebene eine neue Heimat suchen mußten – einen starken Willen zum eigenen Land Schleswig-Holstein.

Erst am 13. Dezember 1949 verabschiedete der erste gewählte Landtag die Landessatzung für Schleswig-Holstein, die seit dem 13. Juni 1990 in novellierter Form unter dem Namen „Verfassung des Landes Schleswig-Holstein" fortgeführt wird. Der Gründungsprozeß der Bundesrepublik Deutschland hatte seinerzeit zur Unterbrechung der Arbeit an der Landessatzung geführt.

Der erste gewählte Landtag hat im Festsaal der Pädagogischen Hochschule an der Gründung der Bundesrepublik Deutschland mitgewirkt. Am 9. August 1948 verabschiedete er – in Gemeinsamkeit mit den anderen westdeutschen Länderparlamenten – das Gesetz über den Parlamentarischen Rat und wählte noch am selben Tage die vier schleswig-holsteinischen Vertreter in diese verfassunggebende Körperschaft, nämlich Andreas Gayk und Dr. Rudolf Katz (beide SPD) und Prof. Dr. Hermann von Mangoldt und Carl Schröter (beide CDU).

Ein Höhepunkt im parlamentarischen Leben des Landes SchleswigHolstein war die Ratifizierung des Grundgesetzes der Bundesrepublik Deutschland. Zu diesem Zweck trat der Landtag am 20. Mai 1949 zu einer Sondersitzung zusammen. Im Hinblick darauf, daß die Schaffung geordneter staatlicher Verhältnisse wenigstens für den Bereich der drei westlichen Besatzungszonen auf der Grundlage einer demokratischen, bundesstaatlichen Verfassung eine Hoffnung für das ganze Deutschland sei – sie hat sich in unserer Zeit erfüllt – , gab der Landtag dem Grundgesetz mit überwältigender Mehrheit seine Zustimmung. Nur die sechs dänisch-gesinnten Abgeordneten des SSW (Südschleswigscher Wählerverband) stimmten mit Nein; denn sie sahen den verfassungsrechtlichen Minderheitenschutz nicht als gewährleistet an. Dieser Minderheitenschutz wurde aber vier Monate später, nämlich am 26. September 1949 durch das einmütige Votum des Landtags als sogenannte „Kieler Erklärung" in das schleswig-holsteinische Landesrecht eingefügt. Diese „Kieler Erklärung" bezieht sich ausdrücklich auf die im Grundgesetz festgelegten Grundrechte.

Zurück zum 20. Mai 1949, später Nachmittag: Landtagspräsident Karl Ratz beendete die Sitzung mit dem ausdrücklichen Bekenntnis des Landes Schleswig-Holstein zur Bundesrepublik Deutschland, und dies geschah in der Hoffnung, daß „dereinst dem gesamten Volke soziale Sicherheit und Menschenrechte, insbesondere persönliche Freiheit, gewährleistet" sein mögen. Nachdem Karl Ratz diese Worte gesprochen hatte, entfaltete er im Festsaal der Pädagogischen Hochschule die Schwarz-Rot-Goldene Fahne. Dies ist somit der erste Ort in Schleswig-Holstein, an dem die Bundesfahne offiziell gehißt wurde; dazu kamen noch am selben Tage zwei andere Stellen, nämlich der äußere Seiteneingang zum Festsaal der Pädagogischen Hochschule und das Dach des noch nicht ganz fertiggestellten Landeshauses am Düsternbrooker Weg (vgl. Nr. 37).

Dies ist ein bemerkenswertes symbolisches Ereignis, ein Bekenntnis zu den in den schwarz-rot-goldenen Farben symbolisierten Werten der Verfassung. Das Geschehen ging drei Tage dem Inkrafttreten des Grundgesetzes und damit der Geburtsstunde der Bundesrepublik Deutschland voraus: Am 23. Mai 1949 verkündete der Präsident des Parlamentarischen Rates Dr. Konrad Adenauer – nach Abschluß des Ratifizierungsverfahrens in allen westdeutschen Ländern – , daß mit Ablauf des Tages das Grundgesetz für die Bundesrepublik Deutschland in Kraft trete. Ort dieses Geschehens war die Pädagogische Hochschule in Bonn.

So sehen wir also: Häuser werden für bestimmte Zwecke gebaut, und dann werden in ihnen Funktionen wahrgenommen, an die die Bauherren niemals auch nur im entferntesten gedacht haben können. Man wird dafür in diesem Buch mehr Beispiele finden. Gerade solche Häuser dürften aber in einer ganz besonderen Weise mit dem Schicksal der Stadt und des ganzen Landes verbunden sein.

Hier an der Diesterwegstraße/Fröbelstraße ist zwischen März 1914 und November 1970, als der Umzug der Pädagogischen Hochschule in das neue Gebäude an der Olshausenstraße in unmittelbarer Nähe zur Christian-Albrechts-Universität stattfand, nicht nur schleswig-holsteinische Schulgeschichte geschrieben worden. In dem Gebäude der Pädagogischen Akademie sind auch die demokratischen Grundlagen des Bundeslandes Schleswig-Holstein gelegt worden.

PAUL GANS Geographisches Institut

Ein Bauernhaus in Hassee: Land wird zu Stadt

Heute leben in Deutschland über 90% der Bevölkerung in städtischen Siedlungen. Hier konzentrieren sich Wirtschaftskraft und Dienstleistungen jeglicher Art. Dabei vergißt man leicht, daß um 1870, also vor etwa 120 Jahren, nur 30% der Deutschen in Städten wohnten und die Mehrzahl ihren Lebensunterhalt in der Landwirtschaft verdienten.

Der Bevölkerungsanstieg in Kiel zeichnete diese Entwicklung nach. Zwischen 1871 und 1910 erhöhte sich die Einwohnerzahl von 31 764 auf 211 627. Kiel gehörte aufgrund der Ernennung zum Reichskriegshafen im Jahre 1871 und dem Auf- sowie Ausbau der Werftindustrie mit ihren Zulieferern zu den wachstumsstärksten Agglomerationen des Reiches.

Das rasche Anwachsen der Wohnbevölkerung und die Ausdehnung gewerblich genutzter Gebiete führten zu einer Knappheit unbebauter Flächen in der Stadt. So wurden bereits 1869 Brunswik und Düsternbrook eingegliedert. Es folgten Wik (1893), um den Zugang zum Nord-Ostsee-Kanal zu sichern, Gaarden-Ost (1901) mit den Großwerften auf dem Ostufer sowie Projensdorf (1909). Die Eingemeindungen fanden dann im Jahre 1910 mit Hasseldieksdamm, Hassee, Gaarden-Süd, Ellerbek und Wellingdorf einen ersten Abschluß, denn letztere bedeuteten auch eine Vergrößerung des Stadtgebietes von 1818 ha oder 70%. Die Expansion der Industrie sowie der städtischen Bebauung verdrängte z.T. ganze Ortschaften auf dem Ostufer und überformte den dörflichen Charakter der bis dahin selbständigen Gemeinden in einem solchen Maße, daß heute nur noch wenige Bauernhäuser in den bis 1910 eingemeindeten Stadtteilen anzutreffen sind.

Das obere Foto belegt den baulichen Gegensatz in eindrucksvoller Weise. Die einzelnen drei- bis vierstökkigen Mietshäuser entlang der Hasseer Straße zwischen Uhlenkrog und Rendsburger Landstraße bilden eine der Spitzen des städtischen Wachstums von Kiel zwischen 1910 und 1914. Die schlichte Gestaltung der Fassade, der Ausbau der Mansarde als Wohnung oder die Nutzung des Hinterhofes zu gewerblichen Zwekken weisen auf den damaligen Einfluß der Bodenspekulation bei der städtischen Expansion hin. Dagegen duckt sich geradezu die benachbarte, mit Reet gedeckte Kate vor dem hochragenden Mietshaus der Wilhelminischen Zeit.

Einen nachhaltigen Eindruck hinterläßt die im Jahr 1824 vom Stellmacher oder Böttcher Peter Muxfeldt erbaute Instenkate auf dem unteren Foto. Die Handwerker der damaligen Zeit waren oft auf landwirtschaftlichen Nebenerwerb angewiesen, was sich auch in der baulichen Gliederung der Kate ausdrückt. Es handelt sich hier um den Typ eines Niedersächsischen Fachhallenhauses, ein Einheitshaus mit Wirtschafts- und Wohnteil unter einem Dach. Man blickt auf die Grotdör, durch die früher die Wirtschaftswagen in die sich anschließende Grotdeel fuhren. Seitlich davon waren in den Kübbungen, im Raum zwischen den tragenden Ständern und den nichttragenden Außenmauern, Ställe untergebracht, die man nach oben abdeckte, um darüber Heu zur Viehfütterung aufbewahren zu können. Über der Deel lagerte man das Getreide. Der Haustyp zeigt eine relativ gleichgewichtige Kombination von Viehwirtschaft und Ackerbau an.

Hinter der Grotdeel schließt sich der ehemalige Wohnteil an. Dazwischen lag zentral die Feuerstelle, die nicht nur die Stuben und Kammern wärmen, sondern im Herbst auch den Trocknungsvorgang des Getreides über der Deel beschleunigen sollte.

Die eingebauten Fenster und auch die in die Grotdör eingefügte Tür weisen daraufhin, daß das Haus heute ausschließlich Wohnzwecken dient. Die von früheren Besitzern betriebene landwirtschaftliche Nutzung wurde aufgegeben, denn mit dem Anwachsen der Städte hat sich auch die Bedeutung der einzelnen Wirtschaftssektoren verschoben. Die 1870 noch dominierende Position des primären Sektors nahm zunächst die Industrie, dann der Dienstleistungsbereich ein. Mit der fortschreitenden Urbanisierung hat sich auch das soziale Leben von Grund auf gewandelt. Um so wichtiger ist, daß man die wenigen für Schleswig-Holstein typischen Bauernhäuser im Kieler Stadtgebiet als Zeugen einer schon fast vergangenen Gesellschaft erhält.

Die Verstädterung der ländlichen Randgemeinden erfolgte nicht ohne Maßstabsbrüche, wie hier in der Hasseer Straße.

DETLEF KORTE Historisches Seminar

Das „Arbeitserziehungslager Nordmark" (1944–1945): „Erziehung" ins Massengrab

Am 30. Mai 1947 machte der Architekt Franz Steinfaß eine Aussage vor der Kieler Kriminalpolizei:

„Am 1. 5. 1944 bekam ich den Auftrag, in Kiel, Rendsburger Landstraße, ein Arbeitserziehungslager für die Kieler Gestapo zu errichten. [. . .] Während der Bauzeit mußten die Häftlinge die Arbeiten ausführen und wohnten in den eben fertiggestellten Baracken. Die Ausführungen dieser Arbeiten waren der Firma Nord-Süd-Bau K.G., Kiel und der Firma Schlüter, Preetz übertragen. Abgemacht war, daß die Gestapo nur die Beaufsichtigung der Häftlinge in Bezug auf Flucht hatte. Der Maurerpolier B., dem ich mehrere Male wegen Mißhandlungen an Gefangenen das Betreten der Baustelle verboten hatte, wurde von der Gestapo in jeder Beziehung geschützt. Auf Meldung meiner Behörde gegenüber erfolgte nichts."

Die Kieler Gestapo war während des Zweiten Weltkriegs zunehmend unter Druck geraten. Eine ihrer Hauptaufgaben war die Unterdrückung Tausender ausländischer Zwangsarbeiter, insbesondere aus Polen und der Sowjetunion. Bedingt durch die rigorosen Verhaftungen bei jeglicher Form von „Arbeitsbummelei" ausländischer und auch deutscher Arbeiterinnen und Arbeiter waren das Polizei- und Gestapogefängnis in der Blumenstraße und ein an der Rendsburger Landstraße errichtetes Ausweichgefängnis Ende 1943 katastrophal überfüllt. Der Anfang 1944 eingesetzte letzte Kieler Gestapochef Fritz Schmidt ließ im Frühjahr 1944 am Ufer des Russees das „Arbeitserziehungslager Nordmark" bauen.

Ein „Arbeitserziehungslager" war ein besonderer Lagertyp im nationalsozialistischen Deutschland. Diese Lager, von denen im Verlauf des Krieges mehr als 80 errichtet wurden, galten nicht als Konzentrationslager. Die Haftzeit war – bei „strenger Arbeit" von bis zu zwölf Stunden täglich – auf maximal acht Wochen beschränkt. Galt danach der Häftling als „erzogen", wurde er, oft in erbärmlichem körperlichen Zustand, als abschreckendes Beispiel an seinen Arbeitsplatz zurückgeschickt. Bei „Nichterziehbaren" erfolgte die Einweisung in ein Konzentrationslager, was in der Regel einem Todesurteil gleichkam.

In den zwölf Monaten von Mai 1944 bis zum Kriegsende wurden mehr als 4000 Menschen aus etwa 13 Ländern in das „Arbeitserziehungslager Nordmark" eingesperrt, wo insbesondere in den letzten Wochen Zustände herrschten, die der von vielen Kielern hinter vorgehaltener Hand gebrauchten Bezeichnung „KZ Russee" Rechnung trugen. An die 600 Menschen starben in „Nordmark" an Hunger, Entkräftung, Krankheiten, durch Mord oder an sadistischen Quälereien. Die meisten Häftlinge waren Ausländer, insbesondere Polen und Sowjetbürger. Haupthaftgrund war angebliche „Arbeitsbummelei", jedoch befanden sich auch Widerstandskämpfer unter den Gefangenen. So wurden Anfang 1945 fast 200 Menschen, hauptsächlich Sowjetbürger, von der Gestapo in ganz Schleswig-Holstein verhaftet, weil sie verdächtigt wurden, zu einer Widerstandsgruppe unter der Leitung eines Kieler Kommunisten zu gehören. Ein großer Teil dieser Häftlinge wurde im Lager bei Verhören buchstäblich totgeprügelt und fast der gesamte Rest wenige Tage vor Kriegsende erschossen.

Nach dem Krieg fanden in Hamburg vier britische Militärgerichtsprozesse gegen ehemalige Wachleute des Lagers „Nordmark" statt. Dabei wurde ein Todesurteil verhängt und ausgeführt. Andere ehemalige SS-Angehörige erhielten teilweise langjährige Haftstrafen. Anfang der 50er Jahre wurden jedoch alle noch Inhaftierten begnadigt.

Die Stadt Kiel war Jahrzehnte bemüht, daß dunkelste Kapitel seiner Geschichte zu verdrängen. Erst die beharrlichen Nachfragen des Russeer Pastors führten 1971 dazu, daß an der Rendsburger Landstraße ein schlichter und nichtssagender Gedenkstein enthüllt wurde, der jedoch sehr schnell in Vergessenheit geriet. Erst als ein „Arbeitskreis Asche-Prozeß" Anfang der 80er Jahre Stadtrundfahrten zur NS-Zeit in Kiel durch-

Ravensbrück ist überall: In Kiel-Russee steht an der Stelle des Gestapo-Arbeitserziehungslagers seit Jahren ein Supermarkt.

zuführen begann, wurde die Geschichte des KZ Russee einer breiteren Öffentlichkeit vermittelt. 1985 erfolgte die Enthüllung eines zweiten Gedenksteins, für dessen Inschrift ein kirchliche Jugendgruppe aus Kronshagen einen Vorschlag eingereicht hatte. Der von den jungen Menschen gewünschte Schlußsatz „Dieses Lager mahnt uns, jedem Ansatz von Brutalität und Terror zu widerstehen und für eine menschenwürdigere Zukunft einzutreten" war für die Verantwortlichen im Kieler Rathaus jedoch politisch untragbar und wurde ersatzlos gestrichen.

An den gewaltsamen Tod von Pastor Dittmann aus Süderhastedt erinnert ein Denkstein in seiner Heimatgemeinde.

PETER PEZ Geographisches Institut

Die „Mühlenwegautobahn": Rettung vor dem Verkehrsinfarkt oder Symbol eines Irrweges?

Der Verkehr mit dem privaten Kraftfahrzeug hat sich in den letzten drei Jahrzehnten in der Bundesrepublik Deutschland vervielfacht. In den größeren Städten gleicht deshalb die Situation zu den Verkehrsspitzenzeiten schon heute manchmal einem Chaos. Auch Kiel blieb von dieser Entwicklung nicht verschont. Vor allem die Bewohner und Passanten in den Hauptverkehrsstraßen – z. B. Westring, Knooper Weg, Werftstraße, um nur drei stellvertretend zu nennen – leiden erheblich unter dem Verkehrsaufkommen, welches Stauungen, Unfallgefahren, Lärm- und Abgasbelästigungen verursacht. Zur Entlastung der Innenstadt wurde deshalb schon Ende des letzten Jahrhunderts eine Straßenumgehung der Innenstadt in die planerischen Vorstellungen einbezogen. Die konkreten Vorbereitungen für eine autobahnähnliche Verbindung zwischen der Bundesstraße 503 im Norden und dem Theodor-Heuss-Ring im Süden begannen aber erst 1979 mit der Einleitung des ersten von drei Planfeststellungsverfahren. Das letzte dieser drei wurde im Frühjahr 1988 begonnen, während die ersten beiden Teilabschnitte bereits dem Verkehr übergeben wurden.

War die „Mühlenwegautobahn" über Jahrzehnte hindurch bei Verkehrsplanern und Kommunalpolitikern völlig unumstritten, so stieß das Projekt dennoch mit Baubeginn bei den Einwohnern Kiels keineswegs mehr auf ungeteilte Zustimmung. Infolge steigender Sensibilität für Umweltbelastungen wurde insbesondere der erhebliche Verlust an Grünflächen, davon zum großen Teil Kleingartengelände, beklagt. Auch die verkehrspolitischen Auswirkungen erscheinen durchaus fraglich, hatten doch die Bemühungen fast aller deutschen Städte in den 60er und 70er Jahren mit dem Ziel der Verbesserung des Verkehrsflusses durch Straßenausbau, „grüne Wellen" an Ampeln etc. gezeigt, daß der Entlastungseffekt nur von kurzer Dauer blieb. Insgesamt nahm durch Maßnahmen der genannten Art die Attraktivität des PKW im städtischen Verkehr so weit zu, daß immer mehr Menschen dieses schnelle, bequeme und jederzeit verfügbare Verkehrsmittel für den Weg zur Arbeit, zum Einkauf oder in der Freizeit bevorzugten. Das steigende Verkehrsaufkommen wiederum veranlaßte die politisch und planerisch Verantwortlichen zu weiteren Schritten der Förderung des motorisierten Individualverkehrs.

Die Frage ist nun berechtigt, ob die „Mühlenwegautobahn" ebenfalls eine Wirkung wie die eben beschriebene haben wird, also Verkehrsprobleme verstärkt anstatt sie zu lösen, oder ob sie den erhofften innerstädtischen Entlastungseffekt bringt. Dieser soll nach den Vorstellungen der Verkehrsplaner zahlreiche verkehrsberuhigende Maßnahmen – z. B. einen Rückbau des Westringes auf eine Spur pro Fahrtrichtung – politisch erst durchsetzbar machen, was die Attraktivität des Verkehrsmittels PKW in Kiel wiederum einschränken könnte. Die Zukunft wird in dieser Hinsicht Aufschluß bringen. Gleichwohl gibt es nicht erst seit heute viele Bürger, die die circa 190 Millionen DM, die bereits verbaut wurden, und die weiteren etwa 140 Millionen DM, die für den Bau der Mühlenwegtrasse noch aufzuwenden sind, lieber in einer Förderung des Bus- und Fahrradverkehrs sowie in verkehrsberuhigenden Maßnahmen angelegt gesehen hätten, um das Problem des Kfz-Verkehrs nicht am Symptom, sondern an der Ursache zu bekämpfen: der Verkehrsmittelwahl der Bürger. Was im Prinzip einfach klingt, gestaltet sich in der Praxis schwierig, denn die genannten 330 Millionen DM sind zum größten Teil Bundesmittel, die für die genannten alternativen Verwendungszwecke gewiß nicht bereitgestellt worden wären. Innerstädtische Verkehrspolitik unterliegt eben auch zu einem erheblichen Teil äußeren Rahmenbedingungen, auf die die Kommune keinerlei Einfluß ausüben kann.

Steig' um auf Bus oder Bahn: Der Mühlenwegtrasse droht der Verkehrsinfarkt.

RD SH 624

ERICH HOFFMANN Historisches Seminar

Auf dem Eichhoffriedhof: Das Grabmal Nikolaus Falcks

In unserer schnellebigen Zeit sind auch bedeutende Kieler Bürger früherer Epochen der Stadtgeschichte der Vergessenheit anheimgefallen. Manche Straßennamen könnten hier dem heutigen Kieler Bürger Nachhilfe leisten. Aber wohl nur wenige Bewohner Kiels verbinden heute noch mit dem Namen der Falck-Straße nicht nur die Begriffe „Parkplatz", „Post" und „Polizeirevier", sondern auch das Andenken an den weithin in Deutschland und Dänemark hochangesehenen Gelehrten und den schleswig-holsteinisch gesinnten Politiker und Ständedeputierten Nikolaus Falck.

Auf dem Eichhoffriedhof zeugt noch heute ein persönlicheres Monument von ihm. Denn sein Grabstein wurde nach Einebnung des an der (nach dem 2. Weltkrieg abgebrochenen) St. Jürgenkirche am Sophienblatt gelegenen Friedhofes gemeinsam mit den Grabmonumenten anderer bedeutender in Kiel verstorbener Persönlichkeiten auf die übrigen Kieler Friedhöfe überführt (vgl. Nr. 91). So kann man heute das Grabmal auf der großen Rasenfläche vor der Grabkapelle des Eichhoffriedhofs finden.

Falck (geb. am 25. November 1784 zu Emmerleff, gest. am 11. Mai 1850 zu Kiel) war der Sohn eines Hofbesitzers zu Emmerleff (heute Emmerlev im südwestlichen Nordschleswig, knapp nördlich der heutigen Landes- und Bundesgrenze) im Amte Tondern, der in jungen Jahren zur See gefahren war. Durch zeitweise besonders günstige Agrarkonjunkturen und die erfolgreichen Agrarreformen im dänischen Gesamtstaat (der damals Dänemark, Norwegen, Schleswig und Holstein umfaßte) waren das Selbstbewußtsein und die Bildungsbereitschaft des Bauernstandes erwacht. So war Falcks Vater dazu bereit, den einzigen Sohn studieren zu lassen.

Nach Besuch der Lateinschule studierte Nikolaus Falck zunächst Theologie und verschiedene geisteswissenschaftliche Fächer in Kiel. Nach dem theologischen Examen wirkte er zeitweise als Hauslehrer bei den Söhnen des Grafen Adam Moltke, der ein Anhänger der neuen liberalen Ideen war und an der Seite Fritz Reventlows auf Emkendorf zum Wortführer der ritterschaftlichen Opposition zur Wahrung der Rechte der Lande Schleswig und Holstein und der Ritterschaft gegenüber dem absolutistischen Staate wurde. In diesem Hause wurde Falck zum liberalen Verfassungsfreund. Hier regte man ihn zum Studium der alten Landesprivilegien und Verfassungszustände an. Moltke erteilte ihm dann den Rat, auch noch das juristische Studium aufzunehmen. Rasch wurde dieses begonnen und erstaunlich schnell glanzvoll beendet.

Es folgten einige Jahre praktischer Tätigkeit an der schleswig-holsteinischen Kanzlei, der obersten Behörde für Justiz und Verwaltung der Herzogtümer in Kopenhagen. Hier lernte er die Praxis der Staatsverwaltung kennen, hier schloß er Freundschaft und Bekanntschaft mit vielen künftigen bedeutenden dänischen Staatsmännern, Gelehrten und hohen Beamten. Seit dieser Zeit war er ein guter Kenner der dänischen Kultur und der Staatszustände im dänischen Königreich. Im Jahre 1814 wurde Falck als ordentlicher Professor der juristischen Enzyklopädie, des deutschen Rechts, des Kirchenrechts und des schleswig-holsteinischen Partikularrechts an die Universität Kiel berufen. Seine Vorlesungen waren bald sehr gut besucht, seine wissenschaftlichen Veröffentlichungen wurden in Deutschland und Dänemark mit großem Beifall bedacht und als grundlegende Abhandlungen aufgenommen. Bekannt wurde vor allem seine „Juristische Enzyklopädie" (1821), die mehrfach neu aufgelegt und schließlich auch ins Französische übersetzt wurde. Sein Hauptwerk war jedoch das fünfbändige Handbuch des schleswig-holsteinischen Privatrechts (1825–1848), das leider unvollendet blieb, aber heute noch das grundlegende Werk zur komplizierten schleswig-holsteinischen Rechtsgeschichte darstellt. Überhaupt lag ihm die Rechtsgeschichte am Herzen. So betätigte er sich eifrig als Mitarbeiter und dann auch Herausgeber verschiedener periodisch erscheinender Publikationen, wie gemeinsam mit Dahlmann und anderen Kollegen als Mitverfasser in den „Kieler Blättern" und „Kieler Beiträgen" und als Herausgeber und wichtigster Autor im „Staatsbürgerlichen (und „Neuen Staatsbürgerli-

Der Grabstein von Nikolaus Falck steht heute auf dem Friedhof Eichhof.

Nikolaus Falck (1784-1850). Nach einer Kreidelithographie von C. V. Balsgaard.

chen") Magazin" sowie dem anschließend erscheinenden „Archiv für Statistik, Kunde der Verwaltung und Landesrecht". Bald galt er als einer der bedeutendsten Rechts- und Verfassungshistoriker des deutschen Kulturraums. Dennoch lehnte er wegen seiner Heimatverwurzelung alle ehrende Rufe an andere Universitäten (u.a. auch nach Berlin) ab.

Seiner Herkunft nach fühlte Falck sich zunächst als Schleswiger. Ähnlich wie im Elternhaus des großen Malers Emil Nolde waren auch in seiner Heimat Hochdänisch und Sønderjysk, Hoch- und Niederdeutsch und nicht zuletzt auch das Nordfriesische bekannte Sprachen. Nach seinen Verfassungsstudien erschien ihm innerhalb des Gesamtstaates Schleswig wesentlich enger mit Holstein als mit dem dänischen Königreich verbunden. Als liberaler Verfassungsfreund und aus der engen freundschaftlichen Verbindung mit Dahlmann heraus trat er mutig an dessen Stelle, als diesem verboten wurde, auf eine gegen seine verfassungsrechtliche Position gerichtete Streitschrift zu antworten. Moderat in der Wortwahl, jedoch klar und deutlich seine Position umreißend, wies Falck in seiner Schrift „Das Herzogthum Schleswig in seinem gegenwärtigen Verhältnis zu dem Königreich Daennemark und dem Herzogthum Holstein" (1816) darauf hin, daß Schleswig und Holstein aus eigenem alten Recht eine verfassungsrechtlich untermauerte staatliche Gemeinsamkeit besäßen und ein Recht auf einen gemeinsamen Landtag hätten. Es sei also sinnvoll, eine solche Repräsentation wieder einzuberufen und den veränderten sozialen Entwicklungen entsprechend vor allem auf bürgerliche und bäuerliche Deputierte auszudehnen. Diese hier bezogene Position hat Falck über drei Jahrzehnte hin bewahrt. Es ging ihm also vor allem um eine verstärkte Einheit der Herzogtümer mit künftigen eigenen Verfassungsrechten, jedoch noch innerhalb des national übergreifenden Staatsgebildes des alten Gesamtstaates. So war er kein Freund besonders laut fordernder Politik in Richtung auf eine freiheitliche Verfassung, wie Uwe Jens Lornsen, denn er hoffte auf die Einsicht von König und Regierung. Auch der deutschen Einheitsbewegung stand er zunächst fern, anders als sein Freund Dahlmann. Dann aber wurde er als Präsident der schleswigschen Ständeversammlung (1838, 1840, 1842, 1844) mit dem Ausbruch des nationalen Gegensatzes zwischen Deutsch und Dänisch im Herzogtum Schleswig konfrontiert. Falck war um Ausgleich bemüht, aber die Zeichen der Zeit standen auf Sturm. Die deutsche wie die dänische Seite forderte das ganze Schleswig für sich, obwohl jede letztlich nur die Hälfte des Herzogtums nach dem sich herausbildenden Willen der Bevölkerung selbst fordern konnte.

Falck selbst verhielt sich weiter moderat, forderte aber eine größere Eigenständigkeit für die Herzogtümer mit besonderem Erbrecht bei der Thronfolge nach dem zu erwartenden Aussterben der landesherrlichen Familie, so daß eine Trennung Schleswigs und Holsteins von der Personalunion mit Dänemark ihm als rechtens erschien. In seinen verschiedenen staatsrechtlichen und verfassungshistorischen Schriften hat damit Falck das „Programm" der schleswig-holsteinischen Bewegung umrissen.

Endgültig vollzog er den Bruch mit dem Gesamtstaat, wenn auch mit Trauer, erst 1848. Er sah die Erhebung der Schleswig-Holsteiner als einen Akt der bewaffneten Notwehr an. Dennoch litt Falck an der politischen Situation des „Bürgerkriegs" im Gesamtstaat. In der Schlacht bei Fredericia verlor er einen seiner Söhne. Er war ein „Familienmensch". In der glücklichen Ehe mit Dorothea Lorck (aus einer alten Flensburger Patrizierfamilie) und im Kreise seiner acht Kinder fühlte er sich am wohlsten. So trafen ihn der Tod des Sohnes, die harte Entscheidung des „Für und Wider" in der Politik sowie die Isolierung und die militärischen Niederlagen der geliebten Heimat Schleswig-Holstein zutiefst. Am 11. Mai 1850 brachte ein Schlaganfall das Ende.

MANFRED JESSEN-KLINGENBERG Historisches Seminar

Jens Baggesen: Ein dänischer Dichter als Professor in Kiel

Am 23. Juni 1955 fand auf dem Gedächtnisfeld für den einstigen St. Jürgen-Friedhof vor der Eichhof-Kapelle (vgl. Nr. 90) eine bemerkenswerte Wiederbeisetzungsfeier statt. Propst Asmussen sowie die Pastoren Plath und Scharrenberg übergaben die irdischen Überreste zweier Freunde wieder der Erde: Karl Leonhard Reinhold (1758-1823), der seit 1793 als ordentlicher Professor für Philosophie in Kiel gelehrt hatte, und Jens Baggesen (1764-1826), Professor der dänischen Sprache und Literatur an der Christian-Albrechts-Universität von 1811 bis 1814. Ihre erste Ruhestätte hatte auf dem im Zweiten Weltkrieg verwüsteten und danach eingeebneten St. Jürgen-Friedhof gelegen. Dort hatten die Söhne Baggesens das Grabmonument für die beiden Freunde und ihre Frauen errichten lassen.

Reinhold, der gebürtige Wiener, war zunächst dem geistlichen Stande beigetreten, hatte diesen verlassen, sich der Wissenschaft zugewandt und wurde 1787 in Jena zum Professor ernannt. Er war ein Anhänger und Verkünder der Philosophie Kants, dessen Lehre die Kieler sechs Jahre später erst durch ihn genauer kennen und, soweit sie modernem Denken aufgeschlossen waren, auch schätzen lernten. Reinholds Schwiegervater war kein geringerer als der Dichter Christoph Martin Wieland. Als dieser 1790 seinen Schwiegersohn besuchte, brachte er Baggesen und dessen erste Frau Sophie, geborene von Haller (1767-1797), mit, die wiederum die Nichte des Dichters und Naturwissenschaftlers Albrecht von Haller war: „Ich muß meinem Reinhold", so kündete Wieland den Besuch an, „die Freude – und meinem Baggesen das sehr gewünschte Glück, meinen Reinhold persönlich kennenzulernen, verschaffen, oder ich genieße mein persönliches Glück in beiden nur halb."

Und doch wurde hier eine Freundschaft zwischen zwei in ihrem Wesen ungleichen, in mancher Hinsicht sogar gegensätzlichen Persönlichkeiten gestiftet. Der stetig und beharrlich arbeitende Reinhold war eher ein Verstandesmensch, dabei freilich auch der Kunst und der Poesie zugetan. Der in Korsør geborene, in kleinen Verhältnissen aufgewachsene, hochbegabte Baggesen wird charakterisiert als „eine beeinflußbare, aber zugleich von reizbarem Subjektivismus gequälte Natur" (A. Elschenbroich). Leicht zu begeistern und zu entflammen war er von Menschen, nicht zuletzt weiblichen, von den vielfältigen Formen und Äußerungen der Künste, von den Wissenschaften und von der Politik. Entsprechend breit gefächert ist das dichterische Werk, das der vielgereiste, unstete Baggesen hinterlassen hat: Gedichte unterschiedlicher Gattungen, humoristische und parodistische Dichtungen und Bearbeitungen, Verserzählungen, Epen, Reisebeschreibungen, philosophische Abhandlungen. Manches blieb unvollendet. Sein wohl bekanntestes Werk in dänischer Sprache ist „Labyrinten" (1792/93), eine Beschreibung seiner ersten Reise durch Deutschland.

Schon in seinen jungen Jahren hatte Baggesen in Kopenhagen Kontakte zu schleswig-holsteinischen Adligen gefunden, die sich dort aus dienstlichen oder privaten Gründen aufhielten, so zum Grafen Schimmelmann, zu den Reventlows, den Stolbergs, zum Prinzen Friedrich Christian von Augustenburg. Sie alle schätzten den genialen jungen Mann, der in diesem Milieu wiederum den Zugang zur Welt der Literatur und Wissenschaft fand, nicht zuletzt zu der deutschen. Später hat Baggesen Schiller ein dreijähriges Stipendium des Augustenburgers vermittelt. Überhaupt gilt er, was die deutsche Literatur und Philosophie betrifft, „als einer ihrer eifrigsten Mittler zum Norden" (Elschenbroich), und umgekehrt hat er den Deutschen die dänische Geisteswelt nahegebracht.

In Kiel hatte Baggesen vor 1811, dem Jahr seiner Bestallung, auf seinen Reisen von und nach Dänemark sechsmal seinen Aufenthalt genommen, und er war mit den hiesigen Verhältnissen, insonderheit mit denen an der Christiana Albertina bestens vertraut. Sie war die nördlichste deutsche Universität, lag aber auf dem Gebiet der dänischen Gesamtmonarchie, eines Nationalitätenstaates, der außer Dänemark und fast ganz Schleswig-Holstein auch Norwegen (bis 1814 – vgl. Nr. 20), Island, die Färöer und Grönland umfaßte. Die leitende Behörde, auch für die Universität, war die

IENS BAGGESEN.
GEB: ZU CORSOER DEN XV FEBR.
MDCCLXIV.
GEST: ZU HAMBURG DEN III OCTR.
MDCCCXXVI.
SOPHIE BAGGESEN.
GEB: V. HALLER
GEB: ZU BERN DEN VIII OCTR.
MDCCLXVIII.
GEST: ZU KIEL DEN V MAI.
MDCCXCVII.
EVANG. MATTH. V. III

Deutsche Kanzlei in Kopenhagen, und der dänische König war bis 1808 Rector Magnificentissimus der Christiana Albertina. War sie nicht aufgrund ihrer Lage, ihres Charakters und ihrer staatlichen Einbindung eine ideale Vermittlungsstelle zwischen dem deutschen und dem dänischen und sogar nordischen Geistesleben? Sie war es zweifellos. War Baggesen nicht geradezu prädestiniert, an dieser Universität vermittelnd zu wirken? Diese Frage läßt sich erst beantworten, wenn die Gründe dargelegt sind, die zur Errichtung seiner Professur führten, und wenn dabei auch die persönlichen Eigenschaften des Dichters in Betracht gezogen sind.

Holstein, das staatsrechtlich zum Heiligen Römischen Reich Deutscher Nation gehörte, wurde nach dessen Untergang 1806 als „ein in jeder Beziehung ungetrennter Teil" der dänischen Monarchie einverleibt. Durch mehrere Verfügungen versuchte die Kopenhagener Regierung in den Jahren 1810 bis 1813, die Kenntnis und Verbreitung der dänischen Sprache in den Herzogtümern Schleswig und Holstein zu fördern. Wer sich mit Erfolg um ein Amt bewerben wollte, hatte nachzuweisen, daß er des Dänischen mächtig sei. Man hat diese Maßnahmen zu Unrecht als Danisierungspolitik bezeichnet. Denn es ging König Friedrich VI. (1808-1839) und seinen Beamten nicht darum, die deutschen Schleswiger und die Holsteiner zu nationalbewußten Dänen zu machen. Eine solche Nationalisierungspolitik konnte damals noch gar nicht zur Debatte stehen; sie wäre auch in einer Zeit, da der überwiegende Teil der Bevölkerung in königstreuer Gesinnung einem gesamtstaatlichen Patriotismus anhing, deplaziert gewesen. Vielmehr war es die Absicht des Herrschers, die einzelnen Teile der Monarchie zu uniformieren, sie enger miteinander zu verknüpfen, also aus der Gesamtmonarchie einen Gesamtstaat zu machen.

Eben diesem Ziel sollte auch die außerordentliche Professur für dänische Sprache und Literatur in Kiel dienstbar sein. In dem an Baggesen gerichteten Reskript des Königs v. 5. Januar 1811 heißt es: „Da Wir die Sprache als eines der natürlichsten Mittel ansehen, die Nationaleinheit zu begründen und zu festigen, wirst Du verstehen, welchen großen Wert Wir auf das Amt legen, das Wir Dir somit allergnädigst anvertrauen wollen." Von literarischer und philosophischer Begegnung und Vermittlung ist nicht die Rede.

Die Universität Kiel empfing den renommierten Jens Immanuel Baggesen – den zweiten Vornamen hatte er sich in Verehrung Kants zugelegt – mit offenen Armen.

Jens Baggesen (1764-1826).

Im Sommer 1811 verlieh die Philosophische Fakultät ihm und dem Kopenhagener Professor Rahbek die Ehrendoktorwürde. „Aber in die Pflichten eines Lehramts ließ sich die unstete Genialität Baggesens nicht einspannen" (A. Scharff). Der Naturwissenschaftler Christoph Heinrich Pfaff, von 1798 bis 1846 Professor in Kiel, berichtet in seinen „Lebenserinnerungen" (Kiel 1854) von Baggesens kurzer, tragikomischer Lehrtätigkeit und ihrem Scheitern: Die Vorlesungen „begannen im Sommer 1811 vor einem zahlreichen, aus Professoren, Studenten und anderen Bewohnern der Stadt bestehenden Auditorium, welches den kleinen akademischen Hörsaal Kopf an Kopf füllte und selbst bis auf den Vorplatz sich erstreckte. Wie zu erwarten, war der freie Vortrag bei dem guten Organe Baggesens sehr anziehend – vielleicht zu poetisch – und bewegte sich erst nur in allgemeinen Betrachtungen über Sprache und ihre Hauptverschiedenheiten, wobei die nordische Sprache vor allen anderen hervorgehoben wurde. Leider ward Baggesen schon in der fünften oder sechsten

Jens Baggesen: Literarischer Botschafter zwischen Dänemark und Schleswig-Holstein. Sein Grabstein steht auf dem Friedhof Eichhof.

Stunde dem bisher gehaltenen Maße untreu und steigerte sich plötzlich zu einer beinahe dithyrambischen Begeisterung, in welcher er in überspannter Weise seinen Zuhörern die Bibel und Reinholds Synonymik als die höchsten Quellen jeder Erkenntnis, religiöser wie philosophischer, empfahl. Dieser wahrhaft poetische Ausbruch machte sichtlich einen unangenehmen Eindruck auf die Zuhörer. Baggesen blieb oft bei allgemeinen Sätzen stehen, die Zuhörer verloren sich immer mehr. Als Baggesen seine sechste oder siebente Vorlesung begonnen hatte, sank er hinter der Vorderwand des Katheders hin; Reinhold und ich eilten hinzu ... und wirklich war er von einem bedeutenden Unwohlsein ergriffen." Wie ein Strohfeuer war seine Begeisterung entflammt und erloschen; fast hätte es ihn auch physisch verzehrt. Ob er sich überhaupt auf die Vorlesungen vorbereitet hat?

Baggesen sehnte sich bald, aus dem „halbrussischen Kiel", wie er es jetzt nannte, nach Kopenhagen, aus dem „rohen, wilden, groben Plattdeutschen nach „der Muttersprache holdem Klang". Er reist in die Hauptstadt und blieb für die nächsten Jahre dort. Am 1. Juni 1814 gewährte ihm der König den Abschied.

In seinem Gesuch hatte Baggesen geschrieben, er könne dem Vaterland seine Schuld besser in Kopenhagen abtragen als in Kiel, „wo ein dänischer Schulmeister, ein dänischer Lektor und dänische Lesebücher" nötiger seien als ein dänischer Professor, der erst von wirklichem Nutzen sein könne, wenn „die Elemente" gelehrt seien. Damit hatte er recht. Denn man wird eine Literatur erst dann verstehen und schätzen können, wenn man die Sprache beherrscht, in der sie geschrieben ist. Gleichwohl ist festzuhalten, daß Baggesen sich nicht dazu eignete, dauernde, geregelte und damit oft lästige Pflichten zu übernehmen. Daß das Kieler Geistesleben dieser vielseitig gebildeten und anregenden Persönlichkeit damals viel zu verdanken hatte, darf indessen nicht unerwähnt bleiben.

Gedenken an den dänischen Dichter: Studenten des Nordischen Instituts am Grab Baggesens im Jahre 1963.
Bernhard Glienke, heute Professor für Nordische Philologie in Kiel, liest Baggesens „Da jeg var lille" (Als ich klein war).

Am 3. Oktober 1826 starb Baggesen in Hamburg, auf der Rückreise „nach Hause". Er wurde in Kiel bestattet, dort, wo er seine erste Frau zu Grabe getragen hatte. – Die Kieler haben seiner nicht völlig vergessen; dafür gibt es manche Belege, zumeist literarische. Nicht des erfolglosen Lehrers, wohl aber des Dichters gedachten Studenten des dänischen Oberkurses im Nordischen Institut, als sie sich im Sommersemester 1963 mit ihrem Lektor Kehler am Grab Baggesens versammelten und aus seinen Werken rezitierten.

PETER PEZ Geographisches Institut

Mettenhof: Leben in einer Großwohnsiedlung

Die umfangreichen Zerstörungen des Zweiten Weltkrieges einerseits und der rasch wachsende Wohnraumbedarf im Zuge der Wanderung vom Lande in die Städte andererseits erforderten in den 50er Jahren eine städtebauliche Neuordnung Kiels. Das damals vorhandene und für die Zukunft zu erwartende Bevölkerungswachstum war im Stadtgebiet selbst nicht mehr zu bewältigen – es mangelte an Bodenreserven, bzw. die vorhandenen Flächen ermöglichten durch ihre gestreute Lage keine kurzfristige Erschließung. Nicht anders als in anderen deutschen Städten auch bot sich der Stadtrand an, um dem wachsenden Wohnraumbedarf mit einer umfangreichen Neubaumaßnahme zu begegnen und dabei neuzeitliche städtebauliche Ideen zu verwirklichen. 1960 erwarb deshalb die gewerkschaftseigene Neue Heimat bäuerliches Gelände der Gemeinde Melsdorf und bot dieses der Stadt Kiel zu Wohnsiedlungszwecken an. Nach der Eingemeindung des Gebietes 1963 erhielt der neue Stadtteil seinen Namen nach dem dort zuvor bestehenden Meierhof „Mettenhof", einem Teil des Gutes Quarnbek. Die bauliche Erschließung der insgesamt 233 Hektar umfassenden Flächen blieb nicht allein der Neuen Heimat überlassen, sondern es wurden auch andere Bauträger beteiligt. Außerdem war die Integration des Eigenheimbaues vorgesehen.

Die Planung des neu zu errichtenden Stadtteiles, der nach ersten Festlegungen 25 000 Einwohner aufnehmen sollte, berücksichtigte zwei verhältnismäßig neue städtebauliche Leitvorstellungen: die Gartenstadt des Briten E. Howard – erstmals in einem Text aus dem Jahre 1898 formuliert – und den „Nachbarschaftsgedanken" des Amerikaners C. A. Perry. Howard trat mit Nachdruck für eine Integration von Grünflächen (darunter auch Kleingärten und andere landwirtschaftliche Flächen) in die Stadtstrukturen ein, um das Wohnumfeld lebenswerter zu gestalten. Perry ging es mehr um die Bewältigung großstädtischer Verkehrsprobleme: Anstatt Wohngebiete mit Verkehrslinien zu zerschneiden, war es sein Ziel, Wohnzellen zu schaffen, an denen der Durchgangsverkehr außen vorbeigeleitet wird und die im Innern mittels eines Systems von Sackgassen und Stichstraßen nur den Anliegerverkehr aufnehmen. Die Wohnzellen sollten dabei flächenmäßig so groß sein, daß die Einwohnerzahl – nach Perrys Vorstellungen ca. 5000 – eine Ansiedlung aller Sparten der Grundversorgung (Geschäfte, Bank, Grundschule etc.) rentabel macht. Neben verkehrspolitischen Überlegungen verfolgte die Gestaltung überschaubarer, städtebaulich geschlossener Einheiten ferner das Ziel, die Kontakte zwischen den Menschen zu fördern, also eine „Gemeinschaft" zu entwickeln und so der sozialen Isolation des Stadtbewohners entgegenzuwirken.

Beide städtebauliche Ideen haben, wie angedeutet, die Architekten Mettenhofs berücksichtigt. So sind über fünfzehn Prozent der Gesamtfläche des Stadtteiles öffentliche Grünanlagen und verleihen ihm so ein „grünes Kleid". Links und rechts der S-förmig geschwungenen Hauptstraße „Skandinaviendamm" liegen fünf in sich geschlossene Wohneinheiten für jeweils etwa 4000 Einwohner. Sie entstanden in mehreren Bauphasen im Laufe von fast zwanzig Jahren. Diese Einheiten sind zwar nicht entsprechend dem Gedanken von Perry in der Grundversorgung völlig autonom, die kurzen Wege, zum Teil über Fußgängerbrükken, in Richtung des lokalen Einkaufs- sowie des Schul- und Bildungszentrums gewähren aber eine Erreichbarkeit dieser Angebote in überwiegend fußläufiger Entfernung. Den Nachbarschaftsgedanken betonen sollte ferner die über die bauliche Mischung angestrebte soziale Mischung der Bewohner: Neben 6–12stöckigen Punkt- und Laubenganghäusern und Hausketten finden sich 3–4stöckige Reihenhausbauten sowie Einfamilienhäuser, wobei die Stockwerkshöhe vom Zentrum Mettenhofs zur Peripherie hin abnimmt.

Heute, drei Jahrzehnte nach Beginn der Erschließung und knapp zehn Jahre nach Fertigstellung der letzten Bauten, ist ein Rückblick auf die einst angestrebten Ziele und deren Erreichung oder Nicht-Erreichung angebracht. Hinsichtlich des Grundmotivs der Gartenstadtidee – ein erholsames Wohnen „im Grünen" zu ermöglichen – ist Mettenhof einigen anderen Kieler

Stadtteilen zweifelsohne voraus. Sowohl die Nähe zu internen als auch am Rande anschließenden Freiflächen wird von den Bewohnern sehr geschätzt, übrigens ebenso wie die Nähe der Versorgungs- und Bildungsmöglichkeiten.

Die Lage im „Grünen" hat indes auch ihre Nachteile. So sind Arbeitsplätze in unmittelbarer Nähe kaum vorhanden. Bedingt durch die periphere Lage müssen zum Teil beträchtliche Strecken zur Arbeitsstätte täglich zurückgelegt werden, auch wenn diese innerhalb des Stadtgebietes liegt. Nicht anders verhält es sich bezüglich der Versorgung mit Gütern des gehobenen Bedarfes. Die City ist fünf Kilometer entfernt, was für viele Bewohner Mettenhofs ein Zufußgehen oder Radfahren ausschließt oder zumindest nicht gerade nahelegt. Da auch der Anschluß mit öffentlichen Verkehrsmitteln noch viele Wünsche offenläßt, wälzt sich insbesondere in den Hauptverkehrszeiten eine „PKW-Lawine" aus Mettenhof heraus bzw. in diesen Stadtteil hinein. Für die Anwohner der Durchgangsstraßen vornehmlich der nördlich und östlich gelegenen Stadtteile bzw. der Gemeinde Kronshagen bedeutet das eine enorme Belastung.

Auch hinsichtlich des Nachbarschaftsgedankens sind deutliche Abstriche zu machen. Ähnlich wie in den Großwohnvierteln anderer Großstädte hat sich gezeigt, daß nachbarliche Gemeinschaft durch bauliche Maßnahmen allenfalls sehr beschränkt zu initiieren ist. Vor allem die Hochhausbauten leiden unter dem Effekt der „Anonymität in der Masse": Je mehr Menschen auf begrenztem Raum beieinander wohnen, desto mehr ist man bemüht, seine Privatsphäre zu wahren. Kontakte, beschränken sich, wenn sie überhaupt existieren, meist auf das Grüßen – und das selten über die Bewohner des eigenen Hauses hinaus. Dabei kommt es nicht selten vor, daß alle in einem Haus angetroffenen Personen gegrüßt werden, weil sie dort wohnen könnten. Intensivere nachbarschaftliche Beziehungen, angefangen bei kleinen Unterhaltungen bis hin zu gegenseitigen Besuchen, findet man hauptsächlich in den Einfamilienhausbereichen. Die angestrebte soziale Durchmischung aufgrund der räumlichen Nachbarschaft von Bewohnern völlig unterschiedlicher Wohnhaustypen ist kaum eingetreten.

Wo Anonymität vorherrscht, zeigen sich auch in charakteristischer Weise soziale Verhaltensformen, die auf Gleichgültigkeit und sogar latente Aggressionen schließen lassen. Gerade in den Bereichen der Großwohnbauten ist deshalb zum Beispiel die Vernachlässigung gemeinsam genutzter Einrichtungen, vom Treppenhaus bis zum Platz der Müllcontainer, oder gar deren mutwillige Beschädigung, z. B. von Briefkästen und Klingelanlagen sowie Wandschmierereien, besonders häufig anzutreffen. Soziologisch werden diese Effekte unter anderem durch zu hohe Wohndichten erklärt. Wo eine ständige Rücksichtnahme auf Bedürfnisse und Wünsche von Mitbewohnern unumgänglich ist, aber andererseits Störungen von außen nicht ausbleiben, kann das Gefühl eines vollständigen Rückzugs in die Intim- bzw. Privatsphäre nicht richtig aufkommen. Die ohnehin nicht gerade ansprechenden Betonsilhouetten der meisten Hochhausbauten mögen – sicherlich auch neben vielen anderen individuellen Faktoren – ein übriges tun, um eine Unzufriedenheit auszulösen, die in den genannten Verhaltensformen ein Ventil findet.

Für das Image eines Stadtviertels ist dies keineswegs vorteilhaft, und so verwundert es eigentlich nicht, wenn Mettenhof im Urteil der außerhalb Wohnenden nicht übermäßig gut abschneidet. Auf dem Kieler Wohnungsmarkt schlug sich dies zeitweise entsprechend nieder: Nachdem 1981 ein vorläufiger Höchststand der Einwohnerzahl mit 19 500 erreicht worden war, sank diese Zahl in einer Phase der Entspannung des Nachfrage-/Angebotsverhältnisses bis 1984 auf unter 17 500 ab, während andere Stadtteile wesentlich geringere Verluste oder gar leichte Zugewinne verzeichneten. Auch die Mobilität innerhalb Mettenhofs ist beträchtlich, wobei die Wohndauer in den Hochhäusern am niedrigsten ausfällt. Insgesamt sind die Wanderungsquoten so hoch, daß rein rechnerisch in zehn Jahren die Bevölkerung Mettenhofs einmal komplett ausgewechselt wird. In der Wanderungsforschung benennt man solche Entwicklungstendenzen treffend als „Abstimmung mit den Füßen".

Erst in der jüngeren Zeit ergab sich eine Trendwende, die jedoch sicher nicht auf eine Imageaufbesserung Mettenhofs zurückzuführen ist. Ursache war vielmehr die „neue Wohnungsnot" – ein Mangel an Wohnraum für die stark gestiegene Zahl von Ein- und Zweipersonenhaushalten. Diese „neue Wohnungsnot" hat mit dem Zustrom von asylsuchenden Ausländern sowie deutschen Aus- und Übersiedlern eine noch schärfere Dimension erhalten. Für Mettenhof indes bedeutete dies, daß der Wohnungsbestand mit inzwischen wieder fast 20 000 Einwohnern (1988) als „voll ausgebucht" gelten kann.

Mettenhof: Trabantenstadt im Stil der 60er Jahre.

Problematische Verkehrsanbindung an die Innenstadt: Zwei Zufahrtsstraßen für 20 000 Einwohner.

Ob damit eine Verbesserung des Ansehens dieses Stadtteiles einhergeht, darf bezweifelt werden. Dies ist insofern bedauerlich, als das eher negative Image, welches Außenstehende vor Augen haben, in vielen Bereichen als überzeichnet angesehen werden muß. Mettenhof ist keineswegs nur die typische „Hochhaussiedlung", trotz gewisser städtebaulicher Fehlentwicklungen. Gerade in den jüngeren Bauphasen wurden kleinere Wohneinheiten geschaffen, die in ihrer architektonischen Gestaltung der Gebäude und Außenanlagen sowie der sozialverträglichen Verkehrsgestaltung als vorbildlich bezeichnet werden müssen. Wenn von „Aggressionen" und „Gleichgültigkeit" die Rede war, so muß auch angemerkt werden, daß sich dieser Stadtteil beispielsweise in der Kriminalitätsrate nicht von anderen Bezirken Kiels unterscheidet. Ferner ist die Kindgemäßheit der Umgebung dank der großzügigen Frei- und Spielflächen in der Umgebung eindeutig positiv zu bewerten, und die Mettenhofer selbst sind mit ihren Wohnungen und ihrem Wohnumfeld eher zufrieden als unzufrieden. Mettenhof ist insgesamt gesehen deshalb sicher besser als der Ruf, der ihm mitunter zugeschrieben wird.

PAUL GANS Geographisches Institut

Der Vinetaplatz in Gaarden: Stadtsanierung in Kiel

Unter Stadterneuerung oder Sanierung versteht man im allgemeinen einen mit öffentlichen Mitteln geförderten Eingriff in einen als normwidrig erachteten Zustand, der sich im Stadtteil Gaarden auf dem Ostufer der Förde z.B. in zu hohen Bebauungsdichten, in Beeinträchtigungen des Wohnens durch Gewerbebetriebe und Verkehrslärm oder in Mängeln bei der Versorgung der Bevölkerung mit zentralen Einrichtungen ausdrückt. Zudem genügen die Wohnungen aus dem vorigen Jahrhundert nicht mehr heutigen Ansprüchen, so daß die Bereitschaft der Eigentümer, in die Bausubstanz zu investieren, seit den 60er Jahren immer stärker abnahm.

Der Vinetaplatz bildet den Mittelpunkt von Gaarden. Bis 1860 hatte das ehemalige Dorf seine seit dem Mittelalter bestehende bauliche und soziale Struktur nur wenig geändert. Davon ist heute im Stadtbild nichts mehr zu erkennen.

Ausschlaggebend für die etwa 1860 einsetzende Umgestaltung war die Gründung des Deutschen Reiches 1871 und die Ernennung Kiels zum Reichskriegshafen im gleichen Jahr. Allein der Ausbau der Werftindustrie verursachte in der Folgezeit eine enorme Zunahme der Arbeitsplätze: Anfang der 70er Jahre des vorigen Jahrhunderts waren rund 600 Menschen im Schiffbau beschäftigt, 1890 bereits 4400 und um 1900 über 6000 Personen. Mit der Expansion der Werften am Fördeufer erschlossen private Bauunternehmer das Gebiet östlich bis zur Elisabethstraße zu Wohn- und Gewerbezwecken. Da Planungsvorgaben fehlten, waren Bebauung und Nutzung sehr heterogen: eingeschossige Wohnhäuser, Handwerksbetriebe, Läden und zwei- bis dreistöckige Mietshäuser wechselten einander ab.

Neue Impulse für die Stadtentwicklung gingen von den Flottengesetzen 1898 und 1900 aus. Die Werften steigerten ihre Belegschaft bis zu einem Höchststand von 20 000 Beschäftigten während des Ersten Weltkrieges. Die notwendigen Stadterweiterungen zur Wohnraumbeschaffung für die wachsenden Einwohnerzahlen wollte man aber nicht mehr einzelnen Grundeigentümern überlassen. Die Stadt Kiel beauftragte daher den Städtebauer Stübben aus Köln mit der Planung im Gebiet der heutigen Stadtteile Hassee, Gaarden-Süd und Gaarden-Ost. Der von ihm 1900 vorgelegte Plan war mit dem Kreis Plön, zu dem Gaarden damals noch gehörte, abgestimmt und bezog sich im wesentlichen auf die Straßenführung, berücksichtigte aber auch Flächen für die öffentliche Versorgung. Der Bereich um den Vinetaplatz wurde als Mittelpunkt des Stadtteils ausgewiesen, wo man für die Bevölkerung Gaardens notwendige zentrale Funktionen ansiedelte. Der Platz selbst wird bis heute als Marktplatz des Stadtteils genutzt, und der Brunnen mit den vorhandenen Sitzgruppen soll den kommunikativen Charakter des Vineta-Platzes hervorheben.

Im Vergleich zur heterogenen Bau- und Nutzungsstruktur in dem vor 1900 erschlossenen Gebiet überwog anschließend eine homogene vier- bis fünfgeschossige Blockrandbebauung, die das Foto beispielhaft wiedergibt. Man erkennt, daß die Wohnfunktion dominierte und sogar die Mansarde zum Vermieten ausgebaut wurde. Dienstleistungen fanden sich nur im Erdgeschoß am Vinetaplatz und entlang der Elisabethstraße. Gewerbliche Nutzungen wurden dagegen in die Innenhöfe der Baublöcke abgedrängt, so daß eine hohe Bebauungsdichte mit wenigen Freiflächen die Folge war.

Die Mietshäuser mit zumeist kleinen Zwei-bis Drei-Zimmer-Wohnungen wurden nach einfachstem Standard errichtet, um der rasch wachsenden Einwohnerzahl wenigstens eine Unterkunft bieten zu können. In der Regel fehlte das Bad vollkommen, und das WC war im Treppenhaus außerhalb der Wohnungen untergebracht. Nur die Wohnungen der Kruppschen Siedlung am Ostring sind für die damalige Zeit hinsichtlich ihrer Architektonik und ihrer Ausstattung als vorbildlich zu werten, doch entspricht die dortige Wohnungsgröße mit etwa 60qm nicht mehr heutigen Ansprüchen. Daher verließen vor allem junge Familien schon in den 60er Jahren Gaarden, und in den frei gewordenen Wohnraum folgten türkische Einwohner nach. Um der zunehmenden sozialen Segregation entgegenzuwir-

Zentrum eines Arbeiterstadtteils: Der Gaardener Vinetaplatz.

ken, zielte die Stadt Kiel sowohl auf Maßnahmen zur Wohnungsmodernisierung als auch auf die verbesserte Ausstattung des Stadtteils mit Einrichtungen des mittel- und langfristigen Bedarfs. Letzteres realisierte man im Sanierungsgebiet Gaarden I, das unmittelbar an den Vineta-Platz anschließt. Hierzu riß man einen ganzen Häuserblock ab und errichtete auf der so gewonnenen Freifläche einen Gebäudekomplex mit Einkaufsmöglichkeiten, Dienstleistungseinrichtungen sowie Wohnungen. Von dieser Totalsanierung ist man heute aus finanziellen und sozialen Gründen abgekommen. Im Vordergrund heutiger Sanierungsmaßnahmen steht die Objektsanierung, bei der die Bausubstanz weitgehend erhalten bleibt und eine innere Umgestaltung der Gebäude angestrebt wird.

Treffpunkt soll er sein: Der Brunnen auf dem Vinetaplatz.

CHRISTIAN DEGN Historisches Seminar

Die Portalkräne von HDW: Ein Wahrzeichen Kiels

Das Kieler Ostufer war bis in die 1860er Jahre eine idyllische Landschaft. Dann nahm innerhalb weniger Jahre die Werftindustrie mitsamt ihren Wohnquartieren sie in Beschlag. Denn 1865 war Kiel preußische Marinestation, 1871 Reichskriegshafen geworden. Von der Hörn, dem Fördenende, bis über die Schwentine hinweg entstanden vier Großbetriebe: die (1902 von Krupp gekaufte) Germaniawerft, die Kaiserliche Werft (später Deutsche Werke), das Marinearsenal und die Howaldtswerke. Ihren Höhepunkt erreichte die Kieler Werftindustrie in der Wilhelminischen Zeit durch die Expansion des deutschen Überseehandels und durch das Tirpitz'sche Flottenbauprogramm. Im ersten Weltkrieg beschäftigte sie bis zu 33 000 Menschen.

Nach 1918 stellten sich die Werften zunächst auf Abwracken sowie auf Handelsschiffs- und Waggonbau um. Nachdem die kriegsbedingten Tonnageverluste weltweit wieder ausgeglichen waren, gerieten die Werften in eine schwierige Situation. Das Management kämpfte um Auslandsaufträge, die Arbeiterschaft – mittels Streik – um höhere Löhne. Überwunden schien die Krise der Werften durch die Aufrüstung nach 1933, nicht zuletzt durch das deutsch-englische Flottenabkommen von 1935. Aber wenige Jahre später kam der Bombenkrieg, er legte die Kieler Werften zu etwa 80% in Trümmer. Fast alles, was noch verwendbar war, wurde demontiert. Immerhin sahen die Alliierten ein, daß im Interesse der internationalen Schiffahrt am Ausgang des „Kiel-Kanals" (vgl. Nr. 50) eine leistungsfähige Reparaturwerft nötig war. So konnte „Howaldt" überleben und an den Wiederaufbau gehen. Die Werft baute zunächst beschädigte, gesunkene und halbfertige Schiffe zu Frachtschiffen um, ferner ehemalige Kriegsschiffe in Friedensschiffe, z.B. Korvetten in Fischtrawler und Fischfabrikschiffe, besonders für die Sowjetunion. Von der völlig demontierten Germaniawerft erwarb sie „geistiges Eigentum", nämlich Konstruktionspläne, nach denen nun u.a. Bewässerungspumpen für Ägypten gebaut wurden. Schrittweise wurden die Produktionsbeschränkungen aufgehoben: Seit 1949 waren kleinere, dann auch größere Neubauten fürs Ausland erlaubt, schließlich auch für deutsche Auftraggeber. Riesige Öl- und Gastanker lieferte Howaldt vor allem an norwegische, griechische und englische Reeder.

1955 übernahmen die Howaldtswerke das Gelände der Deutschen Werke, um dort eine der modernsten Werften der Welt zu erbauen. Das Stammwerk an der Schwentine wurde 1983 stillgelegt. Nachdem 1967 Howaldt mit der Deutschen Werft in Hamburg fusioniert hatte, verschwand zum Leidwesen der Kieler der traditionsreiche Name Howaldt aus dem Stadtbild; er wurde ersetzt durch das Kürzel HDW. Der Zusatz Salzgitter besagt, daß die Werft nun zu diesem bundeseigenen Konzern gehörte. Das Land Schleswig-Holstein besaß 25,1% der Werftaktien, verkaufte sie aber 1991. Heute gehört HDW, „privatisiert", zur Preussag.

In den 1960er Jahren der Hochkonjunktur zählte HDW annähernd 14 000 Beschäftigte. Seitdem ist die ohnehin stets krisengefährdete Werftindustrie einer harten Konkurrenz ausgesetzt. Namentlich gegen die ostasiatischen Länder mit hohem europäisch-amerikanischen Know-how, aber niedrigem asiatischen Lohnniveau kann sich die deutsche Industrie nur behaupten durch ständige Rationalisierung und Kostenreduzierung, d.h. durch hochgradige computergesteuerte Automatisierung aller Arbeitsvorgänge, eine sinnvolle Betriebsorganisation, durch hochqualifizierte Mitarbeiter sowie durch konkurrenzlose Spezialkonstruktionen. Durch Rationalisierung und Gesund-?-Schrumpfen zählt die Werft heute nur noch etwa 5000 Beschäftigte; ein Drittel davon arbeiten als Angestellte in den Konstruktions- und Programmierungsbüros, nur noch zwei Drittel als Arbeiter „vor Ort".

In die Schlagzeilen geriet die Werft vor allem wegen des U-Boot-Baus – auf diesem Gebiet nimmt sie in der Welt eine führende Stellung ein. Sie ist dabei an gesetzliche Restriktionen gebunden.

Kieler Bürger aller Parteien machen sich Sorgen um den Rückgang „ihrer" Werftindustrie. HDW bemüht sich um Diversifizierung. Der Schiffbau aber wird die Existenzgrundlage der Werft bleiben müssen.

Weithin sichtbare Wahrzeichen im Kieler Hafen:
Die Portalkräne von HDW.

HDW
900 t
HEIKENDORF
KIEL

KAI DETLEV SIEVERS Seminar für Volkskunde

Ellerbek, Gaarden, Gutenbergstraße: Sozialer Wohnungsbau vor hundert Jahren

Als sich Kiel gegen Ende des 19. Jahrhunderts infolge der Industrialisierung und hier vor allem des Schiffsbaus zur Großstadt entwickelte, wurde die Wohnungsfrage für die wachsende Arbeiterbevölkerung ein immer drängenderes Problem. Der privatwirtschaftlich betriebene Mietkasernenbau mit seinen rasch überbelegten Kleinwohnungen, hohen Mietpreisen und schlechten hygienischen Verhältnissen war schon bald nicht mehr in der Lage, die steigende Anzahl der Wohnungssuchenden zu versorgen. Deshalb machten sich bürgerliche Sozialpolitiker Gedanken darüber, wie man Abhilfe schaffen könne.

Ein Weg, um aus dem Dilemma herauszufinden, war die Gründung von Arbeiterbaugenossenschaften. Die Idee stammte aus Schottland, wo Lord Selkirk Udbright 1815 Sparklubs zur Finanzierung von Eigentumshäusern gegründet hatte. Über Kopenhagen gelangte dieser Gedanke auch nach Kiel. Landesversicherungsrat Peter Christian Hansen (1853–1935) setzte ihn 1889 in die Tat um und rief den „Arbeiterbauverein für Gaarden, Kiel und Umgebung" ins Leben, der sich seit 1901 „Arbeiterbauverein Ellerbek" nannte. In rascher Folge entstanden bis zum Ersten Weltkrieg 943 Einzelhäuser und Wohnungen vor den Toren der Kaiserlichen Werft. Die Finanzierung lief zum größten Teil über Kredite und Zuschüsse der Provinzialversicherungsanstalt und des Reichsfiskus. Den Wert dieser Arbeiterhäuser sahen die Förderer vor allem darin, daß Grundeigentum und ausreichender Wohnraum für eine Bevölkerungsschicht geschaffen wurde, die aus eigener Kraft nicht dazu in der Lage war. Da die Häuser innerhalb einer längeren Frist nicht verkauft werden durften, hoffte man, qualifizierte Werftarbeiter auf diese Weise ansässig machen zu können. Natürlich spielte auch der Gedanke eine Rolle, der sozialistischen Bewegung durch gezielte Eigentumsbildung für Arbeiter den Boden zu entziehen. Bei den politischen Wahlen zeigte sich jedoch, daß die meisten Genossenschaftsmitglieder in Ellerbek für die Sozialdemokraten stimmten. Es ist nicht zu übersehen, daß der gemeinnützige Wohnungsbau auf dem Kieler Ostufer einen erheblichen Fortschritt bedeutete. Die mit seiner Hilfe erbauten Doppelhäuser verhalfen den Arbeiterfamilien zu einem menschenwürdigeren Leben, als dies in den engen und schlechter ausgestatteten Wohnungen der Mietskasernen möglich war.

Der Zweite Weltkrieg hat dann zur Zerstörung vieler Gebäude des Ellerbeker Arbeiterbauvereins geführt. Einige wenige Beispiele der alten Bauweise sind aber noch in der Franziusallee erhalten geblieben.

Ein zweites baugenossenschaftliches Modell war die Errichtung von Mietstockwerkhäusern.

Dazu kam es, als – wiederum auf Anregung von Peter Christian Hansen – der Kieler Bau- und Sparverein an der Gutenbergstraße von 1901–1904 ein Bauprojekt mit 46 Wohnungen und 2 Läden in 6 Gebäuden durchführte. Diese Kleinwohnungen lagen in Stadtnähe, und waren besser ausgestattet und preiswerter als die von privater Hand angebotenen. Ein Vorteil lag auch darin, daß die Bewohner als Genossenschaftsmitglieder gegen willkürliche Kündigungen geschützt waren. Heute leben dort vor allem Studenten, weil diese Wohnungen billig sind und nicht weit von der Universität entfernt liegen.

Weitere Wohnmöglichkeiten für Werftarbeiter schuf um die Jahrhundertwende als bedeutendstes Kieler Schiffsbauunternehmen neben der Kaiserlichen Werft die „Friedrich Krupp Germaniawerft". Mit steigendem Auftragsvolumen wuchs ihre Belegschaft. Da der Kieler Wohnungsmarkt nicht imstande war, sie zu versorgen, ließ Krupp Werkswohnungen errichten. Daß Unternehmer für die menschenwürdige Unterbringung ihrer Werksangehörigen Wohnungen bauten und sie ihnen günstig vermieteten, war zu dieser Zeit in Deutschland bereits an vielen Orten gängige Praxis. Krupp selbst hatte bei Essen die Siedlung Friedrichshof (1899-1906) für seine Angestellten und Arbeiter bauen lassen. Sie galten als vorbildlich, weil sie preislich

Zum Leben und Wohnen noch heute ein Vorbild: Die Kruppschen Arbeiterwohnungen in Gaarden.

unterhalb des allgemeinen Mietniveaus lagen und an räumlicher Ausstattung, Größe und Instandhaltung den privaten Wohnungsbau deutlich übertrafen. Allerdings wurde betrieblicher Wohnungsbau nicht allein aus philanthropischen Motiven betrieben, sondern vorrangig aus betriebswirtschaftlichen Gründen. Es ging in erster Linie darum, einen Stamm von verläßlichen und tüchtigen Arbeitskräften so eng wie möglich an das Unternehmen zu binden. Deshalb wurden Arbeits- und Mietvertrag miteinander verknüpft. Wer den Weisungen der Werksleitung nicht folgte, verlor seinen Arbeitsplatz und mußte die werkseigene Wohnung räumen. Mit diesem Disziplinierungsmittel konnten Arbeitgeber mißliebige Lohn- und Arbeitszeitforderungen, Streik und Arbeitsplatzwechsel unterbinden. Schließlich ließ sich auf diese Weise der wachsende Einfluß der sozialistischen Organisationen begrenzen.

Zweifellos haben diese unternehmenspolitischen Zielsetzungen Friedrich Alfred Krupp dazu bewogen, in der Nähe seiner Germaniawerft eine Werksiedlung in Gaarden-Ost zu bauen. Zunächst ließ er ein Logier- und Speisehaus für unverheiratete Arbeiter errichten, wenig später folgte 1900–1901 der Bau der Wohnsiedlung Friedrich Krupp am Germaniaring. Nach der Fertigstellung des ersten Bauabschnitts mit den Baublökken A-C1 (heute Blitzstraße 25–31, Ostring 61-85 und Preetzer Straße 46/48) im Jahre 1901 erfolgte der zweite Bauabschnitt mit den Blöcken D-I (heute Ostring 100-112, Blitzstraße 33-39 und Greifstraße 2-8 und 1-9). 1917/18 kam es noch einmal zu einer Erweiterung des Gebäudekomplexes. Wie alle Werkswohnungen von Krupp sind auch die Gaardener vom Essener Baubüro der Firma entworfen und gebaut worden. Verantwortlicher Leiter war der Baurat Robert Schmohl (1855-1944). Die von ihm im Stil der Heimatschutzbewegung konzipierten Bauten sind drei bis dreieinhalb-geschossig hoch und sehr abwechslungsreich gestaltet. Alle Blöcke weisen eine Fassadengliederung auf, die durch voneinander abgesetzte Ziegel- und Putzflächen deut-

Die Howaldtschen Werkswohnungen an der Gutenbergstraße (Bildmitte) um 1930. Im Vordergrund die Nord-Ostsee-Halle.

Bereits 1900/01 entstand die Wohnsiedlung Friedrich Krupp am Ostring in Gaarden.

lich bestimmt wird. Zwischen Straßen- und Rückfront besteht in dieser Hinsicht kein nennenswerter Unterschied. Ecktürme, Erker, vorspringende Bauteile unterschiedlicher Formen, Satteldächer mit verschiedenen Walmdachabschlüssen und variierenden Gauben sollten den Häusern den Charakter von Arbeitermassenquartieren nehmen und den Eindruck einer Mischung von Landhaus-, Schloß- und Burgwohnstil hervorrufen.

Im Gegensatz zur anspruchsvollen Außengestaltung sind die Wohnungen im Innern eher gleichförmig angelegt. In ihrer Ausstattung, z.B. Toilette innerhalb der Wohnung, konnten sie damals allerdings als fortschrittlich, fast komfortabel gelten. Immerhin gab es auch mit Badewannen ausgestattete Waschküchen, für mehrere Mietparteien gemeinsam zu nutzen. Zu den 215 Wohnungen zählten solche mit drei, vier und fünf Räumen (incl. Küche) mit 37 bis 81,5 qm Grundfläche. Im Vergleich zu den gutbürgerlichen Wohnungen des Kieler Nordens nahmen sie sich aber immer noch bescheiden aus.

Die Kruppschen Arbeiterwohnungen in Kiel-Gaarden haben die Zerstörungen des Zweiten Weltkrieges weitgehend überstanden. Bombenschäden wurden repariert, und Anfang der 1980er Jahre kam es zu einer grundlegenden Renovierung. Heute werden sie zum größten Teil von türkischen Gastarbeiterfamilien bewohnt.

DIETRICH WIEBE Geographisches Institut

Vom Waschhaus zum Rathaus: Ein Fachwerkbau in Elmschenhagen und seine Nutzungsgeschichte

In der „Topographie der Herzogthümer Holstein und Lauenburg, des Fürstenthums Lübeck und des Gebiets der freien und Hanse-Städte Hamburg und Lübeck" (Oldenburg 1855, S.359) schreiben Schröder und Biernatzki über Elmschenhagen : „. . . ein kleines Kirchdorf in anmutiger Lage am Well-See im Gebiet des Klosters Preetz, unweit der Landstraße von Kiel nach Preetz." Dieses Dorf, 1286 erstmals erwähnt, erhielt 1327 eine Kirche. Schröder und Biernatzki: „die jetzige ist sehr klein und hat kein gefälliges Ansehn, aber einen achteckigen mit Schiefern gedeckten Thurm, und eine Orgel. Zur Vergrößerung der Kirche hat ein Klosterfräulein Dorothea v. d. Wisch 1806 ein Legat vermacht". Wichtig schien den Verfassern noch die Bemerkung „Die Leichen aus Moorsee und Wellsee werden hier begraben."

Laut Oldekop lebten 1906 1540 Menschen in Elmschenhagen. Der Ort nahm also am starken Kieler Bevölkerungswachstum teil. Berichtenswert war für Oldekop noch u.a. : „Der Ort wird vom Schwentinewerk mit elektrischem Licht und Kraft versorgt. 3 große Dampfziegeleien sind in Betrieb. 1 Windmühle, 2 Meiereien. Der Ort, welcher mit der Bahn von Kiel aus leicht erreicht wird, ist recht groß, Straßen breit, Häuser gut gebaut und sorgfältig gehalten." Das Legat des zitierten Klosterfräuleins ermöglichte 1866 den Ausbau der Kirche. Die Gemeinde hatte „außer den zu leistenden Baufuhren nur die Kosten der inneren Ausstattung der Kirche aus eignen Mitteln zu tragen".

Das rasche Wachstum Elmschenhagens zum Ende des 19. Jahrhunderts 1890: 415 Einwohner, 1900: 724 Einwohner, 1906: 1540 Einwohner machte den Bau eines eignen Rathauses dringend erforderlich, um den Verwaltungsaufgaben einer Gemeinde „mit Villencharakter für jedermann" gerecht zu werden. Die an Geschenke gewöhnten – siehe den preiswerten Umbau der Kirche durch das erwähnte Legat - und für ihre Sparsamkeit bekannten Gemeindeväter (wegen Erhöhung der Strom- und Gaspreise durch den Kreis Plön wollte man schon 1929 sich nach Kiel eingemeinden lassen) fanden auch hier eine typische Elmschenhagener Lösung. Statt eines Neubaus nahm man lieber ein gebrauchtes Gebäude: Ein Waschhaus auf dem Gelände der Deutschen Werke in Gaarden wurde 1919 preisgünstig erworben. Das Haus, in dem zuletzt eine Bibliothek untergebracht war, wurde 1921 sorgfältig von Kiel an den Jettkorn Nr. 3 umgesetzt. Der Architekt Prinz baute es zum Rathaus um, dabei kamen Vorbau und Turm hinzu. Man wollte ja mehr als nur ein umfunktioniertes Waschhaus haben. Am 22. Juli 1922 war die Einweihungsfeier.

Neben den Verwaltungsräumen gab es auch eine Arrestzelle mit Eisentür, Guckloch und mit Traillen vor den Fenstern. Später lagerten hier die Akten des Standesamtes. Mit der Eingemeindung am 1.4.1939 wurde aus dem Rathaus eine Verwaltungsstelle der Stadt Kiel und seit 1969 ist das ehemalige Rathaus eine Kindertagesstätte. Seit 1988 steht es unter Denkmalschutz.

Die offizielle Beschreibung des Gebäudes lautet knapp und präzise: „Das eingeschossige Fachwerkgebäude mit zweigeschossigem Mittelrisalit, mit Walmdach über dem Hauptbaukörper und Satteldach über dem Mittelrisalit sowie bekrönendem Dachreiter ist ein 1921 umgesetztes und erweitertes ehemaliges Waschhaus der Deutschen Werke, das von dem Architekten Prinz zum Rathaus für die Vorstadtgemeinde Elmschenhagen umgebaut und bis 1969 als solches genutzt wurde. Jetzt: Kindertagesstätte. Maße 27,60m x 10,25m, Flur S10, Flurstück 312". Das prägende Türmchen auf dem Vorbau mußte abgebaut werden, da es morsch geworden war. Es wird nach alter Handwerkskunst neu hergerichtet.

Das Rathaus in Elmschenhagen.

AXEL PRIEBS Geographisches Institut

Der Kieler Seefischmarkt: Von der Fischerei zur Meeresforschung

Das auf der Wellingdorfer Seite der Schwentinemündung gelegene Gelände des Seefischmarktes hat den maritimen Charakter der Stadt Kiel über Jahrzehnte in besonderer Weise geprägt. Ohne Zweifel spiegeln die Nutzungen, die hier beheimatet waren und sind, eine beachtliche Vielfalt meeresorientierter Erwerbszweige wieder. Im vorliegenden Beitrag sollen die wesentlichen Entwicklungsphasen in der Geschichte des Geländes und die aktuellen Umstrukturierungsprozesse dargestellt werden.

Die explosionsartige Entwicklung Kiels am Ende des 19. Jahrhunderts wurde bekanntlich ausgelöst durch den gezielten Ausbau zur Marine- und Werftstadt. Daß sich traditionelle Erwerbszweige diesen politischen Zielen unterordnen mußten, bekam nicht zuletzt die Fischerei zu spüren – am deutlichsten, als das Ellerbeker Fischerdorf im Jahre 1904 der expandierenden Marine weichen mußte und abgebrochen wurde. Die Fischer wurden an der Schwentinemündung angesiedelt, in der Nachbarschaft der Werft Stocks & Kolbe („Kolbe-Werft"), die hier im Jahre 1893 mit der Produktion von Spezialschiffen begonnen hatte. Auch die Fahrzeuge der „Blauen Dampferlinie", die eine direkte Verbindung von Wellingdorf nach Kiel herstellte, hatten ihren Liegeplatz an der Schwentinemündung. Das spätere Seefischmarktgelände wies also bereits Anfang dieses Jahrhunderts eine interessante Mischung küstenspezifischer Nutzungen auf.

Die Übernahme auch dieses Areals durch die Marine Ende der 30er Jahre brachte sowohl erneut starke Einschränkungen für die ansässigen Fischer als auch erhebliche Veränderungen des Werftgeländes mit sich.

Für den Bau eines Torpedo-Ausrüstungsarsenals wurde das Werftgelände eingeebnet, Uferflächen wurden vorgespült und Kaianlagen wurden gebaut. Damals entstand ein großer Teil der heutigen Gebäude – etwa die spätere Fischauktionshalle, die als Werkstatt genutzt wurde, und das Verwaltungsgebäude. Nach Kriegsende war nicht nur ein großer Teil der baulichen Anlagen zerstört, sondern die britischen Besatzungstruppen begannen auch schon bald mit der Demontage und dem Abtransport der Maschinen. Die bereits geplante Sprengung der restlichen Anlagen konnte jedoch verhindert werden, indem Pläne für eine friedliche wirtschaftliche Nutzung, nämlich den Aufbau eines Fischmarktes, entwickelt wurden. Dieses Projekt wurde damals als besonders zukunftsträchtig angesehen, weil die Schaffung ziviler Arbeitsplätze in der bis dahin stark von militärischen und rüstungsindustriellen Arbeitsplätzen geprägten Stadt höchste Priorität genoß.

Ausschlaggebend für die Überlegungen, am Ostufer der Kieler Förde einen neuen Fischmarkt einzurichten, dürfte die große Zahl heimatvertriebener Fischer aus den Ostgebieten gewesen sein, die 1945 mit ihren Fahrzeugen an die Kieler Förde gekommen waren. War Kiel vor dem Krieg Heimathafen für nur 22 Fischkutter gewesen, wurden im Jahr 1948 immerhin 315 einheimische und 528 aus den Ostgebieten geflüchtete Fischer gezählt (nach Bock 1969, 70). Um es diesen Fischern zu ermöglichen, von Kiel aus ihrem angestammten Gewerbe nachzugehen (womit man sich gleichzeitig einen wesentlichen Beitrag zur Versorgung der notleidenden Kieler Bevölkerung mit Lebensmitteln versprach), entwickelten der legendäre Kieler Oberbürgermeister Andreas Gayk (vgl. Nr. 77) und der im Ernährungsministerium tätige Professor Thiede die Konzeption des Seefischmarktes auf dem Gelände des Torpedo-Ausrüstungsdepots.

Nachdem im März 1948 gemeinsam von der Stadt Kiel und dem neugebildeten Land Schleswig-Holstein (die bis heute 52% bzw. 48% des Gesellschaftskapitals halten) die Kieler Seefischmarkt GmbH aus der Taufe gehoben worden war, konnten innerhalb relativ kurzer Zeit die ersten Gebäude instandgesetzt und die Fischvermarktung von der alten Fischhalle auf dem Westufer (vgl. Nr. 4) auf das neue Gelände verlagert werden. Welche Aufbauleistungen auf dem Ruinengelän-

Wo einst Torpedos gebaut wurden, forschen heute die Meereskundler: Das Verwaltungsgebäude im Stil der 30er Jahre.

GASTSTÄTTE
Zum Seefischmarkt
GEOMAR

de damals erbracht werden mußten, läßt die Abbildung erahnen. Schon 1948 erreichten die Anlandungen das beachtliche Volumen von 11 895 t (im Vergleich zu 1 641 t im letzten Vorkriegs-Jahr 1938). War bis 1948 lediglich Kutterware zu vermarkten, waren in den folgenden Jahren Dampferanlandungen in schnell zunehmendem Umfang beteiligt. Auch der Gesamtumfang der Anlandungen in Kiel stieg stetig – bereits im Geschäftsjahr 1956 wurde das Rekordergebnis von 42 930 t erreicht.

Über die Funktion eines „Mittlers" zwischen Anbietern und Käufern hinaus umfaßte die Tätigkeit der Kieler Seefischmarkt GmbH auch eine Reihe von Dienstleistungen, nämlich Löschen von Fischereifahrzeugen, Auktionierung der Ware einschließlich Rechnungstellung, Vorhaltung von Kisten, Tiefkühllagerung, Verladung sowie Lieferung von Eis aus einem eigenen Eiswerk. Ferner war im Gesellschaftervertrag der Kieler Seefischmarkt GmbH festgelegt worden, daß sich deren Tätigkeit auch auf die berufliche Betreuung der in der Fischwirtschaft Beschäftigten erstrecken sollte. In diesem Sinne hat sich die Gesellschaft in der Nachkriegszeit auch um die Förderung des Wohnungsbaus, u.a. den Wiederaufbau der Fischerwohnungen in Wellingdorf, bemüht. Da die Gesellschaft die Auffassung vertrat, daß Kutterhafen, Seefischmarkt und Fischerwohnungen standortmäßig eine Einheit bilden sollten, entstand im Jahre 1957 neben dem Seefischmarkt in der Wischhofstraße und in der Brückenstraße eine neue Fischersiedlung. Gebaut wurden die Häuser von der Kieler Wohnungsbaugesellschaft, wobei öffentliche Gelder aus dem „Landarbeiterwohnungsfonds" zur Verfügung gestellt wurden.

Die 50er Jahre waren geprägt durch einen harten Konkurrenzkampf der vier westdeutschen Seefischmärkte Bremerhaven, Cuxhaven, Hamburg und Kiel, wobei Hamburg und insbesondere Kiel deutliche Standortnachteile aufzuweisen hatten. Im Falle Kiels

Die spätere Auktionshalle vor dem Wiederaufbau im Jahre 1948.

Der Seefischmarkt in seiner Blütezeit zu Anfang der 60er Jahre: Eine eigene Hochsee-Trawlerflotte liegt zum Auslaufen in die Fanggründe bereit.

mußten die Fischdampfer, die mit rund zwei Dritteln den entscheidenden Anteil an den dortigen Anlandungen hatten, stets zwei zusätzliche Tage für die Fahrt durch den Nord-Ostsee-Kanal zu den Fanggebieten in der Nordsee bzw. im Nordatlantik und zurück nach Kiel aufwenden. Nur mit Hilfe der Hochseefischerei jedoch konnte sich Kiel zu einem überregional bedeutsamen Vermarktungsstandort entwickeln, dessen Anlandungsmengen in den Spitzenjahren sogar diejenigen in Hamburg übertrafen und dessen Vielfalt bei den angebotenen Fischarten stets hervorgehoben wurde. So wird auch verständlich, warum das Land Schleswig-Holstein mit der Hochseefischerei Kiel GmbH eine eigene Trawlerflotte unterhielt, die in den 50er und 60er Jahren zwischen 11 und 16 Fahrzeuge umfaßte. Ohne Zweifel muß in dem hohen Abhängigkeitsgrad des Kieler Seefischmarktes von der Hochseefischerei das damalige Kernproblem des Kieler Seefischmarktes gesehen werden.

Ganz besonders problematisch für den Standort Kiel war die Unregelmäßigkeit der Anlandungen, und zwar sowohl für die organisatorische Abwicklung des Löschgeschäftes (wegen des nur kurzzeitig sehr hohen Arbeitskräftebedarfs) als auch für die Vermarktung. Beim Zusammentreffen mehrerer Dampferladungen gleichzeitig wurden die Vermarktungskapazitäten überfordert und hochwertige Ware konnte nur noch für die Verarbeitung zu Fischmehl verwendet werden. Erfolgten über einen Zeitraum hinweg keine Anlandungen, konnten die Kieler Großhändler sowie die be- und verarbeitenden Betriebe die Nachfrage des Marktes nicht befriedigen. Durch die Etablierung eines

Schneidebetriebes für Frischfisch mit öffentlicher Förderung konnte zwar eine höherwertige Verarbeitung bei großen Anlandungsmengen erreicht werden, eine grundsätzliche Lösung des Problems der unregelmäßigen Anlandungen wurde dadurch jedoch nicht erreicht.

Nicht zu übersehen sind die stattlichen öffentlichen Subventionen der beiden ersten Nachkriegsjahrzehnte für die Hochseefischerei, welche die erreichte Größenordnung des Kieler Seefischmarktes erst ermöglichten.

So zahlten Stadt und Land in den Jahren 1956 – 1970 insgesamt jeweils über 6 Millionen DM als Verlust- und Standortausgleich an die Hochseefischerei Kiel GmbH, wobei das Land zusätzlich direkte Betriebszuschüsse an seine Reederei zahlte. Im Jahre 1965 wurde das bis dahin vom Bund lediglich gepachtete Seefischmarktgelände zum Preis von 10,9 Millionen DM gekauft. Aus heutiger Sicht ist den Gesellschaftern leicht der Vorwurf zu machen, vor dem Subventionsbedarf des Seefischmarktes zu lange die Augen verschlossen zu haben. Bei derartiger Kritik darf aber nicht übersehen werden, daß der Seefischmarkt einen beachtlichen Faktor auf dem Kieler Arbeitsmarkt darstellte; im Jahre 1971 etwa waren in der Kieler Fischwirtschaft insgesamt 1715 Arbeitskräfte (davon 1091 auf dem Fischmarkt) tätig gewesen. Bei der Kieler Seefischmarkt GmbH selbst waren in den 60er Jahren bis zu 180 Personen beschäftigt.

Daß die Standortnachteile Kiels nicht nur durch Subventionen kompensiert werden sollten, zeigt die Einrichtung der Außenstelle Büsum der Kieler Seefischmarkt GmbH zum 1.Januar 1961 auf angemieteten Flächen der Wasser- und Schiffahrtsverwaltung. Wie im Geschäftsbericht 1961 mit Genugtuung vermerkt wurde, war die Gesellschaft damit auch an der Nordseeküste vertreten, wobei die günstige Lage Büsums zu den Heringfangplätzen besonders hervorgehoben wurde.

Obwohl sich auf Grund von EWG-Vereinbarungen in der ganzen deutschen Fischereiwirtschaft Ende der 60er Jahre deutliche Veränderungen abzeichneten (u.a. gekennzeichnet durch die Abwrackaktion der deutschen Hochseefischerei), wurde weiterhin auch in die Kieler Anlagen investiert. Anfang 1970 wurde der Neubau eines Tiefkühllagers in Betrieb genommen, womit eine Tiefkühllagerkapazität von 12 000 t erreicht wurde. Diese Erweiterung konnte jedoch nicht darüber hinwegtäuschen, daß auch der Vermarktungsstandort Kiel von den Strukturveränderungen der Branche nicht verschont bleiben konnte.

Als entscheidendes Jahr des Umbruchs in der Geschichte des Kieler Seefischmarktes ist das Jahr 1971 zu sehen. Zum 1.4.1971 zog das Land Schleswig-Holstein die Konsequenzen aus der offensichtlichen Unrentabilität der von Kiel aus betriebenen Hochseefischerei und vercharterte die damals 14 Fahrzeuge umfassende Trawlerflotte der Hochseefischerei Kiel GmbH an die zum Unilever-Konzern gehörende „Nordsee – Deutsche Hochseefischerei GmbH" (Cuxhaven). Wie im Geschäftsbericht 1971 der Kieler Seefischmarkt GmbH festgestellt wird, bedeutete diese Entscheidung für den Vermarktungsstandort Kiel eine tiefgreifende Zäsur – „alle mit den Anlandungen im Zusammenhang stehenden Ergebnisse erfuhren einen erheblichen Rückgang". Im Jahr 1972 erfolgten erstmals keine Anlandungen von Schiffen der deutschen Hochseefischerei mehr, allerdings wurde weiterhin per Lastwagen herantransportierte Ware in Kiel verauktioniert. Der jährliche Gesamtumschlag am Kieler Seefischmarktes fiel von 47 853 t (1970) auf 11 739 t (1972). Bei den Kieler Anlandungen spielten nunmehr die Fänge aus der Ostsee die entscheidende Rolle. Für die Beschäftigten der Kieler Seefischmarkt GmbH hatte die Vercharterung der Kieler Hochseeflotte eine fatale Folge, da nunmehr das Löschen der Dampfer entfiel, womit durchschnittlich 45 Personen beschäftigt gewesen waren. Um die Folgen für die Beschäftigten zu dämpfen, wurde versucht, Kiel nach dem Abzug der Trawlerflotte zu einem zentralen Anlandeplatz für die Kutterfischerei auszubauen. Obwohl mit Unterstützung des Landes im Jahre 1972 eine Filiale der „Kutterfisch eG" eingerichtet wurde, gelang es jedoch nicht, die Lage der Fischwirtschaft in Kiel nachhaltig zu stabilisieren.

Die 70er Jahre müssen für die Kieler Seefischmarkt GmbH als außerordentlich schwierige Geschäftsjahre bezeichnet werden, in denen sie einen schmerzhaften betriebswirtschaftlichen Anpassungsprozeß an die geänderten Marktbedingungen durchmachen mußte. In den Geschäftsberichten dieser Jahre ist über Liquiditätsschwierigkeiten und unausgeglichene Jahresbilanzen zu lesen. Ende 1973 wurde die Außenstelle Büsum an eine neugegründete Fischereigenossenschaft abgegeben. Im Juni 1975 stellte die Gesellschaft ihre Eisproduktion ein, da die Kuttergenossenschaft „Fischverwertung Kieler Förde e.G." ihr eigenes Eiswerk baute. Wenig später wurde wegen des Vordringens der Kunststoffkisten die Kistenfabrikation auf dem Seefischmarkt aufgegeben. Das Volumen der Anlandungen (einschl. Einsendungen) ging in den 70er Jahren

Heute sieht man russische Kühlschiffe am Schwentinekai.

Seit Mai 1979 finden keine Fischauktionen mehr statt.

deutlich zurück – zwischen 1973 und 1977 halbierte es sich von 14 466 t auf 7 205 t. Die Gründe für diese Entwicklung sind freilich kaum in Kiel allein zu suchen; ausschlaggebend dürften vielmehr die sich stark verschlechternden Rahmenbedingungen (Überfischung der Ostsee, allgemeiner Preisverfall auf den Märkten, Fischereibeschränkungen in der Ostsee durch Ausdehnung der Hoheitsgrenzen) gewesen sein. Die für die Kieler Seefischmarkt GmbH bittere Konsequenz aus diesen Entwicklungen wurde im Jahre 1979 gezogen, indem das Auktions- und Löschgeschäft mit dem Ende des Monats Mai aufgegeben wurde. Ab dem 1.6.1979 wurde dieser Geschäftsbereich von der im Februar 1979 durch die 7 auf dem Markt ansässigen Fischgroßhändler sowie die genannte Kuttergenossenschaft gebildete „Kieler Fischauktion GmbH" übernommen. Gegenwärtig werden am Kieler Seefischmarkt durch gut 70 Kutter jährlich ca. 4 000 t Fisch angelandet; hinzu kommt die Vermarktung von ca. 12 000 t Importfisch.

Nachdem die Kieler Seefischmarkt GmbH zum Jahresende 1981 auch den Betrieb des Tiefkühllagers aufgegeben hat, kann der Umstrukturierungsprozeß der Gesellschaft als abgeschlossen bezeichnet werden.Mit einer Belegschaft von 8 Personen konzentriert sich ihre Tätigkeit seitdem auf die Verwaltung der Liegenschaften. Wichtigstes Unternehmensziel ist die Vermietung der umfangreichen Räumlichkeiten auf dem ca. 10 ha großen Gelände, wobei die diesbezüglichen Bemühungen durch mehrere Konkurse auf dem Gelände ansässiger Firmen sowie durch den Unterhaltungsbedarf der Liegenschaften in den 80er Jahren erheblich erschwert wurde. Trotz einer Reihe von Rückschlägen

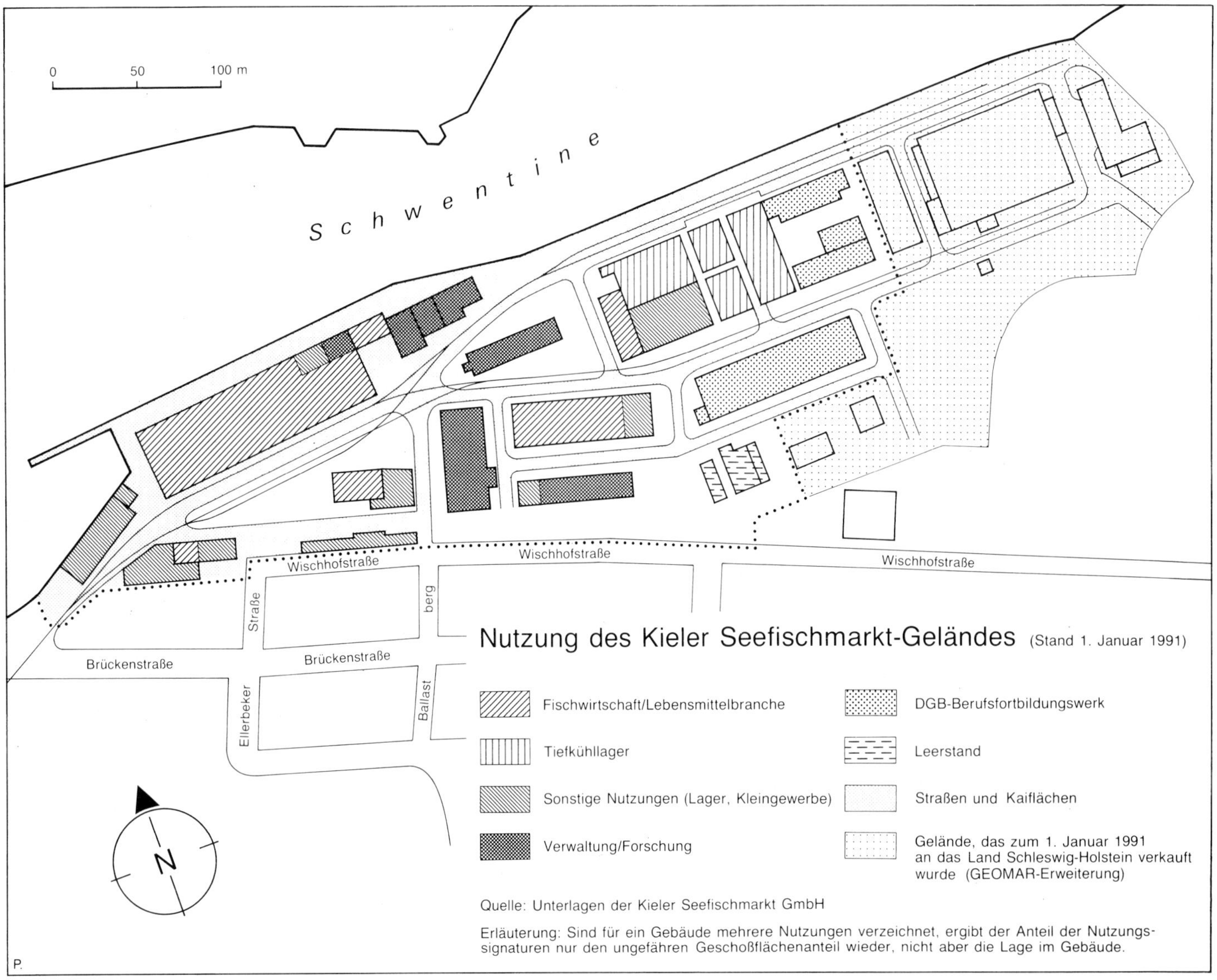

Lageplan des Kieler Seefischmarktes.

gelang es jedoch weitgehend, Leerstände zu vermeiden. Gegenwärtig (Ende 1990) befindet sich noch ein Drittel der Gebäude in überwiegend fischereiwirtschaftlicher Nutzung. Im Verwaltungsgebäude befinden sich neben der Geschäftsführung des Seefischmarktes das Fischereiamt des Landes Schleswig-Holstein sowie eine Außenstelle der Hamburger Bundesforschungsanstalt für Fischerei. Zwei Gebäude sind langfristig an das Berufsfortbildungswerk des Deutschen Gewerkschaftsbundes vermietet. Das Institut für Meereskunde an der Universität Kiel unterhält eine Außenstelle auf dem Gelände. Außerdem sind einige kleinere Produktions- und Reparaturbetriebe in verschiedenen Gebäuden des Seefischmarktes beheimatet.

Die Anfang 1987 erfolgte Betriebsverlagerung der Fischkonservenfabrik Otto Richter KG nach Cuxhaven bedeutete anfänglich einen erneuten Rückschlag der Bemühungen um eine wirtschaftliche Nutzung des Seefischmarktgeländes, da hiermit auf Anhieb zwei größere Gebäude frei wurden. Schon kurze Zeit später zeichnete sich jedoch eine völlig neue Nutzungsperspektive ab, die vermutlich in den nächsten Jahren den Charakter des Geländes erheblich verändern wird: Mit Landesgesetz vom 2. 7. 1987 wurde die Stiftung für marine Geowissenschaften (GEOMAR) errichtet, die ein der Universität Kiel angegliedertes Forschungszentrum betreibt. Ab September 1987 hat die Stiftung Räume auf dem Seefischmarktgelände angemietet und belegt heute ca. 3/4 des Verwaltungsgebäudes sowie eine ganze Etage in einem weiteren Gebäude. Ende 1990 waren in der GEOMAR-Forschung über 130 Menschen (einschl. Doktoranden und Hilfskräfte) tätig. Da die meereswissenschaftliche Forschung eine hohe politische Priorität genießt, wird sich der Raumbedarf von GEOMAR in den kommenden Jahren drastisch erhöhen; schon jetzt sind erhebliche räumliche Engpässe vorhanden.

Während bereits Mitte der 80er Jahre, u.a. angeregt durch die in einem Gutachten der PROGNOS AG vorgeschlagene Aufwertung zum attraktiven „Gewerbehof", eine Diskussion über die Zukunft des Geländes eingesetzt hatte und vom Aufsichtsrat ein neues Konzept angekündigt worden war, ohne daß diesen Ankündigungen konkrete Schritte gefolgt waren, hat erst die Ansiedlung und geplante Erweiterung von GEOMAR eine längerfristige Entwicklungsplanung für das Seefischmarktgelände eingeleitet, an der Stadt und Land gleichermaßen beteiligt sind.

Am 22. März 1989 stellten Finanzministerin Simonis, Oberbürgermeister Luckhardt und Stadtbaurat Flagge in einem „Rahmenplan Seefischmarkt" städtebauliche Leitvorstellungen für das Gelände an der Schwentinemündung der Öfffentlichkeit vor. Kernstück des Projektes ist das GEOMAR-Zentrum, für dessen Realisierung eine Summe von 52 Millionen DM veranschlagt wurde. Dem Forschungszentrum sollen weitere technologieorientierte, privatwirtschaftlich organisierte Einrichtungen angegliedert werden, wodurch das Gelände den Charakter eines Technologieparks erhalten soll. Es liegt auf der Hand, daß diese Planungen die Fischwirtschaft verunsichert haben; immerhin beschäftigen die 18 Firmen dieser Branche nach eigenen Angaben ca. 200 Menschen und erwirtschaften einen Umsatz von 100 Millionen DM. Auch wenn die Fischwirtschaft im Rahmenplan von 1989 ausdrücklich berücksichtigt ist, sind angesichts möglicher weiterer Ausdehnung der GEOMAR-Flächen mittelfristig Konflikte zwischen Fischwirtschaft und Forschungs- und Technologiebereich in der Tat nicht auszuschließen.

Nachdem sich im Herbst 1990 ein heftiger Streit zwischen Land und Stadt um den Abriß der ehemals von der Firma Richter genutzten Gebäude sowie um die Modalitäten des Geländeverkaufs ergeben hatte, dürfte in nächster Zeit mit der Errichtung der neuen GEOMAR-Gebäude begonnen werden. Unabhängig von der Frage, in welchem Umfang die Fischwirtschaft in Zukunft präsent sein wird, ist damit ein neues und hoffnungsvolles Kapitel in der wechselhaften und die Strukturveränderungen an der Küste eindrucksvoll widerspiegelnden Geschichte des Seefischmarktgeländes begonnen worden. Es ist sicherlich eine gute Entscheidung, die Bezeichnung „Seefischmarkt" beizubehalten, auch wenn die eigentliche Tätigkeit auf dem Gelände sich mehr und mehr in Richtung auf hochqualifizierte, technologieorientierte Branchen entwickeln wird.

UWE CARSTENS Institut für Politische Wissenschaft

Das Lager „Solomit" in Dietrichsdorf: Wohnungsnot nach 1945

Die Auflösung der „Wohnstätte Poggendörper Weg 36", wie das Lager „Solomit" offiziell hieß, begann bereits 1979, als die ersten beiden von insgesamt 23 „Steinbaracken" abgerissen wurden. Dem Wunsch der Stadt Kiel, nach der Auflösung der Obdachlosenlager „Heisterbusch" und „Timmerberg/Auberg" im Jahre 1975 auch das letzte Obdachlosenlager der Stadt folgen zu lassen, stieß auf den Widerstand derer, die mehr als 200 exmittierte oder „nicht zu vermittelnde" Menschen mit Wohnraum versorgen mußten.

Dieser Zwang nach Schaffung von Wohnraum begleitete die gesamte Geschichte des Lagers Solomit, die im Sommer 1939 ihren Anfang nahm, als Angehörige der „Organisation Todt" und Arbeiter der „Kriegsmarinewerft" (KMW) auf den Getreidefeldern des Landwirtes Claus Ivens, die im Norden durch den Dietrichsdorfer Friedhof und im Westen durch die Friedhofstraße (1974 wurde diese Straße wegen des hier gebauten Alters- und Pflegeheimes in Poggendörper Weg umbenannt) begrenzt wurden, ein „Arbeitsgemeinschaftslager" für die Unterbringung von Dienstverpflichteten der KMW einrichteten.

Das Besondere an diesem Lager war die Bauart der Baracken. Diese „Solomitbauweise" (dieser Bauart verdankte das Lager seinen Namen) wurde hauptsächlich durch ein Holzfachwerk, das innen und außen mit Strohmatten verkleidet und mit Kalk- bzw. Zementmörtel verputzt wurde, gekennzeichnet. Durch den Verputz entstand der Eindruck eines soliden Steingebäudes. Der Vorteil dieser Bauart lag nicht nur in der optischen Wirkung, sondern auch in der kurzen Aufbauzeit. Er wurde allerdings durch die sehr witterungsanfälligen und feuergefährlichen Strohmatten relativiert.

Die seit dem Frühjahr 1940 im Lager Solomit untergebrachten Dienstverpflichteten aus dem gesamten Reichsgebiet wurden im Laufe des Krieges zum überwiegenden Teil durch sogenannte „Fremdarbeiter" ersetzt, die den gestiegenen Arbeitskräftebedarf durch vermehrte Einziehung deutscher Arbeiter zur Wehrmacht ausgleichen sollten. Seit dem Einsetzen der alliierten Großangriffe auf Kiel verschlechterten sich die Lebensbedingungen in den in der Regel nah an der Arbeitsstätte und damit im Zentrum der Angriffe liegenden Gemeinschaftslagern (zur KMW gehörten neben dem Lager Solomit die Wohnlager „Howaldtbahn", „Speckenweg" und „Schönkirchen").

Auch nach der Kapitulation 1945 wurde das Lager Solomit zunächst weiterhin von der KMW verwaltet. Das mit Werftarbeitern und deren Angehörigen, Arbeitern verschiedener Baufirmen und zunehmend mit Flüchtlingen, besonders aus Danzig, belegte Lager war in einem so schlechten Zustand (von den ehemals 18 Wohnbaracken waren 11 völlig und 2 teilweise zerstört), daß die Militärregierung empfahl, das Lager aufzulösen. Nur die Wohnungsnot der Stadt Kiel (von den 1939 vorhanden gewesenen 21 205 Wohnhäusern waren 35 % zerstört, 40 % beschädigt und zum Teil nicht wieder aufzubauen, nur 25 % blieben unbeschädigt) verhinderte das vorzeitige Ende des ehemaligen „Arbeitsgemeinschaftslagers". Zum „Zwecke der Unterbringung von Flüchtlingen und Ausgebombten" übernahm im September 1946 die „Gemeinschaftslagerverwaltung" (GLV) der Stadt Kiel das Lager Solomit, nachdem bekannt geworden war, daß die KMW demontiert werden sollte. Aber auch als Solomit ab etwa 1949 nur noch mit Flüchtlingen belegt war, blieb das Lager eine besondere Stätte der Not und des Ausgesetztseins, selbst wenn sich die Bewohner bemühten, aus Stein- und Schuttplätzen Gemüsegärten zu machen. In die großen Mannschaftsräume der Solomit-Baracken wurden mehrere Familien hineingepfercht, denn in Kiel mußten mehr als 10 000 Menschen in Flüchtlingslagern untergebracht werden. Symbol für diese Not waren die Scheinwände aus Wolldecken, Packpapier und Wehrmachtsspinden, die man benutzte, um wenigstens vor den Blicken der Mitbewohner geschützt zu sein. Zu Beginn des Jahres 1951 waren in den Kieler Flüchtlings-

Von der Geschichte inzwischen überholt: Doch ist Wohnungsnot heute wieder ein Thema.

Luftaufnahme des Lagers „Solomit" im Juli 1978.

lagern insgesamt 3321 Familien mit 10 399 Menschen in 51 Lagern untergebracht.

Die unerwartet raschen Fortschritte der wirtschaftlichen Eingliederung der Flüchtlinge im Zuge des allgemeinen Wirtschaftsaufschwungs nach 1950 führten dann aber bald zu einem Wandel der Belegung des Lagers. Bereits 1952 wurde eine Solomit-Baracke aus dem Verband der „Kriegsfolgenhilfelager" herausgenommen und mit Obdachlosen belegt.

Wegen des hohen Aufkommens an Obdachlosen in Kiel bemühte sich das Ordnungsamt seit etwa 1955 verstärkt darum, Unterkünfte für diesen Personenkreis zu schaffen. Schließlich einigten sich die dafür zuständigen Gremien der Stadt auf den Bau von sogenannten „Schlichtwohnungen" auf dem Gelände der Lager Solomit und Timmerberg/Auberg. Im Jahre 1957 wurden die ersten beiden dieser „Steinbaracken" des Lagers Solomit mit 53 vom Ordnungsamt eingewiesenen Obdachlosen belegt. Inzwischen konnten die Solomit-Baracken durch die Barackenräumprogramme weitgehend geräumt werden. Der Anteil der Flüchtlinge im Lager war bis zum Dezember 1958 auf 111 zurückgegangen, während der Anteil der Obdachlosen zum gleichen Zeitpunkt auf 229 stieg. Bis zum Oktober 1965 konnten insgesamt 23 Schlichtbauten in 9 Bauabschnitten zwischen 1956 (Baubeginn) und 1965 errichtet werden. Diese verfügten über insgesamt 177 Wohneinheiten in neunzehn 7er Zeilen und vier 11er Zeilen. Damit war das Lager Solomit, das mit mehr als 700 Menschen belegt war, zum größten Obdachlosenlager der Stadt Kiel geworden (neben dem Lager Solomit gab es 1965 in Kiel weitere 4 Flüchtlings-, 9 Obdachlosen- und 4 Wohnlager). Mit fortschreitendem ökonomischen Aufschwung konnten die Flüchtlingslager der Stadt Kiel aufgelöst werden. Die letzten Flüchtlinge des Lagers Solomit verließen 1965 ihre Notquartiere. Geblieben war eine „Soziale Nachhut", die entweder alle Hoffnung auf Verbesserung ihrer Situation verloren hatte und auf ein sozial abschüssiges Niveau abgesunken, oder sozial unverträglich und nur schwer zu integrieren war. Dank der Bemühungen privater Initiativen (z. B. der „Initiative Kieler Wohnlager" oder dem „Verein zur Unterstützung der Auflösung des Lagers Solomit") und dank der Maßnahmen der Stadt Kiel (1975 hatte die Ratsversammlung die „Richtlinien für die Gewährung von Hilfen zur Verhinderung von Obdachlosigkeit" beschlossen) begann im Juli 1979 der Abriß der „Häuser 16 und 18". Dem Ratsbeschluß, das Lager Solomit mittelfristig aufzulösen, folgte 1983 ein „Aufnahmestopp" für Kinder im Vorschul- oder schulpflichtigen Alter. Da, nach den Worten des damaligen Sozialdezernenten, „ein Lager mehr Probleme schafft als es löst", wurden – häufig auch gegen den Widerstand der Lagerbewohner – die „Schlichtbauten" nach und nach geräumt und abgerissen. Mit dem Abriß der letzten drei Schlichtbauten im Frühjahr 1990 konnte das Lager Solomit, das trotz der Steingebäude ein Anachronismus war, endgültig aufgelöst werden. Die Rahmenplanung sieht für das Gelände des ehemaligen Lagers als Folgenutzung die Entwicklung eines situationsgerechten Wohngebiets und das Angebot von Kleingärten vor.

MICHAEL SALEWSKI Historisches Seminar

Der U-Boot-Bunker: Denkmal oder Ärgernis?

Das eindrucksvollste Bild vermittelt kein Foto, sondern das Ölgemälde von Harald Duwe: „Bunkerruine in Kiel", das der Kulturpreisträger der Stadt schon 1984 malte.

„Schon". Denn der Streit um diese Ruinen entbrannte erst drei Jahre später, als dieses Artefakt des letzten Krieges ins Denkmalbuch eingetragen und damit der Ewigkeit erhalten bleiben sollte.

Warum wohl malte Duwe dieses Bild? Geborstener Beton, aus dem Lot geratene Träger und Wände, ein buchstäblicher Stolperstein mitten in der Kieler Förde – weg damit. Das war die Ansicht der meisten Kieler, will man der veröffentlichten Meinung glauben. Keine Frage: Die Ruine des U-Boot-Bunkers paßte weder in die sich nach und nach entschärfende und verklärende Erinnerung an das Einst noch in die farbige ökonomische Hoffnung in das Morgen. Gerade dort, wo der Bunker hingesprengt liegt, soll ja eine leistungsfähige Hafenanlage gebaut werden. Für das Gelände gab die Stadt 30 Millionen Mark aus – kein Pappenstil, denkt man daran, daß Kiel notorisch kein Geld hat.

Es ergab sich also ein geradezu klassischer, paradigmatischer Konflikt: Auf der einen Seite standen die Denkmalpfleger, die Künstler, die Historiker und Museumsleute. Auf der anderen die meisten der Stadtväter, die Industrie- und Handelskammer, die Hafengesellschaft, kurzum „die Wirtschaft". Beide hatten recht, und so verwunderte es nicht, daß die beiden Positionen unversöhnlich nebeneinanderstanden; vergeblich bemühten sich die einen wie die anderen um Kompromisse.

Auf diese Weise wurde der Bunker in ungeahnter Weise auch zu einem Denkmal des historischen Selbstverständnisses der Stadt – unversehens gewann er eine Art zweiter Dimension hinzu. Fortan war er nicht mehr allein das Menetekel für die Vergangenheit des Krieges und das Kriegselend überhaupt, sondern Katalysator im Prozeß der historischen und politisichen Selbstvergewisserung der Stadt Kiel.

Die „Freunde" des Bunkers werden sich deswegen doppelt bestätigt fühlen – denn kann ein Denkmal mehr leisten als fortwährend symbolisch in Gegenwart und Zukunft zu verweisen? Solange die Ruine existiert, wird der Streit um sie nämlich nicht verstummen. Sollte die Stadt dem Bunker weichen, wird ein Aufschrei durch die Bevölkerung gehen; wird der Bunker zum dritten und letzten Mal gesprengt und total beseitigt – das eben sei notwendig versichern die Fachleute und Ingenieure – so kann man sich den Protest der Bunker-Freunde lebhaft vorstellen. Geschieht aber nichts, und kann deswegen das ganze Gelände nicht, wie geplant, ökonomisch genutzt werden, so hätte die Stadt ihr Geld verschwendet, und der Denkmalpfleger wäre, ohne auch nur ein weiteres Wort wagen oder ein neues Argument bringen zu müssen, vollauf bestätigt.

Der Bunker „Kilian" gehörte einst zu den schier verzweifelten Bemühungen der Marineführung des „Dritten Reiches", das vermeintlich schärfste Schwert gegen England zu schmieden und zu schützen. In diesem wie in vergleichbaren Bunkern, sei es in Deutschland oder an der französischen Atlantikküste, sollten U-Boote repariert oder gebaut werden. Als der Himmel über Deutschland immer offener wurde, die alliierten Bomberflotten nahezu jedes Ziel beliebig zerstören konnten, blieben die bis zu 10 m dicken Betondecken der U-Bootbunker die letzte Antwort einer schon versagenden Luftkriegführung gegen eine überwältigende Luftüberlegenheit der deutschen Gegner.

Nach dem Krieg war man in der Marine durchaus stolz darauf, daß die Bunker diese Aufgabe im großen und ganzen erfüllt hatten. Es gelang den Bombern nur selten, die Bunker zu zerstören, auch „Kilian" überstand den schlimmsten Kieler Luftangriff vom 9. April 1945, wenn nicht unversehrt so doch noch funktionstüchtig.

Dennoch starben bei diesem Angriff im Bunker fünf Menschen, die sich auf U 4708 befunden hatten, einem kleinen U-Boot vom Typ XXIII, ein ganz modernes Produkt der deutschen U-Boottechnik. Noch heute liegen die Reste dieses Bootes unter den Trümmern des gesprengten Bunkers. Erst die heftige Diskussion um den Bunker ließ Fachleute genauer hinsehen, nach dem ge-

Wie gespenstische Pylone ragen die mächtigen Betonpfeiler der Bunkereinfahrt aus dem Wasser der Förde. Die Eintragung der Demontage-Trümmer in das Denkmalbuch ist mittlerweile rechtskräftig.

sunkenen Boot und seiner Besatzung fahnden – vielleicht ist das ganz typisch für den Umgang mit unserer jüngeren Vergangenheit.

Der Bunker ist seitdem auch im Bewußtsein der Öffentlichkeit nicht nur abstraktes Mahnmal gegen den Krieg, sondern Mausoleum für fünf Männer, die im blühendsten Alter völlig sinnlos – am 9. April 1945 war der Krieg längst und unwiderruflich verloren – einem verbrecherischen Regime geopfert wurden. Das verleiht der Bunkerruine eine Würde ganz eigener Art. So wie man in Verdun den Bajonettengraben nicht eingeebnet, im Atlantik die „Bismarck" nur geortet hat, aber nicht heben wird, so wird auch „Kilian", so steht zu hoffen, mit seinen bizarren Betonbrocken, seinen furchtbaren Geheimnissen, hineingerissen in den Schlick und Modder von Jahrzehnten, eines jener Überbleibsel des 20. Jahrhunderts werden, von denen in jeder Generation und in jeder Generation mehr die Warnung vor dem Krieg, dem Verbrechen, dem schlechthin Bösen in der Geschichte ausgehen wird.

UWE ALBRECHT Kunsthistorisches Institut

Das Kieler Holstentor auf dem Gute Staun: Ein vergessenes Zeugnis städtischer Polizeigewalt

Man schrieb das Jahr 1783, als im Rathaus zu Kiel der Entschluß reifte, die alte und seit langem reparaturbedürftige hölzerne Holstenbrücke, über die der wichtigste Lebensnerv, der Landweg von Süden, die Mauern der Stadt erreichte, durch eine neue, zeitgemäße Steinbrücke zu ersetzen. Gleichzeitig begann man den versumpften Wasserarm zwischen Hafen und Kleinem Kiel zu kanalisieren und das ebenfalls baufällige Haupttor der Stadt, das Holstentor, einzureißen, um an die Stelle dieser lästigen und überflüssig gewordenen Befestigung eine einfache Zollschranke zu setzen. Wo jahrhundertelang ein wehrhafter Torturm achtunggebietend den Eingang zur Stadt beherrscht hatte, sollten fortan eiserne Türflügel demselben Zwecke genügen.

Denn noch immer wurden die Zugänge zur Stadt allabendlich geschlossen: von Michaelis (29. September) bis Ostern um 9 Uhr, von Ostern bis Michaelis um 10 Uhr und morgens um 6 Uhr bzw. um 5 Uhr wieder geöffnet. Zu spät Kommende hatten ein „Sperrgeld" zu entrichten, das zu Anfang des 19. Jahrhunderts für einen Wagen wie für einen Reiter einheitlich je einen Schilling betrug. Noch immer wurde auch die sog. „Akzise", ein Zoll für bestimmte in die Stadt eingeführte Waren, erhoben. So mußten vom Fuder Holz eine Planke, vom Fuder Torf drei Soden und vom Fuder Besen je zwei Stück abgegeben werden. Heinrich Ekkardt, der Kieler Buchhändler, Verleger und Chronist, berichtet dazu: „Allen Wagen mit Gartenfrüchten, Butter, Eiern, Speck und anderen Viktualien, sowie ganz leeren Wagen wurde beim Verlassen der Stadt gegen Rückgabe eines vorher erhaltenen Empfangsscheines die beim Hineinpassieren erlegte Abgabe zurückerstattet. Befreit von der Abgabe waren alle Einwohner von Kiel mit ihrem Fuhrwerk, alle Reiter und Lohnpferde, alle Wagen, auf denen sich bloß Reisende und deren Gepäck befanden oder die bloß mit Personen besetzt waren. Während der Nacht mußten jedoch diese Wagen, wie die Reiter auch 1 Schilling zahlen und zwar beim Herein- oder Herauspassieren. Von jeder Abgabe, auch zur Nachtzeit, waren dagegen befreit: Posten, Kuriere, Estafetten, Militärkommandos, Personen, die mit landesherrlichen Fuhrpässen reisten, alle herrschaftlichen Fuhren und Transporte, mit Einschluß der Wagen mit herrschaftlichem Brennholz, alle in Kiel ansässigen Zollbeamten, Wagen und Pferde, welche bei Feuersnot gebraucht werden, alle einheimischen und auswärtigen Wagen mit angekauftem Brennholz für Einwohner der Stadt Kiel, jedoch nur auf vorgängige gewissenhafte Anzeige der Käufer, die zur Stadt kommenden Milchwagen und schließlich die mit Mist beladenen Wagen. Die von der Stadtkasse für die Schlagbäume gezahlte Pacht wurde verwandt, um die sämtlichen aus dem Areal des Stadtfeldes abgelegten, in einer Länge von zwei Drittel Meilen ganz mit Steinpflaster versehenen Landstraßen städtischer Jurisdiktion zu unterhalten."

Als in den Jahren 1903-1905 die natürliche Wasserverbindung und mit ihr der historische Brückenschlag einer breiten Straßenführung zum Opfer fielen, über die der wachsende Durchgangsverkehr aus der Altstadt ferngehalten werden sollte, veränderte der südliche Stadteingang städtebaulich und topographisch so sehr seine Gestalt, daß es heute schwerfällt, sich rückblickend die einstige Situation überhaupt vorzustellen. Zebrastreifen und Ampelschaltung regeln ganz selbstverständlich den Übergang über die „Holstenbrücke", wo vor 200 Jahren bewaffnete Soldaten vor ihren Schilderhäuschen auf und ab patrouillierten. Den Fußgängerströmen auf Kiels Einkaufsmeile wird beim Anblick des „Förde-Einkaufszentrums" kaum in den Sinn kommen, daß hier einmal die Grenze der Stadt verlief. Und gewiß niemand ahnt, daß die Erinnerung daran auf einem Gut in Schwansen gar bis in die Gegenwart reicht.

Ein Besuch auf dem herzoglichen Meierhof Staun, der abseits großer Straßen zwischen Kornfeldern unweit von Damp liegt, läßt indessen die Vergangenheit wieder lebendig werden. Dort stehen an der Gutsein-

Das Kieler Holstentor als Eingangspforte auf dem Gut Staun.

Die beiden Holstentore und die Holstenbrücke im Zustand des späten 16. Jahrhunderts.
Nach einem Kupferstich von Matthäus Merian in Kopie der Stadtansicht aus dem Städtebuch von Braun und Hogenberg.

fahrt, unter Bäumen und Büschen halb verborgen, in der Tat jene seltsamen granitenen Pfeiler, die 1791 zusammen mit den geschmiedeten Torflügeln Gegenstand einer öffentlichen Ausschreibung gewesen waren. Ein Schriftstück des Kieler Stadtarchives (Akte 3015) überliefert den denkwürdigen Ratsbeschluß, demzufolge der Stadtkämmerei aufgegeben wurde, „nach dem von dem Bürgersmann Kleinschmidt Homann eingebrachten Riß die Pforten von der Holstenbrücke von Eysen und die Pfeiler von gehauenen Felsen verfertigen zu laßen und die Arbeit mit den Materialien ... dem mindest Fordernden zu überlaßen."

Zustande kam damals eine zweiflügelige Torpforte, deren geschwungenes Gitterwerk die Hand eines tüchtigen spätbarocken Grobschmieds verrät, der auch die massiven seitlichen Steinpfeiler mit einer Bekrönung aus eisernen Zierstangen und abschließenden Kugelknäufen versah. Für den mit der Abgabeneintreibung beauftragten städtischen Torpächter entwarf gleichzeitig kein Geringerer als der holsteinische Landbaumeister Johann Adam Richter, der Erbauer der Gutsanlage von Schierensee und der Kirchen von Großenaspe, Schönberg und Kappeln, ein neues Wohn- und Wachgebäude, das bis 1905 neben der ebenfalls von Richters Hand konzipierten neuen Holstenbrücke aufrecht stand. Brücke, Zollhaus und Gittertor waren Ausdruck städtischer Polizeigewalt und blieben in Kiel wie auch in zahlreichen anderen Städten bis weit in das 19. Jahrhundert bestehen. In Lübeck fiel die Torsperre erst 1875, in Kiel wurde sie am 1. Oktober 1832 zunächst an

Die Holstenstraße auf Höhe der „Holstenbrücke" heute.

Schmiedeeisernes Gitter vom ehem. Thaulow-Museum.

das Sophienblatt auf Höhe der ehemaligen St. Jürgenskapelle (heute etwa: Einmündung der Ringstraße) verlegt, womit man dem sich weiter nach Süden ausdehnenden Stadtgebiet Rechnung trug. Auch hier wurden zwei Pfeiler errichtet, an denen eiserne Türflügel montiert waren, die nächtens den Fahrdamm versperrten, während Umläufersteine mit Barrieren den Fußsteig einengten. Eine um 1865 entstandene Photographie hält diesen Zustand noch im Bilde fest (H. Sievert, Kiel einst und jetzt, Bd 2, Abb. 63 b), bevor mit der Einverleibung der Herzogtümer zu Preußen im Jahre 1867 das langersehnte Ende der lästigen Abgabenschranke kam.

Die Pforten vom Holstentor wurden 1832 indessen nicht auf das Sophienblatt überführt, sondern gelangten offenbar zunächst auf ein leeres Grundstück in der Kieler Innenstadt. Nachforschungen, die der Verfasser 1971 anstellen konnte, ergaben, daß es der geschichtsbewußte Bankier Wilhelm Ahlmann (vgl. Nr. 72), Gründer der Kieler Zeitung und Mitbegründer der Gesellschaft für Kieler Stadtgeschichte, Leiter des Postwesens der Herzogtümer Schleswig und Holstein und von 1867 bis 1875 Mitglied des Preuß. Abgeordnetenhauses, war, der um 1860 das abgestellte Gittertor wiederentdeckte und sich für die Verbringung auf das Gut Staun einsetzte, das seit 1854 seinem Schwiegervater Peter Feddersen gehörte. Als Wahrzeichen des alten Kiel ließ er es an der dortigen Hofeinfahrt aufstellen, wo es heute noch steht.

Doch das einstige Stadttor ist jetzt, nach 200 Jahren, in akuter Gefahr. Fortschreitende Korrosion und mangelnde Pflege bedrohen vor allem die Eisenteile. Einer der beiden Türflügel ging erst kürzlich zu Bruch, als ein Traktor unachtsam die schmale Einfahrt passierte. Das

Gitterwerk des anderen Türflügels ist vom Rost so zerfressen, daß schnelles Handeln not tut. Ein maßstabsgetreues Aufmaß wäre ein erster Schritt, die Bergung des ganzen Tores und seine Rückführung nach Kiel ein sinnvoller zweiter. Eine sachgemäße Restaurierung, die vor allem das originalgetreue Nachschmieden der beiden Torflügel umfaßte, müßte sich anschließen. Sie käme der Erhaltung und Wertschätzung eines historischen Denkmals zugute, das als seltenes Beispiel nachfortifikatorischer Akzisearchitektur über die Landesgrenzen hinaus Beachtung verdient. Was dem größten und bekanntesten Bauwerk dieser Art, dem ebenfalls 1791 von Carl Gotthard Langhans im Auftrag der preußischen Finanzverwaltung vollendeten Brandenburger Tor in Berlin recht ist, müßte den Kieler Pforten angesichts der an geschichtsträchtigen Zeugnissen unvergleichlich ärmeren Landeshauptstadt letztlich nur billig sein.

Da eine Aufstellung des restaurierten Holstentores weder an seinem ursprünglichen Standort, noch in Staun sinnvoll erscheint, der Charakter der Pforte jedoch auch weiterhin gewahrt bleiben sollte, schlage ich folgendes vor: Die Granitpfeiler und Eisenflügel könnten einen würdigen Platz am Übergang vom Schloßhof in den Prinzengarten erhalten, wo sie nicht nur die nördliche Grenze der Altstadt markierten, sondern als altes Stadt- und Brückentor gegenüber dem Fährterminal auf symbolische Weise Kiels traditionelle Brückenfunktion nach Skandinavien zum Ausdruck brächten.

Ihnen zuordnen ließe sich das seit 1971 im Magazin des Schleswig-Holsteinischen Landesmuseums deponierte kunstvolle Schmiedegitter, das den Hof des einstigen Thaulow-Museums gegen das Sophienblatt abgrenzte, bevor das Hertie-Kaufhaus an diese Stelle trat. 1911 von der renommierten Kieler Firma Hermann Schulte hergestellt, nimmt das prächtige Gitter Motive barocker Schmiedekunst wieder auf und ahmt in der strengen Abfolge kräftiger Vierkantstäbe, denen lockere Laubfestons angehängt sind, zugleich den Stil des Jahrhundertanfangs nach, ganz im Sinne des späten Historismus, der nach Überwindung des Jugendstiles wuchtige Monumentalität anstrebte. Sowohl im Stil, als auch in den Abmessungen passen die beiden Schmiedewerke nicht nur zusammen, sondern erscheinen in besonderer Weise geeignet, der gestalterisch bislang wenig befriedigenden Nordseite des Schloßhofes einen Abschluß zu geben, der inmitten des Museumsgürtels zwei vergessene Zeugnisse der jüngeren Kieler Stadtgeschichte wirkungsvoll miteinander vereinigen könnte.

Literatur

1: C. Degn und U. Muuss, Topographischer Atlas Schleswig Holstein und Hamburg. Neumünster 1979, Karten 1-6. – dies.: Luftbildatlas Schleswig-Holstein und Hamburg, Neumünster 1984, Bilder 19-22.

2: O. Fränzle, Die Reliefentwicklung des Kieler Raumes, in: Kieler Geogr. Schr. 58, Kiel 1983 S. 15-22. – K. Gripp, Erdgeschichte von Schleswig-Holstein, Neumünster 1964. -H. Klug, Küstenlandschaften zwischen Kieler Förde und Fehmarn-Sund. Schleswig-Holstein, ein geogr.-landeskundl. Exkursionsführer, Kiel 1969, S. 147-159. – H. Klug, Der Anstieg des Ostseespiegels im deutschen Küstenraum seit dem Mittelatlantikum, in: Eiszeitalter und Gegenwart 30 (1980), S. 237-252. – F.-Chr. Kögler und J. Ulrich, Bodengestalt und Sedimente der Kieler Förde, in: Schr. Naturwiss. Ver. Schlesw.-Holst. 55 (Kiel 1985), S. 1-33. – H. Liedtke, Die nordischen Vereisungen in Mitteleuropa, Trier 1981 (Forsch. Dt. Landeskde, 204). – U. Muuss und M. Petersen, Die Küsten Schleswig-Holsteins, Neumünster 1971. – H.-J. Stephan und B. Menke, Untersuchungen über den Verlauf der Weichsel-Kaltzeit in Schleswig-Holstein, in: Zs. f. Geomorph., N.F., Suppl.-Bd. 27 (1977), S. 12-28. – E. Tapfer, Meeresgeschichte der Kieler und Lübecker Bucht im Postglazial, in: Geologie der Meere und Binnengewässer, 4 (1940), S. 113-244. – C.A. Weber und J. Mestorf, Wohnstätten der älteren neolithischen Periode in der Kieler Förde, in: 43. Bericht des Museums vaterländischer Altertümer bei der Univ. Kiel, Kiel 1904, S. 1-24.

3: H. Willert, Anfänge und frühe Entwicklung der Städte Kiel, Oldesloe und Plön (QuFGSH 96), Neumünster 1990, S. 33 ff., S. 42 ff.

4: Verwaltungsbericht der Stadt Kiel 1.4.1906 – 31.3.1910, Kiel 1912, S. 270ff. – Georg Pauly, Das Alt-Kieler Bürger- und Adelshaus, Kiel 1924. – Kieler Nachrichten 24.12.1966, S. 7. – J. Jensen, Zur Eröffnung des Kieler Schiffahrtsmuseums, in: Die Heimat, Heft 4–5, 1978, S. 99ff. – H. Beseler, Bauten in Schleswig-Holstein zwischen Vergangenheit und Gegenwart (1830-1930), 2. Aufl. Heide i. H. 1970, S. 26f. – H. G. Andresen, Großstadtarchitektur in Kiel, in: NE 50 (1981), S. 39ff., u. a. S. 51f. – J. Jensen, Historischer Stadtbildatlas Kiel, Neumünster 1986. – Grundlegend zur Heimatschutzbewegung H.G. Andresen, Bauen in Backstein. Schleswig- Holsteinische Heimatschutzarchitektur zwischen Tradition und Reform (Schriften der Schleswig-Holsteinischen Landesbibliothek, 8), Heide i. H. 1989.

5: Kieler Stadtbuch aus den Jahren 1264-1289, hg. v. P. Hasse, Kiel 1875. – H. Landgraf, Bevölkerung und Wirtschaft Kiels im 15. Jahrhundert (QFGSH 39). Neumünster 1959. – Ch. M. Higounet, Die deutsche Ostsiedlung im Mittelalter. Berlin 1986. – H. Willert, Anfänge und frühe Entwicklung der Städte Kiel, Oldesloe und Plön (QFGSH 96). Neumünster 1990. – G.A. de Smet, Niederländisches im Niederdeutschen, in: Die Niederlande und der europäische Nordosten, hg. v. H. Menke, Neumünster 1992 (im Druck). – W. Paravicini, Lübeck und Brügge. Bedeutung und erste Ergebnisse eines Kieler Forschungsprojekts, ibid. – H.G. Walther, Die Entscheidung zur Gründung einer *civitas holsatorum*. Zum Verhältnis von Bettelordenskloster und Stadtgründung am Beispiel Kiels, in: Festschrift E. Hoffmann, Sigmaringen 1991, S. 124–135. – Zum „Museum Cimbricum" D. Unverhau, ibid., S. 245–260.

6: H.N. Schwartz, Ephemeris quorumlibet..., Bd 7, 1734, S. 3968-3980 u. S. 3989-4006 (Univ.bibl. Kiel, MS S.H. 165 A; auszugsweise veröffentlicht: Schwarze/Fehse, Des H.N. Schwarze gesammelte Nachrichten von der Stadt Kiel, herausgegeben von J.H. Fehse, Flensburg 1775). - F. Volbehr, Beiträge zur Topographie der Stadt Kiel in den letzten drei Jahrhunderten. Erste Hälfte: Schloß und Altstadt: MKStG 3-4 (1881), S. 93 ff. - R. Haupt, Kunstgeschichtliche Betrachtungen über die Nicolai-Kirche in Kiel. Ein Gedenkblatt ihrer Restauration in den Jahren 1878-84, Kiel 1884, S. 33-64. - Ders., Die Bau- und Kunstdenkmäler der Provinz Schleswig-Holstein, Bd. 1, Kiel 1887, S. 548 ff. - K. Thiede, St. Nikolai in Kiel, Kiel 1960. - J. Habich, Die Nikolaikirche zu Kiel, München, Berlin 1980 (Große Baudenkmäler H. 323). - B. Gnekow, Der Kirchenbau im heutigen Holstein während des Aufbaus zur Pfarrorganisation (von 1150 bis 1300), phil. Diss. Kiel 1989, Bd. 2, S. 50 ff., und Katalogband, Teil I, S. 158 ff.

7: C. Virch, Ernst Barlachs Entwürfe zum Kieler „Geistkämpfer". Kiel 1953 (Veröff. d. Schleswig-Holsteinischen Universitätsgesellschaft, NF 3). – E. Jansen, Ernst Barlach. Werke und Werkentwürfe aus fünf Jahrzehnten. Katalog, Bd. 1, Berlin 1981, S. 91–94, Nr. 65. – E. Piper, Ernst Barlach und die nationalsozialistische Kunstpolitik. München/Zürich 1983. – Ernst Barlach. Denkzeichen. [Katalog der Ausstellungen in] Rostock 1988 und Schloß Gottorf Schleswig 1989, S. 116–123. – K. Hupp, Der Kieler „Geistkämpfer" von Ernst Barlach. Darstellung, Deutung und Geschichte, in: MKStG 73 (1989) S. 173–248 = H. 9–10.

8: K.W. Nitzsch, Das Taufbecken der Kieler Nicolaikirche, Kiel 1856 (2. Aufl.: Schriften der Schleswig-Holstein-Lauenburgischen Gesellschaft für vaterländische Geschichte, Kiel 1857). – Th. Hach, Zur Geschichte der Erzgiesskunst: Repertorium für Kunstwissenschaft, 4 (1881), S. 177 ff.- A. Mundt, Die Erztaufen Norddeutschlands von der Mitte des XIII. bis zur Mitte des XIV. Jahrhunderts, Leipzig 1908. – J. Lorentzen, 700 Jahre St. Nikolaikirche in Kiel, Breklum 1941. – K. Thiede, St. Nikolai in Kiel, Kiel 1960. – W. Teuchert, Taufen in Schleswig-Holstein, Heide 1986.

9: T. Voß, Petrus Laurentius Wockenfuß . . ., der Mann und sein Werk . . . , MKStG Nr. 33, Kiel 1926. – E. Pomsel, Die alten Kieler Stadtmusikanten, in: MKStG 1956, S. 123-139. – E. Pomsel, Die Organisten der Kieler Nikolaikirche von der Reformation bis zum Ausgang des 19. Jahrhunderts, in: MKStG 1959, S. 41-63. – U. Haensel, Musikgeschichte Kiels im Mittelalter, phil. Diss. Kiel 1970, Bonn 1971. – U. Haensel, Artikel „Kiel" in: The New Grove Dictionary of Music and Musicians, Bd. 9, London 1980, S. 55f. – K. Gudewill, Musikpflege und Musikwissenschaft, in: Geschichte der Christian-Albrechts-Universität Kiel 1665-1965, Bd. V/1, Neumünster 1969, S. 189-244.

10: K. Boie, W. Scheffler u.a., Die Glocken der St. Nicolaikirche zu Kiel, Kiel 1929.

11: H. Landgraf, Bevölkerung und Wirtschaft Kiels im 15. Jahrhundert, Neumünster 1959, QuFGSH 39. – A. Lorenz, Ein halbes Jahrtausend Kieler Umschlag, Kiel 1965. – E. Ladewig-Petersen, Der Kieler Umschlag in nordwesteuropäischer Perspektive, in: HGBbl., 98, (1980), S. 61-75. – E. Ladewig- Petersen, Die Entstehung des Bodenkredits in Dänemark, 1630-1730, in: M. North (Hg.), Kredit im spätmittelalterlichen und frühneuzeitlichen Europa, Köln-Wien 1991, QuDHG 38, S. 171-182.

12: R. Zöllner, Zur Stilgeschichte des kupfernen Adelssarges in den Herzogtümern von 1620–1670: NE 51 (1982), S. 39–75.

13: Stadtarchiv Kiel: (a) Kieler Chronik 1947-1948; (b) Beziehungen Kiel – Coventry, einschl. Gesellschaft der Freunde Coventrys (StAK 36144); (c) Septemberwoche „Kiel im Aufbau" (StAK 6907). – Archiv Coventry Cathedral: Files PH 1/4 u.a. mit (a) Provost R.T. Howard, Notes on visit to Kiel, Sept. 14-21, 1947; (b) Address by Provost R.T. Howard to Christians in Kiel; (c) R.T. Howard, The Coventry Cross of Nails in all the world, April 1962. – Bundespräsidialamt Bonn: Address by Richard von Weizsäcker, the President of the Federal Republic of Germany. Memorial Service in Coventry Cathedral 14 November 1990; deutsche Fassung in: Bulletin der Bundesregierung, Ausgabe Nr. 135 (20. Nov. 1990), S. 1399–1401. – Presseberichte: Kieler Nachrichten, September 1947; Schleswig-Holsteinische Volkszeitung, September 1947; Coventry Evening Telegraph, 6 October 1947. – Monographien: E.B. Newbold, Portrait of Coventry, London 1972; John Thomas, Coventry Cathedral, London 1987; H.C.N. Williams (Provost of Coventry), The Story of Coventry Cathedral, Manchester 1981; Klaus Thiede, St. Nikolai in Kiel. Ein Beitrag zur Geschichte der Stadtkirche, Kiel 1960; Jürgen Jensen, Kriegsschauplatz Kiel. Luftbilder der Stadtzerstörung, Neumünster 1989. – Pamphlets: Coventry Cathedral Pamphlets; The Community of the Cross of Nails Pamphlets.

14: H. Hagenah, Revolution und Legitimität in der Geschichte der Erhebung Schleswig-Holsteins, (QuFGSH 4), Leipzig 1916.

15: J.L. Heilbron, Max Planck. Ein Leben für die Wissenschaft (1858-1947). Stuttgart, 1988. – A. Hermann, Max Planck. Mit Selbstzeugnissen und Bilddokumenten dargestellt. Rowohlts Bildmonographien, Bd. 198. Reinbek bei Hamburg, 1988 ([1]1973). – A. Hermann (Hg.), Deutsche Nobelpreisträger, München, 1968. – D. Nachmansohn, Die große Ära der Wissenschaften in Deutschland 1900 bis 1930. Jüdische und nichtjüdische Pioniere der Atomphysik, Chemie und Biochemie. Aus dem Englischen übersetzt, überarbeitet und erweitert von Roswitha Schmid, Stuttgart, 1988. – Ch. Schmidt-Schönbeck, 300 Jahre Physik und Astronomie an der Kieler Universität, Kiel, 1965.

16: H.N. Schwartz, Ephemeris quorumlibet..., Bd 7, 1734, S. 4043 ff. (Univ.bibl. Kiel, MS S.H. 165 A; auszugsweise veröffentlicht: Schwarze/Fehse, Des H.N. Schwarze gesammelte Nachrichten von der Stadt Kiel, herausgegeben von J.H. Fehse, Flensburg 1775) - F. Volbehr, Beiträge zur Topographie der Stadt Kiel in den letzten drei Jahrhunderten. Erste Hälfte: Schloß und Altstadt: MKStG 3-4 (1881), S. 83 ff. - K. Jansen/C.W. Schweitzer, Die Wiederherstellung der Klosterkirche: MKStG 9 (1891), S. 1-14. - A. Bierbaum, Die Franziskaner in Kiel - ehedem und jetzt, Werl 1932. - L. Ahlmann, Der Kreuzgang bei der Heiligen-Geist-Kirche in Kiel: MKStG 37 (1934), S. 41 ff. - M. Redecker, Das Kieler Kloster in der Geschichte Schleswig- Holsteins und seiner Landesuniversität, Kiel 1960. - D. Rudloff, Die Kirche des Franziskanerklosters zu Kiel und die Bauform der Stutzbasilika: NE 28/29 (1960), S. 26-35. - A. Scharff, Zur Baugeschichte und Topographie der ältesten Kieler Universitätsgebäude: NE 39 (1970), S. 59-85. - H. Sievert, Der Grabstein der Margareta Visch: MKStG 59 (1973-77), S. 10-15. - U. Albrecht, Neue Bodenfunde aus der Kieler Altstadt: Die Franziskaner-Klosterkirche: Die Heimat 94 (1987), S. 394-397.

17: D. Weymar, Die Geschichte der Straßenbeleuchtung in Kiel, o.J., (Masch.schr.Manuskript); zum historischen Kontext s. U. Lange, Geschichte Kiels 1773 bis 1867, in: Kieler Geschichte im Überblick. Ein Handbuch, Kiel 1991.

18: D. Acker, Walther Schücking (1875-1935), (Veröffentlichungen der Historischen Kommission Westfalen, 18 = Westfälische Biographien, 6), Münster 1970.

19: C. Rodenberg, Aus dem Kieler Leben im 14. und 15. Jahrhundert, Kiel 1894. – G. Pauly, Das Altkieler Bürger- und Adelshaus, Kiel 1924. – L. Andresen, Turniere in Kiel, in: Die Heimat 42. (1932), S. 157-163. – L. Andresen, Der Ritterkaland in Kiel, in: MKStG 37 (1934), S. 58-60. – L. Andresen, Kiel als fürstlicher Witwensitz im 16. Jahrhundert, in: MKStG 44, (1940), S. 53-79. – H. Willert, Anfänge und frühe Entwicklung der Städte Kiel, Oldesloe und Plön, Neumünster 1990 (QuFGSH 96).

20: H. Willert, Anfänge und frühe Entwicklung der Städte Kiel, Oldesloe und Plön (QuFGSH 96), Neumünster 1990. – L. Andresen u. W. Stephan, Beiträge zur Geschichte der Gottorfer Hof- und Staatsverwaltung von 1544-1659, 2 Bde, Kiel

1928. – A. Andersen, Jacob Fabricius den Yngres Optegnelser fra 1617-1644, Aabenraa 1964. – H. Sievert, Kiel einst und jetzt. Die Altstadt, 4. Aufl., Kiel 1975. – G. Kaufmann, Das alte Kiel. Von der Gründung der Stadt bis an die Schwelle der Gegenwart, Hamburg 1975. – Zum Kieler Frieden: Ch. Degn, Die Herzogtümer im Gesamtstaat: Geschichte Schleswig-Holsteins, Bd. 6, Neumünster 1960. – G. Nørregaard, Freden i Kiel, København 1954. – O. Feldbaek, Denmark an the Treaty of Kiel: Scandinavian Journal of History, Bd. 15 (1990).

21: Akten des Kulturamts der Stadt Kiel. Kieler Zeitung, Morgenausgabe, vom 2. Mai 1890. Kieler Zeitung, Abendausgabe, vom 2. Mai 1890. Kieler Nachrichten vom 7. Juni 1977. Kieler Nachrichten vom 11. Juni 1977. – G. von Arnauld de la Periére und I. Essers, Prinz Heinrich von Preußen. Admiral und Flieger. Herford 1983. – H. Eschenburg, Prinz Heinrich von Preußen. Der Großadmiral im Schatten des Kaisers, Heide 1989. – C.-H. Seebach, Das Kieler Schloß. Nach Grabungsfunden, Schriftquellen und Bildern dargestellt, Neumünster 1965 (Studien zur schleswig-holsteinischen Kunstgeschichte, 9).

22: C.H. Seebach, Das Kieler Schloß, Neumünster 1965. - D. Lafrenz, Das Kieler Schloß, Hamburg 1987.

23: P. Dybowski, Slavenkunde und Slavistik im Lande Helmolds: Zur Geschichte des Slavischen Seminars der Universität Kiel: Materialien zur Geschichte der Slavistik in Deutschland, 2, Wiesbaden 1987 (Slavistische Veröffentlichungen 50,2), S. 97 – 144. – K. Feyerabend, Die Universität Kiel, Kiel [2]1929. – P.F. Hane, Die zehnjährige Glückseligkeit der Cimbrischen Musen, Kiel [1773]. – E. Hübner, Staatspolitik und Familieninteresse. Die gottorfische Frage in der russischen Außenpolitik 1741-1773 (QuFGSH 83), Neumünster 1984. – Kiel, Eutin, St. Petersburg, hg. von D. Lohmeier, Heide 1987 (Schriften der Schleswig-Holsteinischen Landesbibliothek 2). – C.-H. Seebach, Das Kieler Schloß, Neumünster 1965 (Schriften zur schleswig-holsteinischen Kunstgeschichte 9).

24: Die steckengebliebene Kieler Revolution – oder: der unvollendete Sprung vom Reich der Notwendigkeit ins Reich der Freiheit. Thesen, vorgelegt von Gerhard Baier anläßlich der Aufstellung des Kieler Revolutionsdenkmals am 16. Juli 1982 am Ort der Enthüllung (Stadtarchiv Kiel). – Künstlerisches Zeichen zur Erinnerung an „Ereignisse im November 1918 in Kiel", Kiel 1980. – D. Dähnhardt: Revolution in Kiel, Der Übergang vom Kaiserreich zur Weimarer Republik 1918/19, (MKStG 64), Neumünster 1984.

25: C. H. Seebach, Das Kieler Schloß, Neumünster 1965 (Studien zur schleswig-holsteinischen Kunstgeschichte 9), S. 177-218. – D. Lafrenz, Das Kieler Schloß. Der Fürstensitz Herzog Adolfs von Gottorf in Kiel, Hamburg 1987.

26: G. Reinhardt, Preußen im Spiegel der öffentlichen Meinung Schleswig-Holsteins, Neumünster 1954 (QuFGSH 29). – H. Ralf, Das Kriegerdenkmal 1870/71 im Kieler Schloßgarten, in: Nordelbingen 48 (1979), S. 30-62. – K.D. Sievers, Öffentliche Festveranstaltungen in Kiel während der wilhelminischen Zeit, in: Zs. für Volkskunde 75 (1979), S. 1-22.

27: A. Graesel, Handbuch der Bibliothekslehre, Leipzig [2]1902, S. 92-96. – R. Bülck, Geschichte der Kieler Universitätsbibliothek, Eutin 1960, S. 268-271, 281. – H.M. Crass, Bibliotheksbauten des 19. Jahrhunderts in Deutschland, München 1976, S. 44-46. – H.-D. Nägelke, Der Gropius-Bau der Kieler Universität. Architektur zwischen regionaler Identität und preußischer Politik, Kiel 1991, S. 99–107.

28: J. Hacker, Vom Kuriositätenkabinett zum wissenschaftlichen Museum: Die Entwicklung der Zoologischen Sammlungen der Kieler Universität von 1665 bis 1868. Mitteilungen aus dem Zoologischen Museum der Universität Kiel. Supplement 1 (Kiel 1984), S. 1-43. – R. König, Karl Möbius, eine kurze Biographie, in: K. Möbius, Beiträge zu Leben und Werk. Mitteilungen (wie o.) I,7 (1981), S. 5-15. – P. Ohm, R. König und H. Köpke, Das Zoologische Museum der Universität in: Christiana Albertina 15 (1973), S. 65-72.

29: A. Haseloff, Die Kieler Kunsthalle, Berlin 1930 (Museum der Gegenwart, hg. von Ludwig Justi u.a. I,2). – L. Martius, 125 Jahre Schlewig-Holsteinischer Kunstverein 1843-1968, Neumünster 1968. – Kunsthalle zu Kiel. Christian-Albrechts-Universität (hg. vom Finanzminister des Landes Schleswig-Holstein), Hamburg 1986, mit Beiträgen von J. Chr. Jensen, J. Schlick, H.-J. Kuhlmann, D. Hoffmann.

30: Lit.: A. v. Tirpitz, Der Aufbau der deutschen Weltmacht. Politische Dokumente, Stuttgart/Berlin 1924. – W. Hubatsch, Die Ära Tirpitz, Göttingen 1955. – M. Salewski, Tirpitz. Aufstieg, Macht, Scheitern. Göttingen 1979. – J. Jensen, Kiel im Kaiserreich, Neumünster 1978. – Kieler Zeitung, Jg. 1913 (Mikrofilm in der Schleswig-Holsteinischen Landesbibliothek).

31: Zum alten Botanischen Garten: H.-G. Andresen, Über den Aussichtsturm im alten Botanischen Garten zu Kiel, in: Die Heimat 91 (1984), S. 37-53. – W. Kehn, Der alte Botanische Garten zu Kiel als Denkmal historischer Gartenkunst, ebenda, S. 27–37. Der Aufsatz beruht teilweise auf gemeinsamer Vorarbeit mit Christa Trube, Kiel, der besten Kennerin der Geschichte des Botanischen Gartens. – Zur Idee eines Volksgartens zwischen Schloß und Düsternbrooker Gehölz: Schreiben des Justizraths und Professors Hirschfeld in Kiel vom 15. November 1782 an den Geheimrath Numsen in Kopenhagen, als Chef der kgl. Rentkammer (. . .), in: Archiv f. Geschichte, Statistik (. . .) der Herzogthümer Schleswig, Holstein u. Lauenburg, hg. v. N. Falck, 4. Jg., Kiel 1846, S. 188–198. – Chr.C.L. Hirschfeld, Theorie der Gartenkunst. Leipzig 1779-1785, 5 Bde. Darin: Bd. 5, S. 68–69 (allgemein über Volksgärten). Dazu und für das weitere 19. Jh.: Dorothee Nehring, Stadtparkanlagen in der ersten Hälfte des 19. Jhs. (= Geschichte des Stadtgrüns, Bd. 4). Hannover/Berlin 1979. – Zu einzelnen Anlagen und Bauten zwischen Schloß und Düsternbrooker Gehölz: H. Eckardt, Alt-Kiel in Wort und Bild. Kiel 1899, S. 312, 490-495. – F. Hofmann, Alt-Kiel als Pflegestätte der Garten- und Forstkultur, in: MKStG (1954), S.

59–74. – E. Schlee, Axel Bundsen, der Erbauer des Marientempels in Düsternbrook, in: MKStG (1935), S. 23-34. – H. Ekkart, Vom Düsternbrooker Holz und vom Marienhain, in: MKStG (1935), S. 35-48. – G. Seelig, Eine deutsche Jugend. Erinnerungen an Kiel und den Schwanenweg, Hamburg/Berlin/Leipzig 1922. – Über Chr.C.L. Hirschfeld: W. Kehn, in: SchleswigHolsteinisches Biographisches Lexikon, Bd. 5, Neumünster 1979, S. 126–131. – Im Jahre 1992 jähren sich der 250. Geburtstag und der 200. Todestag Hirschfelds. Aus diesem Anlaß wird im Herbst in der Kieler Landesbibliothek eine Ausstellung stattfinden. Parallel erscheint: W. Kehn: Christian Cay Lorenz Hirschfeld (1742–1792) – Eine Biographie. Worms.

32: G. Seelig, Klaus Groth. Sein Leben und Werden, Hamburg 1924. – B. Bock, Grüne, Blaue, Schwarze, Weisse Dampfer, Herford 1978, S. 152. – J. Hartig, Vor hundert Jahren. Klaus Groth im Jahre 1886, in: Klaus-Groth-Gesellschaft, Jahresgabe Jg. 28 (1986), S. 67-104, Zitat S. 96. – E. Wolff, Klaus Groths Vermächtnis, in: Quickborn Jg. 2 (1909), S. 34-40, Zitat S. 39. – J. Jensen, Kieler Zeitgeschichte im Pressefoto, Neumünster 1984, S. 55. – K. Groth, Lebenserinnerungen, hg. von E. Wolff, Kiel 1891, S. 84.

33: W. Böke, Geschichte der Universitäts-Augenklinik Kiel 1888–1988, Neumünster 1988 (Kieler Beiträge z. Geschichte d. Medizin u. Pharmazie, 19/20). – K. Feyerabend, Die Universität Kiel. Ihre Anstalten, Institute und Kliniken, Düsseldorf [1929]. – R. Jaeger, Die Baugeschichte der Universität, in: E. Hofmann u.a., Allgemeine Entwicklung der Universität, Neumünster 1965 (Geschichte der Christian-Albrechts-Universität Kiel, Bd. 1,2), S. 117–202. – R. Jaeger, Hermann Georg Krüger. Ein Beitrag zur Geschichte der schleswig-holsteinischen und der preußischen Bauverwaltung im 19. Jahrhundert, in: Nordelbingen 39 (1970) 86–107. – H. H. Jansen, Die Geschichte des Pathologischen Institutes der Christian-Albrechts-Universität in Kiel, Kiel 1958 (Veröffentlichungen d. Schleswig-Holsteinischen Universitätsgesellschaft, NF 23). – Kiels Einrichtungen für Gesundheitspflege und Unterricht. Festschrift, gewidmet der XXI. Versammlung des deutschen Vereins für Öffentliche Gesundheitspflege von der Stadt Kiel, Kiel 1896. – E. Philipp und G. Hörmann, Die Kieler Universitäts-Frauenklinik und Hebammen-Lehranstalt 1805–1955, Stuttgart 1955. – M. Pistor, Anstalten und Einrichtungen des Öffentlichen Gesundheitswesens in Preussen. Festschrift zum X. internationalen Kongress, Berlin 1890, S. 323–337. – J. Voigt und B. Lohff, Ein Haus für die Chirurgie 1802–1986, Neumünster 1986. – J.H. Wolf, 100 Jahre Hygiene-Institut der Universität Kiel in Bildern und Dokumenten, Kiel 1988.

34: G. Daltrop und P.C. Bol, Athena des Myron, Frankfurt a.M. 1983 (Liebighaus Monographie 8).

35: Schleswig-Holsteinische Biographien. Vorarbeiten zum Schleswig-Holsteinischen Biographischen Lexikon, Neumünster 1962, S. 74–77. – K.D. Sievers, Volkskultur und Aufklärung im Spiegel der Schleswig-Holsteinischen Provinzialberichte, Neumünster 1970. – B. Pusback, Kameralwissenschaft und liberale Reformbewegungen, in: ZSHG 1976 (101), S. 259-283.

36: F. Tönnies, Gemeinschaft und Gesellschaft. Abhandlung des Communismus und des Sozialismus als empirischer Culturformen, Leipzig 1887; ^{2}1912 mit dem veränderten Untertitel: Grundbegriffe der reinen Soziologie, ^{3}1920, ^{4,5}1922, ^{6,7}1926; reprogr. Nachdruck, zuletzt Darmstadt 1979 u. 1984. – Hobbes, Leben und Lehre, Stuttgart 1896; 1965 neu hrsgg. von Karl-Heinz Ilting, 4. Aufl. 1971. – Der Nietzsche-Kultus. Eine Kritik, Leipzig 1897. – Philosophical Terminology, in: Mind, 8 (1899), S. 289–332 u. S. 467–491, 9 (1900), S. 46–61; später deutsch als: Philosophische Terminologie in psychologisch-soziologischer Ansicht, Leipzig 1906. – Hafenarbeiter und Seeleute in Hamburg vor dem Streik 1896/97, in: Archiv für soziale Gesetzgebung und Statistik, 10 (1897), S. 173–238. – Der Hamburger Strike von 1886/97, ebenda, 1897, S. 673-720. – Das Wesen der Soziologie, (zuerst 1907), in: Soziologische Studien und Kritiken, Bd. 1, Jena 1925, S. 350–368. – Ethik und Sozialismus, 3 Teile, in: Archiv für Sozialwissenschaft und Sozialpolitik, 25, 26, 29 (1907–1909). – Kritik der öffentlichen Meinung, Berlin 1922, erneut Aalen 1981. – Marx. Leben und Lehre, Jena 1921. – Fortschritt und soziale Entwicklung, Karlsruhe 1926. – Geist der Neuzeit, Leipzig 1935. – Einführung in die Soziologie, Stuttgart 1931, 2. unver. Aufl. m. e. Einf. v. R. Heberle, 1981. – Die schwere Kriminalität von Männern in Schleswig-Holstein in den Jahren 1899–1914, in: Zeitschrift für Völkerpsychologie und Soziologie, 5 (1929) S. 26–39 (zusammen mit E. Jurkat). – Cay von Brockdorff, Hobbes als Philosoph, Pädagoge und Soziologe, 2. Aufl. Kiel 1920. – Eduard Georg Jacoby, Die moderne Gesellschaft im sozialwissenschaftlichen Denken von Ferdinand Tönnies, Stuttgart 1971. – Dirk Käsler, Soziologische Abenteuer. Earle Edward Eubank besucht europäische Soziologen im Sommer 1934, Opladen 1985.

37: G. Bolwig, Die Marineakademie. Ein Teil der Marinegeschichte in Kiel (maschschr. Manuskript), Kiel 1985. – R. Güth, Hundert Jahre Marineakademie, in: Marine-Rundschau 1972, S. 296 ff. – W. Hubatsch, Der Admiralstab und die obersten Marinebehörden in Deutschland 1848-1945, Frankfurt/M. 1958. – A. Nitschke, Als das Landeshaus noch Marineakademie war, Kiel 1976. – Präsidentin des Schleswig-Holsteinischen Landtages (Hg.), 100 Jahre Haus an der Förde. Von der Marineakademie zum Landeshaus, Kiel 1988, mit Beiträgen von J. Alter, J. Graf v. Hardenberg, U. Lange, L. Paulina-Mürl, P. Wulf.

38: K. Jansen/K. Samwer, Schleswig-Holsteins Befreiung, Wiesbaden 1887. – J. Gebauer, Herzog Friedrich VIII. von Schleswig-Holstein. Ein Lebensbild. Stuttgart/Berlin 1912. – H.P. Clausen/J. Paulsen, Augustenborgerne, Slægt-Slotte-Skæbne, Tondern 1980 (Fra Als og Sundeved, 58).

39: Bericht des Präsidenten über die Tätigkeit des Instituts im Jahr ... , Institut für Weltwirtschaft an der Universität Kiel. – Bibliothek des Instituts für Weltwirtschaft Kiel. Zentralbibliothek der Wirtschaftswissenschaften in der Bundesrepublik Deutschland. 3. Aufl., bearb. von Ekkehart Seusing. Kiel 1987. - Bibliothek des Instituts für Weltwirtschaft an der Universität Kiel. Statistische Übersichten für das Jahr ... – Institut für Weltwirtschaft an der Universität Kiel, 1915 – 1964, Kiel 1964. – Der 75. Geburtstag des Instituts für Weltwirtschaft und der Präsidentenwechsel. Ein Pressespiegel. Zusammengestellt von Karl Heinz Frank. Institut für Weltwirtschaft, Wirtschaftsarchiv. Kiel 1989.

40: O. Schlenzka: 100 Jahre Kieler-Yacht-Club, Kiel 1987. – J. Jensen: 100 Jahre Kieler Woche. In: 100 Jahre Kieler Woche Journal, Kiel 1982, S. 12–19. – M. Salewski: Ohne Marine undenkbar, ebd. S. 52–56. – B. Paulenz: Im Sturm der Zeit. 100 Jahre Kieler Yacht-Club. Sonderdruck der „Kieler Nachrichten“ 1987.

41: Theodor Storm, Sämtliche Werke, hg. v. K.E. Laage und D. Lohmeier, Bd. 1, Frankfurt a.M. 1987, S. 529-593 (Text) und 1134-1165 (Kommentar). – H. Sievert, Sanssouci, die Düsternbrooker Waldwirtschaft in Theodor Storms Novelle „Auf der Universität“, in: MKStG 48 (1953-1957), S. 21-32.

42: O. Meyerhof, 50 Jahre Biochemie, in: Naturwissenschaftliche Rundschau, 4. Jahrgang (1951), Heft 1. – E. Swinne, Hans Geiger. Spuren aus einem Leben für die Physik, Berlin 1988. Weitere Lit. s. bei Nr. 15 (Max Planck).

43: H. Hansen, Deutsche Volks- und Sängerfeste in SchleswigHolstein, Leipzig 1846, S. 10f., S. 40f. – J. G. Droysen, Rede zur tausendjährigen Gedächtnisfeier des Vertrages zu Verdun 10. August 1843, Kiel 1843.

44: K. Jürgensen, Die Briten in Schleswig-Holstein, 1945-1949, Neumünster 1989, S. 70. – G. Hümmelchen, Die deutschen Seeflieger 1935-1945, München 1976, S. 10-15. – B. Miller Lane, Architektur und Politik in Deutschland 1919-1945, Braunschweig 1986, S. 191-192. – G. Tessin, Formationsgeschichte der Wehrmacht 1933-1939: Stäbe und Truppenteile des Heeres und der Luftwaffe, Boppard am Rhein 1959. – „Das neue Kiel“: Eine Bildreihe aus der Kriegsmarinestadt wie sie das Dritte Reich schuf“, Kieler Zeitung, Nr. 308, 6. November 1935. – Baubestandspläne 1935-1938 (Landesbauamt Kiel I).

45: J. Bähr, Entwicklung des Fährverkehrs in den schleswig-holsteinischen Ostseehäfen, in: Geogr. Rundschau 42, 5 (1990) 292-296. – H. Böhme, Ostseehäfen zwischen Expansion und Konsolidierung, in: Hansa 120 (1983) 2161-2164. – H. Böhme, Güterströme und Verkehrsstrukturen im Ostseeraum, in: Ostsee-Jahrbuch (1987) 13-32. – G. Kortum, Die Kieler Innenförde im 19. und 20. Jahrhundert. Eine Hafengeographische Skizze, in: Kieler Geogr. Schr. 58 (1983) 99-121. – H. Mürl, Die Entwicklung der Ostseehäfen nach dem Zweiten Weltkrieg. Diss. Kiel 1970. – G. P. Radtke, Regionale Effekte und Perspektiven des Güter- und Personenverkehrs in den schleswig-holsteinischen Ostseehäfen, Kiel 1989 (Beiträge a. d. Inst. f. Regionalforschg d. Univ. Kiel, 11). – G. Schaub, Der Kieler Hafen, in: Zeitschr. f. Wirtschaftsgeogr. 5, 8 (1961) 229-233. – R. Stewig, Die Entwicklung der Fährverbindungen Kiels. Eine verkehrsgeographische Betrachtung, in: Die Heimat 73 (Neumünster 1966) 348-354.

46: F.J. L. Meyer, Darstellungen aus Nord-Deutschland II: Sommerreise in Holstein 1815, Hamburg 1816. – H. Biernatzki, Schleswig-Holstein, München 1848. – R. Hansen, Entstehung und Anfänge des historischen Kieler Umschlags, (unveröff.) Vortrag 22.1.1978. K. Friedland, Der Kieler Umschlag, in: Programm der Tagung nordwestdeutscher Kinderärzte Kiel, Kiel 1975. – C. Rodenberg, Akten zum Hafenprozeß der Stadt Kiel (1899-1904), in: MKStG 23(1906), hierzu korrigierend W. Carstens, Die Gründungsurkunde der Stadt Kiel, in: ZSHG 67(1939).

47: G. Beckmann, Chronik des Marinestützpunktkommandos Kiel, Kiel 1990 (Privatdruck) – R. Wenzel, Bevölkerung, Wirtschaft und Politik im kaiserlichen Kiel zwischen 1870 und 1914, Kiel 1978. (Sonderveröffentlichungen der Gesellschaft für Kieler Stadtgeschichte, 7).

48: H.-G. Andresen, Die ehemalige Marine-Garnisonskirche in Kiel-Wik. Herkunft, Rang und Wirkung einer bedeutenden Kirchenarchitektur des frühen 20. Jh., in: Schleswig-Holstein, Jg 1979, Nr. 11, S. 2–9, Nr. 12, S. 6-9. – C. Fischer, Katholische Kirchengemeinde Kiel-Nord, 1922-1972, Kiel 1972 (masch.). – J. Grönhoff, Kirche und Schule in Kiel. Ein kurzer Überblick über die äußere Entwicklung des Kieler Kirchen- und Schulwesens seit der Reformation, Kiel 1959 (Heimat Kiel. Neue Kieler Heimatkunde, Heft 8). – V. W. Hammerschmidt, Anspruch und Ausdruck in der Architektur des späten Historismus in Deutschland (1860-1914), Frankfurt am Main/Bern/New York 1985. – J. Jensen, Kiel im Kaiserreich. Das Erscheinungsbild der Marinestation der Ostsee 1871-1918, Neumünster 1978. – D. Matthei, Die Marineschule Mürwik. Entstehung und Entwicklung, in: Marineschule Mürwik, hg. v. Deutschen Marine Institut, Herford 1985, S. 63-100. – A. Nitzschke, Die Paulus-Kirche. Ihre Geschichte als Marine-Garnisonskirche, in: Aus der Geschichte der Heiligengeist-Gemeinde und der Pauluskirche, Kiel 1977, S. 11-20. – W. Rössling, Curjel & Moser. Architekten in Karlsruhe/Baden, Karlsruhe 1986 (Diss. phil. Heidelberg 1980). – H. Schnell, Der Kirchenbau des 20. Jahrhunderts in Deutschland. Dokumentation, Darstellung, Deutung, München/Zürich 1973.

49: Baudenkmale in Gefahr: Das Kanalpackhaus in Holtenau, hg. vom Landesamt f. Denkmalpflege Schleswig-Holstein in Verb. mit d. Ges. f. Kieler Stadtgeschichte, Kiel 1978. – C. Degn, R. Hansen über Herzog Adolfs Plan von 1571, in: Mitt. d. Canalvereins 1 (1980) ff. – Der alte Kanal zwischen Nord- und Ostsee. Mit Beiträgen von K. Brehm, G. U. Detlefsen u. M. Jessen-Klingenberg und Fotos von U. Paulsen, Neumünster 1991.

50: J. Bähr, Vom Eiderkanal zum Nord-Ostsee-Kanal: Kiel 1879-1979, Kiel 1983 (Kieler Geographische Schriften 58), S. 123-140. – W. Jensen, Der Nord-Ostsee-Kanal, Neumünster

1970. - Wasser- und Schiffahrtsdirektion, Nord-Ostsee-Kanal. Jahresbericht, Kiel 1981 ff.

52: Børge L. Barløse, Christianspris – Frederiksort. Fæstningen, som ikke kom til ord: SøAa 1972, S.60-79. – H. Kellenbenz, Christianspries und die Anfänge von Friedrichsort: ZSHG, Bd. 74/75 (1951) S.276-295. - N. Detlefsen, Die Kieler Stadtteile nördlich des Kanals. Holtenau, Pries, Friedrichsort, Schilksee (MKStG 65), Kiel 1978.

53: Harbeke, C. H. (Hg.), Bauten für Olympia 1972, München 1972. – Organisationskomitee für die Spiele der XX. Olympiade München 1972 (Hg.), Bulletin 7 (Juni 1972): Offizieller Bericht des Organisationskomitees über die Vorbereitungen für die Olympischen Segelwettbewerbe Kiel. - Organisationskomitee für die Spiele der XX. Olympiade München 1972 (Hg.), Die Spiele, Bd. 2: Die Bauten, München o. J.

54: F. Voß, Die Straßenhochbrücke über den Kaiser-Wilhelm-Kanal bei Holtenau, in: Zentralblatt der Bauverwaltung, 34. Jg., 1914, S. 284-286.

Frau Herta Erich, der Tochter von Friedrich Voß, danke ich für die Benutzung von Unterlagen aus dem Nachlaß ihres Vaters, das Wasser- und Schiffahrtsamt in Kiel-Holtenau unterstützte den Artikel in doppelter Weise, indem es mir die von Friedrich Voß angefertigten Orginal-Bauzeichnungen und dazu gehörende Akten zugänglich machte und mir zahlreiche sachdienliche Hinweise zum besseren Verständnis der Brückenkonstruktion gab. Auch für diese Unterstützung beim Begreifen fachfremder Materie bin ich dankbar.

55: A. Gloy: Kiels Friedhöfe einst und jetzt, in: Gloy, Aus Kiels Vergangenheit und Gegenwart. Kiel 1926, S. 127–132.

56: Die Bautätigkeit in der Stadt Kiel, 1904-1910, Kiel 1911 (Mitt. d. Stat. Amtes der Stadt Kiel, 17). – Kiel Adreßbuch 1903 ff. – Stadtarchiv Kiel, Stadtbebauungsplan 1896 (1896-1927), Nr. 46246. – Statistisches Jahrbuch der Stadt Kiel, 1. Jg. für 1912 und Vorjahre, Kiel 1914. – R. Stewig, Die Entwicklung der Stadt Kiel, in: Kiel 1879-1979. Entwicklung der Stadt und Umland im Bild der Topographischen Karte 1:25000, hg. von Jürgen Bähr, Kiel 1983 (Kieler Geographische Schriften, 58), S. 23-42. – R. Wenzel, Bevölkerung, Wirtschaft und Politik im Kaiserlichen Kiel zwischen 1870 und 1914, Kiel 1978 (Sonderveröff. d. Ges. f. Kieler Stadtgeschichte, 7). – Jürgen Wissing, Boden- und Wohnverhältnisse in Kiel von der Mitte des 19. Jahrhunderts bis zum Jahre 1914, Bonn 1929 (Bonner Staatswiss. Untersuchungen, 15).

57: J. Wissing, Boden und Wohnverhältnisse in Kiel von der Mitte des 19. Jahrhunderts bis zum Jahre 1914, (Bonner Staatswiss. Untersuchungen, 15) Jena 1929.

58: K. Jürgensen, Die Wiedereröffnung der Christian-Albrechts-Universität zu Kiel am 27. November 1945 in der Electroacustic (Elac), Christiana Albertina NF 34 (1991) S. 545–567.

59: W. Danielsen, Hundert Jahre Kieler Theater 1841-1944, Kiel 1961. - P. Dannenberg, Gaukler und Primadonnen. Vom Ballhaus zum Stadttheater im alten Kiel, Hamburg o.J. - P. Dannenberg, Helden und Chargen. Zwischen den Kriegen. Dreißig Jahre Theater in Kiel, Hamburg o.J. - K. Jürgensen, Die Briten in Schleswig-Holstein 1945-1949, Neumünster 1989. – T. Prawitt, Kieler Kulturleben in der Trümmerzeit 1945–1948 MKStG 70, hg. v. J. Jensen, Kiel 1986. - H. Sievert, Kieler Ereignisse in Wort und Bild, Kiel 1973. - Jahrbuch der Vereinigten Städtischen Theater Kiel 1927, hg. anläßlich des 20jährigen Bestehens des Stadttheaters. - Festschrift zum 50jährigen Bestehen des Hauses am Kleinen Kiel, hg. v.d. Bühnen der Landeshauptstadt in Verbindung mit dem Presseamt der Stadt Kiel (1907). - Theater in Kiel, 1963-1973. 10 Jahre unter der Intendanz von Dr. Joachim Klaiber zu seinem 65. Geburtstag 1973, hg. v.d. Bühnen der Landeshauptstadt.

60: Kiel im Luftkrieg. Tagebuch des Alarmpostens Detlef Boelck. Eingeleitet von Jürgen Plöger, Kiel 1980, (Sonderveröffentlichungen der MKStG 13). – Kriegsschauplatz Kiel. Luftbilder der Stadtzerstörung 1944/45, hg. von J. Jensen, Neumünster 1989 (Sonderveröffentlichungen der MKStG 23), S. 40 und 45 (jeweils oberer Bildrand). – H. Grieser, Materialien zur Rüstungswirtschaft Schleswig-Holsteins im Dritten Reich, Kiel 1987. – St. Witt, Grünanlagenplanung in Kiel nach dem Zweiten Weltkrieg, Hist. Seminararbeit im Stadtarchiv Kiel, Kiel 1989. – Stadtarchiv Kiel, Akten Nr. 20.985, 20.986, 23.120, 23.343, 28.498, 28.504, 45.796. – Kieler Nachrichten vom 8.11.1957, „Kieler Bürger helfen sich selbst".- Schleswig-Holsteinische Volks-Zeitung vom 30.12.1958, „Im März Baubeginn des neuen Kieler Musterspielplatzes".

61: Haake, Jensen und Kersig (Hgg.), Versuchs- und Vergleichsbauten des Bundesministeriums für Wohnungsbau. Aufbau Kiel. Holtenauer Straße, Kiel 1956. – Zum Wettbewerb vgl. den Ausstellungskatalog „Wiederaufbau der Innenstädte Kiel, Coventry und Lübeck", hg. vom Baudezernat der Landeshauptstadt Kiel, Kiel 1990, S. 42ff.

62: D. Wiebe, Ausländische Gewerbebetriebe in Kiel. Fallstudien in den Jahren 1979 und 1987, Flensburg 1988 (Flensburger Arbeitspapiere zur Landeskunde und Raumordnung, 9). – J. Köhli, Interkulturelle Unterschiede des Konsumentenverhaltens. Eine empirische Untersuchung unter bes. Ber. der Einkaufsgewohnheiten von Türken und Deutschen in Kiel, Münster 1990 (Empirische Wirtschaftsforschung, 10).

63: H.J. Döscher, Reichskristallnacht, Frankfurt/M. und Berlin 1988. – D. Hauschildt-Staff, Juden in Kiel im Dritten Reich, Staatsexamensarbeit Kiel 1980. – D. Hauschildt-Staff, Novemberpogrom 1938 in Kiel: MKStG 74, (1988), S. 129-172. – Dokumentation zur Geschichte der Kieler Synagoge und des Mahnmals an der Goethestraße 13, hg. von W. Niebergall, Kiel 1992.

64: J. Plöger, Geschichte der Humboldt-Schule in Kiel, Neumünster 1986. – Festschrift „Humboldt-Schule 1861-1986" (o.O. und o.J.), mit dem Innentitel „125 Jahre Humboldt-Schule 1861–1986".

65: W. Gropius, Die neue Architektur und das Bauhaus, Mainz 1965. – I. Klatt, „Arbeit statt Almosen", Studien zur Geschichte der Arbeitsverwaltung im Deutschen Reich, von den Anfängen bis 1933 unter besonderer Berücksichtigung Kiels, Diss., Kiel 1991 (im Druck).

66: G. Kaufmann, Das alte Kiel, Hamburg 1975 [S. 11]. – D. Metelmann jun., Das Kieler Stadtkloster, Gedenkschrift zur Einweihung seines Neubaues am Zwanzigsten Oktober 1909 [S. 10, 17, 19-21, 22, 23]. – Geschichte der Christian-Albrechts-Universität Kiel 1665-1965, Bd. 1 Teil 2, Neumünster 1965 [S. 118]. M. Redeker, Das Kieler Kloster und die Theologische Fakultät in der Geschichte Schleswig-Holsteins und seiner Landesuniversität, Kiel 1964 [S. 26]. – F. Volbehr, Zur Geschichte der ehemaligen Kieler Stadtdörfer: MKStG, 2. Heft, Kiel 1879 [S. 5]. – F. Volbehr, Die Gesellschaft freiwilliger Armenfreunde in Kiel: P. Chr. Hansen, Schleswig-Holstein, seine Wohlfahrtsbestrebungen und gemeinnützige Einrichtungen, Kiel 1882 [S. 545].

67: J. Bahns, Johannes Otzen 1839–1911. Beiträge zur Baukunst des 19. Jahrhunderts, München 1971. – K.E.O. Fritsch, Der Kirchenbau des Protestantismus von der Reformation bis zur Gegenwart, hg. von der Vereinigung Berliner Architekten, Berlin 1893. – J. Grönhoff, Kirche und Schule in Kiel. Ein kurzer Überblick über die äußere Entwicklung des Kieler Kirchen- und Schulwesens seit der Reformation, Kiel 1959 (Heimat Kiel. Neue Kieler Heimatkunde, Heft 8). – B. Kahle, Deutsche Kirchenbaukunst des 20. Jahrhunderts, Darmstadt 1990. – D. Klewitz, Heinrich Moldenschardt (1839-1891), Semper-Schüler, ein Architekt des Historismus in Schleswig-Holstein, in: NE 38 (1969), S. 51-86. – G. Langmaack, Kirchenbau heute. Grundlagen zum Wiederaufbau und Neuschaffen, Hamburg 1949. – G. Langmaack, Evangelische Kirchen, in: R. Jaspert (Hg.), Handbuch moderner Architektur, Berlin 1957, S. 765-819. – H. Schnell, Der Kirchenbau des 20. Jahrhunderts in Deutschland. Dokumentation, Darstellung, Deutung, München/Zürich 1973. – Chr. Stubbe, Chronik der Jakobigemeinde in Kiel, Preetz 1911.

68: K. Groth, Erinnerungen an Johannes Brahms, Die Gegenwart Jg. III (1897). Reprint in: Heinrich Miesner, Klaus Groth und die Musik, Heide 1933. – K. Hofmann, Johannes Brahms und Kiel. Ein Beitrag zur Musikgeschichte Kiels (Jahresgabe 1973 der Brahms- Gesellschaft Hamburg e.V.) [Eigendruck]. – F. Kleyser, Carl Loewe und Kiel, in: MKStG 1958, Heft 4, S. 33-40. – E. Pomsel, Aus dem Kieler Musikleben. Franz Liszt in Kiel. Clara Schumanns Beziehungen zu Kiel, in: MKStG 1950, Heft 1, S. 1-7. – K. Radunz, Denkmäler, Gedenksteine und -tafeln, Plastiken Kiels, in: MKStG 1960, Heft 1/2, S. 97-123, hier S. 106.

69: Die Darstellung beruht im wesentlichen auf Akten in der Registratur des Justizministers des Landes Schleswig-Holstein, insbes. auf der Akte 1263 E-20 SH Bd. 1. Außerdem: Kieler Zeitung, 19. Oktober 1894. – Kieler Kurier, 28. November 1946. Aus dem heimischen Rechtsleben in den Jahren 1834-1894. – Festschrift für die Eröffnung des neuen Oberlandesgerichtsgebäudes in Kiel am 18. Oktober 1894, Kiel 1894. – Obergerichtsbarkeit in Schleswig-Holstein. Beiträge eines Symposions im Oberlandesgericht in Schleswig (November 1986), von A. Graßmann, H. Hattenhauer, K. Jürgensen, W. Prange, W. Schubert, R. Witt, Kiel 1988 (Schl.-Holst. Anzeigen, Sonderheft Juli 1988). – 150 Jahre Obergerichtsbarkeit in Schleswig-Holstein. Festakt am 1. Oktober 1984 (Schl.-Holst. Anzeigen, Sonderheft Dez. 1984), darin K. Jürgensen, Das Oberlandesgericht in der schleswig-holsteinischen Landesordnung.

70: P. Dannenberg, Immer wenn es Abend wird. Dreihundert Jahre Theater in Kiel, Hamburg 1983. – U. Haensel, Art. 'Kiel', The New Grove. Dictionary of Music and Musicians Bd. 10, London 1980, S. 55-56.

71: C. K. Michaelis, Rathäuser im deutschen Kaiserreich 1871-1918, München 1976. – D. V. Lafrenz, Die Architektur des Kieler Rathauses von Hermann Billing (1867–1946), Phil. Diss. Kiel 1978.

72: Bankhaus Wilh. Ahlmann Kiel 1852-1927, Kiel o.J. [1927]. – E. Klein, Deutsche Bankengeschichte, Bd. 1, Von den Anfängen bis zum Ende des alten Reiches (1806), Frankfurt am Main 1982. – Chr. Meeder, Die Bedeutung des deutschen Privatbankiers und seine Zukunftsaussichten, Frankfurt am Main 1989. – 100 Jahre Wilh. Ahlmann Kiel, Kiel o.J. [1952].

73: V. Plagemann, Bismarck-Denkmäler, in: H.-E. Mittig und V. Plagemann (Hgg.), Denkmäler im 19. Jahrhundert. Deutung und Kritik, München 1972, S. 217–252.

74: K.W. Böhme, Die deutschen Kriegsgefangenen in sowjetischer Hand – Eine Bilanz, München 1966 (Zur Geschichte der deutschen Kriegsgefangenen des Zweiten Weltkrieges, 7). – A. Lehmann, Gefangenschaft und Heimkehr: Deutsche Kriegsgefangene in der Sojetunion, München 1986. – „Fritz During" Ausstellungskatalog Kulturzentrum Salzau, eingeleitet von D. Opper, Kiel 1988. – „Mahnmal am Berliner Platz". Kulturamt Kiel, AZ 30. 1.8.2.0.

75: M. Stern, Einleitung zu seiner Ausgabe der Chronik des Asmus Bremer, Kiel 1916 (MKStG 18/19). – J. Jensen, Einleitung zu seiner Auswahl aus dem „Chronicon Kiliense tragicum-curiosum", Neumünster 1976. – D. Lohmeier, in: SHBL 5, Neumünster 1979, S. 51 f.

76: Stadtarchiv: Zeitungsausschnitte und Bilder. Bürger bauen eine neue Stadt, hg. v. Magistrat der Stadt Kiel, Kiel 1955. – H. Sievert, Kiel einst und jetzt. Vom Kanal bis zur Schwentine, Kiel 1964. – J. Jensen u. K. Rickers (Hg.), Andreas Gayk und seine Zeit. Erinnerungen an den Kieler Oberbürgermeister, Neumünster 1974. – J. Plöger, Kiel im Luftkrieg 1939-1945, Kiel 1980. – K. Frankenthal, Der dreifache Fluch: Jüdin, Intellektuelle, Sozialistin. Lebenserinnerungen einer Ärztin in Deutschland und im Exil, Frankfurt/New York 1981. – F. Klevin, Vom früheren Kiel, Kiel 1985. – J. Jensen, Kieler Zeitgeschichte im Pressefoto, Neumünster 1984. – J. Jensen, Kiel im Wirtschaftswunder auf Pressefotos v. Friedrich Magnussen, Neumünster 1987. – J. Jensen (Hg.), Kriegsschauplatz Kiel. Luftbilder der Stadtzerstörung 1944/45, Neumünster 1989. – M. Lang, H. Peters, N. Sönnichsen, H. Ziefuß (Hg.), Kiel zu Fuß, Hamburg 1989.

77: J. Jensen und K. Rickers (Hgg.), Andreas Gayk und seine Zeit. Erinnerungen an den Kieler Oberbürgermeister, Neumünster 1974 (MKStG 61). – H. Grieser, Reichsbesitz, Entmilitarisierung und Friedensindustrie in Kiel nach dem Zweiten Weltkrieg, Kiel 1979, (Sonderveröffentlichungen der MKStG 11). – Wiederaufbau der Innenstädte Kiel, Coventry, Lübeck. „Chancen und Pläne". Dokumentation zur Ausstellung im Kieler Rathaus vom 16. Januar bis 4. März 1990. Hrsg. vom Baudezernat der Landeshauptstadt Kiel, Kiel 1990, bes. S. 36f., 42, 46f., 82. – Niederschrift von Stadtbaudirektor Jensen über die Besprechung in der Reichsstelle für Raumordnung, Berlin 2. Mai 1941, Stadtarchiv Kiel, Akte Nr. 45.824.

78: Die Auseinandersetzung um das Neubauprojekt in: Landwirtschaftliches Wochenblatt und genossenschaftliche Mitteilungen für Schleswig-Holstein 76, 1926, S. 65 ff., 113 ff., 170 und 186. – Landwirtschaftliches Wochenblatt [. . .] 77, 1927, S. 112 ff. – Die Landwirtschaftskammer für die Provinz Schleswig-Holstein. Werdegang und Entwicklung in den Jahren 1896-1927. Kiel 1928, S. 22 ff. – H. Beseler, K. Detlefsen und K. Gelhaar, Architektur in Schleswig-Holstein 1900-1980, Neumünster 1980, Nr. 76. – H.G. Andresen, Bauen in Backstein. Schleswig-Holsteinische Heimatschutzarchitektur zwischen Tradition und Reform (Schriften der Schleswig-Holsteinischen Landesbibliothek, 8), Heide i.H. 1989, vor allem S. 206, mit weiterführender Literatur.

79: H. Held, 100 Jahre Howaldt, Kiel 1938. – 125 Jahre Howaldtswerke, Kiel 1963. – Der Kieler Hafen als künftiger Kriegshafen, Denkschr. d. Kieler Ausschusses f. d. Dt. Flotte, Kiel 1848. – R. Majonika, Ein Seehund aus Eisen, Freiburg i. Br./Basel/Wien 1987.

81: H. Achenbach, Historische Wirtschaftskarte des östlichen Schleswig-Holstein um 1850, 2 Teile, Kiel, 1988 (Kieler Geographische Schriften 67). – Deutsche Bundesbahn, Kiel, 75 Jahre Hauptbahnhof, Kiel-Hamburg 1974. – H. Feldmeier, Die Eisenbahn in Kiel, Freiburg 1979. – E.-G. Lichte, Mit Dampf und Diesel. Kleine Geschichte der Eisenbahn in Schleswig-Holstein, Lübeck 1979. – G. Wolff, Deutsche Klein- und Privatbahnen. Teil 1: Schleswig-Holstein, Gifhorn 1972.

82: Der Fall Sophienblatt. Ein Dokument Kieler Stadtgeschichte vor der Wende? Kiel 1982. – S. Greiser, Großstadtarchitektur für Kiel: Der Sophienhof, Magisterarbeit Kiel 1990. – J. F. Geist, Passagen. Ein Bautyp des 19. Jahrhunderts, München ^{4}1982.

83: W. Anschütz, [Nekrolog] Gustav Neuber, in: Münchener Medizinische Wochenschrift 79 (1932) 760-761. – E. v. Bergmann, Die antiseptische Wundbehandlung in der Kgl. Chirurgischen Universitäts-Klinik zu Berlin, in: Klinisches Jahrbuch 1 (1889) 1471-66. – E. Braatz, Grundlagen der Aseptik, Stuttgart 1893. – G. E. Konjetzny und E. Heits, Gustav Adolf Neuber und die Asepsis, Stuttgart 1950. – D. Korth, Gustav Adolf Neuber, in: Biographisches Lexikon für Schleswig-Holstein, Bd. 6, Neumünster 1982, S. 205-207. – J. Mikulicz, Ueber die neuesten Bestrebungen, die aseptische Wundbehandlung zu vervollkommnen, in: Verhandlungen der Deutschen Gesellschaft für Chirurgie 27 (1898) II, S. 1-37. – G. Neuber, Die aseptische Wundbehandlung in meinen chirurgischen Privat-Hospitälern, Kiel 1886. – G. Neuber, Arbeit und Erfahrung, Kiel [1910?]. – J. H. Wolf, Ausstattung und Einrichtung des Krankenhauses in Deutschland 1870-1900, in: Studien zur Krankenhausgeschichte im 19. Jahrhundert im Hinblick auf die Entwicklung in Deutschland, hg. v. H. Schadewaldt, Göttingen 1976, S. 38-55.

84: M. Stern, Die israelitische Bevölkerung der deutschen Städte. Ein Beitrag zur deutschen Stadtgeschichte, Bd. 2: Kiel, Kiel 1892. – A. Posner, Die Vereine innerhalb der Kieler jüdischen Gemeinde seit der Wende zum 20. Jahrhundert (hrsg. v. J. Jensen), in: MKStG 59, Heft 11/12 (1977) S. 171-191. – D. Hauschildt, Juden in Kiel im Dritten Reich, Staatsexamensarbeit Kiel 1980. – D. Hauschildt-Staff, Novemberpogrom. Zur Geschichte der Kieler Juden im Oktober/November 1938, in: MKStG 73 (1988) S. 129-172.

85: M. Frohriep, Die Kiel-Altonaer Chaussee. Auswirkungen des modernen Kunststraßenbaus auf das Wegewesen, Magisterarbeit Kiel 1987; zum historischen Kontext s. U. Lange, Vom Ancien Régime zur frühen Moderne (1773 bis 1867), in: Geschichte der Stadt Kiel, hg. von J. Jensen und P. Wulf, Neumünster 1991, S. 137–206.

86: K. Knoop, Zur Geschichte der Lehrerbildung in Schleswig-Holstein, Husum 1984. – Eigene Veröffentlichungen zur schleswig-holsteinischen Nachkriegsgeschichte, darunter die von mir herausgegebenen und erläuterten „Reden, Ansprachen, Gedanken 1945 bis 1947" von Theodor Steltzer, Neumünster 1986.

87: J. Grönhoff, Hassee, Kiel 1964. – K.H.Schröder, Das quergeteilte Einheitshaus in Schleswig-Holstein, in: Zeitschrift für Agrargeographie und Agrarsoziologie 21 (1973), S. 36-47.

88: D. Korte, „Erziehung" ins Massengrab. „Die Geschichte des Arbeitserziehungslagers Nordmark" Kiel-Russee 1944–1945, Kiel 1991.

90: E. Hoffmann, Nicolaus Falck und die Schleswig-Holsteinische Frage, ZHSG 111 (1986), S. 143–155.

91: K. F. Plesner, Baggesen Bibliografie, København 1943. – DBL3, Bd. 1 (1979), S. 367–373 (Paul v. Rubow). – NDB, Bd. 1 (1953), S. 538–539 (Adalbert Elschenbroich). – SHBL, Bd. 3 (1974), S. 19–21 (Leif Ludwig Albertsen).
In allen Biographien auch Verzeichnis der Werke und des edierten Briefwechsels. Nachzutragen: H. Skalberg, Aktstykker angaaende det danske Docentur i Kiel 1811-1864: Danske Magazin, 6.R., 6. Bd., København 1932, S. 51–63. – H. H. Tho-

de, Zur Wiederbeisetzung Baggesens und Reinholds auf dem Kieler Eichhof: MKStG 48 (1956) S. 154–157. – J. Kehler, Baggensen in Kiel: Dänische Rundschau (1964), S. 2–4. – A. Scharff, Die Universität Kiel und Dänemark: Christiana Albertina, H. 1, 1966, S. 42–52.

92: E. Howard (hg. von F. J. Osborn), Garden Cities of To-Morrow, London 1965. – I. Parsch, Ideologie und Wirklichkeit der Stadtrandsiedlung, untersucht in Kiel-Mettenhof, in: Reinhard Stewig (Hg.), Untersuchungen über die Großstadt in Schleswig-Holstein, Kiel 1983 (Geographische Schriften 57), S. 1–38. – Stadtplanungsamt Kiel (Hg.), Untersuchung Nachbesserung Kiel-Mettenhof, Hamburg 1988. – Statistisches Amt Landeshauptstadt Kiel, Statistische Informationen. – Die Kieler Wohnbevölkerung, Kiel 1979-1989. – D. Wiebe, Kiel. Landeshauptstadt an der Förde in Geschichte und Gegenwart, in: Jürgen Bähr und Gerhard Kortum (Hg.), Schleswig-Holstein, Berlin, Stuttgart 1987 (Sammlung Geographischer Führer 15), S. 133-153.

93: Baudezernat der Landeshauptstadt Kiel, Rahmenplanung Kiel-Gaarden, Kiel 1984. – W. Killisch, Kiel-Gaarden. Sanierung. Teil I: Die sozial-räumliche Struktur, Kiel 1974.

94: H. Held, 100 Jahre Howaldt, Kiel 1938. – 125 Jahre Kieler Howaldtswerke, Kiel 1963. – B. Bock, Gebaut bei HDW, Herford 1988. – K. Radunz, Kieler Werften im Wandel der Zeiten, in: MKStG 48 (1953-1957).

95: R. Günter, Krupp und Essen, in: Das Kunstwerk zwischen Wissenschaft und Weltanschauung, hg. von M. Warnke, Gütersloh 1970, S. 128f. – K. Sander, Werkswohnungen in Friedrichsort und Gaarden, in: Großstadt Kiel. Bauen und Wohnen um die Jahrhundertwende, hg. von J. Jensen, L. O. Larsson und K. D. Sievers, Kiel 1986, S. 141-152. – G. Schulz, Der Wohnungsbau industrieller Arbeitgeber in Deutschland bis 1945, in: Homo habitans. Zur Sozialgeschichte des ländlichen und städtischen Wohnens in der Neuzeit, hg. von H.J. Teuteberg, Münster 1985, S. 373-389. – K. D. Sievers, Anfänge der Baugenossenschaftsbewegung in Norddeutschland zur Zeit des zweiten Deutschen Kaiserreiches, ebenda, S. 339-355.

96: M. Lang, Kiel zu Fuß. 17 Stadtteilrundgänge durch Geschichte und Gegenwart, Hamburg 1989. – H. Oldekop, Topographie des Herzogtums Holstein, Kiel 1908. – J. v. Schröder, H. Biernatzki, Topographie der Herzogtümer Holstein und Lauenburg, des Fürstenthums Lübeck, und des Gebiets der Freien und Hansestädte Hamburg und Lübeck, Oldenburg 1855.

97: B. Bock, Kiel – Die Geschichte seines Hafens, Kiel 1969. D. Bullinger, Wirtschaftliche Revitalisierung am Beispiel der Landeshauptstadt Kiel, in: Inf. z. Raumentwicklung 1988, S. 341–349. – Kieler Seefischmarkt GmbH: Geschäftsberichte für die Jahre 1956 bis 1984. – L. Undütsch, Kiel und der Seefischmarkt, in: Kieler Jb. 1972, S. 223-227. – O. Voss, Der neue Kieler Seefischmarkt, in: Aufbaublätter Kiel, Oktober 1948. – Diverse Berichte in den „Kieler Nachrichten". – Unveröffentlichte Unterlagen des Stadtarchivs Kiel, der Landeshauptstadt Kiel und der Kieler Seefischmarkt GmbH. (Das Manuskript wurde im Dezember 1990 abgeschlossen.)

98: U. Carstens, Solomit, Geschichte eines Lagers, Kiel 1990, 281 S. (unveröffentlicht). – Ders., Die Flüchtlingslager der Stadt Kiel. Die Unterbringung in Sammelunterkünften als desintegrierender Faktor der Flüchtlingspolitik, phil. Diss. (masch.) Kiel 1992.

99: S. Neitzel, Die deutschen Uboot-Bunker und Bunkerwerften, Bonn 1991 – Die Ruinen des Kieler Uboot-Bunkers, hg. vom Landesamt für Denkmalpflege Schleswig-Holstein, Kiel 1990 („Baudenkmale in Gefahr", Nr. 13).

100: H. Eckardt, Alt-Kiel in Wort und Bild, Kiel 1899, S. 419f. u. 427. – W. Wendrich, Die alte Kieler Stadtmauer, in: MKStG 47 (1955), S. 44ff. – U. Albrecht, Auf der Suche nach Kiels altem Holstentor, in: Kieler Nachrichten, 28.12.1971, S. 7. – Ders., Rätsel um Kiels Holstentor gelöst, in: Kieler Nachrichten, 12.7.1972, S. 13. – H. v. Rumohr, Das Kieler Holstentor auf dem Gute Staun? in: Jahrbuch der Heimatgemeinschaft Eckernförde 29 (1971), S. 87-91. – Ders., Nochmals: Das Tor auf dem Gute Staun, in: Jahrbuch der Heimatgemeinschaft Eckernförde 30 (1972), S. 29-30.

Sachindex

Die Ziffern verweisen auf die Nummern der Beiträge

Autorenindex

Die Ziffern verweisen auf die Nummern der Beiträge

Bildnachweis

Die Ziffern sind Seitenzahlen

U. Albrecht, Kiel: 33 rechts, 42, 49, 53 oben, 55, 75, 334, 340, 407
H.-G. Andresen, Kiel: 25, 146, 271
Bauverwaltungsamt der Landeshauptstadt Kiel: 402
nach W. Braunbeck 1965: 174 rechts
H. Brix, Kiel: 37, 38, 45, 51, 57, 71, 81, 129 oben, 148, 154, 159 unten, 163, 177 oben, 181, 232, 237, 260 oben, 301, 329, 344 oben, 358, 369, 393, 397 links u. rechts
U. Boeters, Kiel: 53 unten
T. Bröskamp-Vollertsen: Kieler Stadtwappen (Linolschnitt) Leinendeckel
Film- u. Bildstelle der Universität Greifswald: 116 unten
H. Franke (ideWerbeagentur GmbH), Stampe: 144/145 oben
Sammlung H. Frehse, Kiel: 344 unten
nach G. Gamow 1965: 68
B. Glienke, Kiel: 376
nach Gripp, Fränzle, u. a.: 16
nach Gropius u. Schmieden: 122
Hafenamt der Landeshauptstadt Kiel: 188
Hafen- u. Verkehrsbetriebe der Landeshauptstadt Kiel: 13
O. Harck, Kiel: 351, 352, 353
M. Hebekerl, Klausdorf: 91
nach A. Hermann (Hg.) 1968: 174 links
Hochbauamt der Landeshauptstadt Kiel: 326
M. Jakubowski-Tiessen, Kiel: 317
A. John, Reprografischer Betrieb, Kiel: 348
J. Kahlke, Kiel: 308
E. Kettner, Kiel: 108
Kieler Seefischmarkt GmbH: 394, 395, 398
Kirchengemeinde St. Jakobi-West, Kiel: 282, 283
H. Klug, Kiel: 186
Kongl. Krigsarkivet, Stockholm (Stads- och Fästningsplan, Kiel, N° 3): Vorsatz
A. Kroeker, Kiel: 47
Krupp-MAK-Maschinenbau G.m.b.H., Kiel: 214
Kunsthistorisches Institut der Universität Kiel: 22, 23, 32, 39, 59, 64, 98 oben u. unten, 110 rechts, 408 links.
Landesamt für Denkmalpflege Schleswig-Holstein, Kiel: 34, 41, 48, 54, 63 oben u. unten, 100, 116 oben, 152 rechts, 198 oben u. unten, 200 rechts, 201, 405
Landesbauamt Kiel II: 243, 244
Landesbildstelle Schleswig-Holstein, Kiel: 357
Landesvermessungsamt Schleswig-Holstein, Kiel: 21, 208
Liebieghaus, Frankfurt/Main: 149
F. Magnussen, Kronshagen: 74
W. Niebergall, Kiel: 268
Nissenhaus, Husum: 153
nach J. Otzen: 281
nach G. Pauly: 87
Public Record Office, London: 238, 239
O. Rheinländer, Hamburg: 280
M. Salewski, Kiel: 228
Schauspielhaus Kiel: 251
Schleswig-Holsteinischer Kunstverein, Kiel: 125
Schleswig-Holsteinisches Landesarchiv, Schleswig: 292, 360, 361, 362
Schleswig-Holsteinische Landesbibliothek, Kiel: 33 links, 46, 90 links, 101, 102, 109, 132, 133, 144/145 oben, 160, 171, 177 unten, 185 oben, 191 unten, 204, 216, 372, 375
Schleswig-Holsteinisches Landesmuseum, Schleswig: 409
Fotostudio W. Schmidt (vorm. Foto-Köhler), Kiel: 346 unten, 349
Stadtarchiv Kiel: 28, 29, 72 links u. rechts, 73, 78 links, 90 rechts, 144 oben, 159 oben, 214, 217, 218, 220, 256, 257, 260 unten, 276, 286, 297, 319, 322, 325, 327, 337, 339, 388
Stadtplanungsamt der Landeshauptstadt Kiel: 348
J. Thode, Mönkeberg: 144/145 unten, 247
J. G. Tönnies, Kiel: 154
Universitätsbibliothek Kiel: 117, 118
v. Unruh, Kiel: 212
F. Urbahns, Eutin: 274
Versorgung u. Verkehr Kiel G.m.b.H: 65, 79, 233, 235
O. Vollert, Kiel: 227
J. Weyh, Kiel: 36, 110 links, 113 links, 137, 285, 309
M. Zschoche, Schleswig: 290
M. Woitzik, Institut für Geschichte der Medizin und Pharmazie, Kiel: 146, 346 oben

Alle übrigen Aufnahmen: A. Henning, Kiel.